Elementos de Direito do Trabalho e Processo Trabalhista

1ª edição — 1989
2ª edição — 1990
3ª edição — 1991
4ª edição — 1992
5ª edição — 1993
6ª edição — 1994
7ª edição — 1995
8ª edição — 1997
9ª edição — 2000
10ª edição — 2004
11ª edição — 2005
12ª edição — 2007
13ª edição — 2010
14ª edição — 2013
15ª edição — 2015

Francisco Meton Marques de Lima

Mestre em Direito e Desenvolvimento pela UFC. Doutor em Direito Constitucional pela UFMG. Professor Associado da UFPI. Ex-Professor Assistente da UFC. Desembargador do Tribunal Regional do Trabalho. Idealizador e instalador do TRT da 22ª Região. Membro da Academia Cearense de Direito do Trabalho. Membro da Academia Piauiense de Letras Jurídicas.

Francisco Péricles Rodrigues Marques de Lima

Bacharel em Direito pela Universidade Federal do Ceará. Ex-Advogado. Especialista em Direito do Trabalho. Auditor Fiscal do Trabalho.

Elementos de Direito do Trabalho e Processo Trabalhista

15ª edição

Com índice alfabético e remissivo

LTr®

EDITORA LTDA.

Rua Jaguaribe, 571
CEP 01224-001
São Paulo, SP — Brasil
Fone (11) 2167-1101
www.ltr.com.br

Produção Gráfica e Editoração Eletrônica: R. P. TIEZZI
Projeto de Capa: FABIO GIGLIO
Impressão: PIMENTA GRÁFICA E EDITORA

LTr 5128.9
Janeiro, 2015

Dados Internacionais de Catalogação na Publicação (CIP)
(Câmara Brasileira do Livro, SP, Brasil)

Lima, Francisco Meton Marques de

Elementos de direito do trabalho e processo trabalhista / Francisco Meton Marques de Lima, Francisco Péricles Rodrigues Marques de Lima. — 15. ed. — São Paulo : LTr, 2015.

Bibliografia

ISBN 978-85-361-3210-5

1. Direito do trabalho 2. Direito processual do trabalho I. Lima, Francisco Péricles Rodrigues Marques de II. Título.

14-09129 CDU-34:331(81)

Índice para catálogo sistemático:

1. Brasil : Direito do trabalho 34:331(81)

Aos meus pais
Francisco Rodrigues Lima e
Maria Auta C. Marques de Lima

À minha esposa.

Aos meus filhos.

Aos estudiosos do meu Brasil.

Aos meus alunos e colegas construtores do Direito.

Aos professores dos cursos preparatórios, minha gratidão.

Aos concurseiros, minha torcida.

Ao Dr. Armando Casimiro Costa, exemplar pater familiae, cidadão, intelectual e amigo, a minha mais profunda admiração.

Ao Dr. Armando Casimiro Costa Filho, exemplar empresário do ramo editorial, a quem rendo meu maior apreço.

Índice Sistemático

Capítulo VI

Capítulo VII

Capítulo VIII

Capítulo IX

Capítulo X

CAPÍTULO XI

CAPÍTULO XII

CAPÍTULO XIII

CAPÍTULO XIV

CAPÍTULO XV

CAPÍTULO XVI

Capítulo XVII

Capítulo XVIII

Capítulo XIX

Capítulo XX

Capítulo XXI

Capítulo XXII

Apresentação à Décima Quinta Edição

A origem deste livro foi a preparação de uma turma para o concurso de Juiz do Trabalho da 7ª Região em 1987. Um sucesso de aprovação! Seu objeto, portanto, é dissecar o programa de concurso do Tribunal Superior do Trabalho. Continua dividido em duas partes: Direito do Trabalho e Direito Processual do Trabalho. Ambas foram ampliadas e atualizadas no possível.

Por seu turno, as Faculdades de Direito tornam-se mais exigentes, os profissionais se qualificam, a solicitarem mais das obras jurídicas, razão por que reelaboramos várias unidades, aprofundando as informações teóricas, de modo a adequar o livro aos programas das disciplinas de Direito do Trabalho e Processo do Trabalho das faculdades.

Do fechamento da 14ª edição, em dezembro de 2012 até o fechamento desta 15ª edição, em outubro/14, destaca-se a EC n. 72/13, que estendeu direitos trabalhistas ao trabalhador doméstico; a EC n. 81, que reprime o trabalho escravo; o Decreto n. 7.944/13, que promulgou a Convenção Internacional do Trabalho n. 151, para permitir negociação coletiva no setor público, e ingressaram no cenário trabalhista as Leis que regulamentam profissões ns.: 12.870/13 — vaqueiro; 12.867/13 — árbitro de futebol; 12.790/13 — Comerciário; 12.842/13 — medicina; 12.815/13 — portuários; 12.772/12 — magistério federal; 12.852/13, que institui o Estatuto da Juventude; 12.761/12 — cria o vale-cultura do trabalhador. A Lei n. 12.966/2014 alterou a Lei da Ação Civil Pública, aumentando seu raio de ação; a Lei n. 12.964/14 alterou a Lei do Trabalho Doméstico, para permitir a aplicação das multas previstas na CLT às infrações na relação de trabalho doméstico; a Lei n. 12.984/14 criminaliza a discriminação do portador de HIV; a Lei n. 12.997/14 inclui no art. 193 da CLT o trabalho do motoboy como perigoso; a Lei n. 13.015/14 altera o recurso de revista; a Lei Complementar n. 146/14 estende a estabilidade da mulher que falecer no gozo de estabilidade-gestante à pessoa que assumir a criança.

Quinze leis, Súmulas vinculantes do STF, novas súmulas do TST, já haviam alterado o cenário trabalhista no período entre 2010 e 2012, que constaram da 14ª edição, provocando alterações, ora sutis, ora sensíveis.

Já em maio de 2014 o TST converteu as OJs da SDI-1 ns. 373, 386, 390, 404, 406 e 414 sem alteração de texto, nas Súmulas ns. 448, 450, 451, 452, 453 e 454; converteu com alteração textual as OJs da SDI-1 ns. 4, 353, 373, 387 e 405 nas Súmulas ns. 448, 455, 456, 457 e 458. Dessas alterações, merece destaque o enquadramento do trabalho na limpeza e higienização de banheiros de locais de grande frequência de público como insalubre em grau máximo (Súmula n. 448).

Uma dezena de novas Súmulas e outro tanto de OJs do TST já havia entrado no cenário jurídico em 2012, sucedendo outro tanto do ano anterior.

Esses fatos exigiram uma releitura dos temas antigos e dos novos em bibliografia nova, sem olvidar a clássica. Pautada nos debates recentes, a obra traduz as posições mais assentes no TST, sem prejuízo de juízos críticos do autor.

A nova dimensão dos princípios do Direito realimenta a teoria dos princípios de Direito do Trabalho e alerta-se para o caráter apenas supletório das normas do Direito Comum às relações de emprego. O CPC deve ser invocado subsidiariamente, só para suprir, e não para substituir o Digesto Obreiro, e ainda assim, adaptadamente.

Do ponto de vista fático e prático, acolhe-se o CRITÉRIO VALORATIVO de hierarquia das normas, consoante o qual a norma mais favorável ao hipossuficiente, em regra, deve prevalecer, em virtude do princípio da progressão social albergado no art. 7º da Constituição Federal.

Às relações de trabalho e às outras competências agregadas à Justiça do Trabalho pela EC n. 45/04, aplicam-se as leis do direito material que as regem; mas o processo básico é o do trabalho, salvo quando houver lei específica para o caso, como o mandado de segurança, o habeas corpus, a ação rescisória etc., mesmo assim, com as adaptações necessárias.

Quanto à prova, apontamos as novidades extraídas do próprio direito "adormecido", destacando a teoria da aptidão da prova e a dispensa das perícias inócuas ou desnecessárias, em face da suficiência da prova convencional.

Na execução, uma revolução, em virtude da consolidação do BACENJUD e da implantação da Certidão Negativa de Débitos Trabalhistas (12.440/11), além dos estilhaços oriundos das alterações do CPC.

SUCESSO E VITÓRIAS

Esta obra já nasceu vitoriosa, porque foi concebida totalmente a partir das discussões da Constituinte, que culminou na Constituição de 1988, interpretando em primeira mão as inovações implantadas, quase todas confirmadas no curso do tempo. Por isso, também já ajudou na vitória de muitos, que hoje são Juízes, Procuradores, Funcionários, Advogados, Professores.

E o que se confirmou: a mais recente adveio da confirmação pelo STF da necessidade de motivação nas despedidas de servidores da empresas estatais; das ADIs ns. 2.139 e 2.160, julgadas em maio/09, em que o STF julgou inconstitucional o art. 625-D da CLT, que obriga o trabalhador a submeter sua questão, antes de ir a juízo, à Comissão de Conciliação Prévia, que combatíamos; outra recente se confirmou na Lei n. 11.925/09, que flexibiliza a regra de autenticação de documentos em cópias; outra adveio da Lei n. 11.324/06, que assegura estabilidade-gestante à doméstica, o que afirmávamos nas edições anteriores; dizíamos que a gratuidade da justiça alcança o depósito recursal, e isso se confirmou na alteração que a LC n. 132/10 fez na Lei n. 1.060/50. Já se haviam confirmado outras teses: a Lei n. 8.036/90 resguardou a estabilidade decenal a quem já a havia conquistado em 5.10.88; a Súmula n. 339 do TST confirmou a estabilidade do suplente da CIPA; a Lei n. 7.855/89 revogou os arts. 378, 379, 380 e 387 da CLT, que discriminavam a mulher; o jus postulandi foi abolido pela Lei n. 8.906/94, mas o STF, nos autos da ADI n. 1.127-8, manteve-o na Justiça do Trabalho e nos Juizados Especiais; a Lei n. 8.984/95 deu à Justiça do Trabalho competência para julgar ação de cumprimento de convenção e acordo coletivo. A EC n. 45/04 atribuiu à 1ª instância trabalhista competência para mandado de segurança, habeas corpus e habeas data; a ampla substituição processual pelo sindicato, decorrente do art. 8º, III, CF, consolidou-se mediante o cancelamento da Súmula n. 110 do TST. As vitórias vão continuar. Em setembro de 2012, o TST alterou sua Súmula n. 277 para reconhecer a ultratividade das cláusulas negociais. Outra vitória se verificou quanto à irretroatividade das nulidades contratuais trabalhistas, cf. decidiu em 2012 o STF, nos autos do RE n. 596.478.

Mas a maior vitória contabiliza-se no auxílio que prestou ao sucesso profissional de tanta gente.

Outrossim, orientamos ler este livro tendo ao lado a CLT, em face das constantes remissões que fazemos às Instruções Normativas, Súmulas e OJs do TST, e recomendamos a da LTr, por ser a mais prática e completa.

Ei-lo.

Fortaleza, novembro de 2014.

Francisco Meton Marques de Lima

Primeira Parte

Direito Individual
e
Coletivo do Trabalho

Capítulo I

Fundamentos do Direito do Trabalho

1. CONCEITO

O Direito do Trabalho tem por objeto disciplinar o trabalho mediante normas de diversas naturezas e fontes várias. Essa regulamentação se faz necessária no Estado de Direito porque o trabalho constitui o valor principal das Ordens Econômica e Social, o instrumento agregador e disciplinador da sociedade e a fonte direta ou indireta de todos os tributos que mantêm a máquina pública.

O trabalhador sofre o estigma da história, que sempre o relegou a condição inferior nos diversos sistemas sociais, a partir da origem da palavra trabalho — *tripalium*, espécie de cruz de três hastes, utilizada como instrumento de suplício dos condenados. Tudo fruto da desinformação ou da falsa formação que a grade dos cursos jurídicos burgueses proporciona.

Na verdade, o Trabalho integra a Ordem Econômica, e deve ser tratado como um dos componentes básicos da economia, sendo o Direito do Trabalho a especialidade que rege as relações entre as classes produtoras — o trabalhador e a empresa. É o trabalhador que carrega o País nas costas. Ele é o dono absoluto do capital que movimenta a economia, sendo as empresas apenas usuárias, senão vejamos: a) o FGTS, com mais de 300 bilhões de reais, é 100% dos trabalhadores, e financia a construção civil, a qual constitui a maior rede industrial e de serviços do Brasil, empregando desde o mais simples operário até o mais fino *designer*; b) os Fundos de Pensão, também dos trabalhadores, com a cifra de trilhão de reais, são os maiores investidores na bolsa de valores; c) o BNDES, que fomenta o desenvolvimento, administra PIS/PASEP; d) o FAT — Fundo de Amparo ao Trabalhador — recebe subvenções da contribuição sindical e das multas administrativas e judiciais; e) o Imposto de Renda é o maior tributo federal, cuja maior base é o salário; f) o ISS é o principal tributo municipal, incidente sobre o trabalho autônomo; g) o grosso da arrecadação previdenciária também provém da folha de pagamento; h) o Sistema S, que é a maior rede de qualificação técnica do País, é mantido pelo sistema sindical patronal. E muito mais... Por isso, o trabalho merece o preço que paga, merece toda a reverência, e o trabalhador, a mesma continência.

Atualmente, o trabalho é de todos, é o sonho de todas as classes sociais, a primeira preocupação de todos os Governos, e a falta de trabalho constitui o maior medo dos seres humanos ativos. Trabalho *é ação*, significando todo esforço físico ou intelectual, na intenção de realizar ou fazer qualquer coisa. De Plácido e Silva emite o seguinte excerto:

> No sentido econômico e jurídico, porém, trabalho (...): é toda ação, ou todo esforço, ou todo desenvolvimento ordenado de energias do homem, sejam psíquicas, ou sejam corporais, dirigidas com um fim econômico, isto é, para produzir uma riqueza, ou uma utilidade, suscetível de uma avaliação, ou apreciação monetária.
>
> *Assim, qualquer que seja a sua natureza, e qualquer que seja o esforço que o produz, o trabalho se reputa sempre um bem de ordem econômica, juridicamente protegido.*[1]

Três correntes propõem definições ao Direito do Trabalho: a subjetivista, a objetivista e a mista.

A primeira leva em consideração mais os sujeitos ou pessoas da relação jurídica trabalhista, como fazem Gomes e Gottschalk, para os quais Direito do Trabalho "é o conjunto de princípios e regras jurídicas aplicáveis às relações individuais e coletivas que nascem entre empregadores privados — ou equiparados — e os que trabalham sob sua direção e de ambos com o Estado, por ocasião do trabalho ou eventualmente fora dele" (*Curso de direito do trabalho*, p. 14).

A segunda (objetivista) realça mais o objeto das relações de emprego, como M. P. Donato propõe: Direito do Trabalho é o "corpo de princípios e de normas jurídicas que ordenam a prestação do trabalho subordinado ou a este equivalente, bem como suas relações e os riscos que dela se originam" (*Curso de direito do trabalho*, p. 6).

A corrente mista ou eclética é seguida por J. M. Catharino e Amauri Mascaro Nascimento, segundo o qual "Direito do Trabalho é o ramo da ciência do Direito que tem por objeto as normas jurídicas que disciplinam as relações de trabalho subordinado, determinam os seus sujeitos e as organizações destinadas à proteção desse trabalho, em sua estrutura e atividade"[2].

Entretanto, vem se acentuando uma tendência de o Direito do Trabalho extrapolar da simples relação de emprego para alcançar as relações de trabalho em geral, as quais foram incluídas sob o manto da Justiça do Trabalho, pela EC n. 45/04. Dessa forma, doravante, impõe-se a delimitação de duas categorias de Direito do Trabalho: a) o tradicional, ancorado na relação de emprego, de trabalho avulso, e consectários; e b) o baseado nas outras relações de trabalho.

O Direito do Trabalho tradicional ainda pode ser definido, sinteticamente, como o ramo do Direito que trata das relações individuais e coletivas oriundas do vínculo empregatício e de outras relações especiais de trabalho subordinado, impondo normas de conduta e oferecendo soluções aos conflitos daí advindos.

---

(1) SILVA, De Plácido e. *Vocabulário jurídico*. Rio de Janeiro: Forense, 1984.

(2) *Compêndio universitário de direito do trabalho*, p. 49, e *Curso de direito do trabalho*, p. 98, respectivamente.

Analiticamente, Direito do Trabalho é *o ramo do Direito constituído do conjunto de princípios e regras que regulam o contrato de trabalho, seus sujeitos e objeto, os entes coletivos representantes das categorias profissionais e econômicas, e as respectivas relações coletivas do trabalho.*

2. DENOMINAÇÕES E CARACTERÍSTICAS

Várias denominações foram propostas para o Direito do Trabalho centrado na relação de emprego, como Direito Social, Legislação do Trabalho, Direito Corporativo, Direito Operário, Direito Sindical e outras. Entretanto, DIREITO DO TRABALHO foi a que "pegou". Após a EC n. 45/04, essa denominação adaptou-se bem ao seu objeto, que é o trabalho pessoal sob as várias modalidades contratuais.

Características

Socialidade — as cláusulas contratuais terão em vista o interesse social, e não só o individual;

Imperatividade — as normas que compõem o conteúdo institucional do Direito do Trabalho, como saúde, higiene, segurança, registros obrigatórios, recolhimentos sociais, salário mínimo, 13º salário, férias, repouso semanal, liberdade sindical, dentre outros, são intransigíveis e irrenunciáveis;

Justiça social — no sentido protecionista que tem o DT, como sistema de compensação de desigualdades sociais;

Distribuição da riqueza — o Direito do Trabalho constitui um dos mais eficientes instrumentos de distribuição de renda, pois só através da Justiça do Trabalho distribui-se mais que o orçamento do Fome Zero;

Coletivista — todas as decisões trabalhistas se espraiam pela coletividade, numa espécie de efeito dominó. Por outro lado, todos os trabalhadores e empregadores são representados por entidades sindicais, as quais pactuam normas trabalhistas de cumprimento obrigatório entre as categorias convenentes.

3. PRINCIPAIS DIVISÕES DO DIREITO DO TRABALHO

Direito Individual do Trabalho — trata do contrato individual de trabalho, de sua execução e rescisão. Na execução do contrato compreendem a função, a jornada, a remuneração, as férias, o descanso semanal, as licenças, as horas extras, o FGTS, o vale-transporte, a disciplina e tudo o mais que ocorrer. Na rescisão, ocupa-se do aviso-prévio, da despedida sem ou com justa causa, da despedida indireta e da estabilidade no emprego.

Direito Coletivo do Trabalho — é o conjunto de regras e princípios que disciplina as organizações sindicais, a liberdade sindical, os conflitos coletivos de trabalho, os meios de solução dos conflitos, a greve e, principalmente, a negociação coletiva, destacando-se o contrato coletivo de trabalho, a convenção coletiva de trabalho e o acordo coletivo de trabalho; e, ainda, no âmbito processual, da mediação, da arbitragem e do dissídio coletivo.

Direito Administrativo do Trabalho — compreende a organização dos órgãos do Poder Executivo encarregados da fiscalização do cumprimento das normas de proteção do trabalho, bem como do sistema de multas administrativas e do respectivo processo de aplicação e de recurso para a autoridade superior. O principal órgão fiscalizador é o Ministério do Trabalho e Emprego, através das Superintendências Regionais do Trabalho e dos Auditores Fiscais do Trabalho, cfr. arts. 626/642, CLT.

Direito Internacional do Trabalho — discorre sobre as Convenções e Recomendações Internacionais do Trabalho, ambas oriundas da OIT, e de outros ajustes internacionais envolvendo o Trabalho, principalmente nas Comunidades Econômicas, a exemplo do Mercosul.

Direito Ambiental do Trabalho — trata do meio ambiente do trabalho como uma parte do meio ambiente total, pois o todo não estará sadio se a parte estiver enferma. O meio ambiente de trabalho diz respeito às condições de saúde, higiene e segurança do trabalho e, consequentemente, à saúde e à integridade física do trabalhador e da sociedade.

Direito Processual do Trabalho — é o conjunto de regras e princípios que orienta na solução dos conflitos individuais e coletivos do trabalho, mediante processo judicial, ou perante os órgãos de mediação, arbitragem e conciliação prévia.

4. AUTONOMIA DO DIREITO DO TRABALHO

A autonomia do Direito do Trabalho revela-se por meio dos seguintes dados:

a) sistematização dos seus institutos;

b) formação de princípios jurídicos próprios;

c) existência de legislação peculiar;

d) inserção da matéria no currículo dos cursos jurídicos;

e) instituição da Justiça do Trabalho.

Advém, daí, a autonomia sob os aspectos doutrinário, curricular, normativo e judiciário. No tocante à legislação, vale citar os arts. 6º a 11 e 111 a 116 da Constituição Federal e a Consolidação das Leis do Trabalho — Decreto-Lei n. 5.452/43.

5. NATUREZA DO DIREITO DO TRABALHO

Discute-se se o Direito do Trabalho se enquadra no ramo do direito público, privado ou social. A rigor, não há pureza nas classificações, dando-se o enquadramento do Direito pela sua predominância.

Os que pretendem seja Direito público colacionam os argumentos de que as normas administrativas de fiscalização e a imperatividade de muitas normas, como as de medicina e segurança do trabalho, são de Direito público. A crítica é que as normas de fiscalização são meramente instrumentárias, e as outras não diferem das normas cogentes dos diversos ramos do Direito.

Para a maioria dos autores, como A. Mascaro Nascimento, Orlando Gomes e Elson Gottschalk e outros ilustres juslaboralistas, o Direito do Trabalho pertence ao Direito privado, tanto pela sua origem contratual na locação de serviço, como pela natureza das entidades sindicais, e muitos outros argumentos.

Ainda há os que defendem que se trata de um direito misto — público e privado. De fato, há muitas normas indisponíveis, que se agregam aos contratos independentemente da vontade das partes, mas isso ocorre também em todos os ramos do Direito Privado.

Uma outra doutrina enquadra-o como Direito Social, entre o público e o privado. Contra essa doutrina pesa a crítica de que todo direito é social, posto que destinado a regular as condutas sociais. Essa crítica, porém, é anacrônica, dado que o Direito Social corresponde aos direitos de segunda geração ou dimensão, que é o direito a perceber prestações do Estado, equivalente ao segundo postulado da Revolução Francesa, que é o da **igualdade**, uma evolução do liberalismo clássico, que defendia o primeiro postulado, a **liberdade** — o direito de não intervenção do Estado. A **fraternidade** será o próximo passo.

Entendo, todavia, que a discussão esvaziou-se no momento em que a CF/88 o enquadrou no Capítulo **DOS DIREITOS SOCIAIS** — arts. 6º a 11, atribuindo-lhe a natureza de Direito Social, juntamente com os direitos da saúde e da seguridade social.

6. FUNÇÕES DO DIREITO DO TRABALHO

Que valores o Direito do Trabalho alberga e pretende realizar?

Como visto acima, o Direito do Trabalho representa um dos instrumentos de intervenção do Estado para o bem de toda a sociedade, pois esta não tem interesse que sua gente envelheça sem aposentadoria e sem saúde. Daí concluir-se que sua **função primordial ainda é tutelar**. A legislação do trabalho emprega em toda a sua extensão os vocábulos "tutela" e "proteção". Ademais, o conteúdo básico dos contratos de trabalho é institucional, independe da vontade dos contratantes.

Portanto, o Direito do Trabalho cumpre as seguintes funções: **tutelar,** porque seu foco principal é a proteção do hipossuficiente; **econômica**, porque visa à realização de valores econômicos emergente da Constituição Econômica; **social**, como direito prestacional de 2ª geração; **conservadora**, representando a força estatal contedora dos movimentos trabalhistas, para manutenção do *status quo*; **coordenadora** dos interesses contrapostos de patrões e trabalhadores.

O relatório Supiot diz que uma das funções do Direito do Trabalho é garantir a ***coesão social***. Aconselhando que o Direito do Trabalho deve estender-se a outras formas de trabalho assalariado, averba: "esta função só poderá continuar a existir se o

Direito do Trabalho abraçar a evolução das formas organizadas do trabalho na sociedade contemporânea e não se fechar naquelas que o originaram e que estão hoje em declínio"[3]. Na verdade, o emprego está em declínio, mas o trabalho será sempre imprescindível ao homem e à sociedade, como instrumento agregador e disciplinador do ser humano e base da economia de uma nação. E essa evolução já se prenuncia mediante a ampliação da competência da Justiça do Trabalho pela EC n. 45/04, que mudou o eixo da *relação de emprego* para a *relação de trabalho*.

(3) Relatório elaborado por uma equipe sob a coordenação de Supiot para a União Europeia.

Capítulo II

História e Evolução do Direito do Trabalho

1. ESCORÇO HISTÓRICO

A escravização do homem na Antiguidade representou um progresso, ao substituir a execução dos vencidos nos combates, e constituiu o principal fator de sustentação da economia de base rural, daí seu ressurgimento na Modernidade, durante o período colonial da América. Aqui o operário não tinha autonomia nenhuma, sendo tratado como coisa, da qual seu proprietário tinha total disponibilidade.

Na Idade Média a propriedade rural, sob o modelo feudal, constituía o principal símbolo de poder político, daí o trabalhador aderir à terra, sob a denominação de servo. As corporações de ofício monopolizavam a manufatura e compunham-se de: mestre > jornaleiro ou companheiro > aprendiz. O mestre era o dono da oficina e orientador, o jornaleiro era equiparado a um empregado, e o aprendiz, a um estagiário. Esse sistema era bastante fechado, controlado pelas corporações de ofício, as quais opunham obstáculos à instalação de novas oficinas, de modo que o companheiro enfrentava muitas dificuldades para montar seu próprio estabelecimento. Contudo, apesar das limitações que o trabalhador sofria, o servo e o companheiro gozavam de relativa autonomia, não sendo mais considerados um bem disponível por seu dono.

Surgiu o intermediário, fornecendo a matéria-prima e comprando a produção. Com a crescente demanda em face da colonização da América, apareceu o capitalista, construindo cidade operária fora da jurisdição das corporações e dos empecilhos que estas ofereciam. Aqui o operário trabalha em casa, juntamente com a família, utilizando ferramentas e materiais fornecidos pelo patrão, o qual lhe compra toda a produção. O passo seguinte foi a instalação das oficinas sob galpões, com os operários trabalhando sob supervisão. Nasce o sistema fabril e proletário, o qual se aqueceu com o lançamento da máquina a vapor de Watt, em 1776, a qual destruiu economicamente as corporações, forçando os autônomos a buscarem trabalho na fábrica em troca de baixos salários.

O Mercantilismo, sistema econômico em que o Estado detinha o controle da atividade econômica, sendo o principal sócio dos grandes empreendimentos, caracterizou a Idade Moderna. O iluminismo o sucedeu, trocando o controle estatal da economia pela lei da oferta e da procura. Omitiu, porém, o trato social do operário, que se viu escravo da liberdade contratual.

Saint-Simon (1760-1825) denunciou primeiro a insuficiência do Estado Liberal, seguido de Fourrier, Cabet, Louis Blanc, Proudhon e, na Inglaterra, Robert Owen. Em 1848, na França, uma lei reduz a jornada de trabalho para 11 horas diárias em Paris e 12 nas províncias. Na Inglaterra, a jornada de 10 horas diárias e a legislação de proteção ao menor foram lançadas no meado do século XIX. Também em 1848, é publicado o Manifesto Comunista, de Marx e Engels, concitando os trabalhadores do mundo a unirem-se para reescrever a história, em torno de uma ditadura do proletariado. Bismark, chanceler alemão, pregava a contenção do avanço socialista mediante a concessão de seguros sociais. E assim o fez: criou-os no bojo de uma lei antissocialista.

A Igreja Católica publica a Encíclica *Rerum Novarum* em 1891, pregando a dignificação do trabalho, o salário justo e a caridade. Nascia a democracia social. Mas o primeiro marco favorável ao Direito do Trabalho foi a Constituição Mexicana de 1917, cujo art. 123 programava os direitos básicos do trabalhador.

Após a I Guerra Mundial, quase todas as Constituições, a partir de Weimar (1919), contemplaram os direitos sociais e do trabalho e a intervenção estatal na esfera privada. O Tratado de Versalhes, sob a pressão dos sindicatos, incluiu o que veio a ser a Organização Internacional do Trabalho — OIT, em 1919. Na Rússia, os socialistas ascenderam ao poder em 1917 e puseram fim à propriedade privada dos meios de produção. Mas o ressentimento e a miséria deixados pela I Guerra patrocinaram a ascensão de Mussolini na Itália e Hitler na Alemanha, detonando a II Guerra. O socialismo cresceu, entretanto, logo retrocedeu: caiu o Muro de Berlim em 1989 e floresceu a ideia de flexibilização dos direitos trabalhistas, sob o manto da globalização neoliberal.

2. HISTÓRIA DO DIREITO DO TRABALHO NO BRASIL

No Brasil, o Direito do Trabalho seguiu as seguintes fases: 1ª — Pré-Histórica, de 1500 a 1888, caracterizada pelo trabalho escravo e economia essencialmente agrícola; 2ª — Capitalista, de 1888 a 1930, em que se registram a abolição da escravatura, promulgação da 1ª Carta Republicana, aprovação do Código Civil, criação do Departamento Nacional do Trabalho, assinatura do Tratado de Versalhes, filiação à OIT e edição de lei sobre acidente do trabalho. Na verdade, esses 40 anos que sucederam ao fim da escravidão caracterizaram-se como servidão; 3ª fase — Socialista, de 1930 a 1934, caracterizada por uma febre legiferante em torno da questão social; 4ª fase — Social-Democrata, documentada na Constituição de 1934, inspirada na de Weimar, trazendo um título denominado "Da Ordem Econômica e Social" e instituiu a Justiça do Trabalho, o salário mínimo, a limitação de lucros, a limitação da propriedade ao interesse social ou coletivo, condições de estabilidade no emprego; 5ª — Corporativa, com a Constituição de 1937, instituindo um regime ditatorial no País. Criaram-se o sindicato único e o imposto sindical, e editou-se a CLT — Decreto-Lei n. 5.452/43, ainda em vigor.

A Constituição de 1946 restaura o modelo social-democrata da Carta de 1934 e inova nos seguintes pontos: incluiu a Justiça do Trabalho no Poder Judiciário e o Ministério

Público do Trabalho no Ministério Público da União; instituiu a assistência aos desempregados e o direito de greve.

A Constituição de 1967, com a Emenda n. 1/69, no seu art. 165, relaciona quase os mesmos direitos dos trabalhadores constantes do art. 7º da Constituição de 1988, porém axiologicamente como um direito de segunda categoria.

A Constituição de 1988 dedica o Capítulo II do Título II, compreendendo os arts. 6º a 11, aos DIREITOS SOCIAIS:

> Art. 6º São direitos sociais a educação, a saúde, o trabalho, o lazer, a segurança, a previdência social, a moradia, a proteção à maternidade e à infância, a assistência aos desamparados, na forma desta Constituição.

O art. 7º relaciona os direitos do trabalhador, mas não os esgota, conforme se depreende da expressão:

São direitos dos trabalhadores urbanos e rurais, *além de outros que visem à melhoria de sua condição social*:

> I — relação de emprego protegida contra despedida arbitrária ou sem justa causa, nos termos de lei complementar, que preverá indenização compensatória, dentre outros direitos;
>
> II — seguro-desemprego, em caso de desemprego involuntário;
>
> III — fundo de garantia do tempo de serviço.

E outros 31 incisos, mais o parágrafo único, em que estende vários direitos aos empregados domésticos.

Ao Direito Coletivo do Trabalho dedica os arts. 8º a 11, em que estatui a liberdade de organização e administração sindical, a liberdade de filiação, não filiação e desfiliação. Contudo, mantém o sindicato único por base territorial e a contribuição sindical.

O art. 9º assegura o direito de greve, competindo aos trabalhadores decidir sobre a oportunidade de exercê-lo e sobre os interesses que devam por meio dele defender.

> § 1º A lei definirá os serviços ou atividades essenciais e disporá sobre o atendimento das necessidades inadiáveis da comunidade.
>
> § 2º Os abusos cometidos sujeitam os responsáveis às penas da lei.

O art. 10 assegura a participação dos trabalhadores e empregadores nos colegiados dos órgãos públicos em que seus interesses profissionais ou previdenciários sejam objeto de discussão e deliberação. E o art. 11 institui o representante dos trabalhadores nas empresas com mais de 200 empregados.

Os arts. 37 a 41 tratam do serviço público. Todo o texto é novo, decorrente das Reformas Administrativa e Previdenciária, implementadas pelas EC ns. 19 e 20/98, 41/03 e 47/05, que extinguiram a obrigatoriedade do Regime Jurídico Único do Servidor Público (neste ponto, declarada inconstitucional pelo STF, na ADI n. 2.135); dilataram a aquisição da estabilidade de dois para três anos; criaram a periódica avaliação de desempenho do servidor público; a possibilidade de demissão do servidor, mesmo estável, para atender ao exigido pela Lei Camata; acabaram com a contagem de tempo fictício de serviço; modificaram as regras de aposentadorias etc.

§ 3º Aplica-se a esses servidores o disposto no art. 7º, IV, VII, VIII, IX, XII, XIII, XV, XVI, XVII, XVIII, XIX, XX, XXII e XXX. Foram excluídos pela EC n. 19/98 a incidência dos incisos VI (irredutibilidade salarial) e XXIII (adicionais de insalubridade, penosidade e periculosidade).

O direito de greve do servidor público está condicionado, no inciso VII do art. 37, a regulamentação por lei específica. Esta matéria é objeto do Mandado de Injunção n. 712-8 Pará, no qual o STF declarou a mora legislativa e o reconheceu o gozo direito de greve nos termos da lei geral de greve, até onde não for incompatível com o serviço público, enquanto a lei específica não for feita.

O art. 100 trata da execução contra a Fazenda Pública, tendo avançado para dispensar o precatório na execução de dívida de pequeno valor.

A EC n. 45/04 alterou a estrutura do TST e, mediante alteração do art. 114, ampliou a competência da Justiça do Trabalho, de relação de emprego para relação de trabalho, dentre outras matérias elencadas em nove incisos e três parágrafos.

Preceitua o art. 10 dos ADCT que, até que seja promulgada a lei complementar a que se refere o art. 7º, I, da Constituição: a multa rescisória do FGTS fica ampliada de 10% para 40%; e fica vedada a dispensa arbitrária ou sem justa causa da mulher gestante desde a confirmação da gravidez até cinco meses após o parto, bem como do membro eleito da CIPA, da eleição até um ano após o término do mandato.

3. TENDÊNCIAS ATUAIS DO DIREITO DO TRABALHO

Com o Neoliberalismo em todos os quadrantes, embalado na 4ª Globalização, a competitividade avulta-se, intensifica-se a guerra comercial e a disputa pelos investimentos estrangeiros. Nesse caldo de cultura, as relações de trabalho diversificam-se ao sabor da nova ordem econômica, até porque a legislação trabalhista atual do Brasil foi concebida sob o modelo capitalista fordista-taylorista. No entanto, o capitalismo já evoluiu para o financeiro e deste para o tecnológico, girando o eixo da economia para o setor de serviços, a exigir uma redefinição da teoria do Direito do Trabalho, para alojar essas novas versões das relações de trabalho e incluir novas categorias de direitos, tendo em vista o valor da pessoa humana.

Interessante perceber que a legislação trabalhista encontra-se numa encruzilhada: numa via, uma classe de trabalhadores sonha em alcançá-la, mas vive na informalidade; noutra, dos melhores situados no mercado, que a repudiam, preferindo as contratações sob a forma de autônomos.

Daí identificarem-se pelo menos três grandes tendências: a) da flexibilização das normas trabalhistas para adaptação às novas necessidades da economia; b) crescente valorização dos direitos fundamentais do trabalho; c) prestigiamento da autocomposição dos agentes do trabalho, mediante a negociação coletiva do trabalho, para prevalecer o negociado sobre o legislado, salvo em matéria de interesse público.

As propostas de reforma trabalhista tendem a enxugar a CLT, mantendo um regulamento mínimo, porém preservando os direitos históricos. No Direito Coletivo, propõe-se o fim da unicidade sindical, do imposto sindical e, no processo, disciplina do processo coletivo e simplificação do processo individual. Tramitam vários projetos de lei sobre terceirização.

4. FLEXIBILIZAÇÃO DO DIREITO DO TRABALHO

A Globalização atual vem embalada no ideal neoliberal, significando retorno ao liberalismo clássico, do Estado mínimo, da qual a Flexibilização das relações de trabalho é uma das consequências mais acentuadas, cuja dinâmica é cada vez mais diversificada, em virtude do avanço da tecnologia em todos os quadrantes, que vem triturando os postos de trabalho e exigindo mais qualificação profissional dos trabalhadores.

Destarte, essa transformação decorre muito mais do fenômeno cultural pós-modernista, que prestigia o fugaz, o passageiro, o fogo de palha, o invólucro, a aparência, o descartável, o *self-service*, a liberação sexual, o motel, o amigamento, o transitório, o eterno enquanto dura, processo que teve início em 6 de agosto de 1945, quando a bomba atômica fez Buuuuuum! sobre Hiroshima.

A *flexibilização* manifesta-se sob duas formas: **adaptação**, que é a versão moderada, e **desregulamentação**, a forma mais radical. E abriga um sentido muito amplo, e que, em sentido estrito, consiste no afastamento de certos empecilhos para permitir modalidades contratuais adequadas ao mercado, bem como a inserção de cláusulas dinâmicas nos contratos. No Brasil está em curso a **adaptação**. Fala-se ainda da utópica forma oposta a essas duas, que é a **de proteção**, cf. abaixo.

Sob a ótica dos economistas, a flexibilização se manifesta sob três formas: a) **funcional** — capacidade da empresa de adaptar seu pessoal para que assuma novas tarefas ou aplique novos métodos de produção; b) **salarial** — vincula os salários à produtividade e à demanda de seus produtos; c) **numérica** — faculdade de adaptar o fator trabalho à demanda dos produtos da empresa.

A flexibilização, a pretexto de abrir o mercado para novas oportunidades de trabalho e preservar a sobrevivência das empresas, vem, na verdade, produzindo a precarização do trabalho, ou seja, multiplica-se o número de trabalhadores que não gozam das garantias sociais.

A flexibilização apoia-se sobre três estratégias:

a) no âmbito do Direito do Trabalho — tornar possível a ampliação e intensificação da jornada de trabalho, bem como a mobilidade interna dos empregados;

b) no âmbito da formalização do emprego — viabilizar a liberdade de demissão sem custos, de contratação a prazo fixo e de subcontratação;

c) no âmbito salarial — franquear a redução dos salários aos níveis naturais, ou seja, livremente determinados pelo mercado.[4]

(4) ROSAS, Laís Freire. A flexibilização do direito do trabalho e os óbices à sua implementação. *In:* SOARES, Ronald (coord.). *Estudos de direito do trabalho e direito processual do trabalho*: em homenagem a Aderbal Freire. São Paulo: LTr, 1999.

Ricardo Fraga registra que a flexibilização mina as bases do Direito do Trabalho, fenômeno esse manifesto na França sob a forma de redução do grau de sindicalização; na Itália, na forma de crescimento do trabalho por conta própria; nos EUA, na forma de trabalho doméstico. Na Espanha e na Argentina, a precarização do trabalho chegou ao extremo.

Daí o Ministro Orlando Teixeira da Costa haver prenunciado as seguintes consequências maléficas: a) aumentos e diminuições acelerados na procura de mão de obra; b) redução do número de empregados com garantia de emprego; c) desníveis acentuados de remuneração e de qualificação; d) decadência dos sindicatos tradicionais e encolhimento do poder político da classe trabalhadora; e) erosão progressiva dos salários da classe trabalhadora(5).

A flexibilização na lei — a CF/88 já abriu vários flancos, ao acabar com o regime de indenização previsto no art. 478 da CLT e permitir, por negociação coletiva, a redução de jornada e de salários, a compensação de horas extras, a modificação do regime ininterrupto de revezamento, conforme art. 7º, incisos, III, VI, XIII, XIV e XXVI.

Além do contundente discurso, a legislação vem se multiplicando neste sentido, a exemplo do contrato a tempo parcial, previsto no art. 58-A da CLT e o **banco de horas**, inserido no § 2º do art. 59 da CLT, instituídos pela MP n. 2.164-14/01; o **contrato de trabalho por prazo determinado**, instituído pela Lei n. 9.601/98; o art. 129 da MP do Bem (Lei n. 11.196/05), que permite contratação de trabalho pessoal de natureza intelectual sem vínculo de emprego; a Lei n. 11.718/08, que institui o contrato de trabalho rural de pequeno prazo. Tratamos desses temas adiante.

Terceirização — é uma consequência da flexibilização, cf. veremos no Capítulo XIII.

5. DESREGULAMENTAÇÃO

Denomina-se assim a forma mais radical de flexibilização. Consiste na abolição da legislação protetora do trabalho, para que toda a regulamentação seja estabelecida por meio de negociação coletiva de trabalho — contrato coletivo, convenção e acordo coletivos de trabalho e pelo contrato individual de trabalho. Com isso, restaria resgatada a autonomia da vontade das partes. Segundo essa corrente, a humanidade já evoluiu o bastante para dispensar a intervenção estatal nas relações laborais.

6. INCLUSÃO SOCIAL

No outro polo, por sua vez, cogita-se de uma terceira forma de flexibilização das normas trabalhistas, a **de proteção,** consistente na criação de um sistema diferenciado e simplificado para ser aplicado aos microempresários e seus colaboradores, que movimentam

(5) *Rigidez e flexibilidade do direito do trabalho*. São Paulo: LTr, 1990.

a economia informal, sobrevivendo e proporcionando coesão social e subsistência de um contingente incalculável de trabalhadores; todavia, todos os que compõem esse sistema encontram-se ao total relento do manto protetor da norma trabalhista e da Previdência Social. Esta espécie de flexibilização, ao contrário das outras formas (que são excludentes), é de inclusão social. Neste sentido, a Lei Complementar n. 123/06 institui o Super-Simples para as pequenas e microempresas, dedicando os arts. 50 a 84 à simplificação das normas trabalhistas, cf. veremos no Capítulo XI, 7.

De outra parte, defende-se também a instituição de uma rede de normas trabalhistas protetoras dos trabalhadores que prestam serviço sem vínculo de emprego, que têm dependência econômica de seu trabalho para sobreviver. A LC n. 128/08, que dá o direito de os pequenos informais (cabeleireiro, costureiro, verdureiro, barraqueiro etc.), microempresários individuais — MEI — se formalizarem para efeito de Previdência Social, já é um passo.

Capítulo III

Direito Constitucional do Trabalho

1. CONSIDERAÇÕES GERAIS

A Constituição de 1988 supervalorizou o ser humano. Esse propósito faz-se notar a partir da esquematização do texto, pondo os Direitos e Garantias Fundamentais antes da Organização do Estado. Com isso, a Constituinte manifesta o seu desejo de mudar o eixo de prioridade: do Estado para o homem.

O Título II (DOS DIREITOS E GARANTIAS FUNDAMENTAIS) compõe-se de cinco capítulos: I — Dos direitos e deveres individuais e coletivos; II — Dos direitos sociais; III — Da nacionalidade; IV — Dos direitos políticos; e V — Dos partidos políticos.

O Capítulo II, apesar de denominar-se DOS DIREITOS SOCIAIS, na verdade só relaciona a matéria trabalhista. Os demais direitos sociais anunciados no art. 6º compõem o Título VIII — DA ORDEM SOCIAL (arts. 193/232).

A Constituição de 1988 é a mais pródiga em matéria trabalhista, com mais de 60 preceitos a respeito. E as Emendas Constitucionais já concluídas são apenas tópicas, não afetando o cerne do Direito do Trabalho.

2. DISPOSITIVOS AUTOAPLICÁVEIS

O § 1º do art. 5º prescreve: "As normas definidoras dos direitos e garantias fundamentais têm aplicação imediata". O Título DOS DIREITOS E GARANTIAS FUNDAMENTAIS engloba os direitos dos trabalhadores urbanos e rurais.

Em face do dispositivo *supra*, a interpretação deve firmar-se no sentido de que tudo o que não estiver condicionado pela própria Constituição é autoaplicável. A Constituição fixa normas de várias naturezas, valendo lembrar:

a) as de aplicabilidade social imediata e plena;

b) as de aplicabilidade social imediata apenas parcialmente; e

c) as adormecidas (a bela adormecida), ou de aplicabilidade social contida, aguardando regulamentação por lei;

d) as programáticas, que delineiam as políticas públicas dos governos.

Assim, salvo rara exceção, em que o preceito não se reporta ou remete à lei, é autoaplicável. E quando remete à lei e esta já existe, agora com novo fundamento de validade, aparadas as arestas de conflito com a Constituição, passa a ser a lei regulamentadora, dando eficácia social imediata ao Texto Maior.

3. INOVAÇÕES TRABALHISTAS EFETIVADAS PELAS EMENDAS À CONSTITUIÇÃO DE 1988

Dividem-se em duas espécies: Direito Material e Direito Processual.

A primeira, de Direito Material:

a) a EC n. 19/98, da Reforma Administrativa, alterou profundamente os arts. 37 e 39, em relação ao serviço e aos servidores públicos, aí incluídos os celetistas;

b) a EC n. 20/98, da Reforma Previdenciária, altera as regras de aposentadoria, destacando-se o aumento do tempo de serviço para aposentadoria e o fim da contagem do tempo fictício, modificou os incisos XII, e XXXIII do art. 7º, para, respectivamente, restringir o salário-família aos trabalhadores de baixa renda, e aumentar a idade mínima de trabalho de 14 para 16 anos;

c) a EC n. 26/00 acrescenta ao art. 6º o direito à moradia, como um direito social, o que justificará o investimento público nessa área;

d) a EC n. 28/00 altera o inciso XXIX do art. 7º e revoga o 233, para unificar a prescrição dos créditos do trabalhador rural e urbano.

e) a EC n. 41/03, nova Reforma Previdenciária, alterou, novamente em prejuízo dos trabalhadores públicos, as regras de aposentadoria;

f) a EC n. 45/04 alterou a estrutura da Justiça do Trabalho, ampliando o número de membros do Tribunal Superior do Trabalho de 17 para 27 Ministros, e instituindo a Escola Superior da Formação e Aperfeiçoamento da Magistratura do Trabalho e o Conselho Superior da Justiça do Trabalho;

g) a EC n. 53/06 alterou o art. 208, reduzindo a idade que dá direito à pré-escola de seis para cinco anos;

g) a EC n. 53/06 alterou o art. 208, reduzindo a idade pré-escolar de seis para cinco anos;

h) a EC n. 62/09 modificou as regras do precatório, supervalorizando o crédito de natureza alimentar e, dentre este, o do idoso ou portador de moléstia grave. Modificou todo o art. 100, acrescentando-lhe mais dez parágrafos e o art. 97 nos ADCT, com 18 parágrafos. Nestes, trata do pagamento dos precatórios vencidos, autorizando o parcelamento em até quinze anos e permitindo que 50% do valor destacado para pagamento de precatório seja destinado a compra direta e a acordo com os titulares por valores inferiores, sob a forma de leilões.

O § 1º do art. 100 estabelece que os créditos de natureza alimentícia têm preferência, assim compreendidos: salários, vencimentos, proventos, pensões e suas complementações, benefícios previdenciários e indenizações por morte ou invalidez, fundadas em responsabilidade civil em virtude de sentença judicial transitada em julgado. Este preceito já constava do art. 6º, parágrafo único, da Lei n. 9.469/97.

i) A EC n. 72/2013 alterou o parágrafo único do art. 7º da CF, alterado pela EC n. 72/2013, assegura aos domésticos, quase todos os direitos trabalhistas conferidos aos empregados da atividade econômica.

A segunda, no Direito Processual:

a) a EC n. 20/98 acrescentou ao art. 114 o § 3º, atribuindo à Justiça do Trabalho competência para executar de ofício contribuições previdenciárias nos processos trabalhistas; esta regra agora compõe o inciso VIII do art. 114;

b) a EC n. 24/99 excluiu a representação classista, tornando a Justiça do Trabalho mais técnica;

c) a EC n. 30/00 acrescentou ao art. 100 os §§ 1º-A, 4º e 5º, para excluir da regra do precatório as dívidas de pequeno valor e deu nova redação ao art. 78 do ADCT, já novamente modificado pela EC n. 62/2009;

d) a EC n. 37/02 acrescentou ao art. 100 o § 4º, renumerando os §§ 4º e 5º, acrescentados pela EC n. 30/00, e alterou o art. 86 do ADCT para definir como pequeno valor, enquanto lei específica não o fizer, 60 salários mínimos para a União, 40 para os Estados e Distrito Federal e 30 para os Municípios, enquanto a unidade federada não fizer lei própria fixando seu pequeno valor. Tudo isso já foi objeto da EC n. 62, que estipulou como menor pequeno valor o equivalente ao maior benefício pago pela Previdência Social;

e) a EC n. 45/2004, da Reforma do Judiciário, alterou o art. 114 para ampliar a competência da Justiça do Trabalho para todas as relações de trabalho, em vez só da relação de emprego, dentre outras matérias. Instituiu ainda o Fundo das Execuções Trabalhistas, pendente de regulamentação legal.

4. DOS DIREITOS SOCIAIS

O Capítulo II do Título II denomina-se DOS DIREITOS SOCIAIS. Entretanto, o art. 6º define quais são os direitos sociais: a educação, a saúde, o trabalho, a moradia, o lazer, a segurança, a previdência social, a proteção à maternidade e à infância, a assistência aos desamparados, na forma desta Constituição. Mas os arts. 7º ao 11 tratam só dos direitos trabalhistas. Os demais direitos sociais são objeto do Título VIII.

Daí inferir-se que a expressão *Direitos sociais* extravasa dos direitos do trabalhador (ex.: direito à moradia, à saúde, à educação etc.). Enquanto os direitos de liberdade correspondem ao primeiro postulado da Revolução Francesa, os sociais ligam-se ao segundo — igualdade. Pelos primeiros a pessoa exige que o Estado abstenha-se de interferir, salvo para assegurar o exercício do direito; no segundo, a pessoa exige intervenção do Estado, no sentido de assegurar-lhe vida digna.

O art. 7º preceitua: "São direitos dos trabalhadores urbanos e rurais, além de outros que visem à melhoria de sua condição social". Em cujo gancho se dependuram todos os direitos individuais e coletivos dos trabalhadores contratados mediante vínculo de emprego ou de avulso, dado que o rol dos direitos declinados é quase todo incompatível com outras relações de trabalho. Sem desprezar, contudo, que esse mesmo gancho comporta o elastecimento dos direitos para outras relações de trabalho mediante lei, cf. sugerido no item 6 do Cap. anterior, pois o Texto Constitucional quase sempre emprega a palavra "trabalhador", e não "empregado". Em 33 incisos, o art. 7º pode ser assim dissecado:

4.1. Direito individual do trabalho

I — Proteção do emprego — o art. 7º, I, alude à proteção da relação de emprego contra despedida arbitrária ou sem justa causa, nos termos de lei complementar, que preverá indenização compensatória, dentre outros direitos. Enquanto não for editada a citada lei, vigem muitas formas de proteção do emprego, que têm neste preceptivo seu fundamento de validade, valendo destacar no âmbito da própria Constituição:

a) o art. 10 do ADCT: 1) aumenta a indenização pela dispensa sem justa causa para 40% sobre os depósitos do FGTS; 2) veda a dispensa arbitrária ou sem justa causa da mulher gestante até o 5º mês após o parto, e do membro eleito da CIPA, a partir da candidatura até um ano após o fim do mandato. A Lei n. 11.323/06 estendeu esse direito à trabalhadora doméstica. E, pondere-se, a estabilidade estende-se à mulher (ou equivalente homoafetivo) adotante; e, se a empresa for aderente ao Programa Empresa Cidadã, instituído pela Lei n. 11.770/09, a proibição de despedida arbitrária ou sem justa causa se estende para além dos seis meses após o parto; o art. 41 assegura estabilidade ao servidor público após três anos no exercício de cargo efetivo;

b) o art. 8º, VIII, protege o dirigente sindical contra despedida, a partir da candidatura e, se eleito, até um ano após o término do mandato, salvo se cometer falta grave apurada em juízo, na forma do art. 853 da CLT;

c) os arts. 10 e 11 da Constituição instituem os representantes dos trabalhadores nas empresas com mais de 200 empregados e nos colegiados públicos, aos quais é assegurada a proteção do emprego a exemplo do mandatário sindical;

d) no âmbito infraconstitucional, o art. 118 da Lei n. 8.213/91 proíbe a dispensa do acidentado no trabalho até 12 meses após a alta; o art. 625-B, § 1º, da CLT veda a dispensa do membro de Comissão de Conciliação Prévia representante dos trabalhadores até um ano após o fim do mandato; o art. 55 da Lei n. 5.764/71 atribui estabilidade aos diretores eleitos de cooperativas de trabalho; a Lei n. 11.340/06, de repressão à violência doméstica contra a mulher, institui no seu art. 9º, II, o direito de a mulher ofendida afastar-se do emprego, quando necessário, mantendo-se o vínculo de emprego por até seis meses; a proteção das estabilidades contratuais, tanto as fixadas em negociação coletiva como em contrato individual e as previstas nos regulamentos da empresa; e outras decorrentes de lei, cf. se exporá no capítulo próprio;

e) aviso-prévio — proporcional ao tempo de serviço, sendo no mínimo de 30 dias, mais três dias por ano, até um máximo de 90, cf. Lei n. 12.506/11. A CLT dedica ao tema os arts. 487/491.

II — Seguro-desemprego — instituído pelo Decreto-lei que criou o Plano Cruzado. Regem a matéria as Leis ns. 7.998/90, 8.019/90, 8.900/94 e 10.208/01 e Decreto n. 3.361/00.

Tem direito o trabalhador demitido sem justa causa ou por despedida indireta que comprove: a) haver o interessado recebido salários consecutivos de pessoas jurídicas ou equiparadas no período de seis meses anteriores à dispensa; b) ter sido empregado de pessoa jurídica ou física equiparada àquela, durante, pelo menos, seis meses nos últimos 36 meses que antecederem a data da dispensa; c) não estar em gozo de benefício previdenciário de prestação continuada; d) não possuir renda própria; e) não haver aderido a PDV.

Não dura todo o período de desemprego nem paga o valor do salário que a pessoa recebia, garantido, contudo, o salário mínimo. Será assim: a) recebe três cotas se comprovar o vínculo empregatício de 6 a 11 meses no período de 36 meses; b) 4 cotas se trabalhou de 12 a 23 meses nos últimos 36 meses; c) 5 cotas se trabalhou acima de 24 meses nos últimos 36 meses. Detalhes na Res. n. 467/05 do CODEFAT. Não tem direito quem adere a PDV. O doméstico só será beneficiário se for incluído no sistema do FGTS.

O art. 239, § 4º, da CF preceitua que o financiamento do seguro-desemprego receberá uma contribuição adicional da empresa cujo índice de rotatividade da força de trabalho superar o índice médio da rotatividade do setor, na forma estabelecida por lei. O art. 201, III, da Constituição, assegura proteção ao trabalhador em situação de desemprego involuntário.

III — Fundo de Garantia do Tempo de Serviço (FGTS) — tornado obrigatório para empregados urbanos e rurais, rege-se pela Lei n. 8.036/90 e Dec. n. 99.684/90. Detalhamos a matéria adiante, em capítulo específico.

IV — Proteção do salário — a CF protege o salário, como a fonte de sobrevivência do trabalhador, nas seguintes formas:

a) salário mínimo (inciso IV) — nacional e unificado, capaz de atender às necessidades básicas e vitais do trabalhador e de sua família = moradia + alimentação + educação + saúde + lazer + vestuário + higiene + transporte + previdência social, com reajuste periódico que lhe mantenha o poder aquisitivo. Vê-se que isto ainda constitui um programa constitucional, longe de ser realizado. Mantém, contudo, como princípio, sua força atrativa, pressionante. Encontra-se vigente até, inclusive o ano de 2015 a política de reajuste do salário mínimo pelo índice de inflação do ano anterior, divulgado pelo IBGE e ganho real correspondente ao crescimento do PIB do penúltimo ano anterior. Até 31.12.2015, o Poder Executivo encaminhará projeto de lei fixando novo critério a ser aplicado de 2016 a 2019, cf. art. 4º da Lei n. 12.382/11.

b) garantia de salário mínimo para quem percebe ganho variável (inciso VII);

c) piso salarial (inciso V) — proporcional à extensão e à complexidade do trabalho. Esse piso, que é o salário mínimo de cada profissão, é fixado por lei ou por negociação coletiva do trabalho. A fixação por sentença normativa é duvidosa. A Lei Complementar n. 103/00 autoriza os Estados a estabelecerem por lei o piso salarial das categorias que não o tenham obtido por negociação coletiva;

d) irredutibilidade salarial (inciso VI) — o salário é irredutível, salvo o disposto em convenção ou acordo coletivo, admitindo, portanto, os "acordos japoneses", em que se negocia a redução do salário em troca de redução de jornada e manutenção dos postos de trabalho, garantido sempre o salário mínimo. Em relação ao servidor público, é permitida redução salarial para adequação ao teto máximo, que é o subsídio de Ministro do STF — art. 37, XI e XV, CF. Ver Cap. XXII, 2.4;

e) a retenção dolosa do salário é crime (inciso X) — nos termos da lei. Logo, trata-se de regra não autoaplicável quanto à tipificação penal, porquanto dependente de lei, e esta não sobreveio até agora. Contudo, na CLT, constam os arts. 117 (proibição de acordo para pagar menos do salário mínimo), 120 (multa pela infringência ao salário mínimo), 467 (acréscimo de 50% do valor da rescisão se não pago na 1ª audiência).

A CLT proíbe o pagamento com bebidas alcoólicas, determina o prazo do pagamento, o privilégio do salário em relação aos outros créditos. E o art. 658 do CPC considera-o impenhorável;

f) 13º salário (inciso VIII) — com base na remuneração integral e não somente com base no salário fixo — regido pela Lei n. 4.090;

g) caráter preferencial — o art. 100, § 1º, da CF, atribui caráter alimentar ao salário, com preferência na ordem de pagamento dos precatórios contra a Fazenda Pública; e o art. 87 do ADCT, incluído pela EC n. 37/02, dispensa do precatório a dívida de pequeno valor: até 60 salários mínimos para a União, até 40 para os Estados e até 30 para os Municípios, enquanto as unidades federadas não fixarem por lei própria outro valor, sendo no mínimo o valor do maior benefício pago pelo regime geral da Previdência Social. O art. 186 do CTN confere-lhe hierarquia superior aos créditos fiscais da União.

V — Proteção da jornada de trabalho — a Constituição preocupa-se com a jornada semanal máxima de trabalho, assim detalhada:

a) jornada diária máxima de 8 horas e semanal de 44 (inciso XII) — faculta-se, mediante acordo de compensação, ampliar a jornada de trabalho em alguns dias para diminuir o número de dias de trabalho na semana, sem gerar direito a horas extras. Tramita no Congresso Nacional uma PEC reduzindo a jornada geral para 40 horas semanais;

b) redução da jornada (inciso VI) — permitida, mediante acordo ou convenção coletiva de trabalho, com redução temporária dos salários, em troca da preservação dos empregos, mas sempre respeitado o salário mínimo;

c) jornada diária de seis horas (inciso XIV) — para o turno ininterrupto de revezamento, salvo negociação coletiva, que poderá elevá-la mediante a devida compensação financeira;

d) remuneração da hora extra acrescida de 50%, no mínimo (inciso XVI).

VI — Proteção do trabalhador reflexa na família:

a) proteção especial da maternidade — o princípio tutelar conduz textualmente toda a matéria trabalhista na Constituição e na CLT. Neste sentido, vale destacar a licença-maternidade, a estabilidade-gestante, o intervalo de amamentação, meia hora em cada turno (art. 396); direito de creche (art. 399); direito de transferência de função da gestante, liberação para consultas médicas (art. 392, § 4º, CLT), proibição de discriminação (art. 373-A, CLT);

b) licença e salário-maternidade (inciso XVIII) — sem prejuízo do emprego e do salário integral, de 120 dias (art. 392, CLT) — 28 dias antes do parto e 91 dias depois do parto, podendo os períodos inicial e posterior ser aumentados em até duas semanas cada, a juízo médico; se a mulher não gozar o período anterior ao parto, terá direito ao período integral após o parto. No parto prematuro ela tem direito aos 120 dias; tem o mesmo direito a mulher que adotar ou obtiver guarda de criança (até 12 anos); no aborto não criminoso, tem direito a duas semanas. Se a criança nascer de tempo, ou quase de tempo, porém morta? Certamente a mulher deveria ter direito à licença de 120 dias, para recuperar-se do trauma, se é que seja possível, mas isto não é pacífico na jurisprudência, pois equivaleria a aborto. A Lei n. 12.010/09 revogou os §§ 1º a 3º do art. 392-A da CLT, que concedia prazos diferentes de licença-adotante de acordo com a idade do adotado.

A diversidade sexual e o princípio da igualdade induzem a que o homem homossexual que adota criança terá os mesmos direitos da mãe adotante.

O Decreto n. 3.048/99, alterado por Decretos mais recentes, detalha nos arts. 93/103 o direito ao benefício, valendo destacar os seguintes pontos:

> O salário-maternidade é devido à segurada da previdência social, durante 120, desde a sua liberação pelo médico, podendo ser prorrogados, em casos excepcionais, os períodos de repouso anterior e posterior ao parto de mais duas semanas, mediante atestado médico específico. O benefício é devido em relação a cada emprego concomitante ou atividade da segurada. A segurada aposentada que retornar à atividade fará jus ao pagamento do salário-maternidade.

Tem o mesmo direito a segurada que adotar ou obtiver guarda judicial para fins de adoção de criança, cfr. o art. 392-A da CLT. As diferenças de prazo por idade da criança foram revogadas pela Lei n. 12.010/09. Com isso, entende-se que foi igualmente revogada a regra previdenciária que reduzia para 60 dias a partir de um ano até quatro anos completos, e para 30 dias partir de quatro anos até completar oito anos. Na adoção ou guarda concomitante de mais de uma criança, só é devido o benefício relativo à mais nova. Tal direito independe de a mãe biológica haver recebido o mesmo benefício quando do nascimento da criança.

Para a concessão do benefício, é indispensável que conste da nova certidão de nascimento da criança, ou do termo de guarda, o nome da segurada adotante ou guardiã, bem como, deste último, tratar-se de guarda para fins de adoção.

A renda mensal do salário-maternidade é calculada de acordo com a forma de contribuição da segurada à Previdência Social. O salário-maternidade da segurada não empregada é pago diretamente pela previdência social.

O salário-maternidade para a segurada empregada consiste numa renda mensal igual à sua remuneração integral e será custeado pela Previdência Social, mas pago diretamente pela empresa enquanto durar o emprego, efetivando-se a compensação com as contribuições que a empresa deve fazer à Previdência Social.

Durante o período de graça[6] (art. 13 do Dec. n. 3.048), a segurada desempregada fará jus ao recebimento do salário-maternidade nos casos de demissão antes da gravidez, ou, durante a gestação, nas hipóteses de dispensa por justa causa ou a pedido, situações em que o benefício será pago diretamente pela Previdência Social.

Nos meses de início e término do salário-maternidade da segurada empregada, o benefício será proporcional aos dias de afastamento do trabalho.

O salário-maternidade da segurada trabalhadora avulsa, pago diretamente pela Previdência Social, consiste numa renda mensal igual à sua remuneração integral equivalente a um mês de trabalho.

O salário-maternidade, pago diretamente pela previdência social, consistirá: I — em valor correspondente ao do seu último salário de contribuição, para a segurada empregada doméstica; II — em um salário mínimo, para a segurada especial; III — em um doze avos da soma dos doze últimos salários de contribuição, apurados em período não superior a quinze meses, para as seguradas contribuinte individual, facultativa e para as que mantenham a qualidade de segurada na forma do art. 13 do Dec. n. 3.048.

O salário-maternidade não pode ser acumulado com benefício por incapacidade. Quando ocorrer incapacidade em concomitância com o período de pagamento do salário-maternidade, o benefício por incapacidade, conforme o caso, deverá ser suspenso enquanto perdurar o referido pagamento, ou terá sua data de início adiada para o primeiro dia seguinte ao término do período de 120 dias.

A Lei n. 11.770/2008 cria o Programa Empresa Cidadã, mediante o qual as empresas poderão prorrogar por mais 60 dias a licença, desde que a empregada requeira até o final do primeiro mês após o parto, mediante incentivos fiscais. O salário dessa prorrogação corre às expensas da empresa, a qual, quando tributada com base no lucro real, poderá deduzir do imposto devido, vedada a dedução como despesa operacional. Só pessoa jurídica poderá aderir ao programa, e só as empregadas destas terão esse benefício. Também tem direito à prorrogação da licença empregada adotante ou que tenha guarda judicial de crianças. Durante o período da prorrogação, a mulher não poderá exercer outra atividade remunerada nem a criança ser posta em creche, sob pena de perda do direito. A Administração Pública direta, indireta e fundacional fica autorizada a instituir o programa.

(6) Art. 13 do Dec. n. 3.048/99: "Mantém a qualidade de segurado, independentemente de contribuição: I — sem limite de prazo; que está em gozo de benefício; II — até doze meses após a cessação do benefício por incapacidade ou após a cessação das contribuições, o segurado que deixar de exercer atividade remunerada abrangida pela previdência social ou estiver suspenso ou licenciado sem remuneração; III — até doze meses após cessar a segregação, o segurado acometido de doença de segregação compulsória; IV — até doze meses após o livramento, o segurado detido ou recluso; V — até três meses após o licenciamento, o segurado incorporado às Forças Armadas para prestar serviço militar; e VI — até seis meses após a cessação das contribuições, o segurado facultativo".

c) estabilidade da gestante — no emprego, da confirmação da gravidez até cinco meses após o parto — art. 10, II, *b*, dos ADCT, qualquer que seja o regime de trabalho, público ou privado, administrativo ou contratual, precário, comissionado, por tempo determinado ou de experiência, cf. já decidiu o STF, louvado na Convenção n. 103/52 da OIT. O TST já adaptou a Súm. n. 244 a esse comando. A Lei n. 11.324/06 estendeu essa regra à empregada doméstica e à adotante. A Lei n. 12.812/13 confere esse direito quando a gravidez se confirma durante o aviso-prévio. Entende-se que, nas empresas que aderirem ao sistema da Lei n. 11.770/08, esta garantia se elastece para além dos 180 dias;

d) licença-paternidade (inciso XIX e art. 10, § 1º, ADCT) — de cinco dias;

e) salário-família (inciso XII) — só para o trabalhador de baixa renda. Benefício pago aos empregados, para auxiliar no sustento dos filhos de até 14 anos de idade ou inválidos de qualquer idade. Equiparam-se aos filhos os enteados e os tutelados, estes desde que não possuam bens suficientes para o próprio sustento, devendo a dependência econômica de ambos ser comprovada. Para gozo desse benefício, não é exigido tempo mínimo de contribuição. Se pai e mãe forem segurados, o benefício abrange os dois.

Têm direito ao benefício: o empregado e o trabalhador avulso que estejam em atividade; o empregado e o trabalhador avulso aposentados por invalidez, por idade ou em gozo de auxílio-doença; o trabalhador rural (empregado rural ou avulso) que tenha se aposentado por idade; os demais aposentados, desde que empregados ou trabalhadores avulsos, quando completarem 65 anos (homem) ou 60 anos (mulher). Os desempregados (que contradição!) não têm direito ao benefício.

Cessa benefício quando o(a) filho(a) completar 14 anos, em caso de falecimento do filho, por ocasião de desemprego do segurado e, no caso do filho inválido, quando da cessação da incapacidade.

f) assistência gratuita aos filhos e dependentes — desde o nascimento até cinco anos de idade em creches e pré-escolas (arts. 7º, XXV e 208, IV);

g) proteção do mercado de trabalho da mulher (inciso XX) — mediante incentivos específicos, nos termos da lei, que ainda não veio;

h) proteção do trabalho do menor (inciso XXXIII) — a tutela começa com a proibição de qualquer trabalho ao menor de 16 anos, salvo na condição de aprendiz a partir dos 14 anos; ao menor de 18 anos, proibição de trabalho insalubre, perigoso, noturno e em ambientes nocivos à sua formação moral; direito de férias coincidentes com as férias escolares (art. 424 a 433, CLT).

O art. 227, § 3º, preceitua que o direito à proteção especial do menor abrangerá os seguintes aspectos: I — idade mínima de catorze anos para admissão ao trabalho, observado o disposto no art. 7º, XXXIII (com a redação dada pela EC n. 20/98); II — garantia de direitos previdenciários e trabalhistas; III — garantia de acesso do trabalhador adolescente à escola;

i) proibição ao menor de 18 anos (inciso XXXIII) — de trabalho insalubre, perigoso e noturno. O art. 405, II, da CLT inclui na proibição o trabalho "em locais ou serviços prejudiciais à sua moralidade", assim entendido o prestado: a) de qualquer modo, em teatros de revista, cinemas, boates, cassinos, cabarés, *dancings* e estabelecimentos analógicos; b) em empresas circenses, em funções de acrobata, saltimbanco, ginasta e outras semelhantes; c) de produção, composição, entrega ou venda de escritos impressos, cartazes, desenhos, gravuras, pinturas, emblemas, imagens e quaisquer outros objetos que possam, a juízo da autoridade prejudicar sua formação moral; d) consistente na venda, a varejo, de bebidas alcoólicas.

Diferentemente do Direito Civil, a maioridade trabalhista, quanto às proibições legais, somente se adquire pela idade, e nunca por outras formas.

VII – Proteção contra os riscos à vida e à saúde:

a) redução dos riscos inerentes ao trabalho – por meio de norma de saúde, higiene e segurança (art. 7º, XXII). A CLT dedica ao tema os arts. 154/201, regulamentados pela Portaria n. 3.214/78 do MTE, como veremos adiante;

b) adicional de remuneração – para as atividades penosas, insalubres ou perigosas, na forma da lei (arts. 7º, XXIII, CF, 189/197 da CLT, e Leis esparsas). Detalhes em capítulo próprio;

c) seguro contra acidentes de trabalho – coberto pela Previdência Social, a cargo do empregador, sem excluir a indenização a que este está obrigado quando incorrer em dolo ou culpa (art. 7º, XXVIII). Portanto, são duas ações: uma acidentária, contra o órgão segurador, movida na Justiça Comum; e outra contra o empregador, no caso de culpa ou dolo deste, inclusive em decorrência de atividade de risco, de competência da Justiça do Trabalho;

d) adicional noturno (inciso IX) – remuneração do trabalho noturno superior à do diurno, cf. se exporá adiante.

VIII – Proteção contra discriminação:

a) do deficiente físico – contra qualquer discriminação quanto aos salários e critérios de admissão – arts. 7º, XXXI e 37, VIII, CF, 93 da Lei n. 8.213/91 e Lei n. 7.853/89. Detalhes no item 5, adiante;

b) de sexo, idade ou estado civil – quanto aos salários, exercício de função e critério de admissão – art. 7º, XXX. Ver detalhes no item 5 a seguir;

c) entre trabalho manual, técnico ou intelectual – ou entre os respectivos profissionais – inciso XXXII;

d) trabalhador avulso – igualdade de tratamento com o trabalhador que tem vínculo empregatício permanente – inciso XXXIV.

IX – Direito ao repouso:

a) férias (inciso XVII) – anuais de 30 dias, com remuneração acrescida de 1/3. A CLT dedica os arts. 129 a 153;

b) repouso semanal (XV) – remunerado, preferencialmente aos domingos. Regem o descanso os arts. 66 a 72 da CLT e Lei n. 605/49;

c) aposentadoria (inciso XXIV) — prevista nos arts. 7º, XXIV e 201, § 7º, CF e Lei n. 8.213/91. A aposentadoria poderá ocorrer por quatro modos: a) por invalidez, quando o trabalhador segurado ficar incapacitado para o trabalho e sem condição de reabilitação; b) por idade, para o segurado que completar 65 anos, homem, ou 60, mulher, reduzido em cinco anos para os trabalhadores rurais, pescadores artesanais e garimpeiros; c) por tempo de contribuição, quando o segurado completar 35 anos de contribuição, se homem, e 30 anos, se mulher; reduz-se em cinco anos para professores de educação infantil e ensino fundamental; d) a aposentadoria especial será devida ao segurado empregado, trabalhador avulso e contribuinte individual, este somente quando cooperado filiado a cooperativa de trabalho ou de produção, que tenha trabalhado durante 15, 20 ou 25 anos, conforme o caso, em tempo de trabalho permanente, não ocasional nem intermitente, sujeito a condições especiais que prejudiquem a saúde ou a integridade física, ou seja, trabalho insalubre ou perigoso.

X — Negociação coletiva (inciso XXVI) — reconhecimento das convenções e acordos coletivos de trabalho. Nos incisos VI, XIII e XIV permitem-se, respectivamente, redução salarial, acordo de compensação e negociação da jornada do turno ininterrupto de revezamento. Na CLT, arts. 611 a 625, cfr. veremos.

XI — Proteção contra a automação (inciso XXVII) — na forma da lei. Por enquanto, só uma lei atua efetivamente, a n. 9.956/00, que proibiu a substituição dos frentistas por bombas eletrônicas.

XII — Participação nos lucros e resultados e excepcionalmente na gestão da empresa (inciso XI) — não integrando essa parcela o salário. Lucro é uma coisa, resultado é outra. Assim, pode a empresa ainda encontrar-se no período inicial, sem lucro, entretanto, estar atingindo metas traçadas. Isto é resultado. Regulamenta-a a Lei n. 10.101/00. A participação na gestão da empresa será em caráter excepcional e dependente de lei.

XIII — Doméstico (parágrafo único) — o parágrafo único do art. 7º da CF, alterado pela EC n. 72/2013, estende aos domésticos quase todos os direitos trabalhistas relacionados no art. 7º, excluindo apenas oito incisos: V (piso salarial), XI (participação nos lucros), XIV (turno ininterrupto de revezamento), XX (proteção do mercado de trabalho da mulher), XXIII (adicional de penosidade, insalubridade e periculosidade), XXVII (proteção contra automação), XXXII (proibição de distinção entre trabalho manual, técnico e intelectual e os respectivos profissionais), XXXIV (igualdade entre empregados e trabalhadores avulsos).

Sete deles foram condicionados a regulamentação por lei: I (indenizações da rescisão contratual), II (seguro-desemprego), III (FGTS), IX (remuneração do trabalho noturno), XII (salário-família), XXV (auxílio-creche) e XXVIII (seguro contra acidente de trabalho).

XIV — Prescrição (inciso XXIX) — o prazo prescricional de cinco anos durante a relação de emprego e de dois anos após a extinção do contrato de trabalho — arts. 11 e 149 da CLT.

4.2. Direito coletivo do trabalho (arts. 8º a 11)

I — Sindicatos — é livre a associação profissional, observado o seguinte:

a) liberdade sindical (inciso I) – a lei não poderá exigir autorização do Estado para a fundação de sindicato, ressalvado o registro no órgão competente, vedadas ao Poder Público a interferência e a intervenção na organização sindical;

b) unicidade sindical (inciso II) – proibida a criação de mais de um sindicato da mesma categoria profissional ou econômica na mesma base territorial, que será definida pelos interessados, não podendo ser inferior à área de um Município;

c) substituição processual (inciso III) – cabe ao sindicato a defesa dos direitos e interesses individuais e coletivos da categoria, administrativa e judicialmente – arts. 8º, VIII, CF, 513, *a*, CLT e 8.073/90;

d) contribuição sindical obrigatória para todos os trabalhadores e empregadores, nos termos da lei. E contribuição confederativa (inciso IV) – fixada por assembleia geral da categoria. Em se tratando de categoria profissional, será descontada em folha para custeio do sistema confederativo da representação sindical respectiva, independente da contribuição prevista em lei, obrigando, porém, somente os associados, cf. Súmula n. 666 do STF – art. 548, CLT;

e) liberdade sindical negativa (inciso V) – ninguém será obrigado a filiar-se, desfiliar-se ou manter-se filiado a sindicato;

f) participação do sindicato na negociação coletiva (inciso VI) – é obrigatória a participação do sindicato da categoria profissional;

g) aposentado (inciso VII) – tem direito a votar e ser votado nas organizações sindicais;

h) estabilidade sindical (inciso VIII) – é vedada a dispensa do trabalhador eleito para cargo de direção e representação sindical desde a candidatura até um ano após o final do mandato. Na CLT, art. 543.

"Art. 8º, parágrafo único: As disposições deste artigo aplicam-se à organização de sindicatos rurais e de colônias de pescadores, atendidas as condições que a lei estabelecer."

II – Direito de greve (art. 9º) – é assegurado, competindo aos trabalhadores deliberarem sobre a oportunidade e os interesses que devam por meio dele defender, observado: a) a lei disporá sobre as atividades essenciais e sobre o atendimento das necessidades inadiáveis da comunidade; b) os abusos cometidos sujeitam os responsáveis às penas da lei. Regulamenta a matéria a Lei n. 7.783/89. Ver Capítulo XXXIV deste Livro.

III – Representante dos trabalhadores nos colegiados públicos (art. 10) – assegurada no art. 10 a participação dos trabalhadores e empregadores nos colegiados dos órgãos públicos em que seus interesses profissionais ou previdenciários sejam objeto de discussão e deliberação.

IV – Representante dos empregados na empresa (art. 11) – nas empresas de mais de 200 empregados, é assegurada a eleição de um representante destes com a finalidade exclusiva de promover-lhes o entendimento direto com os empregadores.

5. DIREITOS FUNDAMENTAIS DO TRABALHO

Esta categoria de direitos, consequência do que se expôs, é protegida pelos instrumentos jurídicos próprios, como reparação moral e material, cessação das práticas ofensivas, ação penal, e restituição do *status quo ante*. Hector-Hugo Barbagelata denomina-os *princípios de direito do trabalho de segunda geração*, cf. conferência publicada no *Cadernos da AMATRA IV*, n. 7, abr./jun. 2008.

O valor do trabalho constitui um dos fundamentos da República (art. 1º, IV), um dos pilares da Ordem Econômica (art. 170) e o mancal da Ordem Social (art. 193). A lei nasce da necessidade de regular fatos. E, efetivamente, verifica-se uma tendência do mercado de trabalho ao esvaziamento da personalidade do trabalhador. Daí essa nova categoria de proteção.

Hoje, não se compra mais só o trabalho, mas todas as qualidades da pessoa. A ela são impostas condutas, estado civil, moda, limitações da locomoção, como no mundo artístico, do esporte, da moda e muitas outras atividades.

Como condições peculiares ao contrato, são cláusulas permitidas, desde que: a) não agridam a dignidade da pessoa; e b) o consentimento seja expresso. Interpretam-se restritivamente, e, na dúvida, em favor da pessoa.

A OIT, a partir das Convenções Internacionais do Trabalho ns. 87, 98, 100, 105, 111 e 138, sintetizou como princípios internacionais de Direito do Trabalho a *liberdade sindical* e livre negociação, a *eliminação do trabalho forçado*, a *eliminação do trabalho infantil* e o *fim da discriminação*.

Da Constituição de 1988, dentre muitos, podemos identificar os seguintes direitos fundamentais:

Respeito à vida e à integridade física — mediante normas de saúde, higiene e segurança do trabalho — art. 7º, XXII e XXIII, que se abordará no Capítulo Meio Ambiente do Trabalho.

Proibição de discriminação — de qualquer natureza e de qualquer origem, cfr. se deduz do Preâmbulo da Constituição, dos seus arts. 3º, 5º e 7º, bem assim da Convenção Internacional do Trabalho n. 111, promulgada pelo Brasil, a qual define discriminação:

a) qualquer distinção, exclusão ou preferência apoiada em motivos de raça, cor, religião, opinião política, ascendência nacional ou origem social, que tenha por efeito anular ou alterar a igualdade de oportunidade ou de trato no emprego e na ocupação;

b) qualquer distinção, exclusão ou preferência que tenha por efeito anular ou alterar a igualdade de oportunidades ou de trato no emprego ou ocupação, que poderá ser especificada pelo membro interessado depois de prévia consulta às organizações representativas de empregadores e de trabalhadores, quando ditas organizações existam, e a outros organismos apropriados.

a) do deficiente ou portador de necessidades especiais — vedada qualquer discriminação quanto aos salários e critérios de admissão — arts. 7º, XXXI, 24, XIV (competência concorrente da União, Estados, DF e Municípios para legislar sobre o tema), 37,

VIII (cota nos concursos públicos), e 227, § 2º (logradouros e edifícios de uso público e transporte coletivo adequados a deficientes), da CF; a Lei n. 7.853/89 e o Dec. n. 3.298/99 consolidam a legislação tutelar do deficiente.

O art. 93 da Lei n. 8.213/91 institui cotas no mercado de trabalho para os deficientes habilitados e os trabalhadores reabilitados: de 2% para empresas que tenham entre 100 e 200 empregados; 3% entre 201 e 500 empregados; 4% entre 501 a 1.000; e 5% de 1.001 em diante. A multa pelo descumprimento, cfr. art. 133 da Lei n. 8.213, varia de R$ 1.195,13 a R$ 119.512,33.

Para o setor público, o art. 37, VIII, determina que a lei reservará vagas no serviço público para deficientes. O Estatuto do Servidor Público, Lei n. 8.112/90, regulamenta essa matéria.

Cumpre definir o que é deficiente. O Prof. Marques de Lima (1997, 2000) pesquisou o assunto, expressando que:

> A Organização Mundial de Saúde estabeleceu a trilogia de elementos conceituadores de *deficiências*, os quais são: a) no plano físico, o *impedimento* (assim entendido como a perda ou anomalia de estrutura e função psicológica, fisiológica ou anatômica; b) no plano funcional, a *inabilidade* (compreendida por restrições ou falta de habilidade — resultante de *impedimento* — para desempenhar uma atividade dentro da escala considerada normal); e c) no plano social, a incapacidade (apontada como uma desvantagem para um certo indivíduo resultante de um impedimento ou deficiência que limite ou lhe impeça o desempenho de um papel considerado normal para o mesmo, dependendo da idade, sexo e fatores socioeconômicos).

Desse conceito, sobressaem elementos de natureza *moral* — valorização da pessoa humana; *social* — integração ou reintegração no meio social; *econômica* — reabilitação para um desempenho produtivo.

A Convenção n. 159 da OIT (promulgada pelo Decreto Legislativo n. 51/89) trata da matéria. O art. 3º do Decreto n. 3.298/99, considera:

> I — deficiência — toda perda ou anormalidade de uma estrutura ou função psicológica, fisiológica ou anatômica que gere incapacidade para o desempenho de atividade, dentro do padrão considerado normal para o ser humano;
>
> II — deficiência permanente — aquela que ocorreu ou se estabilizou durante um período suficiente para não permitir recuperação ou ter probabilidade de que se altere, apesar de novos tratamentos.

O art. 4º do referido Decreto classifica a deficiência em cinco categorias: física, auditiva, visual, mental e múltipla. O inciso I considera pessoa portadora de deficiência física a que se enquadra nas seguintes categorias:

> I — deficiência física — alteração completa ou parcial de um ou mais segmentos do corpo humano, acarretando o comprometimento da função física, apresentando-se sob a forma de paraplegia, paraparesia, monoplegia, monoparesia, tetraplegia, amputação ou ausência de membro, paralisia cerebral, nanismo, membros com deformidade congênita

ou adquirida, exceto as deformidades estéticas e as que não produzam dificuldades para o desempenho de funções.

Cumpre registrar que a deficiência, com a incapacitação para o trabalho ou a redução dessa capacidade, muitas vezes decorre de acidente de trabalho ou doença ocupacional. Nesses casos, a consequência imediata é a reparabilidade dos danos morais e materiais, bem como o direito à readaptação no trabalho.

A Lei n. 7.853/89 dispõe sobre o apoio às pessoas portadoras de deficiência, sua integração social, sob a Coordenadoria Nacional para Integração da Pessoa Portadora de Deficiência (CORDE), institui a tutela jurisdicional de interesses coletivos ou difusos dessas pessoas, disciplina a atuação do Ministério Público, define crimes e dá outras providências. A Lei n. 12.587/12 instituiu as diretrizes da Política Nacional de Mobilidade Urbana, garantindo ampla acessibilidade — "facilidade disponibilizada às pessoas que possibilite a todos autonomia nos seus deslocamentos desejados".

b) proibição de discriminação em virtude de sexo, idade ou estado civil — quanto aos salários, exercício de função e critério de admissão — art. 7º, XXX e Lei n. 9.029/95, que proíbe a exigência de atestado de gravidez e de esterilidade; as Leis ns. 7.437/85, 7.716/89, 9.263/96, 9.459/97; o art. 230 da CF e a Lei n. 10.741/03 (Estatuto do Idoso) proíbem o preconceito. Importante frisar que aqui entra em discussão o problema da diversidade sexual e da vedação de discriminação por este motivo. O Estatuto da Igualdade Racial, Lei n. 12.288/10, altera as Leis ns. 7.716, 7.347, 9.029 e 10.778 e destina-se a "garantirá população negra a efetivação da igualdade de oportunidades, a defesa dos direitos étnicos individuais, coletivos e difusos e o combate à discriminação e às demais formas de intolerância étnica". Os arts. 38 a 42 tratam das políticas públicas do trabalho em favor do negro. Nos arts. 60 a 63, altera as Leis ns. 7.716, para agravar os casos de discriminação por motivo racial, 9.029, para agravar as sanções de quem a descumprir; 7.347, para reverter o valor das condenações por discriminação coletiva ao fundo específico de apoio ao combate da discriminação racial, 10.778, para ampliar as hipóteses de violência contra a mulher, por motivo étnico-racial.

Marques de Lima (1997, p. 19), a propósito, demonstra a imbricação de toda a tipificação repressora da discriminação: a Lei n. 7.437/85 tipifica como contravenção os atos que impliquem preconceito de cor, de sexo ou de estado civil; a de n. 7.716/89 considera crime as práticas resultantes do preconceito de raça e de cor; a de n. 7.853/89 contempla os portadores de deficiência física; a de n. 9.454/97 acrescenta ao rol da de n. 7.716/89 o preconceito de etnia, religião ou procedência nacional; a de n. 9.029/95 proíbe atestado de gravidez, de esterilidade e outras formas de discriminação.

Liberdade ideológica — implicando que o empregado não pode ser constrangido a negar sua ideologia ou adotar a ideologia do seu empregador. É o que se deduz do art. 5º, VI e VIII. Aqui se inclui a liberdade política e outras.

Direito à intimidade e à privacidade — ou seja, as revistas corporais são proibidas; e o empregador, a princípio, não tem o direito de violar a intimidade nem de invadir a esfera da vida privada do trabalhador (art. 5º, X).

Sigilo — telefônico, de correspondência etc. Contudo, esse direito não deve ser exercido no sentido de causar dano a outrem. O empregado, p. ex., que faz mau uso de *e-mail* corporativo, assim entendido o que é utilizado no trabalho com equipamentos do empregador, está passível de punição disciplinar, podendo, inclusive, o empregador rastrear esse *e-mail*, ante indícios de uso que comprometa a imagem da empresa.

Liberdade de expressão, de *informação*, de *reunião*, de *associação* — art. 5º, IX, XIV, XVI, XVII, respectivamente, e todo o art. 8º.

Liberdade de arena — ou o direito de, sendo profissional de público, como artista, atleta, estar em cena e participar da renda do espetáculo. Isto coíbe as contratações só para o profissional não trabalhar.

Liberdade sexual — é crime o assédio sexual, cf. Lei n. 10.224/01, que acrescenta ao Código Penal o art. 216-A. Assim também, ninguém poderá censurar a opção sexual de ninguém, nem o trabalhador poderá ser discriminado por isso.

Respeito profissional — coíbe o assédio moral ou constrangimento psicológico, fato que deteriora o ambiente de trabalho e induz o trabalhador à depressão, ao desânimo e à demissão, cf. exporemos no capítulo XVII, 4.1.

Liberdade de planejamento familiar — repressão à prática de discriminar mulher em condições de procriar, mediante exigência de laqueadura etc. Lei n. 9.029/95.

Liberdade profissional e de trabalho — significando que todos são livres para escolher sua profissão, bem como ninguém pode trabalhar sob regime forçado (art. 5º, XIII e XLVII, *c*).

O fundamento legal dessa matéria encontra-se nos seguintes dispositivos: nos arts. 5º, IV, VI, VIII, 7º, I, XX e XXX, 8º e 226, da CF; art. 391 da CLT e em toda a legislação repressora da discriminação.

Enquadram-se nessa categoria os direitos da personalidade, de que tratam os arts. 11 a 21 do Código Civil, limitando os poderes disciplinar e de exigências do empregador, assim relacionados por Alice Monteiro de Barros:

a) proibição de cerceamento da liberdade religiosa e ideológica, salvo se o empregador é uma Organização de tendência;

b) proibição de interrogar o empregado (ou candidato ao emprego) sobre estado civil, cumprimento de deveres familiares (cuidado dos filhos, pagamento de pensões);

c) vedação de exigir ou proibir matrimônio entre pessoas que trabalham na mesma empresa ou em empresas concorrentes;

d) proibido exigir matrimônio do trabalhador com a pessoa com quem ele vive;

e) proibido indagar sobre a realização de aborto;

f) é vedado indagar sobre gravidez.[7]

---

(7) BARROS, Alice Monteiro de. *Proteção à intimidade do empregado*. São Paulo: LTr, 1997. p. 107-117 e 117-131.

Contudo, são pertinentes, quando tiverem implicação direta na relação de emprego, as indagações sobre aspectos pessoais como hábitos de consumir álcool, drogas e praticar jogos de azar; cumprimento de obrigações ordinárias, como não saldar as dívidas (uma das Turmas do TST considerou válida a Consulta ao SPC e ao SERASA como condição de contratação), conduta sexual, antecedentes penais; conquanto o trabalhador não esteja obrigado a responder, por dizerem respeito à sua vida privada.

6. TRABALHO ESCRAVO

Trata-se de uma das mais sérias agressões aos direitos humanos, por ferir os princípios da liberdade, da dignidade, da igualdade, dos direitos sociais etc., de ordem nacional e internacional. Constitui uma das preocupações mais antigas e atuais da OIT. A prática da escravidão fere o princípio basilar emanado da Declaração Universal dos Direitos do Homem, proclamados pela ONU em 1948, das Convenções da OIT, o da *liberdade profissional* e de trabalho (todos são livres para escolher sua profissão e para não trabalhar sob regime forçado).

A matéria gera discussões conceituais, como, p. exemplo, a diferença entre "trabalho forçado", "trabalho reduzido a condição análoga à de escravo", "trabalho degradante".

Como hoje não existe mais a escravidão institucionalizada, a lei denomina "trabalho sob condição análoga à de escravo" e "trabalho forçado". A Convenção n. 29 da OIT, define trabalho forçado como sendo *todo trabalho ou serviço exigido de uma pessoa sob ameaça de sanção e para o qual não se tenha oferecido espontaneamente*. Degradante e trab. Sob condição análoga.

Por fim, é proibido o trabalho degradante, assim entendido aquele que priva o trabalhador de sua dignidade, que o desconsidera como sujeito de direitos, que o rebaixa e prejudica, ou em face de condições adversas corrói sua saúde.

Nem sempre o trabalhador sob essa condição tem consciência de que está escravizado. É que ele vem de tão longe, de uma vida tão sofrida, é de muito boa-fé, que acha normal a exigência que lhe fazem de pagar uma dívida forjada. Por outro lado, nem toda irregularidade pode resvalar na tipificação do trabalho escravo.

Quem é o escravo? Responde o Fórum Social Mundial de 2003: "São nordestinos inexistentes, aí entendidas aquelas pessoas que não possuem registro civil, hansenianos, prostitutas, mulheres, índios, crianças pobres de qualquer etnia, portadores de deficiências e imigrantes clandestinos", diz Marinalva Cardoso Dantas; "são aquelas pessoas que estão marcadas desde o nascimento, estão condenadas desde o nascimento a perpetuar o abismo que existe na nossa estratificação social, separando, de um lado, o proprietário de terras e, do outro, o trabalhador", diz Loris Rocha Pereira Júnior.

Quem escraviza? É o capital insensível e desumano. A globalização é que produz este resultado, averba Roberto de Figueiredo Caldas. (*Anais da Oficina Trabalho Escravo, Uma chaga aberta, do Fórum Social Mundial*).

As causas são a miséria e a falta de políticas públicas de inclusão social, pois a falta de emprego e a fome ainda não têm perspectiva de recuo. Tanto que o maior problema do combate ao trabalho escravo é a recorrência, pessoas resgatadas que, ao retornarem para a terra natal, encontram o vazio de perspectivas, e novamente se aventuram às condições subumanas de trabalho.

Conquanto seja reprimido, há quem se aproveite da fome, da miséria e da falta de emprego para escravizar pessoas, principalmente no meio rural, presenciado no Meio-Norte, Norte e Centro-Oeste do Brasil. É a escravidão branca, pior do que a negra, porque nesta o escravo era comprado a elevado preço e bem alimentado para produzir e manter o seu valor de mercado. Esses trabalhadores são aliciados por gatos (aliciadores) nas regiões pobres do Nordeste e levados para o cativeiro nas grandes fazendas e madeireiras ilegais, sob ilusórias promessas(8).

O transporte deles é precário, por caminhos difíceis, sob fome e frio, para o local de trabalho interno a distâncias de mais de cem quilômetros da cidade. Chegando lá, constatam que já devem a despesa da viagem, sua liberdade foi conspurcada, os alojamentos são precários, sem instalações sanitárias e água potável, o alimento é ruim, caro e por sua conta, o salário é irrisório... e a dívida vai crescendo. E não podem mais sair porque estão devendo. Fugir, nem pensar! Não conhecem o local, a cidade é distante e um cinturão de jagunços faz a segurança da fazenda. Como no entorno do mal só o mal se reproduz, a prostituição, o trabalho escravo infantil e a degradação dos valores campeiam.

Esse é o trabalho degradante mais notado e combatido. Porém, já é tempo de se acordar para o trabalho escravo urbano, dos estrangeiros não legalizados no País, ou de prostituição, ou o trabalho sob as formas de subterceirização etc.

6.1. Legislação — a Convenção n. 29 da OIT proíbe o trabalho forçado, a n. 95, promulgada pelo Brasil, veda a prática do endividamento do trabalhador.

O art. 5º da CF veda essa prática nos incisos II ("ninguém será obrigado a fazer ou deixar de fazer alguma coisa senão em virtude de lei"), III ("ninguém será submetido a tortura nem a tratamento desumano ou degradante"), XIII (liberdade de exercício profissional, aí compreendido o direito de não trabalhar) e XLVII, *c* (proibição de pena de trabalho forçado).

O art. 186 da CF preceitua que a função social da propriedade é verificada, dentre outros itens, pela "observância das disposições que regulam as relações de trabalho", no caso, a CLT e a Lei do Trabalho Rural. Logo, a propriedade em que se verifica trabalho escravo deixa de cumprir sua função social. A Lei n. 8.629/93 já prevê a *desapropriação* da propriedade que não cumprir sua função social, mas desapropriação requer pagamento.

A EC n. 81/2014 alterou o art. 243 da Constituição, que passou a vigorar com a seguinte redação:

> Art. 243. As propriedades rurais e urbanas de qualquer região do País onde forem localizadas culturas ilegais de plantas psicotrópicas ou a exploração de trabalho escravo na forma da lei serão expropriadas e destinadas à reforma agrária e a programas de habitação popular,

(8) PARO, Walter Roberto. Trabalho forçado e a justiça do trabalho. *Revista do Tribunal Regional do Trabalho da 8ª Região*, v. 36, n. 70, p. 101/112, jan./jun. 2003.

sem qualquer indenização ao proprietário e sem prejuízo de outras sanções previstas em lei, observado, no que couber, o disposto no art. 5º.

Parágrafo único. Todo e qualquer bem de valor econômico apreendido em decorrência do tráfico ilícito de entorpecentes e drogas afins e da exploração de trabalho escravo será confiscado e reverterá a fundo especial com destinação específica, na forma da lei.

Logicamente, a partir dessa norma constitucional, haverá necessidade de definição por lei específica do que seja trabalho escravo, porque os tipos legais atuais são difusos e imprecisos.

Toda a CLT é repressora das condutas infringentes da relação de emprego. Estabelece multa por conduta ilegal e por trabalhador em situação irregular. Multa pela falta de registros na CTPS, pelo não pagamento de salário mínimo, pela jornada excessiva, pela falta dos repousos e das férias etc.

O Código Penal tutela o bem jurídico por meio de vários tipos legais. O art. 149 tipifica o trabalho sob condição análoga à de escravo; o art. 197 considera crime constranger alguém, mediante violência ou grave ameaça, a exercer ou não exercer arte, ofício, profissão ou indústria, ou a trabalhar ou não trabalhar; o 198 incrimina "constranger alguém, mediante violência ou grave ameaça, a celebrar contrato de trabalho"; o 203 tipifica "frustrar, mediante fraude ou violência, direito assegurado por legislação do trabalho"; o § 1º desse artigo sanciona igualmente quem retém documentos do trabalhador ou o obriga a adquirir mercadorias, com o fim de impedir o desligamento do trabalho; o 207 apanha o gato, aquele que alicia trabalhadores com o fim de levá-los de uma parte para outra localidade do território nacional.

A Lei n. 10.803/03 deu a seguinte redação ao art. 149 do Código Penal: "Reduzir alguém a condição análoga à de escravo, quer submetendo-o a trabalhos forçados ou a jornada exaustiva, quer sujeitando-o a condições degradantes de trabalho, quer restringindo, por qualquer meio, sua locomoção em razão de dívida contraída com empregador ou preposto: Pena: Reclusão, de 2 a 8 anos, e multa, além de pena correspondente à violência".

"§ 1º Nas mesmas penas incorre quem: I — cerceia o uso de qualquer meio de transporte por parte do trabalhador, com o fim de retê-lo no local de trabalho; II — mantém vigilância ostensiva no local de trabalho ou se apodera de documentos ou objetos pessoais do trabalhador, com o fim de retê-lo no local de trabalho.

§ 2º A pena é aumentada de metade, se o crime é cometido: I — contra criança ou adolescente; II — por motivo de preconceito de raça, cor, etnia, religião ou origem."

6.2. Caracterização do trabalho escravo — Denise Lapolla de Paula Aguiar critica a amplitude do conceito penal de trabalho escravo, por englobar situações que são meras infrações à lei trabalhista, com as sanções ali previstas. Assim, considera trabalho escravo quando presentes as seguintes situações: a) restrição de locomoção do trabalhador por motivo de dívida; b) cerceio de uso de meio de transporte para reter o trabalhador no local de trabalho; c) vigília ostensivamente contra fuga do trabalhador; d) retenção de documentos para impedir que o trabalhador se evada. (A servidão por dívidas e o princípio da dignidade humana. Apontamentos sobre trabalho escravo, forçado e degradante. *Revista Synthesis*, n. 42/06, p. 11).

6.3. Grupo Móvel de combate ao trabalho escravo — o Decreto n. 1.538/95 institui o GERTRAF — Grupo Executivo de Repressão ao Trabalho Forçado. Essa força-tarefa, com o apoio da Polícia Federal, tem por finalidade resgatar trabalhadores submetidos a trabalho escravo. Comandado pelo Ministério do Trabalho e Emprego, a Comissão Especial do Conselho de Defesa dos Direitos da Pessoa Humana elaborou, através da Resolução n. 5/02, o Plano Nacional para a Erradicação do Trabalho Escravo. Por fim, o GAETE — Grupo de Apoio à Erradicação ao Trabalho Escravo.

Compete ao Grupo Móvel: a) elaborar, implementar e supervisionar programa integrado de repressão ao trabalho forçado; b) coordenar a ação dos órgãos competentes para a repressão ao trabalho forçado, indicando as medidas cabíveis; c) articular-se com a Organização Internacional do Trabalho — OIT e com os Ministérios Públicos da União e dos Estados, com vistas ao exato cumprimento da legislação; d) propor os atos normativos que se fizerem necessários à implantação do Programa previsto na letra *a*.

Movido por denúncias chegadas ao Ministério do Trabalho, Ministério Público do Trabalho, Pastoral da Terra etc., o Grupo Móvel interrompe cada nicho de trabalho escravo identificado. Esse grupo se dirige ao local indicado, com todo o aparato de Carteiras de Trabalho, documentos de autuação trabalhista, previdenciária e penal. Feito o "estouro", identificam o fazendeiro, os administradores e os que atuam diretamente na prática ilegal; as CTPS são emitidas incontinenti, determinados os registros, calculadas as verbas trabalhistas e as contribuições sociais. Tudo será pago no ato.

Para inclusão social do resgatado e evitar ou adiar as reincidências de escravização, o resgatado será encaminhado para qualificação profissional e recolocação no mercado de trabalho por intermédio do SINE, com três meses de seguro-desemprego, no valor de um salário mínimo cada (art. 2º da Lei n. 7.998/90, alterado pela Lei n. 10.608/2002).

O Ministério Público do Trabalho integrou-se a esse movimento e a Justiça do Trabalho tem encaminhado órgãos das Varas do Trabalho para tomar as reclamações trabalhistas no local, onde instruem e julgam os processos. É um trabalho integrado, eficiente e digno dos maiores elogios.

Capítulo IV

Fontes Formais do Direito do Trabalho

1. CONCEITO

Fonte, segundo seu próprio sentido etimológico, significa origem, procedência. É empregada para indicar tudo de onde procede alguma coisa, onde ela se funda e tira a razão de ser, ou todo fato que dá nascimento a outro, afirma De Plácido e Silva.

Fontes do Direito – assim se diz do texto em que se funda o Direito ou dos elementos subsidiários que possam formular e esclarecer. Autor *supra*.

2. CLASSIFICAÇÃO

Fontes materiais e fontes formais. As materiais são os fatos sociais, a sedimentação histórica, a força viva da sociedade. As formais são a lei no sentido amplo e o contrato, neste o individual, incluído o regulamento de empresa, e o coletivo.

A classificação das fontes formais em primárias e secundárias é hoje condenada pela doutrina. E com muita razão, dada a dificuldade de estabelecer-se o limite do que é primário e do que é secundário. Diz-se, por exemplo, que a fonte formal primária é a lei e o contrato, reservando-se ao costume, à analogia, à equidade, à jurisprudência, à doutrina e aos princípios a condição de secundárias. Na verdade, esse critério é falho. Basta dizer que o costume, a rigor sociológico, é uma fonte primária, e os princípios passaram no Pós-Positivismo à condição de norma jurídica primordial.

3. FONTES FORMAIS DO DIREITO DO TRABALHO

Diz-se formal por estar formalizada ou expressa na própria lei. No Direito Comum, vige a regra do art. 4º da Lei de Introdução ao Direito Brasileiro: "Quando a lei for omissa, o juiz decidirá o caso de acordo com a analogia, os costumes e os princípios gerais de direito". Já no Direito do Trabalho o leque de opções do juiz é maior e sem hierarquia entre os instrumentos de suplementação da norma, cf. se lê no art. 8º da CLT:

> As autoridades administrativas e a Justiça do Trabalho, na falta de disposições legais ou contratuais, decidirão conforme o caso, pela jurisprudência, por analogia, por equidade e outros princípios e normas gerais de direito, principalmente do direito do trabalho, e, ainda, de acordo com os usos e costumes, o direito comparado, mas sempre de maneira que nenhum interesse de classe ou particular prevaleça sobre o interesse público.
>
> Parágrafo único. O direito comum será fonte subsidiária do direito do trabalho, naquilo em que não for incompatível com os princípios fundamentais deste.

Fonte formal subsidiária – na omissão da lei trabalhista, o direito comum será aplicado subsidiariamente. Diz-se o "direito comum", e não a "lei do direito comum". Constitui fonte subsidiária e condicionada. Subsidiária no sentido de que só se recorre a ela quando o Direito Obreiro for omisso. Condicionada em dois sentidos: onde não for incompatível com os princípios do Direito do Trabalho; e quando aplicada subsidiariamente sofre adaptações. Por exemplo: a capacidade é matéria do milenar Direito Civil. Os conceitos de culpa, dolo, furto, imputabilidade encontram-se no Direito Penal, mas transpostos para o direito trabalhista sofrem adaptações.

Esse dispositivo traz, ao mesmo tempo, as fontes, a hierarquia e os meios de integração e aplicação do Direito do Trabalho. É mais rico do que o art. 4º da LICC e mais aberto, ao não estabelecer precedência no emprego das fontes secundárias. Essa regra, somada à do art. 765, confere ao juiz do trabalho o potencial para realizar os objetivos do Direito do Trabalho prenunciados na Exposição de Motivos da CLT, mediante a prática de um *Processo de modelo Socialista*, cujos focos principais são de provas reais e do juiz proativo.

Aqui, a lei e o contrato despontam como fontes formais primárias, enquanto a jurisprudência, a analogia, a equidade, os princípios de Direito do Trabalho, os princípios gerais de direito, os usos e costumes e o direito comparado figuram como fontes formais secundárias.

Por **lei**, entenda-se toda espécie de normas de produção estatal, desde a Constituição até as Portarias ministeriais e as sentenças normativas da Justiça do Trabalho. E na expressão **contrato** compreendem as disposições do contrato individual, do Regulamento de Empresa, e as cláusulas dos instrumentos de negociação coletiva do trabalho.

Russomano averba que as fontes secundárias trabalhistas têm dois efeitos: a) efeito integrante, ante os casos não previstos na lei; b) efeito interpretativo, quando ajudam o hermeneuta a definir o sentido e o alcance da lei.

Jurisprudência – a doutrina reluta em aceitar a jurisprudência como fonte formal do Direito, dado não vincular o juiz, que pode julgar contra jurisprudência até da Suprema Corte, salvo a súmula vinculante. Ressalte-se, porém, que, na prática, a jurisprudência influencia as decisões seguintes e particularmente no Direito do Trabalho: muitos direitos hoje pacificamente aceitos tiveram criação jurisprudencial, além da inclusão das Súmulas do TST como condição de recebimento de recurso de revista, e das Orientações Jurisprudenciais, que orientam os julgamentos de todas as instâncias e vinculam o próprio TST, o que lhes imprime caráter de fonte de direito. A súmula vinculante do STF (art. 103-A da CF, regulamentado pela Lei n. 1.417/06), e o art. 518, § 1º, do CPC, com a redação dada pela Lei n. 11.276/06, que trata da súmula impeditiva de recurso, reforçam esta tese.

Analogia — não constitui fonte formal, mas sim meio de integração do Direito. Consiste em uma operação lógica pela qual, na omissão da lei, aplica-se, à apreciação da relação jurídica, norma jurídica semelhante (Aluysio Sampaio). Divide-se em duas espécies: analogia *legis* e analogia *juris*. A primeira consiste na simples transposição do dispositivo de um caso previsto para outro não previsto; a segunda consiste em uma operação complexa de busca da solução nos princípios jurídicos que do sistema positivo extraem-se.

Equidade — tem dupla função, ora como meio de integração da norma, ora como recurso interpretativo. No Direito do Trabalho assume importância ímpar, porque, como dizia Castro Nunes, o Direito do Trabalho é por natureza equitativo. Aristóteles distinguia a justiça geral da justiça particular: a primeira é a justiça do Estado, representada na lei; a segunda é a justiça do juiz, obtida pela equidade. A primeira compara-se a uma régua indobrável, feita para superfícies planas; a segunda, uma régua dobrável, para medir superfícies acidentadas.

A equidade classifica-se basicamente em: *secundum legis* (= de acordo com a lei), *praeter legis* (= vai além da lei) e *contra legem* (= contra a lei). O Direito Comum só admite a primeira; o Direito do Trabalho admite a primeira e a segunda. Existem ainda a equidade confessional (= ideológica) e a cerebrina (= extraída de mentes criativas), que não encontram abrigo no Direito.

Ao contrário do direito comum, que só admite que o juiz julgue por equidade nos casos expressos em lei, cf. art. 127 do CPC, o Direito do Trabalho, além de autorizar expressamente o seu emprego, o art. 852-I, § 1º, o confirma:

> *O juízo adotará em cada caso a decisão que reputar mais justa e equânime, atendendo aos fins sociais da lei e às exigências do bem comum.*

Princípios gerais do Direito — veremos adiante que os princípios, na superação do dualismo direito natural x direito positivo, assumiram a qualidade de norma, constituindo a fonte formal por excelência e situados no topo da hierarquia das normas.

4. HIERARQUIA DAS FONTES

Orlando Gomes e Elson Gottschalk lecionam que há duas espécies de fontes: as imperativas e a voluntária. A voluntária é a vontade dos contratantes na fixação das cláusulas e tem seu limite nas fontes imperativas. Estas penetram nas disposições contratuais independentemente da vontade das partes.

Assim podem ser desdobradas as fontes em:

— fontes de produção estatal — lei em sentido amplo;

— fontes de produção profissional — contrato coletivo do trabalho, convenção coletiva de trabalho, acordo coletivo do trabalho e regulamento de empresa e contrato;

— fontes de produção mista — sentença normativa, laudo arbitral coletivo;

— fontes de produção internacional — Convenções Internacionais do Trabalho, Recomendações Internacionais do Trabalho, Declarações Internacionais do Trabalho, oriundos da Organização Internacional do Trabalho; outros instrumentos oriundos de tratados internacionais.

Daí a seguinte hierarquia formal das fontes:

a) havendo conflito entre as fontes imperativas e as voluntárias, prevalecem aquelas;

b) havendo conflito entre as fontes imperativas de produção estatal e as de produção internacional, prevalecem as que melhor se adaptem ao caso;

c) havendo conflito entre as fontes de produção estatal imperativas e as fontes de produção mista, prevalecem as primeiras;

d) havendo conflito entre as fontes de produção mista e as de produção profissional pura, prevalecem as segundas, cf. § 2º do art. 114 da CF, *in fine*;

e) havendo conflito entre as normas oriundas da fonte profissional pura (usos e costumes, regulamento de empresa, instrumento de negociação coletiva), prevalecem as de âmbito mais generalizado.

Dessa exposição, fixa-se assim a hierarquia formal da norma trabalhista, de cima para baixo: Constituição e tratado, inclusive as Convenções Internacionais do Trabalho, ratificado por 3/5 do Congresso Nacional em dois turnos > Normas infraconstitucionais imperativas > Contrato coletivo, Convenção coletiva e Acordo Coletivo de Trabalho > Sentença Normativa > Regulamento de Empresa e Contrato Individual > Usos e Costumes. No conceito de **normas** compreendem os **princípios de direito**, os quais, aliás, estão acima das regras, como se verá adiante. O art. 619 da CLT comina de nulidade absoluta disposição contratual que contrarie normas de Acordo ou Convenção Coletiva de Trabalho; e o art. 620 situa as normas do Acordo acima das da Convenção, salvo se as da Convenção forem mais favoráveis.

Esse é o esquema de hierarquia formal e de solução dos conflitos entre as normas. Porém, considerando o caráter protecionista do Direito Obreiro, no mais das vezes não deve ser observado na prática, porque um dos princípios basilares do Direito do Trabalho é o da norma mais favorável ao trabalhador no caso de mais de uma norma aplicável. Isso por imperativo do art. 7º da CF, que, ao relacionar os direitos dos trabalhadores, diz: "*... além de outros que, nos termos da lei, visem à melhoria de sua condição social*".

Amauri Mascaro Nascimento entende que se estabelece a hierarquia das normas trabalhistas segundo o critério teleológico. Admite o emprego do princípio da norma mais favorável ao trabalhador, com exceção das normas proibitivas do Estado, as quais não podem ser melindradas, como é o caso das que proíbem aumentos salariais acima dos índices determinados pelo Governo.

5. CONFLITOS DE NORMAS E SOLUÇÕES

As antinomias ou conflitos de normas ocorrem no plano formal e no material: no enunciado, na seção da lei, na lei, entre a lei especial e a geral, entre a lei e um sistema, entre a lei e a Constituição, entre a lei e o sistema de valores.

Chamam-se antinomias *solúveis* ou *aparentes* aquelas que são ou podem ser dirimidas mediante a aplicação dos critérios básicos de solucionamento da incompatibilidade normativa (o hierárquico, o da especialidade e o cronológico). O hierárquico designa que a norma superior prevalece sobre a inferior; a lei especial afasta a geral; e a nova revoga a antiga. O conflito de leis, quanto à especialidade e à cronologia, é solucionado de acordo com o art. 2º da LIDB, §§ 1º e 2º:

> § 1º A lei posterior revoga a anterior quando expressamente o declare, quando seja com ela incompatível ou quando regule inteiramente a matéria de que tratava a lei anterior.
>
> § 2º A lei nova, que estabelece disposições gerais ou especiais a par das já existentes, não revoga nem modifica a lei anterior.

Na verdade, nos casos *supra*, as antinomias são apenas ***aparentes***, pois em tais situações o sistema jurídico oferece critérios claros, positivos e normativos de dissipação. Por sua vez, dizem-se ***reais*** as antinomias para as quais não há, no ordenamento, regras normativas de solução[9]. As antinomias aparentes também denominam-se de primeiro grau. A questão resolve-se no plano da validade: uma regra revoga a outra.

Mas o conflito de princípios ou antinomia de segundo grau, típico entre normas da Constituição, é diferente, posto que eles têm validade paralela e, *a priori*, igual hierarquia (em face do princípio da unidade da Constituição). Um de mesma categoria não revoga o outro. Então, resolve-se o conflito de princípios de direito mediante o critério valorativo. Resolve-se no plano axiológico. A escolha do princípio dá-se pelo critério da relevância, da ponderação de valores, de modo que se atribua validade a ambos os princípios conflitantes, encontre-se a justa medida para que o emprego de um não suplante o outro[10].

Diz A. M. Nascimento que não há conflito de normas trabalhistas, mas sim vigência paralela, uma completando a outra, e a mais favorável afastando a menos favorável — acrescentamos.

(9) FERRAZ JR., Tércio Sampaio. *Introdução ao estudo do direito:* técnica, decisão, dominação. 2. ed. São Paulo: Atlas, 1995. p. 211.

(10) BONAVIDES, Paulo. *Curso de direito constitucional.* 10. ed. São Paulo: Malheiros, 2002. p. 253/254.

Capítulo V

Hermenêutica Trabalhista

1. INTERPRETAÇÃO

No princípio é o caos. Interpretar é pôr em ordem. O legislador joga o instrumento legal no espaço normativo, sem preocupação sistêmica. Cabe ao intérprete colocá-lo em órbita, no justo equilíbrio do sistema jurídico. Isto porque o ato de legislar é empírico, enquanto o de interpretar é científico.

O Direito do Trabalho foi positivado quando já esfriara a contenda entre as diversas escolas, quando já saíra vitoriosa a repulsa ao fetichismo legal e à plenitude lógica dos códigos, diz Alípio Silveira(11).

A interpretação das normas trabalhistas faz-se, orientada pelo método teleológico, segundo os arts. 5º da LIDB e 8º da CLT.

Catharino leciona que a "norma trabalhista pode ser estendida até os limites da sua própria finalidade, fundamentalmente social". E, por ser especial, comporta, também, exegese específica, resumida em duas regras básicas: a) restrinja-se o desfavorável e amplie-se o favorável; b) na dúvida, em favor do assalariado. Destaca ainda a importância da equidade(12).

2. MÉTODOS APLICÁVEIS AO DIREITO DO TRABALHO

Parte da doutrina sustenta que se devem empregar os métodos sociológicos, com preocupação centrada na melhor solução do conflito, sem, contudo, desaguar no direito livre. Amauri M. Nascimento entende que "o direito do trabalho deve ser interpretado segundo a jurisprudência axiológica ou de valores"(13).

Para Russomano: "A lei trabalhista aplicável ao caso deve ser interpretada e aplicada não apenas dentro dos processos estritamente jurídicos de análise dos textos, mas,

(11) *Hermenêutica no direito brasileiro*. São Paulo: Revista dos Tribunais, 1968. v. II, p. 466.
(12) CATHARINO, José Martins. *Compêndio de direito do trabalho*. São Paulo: Saraiva, 1981. v. I, p. 93 e 94.
(13) *Curso de direito do trabalho*. São Paulo: Saraiva, 1981. v. I, p. 196/197.

também, sob a influência do chamado critério sociológico. É esse método que nos revela os aspectos econômicos, políticos e sociais que se escondem por detrás dos fenômenos jurídicos da vida trabalhista" (*Comentários à CLT*, no caso, ao art. 8º).

Na verdade, repudia-se a servidão a qualquer escola. Todos os métodos e técnicas são úteis e necessários à interpretação da lei para a solução do conflito, no sentido que a atualidade requer, mas não como dogmas. Contudo, as nuanças de natureza sociológica e valorativa devem conduzir a interpretação do Direito do Trabalho, em face da proeminência dos fatos em sua base constitutiva e dos seus fins sociais.

Délio Maranhão opina que se aplica ao Direito do Trabalho o mesmo critério empregado em relação ao Direito em geral, não admitindo interpretação especial[14]. Mas a doutrina dominante é no sentido de que o Direito do Trabalho comporta interpretação própria. Mário de La Cueva entende que a interpretação do Direito do Trabalho consiste em julgá-lo de acordo com a sua natureza, e que a exegese é especial porque as fontes formais, ao contrário do Direito Civil, não servem só para cobrir lacunas da lei, mas para melhorá-las em benefício dos trabalhadores.

Orlando Gomes e E. Gottschalk discriminam várias particularidades que justificam a interpretação especial do Direito do Trabalho:

a) aceita-se aditamento da petição inicial em audiência (salvo no processo de rito sumaríssimo);

b) acata-se o princípio *in dubio pro misero*;

c) nos dissídios coletivos prevalecem os critérios de equidade e oportunidade econômica;

d) a equidade tem ampla aplicação também nos dissídios individuais; e

e) os usos e costumes, como prática de dar gratificações, ganham coercitividade.[15]

Acrescentamos as seguintes:

a) o princípio da autodeterminação coletiva e o da substituição automática das cláusulas contratuais no Direito do Trabalho relativizam a autonomia individual de contratar;

b) de regra, os direitos trabalhistas são irrenunciáveis;

c) a hierarquia das normas trabalhistas firma-se segundo o critério valorativo, de sorte que sobe ao ápice da pirâmide a norma que se mostrar mais favorável; a mesma norma desce à base quando se mostrar menos benéfica;

d) o princípio protetor é de direito material e processual, atuando em todas as suas fases, desde a análise das provas até a interpretação das normas;

(14) *Direito do trabalho*. Rio de Janeiro: FGV, 1981. p. 30, e em SÜSSEKIND; Arnaldo; VIANNA, Segadas (coords.). *Instituições de direito do trabalho*. Rio de Janeiro: Freitas Bastos, 1963. v. I, p. 227.

(15) *Curso de direito do trabalho*. Rio de Janeiro: Forense, 1980. v. I, p. 48 e 49.

e) o Direito do Trabalho deve ser interpretado como um fator de promoção da justiça social e de aprimoramento da condição social do trabalhador.

3. INTEGRAÇÃO E APLICAÇÃO DO DIREITO DO TRABALHO

A integração das normas do Direito do Trabalho se faz de acordo com o art. 8º da CLT, segundo o qual as autoridades administrativas e a Justiça do Trabalho, na falta de disposições legais ou contratuais (a), decidirão, conforme o caso (b), pela jurisprudência, por analogia (c), por equidade (d), e por outros princípios e normas gerais de direito, principalmente de Direito do Trabalho, e ainda de acordo com os usos e costumes, o direito comparado, mas sempre de maneira que nenhum interesse de classe ou particular prevaleça sobre o interesse público (e).

O direito comum será fonte subsidiária do Direito do Trabalho, naquilo em que não for incompatível com os princípios fundamentais deste. É fonte formal primária supletiva. Dissecando o parágrafo anterior, a integração com as fontes formais secundárias, temos que:

a) Primeiro, **a lei e o contrato**, aqui incluídas as normas oriundas das negociações coletivas e o regulamento da empresa. As normas da Convenção Coletiva e do Acordo Coletivo substituem as do contrato individual (art. 619, CLT), salvo se este for mais benéfico; e as do Acordo Coletivo prevalecem sobre as da Convenção, salvo se estas forem mais benéficas.

b) **Conforme o caso**, na falta da lei e do contrato, serão aplicadas a analogia, a jurisprudência, a equidade etc. Significa que não há hierarquia formal entre os meios integrativos declinados. Esses meios integrativos são dispostos de forma modulada e não fixa. A hierarquia que se estabelece é de natureza valorativa, caso a caso, de maneira que, em uma questão, a jurisprudência revela-se melhor, em outro, a equidade etc.

c) **Analogia** — deve ser entendida nas duas versões: analogia *legis* e analogia *juris*, cf. Capítulo anterior.

d) **A equidade** — como está no texto, entenda-se no sentido de instrumento de integração das lacunas da lei, pois como recurso interpretativo ela se faz presente em todos os momentos da aplicação da lei, cf. Capítulo anterior.

e) **Limites da interpretação** — conquanto seja concedido um leque de opções com as quais a autoridade possa operar com certa liberdade, esbarra sempre no seguinte: "*mas sempre de maneira que nenhum interesse de classe ou particular prevaleça sobre o interesse público*". Em relação ao Processo do Trabalho, a liberdade do magistrado expressa-se no art. 765: "Os Juízos e Tribunais do Trabalho terão ampla liberdade na direção do processo e velarão pelo andamento rápido das causas, podendo determinar qualquer diligência necessária ao esclarecimento delas", e no § 1º do art. 852-I encontra-se que "O juízo adotará em cada caso a decisão que reputar mais justa e equânime, atendendo aos fins sociais da lei e às exigências do bem comum".

f) **As relações de trabalho que não emprego** — EC n. 45/2004 ampliou a competência da Justiça do Trabalho para todas as outras relações de trabalho. Lógico que a estas aplicam-se as normas do direito comum que as rege. Contudo, quando o juiz verificar que o trabalhador está em condição inferior, como no caso dos parassubordinados, deve invocar o princípio protetor.

4. EFICÁCIA DAS NORMAS TRABALHISTAS NO TEMPO E NO ESPAÇO. REVOGAÇÃO

O art. 5º, § 1º, da CF abriga o princípio do efeito imediato das normas definidoras dos direitos e garantias fundamentais. A eficácia da lei em geral, no tempo e no espaço, obedece ao disposto no art. 2º, *caput* e § 1º, da LIDB:

> Não se destinando a vigência temporária, a lei terá vigor até que outra a modifique ou revogue.
>
> § 1º A lei posterior revoga a anterior quando expressamente o declare, quando seja com ela incompatível ou quando regule inteiramente a matéria de que tratava a lei anterior.

Princípio do efeito imediato — por esse princípio, as regras novas regem todos os atos ainda não consumados do contrato em curso e dos futuros. Assim, se até a data de pagamento do 13º salário sobrevier alteração do valor, é este que deve ser pago.

A norma trabalhista entra em vigor na data de sua publicação ou na data indicada. E é revogada expressa ou tacitamente por outra quando esta o faz textualmente, quando disciplina totalmente a matéria ou quando for com ela incompatível. A revogação apenas parcial também é denominada derrogação.

Princípio da territorialidade — compete à União legislar sobre Direito do Trabalho e as normas vigem no espaço territorial que mencionam, aplicando-se a nacionais e estrangeiros. Trata-se de uma questão de soberania nacional. A Súmula n. 207 do TST dizia que a relação jurídica trabalhista é regida pelas leis vigentes no país da prestação do serviço, e não pelas do local da contratação, mas foi cancelada em abril/12. Ver Capítulo XXXVI. No item 4 do Cap. XXXVII tratamos da aplicabilidade da lei brasileira a trabalhadores brasileiros transferidos para o estrangeiro ou contratados no Brasil para prestar serviço no exterior, cf. Lei n. 7.064/82, com art. 1º alterado pela Lei n. 11.962/09.

As normas oriundas de tratados internacionais e de Convenções Internacionais do Trabalho promulgados pelo Brasil, por maioria de 3/5 dos votos do Congresso em dois turnos, gozam da mesma hierarquia de Emenda Constitucional, cf. art. 5º, § 3º, CF.

As normas decorrentes de negociação coletiva terão vigência pelo prazo que estipulam e no âmbito territorial das respectivas entidades sindicais. As de origem nos contratos individuais e nos regulamentos de empresa vigem no âmbito territorial da empresa. Ver o princípio *da norma + favorável.* As sentenças normativas vigem durante o período nela indicado e no âmbito territorial das entidades sindicais em dissídio.

É vedada a repristinação, ou seja, a lei revogada não se restaura por ter a lei revogadora perdido vigência.

5. IRRETROATIVIDADE

Por esse princípio, a lei trabalhista nova não se aplica aos contratos de trabalho já terminados, nem aos atos jurídicos já consumados nos contratos de trabalho em curso no dia do início de sua vigência. Mas as melhorias ingressam imediatamente nos contratos individuais vigentes.

Entretanto, a sentença normativa cuja eficácia retroaja à data-base ou à de seu ajuizamento aplica-se aos contratos findos em relação ao período de vigência do contrato. Digamos que a data-base de uma categoria ocorreu em 1º de novembro de 2010, o contrato do empregado X foi rescindido em maio de 2011 e a sentença normativa proferida em junho de 2011 — então X terá direito aos seus benefícios a partir de 1º de novembro/2010 até a efetiva rescisão contratual.

6. DIREITO ADQUIRIDO

Significa que o direito já conquistado sob a vigência de uma norma não se extigue com a revogação dessa norma. Princípio cravado no inciso XXXVI do art. 5º da CF, dentre as garantias fundamentais. E definido no § 2º do art. 6º da LIDB: "*Consideram-se adquiridos assim os direitos que o seu titular, ou alguém por ele, possa exercer, como aqueles cujo começo do exercício tenha termo prefixo, ou condição preestabelecida inalterável, a arbítrio de outrem*".

Neste sentido, assenta a Súmula n. 51 do TST:

> I — As cláusulas regulamentares, que revoguem ou alterem vantagens deferidas anteriormente, só atingirão os trabalhadores admitidos após a revogação ou alteração do regulamento.
>
> II — Havendo a coexistência de dois regulamentos da empresa, a opção do empregado por um deles tem efeito jurídico de renúncia às regras do sistema do outro.

Capítulo VI

Princípios do Direito do Trabalho

1. CONSIDERAÇÕES GERAIS

Princípios, originariamente, pertencem à geometria e designam verdades primeiras. No Direito, são verdades gerais vinculantes, reconhecidas como normas jurídicas dotadas de vigência, validez e obrigatoriedade. Já registramos:

> Princípio significa a base, o ponto de partida e ao mesmo tempo a síntese e o ponto de chegada. Todos os princípios são circulares: o princípio confunde-se com o fim. Assim, temos a forma dos corpos celestes, o movimento planetário, tudo obedecendo à lei circular das coisas do Universo. As leis, quer naturais, quer humanas, são descrições que se prestam para compor o círculo, unindo em pontilhados o espaço compreendido entre o ponto de partida e o ponto de chegada. O ponto de partida e o de chegada são coincidentes e se representam pelo PRINCÍPIO.
>
> O Direito, em geral, não é diferente. Parte-se do princípio — Direito é inter-relação intersubjetiva. Fazem-se as leis (escritas ou consuetudinárias, expressas ou implícitas) para se atingir um fim, ou seja, a perfeita inter-relação intersubjetiva, caminho da justiça e da paz.[16]

Os princípios gerais do direito são normas fundadas nem sempre na autoridade estatal, mas que possuem intenso vigor normativo, constituindo o fundamento mais firme da eficácia das leis e dos costumes. São preceitos de caráter transcendental, que correm ao mesmo tempo atrás, à frente, ao lado, à sombra, acima, abaixo, por dentro e por fora do sistema positivo escrito e das práticas sociais.

Flórez-Valdés define os princípios gerais do direito como "as ideias fundamentais sobre a organização jurídica de uma comunidade, emanadas da consciência social, que

---

(16) MARQUES DE LIMA, Francisco Meton. *Os princípios de direito do trabalho:* na lei e na jurisprudência. 3. ed. São Paulo: LTr, 2013. p. 19. 1. ed. é de 1994, reproduzindo parte da Dissertação de Mestrado, sob o título *Interpretação do direito do trabalho e progresso social*, redigida em 1986 e defendida em abril/87.

cumprem funções fundamentadora, interpretativa e supletória de todo o ordenamento jurídico"(17).

Os princípios reúnem ao mesmo tempo as qualidades de base sólida e permanente do Direito e conteúdo fluido e volátil, responsável pela evolução e atualidade jurídicas. Dworkin chama *"de 'princípio' um* standard, *que deve ser observado não porque provoque ou mantenha uma situação (econômica, política ou social) desejada, mas como uma exigência de justiça, ou de retidão, ou de qualquer outra dimensão da moral"*(18). A propósito, diz Bandeira de Mello:

> *Violar um princípio é muito mais grave do que transgredir uma norma. A desatenção ao princípio implica ofensa não apenas a um mandamento obrigatório, mas a todo o sistema de comandos. É a mais grave forma de ilegalidade ou inconstitucionalidade, conforme o escalão do princípio atingido, porque representa insurgência contra todo o sistema, subversão de seus valores fundamentais ...*(19)

2. PRINCÍPIOS PECULIARES DO DIREITO DO TRABALHO

Há os princípios gerais do Direito, como dar a cada um o que é seu, não causar dano a ninguém e proibição de enriquecimento ilícito, e os princípios que informam cada ramo do Direito.

No Trabalho, divisamos duas categorias: a) os princípios gerais de Direito do Trabalho; e b) os princípios de realização ou de concretização do Direito do Trabalho. Estes são subprincípios ou desdobramentos daqueles. Barbagelata (2008, p. 19-29) alude ainda aos princípios de direito do trabalho de 2ª geração, que equivalem aos direitos fundamentais do trabalho, expostos no Cap. III, 5.

Os princípios gerais do DT abrangem o direito individual e o coletivo, representados pelos seguintes: a) da progressão social ou da justiça social; b) da proteção; c) da equidade; d) da autodeterminação coletiva.

Os princípios de concretização são os seguintes: a) *in dubio pro operario*; b) regra da aplicação da *norma mais favorável*; e c) regra da *condição mais benéfica*; d) da irrenunciabilidade dos direitos; e) da continuidade da relação de emprego; f) da primazia da realidade; g) da irretroatividade das nulidades trabalhistas; h) da boa-fé; i) da substituição automática; j) da razoabilidade; l) da irredutibilidade salarial; m) da igualdade salarial(20).

(17) FLOREZ-VALDÉS, Joaquín Arce y. *Los principios generales del derecho e su formulación constitucional*. Madrid: Cuadernos Civitas, 1990. p. 79.

(18) DWORKIN, Ronald. *Il diritti presi sul serio*. Bologna: Il Mulino, 1982. p. 90. No original: *"Chiamo 'principio' uno standard, que deve essere osservato non perché provochi o mantenga una situazione (economica, politica o sociale) desiderata, ma in quanto è un'esigenza di giustizia, o di correttezza, o di qualche altra dimenzione della morale"*.

(19) BANDEIRA DE MELLO, Celso Antônio. *Elementos de direito administrativo*. São Paulo: RT, 1986. p. 230.

(20) RODRIGUEZ, Americo Plá. *Princípios de direito do trabalho*. Trad. Wagner D. Giglio; LIMA, Francisco Meton Marques de. *Os princípios de direito do trabalho na lei e na jurisprudência*. 3. ed. São Paulo: LTr, 2013.

Os de 2ª geração, de que fala Barbagelata, equivalem aos que denominamos princípios gerais do direito do trabalho, acima declinados, aos direitos fundamentais do trabalho, expostos no item 5 do Capítulo III, e aos princípios comuns ao sistema dos direitos humanos: a) princípio da complementariedade e interdependência de todas as normas de direitos humanos; b) primazia da disposição mais favorável à pessoa humana; c) princípios da progressividade e da irreversibilidade; d) adequação aos critérios assentados pelos organismos internacionais competentes; e e) presunção de autoexecução e autoaplicabilidade.

Aplicam-se os princípios sob comento também às relações de trabalho não subordinado, que passaram para a competência da Justiça do Trabalho, como regra, quando o trabalhador for a parte frágil da relação.

Os princípios de direito do trabalho são fonte formal do direito do trabalho e do processo do trabalho, cumprem função conformadora, informadora e ainda de barreira contra invasão do direito comum, cf. arts. 8º, parágrafos, e 769 da CLT.

3. OS PRINCÍPIOS GERAIS DO DIREITO DO TRABALHO

3.1. Princípio da progressão social — Justiça social — Progresso significa marcha para frente; avanço; movimento para a perfeição. Progressão social adjudica a melhoria do IDH da população, a vontade constante e perpétua de conseguir avanço intelectual, material e social das pessoas, enfim, melhor qualidade de vida.

O desenvolvimento compreende a soma de todas as políticas e resultados no sentido de obter um progresso material e social. A economia do Brasil ocupa as primeiras posições no mundo; porém, socialmente, o país rivaliza-se com nações que ainda vivem sob regime tribal. Esse fosso que separa o progresso econômico do social rebaixa o nível de desenvolvimento do País. Daí o apelo cada vez mais forte deste princípio.

Na Constituição, a base de apoio são os arts. 3º ("Constituem objetivos da República Federativa do Brasil: II — garantir o desenvolvimento nacional; III — erradicar a pobreza e a marginalização e reduzir as desigualdades sociais e regionais; ..."), 7º, *caput* (melhoria da condição social do trabalhador), 193 ("A ordem social tem por base o primado do trabalho e por objetivo o bem-estar e a justiça social") e todo o Título VIII. O art. 170, III, incorpora a regra da função social da propriedade. E o Código Civil de 2002 ampliou para exigir que, além da propriedade, também os contratos cumpram função social.

A legislação afirmativa deste princípio é pródiga. Manifesta nos diversos programas sociais, tais como: proteção do deficiente (Lei n. 7.853/89), seguro-desemprego (regido pela Lei n. 7.998/90), FAT — Fundo de Amparo ao Trabalhador (Lei n. 8.352/91), FINSOCIAL/PIS/PASEP (Lei n. 7.894/89), bem de família social (Lei n. 8.009/90), mãe social (Lei n. 7.644/87), benefícios da Previdência Social (Lei n. 8.213/91). A Lei n. 8.069/90 institui o Estatuto da Criança e do Adolescente; a Lei n. 8.560/92 regula a investigação de paternidade; a Lei n. 10.421/02 estende à mãe adotante o direito da mãe biológica; a Lei n. 10.173/01 prioriza os processos judiciais das pessoas maiores de 65 anos. O Governo FHC desenvolveu vários programas, como o Bolsa-Escola, o Vale-Gás e outros, agora unificados no Bolsa-Família. O Governo Lula já aprovou a Lei de Renda Mínima (n. 10.835/2003), o

Estatuto do Idoso (Lei n. 10.741/03), o Programa Fome Zero, combate ao trabalho escravo (Lei n. 10.803/03), o direito de o patrão deduzir no cálculo do Imposto de Renda o valor da contribuição para a Previdência Social em relação ao empregado doméstico (Lei n. 11.324/06), a qual estendeu ao doméstico o direito a férias de 30 dias e a estabilidade da gestante. A Lei n. 11.340/06 reprime a violência doméstica contra a mulher. No ano de 2008, cinco leis social-trabalhistas foram publicadas, reafirmando a progressão social: a Lei n. 11.788/08, que regulamenta a relação de estágio; a n. 11.692/08, que institui o Programa Nacional de Inclusão de Jovens — Projovem; a Lei n. 11.770/08 cria o Programa Empresa Cidadã, facultando o elastececimento da licença-maternidade para seis meses; a Lei n. 11.644/08 acrescenta à CLT o art. 442-A, proibindo a exigência de tempo de experiência por superior a seis meses para admissão; a Lei n. 11.718/08 regulamenta o trabalho rural de pequeno prazo; a Lei n. 12.010/09 modifica o ECA (Estatuto da Criança e do Adolescente), facilitando as adoções, excluindo barreiras que dificultavam a adoção por casais homossexuais; n. 12.288/10, que institui o Estatuto da Igualdade Racial; n. 12.506/11, que regulamentou o aviso-prévio proporcional; n. 12.513/11, que institui o PRONATEC — Programa Nacional de Acesso ao Ensino Técnico e Emprego, alterando as leis do Projovem e do FAT; Lei n. 12.594/12, que institui o SINASE, Sistema Nacional de Atendimento Socioeducativo, alterando o ECA, o sistema de aprendizagens e acrescenta ao art. 429 da CLT o § 2º, para incluir nos programas de aprendizagem o jovem sob medidas socieducativas; a Lei n. 12.619/12 dispõe sobre a profissão de motorista. Em 2013, dentre muitas outras coisas, merecem destaque a revolucionária Emenda Constitucional n. 72, que quase equiparou o emprego doméstico ao da atividade econômica, e a Lei n. 12.852, que institui o Estatuto da Juventude.

Por último, tem-se como ato de largo significado da política de inclusão social a EC n. 45/2004, ao entregar à Justiça do Trabalho a responsabilidade de processar e julgar as ações oriundas de todas as relações de trabalho.

Significa que, na interpretação do direito do trabalhador carente, ter-se-á em vista o alongamento dos benefícios da norma e nunca o seu encolhimento.

Já o ***Princípio da justiça social,*** corolário do primeiro, evidencia o caráter social do Direito do Trabalho, direito de segunda geração ou dimensão, cujo objetivo é a busca de um nível de igualdade entre as pessoas. Fundamenta-se no propósito de minimizar as desigualdades mediante um sistema de compensações de ordem social e de normas protetoras do mais frágil, ou, como se diz, mediante a discriminação positiva, porque só se corrige uma desigualdade criando outra desigualdade de igual proporção.

Assim, esse princípio fixa a primeira diretriz interpretativa do direito dos trabalhadores hipossuficientes.

Como se vê, o discurso neoliberal vai para um lado e a legislação para o outro. O Direito social avança desde a promulgação da Constituição de 1988.

3.2. Princípio da equidade — O julgamento por equidade está expressamente autorizado no art. 8º da CLT. Aqui, há que se entender a equidade no seu sentido mais amplo, como meio de colmatação da lacuna da lei, como fonte da norma, como recurso hermenêutico.

A Justiça do Trabalho exerce uma jurisdição de equidade, já dizia o Ministro Castro Nunes há mais de meio século: "nas contestações individuais, a equidade tende a uma retificação das desigualdades sociais (...), no interesse do trabalhador, princípio que informa toda a legislação social"(21). A ideia de equidade, no seu sentido amplo, confunde-se com a de justiça, incorporando a razoabilidade e a proporcionalidade. Aristóteles dizia que as leis são formais e abstratas, necessitando de uma adaptação para aplicação concreta. Miguel Reale averba: "O certo é que, de uma forma ou de outra, o Direito do Trabalho é animado pelo sentido de ajuste a situações concretas, atuando a equidade como critério construtivo da interpretação"(22). Del Vecchio entende que a equidade, ao lado das ideias de lei natural, atua como fator de progresso no campo do Direito(23).

Algumas justificações deste princípio — o direito positivo é nacional, mas cada região possui suas peculiaridades econômicas, seus costumes, suas praxes trabalhistas. A legislação é igual para todos, desde os grandes conglomerados multinacionais até as bancas de praia. Do lado obreiro, abrange desde o profissionista, de elevados salários, até o miserável servente; desde o analfabeto até o PHD; desde o trabalho mais refinado, ao som ambiente, até o mais macabro. O princípio da equidade aplaina essas diferenças.

A igualdade formal da norma sucumbe à desigualdade material, a exigir o corretivo, sob pena de uns saírem premiados e outros punidos pelo sistema, o que não se compraz com o telos constitucional de um sistema justo. Na jurisprudência, encontra-se que, nas faltas coletivas, o perdão de um implica perdão a todos; é abusiva a resistência de um trabalhador a acatar condição ajustada coletivamente para todo o grupo; presume-se necessitado, portanto com direito à gratuidade da Justiça, quem postula verbas da rescisão contratual; inverte-se o ônus da prova contra quem tem condição de suportá-lo; as condutas da justa causa são consideradas segundo o ambiente de trabalho etc.

3.3. Princípio da proteção — este princípio, digamos, é de execução, é o que realiza, nas relações de trabalho, os princípios maiores da progressão social, da justiça social e da equidade. Consiste na proteção do trabalhador, primeiro, sob o *aspecto físico*, traduzido nos descansos anual, semanal, inter e entre jornadas etc.; depois, sob o ponto de vista *social e econômico*, traduzido na garantia de previdência social, seguro-desemprego, proteção à maternidade, melhores condições de trabalho e proteção do salário. O princípio protetor não é privilégio do trabalhador, já tendo se esticado para o consumidor, o idoso, o deficiente, o adolescente e outras relações de desigualdade.

Sua base constitucional são os arts. 6º, 7º e em vários pontos da Ordem Econômica, que, segundo Washington Albino Peluso, se intercomunicam. Na legislação, é pródiga sua presença. A CLT é toda protecionista e não se vale de eufemismos, emprega-o textualmente: "Das Normas Gerais de Tutela do Trabalho", "Das Normas Especiais de Tutela do Trabalho", "A Proteção do Trabalho da Mulher", "A Proteção do Trabalho do Menor".

(21) Citado por Eduardo Espinola e Espínola Filho (*Tratado de direito civil brasileiro*, v. III, p. 49). Russomano também cita essa passagem, ao comentar o art. 8º da CLT.

(22) *Estudos de filosofia e ciência do direito*. São Paulo: Saraiva, 1976. p. 99.

(23) *Lições de filosofia do direito*. Coimbra: Armênio Amado, Sucessor, 1979. p. 57.

Fundamenta-se este princípio na necessidade de proteger o elo fraco da relação contratual. Logo, se o escopo da norma é proteger o trabalhador hipossuficiente, o aplicador está jungido a essa finalidade, cf. elucidativo acórdão do TRT da 1ª Região:

> Se o legislador se propôs a estabelecer, por meio da lei, um sistema de proteção ao trabalhador, o intérprete desse direito deve colocar-se na mesma orientação (RO n. 18226195 — Relatora: Juíza Amália Valadão Lopes — 2ª T. — DOERJ, Parte III, Seção II, de 15.1.98).

3.4. Princípio da autodeterminação coletiva — este é o princípio básico do direito coletivo do trabalho. Significa que os sindicatos de empregados, de trabalhadores autônomos, de trabalhadores rurais e de empregadores têm poderes para estabeleceram regras gerais de cumprimento obrigatório, mediante negociação coletiva do trabalho. As regras estabelecidas em Contrato Coletivo do Trabalho, em Convenção e em Acordo Coletivo de Trabalho obrigam todos os trabalhadores e patrões, integrantes da categoria, filiado ou não do sindicato. São expressões deste princípio: 1) o sindicato representa toda a categoria e não apenas os associados; 2) autonomia para negociação coletiva; 3) obrigatoriedade das normas produzidas nas negociações coletivas; 4) a greve não implica descumprimento, pelo empregado, do contrato individual; 5) obrigação de empregado e empregador adicionarem ao contrato individual as conquistas coletivas — substituição automática das cláusulas contratuais; 6) substituição processual da categoria pelo sindicato; 7) liberdade de criação e extinção de sindicatos, sem interferência do governo.

Krotoschin leciona que a evolução do Direito do Trabalho não brota só da ação do Estado, do legislador ou do juiz. O trabalhador de um lado e o empregador do outro tomam parte ativa. O operário organizou-se para ser forte (1950, p. 10).

Evaristo de Moraes Filho observa que "não há questão individual em Direito do Trabalho, de vez que, do mais mínimo caso concreto, se irradia toda uma reação em cadeia sobre a interpretação e aplicação da norma" (1982, p. 117).

A importância deste princípio está no fato de permitir que o trabalhador reivindique sem se confrontar diretamente com seu empregador — esconde-se por detrás do coletivo, poupando-se de confrontos pessoais e de retaliações.

A CF/88, em seu art. 8º, III, prescreve: "ao sindicato cabe a defesa dos direitos e interesses coletivos ou individuais da categoria, inclusive em questões judiciais ou administrativas".

O art. 7º prestigia os instrumentos de negociação coletiva, nos incisos VI, XIII, XIV, XXXVI, que permitem, mediante negociação coletiva, respectivamente: redução salarial, compensação de horários e a redução da jornada de trabalho, a alteração da jornada de seis horas para o turno ininterrupto de revezamento e o reconhecimento dos acordos e das convenções coletivas do trabalho; o art. 8º, VIII, veda a despedida do dirigente sindical; o art. 10 do ADCT veda a despedida arbitrária ou sem justa causa dos dirigentes da CIPA; o art. 114, § 2º, privilegia as disposições convencionais anteriores.

Na CLT, o art. 513 confere ao sindicato a prerrogativa de representar perante as autoridades administrativas e judiciais, de celebrar Acordo e Convenção Coletiva de Trabalho; o 872 e o 195 prerrogam ao sindicato atuar como substituto processual da categoria. As Leis ns. 8.036/90 (FGTS), 8.212 e 8.213/91 (custeio e benefício da

Previdência Social), 7.783/89 (de Greve), 8.984/95 (ação de cumprimento de Acordo e Convenção), 8.073/90 (substituição), 8.078/90 (CDC), 10.288/01 (Assistência judiciária) são afirmações deste princípio.

Como a constituição de sindicato não é privilégio dos empregados, este princípio é compatível com as outras relações de trabalho.

4. OS PRINCÍPIOS DE CONCREÇÃO DO DIREITO DO TRABALHO

4.1. *In dubio pro operario* — Cesarino Jr. sintetiza-lhe o alcance: "Sendo o Direito Social, em última análise, o sistema legal de proteção dos economicamente fracos (hipossuficientes), é claro que, em caso de dúvida, a interpretação deve ser sempre a favor do economicamente fraco, que é o empregado, se em litígio com o empregador"[(24)].

Certamente é uma adaptação do *in dubio pro reo* do Direito Penal, do *favor debitoris* do Direito Civil e da presunção pro consumidor do CDC.

4.2. Regra da norma mais favorável — significa que, havendo pluralidade de normas aplicáveis a uma relação de trabalho, opta-se pela mais favorável ao operário.

À primeira vista, esta regra flexibiliza o sistema de hierarquia formal das normas, para afirmar o princípio da progressão social, porque a lei trabalhista confere um mínimo de garantias ao trabalhador e quando estipula um máximo o faz expressamente. E, neste caso, não se aplica o princípio.

Na lei, o art. 9º da Convenção n. 52 da OIT preceitua: "*Nada em esta Convenção afetará qualquer lei, qualquer sentença, costume ou acordo entre empregadores e trabalhadores que assegure condições mais favoráveis do que as previstas pela presente Convenção*". Outro exemplo expresso encontra-se no art. 620 da CLT.

Como dissemos no Capítulo anterior, este princípio não se aplica às normas proibitivas do Estado. Deve-se também observar a determinação legal de preservar o interesse social acima do interesse coletivo e este acima do individual.

Conglobamento — regra segundo a qual o instrumento jurídico invocado em favor do trabalhador deve sê-lo por inteiro e não por partes. Não se deve, segundo esta teoria, sair pinçando de cada instituto o que houver de melhor para o operário em determinado caso, como a abelha catando o mel das flores. Essa cata do melhor é defendida pela *teoria da acumulação*. Assim, se aplico a um caso uma Convenção Coletiva, não posso descartar regras da mesma, salvo se ferir norma imperativa do Estado. O conglobamento é majoritário entre os juristas.

4.3. Regra da condição mais benéfica — consiste em assegurar ao trabalhador a condição mais benéfica objetivamente reconhecida. Assim, o empregado não pode ser rebaixado na função e as condições melhores adicionadas ao seu contrato, em regra, não podem ser suprimidas.

---

(24) Princípios fundamentais na consolidação das leis do trabalho. *Revista LTr de Legislação do Trabalho*, n. 47, 11, p. 447 e segs., 1983.

Três são os fundamentos deste princípio: a) a modificação das regras contratuais não pode operar em prejuízo do trabalhador — art. 468 da CLT; b) o rebaixamento fere direito adquirido, constitucionalmente protegido; c) a regressão esbarra no princípio constitucional do não retrocesso.

O limite esbarra nas condições benéficas expressamente temporárias, cuja continuação não possa ser suportada pelo empregador, porque o encargo muito pesado leva a empresa à ruína, com consequências maléficas para os obreiros; assim, também, o rigor exagerado no emprego deste princípio desestimula o empregador de melhorar as condições de trabalho dos seus empregados por determinado período com receio da irreversibilidade.

4.4. Princípio da irrenunciabilidade — em síntese, consiste em que o trabalhador não pode renunciar os direitos a ele conferidos pela legislação do trabalho. Abrange também a intransigibilidade. É a regra. Ver Cap. seguinte.

4.5. Princípio da continuidade da relação de emprego — consiste em estabelecer a presunção *juris tantum* da continuidade do emprego. Presume-se que o empregado não pediu demissão nem abandonou o emprego, por exemplo.

Fundamenta-se no fato de que a atividade empresarial é contínua e o trabalho compõe um de seus elementos essenciais. Destarte, o direito ao trabalho constitui um dos princípios da Declaração Universal dos Direitos Humanos. Hugo Gueiros prefere empregar a terminologia continuidade de emprego, e não no emprego, isto é, garantia econômica, e não funcional[25].

O estado de direito reconhece ao empregador o direito de despedir; exige, porém, motivação e não abuso de direito. O sistema francês segue a rigor a Recomendação da OIT, aproximando-se do mais perfeito. O sistema brasileiro, conquanto albergue a denúncia vazia, põe cabrestos na liberdade de rescisão contratual e impõe indenizações.

Dão-lhe suporte vários dispositivos legais, tais como: a restrição ao contrato por tempo certo; o aproveitamento de contrato com cláusulas nulas; a suspensão do contrato não quebra o vínculo; a sucessão de empresas não afeta os contratos de trabalho; a solidariedade empresarial; amplitude às transformações do contrato; a prorrogação por mais de uma vez do contrato por tempo certo torna-o por tempo indeterminado; indenização em caso de despedida sem culpa do empregado; criação de diversas formas de estabilidade: sindical, de membro de Comissão de Conciliação Prévia, da gestante, de empregado público, de membro da CIPA, do acidentado no trabalho, convencional, eleitoral etc. Mas seu suporte maior encontra-se no inciso I do art. 7º, CF, cf. comentamos no Cap. III, 4.1.

A sua significação político-social é enorme, posto que o empregado aderido à empresa proporciona-lhe maior produtividade e melhor qualidade do produto, diminui o tempo gasto na procura de emprego e acumula mais FGTS para cumprir seus fins sociais. A regra é a da continuidade. A rescisão é a exceção.

---

(25) BERNARDES, Hugo Gueiros. Estabilidade e fundo de garantia na constituição. *Simpósio instituído pelo Instituto de Direito Social,* São Paullo: LTr, p. 75 a 91, 1979.

4.6. Princípio da primazia da realidade — consiste em que, no caso de discrepância entre o que ocorre na prática e o que emerge dos documentos, deve dar-se preferência ao primeiro, isto é, ao que sucede no terreno dos fatos.

O contrato de trabalho é consensual; porém, seu conteúdo vai tomando formas diferentes. Vai se revelando não pelo pacto, mas pela conduta das partes. Por isso, o contrato é o que de fato está existindo (art. 442, CLT), não obstante a forma que documentalmente se lhe atribua.

O distanciamento entre a forma e os fatos decorre de uma das quatro situações: *simulação* (ação deliberada de produzir situação jurídica distinta da real, como o registro de uma função em lugar da verdadeira, o pagamento por fora etc.); *erro* imputável a uma das partes ou a ambas; *falta de atualização dos dados* na CTPS e nos registros próprios; e *ausência de requisitos formais*, que pode tornar vulnerável o ato.

O fundamento mais aceito é o de que o princípio da realidade atende à racional interpretação da vontade das partes.

4.7. Princípio da razoabilidade — é um desdobramento do megaprincípio constitucional com o mesmo nome, consubstanciado no primado da interpretação das leis e referente à perfeita sincronia entre aquilo que se encontra inserido na norma e o que dela é extraído na experiência prática. Na doutrina constitucional, este é um princípio material que dá funcionalidade ao princípio da proporcionalidade, um princípio de justiça, desenvolvido desde Aristóteles[(26)].

No trabalho, em termos práticos, significa que os contratantes, de sã consciência, agem segundo a razão. Por exemplo, não é razoável que um empregado abandone o emprego ou peça demissão sem um motivo justo. Nesse contexto, só robusta prova será aceita. Não é razoável que um empreiteiro exima-se totalmente das obrigações trabalhistas, transferindo-as a míseros subempreiteiros, que de fato são meros empregados simulados de empreiteiros. A pena disciplinar aplicada pelo empregador ao empregado deve ser razoável, proporcional à falta cometida. Se um empregador não assina sequer a CTPS do empregado, é razoável que se inclua na condenação o pagamento de todos os consectários contratuais e rescisórios.

4.8. Princípio da irredutibilidade salarial — assegurado no art. 7º, VI, da CF/88, consiste, em resumo, em vedar a redução do salário do trabalhador, diretamente ou por meio de artifícios. Ver detalhes no Cap. sobre remuneração.

4.9. Princípio da irretroatividade das nulidades trabalhistas — significa que o trabalho prestado, desde que idôneo seu objeto, surte todos os efeitos legais normais do contrato, ainda que ele padeça de nulidades, como agente incapaz ou vício de consentimento. Ou seja, por grave que seja a causa da nulidade, sua declaração é com efeito *ex nunc*, não retroage, em virtude de ser impossível restituir a força de trabalho despendida. Destarte, a Súmula n. 363 do TST contraria frontalmente esse princípio, cf. se expõe no Capítulo XVI.

---

(26) MARQUES DE LIMA, Francisco Meton. *O resgate dos valores na interpretação constitucional* — por uma hermenêutica reabilitadora do homem como "ser-moralmente-melhor". Fortaleza: ABC, 2001. p. 225.

4.10. Princípio da substituição automática das cláusulas contratuais — significa dizer que as leis de proteção ao trabalhador têm vigência imediata em relação aos contratos já em curso. Da mesma forma, as cláusulas de acordo ou convenção coletiva de trabalho, as de sentença normativa e até mesmo as normas internas da empresa e aquelas tacitamente convencionadas (pela prática cotidiana) substituem as dos contratos individuais de trabalho. Mas, em qualquer caso, de regra, preservar-se-á a norma que for mais benéfica ao empregado: em geral, só as mais favoráveis substituem as já existentes.

4.11. Princípio da boa-fé — Sempre se teve boa-fé no sentido de expressar a intenção pura, isenta de dolo ou engano, com que a pessoa realiza o negócio ou executa o ato, certa de que está agindo na conformidade do direito, consequentemente, protegida pelos preceitos legais (De Plácido e Silva).

A boa-fé representa um princípio jurídico de origem moral fundamental a todo o complexo das relações privadas e com maior razão nas relações laborais. O Novo Código Civil reanima esse princípio citando-o mais de 100 vezes.

O sentido da boa-fé interessante ao trabalho é o que a define como o respeito mútuo e a ausência de malícia entre as partes, para o fiel cumprimento das obrigações legais e pactuadas, ou que se vão pactuando, expressa ou tacitamente, no curso da execução do contrato de trabalho.

4.12. Princípios de Direito Coletivo do Trabalho — além dos princípios da autodeterminação coletiva e da substituição automática, já descritos, são específicos do Direito Coletivo do Trabalho brasileiro os seguintes: da unicidade sindical, da liberdade sindical, da autonomia negocial, da substituição processual, dos quais cuidaremos no Cap. sobre Direito Coletivo.

5. PRINCÍPIOS CONSTITUCIONAIS DO TRABALHO

Os princípios do Direito na Constituição estão dispostos na seguinte ordem hierárquica: princípios fundamentais — arts. 1º a 4º > princípios gerais — art. 5º > princípios específicos ou setoriais[27].

5.1. Princípios fundamentais do trabalho — na categoria de **fundamentais**, destacamos o **trabalho como valor**, a **dignidade da pessoa humana** e o **direito ao trabalho**.

O primeiro deles, a elevação do trabalho à categoria de **valor**, encontra-se nos arts. 1º, IV e 193 da CF. **Valor** é a progressiva revelação do ser, é a busca do ser das coisas, cujo ponto culminante é Deus[28].

No mesmo plano, encontra-se a **dignidade humana** (art. 1º, III, CF), a qual não existe no estado de desemprego involuntário.

---

(27) DANTAS, Ivo. *Princípios constitucionais e interpretação constitucional*. Rio de Janeiro: Lumen Juris, 1995.
(28) MARQUES DE LIMA, Francisco Meton. *O resgate dos valores na interpretação constitucional*.

Em segundo lugar, o **direito ao trabalho**, implícito e compondo o princípio da dignidade humana, integrante dos direitos sociais, cf. art. 6º e incluído nas diretrizes econômicas — art. 170, VIII (busca do pleno emprego).

Em terceiro lugar, as liberdades e os direitos:

— **a liberdade de trabalho**, em suas várias vertentes: é livre o exercício de qualquer trabalho, ofício ou profissão, atendidas as qualificações profissionais que a lei estabelecer; e não haverá pena de trabalho forçado — art. 5º, XIII e XLVII, *c*;

— **direitos de propriedade** — sobre os inventos e produção intelectual;

— **direitos coletivos** — de associação e reunião.

5.2. Princípios constitucionais específicos do direito do trabalho — encontram-se nos arts. 7º a 11, valendo destacar[29]:

Princípio da proteção — expresso no *caput* do art. 7º e implícito em todos os seus incisos, principalmente no I, e no art. 10 do ADCT, que protegem contra despedida arbitrária.

Princípio da não discriminação — art. 7º, Convenção n. 159/83 e Recomendações ns. 99 e 168 da OIT. A matriz é o princípio da isonomia ou da igualdade nas suas diversas formas. Na verdade, as pessoas não são iguais, mas devem ser igualmente tratadas. O estudo da igualdade consiste na verificação das desigualdades, exatamente para que possam ser tratados igualmente os iguais e desigualmente os desiguais, na exata proporção das desigualdades. Daí asseverar-se que se trata de um *prioritarismo*, em vez de *igualitarismo*. No trabalho, desdobra-se na proibição de discriminação:

a) **do deficiente físico** — contra qualquer discriminação quanto aos salários e critérios de admissão — arts. 7º, XXXI e 37, VIII, CF;

b) **de sexo, idade ou estado civil** — quanto aos salários, exercício de função e critério de admissão — art. 7º, XXX;

c) **entre trabalho manual, técnico ou intelectual** — ou entre os respectivos profissionais — art. 7º, XXXII;

d) **do trabalhador avulso** — com o empregado — art. 7º, XXXIV;

e) **de oportunidade de acesso a cargos, empregos e funções públicos** — art. 37, I.

Todos já detalhados no item 5 do Cap. III.

Amauri Mascaro Nascimento prefere classificar assim, sem hierarquizar os princípios:

a) **direitos da personalidade** — *direito à intimidade*, *liberdade de vida*, que termina onde começam os bons costumes; *direitos intelectuais e autorais* do empregado;

---

(29) Assim escreve SÜSSEKIND, Arnaldo. Os princípios social-trabalhistas na constituição brasileira. *Revista do TST*, v. 69, n. 1, p. 40/46, jan./jun. 2003.

b) **direito ao trabalho** — significa que as pessoas são livres para trabalhar ou não trabalhar; para escolher e exercer a profissão e atividade econômica;

c) **direito de não ser discriminado** — como já explicitado acima;

d) **direito à defesa da dignidade moral** — contra o assédio moral e o assédio sexual;

e) **direito à proteção da vida e da integridade física e meio ambiente de trabalho** — protegido através das normas de saúde e segurança do trabalho;

f) **direitos econômicos básicos** — proteção do salário, das formas de remuneração e de propriedade sobre os inventos e produção intelectual;

g) **direito ao descanso** — proteção da jornada, repouso semanal, férias e aposentadoria, desestímulo à hora extra;

h) **direitos fundamentais coletivos** — direito de organização sindical, de negociação coletiva, liberdade de associação, liberdade sindical, liberdade de reunião, proteção do dirigente sindical contra despedida sem falta grave.

6. DISTINÇÃO ENTRE REGRAS E PRINCÍPIOS

Os princípios do Direito, no pós-positivismo, ganharam nova dimensão no cenário jurídico, deixando de ser mera fonte terciária do Direito para agregar o caráter preceptivo e vinculante dos poderes públicos e dos cidadãos.

Os princípios são normas abertas, de maior abstratividade e de maior amplitude; enquanto as regras são preceitos de alcance mais restrito, enquadrando fatos precisos e declinando as consequências.

Ronald Dworkin, refutando o positivismo jurídico de Hart, que só identifica normas, enuncia que junto a estas há de considerar-se a presença de dois outros elementos: os princípios e as diretrizes.

Para os fins da sua tese, denomina princípio "um *standard* que há de ser observado, não porque favoreça ou assegure uma situação econômica, política ou social que se considera desejável, mas por ser uma exigência da justiça, da equidade ou alguma outra dimensão da moralidade", e diretriz (ou diretriz política) "ao tipo de *standard* que propõe um objetivo que há de ser alcançado; geralmente uma melhoria em algum espaço [*rango*] econômico, político ou social da comunidade"[(30)]. Com isso, vislumbra duas vertentes da norma, uma adstrita aos fatos e outra mais aberta, mais geral, de elevado conteúdo moral, invocável principalmente na resolução dos casos difíceis.

E assim, já é pacífico que a norma é o gênero de que são espécies as regras e os princípios. O ponto comum a ambos é, portanto, a normatividade, o caráter preceptivo. Mas como são duas espécies do mesmo gênero, guardam incontáveis diferenças[(31)].

(30) *Los direchos en serio*, p. 72.

(31) DWORKIN; ALEXY. *Op. cit.*, exibem longos comentários sobre as regras e os princípios.

Guerra Filho resume essa diferença em dois pontos:

> a) quanto à estrutura lógica e deontológica, as *regras* vinculam-se a fatos hipotéticos específicos, um determinado functor ou operador normativo ("proibido", "obrigatório", "permitido"), enquanto os *princípios* não se reportam a qualquer fato particular, e transmitem uma prescrição programática genérica, para ser realizada na medida do jurídica e faticamente possível;
>
> b) quanto à técnica de aplicação, as regras, uma vez aceita a subsunção a elas de certos fatos, inevitavelmente decorrem as consequências jurídicas previstas; mas se colidirem com outras de grau superior, são por estas derrogadas, perdendo validade. Já os princípios, em geral, são colidentes entre si nos casos concretos, o que leva ao sopesamento, para aplicar-se o mais adequado, sem contudo deixarem de coexistir na ordem jurídica[32]

Neste sentido, Revorio, após escorar-se em Zagrebelsky, segundo o qual, às regras se obedece e aos princípios se adere, resume:

> As regras estabelecem mandados, proibições, ou permissões de atuação em situações concretas previstas nas mesmas (permitindo assim uma aplicação mecânica); os princípios — empregando este termo agora em sentido amplo — proporcionam critérios para tomar posição ante situações concretas indeterminadas.[33]

(32) GUERRA FILHO, Willis Santiago. Metodologia jurídica e interpretação constitucional. *Revista de Processo*, n. 62, p. 121 a 140, abr./jun. 1991.

(33) REVORIO, Francisco Javier Díaz. *Valores superiores e interpretación constitucional*, p. 101/102.

Capítulo VII

Renúncia e Transação. Comissões de Conciliação Prévia

1. RENÚNCIA

Renúncia é o ato unilateral da abdicação de um direito por parte do seu titular. O direito privado comum, de regra, admite a renúncia tácita ou expressa. No Direito do Trabalho, de regra, a renúncia é ilícita e, em muitos casos, ilegal. E nos casos admissíveis tem de ser expressa, inconfundível e em alguns casos assistida.

Os direitos decorrentes de normas inderrogáveis são irrenunciáveis. O trabalhador não pode renunciar nem transigir os direitos decorrentes de normas imperativas de ordem pública, como o registro do contrato de trabalho na CTPS, saúde, higiene e segurança do trabalho, limites legais de jornada. Mas pode renunciar o direito de utilizar o transporte e a refeição que o empregador ponha à disposição dos seus empregados.

Baltasar Cavazos Flores, após advertir que não se deve confundir "flexibilização laboral" com "pechincha" dos direitos dos trabalhadores, afirma que os direitos constitucionais em favor dos trabalhadores são irrenunciáveis; todavia certos direitos, desde que se encontrem em níveis superiores aos mínimos legais, podem ser "negociados"[34].

Fundamentos — Russomano fundamenta-o na ordem pública; Krotoschin, na imperatividade; Alfredo Ruprecht, no vício presumido do consentimento. Aos dois primeiros assiste razão quando se fala de direitos de ordem pública; o outro, no respeitante a direitos disponíveis, porque o trabalhador, diante do patrão, encontra-se em condição de inferioridade, sem a plena força de sua deliberação.

Perez Botija, com apoio em Inojosa, encara de outro ângulo a questão. Diz que a irrenunciabilidade decorre do princípio de direito civil que veda a renúncia em prejuízo de terceiros, que, no caso, seriam os familiares do trabalhador e seus colegas, que se veriam obrigados a aceitar condições inferiores em face da claudicação do renunciante.

Mas o argumento mais forte, pelo menos em relação aos direitos mínimos previstos na Constituição, repousa no fato de que ao trabalhador a lei concede um mínimo

---

(34) A chamada flexibilização laboral e a pechincha dos direitos dos trabalhadores. *In:* ZAINAGHI, Domingos Sávio; FREDIANI, Yone (coords.). *Novos rumos do direito do trabalho na América Latina*, p. 23/25.

suportável, cuja renúncia descaracteriza o direito, porque o reduz para aquém do mínimo, assegurado constitucionalmente.

1.1. Princípio da imodificabilidade *in pejus* do contrato de trabalho – é uma das manifestações do princípio da irrenunciabilidade. Por esse princípio o legislador protege não só o trabalhador individualmente, mas também toda a massa de trabalhadores, por um lado, e o próprio edifício jurídico-trabalhista, por outro.

Com isso o trabalhador não tem total liberdade para emitir sua vontade, porque acima dele está a sociedade, que tem interesse em ver efetivado o direito tutelar. Na CLT encontramos limitações à renúncia e à alteração contratual nos seguintes artigos: 9º, que proíbe atos que visem ao desvirtuamento da aplicação das normas da CLT; 468, que veda alteração contratual, ainda que consentida, que cause prejuízo para o empregado; 477, § 1º, pelo qual o pedido de demissão do empregado com mais de 12 meses de empresa só tem validade se feito com assistência; 500, que condiciona a renúncia da estabilidade à assistência sindical, e outros. No C. Civil, os arts. 166, VI, e 2.035, parágrafo único, cominam de nulidade os atos que atentem contra normas de caráter imperativo.

1.2. Diferença entre renúncia e transação – a renúncia prende-se a direito já reconhecido, sobre o qual não pesa dúvida, em que o renunciante tem clara desvantagem pelo fato de abdicar de algo que lhe pertence em troca de nada. A transigência presume uma dúvida, a incerteza do direito. Caracteriza-se pela *res dubia*. Na transigência, cada parte abre mão de porção que lhe julga pertencer. Na coisa duvidosa, há disposição de uma das partes de ir a juízo, ou esta já se encontra em juízo e paira incerteza de êxito.

O instituto da conciliação não abrange todos os direitos, sofrendo limitações, como, por exemplo, não pode abrigar renúncia de assinatura da CTPS se a relação de emprego for reconhecida. Assim, também, os direitos trabalhistas incontroversos não comportam transação, mas sim pagamento. O acordo, com transação, deve firmar-se somente em relação ao direito duvidoso.

O Código Civil, no seu art. 166, dentre as causas de nulidade do ato jurídico, de que trataremos adiante, considera nulo o negócio jurídico em que: a) tiver por objeto fraudar lei imperativa; b) a lei taxativamente declará-lo nulo; c) por vício resultante de dolo, coação, erro, simulação ou fraude, estado de perigo, lesão.

O ***estado de perigo*** acontece quando alguém, premido pela necessidade de salvar-se, ou a pessoa de sua família, de grave dano conhecido pela outra parte, assume obrigação excessivamente onerosa; a ***lesão*** se caracteriza quando uma pessoa, sob premente necessidade, ou por inexperiência, se obriga a prestação manifestamente desproporcional ao valor da prestação oposta.

Essas regras dão novo alento ao princípio em comento e induzem à censura das renúncias a direitos levadas a efeito nos acordos trabalhistas feitos em juízo e perante as Comissões de Conciliação Prévia.

1.3. Momento da renúncia – pode ocorrer antes, durante e depois de terminada a relação de emprego. Antes, caracteriza um pacto, mas só pode dar-se com direito disponível.

No curso da relação empregatícia é quase inadmissível, dado que o art. 468 da CLT veda a alteração contratual que resulte prejuízo para o empregado, direta ou indiretamente, e em virtude da presunção de vício de consentimento. Em raros casos é admissível, observadas as formalidades legais, tais como a renúncia à estabilidade, ao emprego etc.

A renúncia posterior à relação empregatícia é a mais aceita, porque aqui o empregado não mais se encontra subordinado ao empregador. Mas, mesmo assim, ele continua inferiorizado pelo estado de desemprego, necessitando de recurso imediato e de uma carta de referência. Portanto, ainda aqui, merece reservas.

2. COMISSÕES DE CONCILIAÇÃO PRÉVIA

A Lei n. 9.958/00 franqueou a criação das Comissões de Conciliação Prévia, com a função de conciliar os conflitos trabalhistas no âmbito da empresa ou do sindicato. O objetivo dessa lei foi aliviar a sobrecarga processual na Justiça do Trabalho. A criação das Comissões é uma faculdade das empresas e dos sindicatos.

2.1. Requisitos para a instituição e composição — as pessoas jurídicas de direito público não se submetem a CCP. É possível a instituição por empresas ou pelos sindicatos (art. 625-A, *caput*). A adoção, frise-se bem, deve ocorrer com a participação da entidade sindical representativa da categoria profissional, sendo completamente vedada a criação por acordo direto entre a empresa e os trabalhadores.

A Lei estabeleceu a composição, apenas, das Comissões no âmbito das empresas, cabendo à convenção ou ao acordo coletivo determinar a composição das Comissões criadas nos sindicatos (art. 625-C). Deverá, no entanto, obedecer ao princípio da paridade (art. 625-H).

Segundo o art. 625-B, "A Comissão instituída no âmbito da empresa será composta de, no mínimo, dois e, no máximo, dez membros..."

A metade dos membros da CCP será indicada pelo empregador e a outra metade será eleita pelos empregados, havendo um suplente para cada representante. O mandato será de um ano, sendo possível uma recondução.

Os representantes dos empregados, titulares e suplentes, gozarão de estabilidade, até um ano após o final do mandato, salvo se cometerem falta grave (art. 625-B, § 1º), apurada em inquérito judicial, na forma do art. 853 da CLT. Cada representante exercerá todas as suas funções normalmente, havendo a interrupção do trabalho apenas nos momentos em que for atuar como conciliador (art. 625-B, § 2º).

Nas Comissões, a presença do advogado é facultativa, mas, sendo do interesse da parte, não poderá ser obstada (art. 7º, VI, *a*, Lei n. 8.906/94).

2.2. Procedimentos da reclamação na CCP — A obrigatoriedade da prévia apreciação de demandas pelas Comissões — *caput* do art. 625-D:

> Qualquer demanda de natureza trabalhista será submetida à Comissão de Conciliação Prévia se, na localidade da prestação de serviços, houver sido instituída a Comissão no âmbito da empresa ou sindicato da categoria.

Diz a Lei que a criação das Comissões é facultativa, mas, uma vez criadas, torna-se obrigatório submeter-lhes a causa. Só irá a juízo se não for resolvida.

Afirmávamos nas edições anteriores que a imposição de prévia submissão da causa a CCP fere os princípios do livre acesso à Justiça e da inafastabilidade da jurisdição — art. 5º, XXXV. O STF, nas ADIS ns. 2.130 e 2.160, confirmou nossa tese, julgando, em maio/09, inconstitucional essa exigência.

O objetivo da CCP é resolver rápido as pendências, sem interferência do Judiciário. Entretanto, desvios de finalidade verificados nas Comissões, como oneração do trabalhador, coação para acordos leoninos e sonegação à Previdência Social, reacenderam as dúvidas sobre as vantagens alvitradas. Esses fatos suscitaram a intervenção do Ministério do Trabalho.

Formalidades e consequências — "A demanda será formulada por escrito e reduzida a termo por qualquer dos membros da Comissão, sendo entregue cópia datada e assinada pelo membro aos interessados" (art. 625-D, § 1º).

Frustrado o acordo, o empregado e o empregador receberão uma declaração da tentativa de Conciliação, devendo ser juntada à reclamação posterior que porventura venha a ser ajuizada (art. 625-D, § 2º).

O § 3º do art. 625-D da CLT abre exceções à prévia submissão da questão à Comissão: quando necessária medida de urgência (tutela antecipada, liminar, cautelar); quando tratar de direito indisponível; quando disser respeito a interesse público ou estatal. Tudo isso tornou-se ocioso após a procedência da ADI n. 2.130, que declarou não ser obrigatória a submissão prévia da questão a CCT.

Limites da transação — apenas os direitos patrimoniais e disponíveis podem ser submetidos às Comissões de Conciliação Prévia.

Empós a provocação pelo interessado, a sessão para tentativa de conciliação deve ocorrer em, no máximo, dez dias (art. 625-F). O prazo é peremptório e, se transcorrido e não realizada a sessão, a parte interessada receberá o documento que possibilitará o ajuizamento da reclamação trabalhista (art. 625-F, parágrafo único), devendo ser juntado aos autos.

Suspende-se o prazo da prescrição a partir do momento em que há a provocação da Comissão, até o instante em que resulte frustrada a tentativa de conciliação ou até o fim do prazo estipulado para a sessão (art. 625-G).

2.3. Título executivo extrajudicial e a eficácia liberatória — O art. 625-E prevê a obtenção de termo assinado pelas partes, em havendo a almejada conciliação. O documento obtido será título executivo extrajudicial, sendo, portanto, suficiente para dar início ao processo de execução, cf. art. 876 da CLT.

O art. 625-E imprime ao termo eficácia liberatória geral, impedindo futura reclamação trabalhista, salvo se houver ressalva expressa no acordo. Essa regra padece de inconstitucionalidade, visto que extrapola o limite da matéria posta em discussão. Não se pode dar uma quitação no escuro.

A propósito, o art. 320 do Código Civil preceitua: "A quitação, que sempre poderá ser dada por instrumento particular, designará o valor e a espécie da dívida quitada, o nome do devedor, ou quem por este pagou, o tempo e o lugar do pagamento, com a assinatura do credor, ou do seu representante".

Infere-se daí que a eficácia liberatória deve ser limitada às parcelas e valores elencados, não abrangendo outros direitos. Por sua vez, não é de se admitir eficácia liberatória de títulos ausentes do pedido inicial, nem de direitos irrenunciáveis. De outra parte, o trânsito em julgado deriva de sentença decisória ou homologatória do órgão judicial, com o esgotamento pelo uso ou renúncia de todos os recursos. Jamais a lei pode equiparar qualquer título ao originário de órgão do Poder Judiciário.

Contudo, como a lei pôs, cogita-se de outras consequências: possibilidade de anulação, via judicial, na ocorrência de vício de consentimento ou outro vício que nulifique o ato jurídico. Além do que, a defesa do executado poderá ser mais ampla do que a prevista no § 1º do art. 884 da CLT, podendo ser invocadas as hipóteses de defesa oferecidas pelo CPC. O termo de acordo não será passível de rescisão pela via da ação rescisória, porque sentença não é.

Ademais, o Novo Código Civil alarga as hipóteses de anulabilidade dos atos jurídicos, valendo transplantar para esta parte as hipóteses do ***estado de perigo*** e da ***lesão***, especificadas nos arts. 156 e 157, referidos no item 1.2 deste Capítulo. Assim, os trabalhadores podem demonstrar em juízo a lesão que vierem a sofrer nos acordos realizados perante a CCP, ora sob pressão, ora enganados.

Por fim, registrando o avanço da solução conciliada, o § 1º do art. 75 da LC n. 23/06 (da pequena e da microempresa) preceitua: *"serão reconhecidos de pleno direito os acordos celebrados no âmbito das comissões de conciliação prévia"*.

Capítulo VIII

Relação de Trabalho e Relação de Emprego

1. ESTRUTURA DA RELAÇÃO EMPREGATÍCIA

A distinção entre relação de trabalho e relação de emprego (= contrato de trabalho) repousa no fato de que a relação de trabalho compreende um conceito mais abrangente. Assim, enquanto o conceito **relação de emprego** designa o contrato de trabalho subordinado, definido no art. 3º da CLT, **relação de trabalho** designa "toda relação jurídica que tenha por objetivo a prestação de serviços, remunerados ou não. Envolve, assim, a prestação de serviços de trabalhador autônomo ou eventual, como do trabalhador subordinado" (Aluysio Sampaio, *op. cit.*). Ver Capítulo seguinte. Relação de trabalho é o gênero que pode ser representado por um grande círculo (um conjunto), que contém várias bolinhas, cada uma representando uma espécie de relação de trabalho, como a relação de emprego, a relação de avulso, a de doméstico, do estágio, do autônomo, do microempreiteiro, do servidor público etc.

1.1. Relação de trabalho X relação de consumo — com a ampliação da competência da Justiça do Trabalho pela EC n. 45, a relação de trabalho passou a ser confrontada com a relação de consumo, dividindo a doutrina. No conceito de relação de trabalho inclui-se o trabalho dos profissionais liberais, dos prestadores autônomos, dos trabalhadores parassubordinados em geral, que passaram para o abrigo do sistema judicial trabalhista.

As divergências doutrinárias não têm razão de ser, porque a Constituição protege o trabalhador como um todo, assim entendido aquele que possui como fonte de subsistência o ganho auferido com o seu labor pessoal em favor de outrem, que o escolhe em razão das qualidades pessoais. Esse trabalho, portanto, jamais poderá ser equiparado ao serviço prestado por empresas na relação de consumo. Arion Sayão Romita, em conferência proferida no TST em fev. 2005, forneceu os seguintes caracteres diferenciadores das duas figuras jurídicas:

Traços distintivos entre a relação de trabalho e a de consumo:

a) o serviço da relação de consumo consta do art. 3º, § 2º, do CDC, o qual ressalva as relações de trabalho;

b) o art. 1º do 1º Anexo da Constituição da OIT preceitua que o trabalho pessoal jamais pode ser considerado mercadoria, lançado numa relação de consumo;

c) pessoalidade na relação de trabalho, o que não ocorre na de consumo;

d) a escolha do profissional, na relação de trabalho, é *intuitu personae*, o que não ocorre na relação de consumo;

e) a relação de trabalho não é lançada no mercado sob concorrência comercial, o que é típica da relação de consumo;

f) a fidúcia ou confiança do cliente no profissional é própria da relação de trabalho, o que não ocorre na relação de consumo;

g) a vulnerabilidade do tomador de serviço na relação de consumo, situação que se inverte na relação de trabalho.

Relação de emprego — o art. 442 da CLT define a relação de emprego pelo modo como se desenvolve a relação de trabalho, acolhendo a teoria do contrato-realidade. Se o trabalhador começa a trabalhar na construção, recebe ordens, é remunerado e continua diuturnamente, nasce dessa relação de trabalho o contrato de emprego.

Orlando Gomes e Elson Gottschalk lecionam que se trata de diferentes aspectos da mesma realidade, dado que o contrato é o aspecto subjetivo de um fato que se objetiva na relação. Na verdade, toda relação de emprego cujo contrato esteja em execução é uma relação de trabalho. O inverso não é verdadeiro. A relação de emprego é uma das espécies da relação de trabalho.

2. NATUREZA JURÍDICA DAS RELAÇÕES DE TRABALHO E DE EMPREGO. TEORIAS

O elemento nuclear determinante da relação de emprego e da relação de trabalho é a vontade dos contratantes, que se manifesta expressa ou tacitamente, por escrito ou apenas verbalmente. É pela análise da vontade manifestada por meio de atos objetivos que se identifica se a relação fática trabalhista existente constitui, ou não, relação de emprego.

Teorias sobre a natureza jurídica da relação de emprego:

a) Contratualistas — sustentam que a relação de emprego é um contrato;

b) Anticontratualistas — sustentam que a relação de emprego não é contrato, mas imposição estatal.

O fundamento da primeira está na vontade, isto é, que o liame empregatício nasce de um ato de vontade e persiste segundo essa vontade. O fundamento da segunda suporta-se na ausência de liberdade dos contratantes, posto que o conteúdo contratual encontra-se nas leis, nada restando à livre deliberação do empregado e do empregador; a teoria da instituição (anticontratualista) de Hauriou afirma que nao há contrato, porquanto todo o conteúdo está regulamentado pelas normas da empresa (instituição), nada restando à liberdade de negociação do empregado.

A teoria contratualista venceu; é quase por unanimidade aceita. Gomes e Gottschalk explicam que a vontade está presente no liame empregatício. Tudo está no querer ou não querer. A vontade dita o nascimento do contrato. O conteúdo é que pode vir prefixado. Assim, se aceito um emprego já sabendo previamente o conteúdo do contrato que me é imposto, emiti minha vontade. Eu disse SIM. Como poderia ter dito NÃO.

3. CARACTERIZAÇÃO DA RELAÇÃO DE EMPREGO

A caracterização da relação de emprego assume importância para sua distinção das demais relações de trabalho que reúnem elementos comuns com o emprego. A sociedade moderna fabrica todo dia relações trabalhistas diferentes.

Aparentam com o emprego celetista os contratos de empreitada em que o empreiteiro é o artífice; o trabalho autônomo; o avulso; o eventual, o de sociedade, o do transportador autônomo de cargas, os contratos de representação comercial autônoma etc. e até mesmo a relação trabalhista travestida de relação amorosa (ainda existem os João Romão!)[35].

É por isso que Romita, arrimado em Giuseppe Santoro Passarelli, identifica uma categoria de trabalho intermediária, entre o emprego e o trabalho livre, é o **parassubordinado**, alinhando-se entre estes: a) os *prestadores de trabalho associativo* (sociedade em conta de participação, membros de cooperativa de trabalho, sócio de indústria, membros de empresa familiar); b) *os representantes comerciais*, os propagandistas, agentes teatrais, cinematográficos e esportivos, corretores de imóveis e de todas as espécies de negócio, concessionários de vendas, demonstradores, transportador autônomo de carga; c) *pequenos empresários*, que dependam economicamente de indústria a que prestam colaboração contínua; d) *profissionais liberais* (como o advogado que trata de modo contínuo dos interesses de uma pessoa física, o médico de família etc.). (A crise da subordinação jurídica — necessidade de proteção a trabalhadores autônomos e parassubordinados. *Revista LTr*, São Paulo, nov./04, n. 68, p. 1287-1298).

Critérios para a caracterização — o art. 3º da CLT fornece os seguintes elementos caracterizadores da relação empregatícia: pessoalidade, não eventualidade, subordinação e remuneração, cf. detalhes no Capítulo X.

a) **Pessoalidade** — significa que o contrato é *intuitu personae* em relação ao empregado, que não pode fazer-se substituir no trabalho.

b) **Não eventualidade** — possui dois significados: a) primeiro, que o contrato exige uma prestação contínua, fixando um espaço de tempo ou uma tarefa a ser cumprida; b) segundo, que o trabalho vincula-se à atividade-fim da exploração econômica do empregador.

c) **Subordinação jurídica** — ou hierárquica, consistente na sujeição do trabalhador ao comando do empregador.

---

(35) Protagonista do romance *O cortiço*, de Aluísio de Azevedo, que fez de uma escrava alforriada seu objeto de sexo e sua operária sem remuneração.

d) **Remuneração** — o empregado tem de receber remuneração, seja de que forma for — salário fixo, por comissão, em utilidades, por dia, hora, semana ou mês.

3.1. Características da parassubordinação — a relação de trabalho parassubordinado caracteriza-se pela **continuidade, coordenação, predominância da pessoalidade** na prestação do serviço e **dependência econômica**, sem a submissão ao poder de comando nem ao disciplinar do tomador do serviço, embora sujeito à orientação geral do serviço. Caracteriza-se pela debilidade não necessariamente econômica do prestador do serviço, mas fragilidade contratual deste, pela circunstância de o tomador do serviço deter a possibilidade de anular ou reduzir a liberdade contratual do trabalhador, diz Romita (*op. cit.* acima).

Capítulo IX

Relações de Trabalho *Lato Sensu*

Relação de trabalho, como já exposto, compreende todas as formas de contrato de trabalho pessoal, público ou privado, autônomo, avulso, subordinado etc., enquanto relação de emprego constitui apenas uma das espécies de relação de trabalho. Por isso, doravante empregaremos a denominação contrato de emprego para designar a relação de emprego.

Relação de trabalho, diz Ives Gandra Martins Filho, é "uma relação jurídica de natureza contratual entre trabalhador (sempre pessoa física) e aquele para quem presta serviço (empregador ou tomador dos serviços, pessoas físicas ou jurídicas), que tem como objeto o trabalho remunerado em suas mais diversas formas". Em outra passagem, inclui o trabalho voluntário (2005, p. 30-39). Logo, a relação de trabalho tem por objeto trabalho remunerado ou voluntário.

Com a nova redação do art. 114 da CF, que alentou a competência da Justiça do Trabalho para todas as relações de trabalho, a matéria agiganta-se na importância para os operadores do Direito do Trabalho. As relações de trabalho que não de emprego continuarão a reger-se pelas leis materiais respectivas, porém, no litígio, curvar-se-ão aos princípios do Direito do Trabalho e do Processo do Trabalho.

1. TRABALHADOR AUTÔNOMO

"Embora prestando serviço em caráter permanente, não está obrigado a cumprir ordens do recebedor dos serviços" (SAMPAIO, Aluysio. *Dicionário de direito do trabalho*).

Diferencia-se do empregado por faltar a subordinação jurídica ou hierárquica. No contrato de emprego, o empregador contrata o empregado para prestar serviços; no contrato de autônomo, o tomador contrata o serviço, ou melhor, o resultado do serviço. O primeiro é a locação do operário; o segundo é a locação do serviço. O primeiro é regido pela CLT; o segundo, pelo Código Civil. Em regra, o empregador assume o risco, cumprindo ao trabalhador prestar o serviço ou pôr-se à disposição; já o autônomo assume o risco do serviço contratado, cumprindo-lhe entregá-lo feito.

Amauri M. Nascimento resume: "Aqueles que detêm o poder de direção da própria atividade são autônomos e aqueles que alienam o poder de direção sobre o próprio trabalho para terceiros em troca de remuneração são subordinados".

2. TRABALHO EVENTUAL

O trabalhador eventual tem vinculação direta com o tomador do serviço, é subordinado, mas falta o requisito da continuidade dos serviços ajustados, cf. ensinamento de Russomano. É o trabalho subordinado, mas ao qual falta o requisito da "não eventualidade", segundo os dois sentidos desse termo, cf. exposto no Capítulo seguinte, para onde remetemos o leitor.

3. TRABALHO TEMPORÁRIO

Já o trabalho temporário é um contrato de emprego que envolve três pessoas: o tomador do serviço, a empresa prestadora do serviço e o empregado desta, que é designado para trabalhar para o primeiro.

O trabalho temporário é regido pela Lei n. 6.019/74, cujo art. 2º dispõe: "Trabalho temporário é aquele prestado por pessoa física a uma empresa, para atender à necessidade transitória de substituição de pessoal regular e permanente ou a acréscimo extraordinário de serviço". O art. 10 limita em três meses a transitoriedade da prestação. O trabalhador é empregado, com contrato por tempo indeterminado ou por tempo determinado. Apenas não é empregado do tomador do serviço e a temporariedade diz respeito a este. Assim, por conta do seu vínculo empregatício com a empresa prestadora de serviço, ele trabalha meses para uma empresa, outros meses para outra, e assim sucessivamente.

A Lei n. 7.102/83 disciplina o serviço de vigilância nas instituições financeiras — abre exceção à regra do limite de 90 dias. E a Súmula n. 331 do TST, extensa e analítica, flexibiliza o trabalho temporário para admitir a terceirização sem limite de prazo dos serviços especializados ligados à ***atividade-meio*** do tomador do serviço.

O temporário enquadra-se na terceirização de mão de obra, diferenciando-se dos terceirizados não temporários porque aquele se insere na atividade-fim da empresa, o que lhe assegura paridade de remuneração com os trabalhadores da mesma categoria da empresa. Outrossim, se a locação durar mais que o permitido em lei, o vínculo de emprego se transfere para a tomadora do serviço, o que não ocorre com a terceirização para atividades periféricas. No entanto, de modo algum, se forma o vínculo de emprego com órgãos da Administração Pública direta ou indireta, porque isto frustraria a regra do concurso público.

O contrato entre as empresas para trabalho temporário é formal, por escrito, devendo especificar os motivos da contratação, assim também, o contrato de emprego temporário será por escrito. Será nula a cláusula que proíba a contratação do obreiro pela tomadora de serviço.

Direitos — O temporário goza de todos os direitos trabalhistas atribuídos aos demais empregados. A rescisão contratual se faz na forma dos demais contratos de emprego, tanto pode ser por tempo determinado como por tempo indeterminado, cf. o caso. Os fatos da justa causa e da despedida indireta tanto podem ser aferidos no local da empresa empregadora como no da prestadora de serviço.

Responsabilidade — Em caso de falência da prestadora de serviço, responde a empresa cliente solidariamente pelas obrigações sociais e trabalhistas do trabalhador posto a seu serviço, cf. art. 16 da Lei n. 6.019/74.

Destarte, não se aplica a essa forma de trabalho a Súmula n. 331 do TST, que atribui responsabilidade subsidiária à tomadora do serviço pelas obrigações trabalhistas não honradas da fornecedora da mão de obra.

Como se vê, essa modalidade de trabalho gera três espécies de relações jurídicas: uma civil, entre a fornecedora e a tomadora da mão de obra; uma de emprego, entre a fornecedora de mão de obra e o trabalhador; e uma de trabalho, entre este e a locadora do trabalho. Isso implica que qualquer dano que o operário vier a sofrer no local de trabalho, havendo culpa do tomador do serviço ou responsabilidade objetiva (art. 927, parágrafo único do Código Civil), este será o responsável principal, ou solidário, pela eventual reparação de danos. Ver mais no Capítulo XIII.

4. TRABALHO AVULSO

Avulso é o trabalhador pessoa física que presta serviços sem a necessária continuidade própria do empregado. Presta o serviço sem se inserir na organização da empresa. Pode ser subordinado ou não. Catharino distingue o avulso individual do avulso sindical. O primeiro presta serviços direta e isoladamente; o segundo, associado de sindicato para prestação de serviços, trabalha em conjunto: é a mão de obra sindical, requisitada por empresa a sindicato, a quem cumpre escolher e dirigir os associados que vão prestar o serviço solicitado. O Dec. n. 63.912/68 define como avulsos, entre outros: a) estivador, trabalhador de estiva em carvão e minérios e trabalhador em alvarenga; b) conferente de carga e descarga; c) consertador de carga e descarga; d) vigia portuário; e) avulso de capatazia; f) arrumador no comércio armazenador; g) ensacador de café, cacau, sal e similares; h) classificador de frutas; i) amarrador; j) trabalhador na indústria de extração do sal; e l) catadeiras e costureiras no comércio de café.

5. TRABALHO PORTUÁRIO

O maior disciplinamento do trabalho avulso encontra-se na legislação do trabalho portuário, destacando-se a Lei n. 12.815/2013, que revogou a n. 8.630/93 e alterou a n. 9.719/98, entre outras providências.

O trabalho portuário realiza-se por meio de trabalhadores avulsos e de empregados. Os avulsos podem organizar-se em cooperativa e por meio desta contratar seus serviços. O art. 40 da Lei n. 12.815/13 dispõe: "O trabalho portuário de capatazia, estiva, conferência de carga, conserto de carga, bloco e vigilância de embarcações, nos portos organizados, será realizado por trabalhadores portuários com vínculo empregatício a prazo indeterminado e por trabalhadores portuários avulsos". O § 1º vai definir cada uma dessas atividades, que constituem categorias profissionais diferenciadas (§ 4º).

A contratação com vínculo empregatício para as atividades acima recairá entre os portuários avulsos registrados, vedado ao operador portuário locar ou tomar mão de obra sob regime temporário de que trata a Lei n. 6.019/74.

O art. 32 da Lei n. 12.815/13 preceitua:

> Os operadores portuários devem constituir em cada porto organizado um órgão de gestão de mão de obra do trabalho portuário, destinado a:
>
> I — administrar o fornecimento de mão de obra do trabalhador portuário e do trabalhador portuário avulso;
>
> II — manter, com exclusividade, o cadastro do trabalhador portuário e o registro do trabalhador portuário avulso;
>
> III — treinar e habilitar profissionalmente do trabalhador portuário, inscrevendo-o no cadastro;
>
> IV — selecionar e registrar o trabalhador portuário avulso;
>
> V — estabelecer o número de vagas, a forma e a periodicidade para acesso ao registro do trabalhador portuário avulso;
>
> VI — expedir os documentos de identificação do trabalhador portuário;
>
> VII — arrecadar e repassar aos beneficiários, os valores devidos pelos operadores portuários relativos à remuneração do trabalhador portuário avulso e aos correspondentes encargos fiscais, sociais e previdenciários.
>
> Parágrafo único. Caso celebrado contrato, acordo ou convenção coletiva de trabalho entre trabalhadores e os tomadores de serviços, o disposto no instrumento precederá o órgão gestor e dispensará sua intervenção entre capital e trabalho no porto.

O art. 28 da mesma lei relaciona as atividades em que é dispensável a intervenção de operadores portuários, como nas operações automatizadas ou mecanizadas; nas embarcações empregadas para obras públicas, no transporte de gêneros de pequena lavoura, na navegação interior e auxiliar, no transporte de mercadoria líquida a granel, etc.

Ingresso no trabalho portuário — o ingresso do trabalhador no serviço portuário dá-se mediante dois passos: a) **inscrição** no cadastro do trabalhador portuário perante o órgão gestor da mão de obra; b) **registro** do trabalhador portuário avulso perante o órgão gestor de mão de obra. A inscrição dependerá de prévia habilitação profissional do trabalhador interessado, mediante treinamento realizado em entidade indicada pelo órgão gestor de mão de obra. O **registro** depende de prévia seleção e respectiva inscrição no cadastro de mão de obra, obedecidas a disponibilidade de vagas e a ordem cronológica de inscrição no cadastro.

A seleção e o registro do trabalhador são feitas pelo órgão gestor de mão de obra, conforme normas estabelecidas em contrato, convenção ou acordo coletivo do trabalho.

Exclusão do trabalhador portuário — a inscrição no cadastro e o registro do trabalhador portuário extinguem-se por morte, ou cancelamento. O cancelamento do registro pode dar-se a requerimento do trabalhador ou como pena disciplinar máxima prevista no art. 47, V, da Lei n. 12.815, compreendidas na competência do órgão gestor de mão de obra (advertência; proibição de ingresso na área do porto por 30 a 180 dias; suspensão da atividade de operador portuário por 30 a 180 dias; cancelamento do credenciamento do operador portuário).

O cancelamento a pedido dá-lhe direito a indenização e a saque do FGTS. A indenização será suportada pelo Fundo de Indenização do Trabalhador Portuário Avulso.

Proteção do trabalhador portuário — é feita através da Lei n. 9.719/98. O art. 2º preceitua que cabe ao operador portuário recolher ao órgão gestor de mão de obra os valores devidos pelos serviços executados, referentes à remuneração por navio, com todos os encargos. E cabe ao órgão gestor de mão de obra o pagamento da remuneração devida aos trabalhadores portuários, inclusive 13º e férias, no prazo de 48 horas. O art. 73 da Lei n. 12.815 assegura ao portuário maior de 60 anos que não possa mais trabalhar nem tenha renda própria nem reúna os requisitos para aposentadoria um benefício mensal de um salário mínimo.

É assegurado ao trabalhador portuário avulso cadastrado no órgão gestor de mão de obra o direito a concorrer à escala diária complementando a equipe de trabalho do quadro dos registrados. A escalação será feita pelo órgão gestor, em forma de rodízio.

Somente fará jus à remuneração o trabalhador avulso que, constante da escala diária, estiver em efetivo exercício.

6. ESTÁGIO

A Lei n. 11.788/2008 disciplinou exaustivamente a relação de trabalho sob a modalidade de estágio, revogando a legislação anterior, e ainda alterou os §§ 1º, 3º e 7º do art. 428 da CLT, que trata do contrato de aprendizagem.

Definição — estágio é ato educativo escolar supervisionado, desenvolvido no ambiente de trabalho, que visa à preparação para o trabalho produtivo de educandos que estejam frequentando o ensino regular em instituições de educação superior, de educação profissional, de ensino médio, da educação especial e dos anos finais do ensino fundamental, na modalidade profissional da educação de jovens e adultos. O estágio faz parte do projeto pedagógico do curso, além de integrar o itinerário formativo do educando.

O contrato de estágio não gera vínculo empregatício, embora o estagiário perceba bolsa ou outra forma de contraprestação que venha a ser acordada, ressalvado o que dispuser a legislação previdenciária, devendo o estudante, em qualquer hipótese, estar segurado contra acidentes pessoais.

Espécies — obrigatório e não obrigatório. O obrigatório é aquele definido como tal no projeto pedagógico do curso, cuja carga horária é requisito para aprovação e obtenção do diploma; não obrigatório é aquele desenvolvido como atividade opcional, acrescida à carga horária regular e obrigatória. As atividades de monitoria, extensão e iniciação científica na educação superior somente serão equiparadas a estágio em caso de previsão no projeto pedagógico do curso.

Requisitos — o contrato de estágio deve observar os requisitos de que trata o art. 3º da Lei n. 11.788/08: a) educando regularmente matriculado em curso de educação superior, de educação profissional, de ensino médio, da educação especial e nos anos finais do ensino fundamental, na modalidade profissional da educação de jovens e adultos e atestados pela instituição de ensino; b) o estudante deve estar frequentando um dos cursos acima; c) existência de instrumento jurídico que convenie a instituição de ensino com o concedente do estágio, nos termos do art. 7º da Lei n. 11.788; d) celebração de termo de compromisso entre o educando, a parte concedente do estágio e a instituição de ensino; e) compatibilidade entre as atividades desenvolvidas no estágio e aquelas previstas no termo de compromisso, segundo a proposta pedagógica do curso; f) condições das unidades de proporcionar estágio na linha de formação do estudante; g) que o aluno já esteja em condições de realizar o estágio; h) que o estágio complemente a formação, mediante acompanhamento efetivo pela instituição de ensino, através de professor orientador, e por supervisor da parte concedente, comprovado por vistos nos relatórios, em conformidade com os currículos e projeto pedagógico; j) duração máxima de dois anos na mesma concedente do estágio, salvo quando se tratar de pessoa deficiente.

Jornada — compatível com o horário escolar do estudante e com o da parte em que venha a ocorrer o estágio, especificada no termo de compromisso, observadas três situações: a) de quatro horas/dia e 20h semanais para estudantes de educação especial e dos anos finais do ensino fundamental, na modalidade profissional de educação de jovens e adultos; b) seis horas/dia ou 30h semanais para os de ensino superior, da educação profissional de nível médio e do ensino médio regular; c) poderá ser de 40h semanais quando os cursos alternam teoria e prática periódicas em que não estão programadas aulas presenciais, desde que isso esteja previsto no projeto pedagógico do curso e da instituição de ensino. Se a instituição adotar verificações de aprendizagem periódicas ou finais, a carga horária do estagiário será reduzida à metade nos períodos de verificação.

O conceito de estágio curricular constará do projeto pedagógico da instituição de ensino. No entanto, é razoável o que consta do art. 2º do revogado Dec. n. 87.497/84: "Considera-se estágio curricular as atividades de aprendizagem social, profissional e cultural, proporcionadas ao estudante pela participação em situações reais de vida e trabalho de seu meio, sendo realizada na comunidade em geral ou junto a pessoas jurídicas de direito público ou privado, sob responsabilidade e coordenação da instituição de ensino".

Formalização — dar-se-á mediante termo de compromisso celebrado entre o estudante e a parte concedente, com interveniência obrigatória da instituição de ensino. O termo de compromisso constitui a prova formal do estágio e deve mencionar expressamente o instrumento jurídico que liga a instituição de ensino ao concedente do estágio.

Obrigações da instituição de ensino — a) celebrar termo de compromisso com o educando ou com seu representante ou assistente legal, quando ele for absoluta ou relativamente incapaz, e com o concedente, indicando as condições de adequação do estágio à proposta pedagógica do curso, à etapa e modalidade da formação escolar do estudante e ao horário e calendário escolar; b) avaliar as instalações da concedente do estágio e sua adequação à formação cultural e profissional do educando; c) indicar professor orientador, da área a ser desenvolvida no estágio, como responsável pelo acompanhamento e avaliação das atividades do estagiário; d) exigir do educando relatórios periódicos das atividades em prazo não superior a seis meses; e) zelar pelo cumprimento do termo de compromisso, reorientando o estagiário para outro local em caso de descumprimento de suas normas; f) elaborar normas complementares e instrumentos de avaliação dos estágios de seus educandos; g) comunicar à parte concedente do estágio, no início do período letivo, as datas de realização de avaliações escolares ou acadêmicas. O plano de atividades do estagiário integra o termo de compromisso, mediante aditivos.

Da parte concedente — podem conceder estágios as pessoas jurídicas de direito privado, os órgãos da administração pública direta, autárquica e fundacional, os profissionais liberais de nível superior devidamente registrados em seus respectivos conselhos de fiscalização profissional, observados os seguintes requisitos: a) celebrar termo de compromisso com o educando e a instituição de ensino, zelando pelo seu cumprimento; b) ofertar instalações e ambiente em condições de proporcionar ao educando atividades de aprendizagem social, profissional e cultural; c) designar funcionário do quadro de pessoal, com experiência na área do curso do educando, para orientar e supervisionar até dez estagiários; d) contratar em favor do estagiário seguro contra acidentes pessoais, cuja apólice seja compatível com valores de mercado, cf. termo de compromisso; e) ao final do estágio, entregar ao estagiário termo de realização do estágio com indicação resumida do período, das atividades desenvolvidas e da avaliação; f) manter à disposição da fiscalização documentos que comprovem a relação de estágio; g) enviar à instituição de ensino, com periodicidade mínima de seis meses, relatório das atividades, com vista obrigatória ao estagiário.

Número de estagiários por instituição — a concedente observará as seguintes proporções: de um a cinco empregados — um estagiário; de seis a dez empregados — até dois estagiários; de 11 a 25 empregados — até cinco estagiários; acima de 25 empregados — até 20% de estagiários. A fração porventura existente nesse cálculo poderá ser arredondada para cima. Esses quantitativos serão apurados em cada filial ou estabelecimento. Esses quantitativos não se aplicam aos estágios de nível superior e de nível médio profissional. É assegurada a cota de 10% para as pessoas portadoras de deficiência.

O estágio irregular converte-se em relação de emprego, com todos os consectários das leis trabalhistas. A instituição que reincidir na irregularidade fica impedida de receber estagiário por dois anos, contados da data da decisão definitiva do processo administrativo respectivo.

Agentes de integração — o art. 5º da Lei legitima as instituições intermediadoras do estágio (ora denominadas de *agentes de integração*), observando que, quando o poder público utilizar os seus serviços mediante pagamento, sejam observadas as regras da licitação pública. Aos agentes de integração cabe: a) identificar oportunidades de estágio; b) ajustar suas condições de realização; c) fazer o acompanhamento administrativo; d) encaminhar negociação de seguros contra acidentes pessoais; e) cadastrar os estudantes.

Direitos do estagiário — a) no estágio não obrigatório, é obrigatória a concessão de bolsa ou outra contraprestação, cf. ajuste no termo de compromisso, e auxílio-transporte; no estágio obrigatório, a instituição concedente poderá conceder esses benefícios, facultativamente; b) seguros contra acidentes pessoais; c) poderá inscrever-se no Regime Geral da Previdência Social como contribuinte facultativo; d) recesso de trinta dias, sempre que o estágio ultrapasse de um ano, preferencialmente coincidente com as férias escolares; esse recesso deve ser remunerado quando o estagiário receber bolsa ou outra contraprestação. Se o estágio for inferior a um ano, o recesso referido será proporcional; e) proteção das regras legais de saúde e segurança no trabalho.

O horário de trabalho será ajustado de comum acordo entre o estagiário e o concedente do estágio, sempre com a interveniência da instituição de ensino.

O contrato de estágio é formal. A preterição dos requisitos e/ou das formalidades acima descaracteriza o estágio e a relação de trabalho poderá cair na vala comum do vínculo empregatício.

7. COOPERATIVA DE TRABALHO

Cooperativas são sociedades de pessoas, sem objetivo de lucro, de natureza civil, constituídas em benefício dos associados, tendo por objeto qualquer gênero de serviço, operação ou atividades, assevera Führer (2005, p. 67).

A Recomendação n. 193 da OIT define cooperativa como "uma associação autônoma de pessoas, unidas voluntariamente, para satisfazer suas necessidades e aspirações econômicas, sociais e culturais em comum, através de uma empresa de propriedade conjunta e de gestão democrática".

Esta Recomendação adota os princípios elaborados pela Assembleia Geral da Aliança Cooperativa Internacional de 1995: adesão voluntária e aberta; gestão democrática por parte dos sócios; participação econômica dos sócios; autonomia e independência; educação, formação e informação; cooperação entre cooperativas; interesse pela comunidade.

As cooperativas manifestam-se sob várias formas: de produção, de consumo, de crédito e de trabalho. A cooperativa de trabalho visa a promover os meios (capital e instrumentos) para realização do serviço pelos cooperados. Subdivide-se em *cooperativa de produção* e *cooperativa de mão de obra ou de serviço*. A de produção poderá produzir seus próprios produtos ou realizar etapa do processo produtivo de outra empresa, mediante uma locação de serviços; a de mão de obra limita-se a intermediar a atividade de associado com um tomador do serviço, sendo o associado o beneficiário da remuneração de seu trabalho; consiste na prestação de serviços acabados a terceiros por intermédio de trabalhadores autônomos, mediante terceirização de mão de obra. É o que consta de PL encaminhado pelo Poder Executivo ao Congresso Nacional.

O cooperativismo constitui um dos instrumentos mais eficientes de solidarização entre pessoas físicas, unidas em sociedade civil, com o fim de obtenção de resultados positivos em todos os quadrantes da economia. Aqui as pessoas se unem, todos e cada um se escorando em todos e em cada um, somando esforços rumo a um objetivo comum.

A Constituição econômica (arts. 170 e segs. da CF) privilegia o cooperativismo, principalmente no garimpo, na pesca e no campo.

Princípios do cooperativismo (de *Rochdalle*) — a) adesão livre; b) singularidade de voto; c) distribuição do excedente *pro rata* das transações dos membros; d) juros limitados sobre o capital; e) neutralidade política e religiosa; f) autogestão democrática; g) vendas a dinheiro e à vista; h) desenvolvimento da educação; i) área de admissão limitada à possibilidade de reunião; j) identidade profissional; l) igualdade social; m) retribuição pessoal diferenciada.

O art. 1.094 do C. Civil dispõe que caracterizam a sociedade cooperativa:

I — variabilidade, ou dispensa do capital social;

II — concurso de sócios em número mínimo necessário a compor a administração da sociedade, sem limitação do número máximo;

III — limitação do valor da soma de cotas do capital social que cada sócio poderá tomar;

IV — intransferibilidade das cotas do capital a terceiros estranhos à sociedade, ainda que por herança;

V — *quorum*, para a assembleia geral funcionar e deliberar, fundado no número de sócios presentes à reunião, e não no capital social representado;

VI — direito de cada sócio a um só voto nas deliberações, tenha ou não capital a sociedade, e qualquer que seja o valor de sua participação;

VII — distribuição dos resultados, proporcionalmente ao valor das operações efetuadas pelo sócio com a sociedade, podendo ser atribuído juro fixo ao capital realizado;

VIII — indivisibilidade do fundo de reserva entre os sócios, ainda que em caso de dissolução da sociedade.

As cooperativas de trabalho ingressaram no ordenamento jurídico nacional por meio do Dec. n. 22.239/32, cujo art. 24 dispõe: "São cooperativas de trabalho aquelas que, constituídas entre os operários de uma determinada profissão ou ofício, ou de ofícios vários de uma mesma classe, têm como finalidade primordial melhorar os salários e as condições de trabalho pessoal dos seus associados e, dispensando a intervenção de um patrão ou empresário, se propõem contratar obras, tarefas, ou serviços públicos ou particulares, coletivamente por todos ou por um grupo de alguns". Esse Decreto foi sucedido pela Lei n. 5.764/71.

A Lei n. 8.949/94 introduziu o parágrafo único no art. 442 da CLT, dispondo que o trabalho realizado por meio de cooperativa de mão de obra não gera vínculo de emprego com a cooperativa nem com o tomador do serviço.

Porém, o trabalho cooperado pressupõe autonomia dos sócios, cuja adesão deve ser livre e não imposta; os cooperados devem possuir o caráter de fornecedores dos serviços prestados e de beneficiários da remuneração daí decorrente; deve prevalecer a união de pessoas; verifica-se aí a *affectio societatis,* ou ânimo associativo.

A falta de qualquer dos princípios do cooperativismo e dos elementos aqui declinados descaracteriza a cooperativa, transformando-a em irregular ou fraudulenta. E os trabalhadores mediados por cooperativas irregulares ou fraudulentas terão suas relações de trabalho transmudadas para vínculos de emprego com o tomador do serviço, em face do contrato-realidade de que trata o art. 442, *caput*, da CLT.

O art. 55 da Lei n. 5.764/71 confere estabilidade no emprego aos empregados de empresas que forem eleitos diretores de cooperativas por eles criadas.

8. TRABALHO INTELECTUAL, INCLUSIVE O DE NATUREZA CIENTÍFICA, ARTÍSTICA OU CULTURAL

O art. 129 da MP do Bem (Lei n. 11.196/05) institui mais uma espécie de flexibilização da relação de emprego, assim expresso:

> Para fins fiscais e previdenciários, a prestação de serviços intelectuais, inclusive os de natureza científica, artística ou cultural, em caráter personalíssimo ou não, com ou sem designação de quaisquer obrigações a sócios ou empregados da sociedade prestadora de serviços, quando por esta realizada, se sujeita tão somente à legislação aplicável às pessoas jurídicas, sem prejuízo da observância do disposto no art. 50 da Lei n. 10.406, de 10 de janeiro de 2002 — Código Civil.

Esta medida é benéfica para os que se enquadram nela, e melhor para as empresas que contratam tais profissionais. Utilizada nos devidos termos a que se propõe, não há que se cogitar de inconstitucionalidade. Veja-se que só alcança os que prestam serviços **intelectuais**, inclusive os de natureza **científica**, **artística** ou **cultural**.

A norma sob comento franqueia que trabalhadores se organizem sob a forma de pessoa jurídica para prestação de serviço pessoal e continuado de natureza intelectual a outra pessoa. É a confirmação na lei de um fenômeno que se denominou "pejutização" da relação de trabalho, ou seja, a contratação do trabalhador organizado sob a forma de pessoa jurídica.

Para tanto, a lei confere benefícios fiscais ao trabalhador contratado sob essa forma. O principal benefício diz respeito ao Imposto de Renda, que, como pessoa física pode chegar a 27,5%, e como pessoa jurídica deve cair para abaixo de 10%. E para que ele não faça uso nocivo da personalidade jurídica, recorreu-se ao art. 50 do Código Civil, que trata da desconsideração da pessoa jurídica (*disregard doctrine*).

Essa forma de contratação já vinha sendo praticada com o fim de mascarar a relação de emprego e contornar a legislação do trabalho. O art. 129 da Lei n. 11.196 terá legalizado essa prática? A tendência é essa, visto que a Lei da Super-Receita gerou uma séria discussão em torno da Emenda Três, que proibia os Auditores do Trabalho de autuarem as empresas contratantes de pessoas jurídicas. O Presidente da República vetou o preceptivo, mas comprometeu-se de enviar ao Congresso Projeto de Lei regulamentando a matéria.

Nada mudou do ponto de vista da legislação do trabalho. A fiscalização do trabalho e os órgãos jurisdicionais continuarão velando pela correta aplicação da legislação obreira. Todos os casos em que, conquanto a forma acuse uma relação jurídica autônoma, de fato se afigure uma relação subordinada, deverão reger-se pela legislação protetora do trabalho.

É importante salientar que a Lei n. 11.196 possui natureza fiscal, portanto deve ser interpretada para esses fins. Por sua vez, a lei trabalhista possui natureza protetiva da relação de emprego, é impositiva e especial, não cedendo à vontade das partes nem a outros comandos legais que não sejam trabalhistas.

A lei fiscal é boa e deve ser respeitada e até aplaudida, haja vista seus fins benéficos e liberatórios de tributos das empresas. Porém, dentro da restrita finalidade. No momento em que resvalar para a burla da proteção do trabalho, deve ser desconsiderada, porque estará desviando-se de sua finalidade.

A proteção do trabalho constitui direito fundamental da pessoa do trabalhador, catalogada no art. 7º da Constituição. Sua principal regulamentação encontra-se na CLT, dentre outras leis.

E a relação de emprego encontra-se definida na CLT, arts. 3º e 442, cuja caracterização **de fato** é oponível a todas as outras fórmulas, legais ou contratuais que a desvirtue. O art. 3º estabelece as quatro características da relação de emprego: *pessoalidade* na prestação do serviço, *não eventualidade*, *subordinação* jurídica e *remuneração.*

Prosseguindo nesse intento, o art. 442 da mesma CLT preceitua: "Contrato individual de trabalho é o acordo tácito ou expresso correspondente à relação de emprego". Aqui, o Digesto Obreiro alberga a teoria do contrato realidade, significando dizer que, uma vez verificados os fatos que o caracterizam, pouco importa a forma. Aqui também se aninha o *princípio da primazia da realidade*. Este princípio consiste em que, no caso de discrepância entre o que ocorre na prática e o que emerge dos documentos, deve dar-se preferência ao primeiro, isto é, ao que sucede no terreno dos fatos.

O contrato de trabalho é consensual; porém, seu conteúdo vai tomando formas diferentes. Vai-se revelando não pelo pacto, mas pela conduta das partes. Por isso, o contrato é o que de fato está existindo (art. 442, CLT), não obstante sua fórmula documental.

O art. 9º da CLT, amarrando a situação, é imperativo: "Serão nulos de pleno direito os atos praticados com o objetivo de desvirtuar, impedir ou fraudar aplicação dos preceitos contidos na presente Consolidação". O art. 444 reafirma esse intento do legislador.

Com efeito, só o prestador de serviços intelectuais poderá ser contratado nos moldes previstos no art. 129 da Lei n. 11.196/05. Esse trabalho intelectual pode inclusive ser de natureza científica, artística ou cultural.

Decerto, esses profissionais não se curvam a uma relação de emprego nos moldes do capitalismo industrial, como foi concebida a nossa legislação do trabalho. Tais trabalhadores preferirão uma relação jurídica regida pela legislação civil, que possui mais força de contratualidade, permitindo mais liberdade na manifestação da vontade.

Entretanto, há que se entender que tais serviços *de natureza intelectual* envolvem a criatividade, quer como atividade-fim da pesquisa científica, da criação intelectual, da produção artística e cultural, não se incluindo os corroboradores ou prestadores de atividades de apoio ao trabalho intelectual. Estes últimos ou são empregados do intelectual prestador do serviço ou do tomador do serviço de natureza intelectual.

O problema que se antevê é que onde passa um boi passa uma boiada.

Assim, certamente os conceitos tenderão a esticar-se. O que é trabalho intelectual? Daqui a uns dias, os tomadores de serviço enquadrarão qualquer trabalho como intelectual; qualquer espécie de elucubração será trabalho científico; qualquer que exiba cores, sons, imagens é artístico e qualquer que exiba movimento será cultural. É bem aqui, quando houver abuso desses conceitos, que o princípio da primazia da realidade intervirá, para corrigir a relação formal segundo a relação de fato.

Compete ao Ministério do Trabalho e ao Ministério Público do Trabalho fiscalizar esse fiel enquadramento.

Não é que a legislação do trabalho prevaleça sobre outras leis. É que, cada qual deve comandar seu cada qual. A relação de emprego é definida e protegida pela legislação do trabalho. E sua caracterização decorre dos fatos. Uma vez constatados estes, incide a lei trabalhista. Não caracterizada a relação de emprego, aplica-se ao caso, a Lei fiscal-empresarial.

Outrossim, compete à Justiça do Trabalho julgar os dissídios oriundos dessa relação, quer na forma instituída pela Lei n. 11.196, quer pela forma da relação de emprego.

9. *TAC — TRANSPORTADOR AUTÔNOMO DE CARGAS*

O serviço do caminhoneiro autônomo está inserido entre as atividades que podem ser terceirizadas. Nessa situação, esse trabalhador, desde que possua o veículo de transporte de cargas, *a priori,* pode ser contratado em caráter contínuo sem que se caracterize o vínculo de emprego. Essa prestação de serviço poderá se dar pelo próprio caminhoneiro ou através de cooperativa.

A Lei n. 11.442/07 dispõe sobre o transporte rodoviário de cargas por conta de terceiros e mediante remuneração e revoga a Lei n. 6.813/80. Diz o seu art. 1º que essa atividade econômica é de natureza comercial, exercida por pessoa física ou jurídica em regime de livre concorrência, e depende de prévia inscrição do interessado em sua exploração no Registro Nacional de Transportadores Rodoviários de Cargas — RNTR-C da Agência Nacional de Transportes Terrestres — ANTT, nas seguintes categorias:

> I — Transportador Autônomo de Cargas — **TAC**, pessoa física que tenha no transporte rodoviário de cargas sua atividade profissional; II — Empresa de Transporte Rodoviário de Cargas — **ETC**, pessoa jurídica constituída por qualquer forma prevista em lei que tenha no transporte rodoviário de cargas sua atividade principal.

Interessa para este estudo só o **TAC**. Este deverá comprovar: a) ser proprietário, coproprietário ou arrendatário de, pelo menos, um veículo automotor de carga, registrado em seu nome no órgão de trânsito como veículo de aluguel; b) ter experiência de, pelo pelos, três anos na atividade ou ter sido aprovado em curso específico.

A **ETC** contrata o TAC sob duas formas, como independente ou como agregado. **Agregado** é aquele que coloca veículo de sua propriedade ou de sua posse, a ser dirigido por ele próprio ou por preposto seu, a serviço do contratante, com exclusividade, mediante remuneração certa. **Independente** é aquele que presta os serviços de transporte de carga de que trata a Lei n. 11.442 em caráter eventual e sem exclusividade, mediante frete ajustado.

O art. 5º e seu parágrafo único preceituam que esses contratos não geram vínculo de emprego e compete à Justiça Comum julgar as ações daí advindas.

No que pese essa lei já ser de janeiro de 2007, o legislador ordinário não se atentou para o que dispõe o art. 114, I, da Constituição, com a redação dada pela EC n. 45/04. Deve ter havido um descompasso na tramitação do Projeto de Lei, que fora apresentado antes da EC 45. Logicamente, as questões interempresariais decorrentes dessa matéria são da alçada da Justiça Comum, porém, os dissídios entre TAC e a **ETC** são da competência da Justiça do Trabalho. Ora, ademais, não é a natureza contratual que define a competência, mas a relação de trabalho, tanto que a relação do representante comercial autônomo é por lei da competência da Justiça do Trabalho.

Da mesma forma, não se pode dizer que nunca se estabelecerá o vínculo de emprego. Na verdade, este decorre dos fatos, da realidade. Assim, a exemplo do que se disse no item anterior, se a situação revelar uma prestação pessoal de serviço, em caráter não eventual, sem autonomia do TAC, mediante remuneração, o vínculo de emprego se impõe, por força da lei e do princípio da primazia da realidade.

De igual modo, é pressuposto da autonomia a comprovação dos requisitos acima demonstrados: a) que o TAC seja proprietário, coproprietário ou arrendatário de veículo automotor registrado em seu nome como de aluguel; b) que ele tenha experiência mínima de três anos ou aprovação em curso específico; c) tenha no transporte de carga sua atividade profissional; d) preste o serviço pessoalmente ou por preposto seu. Sempre que o TAC puder prestar o serviço através de preposto, pressupõe a autonomia.

Assim, o parágrafo único do art. 5º é parcialmente inconstitucional.

Sobre o tema, Fava assim conclui seu artigo:

> Impregnada de inconstitucionalidade, a nova lei não merece colher efetividade no plano das relações de trabalho, sob pena de inversão dos valores constitucionais — a proteção do trabalho é, até mesmo topologicamente, mais importante no Texto Constitucional do que a livre iniciativa — esvaziando os conceitos de isonomia e proteção à dignidade do homem. Que o Judiciário Trabalhista dê a essa teratologia o destino que merece: a completa desconsideração. (2007, p. 426-431)

Capítulo X

Sujeitos da Relação de Emprego — o Empregado

1. CONCEITO

O empregado é o prestador de serviços na relação de emprego. É toda pessoa física que prestar serviços de natureza não eventual a empregador, sob a dependência deste e mediante salário (art. 3º da CLT). A característica nuclear que distingue o empregado dos outros prestadores de serviço é a SUBORDINAÇÃO JURÍDICA ou HIERÁRQUICA.

2. CARACTERIZAÇÃO

Empregado é o indivíduo que presta serviço a outrem sob as seguintes condições: a) prestação pessoal do serviço; b) sob a direção do empregador; c) não eventual; d) mediante salário.

Pessoalidade — o contrato é *intuitu personae* em relação ao empregado. Significa que o trabalhador assume a obrigação de ele próprio pôr-se à disposição de seu empregador para prestar os serviços que forem ordenados, compreendidos na sua espécie contratual. Ele, em regra, não pode fazer-se substituir.

Não eventualidade — possui dois sentidos: a) de duração no tempo; b) de relação do trabalho com a atividade-fim da empresa. O primeiro designa que o trabalho não é eventual, passageiro, durou um lapso de tempo razoável; o segundo traduz que o trabalho integra a atividade-fim do empregador, p. ex., um balconista que trabalha só 5 dias para o estabelecimento comercial, nessa função, e é dispensado sem justa causa, teve um contrato de emprego e deve receber as indenizações daí emergentes: aviso-prévio de 30 dias, 1/12 de 13º salário, 1/12 de férias mais 1/3 desse valor, FGTS de um mês mais 40%. Já o pedreiro que trabalhou 20 dias para o mesmo estabelecimento, restaurando um piso, prestou um trabalho eventual, porque durou pouco e seu trabalho não integra o objeto econômico da empresa. Por sua vez, a simples duração contínua do trabalho, p. ex., a partir de 30 dias, caracteriza a não eventualidade da prestação, independente da vinculação ao objeto econômico da empresa.

Subordinação jurídica — ou hierárquica, consiste na sujeição do trabalhador ao comando do empregador. Certo que toda prestação de serviço envolve subordinação e comando; porém, os fatos revelarão a dose caracterizadora da subordinação trabalhista, tais como se o obreiro é obrigado a comparecer diariamente, a assinar ponto, obedece às normas internas, sofre algumas proibições, está sujeito a punição disciplinar.

Não se trata de uma sujeição que humilhe o empregado, mas apenas que, naquela relação contratual, o empregado está sujeito ao poder diretivo do empregador. Daí dizer-se que é uma subordinação hierárquica, porque no âmbito da empresa o empregador é o superior e a ele compete dirigir a prestação do serviço. Diz-se também subordinação jurídica porque decorre do vínculo jurídico estabelecido pela relação contratual e se esgota nos seus limites. Romita (1979) equipara-a à relação creditícia, em que o credor detém sobre o devedor o poder decorrente do crédito, independentemente do *status* social do devedor e do credor.

Com a diversificação das modalidades contratuais e de empreendimentos, esse conceito tende a relativizar-se, para que mais situações concretas sejam apanhadas pela malha do vínculo de emprego. Ver parassubordinado no Cap. VIII.

Remuneração — o empregado tem de receber remuneração, seja de que forma for — salário fixo, por comissão, em utilidades, por dia, hora, semana ou mês. O trabalho voluntário (como mutirões, obras caritativas, por voto religioso) não constitui relação empregatícia. Porém, não é só a falta de pagamento da remuneração que descaracteriza o emprego. Pode o trabalhador não receber a remuneração, todavia fazer jus a ela.

3. PROFISSIONISTAS. TRABALHADORES INTELECTUAIS E ALTOS EMPREGADOS

Para os trabalhadores intelectuais, há duas espécies contratuais, uma civil e outra celetista. A primeira foi instituída pelo art. 129 da MP do BEM (Lei n. 11.196/06), de que já tratamos no item 8 do Capítulo anterior. A outra, a trabalhista, diz respeito aos altos empregados, em que a subordinação jurídica é bem tênue. Esses profissionais prestam serviços na empresa ou no seu próprio estabelecimento, destinando horário certo para a tomadora do serviço. Em geral são profissionais que dedicam um horário à sua atividade liberal e outro à empregadora.

4. TELETRABALHO E TELEMARKETING

Teletrabalho é uma espécie do gênero trabalho a distância. Dentro do trabalho a distância, a espécie mais antiga é o trabalho em domicílio. O conceito de teletrabalho ainda está em construção, visto que a tecnologia avança mais rápido que sua apreensão pelo espírito. Contudo, já é possível delimitar-lhe o sentido assim: *teletrabalho é uma forma de trabalho a distância, exercido mediante o emprego de recursos telemáticos e que o trabalhador sofre o controle patronal.*

A Lei n. 12.551/11 deu ao art. 6º da CLT a seguinte redação:

Não se distingue entre o trabalho realizado no estabelecimento do empregador, o executado no domicílio do empregado e o realizado a distância, desde que estejam caracterizados os pressupostos da relação de emprego.

Parágrafo único. Os meios telemáticos e informatizados de comando, controle e supervisão se equiparam, para fins de subordinação jurídica, aos meios pessoais e diretos de comando, controle e supervisão do trabalho alheio.

Aqui, o empregado trabalha para determinado empregador sem a necessária permanência no estabelecimento da empresa, mas sim em outro lugar, mediante o emprego dos recursos da telemática, de forma que o empregador possa, também pelos meios telemáticos, exercer um certo controle sobre as atividades dele. É uma nova versão do emprego em domicílio, gerando todos os efeitos do contrato de emprego, inclusive as nuances da saúde, como doença do trabalho, doença profissional e acidente de trabalho.

Características do teletrabalho: a) trabalho fora do estabelecimento do empregador; b) emprego de meios informáticos e de telecomunicação, muitas vezes equipamentos portáteis dotados de *hardware* e *software*.

Classificação — Oliveira classifica-o sob duas formas: o *locativo* e o *comunicativo*. O locativo diz respeito ao local da prestação do serviço: no **domicílio** do trabalhador; em **telecentros**, ou centros de trabalho com recursos compartilhados; **itinerante**, com o emprego de equipamentos portáteis. O comunicativo refere-se ao modo como os meios telemáticos estabelecem a comunicação entre o trabalhador e o empregador. Assim, pode ser: em *of-line*, ou desconectado, e em *on-line*, ou conectado. No primeiro caso, o empregado não está interligado direto ao computador central da empresa, enviando seus dados via correio eletrônico ou correio tradicional; no segundo, o trabalhador usa tecnologias informáticas para receber ordens e orientações e para enviar o resultado de seu trabalho para a empresa(36).

Da forma como se vem demonstrando, o teletrabalho poderá ser contratado sob a forma de relação de emprego ou de relação autônoma. Essa modalidade de trabalho comporta perfeitamente dentro do conceito de trabalho intelectual, artístico, científico ou cultural. E, como tal, é possível a contratação sob a forma preconizada no art. 129 da Lei n. 11.196/05 (comentada no item 8 do Cap. anterior), que permite que o trabalhador constitua pessoa jurídica e com isso preste serviço pessoal, de natureza permanente ao tomador de serviço, sem vínculo de emprego.

Em dados de 1996, o teletrabalho já ocupava mais de dez milhões de trabalhadores nos EEUU e é crescente na União Europeia. Essa modalidade já atinge mais de 50% da ocupação em processamento de dados, 33% em tradução, 28% em secretariado e em vendas e *marketing*, 28% em contabilidade e um crescente percentual em serviços bancários.

Esses dados são apenas espelho de uma época inicial. Com o avanço estrondoso da informática, não dá mais para quantificar os exercentes de trabalho a distância. A tendência é essa modalidade tornar-se regra para muitas atividades. Um fenômeno

(36) OLIVEIRA, Flávia de Paiva Medeiros. Organização e satisfação no contexto do teletrabalho. *Revista de Administração de Empresas — ERA*, v. 42, n. 3, p. 64, jul./set. 2002.

que devolve as pessoas para seus lares, os escritórios serão reduzidos de tamanho e as residências se ampliarão para abrigar também o trabalho. Haverá mais economia para os tomadores de serviço e para os trabalhadores, que não precisarão se deslocar para o trabalho. A civilização entrará em uma nova era, com trânsito calmo e pessoas tranquilas.

Em julho de 2003, o Fórum de Direito da Internet, na França, sugeriu várias providências para o trabalho sob essa modalidade, tendo em vista a concretização do acordo-quadro europeu sobre essa modalidade de trabalho. Ali foi relatado que 7% dos empregados da França estão no teletrabalho, nos mesmos níveis da Alemanha e do Reino Unido, mas em progressão lenta e regular.

Concluiu esse Fórum pela necessidade de uma pactuação coletiva para regulamentar o teletrabalho, mormente porque constatou as seguintes peculiaridades: a) o teletrabalho desenvolve-se num quadro amplamente informal, o que causa insegurança jurídica; b) controle irregular do tempo de trabalho; c) o teletrabalhador é um empregado a tempo integral; d) a opção pelo teletrabalho deve ser acompanhada de um conjunto jurídico adaptado e seguro (GONIÉ, Jean. Le teletravail en France: les principaux points de la recomendation du Fórum des droits sur l'Internet. *Revista Synthesis*, n. 42/06, p. 26/28).

Telemarketing — trata-se de outra modalidade de trabalho, em que, em geral, os trabalhadores cumprem sua jornada no estabelecimento do empregador, em uma célula, equipados com fone de ouvido e microfone a fim de efetuar vendas de produtos e serviços (*"Alô! Sou a Débora. Gostaria de Falar com o Sr. Francisco!"*). O Anexo II da NR-17 da Portaria n. 3.214/78, com a redação dada pela Portaria SIT/DDSST n. 9/2007, dispõe no item 1.1.2 do Anexo I:

> Entenda-se como trabalho de teleatendimento/telemarketing aquele cuja comunicação com interlocutores clientes é realizada à distância por intermédio da voz e/ou mensagens eletrônicas, com a utilização simultânea de equipamentos de audição/escuta e fala telefônica e sistemas uniformizados ou manuais de processamento de dados.

Essa atividade é altamente estressante e registra elevada rotatividade de mão de obra muito jovem. Pela sua natureza, deve ser enquadrada como atividade penosa.

Esse setor emprega cerca de 630 mil operadores jovens de até 25 anos de idade, 76% mulheres, com nível escolar médio, operando mais de 100 ligações por dia, de três e meio minutos em média. A jornada integral é de seis horas/dia, nela incluídas as pausas, sem prejuízo da remuneração, com tempo de apenas 20 minutos para lanche-refeição (cf. itens 5.3, 5.4.1 a 5.4.3, da norma supracitada). Para jornada de até 4h/dia, o intervalo é de 10 minutos.

Afora o intervalo para refeição, serão concedidos dois intervalos de 10 minutos cada, estes computados na jornada de trabalho, um após os primeiros 60 minutos de trabalho e outro antes dos 60 minutos finais. O controle é rigoroso, monitorado por câmeras e escutas.

"O que ocorre é o adoecimento dessa mão de obra jovem, num trabalho sem características de formação e sem chance de crescimento profissional. As reclamações constantes de estresse, o alto absenteísmo, a alta rotatividade de funcionários e as dificuldades de gerenciamento são evidências do desgaste físico e psíquico dos operadores de *telemarketing*", diz Vanessa Bárbara (Bom-dia, meu nome é Sheila. *Revista Piauí*, n. 1, p. 18/21, out. 2006).

Só nos anos de 2006 e 2007, noticia Antonio Carlos Vendrame, houve mais de 300 mil ações trabalhistas nas Varas de São Paulo oriundas desse segmento, cujos pedidos são insalubridade, periculosidade e indenização por doença desenvolvida no serviço. Alguns peritos enquadram a atividade como insalubre e perigosa (O passivo em segurança e saúde do trabalho nas empresas de telemarketing. *Suplento Trabalhista,* LTr, n. 080/09).

5. OS DIRETORES E OS SÓCIOS

Há altos empregados que chegam a ocupar cargo de diretoria. Enquanto diretor, seu contrato de trabalho persiste, tanto que continua a ser depositado seu FGTS, e o art. 499 consolidado manda computar no tempo de serviço, o tempo de diretoria. Entretanto, a Súmula n. 269 do TST interpreta que o contrato do empregado que, por eleição, assume cargo de diretoria fica suspenso, sem contagem de tempo de serviço, salvo se permanecer a subordinação. Délio Maranhão entende que o Diretor de S/A. é um órgão da pessoa jurídica, situação esta que exclui a de empregado do mesmo sujeito de direito[37]. O administrador que nunca foi empregado, admitido por eleição, não adquire essa qualidade.

O contrato de sociedade assenta na *affectio societatis*, ou *animus societatis*, representado pelo estado espiritual consistente na intenção comum de partilhar dos lucros e perdas, de assumir a responsabilidade e os riscos do empreendimento, na sociedade. Pode firmar-se uma sociedade em que um sócio entra com o capital e o outro com o trabalho, mantendo ambos o *status* de sócios. Porém, na relação em que um manda e outro obedece, descaracteriza-se a sociedade e nasce a relação de emprego.

Por seu turno, discute-se a possibilidade de coexistência do contrato de trabalho com a sociedade. Na verdade, em qualquer tipo de sociedade, o sócio pode ser empregado, posto que a sociedade tem personalidade jurídica própria. Entretanto, para que isso ocorra, é necessário que o sócio não possua cota-parte que lhe assegure posição de destaque na sociedade nem tenha participação intensa na gestão. Em resumo, sob as limitações acima expostas, é possível a coexistência do contrato de trabalho com a qualidade de acionista ou sociocotista. A propósito, o TST já decidiu que o empregado que adquire algumas cotas da sociedade empregadora não perde a sua condição de empregado.

6. EXERCENTES DE CARGOS DE CONFIANÇA

O empregado exercente de cargo de confiança goza de todos os direitos trabalhistas dos demais, com exceção da jornada, posto que o art. 62, II, da CLT, prescreve que ficam excluídos das regras da jornada e de horas extras os gerentes, assim considerados os exercentes de cargos de gestão, aos quais se equiparam para efeito do disposto neste

(37) Diretor de sociedade anônima e contrato de trabalho. *In*: ZAINAGHI, Domingos Sávio; FREDIANI, Yone (coords.). *Tendências do direito do trabalho contemporâneo*, v. II, p. 385/395.

artigo os diretores chefes de departamento e/ou filial. Esses chefes diferem dos demais empregados também nas vantagens econômicas decorrentes do cargo.

A dificuldade se impõe na definição do cargo de confiança. Além do que preceitua o art. 62, II, suprarreferido, o art. 224 da CLT exclui da jornada especial de seis horas os bancários exercentes de cargos de confiança, compreendidos os de direção, fiscalização ou chefia e análogos. Sobre o gerente bancário, ver o item 9 do Capítulo XVII.

Amauri Mascaro Nascimento, ao afirmar que não é todo cargo de direção que se enquadra como cargo de confiança, propõe a seguinte definição do último: "*é aquele no qual o empregado ocupa uma posição hierárquica elevada, na qual tenha poderes de agir pelo empregador nos seus atos de representação externa*". Claro que essa posição do trabalhador na empresa decorre de sua estrutura.

Martha Elisa Monsalve Cuellar considera **de confiança** "os trabalhadores que atuam com certa liberdade, que têm acesso à informação confidencial do empregador ou da empresa, que têm liberdade para atuar nos serviços em nome do empregador, que são depositários de segredos relacionados com as operações da empresa e processos produtivos". E **de gerência** "aqueles que se encarregam do manejo dos fundos ou numerário da empresa ou do empregado que têm sob sua responsabilidade custódia de títulos e valores"[38].

A exemplo do que se dirá no Capítulo XVIII a respeito do gerente bancário, para enquadrar-se na exceção do art. 62 da CLT, sem limite de jornada de trabalho, haverá de ser aquele que seja o **gerente geral da unidade**, que tenha poderes especiais, e não simples gerência técnica ou de serviço.

7. MÃE SOCIAL

Denomina-se mãe social à pessoa que presta serviço na instituição de assistência a menores carentes (até dez menores por casa-lar), cf. o disposto na Lei n. 7.644/87. Esse sistema trata da colocação dos menores no mercado de trabalho como estagiários, aprendizes ou empregados, em estabelecimentos públicos ou privados. Do total do salário que o menor auferir, 40% serão destinados às suas despesas pessoais; até 40% reverterão para a casa-lar; e até 30% serão depositados em caderneta de poupança em seu nome, para ser utilizada ao completar 18 anos.

Competência — compete à Justiça do Trabalho dirimir os conflitos trabalhistas entre a mãe social e a instituição empregadora.

Direitos da mãe social — a instituição admite e coloca a mãe social em uma casa-lar onde terá a incumbência de residir e cuidar de determinado número de menores carentes, mediante as seguintes regalias: a) remuneração reajustável periodicamente, no mínimo o salário mínimo; b) registros na Carteira de Trabalho; c) repouso semanal remunerado; d) férias anuais; e) 13º salário; f) FGTS; g) previdência social, inclusive seguro-acidente.

---

(38) Jornada de trabalho especial — cargos de direção, confiança e gerência. *In:* ZAINAGHI, Domingos Sávio; FREDIANI, Yone (coords.). *Novos rumos do direito do trabalho na América Latina,* p. 291/296.

Condições para a admissão — a) ser maior de 25 anos; b) boa sanidade física e mental; c) curso de primeiro grau, ou equivalente; d) ter sido aprovada em treinamento e estágio exigidos pela Lei n. 7.644; e) boa conduta social; f) aprovação em teste psicológico específico.

A instituição manterá substitutas para os casos de afastamento das titulares. Na substituição elas terão os mesmos direitos e as mesmas atribuições das substituídas. A mãe social substituta residirá na aldeia assistencial e, quando não estiver na efetiva substituição, cumprirá tarefas determinadas pelo empregador.

Penalidades — as mães sociais ficam sujeitas às seguintes penalidades aplicadas pela entidade empregadora: a) advertência; b) suspensão; c) demissão.

Extinção do contrato de trabalho — extinto o contrato, a mãe social deve retirar-se da casa-lar que ocupava, cabendo à entidade empregadora providenciar a imediata substituição. Em caso de demissão sem justa causa, será ela indenizada, na forma da legislação vigente, ou levantará os depósitos do FGTS, com o acréscimo de 40%.

Legislação aplicável — o art. 7º da Constituição e o Título II, Capítulos I e IV (identificação profissional e férias); Título III, Cap. IV, Seções IV, V e VI (proteção do trabalho do menor); Títulos IV e VII (contrato individual de trabalho e do processo de multas administrativas), todos da CLT.

8. ÍNDIOS

"Não haverá discriminação entre trabalhadores indígenas e os demais trabalhadores, aplicando-se-lhes todos os direitos e garantias das leis trabalhistas e de previdência social. É permitida a adaptação de condições de trabalho aos usos e costumes da comunidade a que pertencer o índio" — art. 14 do Estatuto do Índio, Lei n. 6.001/73.

É nulo o contrato de trabalho ou locação de serviço realizado com índio "isolado" (os que vivem em grupos desconhecidos ou de que se possuem poucos e vagos informes através de contatos eventuais com elementos da comunhão nacional).

Os contratos de trabalho ou locação de serviço com índios em processo de integração ou habitantes de parques ou colônias dependem de prévia aprovação do órgão assistencial do índio. Será estimulada a contratação por equipe, ou em domicílio, sob orientação do órgão protetor do índio.

Em qualquer caso de prestação de serviço por índio não integrado, o órgão de proteção indígena exercerá permanente fiscalização das condições de trabalho, denunciando abusos e providenciando a aplicação das sanções cabíveis.

O órgão assistencial propiciará o acesso aos seus quadros de índios integrados, estimulando a sua especialização indigenista.

A capacidade do índio, segundo o art. 4º, parágrafo único, do Código Civil, é regulamentada por lei especial. Essa Lei é a de n. 6.001/73, com as alterações posteriores, cujo art. 7º preceitua que os índios e as comunidades indígenas ainda não integradas à comunhão nacional ficam sujeitos ao seu regime tutelar.

Incumbe à União a tutela, por meio do competente órgão federal de assistência ao silvícola. A tutela obedece aos princípios e normas de direito comum. São nulos os atos praticados entre o índio não integrado e qualquer pessoa estranha à comunidade indígena sem a assistência do órgão tutelar.

O índio poderá requerer ao juiz sua liberação do regime tutelar, observadas as seguintes condições: a) idade mínima de 21 anos (entenda-se agora 18 anos, em face do Novo Código Civil); b) conhecimento de língua portuguesa; c) habilitação para o exercício de atividade útil, na comunidade nacional; d) razoável compreensão dos usos e costumes da comunhão nacional. O juiz decidirá após instrução sumária, ouvidos o Ministério Público e o órgão assistencial.

A comunidade indígena poderá libertar-se do regime tutelar mediante decreto do Presidente da República, desde que requerida pela maioria e demonstradas as condições acima enumeradas.

Os índios, suas comunidades e organizações são partes legítimas para ingressar em juízo em defesa de seus direitos e interesses, intervindo o Ministério Público em todos os atos do processo. Podem celebrar contratos de trabalho. Entretanto, serão assistidos pela FUNAI e a atuação deles em busca de seus direitos trabalhistas, será assistida pelo Ministério Público do Trabalho.

9. APRENDIZ

Essa matéria foi alterada pelas Leis ns. 10.097/00, 11.180/05 e 11.788/08, que alterou as regras do estágio e modificou os 1º, 3º e 7º do art. 428 da CLT. A Lei n. 11.180 trouxe, dentre outras, as seguintes novidades para o aprendizado: ampliou de 18 para 24 anos a idade máxima do aprendiz; para o portador de deficiência, não há o limite de idade; a comprovação de escolaridade de aprendiz portador de deficiência mental levará em conta as habilidades e competências relacionadas à profissionalização.

O art. 403 da CLT dispõe que é proibido qualquer trabalho a menores de 16 anos, salvo na condição de aprendiz, a partir dos 14 anos.

O trabalho do menor não poderá ser realizado em locais prejudiciais à sua formação, ao seu desenvolvimento físico, psíquico, mental e social e em horários e locais que não permitam a frequência à escola.

Contrato de aprendizagem — segundo o art. 428 da CLT, "é o contrato de trabalho especial, ajustado por escrito e por prazo determinado, em que o empregador se compromete a assegurar ao maior de 14 anos e menor de 24, inscrito em programa de aprendizagem, formação técnico-profissional metódica, compatível com o seu desenvolvimento físico, mental e psicológico, e o aprendiz, a executar, com zelo e diligência, as tarefas necessárias a essa formação". Sem limite de idade para o portador de deficiência.

A formação técnico-profissional — caracteriza-se por atividades teóricas e práticas, metodicamente organizadas em tarefas de complexidade progressiva e desenvolvidas no ambiente de trabalho.

Dita o art. 430 que na hipótese de os Serviços Nacionais de Aprendizagem não oferecerem cursos ou vagas suficientes para atender à demanda dos estabelecimentos, esta poderá ser suprida por outras entidades qualificadas em formação técnico-profissional metódica, a saber: a) Escolas Técnicas de Educação; b) entidades sem fins lucrativos, que tenham por objeto a assistência ao adolescente e à educação profissional, registrada no Conselho Municipal dos Direitos da Criança e do Adolescente. Nas localidades onde não houver oferta de ensino médio para o cumprimento do requisito de matrícula no ensino médio ou programa de aprendizagem, a contratação do aprendiz poderá ocorrer sem a frequência à escola, desde que ele tenha concluído o ensino fundamental (§ 7º do art. 428, com a redação dada pela Lei n. 11.788/08).

O art. 80 da Lei n. 12.594/12, que institui o SINASE, acrescenta ao art. 429 o § 2º:

> Os estabelecimentos de que trata o *caput* oferecerão vagas de aprendizes a adolescentes usuários do Sistema Nacional de Atendimento Socioeducativo (Sinase) nas condições a serem dispostas em instrumentos de cooperação celebrados entre os estabelecimentos e os gestores dos Sistemas de Atendimento Socioeducativos locais.

As entidades acima deverão contar com estrutura adequada ao desenvolvimento dos programas de aprendizagem, de forma a manter a qualidade do processo de ensino, bem como acompanhar e avaliar os resultados. Cabe ao Ministério do Trabalho e Emprego fixar normas para avaliar a competência dessas entidades. Aos aprendizes que concluírem os cursos de aprendizagem com aproveitamento, será concedido certificado de qualificação profissional.

A contratação do aprendiz poderá ser efetivada pelas empresas onde se realizará a aprendizagem ou pelos Serviços Nacionais de Aprendizagem ou entidades assistenciais referidas acima. Neste último caso não gera vínculo de emprego com a empresa tomadora do serviço.

Pressupostos da aprendizagem — a validade do contrato de aprendizagem pressupõe anotação na Carteira de Trabalho e Previdência Social, matrícula e frequência do aprendiz à escola, caso não haja concluído o ensino médio, e inscrição em programa de aprendizagem desenvolvido sob orientação de entidade qualificada em formação técnico-profissional metódica.

Remuneração — é assegurado o salário mínimo/hora, salvo condição mais benéfica.

FGTS — A alíquota é de apenas 2%, cf. art. 15, § 17, da Lei n. 8.036/90, com a redação da Lei n. 10.097/00.

Jornada — não superior a seis horas diárias, vedadas a prorrogação e a compensação de jornada. Contudo, poderá ser de até oito horas para os aprendizes que já tiverem concluído o ensino fundamental, se nelas forem computadas as horas destinadas à aprendizagem teórica. Portanto, não admite o trabalho em horas extras, o acordo de compensação nem o banco de horas.

Prazo de duração — não poderá ser estipulado por mais de dois anos, exceto em relação ao portador de deficiência.

Limites do número de aprendizes — os estabelecimentos de qualquer natureza são obrigados a empregar e matricular nos cursos dos serviços nacionais de aprendizagem número de aprendizes equivalente a 5%, no mínimo, e 15%, no máximo, dos trabalhadores existentes em cada estabelecimento, cujas funções demandem formação profissional. As frações de unidade no cálculo dessas porcentagens darão lugar à admissão de um aprendiz. Esses limites não se aplicam quando o empregador for entidade sem fins lucrativos, que tenha por objetivo a educação profissional.

Extinção do contrato — extinguir-se-á no termo fixado ou quando o aprendiz completar 24 anos, salvo se deficiente, que não terá esse limite de idade, ou antecipadamente, nas seguintes hipóteses: a) desempenho insuficiente ou inadaptação do aprendiz; b) falta disciplinar grave; c) ausência injustificada à escola que implique perda do ano letivo; d) a pedido do aprendiz. Não se aplicam as regras de extinção dos contratos de trabalho previstas nos arts. 479 a 480 da CLT, que são as regras de rescisão dos contratos por tempo determinado.

10. PROGRAMA NACIONAL DE INCLUSÃO DE JOVENS — PROJOVEM — ESTATUTO DA JUVENTUDE

Instituído pela Lei n. 11.129/2005, sucedâneo do Programa Nacional do Primeiro Emprego, instituído pela Lei n. 10.784/03 alterada pelas Leis ns. 10.940/04 e 11.180/05, vinculado a ações dirigidas à promoção da inserção de jovens no mercado de trabalho e sua escolarização, ao fortalecimento da participação da sociedade no processo de formação de políticas e ações de geração de trabalho e renda, objetivando, especialmente: a) criação de postos de trabalho para jovens ou prepará-los para o mercado de trabalho e ocupações alternativas, gerando renda; b) a qualificação do jovem para o mercado de trabalho e inclusão social.

Alterado pela Lei n. 11.692/2008, dividido em quatro partes: a) Projovem Adolescente — Serviço Socioeducativo, de 15 a 17 anos, que atende a jovens cuja família seja beneficiária do Bolsa-Família; egressos de medidas socioeducativas em meio aberto ou de medida de proteção, cf. o Estatuto da Criança e do Adolescente; egressos do Programa de Erradicação do Trabalho Infantil; egressos ou vinculados a programas de combate ao abuso e à exploração sexual; b) Projovem Urbano, que atenderá jovens entre 18 a 29 anos, que saibam ler e escrever e não tenham concluído o ensino fundamental, com objetivo de aumentar a escolaridade visando à conclusão do ensino fundamental, à qualificação profissional e ao desenvolvimento de ações comunitárias com exercício da cidadania, na forma de curso; c) Projovem Campo — Saberes da Terra, de 18 a 29 anos, com objetivo de elevar a escolaridade dos jovens da agricultura familiar, integrando a qualificação social e a formação profissional; d) Projovem Trabalhador, que atenderá jovens entre 18 a 29 anos, em situação de desemprego e que sejam membros de famílias com renda per capita de até um salário mínimo, objetivando preparar o jovem para o mercado de trabalho e ocupações alternativas geradoras de renda, por meio da qualificação profissional e do estímulo à sua inserção.

A Lei n. 12.513/11 institui o Programa Nacional de Acesso ao Emprego Técnico (PRONATEC). Seu art. 16 altera altera os arts. 15 e 16 da lei do Projovem, para incluir a formação específica para profissionais da saúde, tendo em vista o Sistema Único de Saúde.

Seguindo essa tendência, a Lei n. 12.852/13 institui o Estatuto da Juventude, considerando-se jovens as pessoas entre 15 e 29 anos, definindo os direitos dessa faixa etária, bem como as políticas públicas para sua implementação. Nos arts. 14 a 16 trata do direito à profissionalização, ao trabalho e à renda.

11. TRABALHO DO IDOSO

A Lei n. 10.741/03 institui o Estatuto do Idoso e dedica os arts. 26 a 28 à profissionalização e ao trabalho do idoso, dispondo que: a) o idoso tem direito ao exercício de atividade profissional, respeitadas suas condições físicas, intelectuais e psíquicas; b) é vedada a discriminação do idoso para admissão a qualquer trabalho ou emprego, sendo proibida a discriminação e a fixação de limite máximo de idade, inclusive para concurso público, salvo nos casos que a natureza do cargo o exigir; c) o primeiro critério de desempate em concurso público será pela idade, favorecendo-se o mais idoso; d) o Poder Público criará e estimulará programa de: profissionalização especializada para idoso; preparação dos trabalhadores para aposentadoria, com antecedência mínima de um ano; e estímulo às empresas privadas para admissão de idosos.

12. EMPREGADOS DOMÉSTICOS

Doméstico é assim "considerado aquele que presta serviços de natureza contínua e de finalidade não lucrativa à pessoa ou à família, no âmbito residencial destas" — Lei n. 5.859/72 e Dec. n. 71.885/73.

Sendo o emprego doméstico uma categoria especial de contrato de trabalho, os seus elementos devem ser inconfundíveis, sob pena de cair na regra geral – que é a do emprego regido pela CLT[39].

Situações há em que, formalmente, o contrato é de doméstico, mas, de fato, é celetista. Para ser doméstico, o trabalho não pode envolver conteúdo econômico. Assim, é empregado celetista e não doméstico o motorista que, diariamente, conduz o patrão ao trabalho, as crianças ao colégio e ainda faz mandados da clínica ou do escritório; da mesma forma, é empregado o caseiro de sítio que produz para comercialização.

O trabalho doméstico pode ser prestado na residência do trabalhador, como o caso da lavadeira que, no âmbito da sua residência, mantém ocupação diária com a lavagem de roupas de uma família. Também não é obrigado o comparecimento diário, como a faxineira que, duas vezes por semana, em dias certos, contínua e obrigadamente, faz a faxina da residência. Nesse caso, os direitos devidos são proporcionais aos dias trabalhados. Pessoa jurídica não pode contratar empregado doméstico. Daí dizer-se que a

(39) FERRAZ, Fernando Basto. *Empregados domésticos*. São Paulo: LTr, 2003.

definição legal é imprecisa, pois, em vez de dizer que doméstico é quem trabalha "no âmbito familiar", melhor seria dizer "para o âmbito familiar".

Direitos — o parágrafo único do art. 7º da CF, alterado pela EC n. 72/2013, assegura aos domésticos, duas ordens de direitos:

a) diretamente: salário mínimo; irredutibilidade salarial; 13º salário; proteção do salário; jornada de oito horas/dia e 44 semanais; acordo de compensação; repouso semanal remunerado; horas extras com acréscimo de 50%; férias com acréscimo de 1/3 na remuneração; licença-maternidade de 120 dias e paternidade de 5 dias; aviso-prévio proporcional ao tempo de serviço; redução dos riscos inerentes ao trabalho; aposentadoria; reconhecimento das negociações coletivas; proibição de discriminação por motivo de sexo, idade, cor, estado civil, deficiência; proibição de trabalho noturno a menor de 18 anos; aplica-se também a regra da prescrição de cinco anos durante a relação de trabalho e de dois anos a partir da rescisão contratual.

b) sete incisos do art. 7º foram condicionados a regulamentação por lei: I (indenizações da rescisão contratual), II (seguro-desemprego), III (FGTS), IX (remuneração do trabalho noturno), XII (salário-família), XXV (auxílio-creche) e XXVIII (seguro contra acidente de trabalho). Os projetos de lei já se encontram tramitando no Congresso Nacional. Em 8.4.2014 foi publicada a Lei n. 12.964, criando o art. 6º-E da Lei n. 5.859/72, determinando a aplicabilidade das multas previstas na CLT às relações de trabalho doméstico, particularmente no tocante à falta de registros na CTPS.

c) oito incisos do art. 7º não se aplicam ao doméstico: V (piso salarial), XI (participação nos lucros), XIV (turno ininterrupto de revezamento), XX (proteção do mercado de trabalho da mulher), XXIII (adicional de penosidade, insalubridade e periculosidade), XXVII (proteção contra automação), XXXII (proibição de distinção entre trabalho manual, técnico e intelectual e os respectivos profissionais), XXXIV (igualdade entre empregados e trabalhadores avulsos).

A EC n. 72/2014 deu cumprimento à Convenção Internacional do Trabalho n. 189, que praticamente equipara o trabalho doméstico ao trabalho em geral, até porque esse trabalhador deixou de ser só o auxiliar da dona de casa para se inserir na economia dos patrões, no momento em que, assumindo os encargos do lar, os libera para o trabalho.

Rege o trabalho doméstico a Lei n. 5.859/72. Em princípio, a CLT não se lhe aplica, cf. seu art. 7º, salvo expressa remissão da lei. Com a evolução dos Direitos, a partir da CF/88, vai-se invocando a CLT para dar funcionalidade aos direitos ali outorgados, naquilo em que não for incompatível.

A Lei n. 11.324/06 trouxe uma série de alterações na dos domésticos e nas Leis ns. 8.212/91, 8.213/91 e 9.250/95, bem como revogou a alínea *a* do art. 5º da Lei n. 605/49. Em consequência, foram concedidos à categoria os direitos a férias anuais de 30 dias, com remuneração acrescida de 1/3; estabilidade-gestante; folga semanal remunerada e nos feriados civis e religiosos.

Essa Lei proíbe o desconto de alimentação, vestuário, higiene e moradia, salvo se esta for fornecida fora do local de trabalho, e houver expresso acordo entre as partes, não podendo ultrapassar 25% do salário contratual. Outrossim, as utilidades fornecidas pelo empregador *não integram a remuneração* do empregado.

Vale-transporte — devido, caso o empregado precise utilizar transporte coletivo para se deslocar para o trabalho, nos termos do Decreto n. 95.247/87, assegurado, contudo, o direito de o patrão descontar 6% do salário do empregado.

FGTS e seguro-desemprego — Enquanto não for regulamentada por lei a EC n. 72, aplica-se a Lei n. 10.208/01 e o Decreto n. 3.361/00, que facultam sua inclusão no FGTS. A inclusão é facultativa, mas, feita, é irretratável. O art. 3º do Decreto n. 3.361/00 diz que o benefício do seguro-desemprego será concedido ao trabalhador vinculado ao FGTS, que tiver trabalhado como doméstico por um período mínimo de 15 meses nos últimos 24 meses, contados da data de sua dispensa sem justa causa. O art. 5º fixa o benefício em um salário mínimo, por, no máximo, três meses.

Estabilidade — A Lei n. 11.324/06 estendeu à doméstica o direito previsto no art. 10, II, *b*, ADCT, desde a comprovação da gravidez até cinco meses após o parto, como há muito defendíamos. Por sua vez, é incompatível com a natureza doméstica as estabilidades da CIPA e é duvidosa a sindical de que trata o inciso VIII dos arts. 8º da CF e 543 da CLT. A estabilidade acidentária de 12 meses será devida, após a regulamentação do inciso XXVIII, antes disso, não, mas sim goza apenas do auxílio-doença. Aliás, esse benefício é diferente na relação doméstica, porque não depende de carência, e cobre o salário integral desde o início da enfermidade, às expensas do INSS. Se o doméstico faltar um dia sequer ao serviço por motivo de doença, esse dia deve ser buscado junto ao INSS.

Adicional noturno — também ainda pendente de regulamentação. Porém, trata-se de regra de proteção à saúde, em face do maior desgaste físico que o trabalho noturno causa. Assim, é injusto negar ao vigia noturno doméstico, p. ex., o adicional de 20%, porque a razão é a mesma em relação aos demais empregados, e onde houver a mesma razão deve haver o mesmo direito. Além do que, a Constituição não alberga solução injusta. Entendo, por isso, que, enquanto outra regra não entrar em vigor, é devido o adicional noturno de 20% ao doméstico que trabalhe no horário das 22 horas às 6h, por ser regra de saúde. Não é aplicável a redução da hora para 52:30 min.

Filiação ao INSS — é obrigatório o registro na CTPS, que implica filiação compulsória ao INSS, mediante o recolhimento mensal de 12% pelo empregador (art. 211 do Decreto n. 3.048), sobre o salário de contribuição, e 8%, 9% e 11%, pelo empregado, conforme a faixa salarial deste (art. 198 do Decreto n. 3.048). O recolhimento será feito até o dia 15 do mês seguinte ao mês da competência (art. 30, II, da Lei n. 8.212/91). Em consequência, o doméstico tem direito aos benefícios decorrentes da legislação da Previdência Social — Lei n. 8.213/91. O art. 12, VIII, da Lei n. 9.250/95, com a redação da Lei n. 11.324/06, autoriza o patrão a deduzir do imposto de renda o valor pago à Previdência Social de um empregado doméstico até o exercício de 2012, sobre um salário mínimo, bem como dilatou o prazo do recolhimento referente a novembro até o dia 20 de dezembro, juntamente com a contribuição referente ao 13º salário, em documento único.

Férias — aplica-se, por força dos arts. 2º e 6º do Decreto n. 71.885/73, o Capítulo da CLT que trata das férias, no caso, os arts. 129 a 149. Certo que a Lei regulamentada não dá esse comando, porém o Regulamento está de acordo com a Convenção n. 132

da OIT, ratificada pelo Decreto Legislativo n. 3.197/99. A Lei n. 11.324/06 ampliou de 20 dias úteis para 30 dias a cada doze meses trabalhados, com acréscimo de um terço na remuneração. Se não forem concedidas dentro do período concessivo, é de aplicar-se a regra do art. 137 celetário, que determina a concessão com o pagamento em dobro. Na terminação do contrato, por qualquer motivo, salvo na justa causa, são devidas as férias proporcionais, cf. Súmula n. 171 do TST.

Rescisão contratual — a lei do doméstico diz que se aplica a justa causa prevista no art. 482 da CLT, com exceção das letras *c* e *d* (negociação habitual e violação de segredo da empresa). Pelo princípio da simetria, infere-se que se aplica também a justa causa do empregador ou despedida indireta, previstos no art. 483 da CLT. Se a despedida se der sem justa causa, são devidos aviso-prévio de 30 dias, mais três por ano de serviço após o 1º ano, férias vencidas e proporcionais e 13º salário proporcional; e, se for inscrito no regime do FGTS, faz jus ao saque dos depósitos mais a indenização de 40% destes.

Se a rescisão se der a pedido do empregado, ele terá direito a 13º e férias proporcionais. Entendo que o doméstico não deve aviso-prévio, porque a CLT não se lhe aplica neste caso, e a Constituição só institui direito de aviso aos trabalhadores. Não se aplica a regra da homologação, prevista no art. 477 da CLT. As multas previstas nos §§ 6º e 7º do art. 477, por atraso na quitação, são aplicáveis, por força da Lei n. 12.964/14. Indaga-se: se a lei do doméstico não garante o regime do FGTS, nem fornece outro critério de indenização pela despedida imotivada, por que não aplicar o regime do art. 478 da CLT (indenização correspondente a um mês de salário por ano de serviço ou fração superior a seis meses)? Sem nada é que não está certo.

Destarte, o emprego de doméstico comporta o contrato por tempo certo e o de experiência. No término dessa modalidade contratual, são devidos o restante de salário e as proporções de férias e de 13º salário. Se a rescisão for antecipada, invoca-se a regra do art. 479 da CLT, que manda indenizar com o valor de 50% do salário devido pelo restante do contrato frustrado.

Agências de emprego — são responsáveis pelos ilícitos dos domésticos que intermediarem, nos termos do art. 1º da Lei n. 7.195/84.

13. PROTEÇÃO CONTRA VIOLÊNCIA DOMÉSTICA E FAMILIAR

A Lei Maria da Penha (n. 11.340/06) protege a mulher como gênero contra a violência **doméstica** e **familiar**. Dentro da violência **doméstica**, o conceito abrange a trabalhadora doméstica. Por isso, destacamos este item logo em seguida ao trabalho doméstico. Com efeito, nos recônditos das residências, poderá haver muitas formas de violência, principalmente psicológica e sexual.

Violência doméstica é a que for praticada no âmbito residencial contra mulher residente na casa; em caso de motivo afetivo, a violência se caracteriza onde quer que seja perpetrada.

As formas de violência doméstica são: física, psicológica, sexual, patrimonial, moral.

Por sua vez, dentro das políticas públicas que a Lei impõe aos Poderes Públicos, o § 2º, I, do art. 9º, assegura à mulher ofendida o direito a prioridade de remoção, quando servidora da administração pública direta ou indireta; o inciso II assegura o direito de afastamento do emprego por até seis meses, quando a medida se fizer necessária, sem ruptura do vínculo contratual. A lei só não menciona se é com salário ou não. Entendo que, se o ofensor for o patrão, ou alguém da casa em que a empregada trabalha, o salário deve ser pago pelo empregador. Na impossibilidade, deve o Governo arcar com uma espécie de seguro-desemprego.

A violência doméstica contra a empregada implica sanções civis (reparação por danos morais), penais e trabalhistas (despedida indireta).

É o que se extrai dos dispositivos abaixo transcritos da Lei n. 11.340/06:

Art. 5º Para os efeitos desta Lei, configura violência doméstica e familiar contra a mulher qualquer ação ou omissão baseada no gênero que lhe cause morte, lesão, sofrimento físico, sexual ou psicológico e dano moral ou patrimonial:

I — no âmbito da unidade doméstica, compreendida como o espaço de convívio permanente de pessoas, com ou sem vínculo familiar, inclusive as esporadicamente agregadas;

Art. 6º A violência doméstica e familiar contra a mulher constitui uma das formas de violação dos direitos humanos.

Art. 7º São formas de violência doméstica e familiar contra a mulher, entre outras:

I — a violência física, entendida como qualquer conduta que ofenda sua integridade ou saúde corporal;

II — a violência psicológica, entendida como qualquer conduta que lhe cause dano emocional e diminuição da autoestima ou que lhe prejudique e perturbe o pleno desenvolvimento ou que vise degradar ou controlar suas ações, comportamentos, crenças e decisões, mediante ameaça, constrangimento, humilhação, manipulação, isolamento, vigilância constante, perseguição contumaz, insulto, chantagem, ridicularização, exploração e limitação do direito de ir e vir ou qualquer outro meio que lhe cause prejuízo à saúde psicológica e à autodeterminação;

III — a violência sexual, entendida como qualquer conduta que a constranja a presenciar, a manter ou a participar de relação sexual não desejada, mediante intimidação, ameaça, coação ou uso da força; que a induza a comercializar ou a utilizar, de qualquer modo, a sua sexualidade, que a impeça de usar qualquer método contraceptivo ou que a force ao matrimônio, à gravidez, ao aborto ou à prostituição, mediante coação, chantagem, suborno ou manipulação; ou que limite ou anule o exercício de seus direitos sexuais e reprodutivos;

IV — a violência patrimonial, entendida como qualquer conduta que configure retenção, subtração, destruição parcial ou total de seus objetos, instrumentos de trabalho, documentos pessoais, bens, valores e direitos ou recursos econômicos, incluindo os destinados a satisfazer suas necessidades;

V — a violência moral, entendida como qualquer conduta que configure calúnia, difamação ou injúria.

A Lei n. 12.288/10, que institui o Estatuto da Igualdade Racial, alterou o § 1º do art. 1º da Lei n. 10.778/2003, de certa forma integrante do sistema sob comento, que ficou assim:

Para os efeitos desta Lei, entende-se por violência contra a mulher qualquer ação ou conduta, baseada no gênero, inclusive decorrente de discriminação ou desigualdade étnica, que cause morte, dano ou sofrimento físico, sexual ou psicológico à mulher, tanto no âmbito público quanto no privado.

Art. 9º A assistência à mulher em situação de violência doméstica e familiar será prestada de forma articulada e conforme os princípios e as diretrizes previstos na Lei Orgânica da Assistência Social, no Sistema Único de Saúde, no Sistema Único de Segurança Pública, entre outras normas e políticas públicas de proteção, e emergencialmente quando for o caso.

§ 1º O juiz determinará, por prazo certo, a inclusão da mulher em situação de violência doméstica e familiar no cadastro de programas assistenciais do governo federal, estadual e municipal.

§ 2º O juiz assegurará à mulher em situação de violência doméstica e familiar, para preservar sua integridade física e psicológica:

I — acesso prioritário à remoção quando servidora pública, integrante da administração direta ou indireta;

II — manutenção do vínculo trabalhista, quando necessário o afastamento do local de trabalho, por até seis meses.

Capítulo XI

Sujeitos da Relação de Emprego — o Empregador

1. CONCEITO DE EMPREGADOR

Empregador é o tomador do serviço na relação de emprego: é "a empresa, individual ou coletiva, que, assumindo o risco da atividade econômica, admite, assalaria e dirige a prestação pessoal de serviços" — art. 2º da CLT.

Gomes e Gottschalk definem-no como sendo "a pessoa natural ou jurídica que utiliza os serviços de outrem, em virtude de contrato de trabalho".

Em que pese a crítica dos civilistas, a definição consolidada é a mais consentânea com a natureza do Direito do Trabalho, porque cobre aspectos mais fatuais que jurídicos. O vocábulo *empresa* compreende mais a atividade que a organização jurídica. E com isso permite a continuação do emprego, não obstante venha a ocorrer a mudança da razão social, de titular e sucessão. Pode um empregador não estar ainda, ou não estar mais formalizado legalmente. Assim, perante o Direito do Trabalho, pode-se dizer, as pessoas se classificam em pessoa física, pessoa jurídica e *empresa*.

Completando, o § 1º do art. 2º consolidado equipara a empregador o profissional liberal, as instituições beneficentes e de recreação, sem fins lucrativos, desde que admitam trabalhadores como empregados. E o art. 37 da Constituição, com a redação da EC n. 19/98, que eliminou o regime jurídico único, admite o regime celetista com as pessoas jurídicas de direito público, observados, contudo, os princípios do direito público. Convém lembrar que o STF proveu ADI em que declarou a inconstitucionalidade da EC n. 19/98, restaurando, com isso, o regime jurídico único, que, segundo a doutrina anterior à citada Emenda, poderia ser estatutário ou celetista; no entanto, o STF sinaliza que o regime jurídico único só poderá ser estatutário. Aguardemos a consolidação desse entendimento.

Empregador doméstico — é a pessoa física que admite trabalhador para prestar serviço de natureza contínua para o âmbito residencial sem fins lucrativos.

2. CONCEITO DE EMPRESA E ESTABELECIMENTO

O conceito de empresa é demais complexo, de modo que ainda não se atingiu uma definição completa. Umas satisfazem do ponto de vista econômico, outras tentam encampar o sentido social. O certo é que a empresa enfeixa os elementos da produção — recursos naturais, capital e trabalho — mais os riscos da atividade e um fim social. Não se confunde com a pessoa, porquanto esta é sujeito titular daquela.

Empresa, para efeitos trabalhistas, "é o conjunto das operações econômicas do empregador, e pressupõe a autoridade deste na coordenação dos meios e dos instrumentos de produção e da mão de obra, estabelecendo, quanto a esta, a subordinação", diz Isis de Almeida (1984, p. 41).

Empresário, segundo o art. 966 do Código Civil, é "quem exerce profissionalmente atividade econômica organizada para a produção ou a circulação de bens ou de serviços". E **estabelecimento** — é "todo complexo de bens organizado, para exercício da empresa, por empresário, ou por sociedade empresária" — art. 1.142.

Isis de Almeida define estabelecimento como "o local técnico da prestação do serviço; a unidade técnica de produção, em atividade ou não". A empresa pode constituir-se de vários estabelecimentos ou funcionar em um só. É importante a distinção entre empresa e estabelecimento, porque, *v. g.*, o tempo de serviço do empregado refere-se a toda a duração do emprego na empresa, nos seus vários estabelecimentos, enquanto a transferência do empregado de um estabelecimento para outro constitui alteração do contrato de trabalho, bem assim serve para a fixação da competência. Correspondem a estabelecimentos as agências, filiais, sucursais, armazéns.

3. GRUPO ECONÔMICO — SOLIDARIEDADE DE EMPRESAS

O art. 2º, § 2º, da CLT, assim dispõe: "Sempre que uma ou mais empresas, tendo, embora, cada uma delas, personalidade jurídica própria, estiverem sob a direção, controle ou administração de outra, constituindo grupo industrial, comercial ou de qualquer outra atividade econômica, serão, para os efeitos da relação de emprego, solidariamente responsáveis a empresa principal e cada uma das subordinadas".

Esses grupos não constituem empregador único; cada empresa tem seu quadro próprio e suas normas internas próprias, de maneira que o empregado de uma, em regra, não serve de paradigma a empregado da outra para efeito de equiparação salarial.

Duas teorias se debruçam sobre o tema: a) da solidariedade passiva — a significar que cada empresa do grupo é autônoma; b) da solidariedade ativa — defende que o grupo de empresas constitui um só empregador. A lei brasileira, em tese, adota a primeira. Porém, na prática, surgem muitas dúvidas. Assim é que a Súmula n. 129 do TST considera um único contrato a prestação de serviços a mais de uma empresa do grupo durante a mesma jornada, salvo ajuste em contrário.

Esses aglomerados tomam a seguinte forma: *holding company* (uma empresa-mãe detém o controle acionário das empresas subjacentes); *pool* (associação de empresas para uma ação conjunta); consórcio (previsto na lei das sociedades anônimas); empresas multinacionais. A Lei trabalhista exige apenas que se **constitua o grupo industrial, comercial ou de outra atividade econômica**, e que haja uma relação entre as empresas, um comando ou coordenação de uma sobre as demais, sem subordinação entre as empresas. Algumas espécies de grupos, a exemplo do *pool*, não constituem solidariedade trabalhista. Uma forma nova que surge é o condomínio de empregadores rurais, em que deve se instalar a solidariedade trabalhista entre os membros do condomínio.

Da mesma forma, é de se considerar caracterizado o grupo econômico quando há um sócio comum, ou acionista majoritário de várias empresas, sem que haja uma relação de dominação ou coordenação entre elas, porque, por fim, o centro de comando é o mesmo.

Considerem-se ainda as feições novas que vêm tomando a concessionária, as fundações e a franquia, em relação aos controladores, cuja atração de clientes e contratação perante o mercado gravitam em torno da marca principal, a qual deve ser, em casos tópicos, corresponsabilizadas. Com efeito, não se pode ficar estacado no tempo das interpretações trabalhistas tradicionais quando o direito empresarial e as garantias do cidadão avançam, a exemplo do CDC, cujo art. 28 solidariza até o fornecedor pelo vício do produto. Afinal, o trabalhador também deve ser visto como uma espécie de consumidor, que se encantou e se enganou com a aparência da empresa. Assim, quem se emprega em uma franquia da Mc Donald entende que está trabalhando para Mc'Donald e não para o franqueado.

Portanto, sempre que se configurar a situação do § 2º do art. 2º da CLT, com as ampliações citadas, estabelece-se solidariedade trabalhista passiva. Assim, o empregado de qualquer das empresas do grupo pode reclamar seus direitos contra todas conjuntamente, ou um grupo delas, ou contra qualquer uma delas.

Desconsideração da pessoa jurídica — Na fase executória têm ocorrido casos vários em que a empresa empregadora, contra quem correu a reclamação, extinguiu-se ou não dispõe mais de patrimônio que suporte a execução. O exequente, então, requer penhora de bens de outra empresa do grupo ou de sócio. Em geral, tem-se acolhido tal pedido, quer com base na teoria da *desconsideração da pessoa jurídica*, quer na responsabilidade subsidiária dos sócios. A desconsideração da pessoa jurídica é invocada quando o juiz determina a persecução dos bens dos sócios, ao constatar que estes usam da pessoa jurídica para fugir das suas obrigações, fazem mau uso da pessoa jurídica, protegendo-se atrás dela para não honrar suas obrigações. Esta situação é típica nos casos de empregador aparente, ou empresa de fachada, composta de "laranjas". De fato, só na execução é que se vai constatar a indisponibilidade patrimonial da empresa, o que legitima a constrição de bens de outras empresas do grupo ou de sócios. Os arts. 50 e 422 do Código Civil e 28 do Código de Defesa do Consumidor abrigam esta tese.

O empreiteiro principal tem responsabilidade solidária em relação às obrigações trabalhistas do subempreiteiro. Segundo o art. 455 consolidado, os empregados do subempreiteiro podem reclamar os seus direitos contra o empreiteiro principal. Em relação à responsabilidade do dono da obra, a OJ n. 191 da SDI-I do TST (nova redação de maio/11), confirmando o que já afirmávamos em nossas obras, assim equaciona a questão:

Contrato de empreitada. Dono da obra de construção civil. Responsabilidade. Diante da inexistência de previsão legal específica, o contrato de empreitada de construção civil entre o dono da obra e o empreiteiro não enseja responsabilidade solidária ou subsidiária nas obrigações trabalhistas contraídas pelo empreiteiro, salvo sendo o dono da obra uma empresa construtora ou incorporadora.

Observo, porém, que, em caso de notória inidoneidade econômica do empreiteiro ao tempo da contratação, é de se responsabilizar o dono da obra, com base na culpa *in eligendo*.

4. SUCESSÃO DE EMPREGADORES

O art. 448 consolidado, detalhando o que já preceitua o art. 10, prescreve: "A mudança na propriedade ou na estrutura jurídica da empresa não afetará os contratos de trabalho dos respectivos empregados".

Russomano averba que "dá-se a sucessão quando uma firma assume o ativo e o passivo de outra, prosseguindo na negociação da firma anterior". São dois os requisitos da sucessão: a) que um estabelecimento, comunidade econômico-jurídica, passe de um para outro titular; e b) que a prestação de serviço pelos empregados não sofra solução de continuidade.

Esta é a regra geral, de fácil compreensão, porém surgem os casos nebulosos, como o das empresas de ônibus que ganham a concorrência e obrigam-se, no contrato de concessão, a aproveitar os trabalhadores da empresa que perdeu a concessão; da empresa que adquire, encampa, incorpora, etc. outra e a desativa, não dando prosseguimento à atividade econômica, ou muda seu objeto de exploração econômica. Na dúvida, pro operário.

A União, os Estados, Distrito Federal e Municípios sucedem as empresas públicas e sociedades de economia mista em liquidação, conforme OJ n. 343 da SDI-I. Na privatização das estatais, a empresa adquirente será sucessora; nas concessões públicas, a vencedora sucede a vencida, em regra; e já se cogita da sucessão de provedores da Internet.

O contrato de trabalho é *intuitu personae* ou pessoal só em relação ao obreiro. Em relação ao empregador, a tendência é de impessoalizá-lo. O importante é a continuidade da empresa e dos liames laborais, indiferente a mudanças no tipo societário, na razão social, na denominação, na titularidade, ou mesmo a desconstituição como pessoa jurídica para permanecer só como de fato:

> Encerramento formal da empresa. Continuidade de fato. Subsistente a relação empregatícia — Extinta a empresa, mas comprovada a continuidade na prestação do serviço, mantém-se inalterada a relação empregatícia — art. 448, CLT (TRT, 22ª Reg. Rel. Juiz Francisco Meton Marques de Lima) — *Revista Gênesis,* jul. 1994.

Contudo, "Inexiste sucessão trabalhista, se a empresa adquire o acervo daquela que faliu, através de terceiro adquirente, que por sua vez arrematou os bens em hasta pública".

Os arts. 60, parágrafo único, e 141, II, da nova Lei de Falências n. 11.101/05, eximem a empresa adquirente do acervo da falida das obrigações trabalhistas desta.

Em relação a Municípios desmembrados, a OJ n. 92 dispõe: "*Em caso de criação de novo município, por desmembramento, cada uma das novas entidades responsabiliza-se pelos direitos trabalhistas do empregado no período em que figurarem como real empregador*".

5. CONSÓRCIO OU CONDOMÍNIO DE EMPREGADORES

Condomínio de empregadores é a união de empregadores para contratação de trabalhadores que prestarão serviço para o grupo. Como cada um dos empregadores não tem serviço para manter um quadro fixo de empregados, forma-se um grupo, em consórcio ou condomínio. Esse condomínio, sob a direção de um dos associados, contrata o contingente de trabalhadores que vai trabalhar para cada um do grupo de empregadores.

Essa solução tem-se revelado positiva no ponto em que garante aos trabalhadores emprego e a fixação neste, em vez de trabalho eventual. Em consequência, ficam-lhes assegurados os direitos básicos do trabalho, como registro na CTPS, salário mínimo, recolhimento de FGTS e de INSS, folga semanal, férias anuais, 13º salário.

O Ministério do Trabalho define "condomínio de empregadores rurais (ou "Consórcio de Empregadores" ou "Registro de Empregados em nome Coletivo de Empregadores") a união de produtores rurais, pessoas físicas, com a única finalidade de contratar, diretamente, empregados rurais, sendo outorgados a um dos produtores poderes para contratar e gerir a mão de obra a ser utilizada em suas propriedades"[40].

Essa sociedade de responsabilidade solidária deve ser registrada em cartório, com identificação de cada produtor, pessoa física. No instrumento de contrato deve conter a especificação do objeto, das tarefas a serem desenvolvidas, das cotas de produção a serem cumpridas e do salário, bem como o prazo de duração.

Contudo, segundo Ferraz, o condomínio "não é uma pessoa jurídica resultante da união dos produtores rurais que o compõem, uma vez que não há intenção de grupo de criá-la. Portanto, não existe sociedade, quer de direito, quer de fato. Através dele os produtores rurais contratarão coletivamente os empregados. Assim, de um lado da relação jurídica de emprego existirão várias pessoas como empregadores, que responderão solidariamente pelas obrigações decorrentes do contrato de trabalho. Poderão, coletivamente, utilizar-se daquela mão de obra"[41].

Essa modalidade de contratação não contraria a figura do empregador rural previsto no art. 3º da Lei n. 5.889/73, uma vez que irá figurar como empregador, não apenas uma pessoa física, mas sim um conjunto de pessoas físicas que celebram um pacto para o fim de utilizarem a mão de obra de cada empregado contratado pelo grupo, na medida de suas necessidades.

O "Pacto de Solidariedade" materializa-se por meio de documento firmado por todos os produtores rurais que desejam contratar em regime de "Condomínio de Empregadores Rurais", assumindo a obrigação de responder solidariamente pelo conjunto das empresas com os trabalhadores contratados.

---

(40) MINISTÉRIO DO TRABALHO E EMPREGO. *Condomínio de empregadores* — um novo modelo de contratação no meio rural. Brasília: Edição Secretaria de Inspeção do Trabalho — SIT, 2000.

(41) FERRAZ, Fernando Basto. *Flexibilização do trabalho* — experiência brasileira. Tese de Doutorado apresentada perante a PUC-SP no dia 15.9.03. Nesse Capítulo, o autor se reporta a Ricardo Tadeu Marques da Fonseca (Consórcio de empregadores — uma alternativa imediata para a empregabilidade. *Revista de Direito do Trabalho*, ano 26, Revista dos Tribunais, p. 47/48, jan./mar. 2000).

6. SITUAÇÃO DE RESPONSABILIZAÇÃO EMPRESARIAL

O responsável trabalhista perante os trabalhadores e o poder público é a pessoa física ou jurídica empregadora. No caso de empresa de fato, que não possua registro que a regularize, responde a pessoa física que a administra. Porém, em face do princípio de que toda execução forçada é real, os bens da empresa é que suportam os ônus trabalhistas. Na falta de bens livres da empresa, a execução volta-se contra o patrimônio dos seus donos.

E ainda no caso de empresas bem estruturadas, e registradas as pessoas jurídicas que as conduzem, pode ocorrer fraude, em que os sócios empresários empregam artifícios em nome da pessoa jurídica para não pagar aos credores. Neste caso, emprega-se a teoria da desconsideração da pessoa jurídica e responsabilizam-se os sócios.

A propósito do tema, o Código Civil dispôs nos arts. 989 (os bens da sociedade respondem pelos atos de gestão dos sócios), 990 (responsabilidade solidária e ilimitada pelas obrigações dos sócios), 1.001 (as obrigações dos sócios começam com o contrato e terminam com a liquidação da obrigação) e 1.024 ("Os bens particulares dos sócios não podem ser executados por dívidas da empresa, senão depois de executados os bens sociais").

7. MICROEMPRESA E EMPRESA DE PEQUENO PORTE

A Lei Complementar n. 123/2006, do Super-Simples, instituiu o Estatuto Nacional da Microempresa e da Empresa de Pequeno Porte, substituindo a Lei n. 9.841/99. Micro são aquelas cuja receita bruta anual não ultrapassa R$ 360.000,00; e empresa de pequeno porte são aquelas cuja receita bruta anual situe-se entre o valor da micro e R$ 3.600.000,00. Os arts. 50 ao 84 compõem o Capítulo "*Da simplificação das relações de trabalho*".

A Lei distingue ainda o Microempresário Individual (MEI), cujo faturamento anual não ultrapassa R$ 60.000,00, com tratamento fiscal e previdenciário ainda mais simplificado, cf. LC n. 128/08. Poderá ser enquadrado como MEI o empresário individual que possua um único empregado com remuneração de um salário mínimo ou piso salarial (art. 18-C).

O Governo reagiu à informalidade e, através da LC n. 128/08, com vigência a partir de 1º.7.2009, criou condições bastante simplificadas e acessíveis aos pequenos empreendedores individuais, como os barraqueiros, cabeleireiros, mecânicos, encanadores etc., reduzindo os recolhimentos, de início, a R$ 45,65 a título de contribuição previdenciária, R$ 5,00 de ISS e R$ 1,00 ICMS.

Segurança e medicina do trabalho — o art. 50, com a redação dada pela LC n. 127/07, preceitua que as microempresas e empresas de pequeno porte serão estimuladas pelo poder público e pelos Serviços Sociais Autônomos a formar consórcio para acesso a serviços especializados em segurança e medicina do trabalho. Flexibiliza o art. 162 da CLT e a NR-4 da Portaria n. 3.214, que obrigam as empresas a manterem, cada uma, esse serviço.

Das obrigações trabalhistas — o art. 51 dispensa as micro e pequenas empresas: a) da afixação de Quadro de Horário de Trabalho em suas dependências (flexibilizando o art. 74 da CLT); b) da anotação das férias de seus empregados nos respectivos livros ou fichas de registro (flexibiliza o § 2º do art. 135 da CLT); c) de empregar e matricular seus aprendizes nos cursos de Serviços Nacionais de Aprendizagem (flexibiliza o art. 429 da CLT); d) da posse do livro "Inspeção do Trabalho" (flexibiliza o § 1º do art. 628); e) de comunicar ao MTE a concessão de férias coletivas (flexibiliza o § 2º do art. 139).

Não estão desobrigadas: a) das anotações da CTPS; b) do arquivamento dos documentos comprobatórios de cumprimento das obrigações trabalhistas e previdenciárias, enquanto não prescreverem essas obrigações; c) apresentação da Guia de Recolhimento do FGTS e Informações à Previdência Social — GFIP; d) apresentação das Relações Anuais de Empregados e da Relação Anual de Informações Sociais — RAIS e do Cadastro Geral de Empregados — CAGED.

Acesso à Justiça do Trabalho — "Art. 54. É facultado ao empregador de microempresa ou de empresa de pequeno porte fazer-se substituir ou representar perante a Justiça do Trabalho por terceiros que conheçam os fatos, ainda que não possuam vínculo de emprego ou societário". Flexibiliza o § 1º do art. 843 da CLT. A Súmula n. 377 do TST já foi adaptada.

Da fiscalização orientadora — O art. 55 institui a fiscalização *prioritariamente orientadora* no que se refere aos aspectos trabalhista, sanitário, ambiental e de segurança. E o § 1º institui o critério da dupla visita para lavratura de auto de infração. No entanto, não será necessária a dupla visita em relação à falta de registros nas CTPS dos empregados, reincidência, fraude, resistência ou embaraço à fiscalização.

Do acesso à justiça — O art. 74 trata do acesso aos Juizados Especiais; o 75 estimula as conciliações prévias perante as Comissões de Conciliação Prévia e o emprego da mediação e da arbitragem. Entidades privadas, públicas, inclusive o Poder Judiciário, poderão firmar parcerias para viabilizar essas vias alternativas, cf. art. 75-A, com a redação dada pela LC n. 128/08.

Da duração do trabalho — o art. 84 acrescenta o § 3º ao art. 58 da CLT para permitir a negociação coletiva da hora *in itinere* (tempo de ida e volta do trabalho em transporte do empregador, em local de difícil acesso ou não servido de transporte público regular), fixando um tempo médio e a natureza da respectiva remuneração. Flexibiliza o disposto no § 2º do art. 58. O mais importante diz respeito à flexibilização da natureza da remuneração, podendo, em consequência, ser atribuído caráter não salarial.

8. CARTÓRIO NÃO OFICIALIZADO

O cartório não oficializado não possui personalidade jurídica, de modo que qualquer vínculo trabalhista existente está atrelado à figura do seu respectivo titular.

Decidiu o Eg. TRT da 22ª Região a propósito do tema: "CARTÓRIO — PERSONALIDADE JURÍDICA. INEXISTÊNCIA — A entidade cartorária não possui personalidade jurídica, respondendo por ela o seu titular".

Define bem a situação, a respeito do tema, o aresto a seguir:

(...) A expressão "caráter privado", expressa no texto da Carta Mandamental, revela a exclusão do Estado como empregador e não deixa dúvidas quanto à adoção do regime celetista, pelo titular do Cartório, quando contrata seus auxiliares e escreventes antes mesmo da vigência da Lei Regulamentadora n. 8.935/94. Ocorre que, como pessoa física que é, o titular do Cartório equipara-se ao empregador comum, ainda mais quando é notório que a entidade cartorial não é ente dotado de personalidade jurídica. Assim, no exercício de uma delegação do Estado porque executa serviços públicos, é o titular quem contrata, assalaria e dirige a prestação dos serviços cartoriais, como representante que é da serventia pública. Convém destacar que o titular desenvolve também uma atividade econômica, uma vez que aufere a renda decorrente da exploração do cartório. (...). (TST—RR 408203/97 — 2ª Região — 3ª Turma, Data: 12.9.2001).

9. MORTE DO EMPREGADOR

A morte do empregador pessoa física extingue o contrato de trabalho, salvo se os seus sucessores prosseguirem com a atividade empresarial. A extinção da empresa também implica o término do contrato. Contudo, não extingue o vínculo empregatício se a atividade continuar, ainda que só de fato.

Capítulo XII

Trabalho Rural

O trabalho rural é muito importante e merece o maior respeito de todos, dado que o setor rural é o responsável por aproximadamente 1/3 do PIB nacional e o principal movimentador dos portos exportadores brasileiros. Isto é obra dos produtores e dos trabalhadores rurais.

1. CONCEITO DE EMPREGADO RURAL

O termo *trabalhador rural* compreende as várias modalidades de trabalhadores do campo, quer na agricultura, quer na pecuária, sob as diversas formas contratuais: sob regime de emprego, de contrato de emprego de curto prazo, de parceria, eventual (boia-fria) etc. Destas, a modalidade emprego é regida pelo Estatuto do Trabalhador Rural, Lei n. 5.889/73, a qual remete para a CLT no que não for incompatível e às demais normas de proteção do empregado (n. 4.090/63, do 13º salário, 405/49, do repouso semanal etc.). Por força do art. 7º da CF/88, aplicam-se as Leis ns. 8.212 e 8.213/1991, que instituem o custeio e os benefícios da Previdência Social, a Lei n. 8.036/90, que regulamenta o FGTS; Lei n. 7.998/90, que trata do seguro-desemprego, dentre outras.

O art. 4º do Regulamento, Decreto n. 73.626/74, a pretexto de regulamentar a aplicabilidade da CLT às relações de trabalho rural, relaciona todos os artigos que entende compatíveis. Nesse propósito, exclui vários artigos da CLT que entende não aplicáveis ao rural, a exemplo dos arts. 11, 58 a 61 etc., deixando fora a regra da prescrição, agora unificada, a regulamentação da jornada de trabalho e da hora extra, por exemplo. No entanto, essa relação não serve mais, visto que elaborada no tempo em que a Constituição Federal diferenciava trabalho urbano e trabalho rural. Com a equiparação expressa no caput do art. 7º da CF/88, as diferenças sobejantes são poucas. Ademais, a Lei é clara: a CLT suplementa-a em tudo o que não for incompatível com o Estatuto do Trabalhador Rural. Ademais, o Decreto regulamentar não pode ir além nem aquém da lei.

Resulta dessa análise, que se aplica a regra da prescrição do art. 11 da CLT, da jornada de trabalho e da hora *in intinere* prevista no art. 58, das horas extras de que trata o art. 59 etc.

As outras modalidades são regidas, ora pelo Código Civil (arts. 593/609), ora pelo Estatuto da Terra, Lei n. 4.504/64.

Empregado rural — de acordo com o art. 2º da Lei n. 5.889/73, é "toda pessoa física que, em propriedade rural ou prédio rústico, presta serviços de natureza não eventual a empregador rural, sob a dependência deste e mediante salário". Portanto, o conceito reúne os elementos caracterizadores do contrato de trabalho: pessoalidade, não eventualidade, subordinação jurídica e remuneração + trabalho em prédio rústico ou propriedade rural.

2. CONCEITO DE EMPREGADOR RURAL

Considera-se empregador rural a pessoa física ou jurídica, proprietária ou não, que explore atividade agroeconômica, em caráter permanente ou temporário, diretamente ou mediante prepostos e com auxílio de empregados (art. 3º da lei *supra*).

"Inclui-se na atividade econômica, referida no *caput* deste artigo, a exploração industrial em estabelecimento agrário não compreendido na Consolidação das Leis do Trabalho" — § 1º.

3. CONCEITO DE EMPRESA RURAL

Ver o conceito de empresa no item 2 do Capítulo anterior.

Empresa rural é a atividade econômica organizada, para o fim de produção, transformação ou circulação de serviços de natureza rural. Logo, a exploração em estabelecimento rural também constitui empresa rural.

Constituem exploração industrial em estabelecimento agrário as atividades que realizam o primeiro tratamento dos produtos agrários *in natura* sem transformá-los em sua natureza. Daí decorre que não será considerada indústria rural aquela que, operando a primeira transformação do produto agrário, altere a sua natureza, retirando-lhe a condição de matéria-prima.

4. NORMAS ESPECIAIS DE PROTEÇÃO DO TRABALHADOR RURAL

O art. 7º da Constituição de 1988 assegura ao trabalhador rural todos os direitos referentes ao urbano, inclusive o FGTS. A prescrição era diferente, mas a EC n. 28/00 revogou o art. 233 e alterou o inciso XXIX do art. 7º, para igualar a prescrição dos créditos do trabalhador urbano e rural, sendo de cinco anos durante a relação de emprego e de dois anos após a extinção do contrato.

Contudo, persistem algumas diferenças entre o urbano e o rural:

a) primeiro, os conceitos de empregado e de empregador rural se relacionam com o trabalho rústico;

b) rege o trabalho rural a Lei n. 5.889/73, além da CLT;

c) os usos e costumes locais ditam a extensão do intervalo para repouso e alimentação no trabalho contínuo de duração superior a seis horas;

d) a hora noturna é de 60 minutos (a do urbano é de 52:30 minutos); porém, o adicional noturno mínimo é de 25% (do urbano é de 20%);

e) enquanto o trabalho noturno urbano transcorre entre as 22h e as 5h do dia seguinte, o rural realiza-se entre as 21h de um dia e as 5h do outro para o trabalho na lavoura, e entre as 20h e 4h para o trabalho na pecuária;

f) descontos permitidos: até 20% pelo fornecimento de moradia, até 25% pelo fornecimento de alimentação sadia e farta, e adiantamentos salariais. Mas os descontos só serão válidos mediante prévia autorização, sob pena de nulidade *pleno jure*. Por sua vez, se mais de um empregado ocupar a mesma morada, o desconto de 20% pelo fornecimento dessa utilidade fraciona-se proporcionalmente ao número de ocupantes do alojamento. É vedada a morada coletiva de famílias. Rescindido ou terminado o contrato, o empregado é obrigado a desocupar o imóvel no prazo de trinta dias. Comparar com o art. 458, §§ 3º e 4º, da CLT;

g) o art. 11, parágrafo único, da Lei n. 5.889/73 dita que o menor de 16 anos terá remuneração de 50% do salário mínimo. Porém a EC n. 20/98 proibiu o trabalho do menor de 16 anos e, se houver a prestação do serviço, é devido o salário mínimo;

h) se o empregado fizer plantação intercalar, esta será objeto de contrato em separado, e o seu resultado não comporá o salário mínimo na remuneração geral do empregado durante o ano agrícola;

i) o contrato de safra é uma espécie de contrato por tempo determinado. É aquele cuja duração depende de variações estacionais da atividade agrária;

j) a Lei n. 5.889 prevê indenização de 1/12 do salário por mês de trabalho ou fração superior a 14 dias, a título de indenização, pelo término normal do contrato de safra. Em face da CF/1988, essa indenização cedeu lugar ao levantamento dos depósitos de FGTS, nos termos da Lei n. 8.036/90;

k) durante o gozo de aviso-prévio o trabalhador urbano tem direito à redução da jornada em duas horas/dia ou folga de uma semana corrida, enquanto o rurícola tem direito a um dia por semana;

l) a propriedade rural que mantenha a seu serviço ou trabalhando em seus limites mais de 50 famílias é obrigada a fornecer escola primária gratuita para os filhos dos operários, com tantas classes quantos sejam os grupos de 40 crianças em idade escolar.

5. CONTRATOS DE CURTA DURAÇÃO INSTITUÍDOS PELA LEI N. 11.718/08

A Lei epigrafada instituiu o contrato rural de pequeno prazo entre produtor rural e o trabalhador para o exercício de atividades de natureza temporária. Considera-se como tal o que, dentro de um ano, não ultrapassar dois meses. Ultrapassando este prazo, converter-se-á o contrato em por tempo indeterminado.

Requisitos: a) só pode contratar sob esta modalidade o produtor rural pessoa física, proprietário ou não, que explore diretamente atividade agroeconômica; b) prévia permissão em instrumento de negociação coletiva do trabalho; c) forma escrita, em duas vias, uma para cada parte. Tem que ser registrado na CTPS, com identificação do produtor, do imóvel rural e do trabalhador. Incide contribuição de 8% sobre o salário de contribuição. A filiação e a inscrição do trabalhador na Previdência Social decorrem, automaticamente, da sua inclusão pelo empregador na Guia de Recolhimento do Fundo de Garantia do Tempo de Serviço e Informações à Previdência Social — GFIP.

Ao trabalhador dessa modalidade contratual são assegurados, além dos direitos trabalhistas, remuneração equivalente à dos trabalhadores permanentes. Todas as parcelas devidas são calculadas dia a dia e pagas mediante recibo. O FGTS deverá ser recolhido e poderá ser liberado na forma da Lei n. 8.036/90, ou seja, recolhido no percentual de 8% do valor da remuneração e liberado no final do contrato terminado por expiração do prazo de vigência, que é o saque dos depósitos sem acréscimo da multa de 40%.

6. PARCERIA RURAL

A parceria divide-se em duas espécies: agrícola e pecuária.

A *agrícola* é o contrato pelo qual uma pessoa cede um prédio rústico a outra, para ser por esta cultivado, repartindo-se os frutos entre as duas, na proporção estipulada.

A *pecuária* é o contrato pelo qual uma pessoa entrega à outra animais para que esta os pastoreie, trate e crie, mediante uma cota nos lucros.

A natureza da parceria é discutível — se associativa ou comodato. O direito italiano trilha a via do associacionismo. O nosso Estatuto da Terra — Lei n. 4.504/64 — pende para o exemplo italiano.

De fato, a pequena parceria é um parente próximo do contrato de trabalho, com remuneração *in natura*, posto que o parceiro-cessionário é o próprio artífice e trabalha sob um certo comando do parceiro-cedente. Feitas essas considerações, vejamos algumas diferenças:

O parceiro-cessionário participa dos riscos da atividade; o empregado, não; a parceria é contrato personalíssimo, não se transferindo aos herdeiros; o emprego, de regra, continua com os sucessores do empregador; o cessionário dirige a exploração do bem tomado em parceria sem intervenção e poder hierárquico do cedente; o empregado cumpre ordens.

Se o contrato estabelecer pagamento parte fixa em dinheiro e parte em utilidade, configura-se o contrato de trabalho, conforme o art. 96, parágrafo único, do Estatuto da Terra.

A parceria é regulada pelo Código Civil e pelo Estatuto da Terra, art. 96. Na dúvida, opta-se pela existência do vínculo.

Capítulo XIII

Terceirização no Direito do Trabalho

1. CONCEITO

Terceirização é o nome dado ao fenômeno pelo qual a empresa transfere para outra empresa, em caráter continuado, mediante um contrato de natureza civil, alguns serviços ou etapas de sua produção. É também terceirização a contratação para fornecimento de mão de obra.

A terceirização é uma das manifestações da flexibilização e expressa-se de diversas formas. A principal se dá mediante a transferência para terceiro de serviços da atividade-meio da empresa. Com isso, a empresa concentra toda a sua potência na atividade-fim, não se dispersando em múltiplos serviços, como manter e administrar restaurante para os empregados, serviço médico, frota de carros, oficina etc.

Esses serviços, numa indústria de pneus, p. ex., podem ser contratados com outras empresas, cada uma especializada no assunto. O restaurante que fornece a refeição pode quarterizar a entrega... e assim por diante, até que, nas pontas da prestação do serviço, sobrevêm trabalhos precarizados, com trabalhadores conspurcados dos seus direitos trabalhistas. Esta ponta é que preocupa.

A indústria automobilística terceiriza quase tudo, restringindo-se a montar os seus modelos; os Bancos terceirizam desde a segurança, o transporte de valores, até a compensação de cheques; o poder público terceiriza vários serviços, desde a limpeza e vigilância até penitenciárias.

A dificuldade instala-se na definição da atividade-meio e onde deve parar a cadeia de terceirização. Quando a terceirização é ilegal? Quando a cadeia se estica em quarterização, quinterização; quando o trabalhador é submetido a trabalho excessivo, mediante remuneração baixa e sem previdência social, tudo sob o pálio de autônomo.

No Brasil, a terceirização ainda não foi regulamentada por lei. No entanto, é praticada em larga escala. Contudo, algumas leis tratam de espécies isoladas: Leis ns. 6.019/74 (trabalho temporário), 7.102/83 (vigilância e transporte de valores) e 8.943/94 (cooperativa de trabalho), 9.472/97 (regulamenta a telefonia), 9.608/98 (trabalho voluntário),

11.196/05 (trabalho intelectual). Dos vários Projetos de Lei em tramitação, o principal deles é o PL n. 4.300/2004, da Câmara dos Deputados.

1.1. Espécies — a terceirização assume cada dia formas mais variadas. Mas pelo menos cinco podem ser identificadas:

a) *terceirização de mão de obra* — dá-se quando a empresa contrata outra empresa, fornecedora de mão de obra especializada, em limpeza, vigilância etc., ou para suprir necessidade eventual, casos em que se estabelece uma tríplice relação jurídica: uma civil entre a empresa tomadora e a prestadora do serviço; uma relação de emprego entre esta e o trabalhador; e uma relação de trabalho entre este e a tomadora do serviço. Em consequência emergem diferentes obrigações: civis entre as duas empresas; trabalhistas entre a prestadora e os trabalhadores; a tomadora tem obrigação trabalhista subsidiária e civil (por exemplo, ofensa moral) em relação ao trabalhador terceirizado. Essa terceirização só pode ser feita para atividades periféricas, que não integrem a atividade-fim da tomadora do serviço. Porém, quando a contratação for de trabalho temporário, regido pela Lei n. 6.019, pode ser para a atividade-fim;

b) *terceirização de serviços* — ocorre quando a empresa contrata outras empresas para prestarem serviços especializados, de transporte, de alimentação, de serviços médicos, de oficina, os quais não são prestados nos estabelecimentos do tomador do serviço e também dizem respeito à atividade-meio;

Pressupostos dessas espécies — a) especialização da prestadora do serviço ou fornecedora de mão de obra, de vigilância, de limpeza, de transporte etc. A terceirizada não pode ser uma generalista e tem que provar sua qualificação; b) que a tomadora do serviço ou da mão de obra o faça para atividade-meio, salvo as exceções admitidas Leis ns. 6.019/74 (trabalho temporário), 7.102/83 (vigilância bancária e transporte de valores) e 8.943/94 (cooperativa de trabalho), 9.472/97 (regulamenta a telefonia), 9.608/98 (trabalho voluntário), 11.196/05 (trabalho intelectual). A atividade-fim da empresa, em geral, está prevista nos seus atos constitutivos, ou é deduzida de sua atuação.

c) terceirização de serviços de natureza intelectual (inclusive científico, artístico ou cultural) na atividade-fim da empresa, mediante a contratação de profissionais organizados em pessoa jurídica, nos termos da Lei n. 11.196/05, já comentada no Capítulo XI;

d) *terceirização de etapas da produção do produto final* — ocorre quando o trabalho é prestado em domicílio sem vínculo de emprego; ou quando a empresa transfere a microempresas etapas de produção de seu produto final, remunerando por produção, a exemplo de grandes empresas do ramo alimentício que transferem para pequenos produtores rurais a criação de aves, a plantação do milho que as alimenta etc. Esta modalidade, se não bem enquadrada, poderá constituir vínculo de emprego com trabalho em domicílio, travestida de terceirização. O *contrato de facção*, segundo jurisprudência do Egrégio TST, não gera responsabilidade trabalhista subsidiária do tomador do serviço. O contrato de facção é aquele em que uma empresa adquire de outra produto acabado e o incorpora ao seu acervo como tendo sido por ela produzido;

e) *terceirização de componentes* — quando, p. ex., a empresa transfere a outras a fabricação de componentes dos seus produtos, como a indústria de autopeças em relação à fábrica de automóveis.

A última não desperta interesse trabalhista. As quatro primeiras, sim, porque, se não bem formalizadas, ou forem fraudulentas, o tomador do serviço poderá ser responsabilizado pelas obrigações trabalhistas e sociais.

Interpretando as Leis ns. 6.019 e 7.102, o TST, através da Súmula n. 331, flexibilizou-as para admitir a prestação de serviço não apenas temporário:

CONTRATO DE PRESTAÇÃO DE SERVIÇOS

I — A contratação de trabalhadores por empresa interposta é ilegal, formando-se o vínculo diretamente com o tomador do serviço, salvo no caso de serviço temporário (Lei n. 6.019, de 3.1.1974).

II — A contratação irregular de trabalhador, através de empresa interposta, não gera vínculo de emprego com os órgãos da Administração Pública Direta, Indireta ou Fundacional (art. 37, II, da CF/1988).

III — Não forma vínculo de emprego com o tomador a contratação de serviços de vigilância (Lei n. 7.102, de 20.6.1983), de conservação e limpeza, bem como a de serviços especializados ligados à atividade-meio do tomador, desde que inexistente a pessoalidade e subordinação direta.

IV — O inadimplemento das obrigações trabalhistas, por parte do empregador, implica na responsabilidade subsidiária do tomador dos serviços, quanto àquelas obrigações, desde que haja participado da relação processual e conste também do título executivo judicial.

V — Os entes da Administração Pública direta e indireta respondem subsidiariamente, nas mesmas condições do item IV, caso evidenciada a sua conduta culposa no cumprimento das obrigações da Lei n. 8.666, de 21.6.1993, especialmente na fiscalização do cumprimento das obrigações contratuais e legais da prestadora de serviço como empregadora. A responsabilidade não decorre de mero inadimplemento das obrigações trabalhistas assumidas pela empresa regularmente contratada.

VI — A responsabilidade subsidiária do tomador de serviços abrange todas as verbas da condenação referentes ao período da prestação laboral.

(Os itens IV, V e VI com redação dada em maio/2011).

Trabalho temporário — constitui um dos instrumentos de efetivação da terceirização de mão de obra, conforme exposto no item 3 do Cap. IX.

2. TERCEIRIZAÇÃO LÍCITA E ILÍCITA

Lícita é a terceirização que se faz com a observância dos permissivos legais, cf. legislação acima citada. Ilícita é a terceirização fraudulenta, que tergiversa a legislação de proteção do trabalhador. Assim, é ilícita a terceirização levada a efeito para substituir pessoal de atividade-fim em caráter permanente. E o que é atividade-fim? É a predominante, aquela que sobressai dos estatutos da empresa.

Casos de abuso na terceirização ocorreram nos órgãos públicos estaduais e municipais, em que, para burlar a regra do concurso público, alguns gestores preferiram "pseudoterceirizar" os serviços e fundar falsas cooperativas de mão de obra, por meio de cujo procedimento admitiram inúmeros trabalhadores com fins eleitoreiros. A terceirização por meio de cooperativas, *a priori*, não é ilícita, desde que esta esteja constituída segundo os princípios do cooperativismo e a forma legal, assim como os serviços prestados sejam periféricos ou de natureza transitória em relação aos fins da empresa. Ver item 7 do Capítulo IX.

O efeito imediato da terceirização ilícita é a transferência das obrigações trabalhistas e sociais para o tomador dos serviços, além de outros.

3. TERCEIRIZAÇÃO NO SERVIÇO PÚBLICO

Permitida a contratação de serviços por interpostas pessoas para as atividades materiais acessórias, instrumentais ou complementares aos assuntos que constituem área de competência legal do órgão ou entidade, como: vigilância, limpeza, conservação, segurança, transporte, reprografia, informações, copeiragem, recepção, informática, telecomunicações e manutenção de prédios, equipamentos e instalações. Segundo o Decreto n. 2.271/97, esses serviços serão, de preferência, objeto de execução indireta.

Não poderão ser objeto de execução indireta — Atividades inerentes às categorias funcionais abrangidas pelo plano de cargos do órgão ou entidade, salvo expressa disposição legal em contrário ou quando se tratar de cargo extinto, total ou parcialmente, no âmbito do quadro geral de pessoal.

Responsabilidade — o tomador da mão de obra terceirizada é responsável subsidiariamente e não solidariamente pelas obrigações trabalhistas e sociais das pessoas que lhe prestam o serviço. Esta é a regra que dimana do inciso IV da Súmula n. 331.

Em relação à Administração Pública, o STF julgou que a esta não responde sem culpa, em face do disposto no art. 71 da Lei de licitações n. 8.666/93. Em virtude desse julgado na ADC n. 16, o TST reformulou a Súmula 331 em maio/2011, para declarar que os entes da Administração Pública só respondem subsidiariamente no caso de culpa, principalmente no tocante à fiscalização da execução do contrato. Ou seja, a partir de maio/2011, a responsabilização subsidiária da Administração Pública só se dá em caso de culpa *in eligendo e culpa in vigilando*. A culpa *in eligendo* diz respeito à escolha da terceirizada, com a rigorosa observância da Lei n. 8.666/93, examinando previamente a regularidade fiscal e trabalhista (art. 29, V, da Lei n. 8.666, com a redação dada pela Lei n. 12.440/11) das empresas a serem contratadas. Assim não procedendo, estará incorrendo em culpa *in eligendo*. Destarte, o art. 58 da citada lei incumbe a Administração de fiscalizar a execução do contrato, o que se faz mediante a designação de um servidor para fazer o acompanhamento dos contratos. Se assim não proceder, estará incorrendo em culpa *in vigilando*.

Entretanto, seria de aplicar-se, por analogia, o art. 16 da Lei n. 6.019/74, segundo o qual, sobrevindo a falência da prestadora do serviço, a empresa cliente será responsável solidária pelas obrigações sociais e trabalhistas em relação aos que trabalham para ela. O art. 13 dessa Lei preceitua que os fatos da justa causa e da despedida indireta podem ser aferidos entre o trabalhador e sua empregadora ou a tomadora do serviço.

Destarte, outras situações particulares podem aflorar, a exemplo do acidente de trabalho sofrido por culpa do tomador do serviço, assim como quando este explorar atividade de risco à saúde ou à integridade física e algum dano venha a ocorrer ao operário (art. 927, parágrafo único, do Código Civil); a ofensa física ou moral perpetradas pelo locatário do serviço. Nestes casos, é de se interpretar que a responsabilidade primária é do tomador do serviço.

Por fim, tenha-se em mente que aquele que se beneficiou do trabalho de alguém deve ser o fiador final das obrigações trabalhistas. Este é o princípio geral, à sombra do qual se haverá de evoluir para albergar outras situações ainda não contempladas na lei e na jurisprudência, como as obrigações do franqueado, que, em última instância, está dando lucro ao franqueador. Afinal, este não pode ser beneficiário final da franquia sem riscos pelo empreendimento. Pelo menos, não se diga que, em tese, a hipótese não é aceitável; mas admita-se que, em casos tópicos, possa ser admissível.

Vários projetos de lei tramitam no Congresso Nacional sobre a matéria.

Capítulo XIV

Contrato de Emprego

1. DENOMINAÇÃO

Originariamente, o contrato de trabalho foi disciplinado nos Códigos Civis sob a denominação de locação de serviços. Propôs-se a denominação "locação de trabalho", que não emplacou. Outras denominações foram sugeridas: contrato de salário (cujo alcance é muito restrito), contrato de salariado (que também enfoca um só ângulo do conteúdo) e **contrato de emprego**, considerado por Orlando Gomes o mais elucidativo, posto que apresenta vantagens, como a de eliminar a ambiguidade que o termo "trabalho" suscita.

Mas a denominação que "pegou" foi a de "contrato de trabalho", como encontramos nas leis, na doutrina e jurisprudência dominantes. Entretanto, no programa de concurso, o Egrégio TST emprega a denominação *contrato de emprego* para designar o mesmo que a legislação trabalhista denomina *contrato de trabalho*. Essa denominação reducionista foi muito feliz, porque permite distinguir essa espécie de relação de trabalho das outras espécies, que também passaram para a competência da Justiça do Trabalho.

2. DEFINIÇÃO

Contrato de trabalho (ou de emprego) "é o acordo tácito ou expresso correspondente à relação de emprego" — art. 442 da CLT. A definição legal é perfeita ao atribuir força contratual aos fatos, prevenindo contra as fraudes e as discrepâncias entre o contrato pactuado e o executado. Incorpora a teoria do contrato-realidade.

Gomes e Gottschalk propõem a seguinte definição: "Contrato de trabalho é a convenção pela qual um ou vários empregados, mediante certa remuneração e em caráter não eventual, prestam trabalho pessoal em proveito e sob a direção do empregador" (*Curso de direito do trabalho*, v. I, p. 191).

3. CLASSIFICAÇÃO

O contrato de emprego é bilateral, consensual, oneroso, comutativo, de trato sucessivo e *intuitu personae* em relação ao empregado.

É *bilateral* porque envolve duas vontades opostas; *consensual* porque depende do acordo de vontades (não pode ser de natureza real); *oneroso* porque as partes auferem vantagens recíprocas; *comutativo* porque visa à equipolência da prestação e contraprestação; *de trato sucessivo*, ou de duração, porque o contrato realiza-se por meio de uma série de atos no curso do tempo; *intuitu personae* em relação ao trabalhador porque só a pessoa física contratada como empregado pode prestar o serviço.

4. MORFOLOGIA — FORMA, PROVA E CONTEÚDO

Entendemos por morfologia o estudo da estrutura do contrato, como forma, prova e conteúdo.

a) **Forma** — o art. 443 consolidado prescreve: "O contrato individual de trabalho poderá ser acordado tácita ou expressamente, verbalmente ou por escrito e por prazo determinado ou indeterminado".

Vê-se, pois, que a regra do contrato de trabalho é a informalidade. É um contrato fático, contrato-realidade. Uma vez verificada a situação fática equivalente à relação de emprego, preenchidos os pressupostos e requisitos essenciais desta, configura-se o contrato de trabalho, com todos os direitos e deveres que a legislação confere.

Entretanto, considerando que a regra é a do contrato por tempo indeterminado, os contratos especiais, como os de tempo limitado, requerem forma escrita e a observância de determinadas condições, como as especificadas nos §§ 1º e 2º do art. 443 consolidado. A regra se presume, a exceção se prova.

Da mesma forma, aos contratos envolvendo certas profissões, como o contrato do atleta, de técnicos estrangeiros residentes no País, marítimos etc. a lei impõe formalidades essenciais à sua validade[42].

b) **Prova** — prova-se o contrato de trabalho pelos registros obrigatórios na CTPS e no Livro de Registro de Empregados, conforme dispõem os arts. 40 e 41 da CLT. Entretanto, a jurisprudência entende que essa prova é *juris tantum*, isto é, pode ser desconstituída mediante prova em contrário. Todos os meios jurídicos e moralmente permitidos prestam-se para provar o contrato de trabalho, como documentos, testemunhas, perícia, confissão.

A prova se faz tanto da própria existência do contrato de trabalho, como de sua natureza e das suas cláusulas: se há contrato, se é emprego, que tipo de serviço, quantas horas por dia, remuneração, forma de pagamento, espaço do pagamento, local do trabalho.

Prescreve o art. 456: "A prova do contrato individual do trabalho será feita pelas anotações constantes da Carteira Profissional de Trabalho e Previdência Social, ou por instrumento escrito e suprida por todos os meios permitidos em direito.

Parágrafo único. À falta de prova ou inexistindo cláusula expressa a tal respeito, entender-se-á que o empregado se obrigou a todo e qualquer serviço compatível com a sua condição pessoal".

---

(42) A propósito, leia-se BARROS, Alice Monteiro de. *Contratos especiais de trabalho*. São Paulo: LTr, 2001.

A presunção também constitui meio de prova. O art. 447 estabelece que, na falta de acordo ou prova sobre condição essencial ao contrato verbal, esta se presume existente, como se a tivessem estatuído os interessados, na conformidade dos preceitos jurídicos adequados à sua legitimidade.

O art. 460 preceitua que, "na falta de estipulação do salário ou não havendo prova sobre a importância ajustada, o empregado terá direito a perceber salário igual ao daquele que, na mesma empresa, fizer serviço equivalente, ou do que for habitualmente pago para serviço semelhante".

O art. 464 dispõe que o pagamento do salário será feito contra recibo assinado pelo empregado. Porém, terá força de recibo o comprovante de depósito em conta bancária aberta para este fim em nome do empregado.

c) **Conteúdo** — em decorrência do seu caráter sinalagmático, o conteúdo do contrato de trabalho compõe-se das **obrigações mútuas** em iguais proporções. As principais obrigações do empregador são proporcionar o trabalho e remunerá-lo devidamente; as do empregado são cumprir suas atribuições com zelo e eficiência. Ver detalhes no Capítulo XVIII.

5. ELEMENTOS ESSENCIAIS DO CONTRATO DE EMPREGO

A validade do ato jurídico requer agente capaz, objeto lícito, possível, determinado ou determinável e forma prescrita ou não defesa em lei — art. 104 do Código Civil.

Pois bem, em relação ao contrato de trabalho, compõem a essência três requisitos: **agente capaz**, **idoneidade do objeto** e **consenso**. Os dois primeiros constituem pressupostos do contrato; o último, requisito intrínseco.

A forma não é da essência do contrato de trabalho, se bem que uma quantidade crescente de espécies contratuais requer forma escrita, conforme já dito. Contudo, quando exigida, sua ausência joga o contrato na regra geral.

A preterição de elementos essenciais gera a nulidade absoluta e a de elementos acidentais gera a anulabilidade. No Trabalho, porém, diferentemente do Civil, o efeito nos dois casos é o mesmo, ou seja, *ex nunc*.

A propósito, para ingresso em emprego público na administração pública direta, autárquica, fundacional, empresa pública e sociedade de economia mista, o concurso público constitui forma essencial, cuja preterição implica a nulidade do ato e a punição da autoridade responsável (§ 2º do art. 37, CF). Ver detalhes no item 2 do Capítulo XVI.

A **causa** só constitui requisito intrínseco, ao lado do consenso, quando expressamente referida no contrato. A doutrina universal ainda não se conciliou sobre o que vem a ser causa e motivo do negócio jurídico. Causa dá ideia de origem fática, estática; motivo vem de móvel, movimento que induz um ânimo.

5.1. Capacidade — deve ser vista de dois ângulos: a) a de ser empregador; e b) a de ser empregado. A relativa, tanto para um como para outro, inicia-se aos 16 anos e a absoluta aos 18. A do empregador poderá advir da aquisição extraordinária nas hipóteses discriminadas no art. 5º do Código Civil. O maior de 16 e menor de 18 anos poderá firmar contrato de trabalho mediante assistência dos pais ou tutor; poderá, igualmente, reclamar com assistência daqueles ou do Ministério Público. O maior de 16 e menor de 18 anos poderá firmar recibo pelo pagamento de salários, porém, é-lhe vedado dar quitação da rescisão contratual sem a assistência dos responsáveis, cf. art. 439 da CLT.

Cumpre esclarecer que a emancipação extraordinária do trabalhador não surte os mesmos efeitos que no Direito Civil. Assim, pelo fato de o menor de 18 anos casar-se, p. ex., a pessoa não fica liberada para o trabalho noturno, perigoso, insalubre ou prejudicial à sua formação moral.

A capacidade do empregador empresário está disciplinada nos arts. 972 a 980 do C. Civil. Podem exercer atividade de empresário os que estiverem em pleno gozo da capacidade civil e não forem legalmente impedidos. Poderá o incapaz, por meio de representante ou devidamente assistido, continuar a empresa antes exercida por ele enquanto capaz, por seus pais ou pelo autor da herança.

Não ficam sujeitos ao resultado da empresa os bens que o incapaz já possuía, ao tempo da sucessão ou da interdição, desde que estranhos ao acervo daquela, devendo tais fatos constar do alvará que conceder a autorização.

Se o representante ou assistente do incapaz for pessoa que, por disposição de lei, não puder exercer atividade de empresário, nomeará, com a aprovação do juiz, um ou mais gerentes. Do mesmo modo, será nomeado gerente em todos os casos em que o juiz entender ser conveniente.

A prova da emancipação e da autorização do incapaz, nos casos do art. 974 do CC, e a de revogação desta, será inscrita ou averbada no Registro Público de Empresas Mercantis.

A Lei n. 12.399/11 acrescentou ao art. 974 do CC o § 3º, dispondo que as alterações contratuais na sociedade mercantil poderão ser registradas nas Juntas Comerciais, observados os seguintes requisitos: a) o sócio incapaz não poderá exercer a administração da sociedade; b) o capital social deve ser totalmente integralizado; c) o sócio relativamente incapaz deve ser assistido e o absolutamente incapaz deve ser representado por seus representantes legais.

São absolutamente incapazes de contratar emprego (art. 3º do CC): os menores de 16, salvo na condição de aprendiz, a partir dos 14 anos (art. 7º, XXXIII, CF); os que, por enfermidade ou deficiência mental, não tiverem o necessário discernimento para a prática do ato; e os que, mesmo por causa transitória, não puderem exprimir sua vontade. Mas, **se de fato prestarem serviço pessoal, não eventual, sob o comando de alguém, mediante salário, o contrato gera todos os efeitos legais**.

5.2. Idoneidade do objeto — segundo o art. 104 do Código Civil, idôneo é o objeto lícito, possível, determinado ou determinável. Licitude significa que o objeto do contrato não é proibido por lei (p. ex.: é proibido contratar para fazer o mal a outrem).

A possibilidade material está ligada à viabilidade de execução do contrato (por enquanto, é impossível o contrato para o empregado trabalhar na lua). A determinação do objeto vincula-se à sua individualização ou possibilidade de fazê-lo (contrato para prestar serviço de pedreiro, pintor...). Ver mais detalhes no Capítulo XVI.

5.3. Consenso — constitui requisito essencial intrínseco. Decorre da capacidade: a partir dos 18 anos pode consentir nas cláusulas contratuais, pois adquiriu a capacidade plena; de 16 a 18 anos (a estes equiparados os ébrios habituais, os viciados em tóxicos, e os que, por deficiência mental, tenham o discernimento reduzido, os excepcionais sem desenvolvimento mental completo, os pródigos — art. 4º do CC) o consenso requer a assistência dos pais, tutor ou curador; de 14 a 16 anos, só pode contratar, na condição de aprendiz.

Com efeito, constitui elemento essencial porque o contrato inicia-se com o consentimento, a manifestação da vontade, que deve ser livre, espontânea, sem coação ou engano. O fato de aderir às cláusulas prefixadas não descaracteriza a vontade, em face de esta definir-se pelo ACEITO ou NÃO ACEITO.

5.4. Vícios de consentimento (arts. 138/184 do CC) — viciam a vontade, invalidando a manifestação. São eles: erro ou ignorância, dolo, coação, fraude, estado de perigo e lesão (os dois últimos foram acrescidos no Novo Código Civil).

O ***erro*** pode dizer respeito ao local de trabalho, montante salarial ou às qualidades essenciais da pessoa; o ***dolo*** ou intenção de cometer uma ilegalidade, ocorre, por exemplo, quando o empregado apresenta habilitação falsa para conseguir o emprego, ou o empregador exibe demonstrativo falso de lucro para atrair o empregado; há ***coação*** quando o empregador é ameaçado de depredação dos seus bens, ou o empregado é ameaçado de denúncia por ato ilícito; o ***estado de perigo*** se dá quando alguém, premido pela necessidade de salvar-se, ou a pessoa de sua família, de grave dano conhecido pela outra parte, assume obrigação excessivamente onerosa; a ***lesão*** caracteriza-se quando uma pessoa, sob premente necessidade, ou por inexperiência, se obriga a prestação manifestamente desproporcional ao valor da prestação oposta. A ***fraude contra credores*** materializa-se quando o devedor desvia seu patrimônio para não pagar os credores, pode ter aplicação quanto aos créditos trabalhistas.

Os vícios de consentimento despertam pouco interesse prático no tocante à anulação do contrato, posto que, no nosso direito, é mais fácil rescindir que anular. Além disso, a nulidade não retroage se houve efetiva prestação do serviço.

Entretanto, despertam enorme interesse na apreciação de alterações contratuais: transferência, mudança de função, alteração da forma de pagamento. A concordância do empregado em alteração contratual que lhe resulte prejuízo — direto ou indireto — presume-se viciosa (art. 468 da CLT).

Outrossim, o ato anulável do empregador, uma vez decretado pelo juiz, gera efeito até sua anulação. Assim, um ato de despedida com vício de consentimento não dá direito a reintegração, mas a readmissão, com salários vencidos só a partir da petição inicial, e não a partir da ruptura contratual.

6. ELEMENTOS NATURAIS DO CONTRATO DE EMPREGO

Os elementos naturais do contrato de emprego são os já referidos nos Capítulos anteriores: pessoalidade, não eventualidade, subordinação jurídica ou hierárquica e remuneração.

7. ELEMENTOS ACIDENTAIS — CONDIÇÃO E TERMO

Há cláusulas contratuais que subordinam a validade do negócio a evento futuro. Se o evento é futuro e incerto, configura-se a *condição*; se futuro e certo, dá-se o *termo*. A condição define-se pelo SE, enquanto o termo apresenta-se pelo QUANDO. Esses dois elementos são acessórios aos contratos e comportam no contrato de trabalho.

A condição é suspensiva ou resolutiva. O termo é inicial ou final. A suspensiva e o inicial suspendem os efeitos do contrato até a realização do acontecimento previsto: te contrato agora, mas o contrato só iniciará seus efeitos se o Brasil ganhar a Copa (condição suspensiva); te contrato agora, mas o contrato só inicia seus efeitos quando terminar a Copa (termo inicial).

A condição resolutiva e o termo final suspendem os efeitos do contrato com o implemento do evento previsto: te contrato por tempo indeterminado; entretanto, se não chover na estação chuvosa, extingue-se o contrato (condição resolutiva); te contrato pelo período enquanto durar a construção X (termo final incerto); te contrato por um ano (termo final certo).

Capítulo XV

Modalidades do Contrato de Emprego

1. CONTRATO POR TEMPO INDETERMINADO E POR TEMPO DETERMINADO

1.1. Por tempo indeterminado – é o que se faz sem fixação prévia da sua duração, presumindo-se prolongamento indefinidamente. Constitui a regra em Direito do Trabalho, e só excepcionalmente admite-se o contrato por tempo determinado.

1.2. Por tempo determinado – são os contratos cujo termo final é previamente estabelecido. Compreende várias espécies: por obra certa, de safra, de experiência, com data certa de término, de aprendiz, de atleta, do técnico estrangeiro etc.

Como se trata de espécie contratual que foge à regra geral, é formal e requer observância de condições legais, como a natureza transitória do serviço ou da atividade empresarial (art. 443, § 2º, da CLT), ou da especificidade do trabalho.

Regra geral, a duração máxima do contrato por tempo determinado é de dois anos. Entretanto, pode ser estipulado por prazo inferior e prorrogado uma vez até completar os dois anos. Não pode ser prorrogado mais de uma vez sob pena de tornar-se por prazo indeterminado (arts. 445 e 451 da CLT).

Em caso de dúvida, o intérprete deve optar pelas normas aplicáveis ao contrato por prazo indeterminado, por ser a regra geral.

Se o contrato contiver cláusula assecuratória de direito recíproco de rescisão antes do termo estipulado, se esse direito for exercido, aplicar-se-ão as regras que regem a rescisão dos contratos por prazo indeterminado. Se não contiver tal cláusula, a rescisão antecipada pelo empregador implicará o pagamento do restante do contrato pela metade. Se a iniciativa for do empregado, este deverá indenizar o patrão na mesma proporção do que teria direito. Ver arts. 479, 480 e 481 da CLT.

2. RENOVAÇÃO DO CONTRATO POR TEMPO CERTO. CONSEQUÊNCIAS

Renovação contratual é a sucessão de contratos, isto é, terminação de um e começo de outro. Duas situações devem ser consideradas: 1) renovação do contrato por tempo certo; e 2) renovação do contrato por tempo indeterminado.

No primeiro caso, não é permitida a sucessão de um contrato por tempo certo no período de seis meses, salvo se a expiração do primeiro dependeu da execução de serviços especializados ou da realização de certos acontecimentos. Fora das exceções *supra*, a sucessão de um contrato por tempo certo por outro também de tempo certo gera a consequência de tornar por tempo indeterminado o segundo contrato (art. 452 da CLT).

A lei impede a sucessão em cadeia dos contratos por tempo certo para evitar fraude contra a regra geral, que é a do contrato sem prazo certo. Abre exceções à proibição. Assim, o contrato a termo pode ser renovado antes de decorridos seis meses se a sua expiração decorreu da execução de serviços especializados ou da realização de certos acontecimentos. Isso é permitido porque decorre de razões objetivas e não subjetivas.

Exceções à soma: os períodos descontínuos de contratos de trabalho de atletas, artistas de teatro, circo e congêneres não se somam, por serem do tipo de contratos autônomos, podendo ser renovados inúmeras vezes, mesmo sem intervalo de seis meses, e prorrogados mais de uma vez, sem que se converterem em ajuste por prazo indeterminado.

A segunda hipótese trata da soma do tempo de serviço. Assim dispõe o art. 453 consolidado: "No tempo de serviço do empregado, quando readmitido, serão computados os períodos, ainda que descontínuos, em que tiver trabalhado anteriormente na empresa, salvo se houver sido despedido por falta grave, recebido indenização legal ou se aposentado espontaneamente". Acentue-se que, desde a instituição do regime do FGTS, que acabou com a indenização, essa regra perdeu sua importância originária; entretanto subsistem alguns efeitos:

a) da extinção do último contrato é que começa a fluir o prazo prescricional do direito de ação, objetivando a soma dos períodos descontínuos. Súmula n. 156 do TST;

b) computam-se os períodos trabalhados em empresas do mesmo grupo econômico que constituam a solidariedade de que trata o § 2º do art. 2º;

c) somam-se os períodos descontínuos para efeitos previdenciários, ainda que os contratos tenham sido de prazo determinado e indeterminado, indistintamente, pois o que se tem em vista é o tempo da prestação laboral, e não a natureza do contrato.

3. TIPOS DE CONTRATO A TERMO

3.1. Contrato temporário de trabalho — exceção introduzida no art. 443 da CLT, pela Lei n. 9.601/98, para permitir contratação por tempo determinado, indiscriminadamente, sem as limitações enumeradas. Porém só será possível sob três condições: a) mediante prévio acordo ou convenção coletiva; b) para admissões que representem acréscimo do número de empregados; c) por escrito, depositado na Superintendência Regional do Trabalho. Não confundir com o contrato de trabalho temporário, regido pela Lei n. 6.019/74 e com o terceirizado, de que trata a Súmula n. 331 do TST.

3.2. Contrato de emprego de safra e por temporada

De safra – "Considera-se contrato de safra o que tenha sua duração dependente de variações estacionais da atividade agrária" – art. 14, parágrafo único, da Lei n. 5.889/73, que regula o trabalho rural.

Expirado o contrato do safrista, este fazia jus à indenização equivalente a 1/12 do salário mensal por mês de serviço ou fração superior a 14 dias. Essa indenização cedeu lugar ao FGTS, conforme art. 20, IX, da Lei n. 8.036/90. O art. 19 do Regulamento da Lei n. 5.889/73 (Dec. n. 73.626/74) limita o tempo do contrato de safra: "entre o preparo do solo para o cultivo e a colheita".

Por temporada – o vocábulo *temporada* indica o espaço de tempo caracterizado por alguma circunstância, ou durante o qual, habitualmente, alguma coisa realiza-se (De Plácido e Silva).

Como se vê, o contrato de safra refere-se puramente à atividade agrária, não atingindo a pecuária e a indústria rural. O contrato por temporada é, pois, mais abrangente, compreendendo tanto os curtos períodos – *v. g.* durante a semeadura, ou a colheita – como os períodos extensos, exemplo da entressafra da carne, durante o período de desova da lagosta, durante as férias escolares etc.

Difere do contrato de safra por ser este específico, definido por lei, aplicável só à atividade agrária e com limite entre o preparo do solo para o cultivo e a colheita.

O contrato por temporada rege-se pelas normas aplicáveis ao contrato por tempo determinado.

3.3. Contrato por obra certa – é uma modalidade de contrato por tempo certo, previsto expressamente no art. 483 da CLT, em que sua duração enclausura-se no tempo de duração da obra. Essa modalidade de contrato deve ser formalizada expressamente na Carteira de Trabalho e Registro de Empregados, para não gerar dúvida sobre sua espécie. Deve, outrossim, ser especificada a etapa da obra, caso o trabalhador não seja necessário para a obra toda. Se assim não for feito, o obreiro fará jus ao contrato por toda a obra, ou a indenização do restante, entre a despedida sem justa causa e o efetivo final da obra, na forma do art. 479 da CLT (= 50% do salário do restante do contrato).

3.4. Contrato de técnico estrangeiro – previsto no Decreto-lei n. 619/69, é o contrato com técnico de nacionalidade estrangeira que vem ao Brasil realizar um *serviço especializado e transitório*. Poderá o salário ser ajustado em moeda estrangeira, mas será pago em moeda nacional, pelo câmbio do dia do pagamento. Contudo, enquanto no território nacional, a ele será obrigatória a observância do piso mínimo da legislação nacional: da jornada, dos intervalos, do salário mínimo, das férias, do 13º e outros direitos. O citado DL não ampara a contratação desse técnico para as atividades permanentes da empresa. Caso não seja *especializado* o serviço e de natureza *transitória*, aplicam-se as regras gerais da CLT.

3.5. Contrato de aprendizagem – não pode ser superior a dois anos (art. 428, § 3º), matéria já detalhada no Cap. X, item 9;

3.6. Contrato de atleta profissional — não terá vigência inferior a três meses nem superior a cinco anos, cf. art. 30 da Lei n. 9.615/98. A esta modalidade contratual não se aplica o art. 445 da CLT, podendo ser renovada indetermináveis vezes, sem converter-se em contrato por tempo indeterminado (art. 30, parágrafo único, da Lei n. 9.615/98).

Contrato de curta duração do trabalho rural — ver no Cap. XII, do Trabalho Rural.

Contrato de trabalho temporário — exposto no Capítulo VIII.

4. PERÍODO DE EXPERIÊNCIA E CONTRATO DE EXPERIÊNCIA

Período de experiência — corresponde ao primeiro ano no mesmo emprego, preconizado no art. 478, § 1º da CLT. A Constituição de 1967/1969 previa o regime de indenização e o do FGTS; mas a de 1988 unificou o sistema só no regime do FGTS, tornando quase obsoleto o citado § 1º do art. 478. Entretanto, o período de experiência ainda surte os seguintes efeitos: o pedido de demissão e a rescisão do contrato do empregado com menos de doze meses na empresa prescinde de assistência, enquanto a partir de doze meses, a assistência, na forma do § 1º do art. 447 da CLT, é obrigatória. O período de experiência não decorre de cláusula contratual; está inserido por lei em todo contrato por prazo indeterminado.

Por outra vertente, denomina-se experiência o período que o trabalhador já acumulou na profissão. A Lei n. 11.644/08 incluiu na CLT o art. 442-A: "Para fins de contratação, o empregador não exigirá do candidato a emprego comprovação de experiência prévia superior a 6 (seis) meses no mesmo tipo de atividade".

Contrato de experiência — depende de ajuste prévio. Constitui uma espécie de contrato por prazo determinado. Sua duração máxima é de 90 dias. Pode ser fixado por prazo inferior e prorrogado uma vez, contanto que a soma não extrapole o prazo de 90 dias. Se fixado inicialmente em 30 dias, prorrogado por mais 30, uma eventual segunda prorrogação torna-o por tempo indeterminado, ainda que totalize prazo inferior a 90 dias. É compatível com o trabalho rural e o doméstico.

Por fugir da regra geral, deve ser formalizado inequivocamente, sob pena de presumir-se inexistente a cláusula da experiência. A experiência tem destinação bilateral: tanto para o empregado avaliar o emprego, como para o empregador avaliar o empregado. Não se limita a testar a habilidade profissional.

O contrato de experiência é por tempo certo. Findo o prazo, o contrato extingue-se, independentemente de aviso-prévio. Expirado o prazo da experiência, se uma das partes não denuncia o contrato, este torna-se por prazo indeterminado, sob as mesmas cláusulas iniciais.

A despedida antes do termo final estipulado implica uma das duas consequências: a) se o contrato contém cláusula de rescisão antecipada é devido aviso-prévio, como na rescisão do contrato por tempo indeterminado; b) se não, é devido o salário do restante do contrato, pela metade (arts. 479/481 da CLT), além das proporções de férias e de 13º salário e o saque do FGTS acrescido de 40%.

Uma observação cumpre fazer: o contrato de experiência, como contrato por tempo determinado, extingue-se, caduca, não gerando os efeitos da despedida. Em razão disso, não gera direito a indenizações nem comporta as estabilidades para além de seu prazo, exceto para a gestante, cujo final se adia para o fim do período estabilitário, do mandato sindical e de direção de CIPA.

5. CONTRATO DE EMPREGO INDIVIDUAL, COLETIVO E POR EQUIPE

Individual — "É o acordo tácito ou expresso, correspondente à relação de emprego" — art. 442 da CLT. Já vimos os conceitos de empregado e empregador.

Gomes e Gottschalk definem-no como "a convenção pela qual um ou vários empregados, mediante certa remuneração e em caráter não eventual, prestam trabalho pessoal em proveito e sob a direção de empregador" (*op. cit.*, p. 171). A inclusão da pluralidade de sujeitos passivos tem significado porque abrange o contrato de equipe, que é individual.

Contrato coletivo — é a designação técnica, embora imprópria, da Convenção Coletiva de Trabalho e do Acordo Coletivo de Trabalho. Distingue-se o contrato coletivo (sentido técnico) do individual porque este cria a relação de emprego — a obrigação de o empregado prestar o trabalho e de o empregador ocupar e remunerar o empregado —, enquanto o coletivo prescreve condições gerais de trabalho por meio de cláusulas que irão regular os contratos individuais em curso ou futuros. Ver Capítulo próprio sobre os instrumentos de negociação coletiva.

Contrato de trabalho por equipe — Contrato de equipe é o que só pode ser desempenhado por uma equipe ou grupo em conjunto, em que o trabalho de um só membro do grupo não atenda à necessidade do tomador do serviço, como é o caso do conjunto musical — ou se contratam todos os membros ou não se faz a festa. Entretanto, a jurisprudência tem entendido como de equipe o contrato de trabalho intermediado pelos sindicatos de carregadores, ensacadores e empilhadores e o trabalho de estiva (ver item 6 sobre trabalhador avulso).

O contrato de equipe caracteriza-se pela presença de três figurantes: o tomador do serviço da equipe; o chefe da equipe, que tem poder delegado para firmar o contrato; e os membros da equipe. Apesar de o contrato ser um só, ele representa tantos contratos individuais quantos forem os membros da equipe. São vários contratos individuais enfeixados em um só. A equipe compõe uma sociedade de fato, participando todos da mesma sorte e do mesmo infortúnio. O ganho é rateado. Onde o chefe da equipe tiver poder hierárquico, disciplinar, de admitir, de despedir e de assalariar, não se configurará contrato de equipe. Cumpre registrar que essa modalidade de contrato é de emprego, regida pela CLT.

Capítulo XVI

Distinção entre os Contratos de Emprego e os Contratos Afins

1. INTERESSE NA DISTINÇÃO

Todo contrato de prestação de serviço envolve um tomador, um prestador, um serviço prestado e remuneração. No sentido amplo, todo contrato de prestação de serviço é *contrato de trabalho*. Porém, na acepção técnica, este designa o *emprego*. Agiganta-se a importância deste Capítulo em virtude da ampliação da competência da Justiça do Trabalho para os dissídios de todas as relações de trabalho. Vejamos os principais parentes próximos do emprego.

2. DIFERENÇA ENTRE CONTRATO DE EMPREGO E LOCAÇÃO DE SERVIÇO

No **contrato de emprego** a pessoa é contratada para prestar serviço, sob o comando, orientação e ordens do tomador. Sua obrigação é dedicar todo um determinado espaço de tempo por dia ao empregador. Os riscos correm por conta deste. É a *locatio operarum*, regida pela legislação do trabalho.

Na **locação de serviços**, o tomador do serviço compra o resultado do trabalho. Em raros casos exige-se a prestação pessoal. É permitido ao prestador contratar auxiliares. O prestador não está sujeito ao comando do tomador. Toda a sua obrigação é entregar feito o serviço no espaço de tempo ajustado. É a *locatio operis*, regida pelos arts. 593/609 do CC, sob o título **Prestação de Serviço**.

A distinção, basicamente, assenta-se no elemento SUBORDINAÇÃO.

3. DIFERENÇA ENTRE CONTRATO DE EMPREGO E EMPREITADA

A pequena empreitada é o contrato que mais se aproxima do emprego. A distinção tem sido discutida sob a utilização de vários critérios, como o do modo de remuneração, o do fim do contrato, o da profissionalidade do empregador e o da subordinação jurídica.

Mas a conclusão a que se chegou é que só o critério da SUBORDINAÇÃO é capaz de traçar o verdadeiro limite. Na empreitada, a execução do trabalho não é dirigida nem continuamente fiscalizada por quem o vai pagar. No contrato de emprego, sim. A empreitada é regida pelos arts. 610/626 do CC.

Gomes e Gottschalk fornecem os seguintes critérios:

> a) no contrato de trabalho, o operário põe sua força-trabalho e sua habilidade à disposição de seu empregador, o qual tem a liberdade de dirigi-la no sentido que lhe aprouver; o estado de subordinação tira toda iniciativa do empregado. Daí os riscos correrem por conta do empregador; e
>
> b) na empreitada, o trabalhador é simplesmente obrigado a fornecer obra acabada, e o dono da obra não tem, em tese, ordem a dar-lhe sobre o modo de execução do seu trabalho. Daí o empreiteiro assumir os riscos da atividade.

4. DISTINÇÃO ENTRE O EMPREGO E A REPRESENTAÇÃO COMERCIAL

Existe o representante comercial empregado e o autônomo. Distingue-se o empregado do não empregado pelo elemento **subordinação jurídica** ou hierárquica. O empregado é subordinado; o autônomo, não, em tese. O primeiro rege-se pela legislação trabalhista; o segundo, pela Lei n. 4.886/65.

Sobre o empregado já versamos amplamente no Capítulo VIII. A distinção firma-se pelas características da representação autônoma.

O art. 1º da Lei n. 4.886/65, alterada pela n. 8.420/92, assim dispõe:

> Exerce a representação comercial autônoma a pessoa jurídica ou a pessoa física, sem relação de emprego, que desempenha, em caráter não eventual, por conta de uma ou mais pessoas, a mediação para a realização de negócios mercantis, agenciando propostas ou pedidos, para transmiti-los aos representados, praticando ou não atos relacionados com a execução dos negócios.

Daí extrairmos os seguintes elementos: pode ser representante autônomo pessoa física ou jurídica; não eventualidade; por conta de uma ou mais pessoas; sem relação de emprego; certa dose de mandato; mediação. Portanto, vários elementos comuns com o emprego. Até a subordinação não é tão ausente como, em tese, apregoa-se. Cumpre ao intérprete, em cada caso concreto, averiguar a caracterização ou não do emprego.

Sob o aspecto formal, o representante tem de ser registrado nos Conselhos Regionais dos Representantes Comerciais e inscrito como autônomo no INSS. Não pode ser representante autônomo o que não pode comerciar, o falido, o condenado por prática de crime infamante e o que sofreu pena de cancelamento do registro.

Não é obrigatória a forma escrita nem remuneração à base de comissões; pode ser por prazo indeterminado ou por prazo certo, este se converte em por tempo indeterminado se prorrogado expressa ou tacitamente, ou quando for renovado dentro de seis meses; são vedadas as alterações que impliquem redução da média das vantagens dos últimos seis meses; os créditos do representante autônomo gozam dos privilégios do trabalhista na falência do representado; pode rescindir-se por justa causa do representante ou do representado, ou por força maior, conforme os arts. 35 e 36 da Lei n. 4.886/65.

A rescisão, sem justo motivo, do contrato de representação por tempo indeterminado e que haja vigorado por mais de 6 meses obriga o que teve a iniciativa a dar aviso-prévio e indenizar no equivalente a 1/12 do total da retribuição auferida durante o tempo de duração da representação. Pode, entretanto, o contrato prever outra garantia. A Lei n. 8.420/92 aproxima a representação autônoma da legislação trabalhista. Destarte, seja autônoma essa relação, seja de emprego, compete à Justiça do Trabalho julgar as questões entre os representantes comerciais e os representados.

Em face da enorme semelhança com o contrato de trabalho, cumpre ao intérprete ficar atento aos fatos, pois é comum surgir contrato com todas as formalidades da representação autônoma, quando de fato trata-se de um emprego. Segundo Gomes e Gottschalk, "Os representantes, que trabalham exclusivamente, com continuidade ou de modo predominante, para uma só firma e que são obrigados a se conformar com as instruções da mesma e lhe fazer regularmente relatório, são considerados empregados"[(43)].

5. DISTINÇÃO ENTRE O CONTRATO DE EMPREGO E O MANDATO

Não há incompatibilidade na acumulação de emprego com mandato. A propósito, há decisão do STF, segundo a qual o mandato e o contrato de trabalho podem coexistir na mesma pessoa. A qualidade de empregado, em geral, abrange a de mandatário: quando pratica atos para ou em proveito do patrão, aparece o empregado; quando assina e realiza ato jurídico, surge o mandatário. Será empregado quando trabalha com exclusividade, continuamente, para uma empresa ou dela obtenha seu principal meio de subsistência e exista a subordinação hierárquica ou jurídica.

Entretanto, quando o mandatário não é empregado, a distinção faz-se pelo critério da **subordinação**, que é mais pronunciada no emprego e menos no mandato. O mandatário goza de maior liberdade e independência no exercício de sua função, embora não esteja totalmente desvencilhado da direção do mandante. A diferença seria no grau de subordinação: mais forte no empregado; mais branda no procurador. Essa situação só é palpável mediante a análise de uma série de circunstâncias. Regem o mandato os arts. 653/692 do C. Civil.

(43) "Não há falar em contrato de 'representação comercial autônoma', como substitutivo do contrato de trabalho, quando este resulta claro da prova dos autos, especialmente quando o alegado contrato de 'autonomia' só foi realizado em data muito posterior ao início da prestação do serviço, que teve, em todo o seu curso, a mesma natureza como trabalho permanente, por pessoa física, à empresa que tinha e tem como fim a venda de seus produtos. A substituição do contrato tácito de trabalho por outro de 'representação comercial' evidencia violação dos arts. 9º e 468 da CLT, porque o contrato de trabalho, que se forma até contra a vontade das partes, é socialmente mais desejável que o contrato de 'autonomia', que na prática tem funcionado como elemento de fraude" (TRT, 1ª Reg., RO-5.129/86 — Ac. 1ª T. 2.707/86, 4.11.86 — Rel. desig. Juiz Raimundo Cassiano de Souza — *Revista LTr*, mar. 87).

6. DISTINÇÃO ENTRE O CONTRATO DE EMPREGO E A SOCIEDADE

Basicamente, a distinção fixa-se em dois elementos: a **subordinação** no contrato de trabalho e a *affectio*, ou *animus societatis* na sociedade, consistente num estado de espírito revelado na intenção comum de partilhar dos lucros e perdas, de assumir a responsabilidade e os riscos do empreendimento. Regem a sociedade os arts. 981/1.141 do C. Civil/2002.

Discute-se a possibilidade de coexistência do contrato de trabalho com a sociedade. A respeito, já tratamos no Capítulo X, 5.

7. DISTINÇÃO ENTRE CONTRATO DE EMPREGO E PARCERIA

A parceria divide-se em duas espécies: agrícola e pecuária. A *agrícola* é o contrato pelo qual uma pessoa cede um prédio rústico à outra, para ser por esta cultivado, repartindo-se os frutos entre as duas, na proporção estipulada.

A *pecuária* é o contrato pelo qual uma pessoa entrega à outra animais para que esta os pastoreie, trate e crie, mediante uma cota nos lucros.

A natureza da parceria é discutível — se associativa ou comodato. O Direito italiano trilha a via do associacionismo. O nosso Estatuto da Terra, Lei n. 4.504/64, pende para o exemplo italiano.

A pequena parceria, de fato, é um parente próximo do contrato de emprego, com remuneração *in natura*, posto que o parceiro-cessionário é o próprio artífice e trabalha sob um certo comando do parceiro-cedente.

Feitas as considerações supra, vejamos algumas diferenças: a) o parceiro-cessionário participa dos riscos da atividade; o empregado, não; b) a parceria é contrato personalíssimo, não se transferindo aos herdeiros; c) o emprego, de regra, continua com os sucessores do empregador; d) o cessionário dirige a exploração do bem tomado em parceria sem intervenção e poder hierárquico do cedente; o empregado cumpre ordens.

Se o contrato estabelecer pagamento parte fixa em dinheiro e parte em utilidade, configura-se o contrato de emprego, conforme o art. 96, parágrafo único, do Estatuto da Terra.

A parceria é regulada pelo Código Civil e pelo Estatuto da Terra, art. 96. Na dúvida, opta-se pela existência do vínculo.

8. DISTINÇÃO ENTRE O EMPREGO E O CONTRATO DO TRANSPORTADOR AUTÔNOMO DE CARGAS — TAC

O Transportador Autônomo de Cargas rege-se pela Lei n. 11.442/07, exigindo a lei que ele seja formalizado de acordo com o art. 2º, ou seja, possua veículo de aluguel e tenha experiência de três anos na atividade ou tenha sido aprovado em curso específico. Esse contrato é de natureza comercial. Para diferençar-se do contrato de emprego, é necessário que haja a efetiva autonomia do trabalhador, cf. já se expôs no item 9 do Capítulo IX.

9. PRÉ-CONTRATAÇÃO, PÓS-CONTRATAÇÃO, PERDA DE UMA CHANCE E REPARAÇÃO DE DANOS MORAIS E MATERIAIS

"O contrato preliminar, exceto quanto à forma, deve conter todos os requisitos essenciais ao contrato a ser celebrado." — art. 462 do C. Civil.

A pré-contratação trabalhista consiste na formulação de um contrato cujo conteúdo é a futura formalização de um contrato de trabalho. Como todo ato jurídico, requer a manifestação de vontade, objeto lícito, possível, determinado ou determinável e forma legal ou não proibida. Seguindo o Código Civil, deve respeitar a equivalência das obrigações, a dignidade da pessoa humana e a boa-fé.

A pré-contratação vincula as partes, obrigando-as a concretizar o contrato previamente ajustado. Caso se torne impossível, por motivo de força maior, não gera efeitos. Porém, se a frustração do ajuste decorrer de culpa do estipulante poderá a outra parte pedir perdas e danos (art. 465, CC).

Se não houver cláusula penal prevista, a indenização consistirá nos danos materiais e lucros cessantes. Mas, conforme as circunstâncias, poderá gerar para o trabalhador direito a reparação por danos morais, em face da exposição de sua imagem ao ridículo, causando-lhe transtornos psicológicos e sensação de diminuição profissional (art. 186 do CC). Da mesma forma, quando o trabalhador age de má-fé, frustrando a concretização do contrato, o mesmo direito às reparações inverte-se em favor patronal. Ver danos morais no Capítulo XVIII, 4.

A pós-contratação também deve ser protegida, a fim de que o ex-empregado não saia revelando segredos da empresa, nem esta lance ações, ostensivas ou veladas, que dificultem nova contratação do trabalhador.

Da mesma forma, a perda de uma chance pelo trabalhador em face de ato ou omissão do empregador ensejará o direito às reparações: 1º materiais, consistentes naquilo que ele deixou de ganhar; 2º danos morais, fixados pelo juiz, conforme os princípios da razoabilidade e proporcionalidade. Um exemplo do que se comenta ocorreu com três professoras que fizeram teste seletivo para ingresso em uma instituição de ensino superior, logrando aprovação. No entanto, quando aguardavam a contratação, já entregue a documentação exigida, esta não se concretizou, porque a IES preferiu outros professores que não haviam se submetido ao teste seletivo. No caso, elas teriam direito aos salários e consectários do semestre letivo, porque foram iludidas a não procurar emprego em outra IES, além dos danos morais, por haverem suportado a frustração humilhante.

Juízo competente — A Justiça do Trabalho é o juízo competente para dirimir as controvérsias oriundas das matérias aqui expostas, por força do art. 114, I, da Constituição, com a redação que lhe deu a EC n. 45/2004. Ou seja, a Justiça do Trabalho ganhou competência para processar e julgar as controvérsias oriundas das relações de trabalho de qualquer natureza.

Assim, quando o juiz não reconhecer o vínculo de emprego, decidirá a questão de acordo com o Direito Comum que rege a matéria. Recomenda-se, contudo, que os advogados formulem o pedido sucessivo: pedir primeiro os direitos da relação de emprego; não sendo deferidos, que sejam concedidos os direitos que emergem da outra relação de trabalho. O Direito Processual aplicável é o trabalhista, conforme IN n. 27/05 do TST.

Capítulo XVII

Formas de Invalidade do Contrato de Emprego

1. NULIDADE DOS ATOS E DOS NEGÓCIOS JURÍDICOS

Nulidade absoluta — a validade do negócio jurídico requer agente capaz, objeto lícito, possível, determinado ou determinável e forma prescrita ou não defesa em lei — art. 104 do C. Civil. Por sua vez, preceitua o art. 166: "É nulo o negócio jurídico quando: I — elaborado por pessoa absolutamente incapaz; II — for ilícito, impossível ou indeterminável seu objeto; III — o motivo determinante, comum a ambas as partes, for ilícito; IV — não revestir a forma prescrita em lei; V — for preterida alguma solenidade que a lei considere essencial para a sua validade; VI — tiver por imperativo fraudar lei imperativa; VII — a lei taxativamente o declarar nulo, ou proibir-lhe a prática, sem cominar sanção".

Em relação ao contrato de trabalho, compõem a essência três requisitos: agente capaz, idoneidade do objeto e consenso. Os dois primeiros constituem pressupostos do contrato; o último, requisito intrínseco.

A forma não é da essência do contrato de trabalho, mas é caracterizadora de algumas espécies de contratos de trabalho, e, neste caso, é essencial para a espécie. A ausência de forma joga o contrato na regra geral.

A preterição de elementos essenciais gera a nulidade absoluta e a de elementos acidentais gera a anulabilidade ou nulidade relativa. A nulidade absoluta se **declara**; a relativa se **decreta**.

2. EFEITOS DA NULIDADE ABSOLUTA NO CONTRATO DE EMPREGO

A regra no Direito Comum é de que o ato nulo não gera efeitos. Ou seja, não gera os efeitos naturais do ato válido. E a declaração de nulidade tem efeito *ex tunc*, retroage ao início, restabelecendo o *status quo ante* (arts. 168 e 169 do CC). Já a decretação de nulidade relativa tem efeito *ex nunc*, da decretação para a frente (art. 177 do CC). A absoluta pode ser declarada de ofício pelo juiz ou a requerimento do Ministério Público ou de qualquer interessado; a relativa só pode ser requerida pelos interessados; a absoluta não se convalida, nem prescreve; a relativa se convalida e prescreve.

Porém, no Direito do Trabalho, a nulidade absoluta só invalida totalmente o contrato nas hipóteses de objeto inidôneo ou em atividades sabidamente ilegais e não toleradas. Fora disso, os defeitos decorrentes de incapacidade absoluta, de falta de consentimento, de preterição de forma legal, conquanto atinjam elementos essenciais do contrato, não retroagem, porque a força de trabalho é acíclica, não pode ser restituída.

Os efeitos básicos do contrato de trabalho, por sua vez, independem da vontade das partes contratantes, são de ordem pública, institucionais, decorrem da Constituição (arts. 7º a 11) e das leis que a regulamentam. A própria configuração do contrato escapa à vontade das partes, em face do que dispõem os arts. 442 (contrato-realidade) e 9º da CLT (vedação de tangenciamento das normas trabalhistas).

Já é pacífico que, apesar da proibição de trabalho ao menor de 16 anos, se efetivamente ele trabalhou, são devidos os direitos naturais do contrato de trabalho, como registros em sua CTPS, direito a salário mínimo, a repouso semanal, a FGTS e demais consectários legais.

A inidoneidade do objeto, segundo o disposto no art. 104 do CC, refere-se à ilicitude do objeto (p. ex.: é proibido contratar para fazer o mal a outrem), à impossibilidade material de execução do contrato (por enquanto, é impossível o contrato para o empregado trabalhar na Lua) e à indeterminação do objeto ou impossibilidade de fazê-lo (trabalhar fazendo o quê?).

Nulidade relativa ou anulabilidade — a nulidade relativa, defeito decorrente do vício de consentimento embasa o direito à resolução do contrato, mediante as reparações trabalhistas normais, como se verá no Capítulo sobre a *Cessação do Contrato de Emprego*, sem embargo de indenizações de outras naturezas.

Preceitua o art. 171 do CC: "Além dos casos expressamente declarados na lei, é anulável o negócio jurídico: I — por incapacidade relativa do agente; II — por vício resultante de erro, dolo, coação, estado de perigo, lesão ou fraude contra credores".

Como observam Orlando Gomes e Elson Gottschalk, a anulabilidade do contrato de trabalho tem pouca importância prática, posto que seus efeitos se equivalem aos da rescisão contratual, mediante as indenizações suportadas por quem lhe deu causa. Porém, ganha importância a anulabilidade por vício de consentimento, como adesão a PDV, cuja anulação do ato não enseja reintegração, mas reatamento do vínculo de emprego, com salários só do ingresso da petição em juízo para frente.

3. NULIDADE DA CONTRATAÇÃO NO SERVIÇO PÚBLICO

O ingresso em emprego público na administração pública direta, autárquica, fundacional, empresa pública e sociedade de economia mista dar-se-á por concurso público, cf. o art. 37, II, da Constituição, cuja preterição implica a nulidade do ato e a punição da autoridade responsável (§ 2º do art. 37).

Discute-se sobre o alcance dessa nulidade em relação ao trabalhador. A regra em Direito do Trabalho é da irretroatividade das nulidades. A Súmula n. 363 do Eg. TST reconhece direito só ao salário contratado dos dias efetivamente trabalhados e aos depósitos do FGTS.

Porém, essa posição da Eg. Corte Superior é, *data venia*, equivocada, pois a relação de emprego envolve duas partes: a contratual e a institucional. Nulo é o contrato, não gerando direito aos enquadramentos funcionais, à estabilidade, à promoção, às proteções contra despedida etc. Mas a relação de emprego, cujo objeto não é ilícito, gera todos os consectários imperativos do art. 7º, que constituem direito fundamental do trabalhador, inderrogáveis por qualquer norma de qualquer natureza, mesmo da Constituição.

Com efeito, parece ocorrer uma antinomia entre os arts. 7º e o 37, § 2º, da CF. E as antinomias de princípios constitucionais resolvem-se segundo a ponderação de valores e a razoabilidade, de modo que se encontre a justa medida que assegure a eficácia de ambos e nenhum suplante o outro.

Em atenção a essa técnica, o TRT da 22ª Região adotava solução equitativa: reconhecia o direito a todas as parcelas vencidas, decorrentes da relação de emprego executada, como férias, 13º salário e depósitos de FGTS; e, acolhendo a tese da justa causa legal, indeferia os pleitos de estabilidade e os títulos de natureza indenizatória, como aviso-prévio, multa de 40% do FGTS, e 13º salário proporcional. Porém, de tanto ver seus acórdãos anulados, adotou a Súmula.

A Súmula do TST admite direito ao salário e aos depósitos do FGTS; ocorre que o pressuposto do FGTS é o registro do contrato na CTPS, para que seja aberta conta vinculada individual em nome do trabalhador; esse registro implica o recolhimento das contribuições ao INSS, contando tempo de serviço; daí advém o direito a férias e a 13º salário, cujas remunerações têm natureza salarial.

Destarte, o emprego é fato, independe da vontade das partes, e os efeitos são imperativos do art. 7º da Constituição, que põe o trabalho como um dos valores da dignidade humana; já o art. 37, da CF, conquanto vise à igualdade de oportunidade do emprego público, não tem o condão de frustrar os efeitos da relação de fato já havida. Tanto que o § 2º do art. 37 determina a punição da autoridade responsável e não do trabalhador, até porque as regras de administração são impostas àquele.

Destarte, a referida Súmula n. 363 do TST já deve ser repensada, para que se assegure aos trabalhadores em caso de contrato nulo que não seja pela ilicitude do objeto todos os direitos decorrentes da execução do contrato, cf. decidiu o STF em 2012, nos autos do RE n. 596.478, pela irretroatividade das nulidades contratuais trabalhistas. Aliás, o próprio TST já flexibiliza o teor de sua súmula para admitir estabilidade à gestante e ao acidentado no trabalho em caso de contrato nulo.

4. NULIDADE TOTAL E PARCIAL

"Respeitada a intenção das partes, a invalidade parcial de um negócio jurídico não o prejudicará na parte válida, se esta for separável; a invalidade da obrigação principal implica a das obrigações acessórias, mas a destas não induz a da obrigação principal" — art. 184, C. Civil.

Mesmo contendo defeito que torne o contrato de trabalho nulo ou anulável, é possível, em alguns casos, aproveitar parte do ato. Do CC podemos extrair algumas regras perfeitamente compatíveis com o Direito do Trabalho.

Assim, é nulo o negócio jurídico simulado, mas subsistirá o que se dissimulou, se válido for na substância e na forma; se o negócio jurídico nulo contiver os requisitos de outro, subsistirá este quando o fim a que visavam as partes permitir supor que o teriam querido, se houvessem previsto a nulidade; o erro de cálculo apenas autoriza a retificação da declaração de vontade (arts. 167, 170, 143, respectivamente, do C. Civil).

Exemplo típico verifica-se nos reiterados acampamentos de trabalho escravo, em que as autoridades resgatam os trabalhadores, declaram a ilegalidade da forma de contratação, porém aproveitam o que da relação de emprego válida emerge. Ou seja, sancionam os atos ilícitos, mas aproveitam o negócio que daqueles atos emergiu.

5. TRABALHO ILÍCITO

A priori, o trabalho em atividade ilícita também é considerado ilícito. Entretanto, cumpre fazer algumas considerações: a) o trabalho ilícito para atividade empresarial lícita é nulo de pleno direito, não surtindo efeito desde o início; b) o trabalho lícito para atividade ilícita, mas tolerada (p. ex.: jogo do bicho) merece a plena proteção das normas trabalhistas; c) o trabalho lícito para empresa que explora atividade ilícita, sem que o trabalhador conheça da ilicitude da empresa, também merece proteção do Direito Social; d) o trabalho lícito prestado para empresa que explora atividade ilícita não tolerada, de conhecimento do trabalhador, é plenamente inválido.

O cassino e o jogo do bicho são atividades ilegais; todavia, socialmente aceitas. O TST vem entendendo que quem trabalha nessas atividades, diretamente com o objeto contravencional, por exemplo, vendendo apostas, não tem a proteção do Direito. Entretanto, há de se amparar quem presta serviço lícito, como o garçom, o vigia, a cozinheira, a dançarina, exercentes de atividades reconhecidas por lei, cujo exercício distancia-se da contravenção e na maioria das vezes os obreiros até desconhecem o caráter contravencional da empresa.

Por fim, há que se levar em conta a boa-fé do trabalhador. Se ele ingressa na atividade ilícita, ciente da ilicitude, estará agindo de má-fé, não merecendo o manto protetor da lei. Na avaliação da boa-fé, contudo, deve-se levar em conta o grau de instrução do trabalhador e sua capacidade de avaliar a ilicitude da atividade a que serve.

A propósito da inidoneidade do objeto, do consenso, dos vícios de consentimento — erro, dolo, coação, fraude, estado de perigo — ver Capítulo XIV. E sobre o trabalho escravo, ver item 6 do Capítulo III.

Capítulo XVIII

Efeitos do Contrato de Emprego

1. DIREITOS E DEVERES DO EMPREGADO E DO EMPREGADOR

Dever, segundo De Plácido e Silva, "quer, assim, significar o fato de se encontrar uma pessoa sujeita ao cumprimento de uma obrigação, em virtude da qual terá que *dar* ou *restituir* alguma coisa, *fazer* ou *não fazer* alguma coisa". O dever corresponde ao poder que a outra parte tem de exigir; promana da obrigação, que vem a ser "a ação que o sujeito ativo tem sobre aquele que a deve cumprir e sobre as coisas que são de seu objeto".

Os direitos e deveres decorrem da lei e do contrato. O empregador tem os direitos emergentes do poder de direção e comando, como estabelecer e variar o horário, o local e a forma de execução do trabalho; de impor a disciplina; e de exigir o empenho do empregado para a consecução dos fins da empresa. Mas tem o dever de proporcionar trabalho; de remunerar corretamente todo o trabalho tomado; de respeitar o empregado; de não exigir trabalho incompatível ou superior às forças do trabalhador. Além dos deveres para com o trabalhador, tem deveres perante o Estado, como obedecer à legislação, cumprir e fazer cumprir as regras de saúde e segurança do trabalho e facilitar a fiscalização do trabalho.

O empregado, por sua vez, tem os direitos emergentes da lei, do contrato e dos usos e costumes. Assim, tem o direito de não ser transferido de domicílio, salvo nos casos expressos em lei; de respeito à intimidade; de liberdade sexual, de pensamento, de credo, de reunião, associação etc. E tem o dever de trabalhar com zelo, diligência e espírito de colaboração, de respeito às normas da empresa às ordens dos superiores hierárquicos.

2. OBRIGAÇÕES DO EMPREGADO E DO EMPREGADOR

As obrigações são de duas espécies: legais e contratuais. Legais são as decorrentes da própria lei, do conteúdo legal do contrato (registros na CTPS, salário mínimo, jornada máxima de 44 horas semanais, segurança no trabalho, obediência ao patrão etc.); enquanto o conteúdo contratual brota das aberturas da lei à livre deliberação das partes, como jornada inferior à legal, remuneração acima do salário mínimo, prorrogação da jornada, com pagamento de horas extras, acordo de compensação etc.

Obrigações do empregado — ao empregado cumpre desempenhar com zelo e perfeição os serviços compreendidos na natureza do contrato. O servente, por exemplo, está sujeito a uma série de serviços, como de limpeza, de servir cafezinho, de fazer mandados; já o digitador só digita. Compreende-se ainda na obrigação do empregado a colaboração com o empregador, a guarda de segredos, a não concorrência, o zelo pelo nome da empresa, a diligência, o cumprimento das normas de saúde, higiene e segurança do trabalho.

Obrigações do empregador — observar as normas imperativas do Estado e as contratuais. Outra obrigação legal do empregador consiste em cumprir e fazer cumprir as normas de saúde e segurança do trabalho — art. 157, CLT.

Na parte contratual, cumpre ao empregador não exigir mais do que o legal e suportável, nem mais nem fora do pactuado; não rebaixar a condição de trabalho; remunerar todo o trabalho tomado; respeitar a intimidade e a pessoa do empregado; proporcionar trabalho ao empregado.

2.1. Dos registros na CTPS e sanções — dentre as obrigações legais, a principal consiste em registrar o contrato na CTPS no prazo de 48 horas, cf. os arts. 29/56 da CLT, devendo constar: data de admissão, remuneração e forma de pagamento, as condições especiais, se houver; e no Livro de Registro de Empregados devem constar a qualificação civil ou profissional do trabalhador, os dados relativos à sua admissão, duração e efetividade do trabalho, férias, acidentes e demais circunstâncias que interessem à proteção do trabalhador.

A omissão dessas anotações ou declarações falsas é crime, com pena de dois a seis anos de reclusão e multa, cf. art. 297, § 3º, do Código Penal, com a redação dada pela Lei n. 9.983/00. Entendo que a falta de registro do contrato na CTPS constitui a principal omissão de que trata a Lei.

Além do aspecto criminal, o empregador sofrerá multa administrativa em 30 vezes o valor de referência regional, por empregado sem carteira assinada, acrescido de igual valor por reincidência.

A reclamação sobre regularidade das anotações da CTPS é feita perante a Delegacia Regional do Trabalho. Caso haja negação do vínculo de emprego pelo reclamado, o processo será encaminhado à Vara do Trabalho ou Juiz de Direito investido na jurisdição trabalhista, o qual, após a instrução processual, comprovada a relação de emprego, determinará por sentença que o empregador assine a CTPS do trabalhador, ou, não o fazendo, após o trânsito em julgado, a Secretaria do Juízo o faça.

Prescrição — para os registros e correção destes na CTPS, não corre prescrição durante a vigência do contrato de trabalho. Não prescrevem as ações que tenham por objeto anotações para fins de prova junto à Previdência Social, cf. art. 11, § 1º, da CLT.

3. EFEITOS CONEXOS DO CONTRATO DE TRABALHO

Entendam-se por efeitos conexos: direitos intelectuais, invenções do empregado, indenização por dano moral e material.

3.1. Invenções do empregado – esse direito tem seu fundamento no art. 5º, XXVII a XXIX, da CF. Invenção: segundo o art. 6º da Lei n. 9.279/96, "ao autor de invenção ou modelo de utilidade será assegurado o direito de obter a patente que lhe garanta a propriedade, nas condições estabelecidas nesta lei".

Já o art. 88 dessa Lei preceitua que a invenção e o modelo de utilidade pertencem ao empregador quando decorrerem de contrato de trabalho cuja execução ocorra no Brasil e que tenha por objeto a pesquisa ou a atividade inventiva, ou resulte esta da natureza dos serviços para os quais foi o empregado contratado. Salvo expressa disposição contratual em contrário, a retribuição pelo trabalho a que se refere este artigo limita-se ao salário ajustado.

Salvo prova em contrário, consideram-se desenvolvidos na vigência do contrato a invenção ou o modelo de utilidade cuja patente seja requerida pelo empregado até um ano após a extinção do contrato de trabalho. Entretanto, poderá o empregador conceder ao empregado autor do invento ou aperfeiçoamento participação nos ganhos econômicos resultantes do invento. Essa participação não se incorpora ao salário.

Pertencerá ao empregado a invenção ou modelo de utilidade por ele desenvolvido desvinculado do contrato de trabalho e não decorrente da utilização dos recursos, meios, dados, materiais, instalações ou equipamentos do empregador.

A propriedade pertence ao empregador e ao empregado em partes iguais, quando resultar da contribuição pessoal do empregado e de recursos do empregador, ressalvada expressa disposição contratual em contrário.

Sendo mais de um empregado, a parte que lhes couber será dividida igualmente entre todos, salvo ajuste em contrário. É assegurado ao empregador o direito exclusivo de licença de exploração e assegurada ao empregado a justa remuneração. No caso de cessão, qualquer dos cotitulares, em igualdade de condições, poderá exercer o direito de preferência.

A exploração do objeto da patente, na falta de acordo, deverá ser iniciada pelo empregador dentro de um ano, contado de sua concessão, sob pena de passar à exclusiva propriedade do empregado a titularidade da patente, ressalvadas as hipóteses de falta de exploração por razões legítimas.

Todas as regras acima aplicam-se aos contratos de autônomo e de estágio. Aplicam-se também às entidades da administração pública direta, indireta, fundacional, federal, estadual ou municipal.

3.2. Direitos intelectuais – segundo o art. 7º da Lei n. 9.610/98, "são obras intelectuais protegidas as criações do espírito, expressas por qualquer meio ou fixadas em qualquer suporte, tangível ou intangível, conhecido ou que se invente no futuro, tais como": a) textos de obras literárias, artísticas ou científicas; b) as conferências, alocuções, sermões e outras obras da mesma natureza; c) as obras dramáticas e dramático-musicais; d) programas de computador; e) ilustrações; f) projetos... e mais uma dezena de itens.

O art. 5º dessa Lei classifica cada espécie de criação.

Pertencem ao autor, segundo o art. 22, os direitos morais e patrimoniais sobre a obra que criou. Os coautores da obra intelectual exercerão, de comum acordo, os seus direitos, salvo convenção em contrário.

Ainda de acordo com essa Lei, ao contrário dos inventos, os direitos intelectuais pertencem ao seu autor. Os direitos intelectuais do trabalhador lhe pertencem, mesmo que a produção intelectual haja sido forjada no interior e nos equipamentos da empresa. O uso por terceiro, sem o consentimento do autor, induz ação indenizatória.

O empregado tem direito, quando se desliga da empresa, de levar sua propriedade imaterial. Esse é o entendimento que emerge do art. 4º, da Lei n. 9.610/98, segundo o qual interpretam-se restritivamente os negócios jurídicos sobre os direitos autorais, os quais reputam-se bens móveis.

4. DANO MORAL E MATERIAL

A base do pedido de reparação por danos materiais e morais é o art. 5º, V e X, da CF. Diz o último: "*são invioláveis a intimidade, a vida privada, a honra e a imagem das pessoas, assegurado o direito a indenização pelo dano material ou moral decorrente de sua violação*". Esse rol, contudo, é apenas exemplificativo, pois personalidade adjudica vários atributos, conforme os arts. 11 a 22 do Código Civil, que, também, não o esgota.

A base dogmática encontra-se cravada no art. 186 do C. Civil, *verbis*: "*Aquele que, por ação ou omissão voluntária, negligência ou imprudência, violar direito e causar dano a outrem, ainda que exclusivamente moral, comete ato ilícito*".

O dano reduz-se a duas espécies: moral e material. No entanto, desdobram-se em várias subespécies. O dano estético, por exemplo, pode suscitar reparações materiais: a) custo da recomposição física, indenização do que o ofendido deixou de ganhar por causa da lesão etc.; b) morais, em face da dor moral que a fealdade decorrente do dano estético provoca no ofendido. A perda de capacidade laborativa em face de acidente de trabalho poderá suscitar três espécies de reparação: material, moral e estético.

O assédio, por exemplo, toma várias configurações: moral, sexual, processual (abuso malicioso do processo, com o fim de prejudicar).

Várias condutas do empregador poderão resultar em ofensa de ordem moral ao trabalhador, ensejando a reparação respectiva, a exemplo do assédio sexual, tipificado quando o superior tenta, em razão desse estado, tirar vantagem sexual do trabalhador; o tratamento com rigor excessivo; a imputação falsa de ato de improbidade ou que diminua o trabalhador; a ofensa física ou verbal; as vistorias ofensivas; os atos de discriminação; o acidente de trabalho e a doença profissional; o assédio moral e já se fala do dano existencial, tipificado pela condita da empresa que, de tanto exigir do empregado, frustra-lhe o projeto de vida. E o novelo doutrinário é grande para desenrolar.

4.1. O assédio moral no ambiente de trabalho — o assédio moral ou tortura psicológica praticado pelo empregador longe está de confundir-se com o assédio sexual. Em essência, trata-se de uma velha, mas atualmente preferida, prática dos empregadores e gerentes modernos, consistente em desencadear intensa pressão psicológica sobre o empregado do qual desejam se "livrar", forçando-o a pedir demissão.

Assédio dá uma ideia de cerco, pressão, opressão. Moral significa em torno da estrutura psicológica do indivíduo. Daí o nome assédio moral. Caracterizam-no as condutas abusivas, reiteradas e prolongadas no tempo e que causem degradação do ambiente de trabalho para a vítima. O assédio moral pode ser constatado na família, na sociedade e até na escola. No trabalho, classifica-se em vertical e horizontal. O vertical é descendente — do superior hierárquico para o inferior — ou ascendente — dos subalternos para com o superior hierárquico. O horizontal se verifica quando é praticado pelos trabalhadores contra o colega de trabalho.

Um dos métodos consiste em esvaziar a pessoa, desqualificar sua capacidade de serviço, dando-lhe uma ideia de inutilidade, de incompetência, criando um ambiente hostil com os colegas de trabalho, que passam a vê-lo com desdém. A pressão irracional para o atingimento de metas e as sanções de qualquer natureza pelo não cumprimento das metas poderão desaguar no assédio moral.

O alvo principal são os empregados estáveis, como diretores de sindicato e funcionários públicos. Protegidos contra dispensa sem justa causa, a estratégia é vencê-los pelo cansaço. Outro alvo são os trabalhadores que sofreram acidente de trabalho, ou qualquer doença, ou que adquiriram LER — Lesão por Esforço Repetitivo — ou DORT — Distúrbios Osteomoleculares Relacionados ao Trabalho — cuja readaptação requer muita compreensão do empregador e dos colegas. Mas, ao contrário, encontram um empregador indiferente ao seu problema e um ambiente de trabalho hostil. Narra uma vítima de LER que os colegas ironizavam que ela estava com LERdeza.

Essa prática sutil já vem sendo adotada pelos mandatários públicos, em perseguição política, e pelas empresas estatais, que, na ânsia de "enxugar a folha", desencadeiam toda espécie de tortura psicológica, que leva a depressão, complexo de inferioridade, conflito com a família, e até a suicídio.

Um dos ardis materializa-se através dos PDVs — Planos de Desligamento Voluntário —, criando na vítima a chamada *ilusão monetária*. O Sindicato dos Bancários de São Paulo revela que a pesquisa aponta que 90% se arrependem. Até porque a maioria adere em virtude do terror psicológico: ameaça de demissão sem as vantagens, e de transferência para localidade distante.

O jornal *Folha de S. Paulo* traz o seguinte trecho, que, de tão elucidativo, vale a pena transcrever:

> Escolhido o alvo, basta seguir a cartilha: sobrecarregá-lo de tarefas inúteis, sonegar-lhe informações e fingir que não o vê. Em pouco tempo, os próprios colegas voltam-se contra a vítima. Isolada, sente-se culpada e incompetente. Só lhe resta pedir as contas.
>
> O problema é mundial. Pesquisa de 1996 da OIT (Organização Internacional do Trabalho) diz que cerca de 8% dos trabalhadores da União Europeia, 12 milhões de pessoas, sofrem desse drama.

> Na Suécia, onde o assédio é reconhecido desde 1993, estima-se que ele atinja 9% dos trabalhadores. Na França, um caso de suicídio foi admitido como acidente de trabalho, resultado de pressão moral sofrida pelo trabalhador.
>
> No Brasil, o tema é pouco discutido, mas os números também assustam. Estudo feito em 97 empresas de São Paulo (setores químico, plástico e cosmético) mostra que, dos 2.072 entrevistados, 870 deles (42%) apresentam histórias de humilhação no trabalho.[44]

Ainda não temos legislação específica sobre a matéria, porém é cabível o seu enquadramento no princípio geral de incolumidade da dignidade da pessoa — arts. 1º, III e 5º, III, da Constituição e 12 do Código Civil.

Essa conduta do empregador e de seus prepostos gera duas consequências imediatas: a) o direito do trabalhador à rescisão indireta — art. 483 da CLT, alínea *d*, cumulativamente, conforme o caso, com as alíneas *b*, *c*, *e* e *g*; b) reparação por dano moral, arts. 12 e 186 do Código Civil.

Os diretores e gerentes responderão solidariamente com a empresa a eventual ação de reparação por danos morais. E, ao contrário do assédio sexual, a prova é relativamente fácil, porque a ação ofensiva é continuada e exterior, aos olhos visível. São duas indenizações: uma de ordem material e outra de ordem moral.

Imputação improvada de justa causa — outra situação que gera direito a reparação por danos morais diz respeito a acusação falsa ou não provada de cometimento de falta que comprometa a imagem do trabalhador, com prejuízos morais e materiais. Assim, imputar falsamente ao empregado ato de improbidade vai, primeiro, dificultar-lhe a recolocação no mercado de trabalho, segundo causar-lhe indignação, desânimo e depressão[45]. Contudo, a simples apuração que o empregador faz de um fato constatado não pode gerar direito a reparação por danos morais, conquanto cause constrangimento no investigado.

Acidente de trabalho — O acidente de trabalho que deixa sequelas permanentes no trabalhador, e a doença profissional, se o empregador concorreu com culpa ou dolo, ensejam ações de indenização, por dano material e por danos morais. A primeira diz respeito à supressão ou diminuição da capacidade laborativa; a segunda, do ponto de vista psicológico, pela diminuição da autoestima que causa na pessoa.

Acidente de trabalho é a lesão que o trabalhador sofre durante o horário de trabalho, ou nos intervalos para lanche e refeição no interior da empresa, assim como no percurso de ida e volta do trabalho, que causam lesões mortais ou não, cf. se deduz dos arts. I, da Convenção Internacional do Trabalho n. 150 e 19, 20 e 21 da Lei n. 8.213/91. As principais fontes dos acidentes de trabalho são as atividades perigosas, as que impliquem contato com explosivos, combustíveis ou energia elétrica, bem como as respectivas áreas de risco.

---

(44) *Folha de S. Paulo*, Classificados, Empregos, p. E 15, de 1º de julho de 2001, subscrito pelo *Free-lance* Luciano Grüdtner Buratto.

(45) A propósito, ler FLORIANO, Valdir. *Dano moral e o direito do trabalho*. 4. ed. São Paulo: LTr, 2002; SANTOS, Enoque Ribeiro dos. *O dano moral na dispensa do empregado*. 3. ed. São Paulo: LTr, 2002.

Já as doenças profissionais decorrem de exercício de atividades em ambiente de trabalho nocivo à saúde, seja por excesso de calor quente ou frio, de poeira, de barulho, de agentes biológicos ou químicos etc. Outra fonte das lesões é o trabalho penoso, aquele cuja execução exige suplício do trabalhador, bem como os esforços repetitivos, que causam a LER (Lesão por Esforço Repetitivo). Por sua vez, também é equiparada a acidente de trabalho a doença do trabalho. Ver detalhes no Capítulo XXX.

O custo econômico do trabalho exercido sob condições nocivas à saúde ou à integridade física do trabalhador é bancado pelo INSS, mediante pagamento de auxílio-doença, auxílio-acidente, aposentadoria especial, com quinze, vinte ou vinte e cinco anos, conforme o caso, e pensão aos dependentes por morte do segurado. A habilitação e a reabilitação também se incluem na folha de custos.

Mas, havendo o empregador concorrido, com culpa ou dolo, para a ocorrência, será responsável, também, pela indenização por danos morais, materiais e estéticos.

4.2. Responsabilidade subjetiva e objetiva da empresa — O parágrafo único do art. 927 do Código Civil é compatível com a matéria epigrafada, bem como harmoniza-se com o inciso XXVIII do art. 7º da Constituição, segundo o qual é garantido ao trabalhador "seguro contra acidentes de trabalho, a cargo do empregador, **sem excluir a indenização a que este está obrigado, quando incorrer em dolo ou culpa**", em face do *caput* desse artigo, o qual abriga as normas que trazem melhoria na condição social do trabalhador.

Portanto, esse preceptivo alberga a obrigatoriedade de seguro contra acidentes de trabalho, o que está a cargo do INSS. Feitos os registros do trabalhador junto ao INSS, recolhidas as contribuições daí decorrentes, a responsabilidade é objetiva do INSS.

Porém, inovando em relação ao direito anterior, o citado dispositivo atribui outra responsabilidade, esta, subjetiva, a cargo do empregador, que exige tenha agido este com culpa, *lato sensu*, cf. textualizado no art. 186 do C. Civil:

> Art. 186. Aquele que, por ação ou omissão voluntária, **negligência** ou imprudência, violar direito ou causar dano a outrem, ainda que exclusivamente moral, comete ato ilícito. (grifou-se)

E a culpa do empregador, para caracterizar sua responsabilidade subjetiva, relaciona-se basicamente às obrigações textualizadas no art. 157 da CLT:

> Cabe às empresas:
>
> I — cumprir e fazer cumprir as normas de segurança e medicina do trabalho;
>
> II — instruir os empregados, através de ordens de serviço, quanto às precauções a tomar no sentido de evitar acidentes do trabalho ou doenças ocupacionais;
>
> III — adotar as medidas que lhe sejam determinadas pelo órgão regional competente;
>
> IV — facilitar o exercício da fiscalização pela autoridade competente.

Posteriormente, o novo Código Civil de 2002 instituiu no seu art. 927, parágrafo único, a responsabilidade objetiva daquele que explora atividade de risco:

Art. 927. Aquele que, por ato ilícito (arts. 186 e 187), causar dano a outrem, fica obrigado a repará-lo.

Parágrafo único. Haverá obrigação de reparar o dano, independentemente de culpa, nos casos especificados em lei, ou **quando a atividade normalmente desenvolvida pelo autor do dano implicar, por sua natureza, risco para os direitos de outrem**. (grifou-se)

Com isto, mais uma modalidade de responsabilidade se amontoa na empresa. Portanto, agora são três: a) a responsabilidade geral a cargo do INSS, que cobre o risco, independentemente de culpa do empregador; b) responsabilidade do empregador, decorrente de culpa, a qual tem que ser provada pelo requerente da indenização; c) a responsabilidade do empregador, independente de culpa subjetiva, mas em virtude do risco inerente à atividade econômica, o que caracteriza culpa objetiva. Aqui, basta se prove que a atividade, por sua natureza, poderá causar dano a terceiro.

Esse dispositivo do C. Civil não conflita com o inciso XXVIII do art. 7º, CF, que só responsabiliza o empregador em caso de culpa. E não conflita por pelo menos dois motivos: a) 1º é que a culpa está presente no fato da atividade de risco. Não é uma culpa subjetiva imediata, mas uma culpa objetiva; b) 2º é que a Constituição estipula apenas um piso de direitos, dando suporte ao avanço na legislação infraconstitucional, cf. *caput* do art. 7º, o qual alberga o princípio da progressão social, ao grafar: "...além de outros [direitos] que assegurem a sua progressão social".

Outro ponto de discussão diz respeito à aplicabilidade do C. Civil às relações de trabalho, haja vista a existência de disciplinamento próprio trabalhista. Sem razão, dado que se trata de responsabilidade civil afeta à relação de trabalho. Portanto, regida, pelo Direito Civil substancial.

A CLT alberga expressamente a **teoria do risco** da empresa:

Art. 2º Considera-se empregador a empresa, individual ou coletiva, que**, assumindo os riscos da atividade econômica**, admite, assalaria e dirige a prestação pessoal de serviços. (Grifamos).

No mesmo sentido, a Lei n. 8.213/91 estabelece:

Art. 121. O pagamento, pela Previdência Social, das prestações por acidente do trabalho **não exclui a responsabilidade civil da empresa ou de outrem**.

Neste contexto, incluem-se as empresas que exploram atividades que, nos termos da legislação específica sobre saúde, higiene e segurança do trabalho, exponham a saúde ou a segurança do trabalhador. Exemplo disso são as empresas que lidam com o serviço de energia elétrica, explosivos, carburantes, coleta de lixo, hospitais, mineração de materiais prejudiciais à saúde, radiações.

Em conclusão sucinta, o trabalhador faz jus à indenização por danos patrimoniais e morais em virtude de doença ocupacional adquirida no curso do contrato de trabalho ou se sofrer acidente de trabalho, desde que configurados os elementos necessários para a concessão, quais sejam: a culpa do empregador, ou a perigosidade ínsita à atividade da empresa, o dano efetivo ao empregado, o nexo de causalidade.

4.3. Cálculo do valor da indenização — a reparação material é fácil de calcular: basta computar os itens que compuseram o prejuízo salarial, o tempo de desemprego causado, as multas e os juros das contas pessoais que atrasaram por causa disso, das despesas judiciais. Enfim, "abrangem, além do que ele efetivamente perdeu, o que razoavelmente deixou de ganhar" — art. 402, CC.

Já o cálculo do dano moral é complexo. A enfermidade da alma é inavaliável, pois não revela a dimensão da ferida, nem o tempo que leva para cicatrizar, se é que isso ocorra. Por isso, os valores vêm sendo arbitrados sem parâmetros objetivos, variando entre estrondosos e ridículos.

Como observa Umberto Eco[46], o texto [todo e qualquer], conquanto ofereça uma deriva infinita de sentidos, fixa o limite da interpretação da lei. Dele é que o intérprete, por mais desconstrucionista que seja, extrai suas conclusões. Daí a sugestão que ora se faz, com base em dias-multa, segundo os critérios estabelecidos na legislação penal.

Dogmaticamente, enquadra-se a matéria nos arts. 1º, III, e 5º, V e X, da CF, nos arts. 186 e 927 (obrigação de reparar o dano causado) e 944 a 954 (regras de fixação da indenização) do Código Civil, e arts. 49 e 60 do Código Penal, que tratam da multa penal.

A Lei das Telecomunicações (Lei n. 4.117/62), art. 84, e a Lei de Imprensa (Lei n. 5.250/67), art. 53, estabelecem alguns parâmetros para o arbitramento escalonado da indenização, que podem servir de orientação para os demais casos: a) posição social do ofensor; b) intensidade do ânimo de ofender; c) gravidade na repercussão da ofensa; d) a intensidade do sofrimento do ofendido e a posição social do ofendido, dentre outros.

O art. 944 do CC diz que "a indenização mede-se pela extensão do dano". No mais, o Código só se reporta a indenização de prejuízos materiais. Portanto, ainda continua em aberto a matéria do *quantum* indenizatório.

O § 1º do art. 60 do Código Penal determina que o juiz poderá elevar até três vezes o valor da multa (penal) quando verificar, pela condição econômica do réu, a ineficácia da pena.

A regra geral da pena de multa penal insere-se no art. 49 do Código Penal: calculada em dias-multa, no mínimo de 10 e no máximo de 360, podendo ser duplicada e até triplicada, de acordo com a condição do réu e a circunstância do ofendido. O dia-multa equivale ao mínimo de um trigésimo do salário mínimo mensal e ao máximo de cinco vezes esse valor. O final dessa referência legal é dúbio, gerando uma dúvida: se o valor máximo do dia-multa é de cinco dias de salário mínimo ou de cinco salários mínimos. A opinião predominante socorre a última hipótese.

Com base nessa preleção, identificamos na legislação civil e no Digesto Penal elementos objetivos sobre os quais se pode limitar a subjetividade na fixação do *quantum* da reparação do dano moral trabalhista.

Assim, *mutatis mutandis*, poder-se-ia fixar a condenação do dano moral decorrente do contrato de trabalho, tomando por parâmetro a multa segundo os critérios fixados no C. Penal, com as seguintes adaptações: a) fixação do dia-indenização em 1/30 da

(46) *Os limites da interpretação*. São Paulo: Perspectiva, 1995. p. 14.

remuneração do ofendido a cinco salários mínimos; b) fixação do mínimo em 30 dias-indenização e do máximo em 360 dias-indenização; c) e um excepcional de três vezes o valor máximo (3 x 360 dias-indenização).

Tudo proporcionalmente à gravidade da ofensa e à situação socioeconômica do ofendido e do ofensor. Assim, tem-se que: a) a menor condenação em danos morais nunca será inferior à remuneração de um mês de trabalho; b) a maior será igual a cinco salários mínimos (que é o maior valor do dia-indenização) vezes 360 (que é o maior valor da multa); c) e um valor excepcional equivalente a três vezes a hipótese da letra *b*.

Com efeito, o valor da indenização deve desvincular-se do tempo de serviço, pois este não interfere no grau da ofensa. Pelo menos, três fatores depõem contra esse critério: a) o maior número de assalariados do Brasil não ganha mais de um salário mínimo mensal; b) o tempo médio de permanência do trabalhador no emprego é curtíssimo, de poucos meses em muitos setores da economia, como na construção civil; c) inflexibilidade da condenação, de modo que esse critério não permite se gradue o valor da indenização à proporção da gravidade da ofensa.

Os dois primeiros dados converteriam a reparação em indenização de valor risível, constituindo antes ofensa maior, ao ridicularizar a dor moral do demandante. O terceiro dado (letra c) atentaria contra todos os parâmetros legais do arbitramento, quais sejam: gravidade da ofensa, intensidade do ânimo ofensivo, condições econômicas do réu, circunstância da ofensa, eficácia da condenação, proporcionalidade entre o dano e a indenização, dentre outros.

Assim, a regra objetiva deduzida da *analogia juris*, a partir das normas mencionadas e transportadas para a hipótese de dano moral, especialmente o trabalhista, evita que o arbitramento se converta em arbitrariedade. E por mais elásticos que se afigurem os limites mínimo e máximo, a regra resulta melhor do que sua total ausência, além de oferecer as seguintes vantagens:

a) segurança jurídica, pois a pior regra objetiva é melhor do que sua ausência;

b) proporciona aos advogados base objetiva de postulação e de defesa;

c) oferece tranquilidade ao magistrado para fixar o *quantum* da condenação;

d) evita se fixem valores díspares, entre o inexpressivo e o monstruoso.

Com essa construção lógico-sistemática e teleológica da lei, inova-se e dela se extrai pelo menos uma certeza confortante: não se trata de uma sugestão cerebrina, mas eminentemente jurídica e calcada no texto legal, de onde toda e qualquer interpretação de direito deve partir.

A correção monetária corre a partir do arbitramento ou da mudança de valor e os juros a partir do ajuizamento da ação, cf. Súm. n. 439 do TST.

5. PODERES DO EMPREGADOR NO CONTRATO DE EMPREGO

Diretivo — decorrente do art. 2º da CLT, que atribui ao empregador a direção da prestação do serviço. Daí decorre o principal elemento caracterizador do contrato de emprego: a **subordinação jurídica ou hierárquica**. Porém, só no âmbito do ambiente de trabalho, pois só em raras exceções a conduta externa se reflete no emprego.

Regulamentar — o poder regulamentar, emergente do poder diretivo, consiste na franquia legal ao empregador de elaborar o regulamento da empresa, o qual passa a integrar os contratos de emprego. Esse poder tem seu fundamento original na livre iniciativa, preconizada nos arts. 1º, III, e 170, da CF.

Fiscalizatório — também decorre do poder diretivo e consiste no direito-poder conferido ao empregador de fiscalizar, diretamente ou por preposto, o cumprimento dos deveres e das obrigações por parte dos trabalhadores. O limite desse poder encontra-se na ordem legal, como respeito às liberdades e à intimidade, não podendo resvalar para a arbitrariedade e a agressão moral.

Disciplinar — o poder disciplinar decorre do poder de direção, de comando. Ao contrário dos contratos em geral, no contrato de emprego o empregador tem a faculdade de utilizar a mão de obra da forma que melhor aproveite à empresa; tem, portanto, o empregador um direito de direção contínua sobre o trabalho do empregado, enquanto dura a relação empregatícia. Daí decorre o poder de sancionar as faltas funcionais que o empregado cometer, ao cometer atos de indisciplina ou insubordinação.

O poder diretivo encontra dois limites: 1) na lei, na convenção e sentença coletivas, e no próprio contrato; 2) na finalidade do poder diretivo. Logo, o poder disciplinar gira em torno da amplitude do poder diretivo.

Assim, a empresa pode estabelecer um "código de proibições" e de sanções, ainda que não escrito. Por exemplo: "É proibido conversar com estranhos à empresa durante o serviço"; "É obrigatório o uso de farda".

A lei não prevê sanções pelas faltas disciplinares do empregado, mas somente proibições e obrigações. Contudo, as faltas disciplinares são as hipóteses relacionadas nos arts. 482 da CLT, quando o grau de gravidade não justifique a despedida por justa causa.

Entretanto, encontram-se regras esparsas, como o art. 158 da CLT, que autoriza o empregador a punir com suspensão ou advertência o empregado que desobedecer às normas de segurança do trabalho. A suspensão do empregado por mais de 30 dias importa a rescisão injusta do contrato (art. 474). A sanção é aplicada, discricionariamente, pelo empregador, de acordo com a falta, as condições pessoais do faltoso, as circunstâncias etc.

A gradação das penas deve obedecer à seguinte ordem crescente: advertência, suspensão, descomissionamento, remoção, mudança de função e despedida por justa causa.

Em face da discricionariedade aberta ao empregador, vêm a doutrina e a jurisprudência sugerindo limites objetivos para evitar abuso de poder:

— **perempção das faltas antigas** (morte da falta antiga);

— **relação de causalidade entre a falta e a sanção**;

— **relação entre a falta e o ambiente** de trabalho;

— **proibição de despedida injuriosa** (com atos e palavras ofensivas);

– **gravidade da justa causa** (e não mera intolerância);

– **proibição de punir com rebaixamento** de função;

– **proibição de cobrança de multas** como sanção;

– **proporcionalidade** entre a falta e a sanção;

– **imediatidade** entre a falta cometida e a aplicação da pena: constatada a falta funcional, o empregador deve iniciar o processo disciplinar incontinenti, sob pena de configurar-se o perdão tácito;

– **proibição da dosagem da pena pelo juiz:** se o empregador alega justa causa de despedida, o juiz ou a acata ou nega, não podendo comutá-la. Porém esse dogma já deve ser relativizado, de modo que, em casos tópicos, o juiz possa dosar a sanção.

O intérprete, aqui, emprega a equidade. Uma mesma conduta pode justificar desde a pena mínima até a máxima, como, p. ex., o mesmo palavrão pronunciado em serviço por um operário na construção civil, por um comerciário e por um empregado de entidade religiosa causa diferentes efeitos.

Capítulo XIX

Duração do Trabalho

1. FUNDAMENTOS E OBJETIVOS

O fundamento da fixação da jornada de trabalho é de ordem social, econômica e de saúde.

De ordem social no sentido de que o Estado protege o trabalhador contra sua exploração. Neste sentido, a limitação da jornada permite que o trabalhador tenha uma vida familiar, social e cultural. De ordem econômica no sentido de que, com o incremento da tecnologia, a qual vem engolindo os postos de trabalho, a limitação de jornada abre mais vagas no mercado de trabalho. De ordem de saúde pública no sentido de que o trabalho em jornadas não excessivas evita mais doenças profissionais e desgastes físicos que diminuem a qualidade de vida e a consequente expectativa de vida. Além do que os males da saúde custam aos cofres do Tesouro e da Previdência Social.

Os objetivos da limitação da jornada, portanto, consistem em preservar a saúde física e mental do trabalhador; proporcionar-lhe mais tempo para desfrutar de uma vida social, familiar, cultural e desportiva; manter postos de trabalho.

A jornada já foi ilimitada, até o meado do século XIX; passando a ser de dez a doze horas/dia até o seu final. No século XX foi fixada em oito horas/dia; já no final do século baixou para sete horas e até seis horas em alguns países europeus.

Com as conquistas tecnológicas, acentua-se a tendência de redução das jornadas de trabalho, até mesmo por imposição social de proporcionar mais empregos. O México, a Venezuela e os Estados Unidos já adotam a jornada de 40 horas semanais; a Dinamarca e a França, de 37 horas; a Itália, de 36 horas; e a Espanha, de 34 horas.

No Brasil, a jornada foi de oito horas/dia, passando a ser de 7:20/dia a partir da promulgação da CF/88; e já avança no Congresso projeto para reduzi-la para 40 horas semanais. E várias categorias possuem jornada menor. Na verdade, com o nível atual de tecnologia, não se justifica mais a jornada de 44 horas. Ainda mais em certas ocupações. Já é tempo de se fazer um disciplinamento mínimo diferenciado para cada classe operária.

2. JORNADA DE TRABALHO — DURAÇÃO E HORÁRIOS

A Lei fixa a duração máxima do trabalho, ficando às partes a faculdade de convencionar duração menor.

O art. 7º, XIII, da CF/88 veda jornada superior a 8 horas por dia. O art. 58 da CLT cumpre a regra *supra*. A jornada de 8 horas por dia, 5 dias e meio por semana (totalizando 44 horas), representa o limite máximo. Inúmeras categorias já conquistaram jornadas bem inferiores, como o bancário (30 horas semanais), telefonistas, ascensoristas, operadores cinematográficos, operários em minas e subsolo (36 horas semanais). Para o trabalho em turno ininterrupto de revezamento, a jornada é de 6 horas/dia.

Quadro de horário e Registro Eletrônico de Ponto — REP — o art. 74 da CLT disciplina o registro dos horários de entrada e saída, com marcação manual, mecânica ou eletrônica. Os estabelecimentos com mais de dez empregados são obrigados a efetuar esses registros, bem como exibir o quadro de horários. A falta de exibição desse documento, em reclamação trabalhista em que se postulem horas extras, gera presunção relativa em favor do reclamante — Súm. n. 338 do TST.

A Portaria n. 1.510/2009 instituiu o Registro de Ponto Eletrônico — REP, regulamentando o art. 74 da CLT, de onde se deduz que obriga só os estabelecimentos com mais de dez empregados. O art. 3º define o que é ponto eletrônico, o 4º expõe seus requisitos, o 31 trata do Certificado de Conformidade do REP com a Legislação. O art. 6º dita que o REP deverá prover as seguintes funcionalidades:

> I — marcação de ponto composta dos seguintes passos: a) receber diretamente a identificação do trabalhador, sem interposição de outro equipamento; b) obter a hora do relógio de Tempo Real; c) imprimir o comprovante do trabalhador;
>
> II — geração do Arquivo-Fonte de Dados — AFD, a partir dos dados armazenados na MRP;
>
> III — gravação do AFD em dispositivo externo de memória, por meio da Porta Fiscal;
>
> IV — emissão da Relação Instantânea de Marcações com as marcações efetuadas nas 24h precedentes, contendo: a) cabeçalho com identificador e razão social do empregador, local de prestação do serviço, número de fabricação do REP; b) NSR; c) número do PIS e nome do empregado; d) horário da marcação.

Acordo japonês ou de redução de jornada — é o acordo obtido por negociação coletiva objetivando a redução da jornada e a correspondente redução no salário, destinados a preservar os empregos contra despedida motivada pela dificuldade econômica da empresa, de que trata o art. 2º da Lei n. 4.923/65, em virtude de retração do mercado. Por esse acordo todos os empregados abrem mão de parcela salarial em benefício de todos. Se, de 1.000 operários, a empresa necessita despedir 200, é mais humano que se reduzam a jornada e os salários para manter no emprego todos os operários. Contudo, essa situação deve ser temporária e o salário não ficará inferior ao mínimo legal.

3. TRABALHO EXTRAORDINÁRIO

Acordo de prorrogação — "A duração normal do trabalho poderá ser acrescida de horas suplementares, em número não excedente a duas, mediante acordo escrito entre empregador e empregado, ou mediante contrato coletivo de trabalho" — art. 59 da CLT. O art. 7º, XVI, da CF, determina que a remuneração da hora extra será superior à da hora normal em pelo menos 50%.

Em uma posição simplista, calcula-se a hora extra apenas acrescentando 50% ao valor da hora normal. Mas qual o valor da hora normal? O art. 64 da CLT fornece a base de cálculo: divide-se o valor do salário mensal por 220 horas (44 horas semanais = 7 horas e 20 minutos por dia, que, multiplicado por 30, dá = a 220) e obtém-se o valor de uma hora normal. Daí extrai-se a regra de cálculo de horas extras: para o mensalista, toma-se o valor do salário mensal e divide-se por 220, cujo resultado é o valor da hora normal, e a esse valor adiciona-se 50% dele próprio.

Se a jornada de trabalho é de 6 horas/dia, como o realizado em turnos ininterruptos de revezamento, do bancário, da telefonista, a base de cálculo é outra: em vez de utilizar-se o divisor 220, emprega-se o divisor 180. Para a jornada de 40 horas semanais, o divisor é 200, cf. Súm. n. 431 do TST. E de 150 para jornada de 5 horas/dia.*

Comissionista puro — a Súmula n. 340 reconhece ao empregado que ganha por comissão, com controle de horário pala empresa, o direito à remuneração adicional de 50% (ou o convencionado pela categoria) das horas que excederem das normais. Ou seja, se o empregado ganha por comissão, o principal resultou pago, restando somente o adicional de 50%. E o valor da hora normal, para efeito de cálculo do adicional de horas extras, faz-se pela média do valor das horas efetivamente trabalhadas durante o mês. Se o salário é misto, observa-se a mesma regra em relação à parte variável do salário. Para os trabalhadores que ganham por produção ou tarefa, também é de entender-se que a sobrejornada gera direito apenas ao adicional de 50% ou convencionado pela categoria, porque o principal já resultou remunerado, salvo o trabalhador no corte de cana, a quem é devido o pagamento da hora extra e o respectivo adicional, cf. OJ n. 235 da SBDI-I.

Por lei, só as duas primeiras horas extraordinárias são regulares (art. 59 da CLT); o art. 61 da CLT permite mais duas, mas só para atender a necessidade imperiosa do empregador, de curta duração. Contudo, não será permitido jornada diária superior a 12 horas. Mas, se porventura isso ocorrer, é devido o pagamento integral com os acréscimos descritos acima (Súmula n. 376 do TST), sem prejuízo da penalidade prevista no art. 75 da CLT.

Em atividades insalubres a prorrogação só será permitida com a autorização da autoridade competente do Ministério do Trabalho, mas o adicional compõe a base de cálculo das horas extras (OJ n. 47 da SDI-I).

A priori é proibido o trabalho extra do menor. Porém, a lei prevê que, por negociação coletiva, se prorrogue a jornada do menor por até mais duas horas em um dia, mas compensação em outro, de modo a não ultrapassar as 44h semanais. Excepcionalmente, em caso de força maior, poderá a jornada estender-se até o máximo de 12 horas/dia, com remuneração das horas extras acrescidas de 50% — art. 413 da CLT.

Por fim, o valor da hora extra habitual integra o salário para todos os efeitos, como férias, 13º salário, cálculos rescisórios (Súmula n. 376, II, do TST), e o valor da hora extra eventual compõe a remuneração para efeito do cálculo do FGTS a ser recolhido e da contribuição do INSS.

Prova — a Súmula n. 338, interpretando o art. 74, § 2º da CLT, diz que, se o empregador não apresentar em juízo o **registro de horário** a que está obrigado possuir todo empregador com mais de dez empregados, presume-se como verdadeira a jornada de trabalho alegada pelo trabalhador. Ou seja, aqui o TST acolhe a teoria da inversão do ônus da prova. Mas, se o patrão exibir o citado registro, cabe ao trabalhador provar o contrário.

4. ACORDO DE PRORROGAÇÃO E ACORDO DE COMPENSAÇÃO

Denomina-se ***acordo de prorrogação*** o ajuste firmado entre o operário e o empregador para trabalhar horas extras (art. 59, *caput*, CLT). Neste caso, verifica-se o trabalho habitual em sobrejornada. Porém é proibida a pré-contratação para horas extras, ou seja, que ao ser firmado o contrato de trabalho já seja contratado o trabalho extraordinário. Esse acordo pode ser individual ou coletivo. Sem acordo, o trabalho em sobrejornada habitual é ilegal. Não obstante, com ou sem acordo, é devido o adicional mínimo de 50% sobre a hora normal.

A Constituição faculta às categorias econômica e profissional utilizarem o ***acordo de compensação,*** o qual consiste em permitir o aumento da jornada de trabalho de segunda a sexta-feira para não trabalhar aos sábados, totalizando 44 horas por semana. A OJ n. 323 admite também a compensação no sistema semana espanhola, em que se trabalha 40 horas em uma semana e 48 em outra. Logo, nestes casos, não gera horas extras. O TST revisou a Súmula n. 85 para admitir que esse acordo possa ser firmado individualmente entre o empregador e o empregado, sem interveniência do sindicato. A Súm. n. 444 valida o regime de 12 horas de trabalho por 36 de folga, desde que previsto em lei ou estipulado por instrumento coletivo do trabalho.

5. BANCO DE HORAS

Instituído por medida provisória, e modificado por outra, a de n. 2.164-41, de 24.8.01, que deu nova redação ao § 2º do art. 59 da CLT, para permitir que, ***por acordo ou convenção coletiva de trabalho,*** a jornada diária possa ser aumentada para até dez horas sem remuneração de horas extras, desde que a sobrejornada de um dia seja compensada com a diminuição em outro, *de modo que a média das jornadas no período máximo de um ano não ultrapasse a jornada legal*[47]. Sem autorização por instrumento coletivo de trabalho não tem validade. Na hipótese de rescisão contratual sem que tenha havido a compensação, serão pagas as horas extras, calculadas sobre a remuneração da data da rescisão.

(47) Ante a dicção do art. 7º, XIII, da CF, que estabelece jornada máxima de oito horas/dia e 44 semanais, esse banco de horas parece-nos inconstitucional, pois o máximo de tolerância de compensação que a Constituição admite é semanal.

6. *HORA* IN ITINERE

É o cômputo na jornada de trabalho do tempo gasto no transportamento do empregado pelo empregador até o local de trabalho, quando este for de difícil acesso ou não servido de transporte público regular — Súmula n. 190 do TST. A OJ n. 98 da SDI-I considera hora *in itinere* também o tempo gasto da portaria da empresa ao local de trabalho. A Lei n. 10.243/01 incorporou essa jurisprudência no art. 58, § 2º, da CLT. O art. 84 da LC n. 123/06 acrescentou ao art. 58 o § 3º para permitir que, por negociação coletiva, a micro e a pequena empresa estipulem o tempo médio da hora *in itinere*, bem como fixem a natureza da respectiva remuneração.

7. EMPREGADOS EXCLUÍDOS DO DIREITO A HORAS EXTRAS

Segundo o art. 62 da CLT, não tem direito a horas extras o trabalhador externo, desde que essa condição ***seja anotada em sua CTPS e no Registro de Empregados***; os gerentes com poderes de gestão, a eles equiparados os diretores e chefes de departamento e/ou filial, desde que estes percebam gratificação de função não inferior ao valor do salário efetivo acrescido de 40%. Outra exceção, salientada no v. acórdão do TRT da 1ª Região:

> *Ainda que o empregado trabalhe externamente, na forma do art. 62, a, da CLT, tem a jurisprudência entendimento que, se existe rota a ser cumprida, a qual demanda determinado tempo, existe, na realidade, um controle sobre a jornada, a ensejar o direito às horas extraordinárias* (RO 22698195 — Relatora Juíza Maria Luíza Soter— 2ª Turma do TRT — DOERJ, Parte III, Seção II, de 15.1.1998).

Essas regras comportam exceções, cedendo excepcionalmente em casos tópicos. O bancário tem jornada de seis horas; se exerce função de chefia, cai na regra geral de oito horas (art. 224, § 2º, da CLT), tendo direito a horas extras depois da oitava hora. O **gerente bancário** sem limite de jornada é aquele com poder de mando e gestão, não se considerando para esse fim o gerente técnico ou o operacional, como veremos a seguir.

O doméstico também não goza do limite de jornada de oito horas/dia.

8. JORNADAS ESPECIAIS DE TRABALHO

Várias categorias já conquistaram jornada especial de trabalho, valendo destacar algumas:

— **bancário** — seis horas/dia, 30 semanais — art. 224, CLT;

— **ascensorista** e **telefonista** — seis horas/dia, 36 semanais;

— **trabalhador em minas e subsolo** — seis horas/dia, 36 semanais, podendo ser aumentada até oito horas/dia mediante negociação coletiva, ou reduzida a menos de seis por determinação da autoridade em higiene do trabalho (arts. 293 e 295 da CLT);

— **engenheiro**, **agrônomo**, **arquiteto** e **veterinário** — têm direito a piso salarial de seis salários mínimos por jornada de seis horas/dia, e oito salários mínimos por jornada de oito horas/dia, somente caracterizando a hora extra o excedente da oitava (Lei n. 4.950-A/66 e Súmula n. 370 do TST). Cumpre frisar que, em virtude da Súmula Vinculante n. 4 do STF, o salário mínimo não pode servir de indexador dos reajustes salariais. Logo, o piso da categoria deverá ser observado para a contratação e não para efeito dos reajustes futuros;

— **professor** — não mais de quatro horas seguidas nem mais de seis horas intercaladas para um mesmo estabelecimento (art. 318 da CLT);

— **médico** e **dentista** têm direito a uma jornada mínima de 2 horas e máxima de quatro por dia, não podendo ultrapassar de seis horas quando prestar serviço para mais de um empregador; o auxiliar — quatro horas/dia (Lei n. 3.999/61 e Súmula n. 143 do TST);

— **petroleiro** — trabalhador em atividades de exploração, perfuração, produção e refinação de petróleo, industrialização do xisto, indústria petroquímica e transporte de petróleo e seus derivados por meio de dutos — há duas categorias: uma em turno de revezamento de oito horas, com folga de 24 horas a cada três turnos e outra em turno de revezamento de doze horas, com repouso de 24 horas a cada turno trabalhado (Lei n. 5.811/72);

— ***telemarketing*** — A jornada integral é de seis horas/dia, nele incluídas as pausas, sem prejuízo da remuneração, com tempo de apenas 20 minutos para lanche-refeição (cf. itens 5.3, 5.4.1 a 5.4.3, da NR-17 da Portaria n. 3.24/78, com a redação da Portaria SIT/DDSST n. 9/2007). Para jornada de até 4h/dia, o intervalo é de 10 minutos.

9. BANCÁRIO EM FUNÇÃO DE CONFIANÇA

O art. 224 da CLT estabelece para o bancário a jornada de seis horas/dia. E o § 2º desse artigo estipula: "As disposições deste artigo não se aplicam aos que exercem funções de direção, gerência, fiscalização, chefia e equivalentes, ou que desempenhem outros cargos de confiança, desde que o valor da gratificação não seja inferior a um terço do salário do cargo efetivo".

A Súmula n. 204 do TST dispõe que a configuração ou não do exercício de função de confiança depende da prova das reais atribuições do empregado.

Já segundo a Súmula n. 232, o bancário enquadrado no § 2º do art. 224 está sujeito a jornada de oito horas, sendo extras as que excederem esse limite. E a Súmula n. 343 diz que o divisor para cálculo do salário-hora do bancário sujeito a jornada de oito horas/dia é 220.

A Súmula n. 287 interpreta que o gerente bancário não tem direito a horas extras, uma vez que não está sujeito ao controle de jornada. Mas isso o gerente geral do Banco, a autoridade maior da agência, não subordinado a ninguém dentro do local de trabalho. Não se trata de gerente de investimento, de setor, de contas etc.

A matéria é polêmica, já tendo frequentado mais de uma dúzia de vezes a Súmula do TST. Além dos verbetes já citados, merecem destaque: as Súmulas ns. 102 (exclui o Caixa da exceção do § 2º do art. 224); 109 (diz que não pode o empregador compensar a remuneração de horas extras do bancário enquadrado no § 2º do art. 224 da CLT com o valor da gratificação de função); 166 (diz que a gratificação de função já remunera as horas extras); 240 (diz que o adicional por tempo de serviço integra o cálculo da gratificação). Canceladas as Súmulas ns. 233, 234, 237, 238 e 432, que tratavam do tema.

Por sua vez, é de se ponderar que essa legislação e jurisprudência respectiva é anterior à atual Constituição. Logo, defasada. Com efeito, a partir de 5.10.88, o adicional de horas extras aumentou de 20 para 50%. Assim, 1/3 da remuneração do bancário sujeito a seis horas dá menos do que a remuneração de duas horas extras: 1/3 da remuneração = o valor de 2 horas normais; duas horas extras = a remuneração de três horas normais. Isto sem levar em conta que a maioria dos instrumentos coletivos estipulam adicional maior do que 50%. Assim, o simples acréscimo de 1/3 na remuneração do bancário não o exclui da jornada normal, porque dá menos que duas horas extras.

Destarte, a jurisprudência evolui no sentido de que a simples gratificação em virtude de cargo de confiança não caracteriza chefia. Assim, se o bancário nessa condição não chefia outros colegas, não possui subordinados, a gratificação remunera apenas a maior responsabilidade do cargo, não o excluindo da jornada de seis horas. É o caso do Caixa, do Técnico de fomento etc.

Por outro lado, há que se considerar o bancário exercente de cargo de chefia sob dois ângulos: a) do § 2º do art. 224 da CLT; b) e do art. 62, II, da CLT. No primeiro caso, mesmo não estando sujeito a jornada de seis horas, está protegido pela jornada legal máxima de oito horas; no segundo caso, está fora da proteção também da regra das oito horas, cf. se comentou no item 7 acima.

10. TRABALHO EM TURNO ININTERRUPTO DE REVEZAMENTO E EM REGIME DE TEMPO PARCIAL

Turno ininterrupto de revezamento — está consolidado na jurisprudência que turno ininterrupto de revezamento significa que a atividade empresarial é de 24 horas/dia, com o revezamento de turnos entre os empregados.

Agora, para atividades ininterruptas, ou a empresa mantém os empregados em turnos fixos (só noturno, uns; só matutino, outros; só vespertino, outros), ou continua sob o sistema de revezamento; porém, neste último caso, a jornada será de apenas seis horas/dia, e não de oito. Com ou sem revezamento, os intervalos para refeição são obrigatórios. Neste sentido, dispõem o art. 71, § 4º, da CLT, as Súmulas ns. 675 do STF e 360 do TST.

Quanto aos horários, ficam ao livre-arbítrio do empregador, em face do princípio constitucional que assegura o direito de livre iniciativa (art. 170). Basta que respeite o limite máximo da jornada e atenda aos limites mínimos dos descansos. Entretanto, se for convencionado previamente o horário de trabalho, o empregador não pode, sem consentimento do empregado, modificá-lo.

A jornada de 6 horas para o turno ininterrupto de revezamento pode ser aumentada, mediante negociação coletiva de trabalho, mas esse aumento deve ser remunerado nos termos da negociação.

Contrato de tempo parcial – instituído por Medida Provisória, que acrescentou à CLT os arts. 58-A, 130-A e 476-A. O 58-A considera trabalho em regime de tempo parcial aquele ***cuja duração não exceda a 25 horas*** semanais, com remuneração/hora equivalente à dos empregados de iguais cargos de regime integral. São os contratos de fim de semana, utilizados por empresas que abrem para o público também nos finais de semana, a exemplo dos supermercados.

11. REGIME DE REVEZAMENTO

O *caput* do art. 73 preceitua que, salvo nos casos de revezamento semanal ou quinzenal, o trabalho noturno terá remuneração superior à do diurno. Os empregadores entendiam que, se o regime era de revezamento, não seria devido o adicional noturno. Entretanto, o art. 7º, IX, da CF, pôs fim à dissidência, ao determinar que o salário do trabalho noturno é superior ao do diurno. Nesse sentido dispõe a Súmula n. 130 do TST.

O empregado tem direito a 24 horas de repouso semanal e a 11 horas de descanso entre uma jornada e outra. Assim, o espaço de tempo entre o fim da jornada antecedente ao repouso semanal e o início da posterior deve ser de no mínimo 35 horas. Disso resulta que, tanto no regime de revezamento semanal, como em todas as formas de jornada diária, esse intervalo tem de ser respeitado, sob pena de o empregador remunerar como extras as horas que faltarem para completá-lo, conforme a Súmula n. 110 do TST:

> No regime de revezamento, as horas trabalhadas em seguida ao repouso semanal de vinte e quatro horas, com prejuízo do intervalo mínimo de onze horas, devem ser remuneradas como extraordinárias, inclusive com o respectivo adicional.

Capítulo XX

Repousos e Férias

1. INTRAJORNADAS E INTERJORNADAS

O descanso no curso da jornada denomina-se intrajornada. Duração: mínimo de uma e máximo de duas horas, para alimentação, se a jornada é superior a 6 horas. Exceções a essa regra: pode exceder de 2 horas o intervalo mediante acordo escrito ou convenção coletiva; pode o intervalo ser inferior a uma hora, se o estabelecimento possui sistema interno de refeição, mediante autorização do Ministro do Trabalho e desde que os empregados não estejam sob o regime de prorrogação da jornada (art. 71 e § 3º da CLT). O § 4º do art. 71 manda pagar como extras as horas suprimidas ao descanso.

Se a jornada não exceder de 6 horas, o intervalo mínimo é de 15 minutos após as primeiras 4 horas de trabalho.

Esses descansos não serão computados na duração da jornada. Jornada de 8 horas = 4 horas + intervalo + 4 horas.

Se houver regime de trabalho extraordinário, entre o término da jornada normal e o início das horas extras medeia um intervalo de 15 minutos.

Em relação ao trabalhador rural, observar-se-á o intervalo para repouso ou alimentação, segundo o espaço de tempo costumeiro ou usual na região (art. 5º da Lei n. 5.889/73).

Descansos que são computados na duração da jornada — o art. 72 consolidado estabelece uma outra espécie de descanso, que é computada na duração da jornada: "Nos serviços permanentes de mecanografia (datilografia, escrituração ou cálculo), a cada período de noventa minutos de trabalho consecutivo corresponderá um repouso de dez minutos não deduzidos da duração normal de trabalho". Como não existe mais "datilografia", leia-se "digitação", cf. há mais de 20 anos defendemos e, por fim, incorporado na Súmula n. 346 do TST. Para o médico, a cada 90 minutos de trabalho será concedido um intervalo de dez minutos de repouso, cf. art. 8º, § 1º, da Lei n. 3.999/61. E para quem trabalha em câmaras frigoríficas, a cada 1:40 minutos de efetivo trabalho será concedida uma folga de 20 minutos, cf. art. 253 da CLT; mesmo no frio que não em câmara frigorífica, o trabalhador tem igual direito, cf. Súmula n. 438 do TST. No *telemarketing*, afora o intervalo para refeição, serão concedidos dois intervalos de 10 minutos cada, um após os primeiros 60 minutos de trabalho e outro antes dos 60 minutos finais. Para a mulher amamentar o filho até seis meses de idade, serão concedidos dois intervalos de 30 min cada, um em cada turno, cf. art. 396 da CLT.

Descanso interjornada — é o que se verifica entre a jornada de um dia e a de outro: no mínimo de 11 horas consecutivas, conforme o art. 66 da CLT. Esse intervalo tem de ser observado, mesmo quando medeia o repouso semanal.

2. REPOUSO SEMANAL E EM FERIADO

O art. 67 estabelece o direito ao repouso semanal mínimo de 24 horas, de preferência aos domingos. Exceção: só não cairá no domingo o repouso semanal em caso de imperiosa necessidade do serviço e nos serviços que exijam trabalho aos domingos. Mesmo assim, o empregador elaborará uma escala de revezamento, organizada mensalmente, de modo que cada empregado goze o seu repouso semanal uma vez por mês em dia de domingo (Lei n. 10.101/2000), com exceção aos elencos teatrais e similares. Assim, entre a última hora de trabalho de uma semana e o início da outra, o intervalo deve ser de no mínimo 35 horas (24 do repouso semanal + 11 do descanso interjornada).

Remuneração simples e em dobro — o trabalho em domingo ou feriado não compensado com outro dia terá sua remuneração em dobro, sem prejuízo da remuneração relativa ao repouso semanal já embutida no salário normal. O repouso já é remunerado uma vez sem trabalho, mais duas vezes pelo trabalho nesse dia. Ou seja, o domingo ou feriado efetivamente trabalhado e não compensado rende ao trabalhador a remuneração extra em dobro por esse dia, cf. Súmula n. 146 do TST.

O pagamento do repouso semanal e em feriado está regido pela Lei n. 605/49 e seu regulamento — Dec. n. 27.048/49. Assim dispõe o art. 1º da Lei:

> Todo empregado tem direito ao repouso semanal remunerado de vinte e quatro horas consecutivas, preferentemente aos domingos e, nos limites das exigências técnicas das empresas, nos feriados civis e religiosos, de acordo com a tradição local.

Preceitua o art. 10 desse Decreto que a remuneração dos repousos semanais e dos feriados integra o salário para todos os efeitos legais e com ele deverá ser paga.

O art. 7º da Lei n. 605 elenca o que corresponde à remuneração dos repousos obrigatórios, qualquer que seja a forma de pagamento do salário:

> a) para os que trabalham por dia, semana, quinzena ou mês, à de um dia de serviço, computadas as horas extraordinárias habituais;
>
> b) para as que trabalham por hora, à de sua jornada normal de trabalho, computadas as horas extras habitualmente prestadas;
>
> c) para os que trabalham por tarefa ou peça, ao equivalente ao salário correspondente às tarefas ou peças feitas durante a semana, no horário normal de trabalho, dividido pelos dias de serviço efetivamente prestados ao empregador;
>
> d) para os empregados em domicílio, o equivalente ao cociente da divisão por seis da importância total da produção da semana.

A remuneração do repouso será ao mesmo preço do dia de efetivo trabalho. Para os trabalhadores que percebem valor fixo mensal, considera-se remunerado o repouso semanal no valor mensal. Para os que tenham ganho variável, este será computado pelo valor médio do dia na semana. Assim, os trabalhadores que percebem por tarefa, comissão sobre vendas etc. têm direito de computar a média diária dos ganhos variáveis na remuneração do repouso semanal. Se o valor das comissões auferido na semana somou R$ 246,00, a remuneração do repouso (não trabalhado) será de R$ 41,00.

Não será devida a remuneração quando, sem motivo justificado, o empregado não tiver trabalhado durante toda a semana anterior, cumprindo integralmente sua jornada. As faltas legais, constantes do art. 473 da CLT, não são descontadas.

A Lei n. 11.324/06 estendeu aos domésticos o repouso semanal e em feriados.

Nota: A Lei n. 10.101/00, que trata da participação nos lucros e nos resultados da empresa, incluiu no seu art. 6º: "Fica autorizado, a partir de 9 de novembro de 1997, o trabalho aos domingos no comércio varejista em geral, observado o art. 30, inciso I, da Constituição." Isso significa que a abertura do comércio aos domingos está condicionada a autorização por lei municipal e não alcança os dias feriados.

Obs.: a não observância dos intervalos legais, intrajornada, interjornada, semanal e os que se computam na jornada implica pagamento de horas extras, além de multa administrativa.

3. DESCANSO ANUAL: FÉRIAS

3.1. Conceito — período em que o empregado tem direito de abster-se da prestação do serviço ao seu empregador, direito esse adquirido após o decurso de um ano no emprego, para gozo sempre no ano seguinte ao ano aquisitivo, com a remuneração normal acrescida de 1/3.

É muito difícil dizer em poucas palavras o significado das férias. Mas, de antemão, esclareça-se que atende aos aspectos biológico (de revigoração das energias), psicológico (desenfastiamento do serviço) e social (permite o lazer, o turismo, o desenvolvimento cultural etc.).

3.2. Natureza jurídica — a princípio, pensou-se que constituía um prêmio, ideia hoje descartada. A natureza das férias é abstencial — o trabalhador abstém-se de prestar o serviço e o empregador, de exigi-lo.

3.3. Períodos aquisitivo e concessivo — aquisitivo é o período de 12 meses de serviço que gera direito ao gozo das férias no curso dos 12 meses seguintes. Ao final de cada 12 meses de trabalho, o empregado adquire o direito a um período de férias. As férias resultantes do primeiro ano de serviço serão gozadas no segundo; as do segundo, no terceiro... e assim sucessivamente.

Período concessivo — são os 12 meses subsequentes ao período aquisitivo (art. 134 da CLT). Dentro desse período, o empregador é livre para escolher a época que consulte os seus interesses, devendo, entretanto, comunicar por escrito com 30 dias de antecedência, não podendo o início coincidir com sábado, domingo e feriado (PN 100). O estudante menor de 18 anos e o aprendiz fazem jus a coincidir suas férias com as escolares (art. 25 do Dec. n. 5.598/05).

Os membros de uma família, que trabalharem no mesmo estabelecimento ou empresa, terão direito a gozar férias no mesmo período, se disto não resultar prejuízo para o serviço.

Fracionamento — Somente em casos excepcionais, as férias serão fracionadas em dois períodos, um dos quais não será inferior a 10 dias. Porém, aos menores de 18 anos e aos maiores de 50 serão concedidas de uma só vez.

O empregado não poderá entrar em gozo de férias sem antes apresentar sua CTPS ao empregador para registro das férias, que constarão também dos livros ou fichas de registro de empregados.

Durante as férias, o empregado não pode prestar serviço a outro empregador, salvo em virtude de outro contrato que mantenha regularmente.

3.4. Duração — a lei fixa em 30 dias, o que não impede se convencione período maior. Porém, será de 24 dias se o empregado houver faltado de 6 a 14 vezes; de 18 dias se houver faltado de 15 a 23 vezes; de 12 dias se houver faltado de 24 a 32 dias (art. 130, CLT). Não são faltas os casos relacionados nos arts. 131 e 473 da CLT[48]. Para os contratos a tempo parcial, aplicam-se as regras do art. 130-A da CLT.

3.5. Remuneração simples e dobrada — Durante o gozo das férias, o empregador tem a obrigação de remunerar o empregado, como se ele estivesse em exercício. A remuneração é simples quando as férias são concedidas dentro do período concessivo. Sempre que o empregador conceder as férias após o prazo concessivo, pagará em dobro a respectiva remuneração acrescida de 1/3 (art. 137). Se apenas alguns dias estiverem fora do prazo, só estes serão devidos em dobro, cf. Súmula n. 81 do TST. Quando as férias são concedidas no prazo legal e apenas o pagamento fora do prazo, gera direito à remuneração em dobro, cf. Súmula n. 450 do TST. Quando a remuneração for variável, a remuneração das férias será calculada com base na média dos últimos doze meses. A remuneração das férias é igual à da época da concessão, ainda que no período aquisitivo o salário fosse menor.

3.6. Abono de férias — A CLT faculta ao empregado converter 1/3 do período de férias a que tiver direito em abono pecuniário, no valor da remuneração que lhe seria

(48) Até 2 dias consecutivos, em caso de falecimento do cônjuge, ascendente, descendente, irmão ou pessoa que, declarada em sua Carteira de Trabalho e Previdência Social, viva sob sua dependência econômica; até 3 dias consecutivos em virtude de casamento; durante as licenças-maternidade e paternidade; por um dia em cada 12 meses de trabalho em caso de doação voluntária de sangue devidamente comprovada; até 2 dias, consecutivos ou não, para o fim de alistar-se eleitor; durante o período de cumprimento do Serviço Militar; nos dias de prova do vestibular; para comparecer a juízo; para comparecer a eventos de organismos internacionais de que o Brasil seja parte; por motivo de acidente de trabalho ou de incapacidade que propicie concessão de auxílio-doença pela Previdência Social por período igual ou inferior a 6 meses, embora descontínuos; justificada pela empresa, entendendo-se como tal a que não tiver determinado o desconto do correspondente salário; durante a suspensão preventiva para responder a inquérito administrativo ou de prisão preventiva, quando for impronunciado ou absolvido, e nos dias em que não tenha havido serviço, salvo se a paralisação total ou parcial dos serviços da empresa ultrapassar 30 dias.

devida nos dias correspondentes (art. 143). Abono de férias é, pois, a venda de 10 dias de férias, ou seja, a remuneração decorrente dessa venda. Deverá ser requerido 15 dias antes do término do período aquisitivo. Em se tratando de férias coletivas, com abono, será objeto de acordo coletivo, independente de requerimento individual. O abono não integra o salário, salvo se excedente de 20 dias. O abono de férias é um direito do empregado, cabendo ao empregador praticar apenas um ato receptício, e nunca de recusa. Logo, quando o empregado converter 10 dias de férias em abono pecuniário, a remuneração do mês respectivo será no equivalente a 50 dias normais: remuneração do mês + 1/3 + 10 dias = 50 dias.

3.7. Casos que extinguem o direito de férias — não terá direito a férias o empregado que, no curso do período aquisitivo: I — deixar o emprego e não for readmitido dentro dos 60 dias subsequentes à sua saída; II — permanecer em gozo de licença, com percepção de salários, por mais de 30 dias; III — deixar de trabalhar, com percepção do salário, por mais de 30 dias em virtude de paralisação parcial ou total dos serviços da empresa; e IV — tiver percebido da Previdência Social prestações de acidente de trabalho ou de auxílio-doença por mais de 6 meses, embora descontínuos (art. 133 da CLT).

3.8. Início da contagem do novo período aquisitivo — ocorrendo uma das hipóteses enumeradas no item 3.7, acima, o novo período aquisitivo inicia-se a partir do dia em que o empregado retorna ao serviço.

3.9. Férias coletivas — são as férias concedidas simultaneamente a todos os empregados de uma empresa ou setor da empresa. Poderão ser gozadas duas vezes ao ano, desde que cada período não seja inferior a 10 dias. O empregador comunicará ao Ministério do Trabalho, com antecedência de 15 dias, sobre o início e o fim das férias. Em igual prazo, enviará aos sindicatos das categorias profissionais cópia da comunicação e a afixará nos locais de trabalho. Os empregados com menos de 12 meses de serviço gozam férias proporcionais, e recomeça novo período aquisitivo. Quando a empresa tiver mais de 300 empregados em férias coletivas, pode anotar as Carteiras de Trabalho por meio de um carimbo, cujo modelo é submetido à aprovação do Ministério do Trabalho (ver arts. 139 a 141 da CLT).

3.10. Férias proporcionais — são os períodos incompletos de aquisição, interrompidos em virtude de cessação do contrato de trabalho. Assim: 10 meses resultam direito a 10/12 de férias; 8 meses, 8/12... As férias proporcionais, salvo no caso de férias coletivas, sempre são indenizadas, porque houve cessação do contrato de trabalho antes de terminado o período aquisitivo.

O art. 146 e parágrafo único da CLT induzem às seguintes situações: 1) despedida sem justa causa e terminação de contrato por tempo certo — dá direito às proporcionais; 2) despedida por justa causa — não dá direito; e 3) pedido de demissão — só dá direito se o empregado tinha mais de 1 ano de serviço.

Porém, pelo Dec. n. 3.197/99, o Brasil promulgou a Convenção Internacional n. 132 da OIT, cujo art. 11 assegura o direito a férias proporcionais na terminação do contrato "por qualquer motivo", de onde se extrai que é cabível até na despedida por justa causa. Entretanto, a Súmula n. 171 do TST ainda o nega na justa causa. Portanto, salvo na justa causa (com a nossa discordância neste caso), são devidas férias proporcionais na terminação do contrato por qualquer outra causa, cf. Súmula n. 261 do TST.

A Súmula n. 159 do TST dá o direito ao empregado substituto de receber o salário do substituído nas férias.

3.11. Prescrição do direito a férias – aplica-se a regra do art. 7º, XXIX, CF, combinada com o art. 149 da CLT: prescreve em cinco anos durante a vigência do contrato e em dois após sua extinção, sendo que a contagem inicia-se no dia seguinte ao término do período concessivo. Quem, p. ex., foi admitido em 2 de janeiro/2007 e não gozou férias até 1º.1.2009, mantido o contrato, seu primeiro período de férias terá prescrevido em 2.1.2014.

4. DESCANSO ANTES E DEPOIS DO PARTO E PARA AMAMENTAÇÃO

Licença-maternidade – além da licença-maternidade de 120 dias ou mais, de que se tratou no Capítulo III, item 4.1, V, a mulher tem direito a intervalo para amamentação, de meia hora em cada turno durante os seis primeiros meses do bebê (art. 396), e a dispensa de horário para consultas médicas (art. 392, § 4º). É proibida a discriminação pelo motivo da gravidez ou da maternidade (art. 373-A).

Capítulo XXI

Remuneração e Salário

1. CONCEITO — DISTINÇÃO ENTRE REMUNERAÇÃO E SALÁRIO

Remuneração, em sentido restrito, compreende o salário pago diretamente pelo empregador, mais as gorjetas que o empregado recebe. Compreendem-se no salário: a quantia fixa estipulada + comissões + percentagens + gratificações ajustadas + diárias pagas para viagens que excedam a 50% do salário + abonos (art. 457 da CLT).

Remuneração, em sentido amplo, "designa o gênero de que são espécies salários, vencimentos, ordenados, soldos e honorários" (escreve A. Süssekind).

Na sistemática da CLT — diz Aluysio Sampaio — remuneração é todo provento legal e habitualmente auferido pelo empregado em virtude do contrato de trabalho, seja pago pelo empregador, seja por terceiro.

Salário é a contraprestação direta devida pelo empregador ao empregado em virtude do serviço prestado ou posto à sua disposição, em face do contrato de trabalho.

A diferença básica é: REMUNERAÇÃO = salário + gorjeta. SALÁRIO = contraprestação devida e paga diretamente pelo empregador em face do contrato de trabalho. GORJETA = quantia dada espontaneamente pelo cliente ao empregado. Quando cobrada pela empresa ao cliente como adicional nas contas, conquanto o art. 457 não a inclua no salário, deduz-se do sistema celetista que a quantia do rateio que toca ao obreiro integra o seu salário para todos os efeitos legais, até porque, neste caso, perde sua natureza, que é a dação espontânea. Entretanto, diferente disso, a Súmula n. 354 do TST entende que em qualquer dessas modalidades o valor da gorjeta não repercute nas horas extras, no aviso-prévio, adicional noturno, repouso semanal remunerado. Resta, assim, que a gorjeta, em qualquer modalidade, sofre a incidência das contribuições à Previdência Social e ao FGTS.

2. CARACTERES DO SALÁRIO

Gomes e Gottschalk relacionam os seguintes caracteres:

— existência do sinalagma (relação de equivalência das obrigações);

— caráter alimentar do salário (o que lhe garante preferência absoluta);

— caráter forfetário (não está sujeito aos riscos do empreendimento);

— proporcionalidade com a natureza da prestação;

— irredutibilidade e adequação ao custo de vida;

— persistência do salário nas paralisações sem culpa do empregado;

— natureza composta do salário (fixo mais adicionais);

— determinação heterônoma (várias fontes determinantes do salário);

— acrescentamos o caráter ***preferencial*** do salário (arts. 100, § 3º, CF, 449 da CLT e Lei n. 11.101/05 — nova Lei de Falências, que assegura ao trabalhador preferência até 150 salários mínimos), art. 186 do CTN.

3. COMPOSIÇÃO DO SALÁRIO

Nem tudo que o empregado ganha é salário. Nem tudo que é salário integra os direitos do trabalhador.

Trata-se de matéria complexa, sem unidade conceitual na lei, jurisprudência e doutrina, com gigantescas contradições. No entanto, do cipoal normativo extraem-se alguns consensos, por exemplo, que os títulos pagos ao trabalhador são de três naturezas: a) remuneração; b) salário: c) parcelas indenizatórias.

E qual a importância dos três conceitos? É que o salário constitui a base de cálculo de todos os reflexos trabalhistas e das contribuições sociais, cálculo da rescisão, de aumento salarial etc. Já outros tipos de remuneração são contabilizados apenas para recolhimentos do FGTS, do INSS e de Imposto de Renda. As parcelas indenizatórias em nada repercutem. Vejamo-las:

a) **Remuneração**, nos limites do Direito do Trabalho, é a contraprestação que o empregado aufere do seu trabalho, quer seja paga diretamente pelo empregador, quer pelo cliente (gorjeta). Logo, todo salário está contido na remuneração, mas nem toda remuneração é salário. Mas a própria lei, em muitos casos, usa "remuneração" como sinônimo de "salário". Essa distinção é necessária para efeitos econômicos do contrato.

b) **Salário** é a contraprestação que o empregado recebe diretamente do empregador. Tem natureza composta. Vários itens o compõe, cf. parágrafos do art. 457. As parcelas de natureza salarial dividem-se em duas espécies: 1) uma de efeitos amplos e 2) outra de efeitos limitados. 1) todas as parcelas pagas em caráter *habitual* integram o salário para todos os efeitos legais: cálculo de FGTS, incidência de INSS e de Imposto de Renda, de Contribuição Sindical, para cálculo de férias, 13º salário, diárias salariais, rescisão contratual etc. Neste grupo enquadra-se a remuneração de horas extras habituais, assim consideradas as prestadas por seis meses ou mais no ano; 2) toda parcela de natureza salarial paga *eventualmente* integra o salário apenas para alguns efeitos, como INSS, FGTS e Imposto de Renda, mas não para o próprio trabalhador. Assim, as parcelas salariais não habituais não integram o salário para efeito de contabilização nas férias, no 13º, nos adicionais, no cálculo da rescisão. Enquadra-se nesta categoria a remuneração de horas extras eventuais, de adicional noturno eventual etc.

c) **Parcelas indenizatórias** — não integram o salário para nenhum efeito. Esgotam seu efeito no respectivo pagamento, a exemplo da ajuda de custo para mudança ou para viagem, diárias não superiores a 50% da soma das parcelas salariais, participação nos lucros, indenização de férias não gozadas, abono de férias. Também não integram o salário: vale-transporte, vale-cultura, auxílio-creche, auxílio-alimentação, quando a empresa está filiada ao PAT, incentivo a demissão, indenização de despedida, multa rescisória do art. 477, § 8º d CLT, indenização por demissão nos 30 dias da data-base — Lei n. 7.238/84. Ver art. 214, § 9º, do Dec. n. 3.48/99.

Piso salarial — cada categoria profissional possui seu piso salarial, o qual nunca será inferior ao salário mínimo. Este é fixado por lei, cujo valor é inderrogável e inegociável. O piso profissional pode ser estabelecido por lei, instrumento de negociação coletiva, ato unilateral do empregador. Várias profissões possuem piso salarial fixado por lei, a exemplo dos médicos e dentistas = três salários mínimos por jornada de duas a quatro horas diárias; os auxiliares = dois SM, por jornada de quatro horas/dia (Lei n. 3.999/61); o engenheiro, arquiteto, geólogo, agrônomo e veterinário = seis SM por jornada de seis horas/dia (Lei n. 4.950-A/66). Como se vê, o piso de salário profissional é sempre superior ao salário mínimo, e também tem que ser respeitado em todas as contratações individuais. Observe-se também que o Piso salarial com base no salário mínimo passou a sofrer restrições da Súmula Vinculante n. 4 do STF, a qual proíbe o emprego do salário mínimo como indexador. Entendo que pode ser fixado piso com base no salário mínimo legal, sem, contudo, continuar indexado a ele, ficando os reajustes para livre negociação.

4. MODALIDADES DE SALÁRIO

Remuneração equivale ao total dos ganhos do empregado em virtude da relação de emprego, percebidos com habitualidade, quer sejam pagos diretamente pelo empregador ou por terceiros, estes sob a forma de gorjetas.

A remuneração, *lato sensu*, pode consistir no pagamento de uma quantia fixa por unidade de tempo (por mês, dia, hora, semana), ou de quantia fixa mais quantia variável, ou só de quantia variável. Inúmeros penduricalhos podem compor o contracheque do empregado, diz Russomano.

Se o operário é horista, para que a remuneração não seja inferior ao salário mínimo legal, toma-se este e divide-se por 220, para quem cumpre jornada de oito horas/dia, por 200 para jornada de 40h, ou por 180 para quem cumpre jornada de 6 horas diárias, para obter-se o valor do salário-hora.

Gomes e Gottschalk denominam FORMAS DE REMUNERAÇÃO; A. M. Nascimento, TIPOS ESPECIAIS DE REMUNERAÇÃO e Cesarino Jr., ELEMENTOS INTEGRANTES DA REMUNERAÇÃO; todos a se reportarem que compõem as formas de remuneração: gratificações, participação nos lucros, participações convencional e legal, gorjetas, abonos, adicionais legais, comissões, prêmios, ajudas de custo, diárias, gratificação natalina, ajuda de custo-alimentação. Umas possuem natureza salarial, outras não, conforme veremos.

Para efeito de incidência de contribuições previdenciárias e de FGTS, considera-se a remuneração com exclusão das parcelas de natureza indenizatória (art. 214, § 9º, do Dec. n. 3.048/99). Vejamos cada um:

a) Salário fixo (ou salário-base) — importância fixa estipulada (art. 457, § 1º). Este é o ponto de partida do cálculo de todos os acessórios que compõem o salário. Pode ser o salário mínimo legal, o salário mínimo profissional ou o contratado, que nunca será inferior aos dois anteriores.

b) Gratificação — significa agradecimento, reconhecimento. Aluysio Sampaio define-a como "a importância paga diretamente pelo empregador ao empregado, obrigatória ou aleatoriamente, conforme o caso, podendo ou não integrar o salário". Integra o salário a gratificação que deriva de lei ou de ajuste das partes. O ajuste pode ser tácito, assim considerado quando a gratificação é paga com habitualidade. Daí resultam duas espécies: gratificação-liberalidade, que só integra o salário se se tornar habitual (cf. Súmulas ns. 207 do STF e 152 do TST), e gratificação-obrigação, que integra o salário. Não é fácil definir com precisão a gratificação, especialmente se for paga sob outra denominação. Do ponto de vista legal e contratual não há dificuldade; podemos enumerar várias: gratificação de função, de balanço, natalina.

c) Gorjeta — gratificação recebida de terceiros pelos empregados por ocasião dos serviços prestados na própria organização do empregador. A gorjeta genuína, dada espontaneamente, não integra o salário do obreiro. Mas a que é cobrada na conta, por norma da empresa, para ser distribuída entre os empregados, ou fixada em determinado percentual com pagamento facultativo pelo cliente, deveria integrar o salário para todos os efeitos legais. Entretanto, como se disse no item 1, não é esse o entendimento sedimentado na Súmula n. 354 do TST, que não a considera para efeito de aviso-prévio, repouso remunerado, horas extras e adicional noturno. Como integra a remuneração, deve ser considerada para efeitos de INSS, FGTS e 13º salário.

d) Abonos — em regra, são aumentos provisórios de salários, normalmente para atender a uma situação emergencial, enquanto não sai o aumento ou reajuste definitivo. Não se confunde com o abono de férias previsto no art. 143 da CLT: "É facultado ao empregado converter um terço do período de férias a que tiver direito em abono pecuniário, no valor da remuneração que lhe seria devida nos dias correspondentes". O abono salarial integra o salário, mas o abono de férias não integra o salário para efeitos trabalhistas e previdenciários.

e) Adicionais — os adicionais equiparam-se às gratificações, pois, na verdade, eles gratificam determinadas atividades, diz Russomano (*Comentários à CLT,* p. 449).

Os adicionais derivam ora de lei (adicionais noturno, de insalubridade ou de periculosidade, de transferência, de hora extra), ora de instrumento coletivo (adicional de produtividade), ora do contrato individual (adicional por tempo de serviço, adicional em virtude de área de difícil acesso etc.). O adicional noturno é de 20% para o trabalhador urbano e 25% para o rural; o adicional de insalubridade varia de 10%, 20% ou 40%, sobre o salário mínimo ou outro valor que venha a ser fixado por lei, conforme o grau mínimo, médio ou máximo da insalubridade; o adicional de periculosidade é de 30% sobre o salário-base contratual do empregado, em regra, e no setor elétrico incide sobre todos os ganhos habituais; o adicional de transferência é de 25%; e o adicional de hora extra é de no mínimo 50%. Todos esses adicionais integram o salário. Ver detalhes nos Capítulos em que se trata da duração do trabalho, da saúde e segurança do trabalho e das alterações do contrato de trabalho.

f) Comissões – são participações diretas do empregado no resultado dos negócios. Representam-se por percentuais sobre o valor dos negócios ou por quantia fixa por operação efetuada (por venda efetuada, por exemplo). Integram o salário para todos os efeitos legais: repouso semanal, férias, 13º, FGTS, INSS, cálculos rescisórios, horas extras, Imposto de Renda, Contribuição Sindical etc.

g) Prêmios – são salários vinculados a fatores de ordem pessoal do trabalhador, como a produção, a eficiência etc. – diz A. M. Nascimento. Pode o empregador pretender premiar o excesso de produção, a assiduidade. Se convencionados ou concedidos habitualmente, tornam-se obrigatórios. Não estão especificados na nossa lei; provêm dos usos e costumes. Integram o salário quando habituais.

h) Ajudas de custo – importâncias pagas pelo empregador, ao empregado, a fim de proporcionar a estas condições necessárias à execução do serviço. Como diz Süssekind, constitui indenização para substituir "as despesas resultantes de transferência". Denomina-se também ajuda de custo a quantia paga em virtude de viagem do empregado a serviço (art. 457, § 2º, da CLT).

A ajuda de custo tem gerado problema de interpretação, em face da redação do § 2º do art. 457, *verbis*: "Não se incluem nos salários as ajudas de custo, assim como as diárias para viagens que não excedam a cinquenta por cento do salário percebido pelo empregado".

Na verdade, a ajuda de custo assume três conotações e consequentes efeitos diferentes: a) quando é paga pelo empregador, ao empregado, a fim de proporcionar a estas condições necessárias à execução do serviço, é salário em qualquer quantia; b) quando paga para fazer em face das despesas de mudança, em qualquer quantia, não integra o salário; c) quando paga em virtude de viagem a serviço, integra o salário se ultrapassar a 50% do salário habitual do empregado. Russomano entende que nesta última hipótese, em qualquer valor, só integra o salário se se tornar habitual, com o fim de burlar o salário.

i) Diárias – diárias de viagens são importâncias pagas pelo empregador destinadas a custear as despesas com alimentação, hospedagem, transporte etc., necessárias ao desempenho da missão. Têm duplo sentido: integra o salário se ultrapassarem 50% do total das parcelas salariais habituais; não ultrapassando os 50%, têm natureza indenizatória (art. 457, § 2º, CLT e Súmula n. 101 do TST). Quando ultrapassam 50% do salário habitual adquirem natureza salarial na sua totalidade e não apenas no que ultrapassa de 50%. As diárias de natureza salarial integram a remuneração, ainda que eventuais, para efeitos de INSS, FGTS, Imposto de Renda; apenas quando habituais integram o salário para os demais efeitos, como férias, 13º, rescisão etc. Por razoabilidade, considera-se habitual a parcela percebida durante seis ou mais meses nos últimos doze meses de trabalho, ou a partir de 50% do tempo trabalhado na empresa.

j) Gratificação natalina — é o 13º salário, instituído pela Lei n. 4.090/62. Trata-se de uma gratificação legal, portanto, obrigatória. É paga anualmente em duas parcelas: uma entre fevereiro e novembro, ou nas férias do empregado, e outra até 20 de dezembro, no valor total de um mês de remuneração. Para quem não trabalhou o ano todo, é paga na proporção de 1/12 por mês trabalhado ou fração superior a 14 dias; da mesma forma se procede na rescisão contratual que não seja por justa causa. É devida a todo empregado, inclusive o temporário, o rural, o doméstico e o avulso. Todas as parcelas habituais de natureza salarial compõem-lhe a base de cálculo. Sobre sua natureza, não cabe mais dúvida, a CF/88 deu-lhe o nome de 13º **salário**.

l) Auxílio-alimentação — corresponde a uma quantia paga pelo empregador ao empregado, por liberalidade ou por força de contrato ou negociação coletiva. Muitas dessas ajudas de custo são representadas por *tíquete*-refeição. Só não integram os salários para todos os efeitos legais quando a empresa adere e o faz segundo o PAT — Programa de Alimentação do Trabalhador —, de que tratam a Lei n. 6.321/76, art. 3º, Dec. n. 5/91, art. 6º e OJ n. 33 da SDI-I. O STF emitiu em nov./03 a Súmula n. 680: "*O direito ao auxílio-alimentação não se estende aos servidores inativos*". Não obstante, quando esta parcela não se insere no sistema do PAT, sua natureza é salarial, cf. art. 458 consolidado; da mesma forma, incorpora-se ao contrato do empregado quando concedido contratualmente sem estipular que é de natureza indenizatória. E, neste caso, deve estender-se aos inativos, quando estes percebem complementação de proventos da Caixa de Pensão do empregador, até porque a Constituição veda toda discriminação.

5. PARCELAS E UTILIDADES NÃO SALARIAIS

Várias parcelas compõem a remuneração do trabalhador, mas não integram o salário, ou seja, não repercutem na aposentadoria, no FGTS, nos cálculos das demais parcelas salariais, nem na rescisão contratual.

O § 2º do art. 458 da CLT exclui do caráter salarial as seguintes utilidades fornecidas pelo empregado: a) vestuários, equipamentos e outros acessórios fornecidos aos empregados e utilizados no local de trabalho, para a prestação do serviço; b) educação em estabelecimento de ensino próprio ou de terceiros, compreendendo os valores relativos a matrícula, mensalidade, anuidade, livros e materiais didáticos; c) transporte destinado ao deslocamento para o local de trabalho e retorno, em percurso servido ou não por transporte público; d) assistência médica, hospitalar e odontológica, prestada diretamente ou mediante seguro-saúde; e) seguro de vida e de acidentes pessoais; f) previdência privada; vale-cultura (Lei n. 12.761/12).

Também não integram o salário: a) as diárias para viagem que não excedam a 50% do salário habitualmente pago ao empregado; b) a ajuda de custo para viagem que não exceda a 50% do salário; c) a participação nos resultados econômicos dos inventos do empregado, cf. art. 90 da Lei n. 9.279/96; d) participação nos lucros e resultados.

Participação nos lucros e nos resultados — é o rateio de um percentual do lucro da empresa com os empregados, ou a atribuição de uma participação em face do resultado atingido pela empresa. As Constituições de 1946 e 67/69 previam essa matéria, porém sem regulamentação pelo Congresso Nacional. A Constituição vigente prevê esse direito (art. 7º, XI), inovando em um ponto importante — desvincula-a do salário do empregado. Isso implica que ***essa parcela não compõe base de cálculo dos demais direitos do empregado, inclusive os rescisórios e os custos sociais***. A Lei n. 10.101/2000 regulamenta a matéria, a ser convencionada entre a empresa e seus empregados ou através de uma comissão escolhida pelas partes, integrada ainda por um representante indicado pelo Sindicato da respectiva categoria; ou por meio de acordo ou convenção coletiva.

6. SALÁRIO E INDENIZAÇÃO

Indenização é um dos elementos da remuneração. Recebem o nome de indenizações certas atribuições econômicas pagas ao empregado como compensação de um trabalho executado em condições que exigem maior desconforto em razão do tempo ou do lugar da prestação, um maior perigo ou más condições de salubridade.

A indenização ora descrita não se confunde com a indenização em virtude de rescisão contratual, mas compõe um dos elementos da remuneração, que são tudo que integra o salário e outros ganhos. A indenização só adquire natureza salarial quando for paga em caráter habitual.

7. SALÁRIO IN NATURA

O pagamento pode ser feito em espécie ou em utilidades (*in natura),* como habitação, alimentação, vestuário ou outras prestações *in natura* que a empresa, por força do contrato ou costume, fornecer habitualmente ao empregado. Proibido o pagamento com bebida alcoólica e drogas nocivas, cf. art. 458 da CLT.

Os valores atribuídos às prestações *in natura* deverão ser justos e razoáveis, não podendo exceder, em cada caso, os dos percentuais das parcelas componentes do salário mínimo (art. 458, § 1º).

O salário mínimo idealizado pela CLT é representado pela fórmula: SM = a + b + c + d + e, onde, *a*, *b*, *c*, *d* e *e* correspondem, respectivamente, às despesas diárias com alimentação, habitação, vestuário, higiene e transporte, necessários à vida de um trabalhador adulto. Além desses itens, a CF/88 acrescentou o lazer, a educação, a saúde e a previdência social.

Quando o empregador fornecer, *in natura*, uma ou mais das parcelas do salário mínimo, o salário em dinheiro será determinado pela fórmula Sd = Sm - P, em que Sd representa o salário em dinheiro, Sm o salário mínimo e P a soma dos valores daquelas parcelas na região ou sub-região (art. 82 da CLT).

Nestes casos, a parcela em dinheiro não será inferior a 30% do SM. A jurisprudência do TST é no sentido de que a vinculação das utilidades em percentuais só se aplica ao trabalhador de salário mínimo.

A Lei n. 10.243/01 acrescentou ao art. 458 os §§ 3º e 4º, para, a exemplo do trabalho rural, limitar a 25% o salário-utilidade em habitação e a 20% em alimentação, ambos sobre o salário contratual; e para ratear esse percentual entre os coocupantes, em caso de habitação coletiva, vedada a habitação coletiva de famílias.

8. DESCONTOS NO SALÁRIO

O art. 462 da CLT veda ao empregador efetuar qualquer desconto no salário do empregado, salvo quando resultar de adiantamento, de dispositivo de lei ou de contrato coletivo. O § 1º permite o desconto de dano causado pelo empregado ao empregador por ato doloso ou quando essa possibilidade tenha sido acordada.

No entanto, sendo o salário a base de sustentação do trabalhador, sobre ele recaem todos os ônus da sobrevivência do obreiro. Assim, além dos descontos legais obrigatórios, há os autorizados. São obrigatórios os descontos: da contribuição previdenciária oficial, do imposto de renda, da contribuição sindical, de pensão alimentícia determinada por sentença judicial, dentre outros. São descontos autorizados: adiantamento salarial, danos causados ao patrão, contribuições sindicais assistencial e associativa, previdência privada, plano de saúde, seguro de vida, empréstimo consignado, dentre outros.

Capítulo XXII

Formas de Pagamento do Salário. Proteção do Salário. Igualdade Salarial

1. FORMAS DE PAGAMENTO

O pagamento pode ser por dia, semana ou mês. Se mensal deve ser feito até o 5º dia útil do mês subsequente. Dar-se-á em dia útil, no local de trabalho e no horário de trabalho ou logo após o encerramento deste, em moeda corrente no País, contra recibo (se analfabeto, com a impressão digital ou, não sendo possível, a seu rogo). Terá força de recibo o depósito em conta salário em nome do empregado, em estabelecimento próximo ao local de trabalho. O pagamento de comissões só é exigível depois de ultimada a transação a que se referem.

Em caso de rescisão de contrato de trabalho, havendo controvérsia sobre o montante das verbas rescisórias, o empregador é obrigado a pagar até a data do comparecimento à Justiça do Trabalho, a parte incontroversa dessas verbas, sob pena de pagá-las acrescidas de 50% (art. 467, CLT). A União, os Estados, o Distrito Federal, os Municípios e suas autarquias e fundações públicas são excluídas dessa regra (MP n. 2.180/01).

Por sua vez, o salário pode ser pago em quantia fixa, variável, fixa + variável: por peça, por tarefa, por produção, por comissão etc., mas sempre garantido o valor do salário mínimo legal ou piso profissional.

2. PROTEÇÃO DO SALÁRIO

O salário constitui a principal, quando não a única, fonte de sobrevivência do trabalhador. Daí a lei protegê-lo de várias maneiras.

2.1. Proteção contra os abusos do empregador — o art. 7º, X, da Constituição assegura: "proteção ao salário na forma da lei, constituindo crime sua retenção dolosa". Como ainda não foi tipificado na lei penal, essa norma fica adormecida até a tipificação legal, se bem que já se pode cogitar de seu enquadramento no art. 203 do Código Penal.

O art. 117 da CLT proíbe a convenção que fixar remuneração inferior ao SM; o art. 120 comina multa àquele que infringir normas concernentes ao SM.

O art. 458 proíbe o pagamento do salário com bebidas alcoólicas e drogas nocivas (Súmula n. 367 do TST, segundo a qual cigarro não é salário utilidade, por ser nocivo à saúde); o art. 458, § 1º, determina que os valores das prestações *in natura* deverão ser justos e razoáveis, não podendo exceder a 70% do salário mínimo, e os bens dados em pagamento não terão preço superior ao corrente na região (arts. 81 e 82 da CLT).

O período máximo de pagamento de salário é de 30 dias, e o pagamento mensal deve ser efetuado até o 5º dia útil do mês subsequente (art. 459 e parágrafo único, da CLT).

Cesarino Jr. sintetiza assim a proteção do salário contra abuso do empregador:

— obrigação de pagar salário mínimo ou piso profissional (arts. 117 e 120, CLT);

— proibição do salário complessivo (englobamento de várias parcelas em um só montante, sem discriminar o valor de cada uma);

— manutenção do pagamento nos casos de paralisação da empresa e nos de impedimento do empregado;

— proibição do pagamento em cheques, salvo se puder ser sacado no próprio local de trabalho ou nas proximidades;

— prova do pagamento, local e tempo;

— proibição de descontos, inalterabilidade, irredutibilidade, equiparação de salários e seu pagamento na rescisão de contrato de trabalho; e

— compensação limitada a dívidas de natureza trabalhista.

Acrescentamos as seguintes hipóteses:

— a retenção dolosa de salário é crime — arts. 7º, X, da CF, e 203 do Código Penal;

— não pagamento dos salários incontroversos na primeira audiência implica a condenação acrescida de 50% — art. 467 da CLT; e

— em caso de dano causado pelo trabalhador, só é lícito o desconto se houver previsão contratual ou na ocorrência de dolo do empregado — art. 462, § 1º, da CLT;

— na recuperação judicial da empresa, os créditos trabalhistas não são reduzidos, apenas o prazo do pagamento é que é dilatado, de acordo com a Lei n. 11.101/05.

O Decreto-Lei n. 368/68 institui uma série de retaliações contra a empresa que está em débito salarial, como: a) não poderá pagar honorário, pró-labore, gratificação ou outro estipêndio em favor dos titulares de firma individual; b) não poderá distribuir lucros ou dividendos; c) não poderá ser dissolvida; d) quando for contumaz (atraso a partir de três meses), não poderá ser favorecida com incentivos fiscais ou financeiros.

2.2. Proteção contra os credores do empregador — o art. 449 da CLT dispõe: "Os direitos oriundos da existência do contrato de trabalho subsistirão em caso de falência, concordata ou dissolução da empresa." O § 1º qualifica de privilegiada a totalidade dos salários devidos e das indenizações a que tiver direito. No mesmo sentido, a Lei de Falências (Lei n. 11.101/05) considera preferenciais todos os créditos trabalhistas até o limite de 150 salários mínimos, indo o que daí exceder para a categoria dos quirografários.

No entanto, os salários atrasados dos últimos três meses anteriores à decretação da falência, até o limite de cinco salários mínimos por trabalhador, serão pagos tão logo a massa apure esse valor, portanto, antes do inventário final da massa.

Já o art. 186 do Código Tributário Nacional (Lei n. 5.172/66) preceitua que o crédito tributário prefere a qualquer outro, seja qual for a natureza ou tempo da constituição deste, ressalvados os decorrentes da legislação trabalhista. Estes são preferenciais na falência do empregador até 150 salários mínimos, bem como o total das indenizações por acidente de trabalho, cf. art. 83 da Lei n. 11.101/05.

2.3. Proteção contra os credores do empregado — a principal proteção encontramos no art. 649 do Código de Processo Civil, que qualifica como absolutamente impenhoráveis os salários, salvo para pagamento de prestação alimentícia.

2.4. Princípio da irredutibilidade salarial — o art. 503 da CLT faculta ao empregador, em caso de força maior, unilateralmente, reduzir os salários dos seus empregados em até 25%, garantido o salário mínimo, enquanto durar a situação imprevista de infortúnio. A Lei n. 4.923/65 prevê essa redução no mesmo percentual, por três meses, prorrogável por igual período, em caso de dificuldade da empresa motivada pela conjuntura econômica, mas aqui a decisão não é unilateral do empregador. Exige a lei que haja acordo com o sindicato representante da categoria profissional ou, na impossibilidade do acordo, autorização judicial mediante sentença.

Agora, em face do art. 7º, VI, da CF/88, que assegura ao trabalhador "irredutibilidade do salário, salvo o disposto em convenção ou acordo coletivo", a possibilidade da redução por motivo de força maior, ou em face da conjuntura econômica, ou por outra razão forte, continua possível, porém, só mediante negociação coletiva de que participe necessariamente o sindicato da categoria profissional. O art. 8º, VI, preceitua que é obrigatória a participação dos sindicatos nas negociações coletivas de trabalho. Entenda-se aqui que **é compulsória a participação do sindicato operário**. Aliás, só pode ser denominado acordo coletivo de trabalho o contrato firmado entre o sindicato obreiro e a empresa. E a Constituição só admite a redução salarial mediante acordo ou convenção coletiva.

Segundo o art. 501 consolidado, "Entende-se como força maior todo acontecimento inevitável, em relação à vontade do empregador, e para a realização do qual este não concorreu, direta ou indiretamente".

Concluindo, os arts. 503 da CLT e 2º da Lei n. 4.923/65 estão derrogados, isto é, revogados na parte que permite a redução unilateral de salário pelo empregador ou por força de decisão judicial.

2.5. Proteção contra a inflação — correção salarial significa adequação do seu valor nominal ao valor real. Reposição do poder de compra corroído pela inflação em um determinado espaço de tempo. A correção faz-se segundo a política e os índices oficiais.

A correção automática foi instituída pela Lei n. 6.708/79, que determinou a correção semestral automática dos salários, de acordo com o Índice Nacional de Preços ao Consumidor — INPC.

Reajustamento salarial significa "toda e qualquer variação do valor do salário, que resulte de avença das partes, de convenção coletiva, de dissídio normativo ou de lei" (A. Sampaio).

A política salarial tem variado de acordo com as políticas de combate à inflação. Cada equipe econômica estabelece a sua. De 1989 para cá, uma sequência de leis tentou regular a manutenção do poder aquisitivo dos salários, sem impacto inflacionário. A Lei n. 7.788/89, revogada pelo Plano Collor (Lei n. 8.030/90), seguido das Leis ns. 8.542/92 e 8.700/93. A Lei n. 8.880/94, que aprovou o Plano Real (MP n. 457), determinou a conversão dos salários para URV pela média dos últimos quatro meses e reposição de eventuais perdas só nas datas-base (art. 19). A URV foi convertida no REAL. Complementando a anterior, a Lei n. 10.192/01 preceitua no seu art. 10 que "os salários e demais condições referentes ao trabalho continuam a ser fixados e revistos, na respectiva data-base anual, por intermédio da livre negociação coletiva".

O salário mínimo, entretanto, tem obedecido a política própria, quase sempre com reajuste superior à inflação apurada. A Lei Complementar n. 103/00 delega aos Estados e Distrito Federal o poder de definir o salário mínimo da sua respectiva área territorial para as categorias que não tenham piso salarial legal ou negociado.

Encontra-se vigente até, inclusive, o ano de 2015 a política de reajuste do salário mínimo pelo índice de inflação do ano anterior, divulgado pelo IBGE e ganho real correspondente ao crescimento do PIB do penúltimo ano anterior. Até 31.12.2015, o Poder Executivo encaminhará projeto de lei fixando novo critério a ser aplicado de 2016 a 2019, cf. art. 4º da Lei n. 12.382/11.

3. O PRINCÍPIO DA IGUALDADE SALARIAL

Este princípio foi aprovado no Tratado de Versalhes, depois objeto de Convenção Internacional. Figurou nas Constituições republicanas a partir de 1934. Hoje consta dos arts. 5º e 7º, XXX, da CF/88. O art. 5º, *caput*, elastece o princípio da igualdade: "Todos são iguais perante a lei, sem discriminação de qualquer natureza...". E o inciso I iguala a mulher ao homem.

Disciplinado no art. 5º da CLT: "A todo trabalho de igual valor corresponderá salário igual, sem distinção de sexo"; e no art. 461: "Sendo idêntica a função, a todo trabalho de igual valor, prestado ao mesmo empregador, na mesma localidade, corresponderá igual salário, sem distinção de sexo, nacionalidade ou idade".

3.1. Equiparação salarial

Para corrigir o tratamento desigual de salário, a ação cabível é de equiparação salarial — em que um empregado alega que realiza para o mesmo empregador trabalho de igual valor ao de outro empregado, denominado paradigma, entretanto percebe salário inferior. A jurisprudência já está consolidada na Súmula n. 6 do TST, com dez incisos, complementada pelas Súmulas ns. 127, 275 e OJs. São condições da equiparação salarial:

— trabalho para o mesmo empregador, assim equiparada empresa do mesmo grupo econômico;

— identidade de função, e desempenho das mesmas tarefas, independente do nome dado (inciso II da Súmula n. 6);

— igualdade do trabalho (igual produtividade, mesma perfeição técnica);

— diferença de tempo de serviço na função, e não apenas no emprego (Súmulas ns. 202 do STF e 6, II, do TST), entre o equiparando e o paradigma não superior a dois anos;

— trabalho na mesma localidade (= mesmo município ou município que integre a mesma região metropolitana — Súmula n. 6, X, do TST);

— inexistência na empresa de quadro organizado em carreira, homologado pelo Ministério do Trabalho, que garanta acesso por antiguidade e por merecimento (cf. art. 461 da CLT e Súmula n. 6, I, do TST).

Verificadas essas condições, pode o trabalhador pleitear a equiparação salarial mesmo após a extinção do contrato de trabalho, dele e/ou do paradigma, observado o prazo de prescrição — dois anos para reclamar as diferenças daí advindas, até cinco anos para trás, a contar do ajuizamento da reclamação trabalhista.

Por sua vez, não impede a equiparação o fato de o paradigma ganhar mais em virtude de sentença judicial, salvo quando se tratar de vantagem pessoal ou de tese jurídica já superada pela jurisprudência de Corte Superior ou, na hipótese de equiparação salarial em cadeia, se não demonstrada a presença dos requisitos da equiparação em relação ao paradigma que deu origem à pretensão, caso arguida a objeção pelo reclamado (item 6 da Súmula n. 6, alterado em 2010).

Em relação ao item quadro de carreira organizado, é de se considerar que este só é válido quando formalizado de acordo com o item I da Súmula 6 e contiver cláusulas que assegurem ao trabalhador promoção alternada por antiguidade e por merecimento. Destarte, quando, mesmo formalizado o quadro, mas o empregador não o pratica com seriedade, subsiste o direito a equiparação salarial. Por outro lado, quando a diferença decorre de enquadramento irregular, a postulação deve ser de correção de enquadramento, com os consequentes salariais. Da mesma forma, quando houver preterição ou omissão de promoções.

A Súmula n. 455 do TST, resultante da conversão da OJ n. 353, admite a possibilidade de equiparação salarial nas empresas sociedade de economia mista, por não incidir a vedação do inciso XIII do art. 37 da Constituição.

Cabe ao empregador o ônus de provar o fato impeditivo, modificativo ou extintivo da equiparação salarial.

3.2. Desvio de função

O desvio de função caracteriza-se quando o empregador possui quadro de carreira organizado; entretanto, o empregado ocupa função fora do enquadramento devido.

Mesmo neste caso, durante o período em que ocorre o desvio de função, o empregado tem direito à diferença salarial daí advinda.

A OJ n. 125 da SDI-I assim trata a matéria: "Desvio de função. Quadro de carreira. O simples desvio funcional do empregado não gera direito a novo enquadramento, mas apenas às diferenças salariais respectivas".

A Súmula n. 275 do TST trata da prescrição: "Prescrição parcial. Desvio de função. Na ação que objetive corrigir desvio funcional, *a prescrição só alcança as diferenças salariais vencidas no período de 5 (cinco) anos que precedeu o ajuizamento*" (grifamos).

Capítulo XXIII

Alteração do Contrato de Trabalho

1. ALTERAÇÃO UNILATERAL E BILATERAL

Unilateral — promovida por uma das partes, sem a anuência da outra; **bilateral** é a alteração por mútuo consentimento. Segundo o art. 468, "nos contratos individuais de trabalho só é lícita a alteração das respectivas condições por mútuo consentimento e, ainda assim, desde que não resultem, direta ou indiretamente, prejuízos ao empregado, sob pena de nulidade da cláusula infringente desta garantia".

À primeira vista, entende-se que é totalmente proibida a alteração unilateral do contrato. Engano. O sistema jurídico, a partir dos arts. 1º e 170, da CF, e 2º da CLT, confere ao empregador o poder diretivo da empresa. Daí resulta que ele pode alterar, unilateralmente, as condições de trabalho, desde que não resulte prejuízo para o empregado. É o que veremos a seguir.

2. TRANSFERÊNCIA DE FUNÇÃO. O JUS VARIANDI

Jus variandi — é o direito do empregador de proceder a alterações nos contratos de trabalho dos seus empregados, unilateralmente, nos limites que a lei permite (art. 469, principalmente), tendo em vista os interesses da empresa. Decorre do poder diretivo, preconizado nos arts. 170 da CF e 2º da CLT, e tem seu limite na não causação de prejuízo ao empregado.

Normalmente, atua na modificação de ordem técnica, produtiva, de modernização, e particularmente em relação a funções, salários, horários de trabalho e local da prestação do serviço. As mudanças no salário são muito limitadas; porém o empregador pode modificar a forma de pagamento, em vez de fixo por salário variável, desde que não implique redução.

O contraponto do *jus variandi* é o **princípio da imodificabilidade** do contrato de trabalho, insculpido no art. 468 da CLT (cf. exposto no Capítulo VI). O conflito desses princípios resolve-se pela razoabilidade e proporcionalidade, em que se busca a justa medida e o não arbítrio.

Transferência de função — consiste na passagem do empregado a um outro serviço, dentro da mesma qualificação profissional, ou a uma qualificação do mesmo grau e mais ou menos afim. A mudança de função só pode se dar em casos excepcionais. Alguns já previstos em lei, como a reversão do ocupante de função de confiança para o cargo efetivo anterior. Quando a mudança de função não está prevista em lei ou no contrato, impõem-se sérias restrições.

É aceitável, entretanto, na hipótese em que a empresa extingue as funções e, para não demitir, aproveitar os empregados em outras já existentes ou criadas. Isto é muito comum no processo de reestruturação administrativa da empresa e na incorporação de tecnologias. Nessas condições, o uso do *jus variandi* do empregador é legítimo, desde que não prejudique os salários nem reduza o empregado a condição humilhante.

Somente é injusta se a mudança de função realizada pelo empregador importar em uma desconsideração pela dignidade do empregado.

3. PROMOÇÃO, REBAIXAMENTO E REVERSÃO

A **promoção** de empregados está inserida no livre-arbítrio do empregador genuinamente privado, porque no setor público devem ser observados os princípios que regem a Administração Pública. Porém, deve ser observado o critério da equidade e do não abuso de direito. Se, entretanto, o critério de promoção estiver regulado em quadro de carreira ou regulamento da empresa, o empregador tem de respeitar esses critérios, que integram o contrato de trabalho. A CLT faz vagas referências a respeito, nos arts. 358 e 461, §§ 2º e 3º.

Rebaixamento ou retrocesso — não é permitido em nossa legislação do trabalho. Ou o empregador mantém o empregado em seu *status* ou o despede. A lei não oferece a opção do rebaixamento de função como meio-termo. Aliás, a vedação de retrocesso extrai-se do princípio da irredutibilidade salarial.

Reversão — assume pelo menos dois sentidos: um deles é o retorno do empregado ao emprego após um afastamento, por motivo de aposentadoria provisória ou qualquer motivo; outro, o retorno do empregado ocupante de função de confiança ao cargo efetivo.

Do primeiro a CLT trata no art. 471: "Ao empregado, afastado do emprego, são asseguradas, por ocasião de sua volta, todas as vantagens que, em sua ausência, tenham sido atribuídas à categoria a que pertencia na empresa." E o art. 475 preceitua que o empregado que for aposentado por invalidez terá seu contrato de trabalho suspenso pelo prazo que as leis previdenciárias assegurarem o benefício sob esse título.

Do segundo, trata o art. 450, ao assegurar o retorno do empregado que for chamado a exercer cargo em comissão, interinamente ou por substituição eventual ou temporária, diverso do que exercer na empresa, ao cargo que ocupava antes, com a contagem do tempo de serviço.

O parágrafo único do art. 468 da CLT dispõe que "não se considera alteração unilateral a determinação do empregador para que o respectivo empregado reverta ao cargo efetivo, anteriormente ocupado, deixando o exercício da função de confiança". Neste caso, a jurisprudência é pacífica no sentido de que, se o empregado conta com mais de 10 anos no exercício da função, a remuneração respectiva incorpora-se ao salário dele (Súmula n. 372 do TST). A partir de cinco anos, temos determinado a incorporação proporcional, por entendermos equitativa. Quando o empregado exerceu no período de dez anos diferentes funções gratificadas, incorpora-se pela média.

E o art. 499, § 1º, preceitua que ao empregado estável exercente de cargo em comissão, salvo no caso de falta grave, é assegurada sua reversão ao cargo efetivo anteriormente ocupado.

4. *REMOÇÃO OU TRANSFERÊNCIA*

Remoção consiste na transferência do empregado para localidade diversa da que resultar do contrato, de modo a acarretar necessariamente a mudança do seu domicílio (art. 469). O mesmo artigo proíbe a transferência do assalariado sem a sua anuência.

Por *domicílio*, no sentido posto, entenda-se *residência*, pois a grandeza territorial do Brasil enseja a formação de Municípios extensos territorialmente, em que longas distâncias separam uma localidade de outra e agravadas pela ausência de transporte público regular.

Entretanto, não estão compreendidos na proibição de transferência: os exercentes de cargos de confiança e os cujos contratos tenham como condição, implícita ou explícita, a transferência, quando esta decorra de real necessidade de serviço. É lícita a transferência quando ocorrer a extinção do estabelecimento em que trabalhar o empregado. Em caso de necessidade do serviço, pode o empregador transferir o empregado, mas pagará um adicional de 25% enquanto durar essa situação. As despesas de transferência correrão por conta do empregador.

Aplica-se às regras *supra* o princípio da razoabilidade, segundo o qual, a dicção legal deve atender à racionalidade, como, p. ex., embora com previsão contratual de transferibilidade, a realidade sinaliza um intuito do empregador de atingir um fim diverso do alvitrado no instituto sob comento, como para conseguir, por via transversa, adesão a planos de demissão.

Desse conjunto de normas, a jurisprudência tem distinguido duas espécies de transferência: a provisória e a definitiva. A primeira gera direito do empregado ao adicional de transferência de 25%; a segunda, não.

> "Indevido o adicional de transferência se esta se dá em caráter permanente. O art. 469, § 3º, da CLT, trata de transferência provisória, uma vez que garante o direito à percepção do adicional de transferência enquanto durar a situação." (TST, 4ª T. — Ac. n. 425/91 — Rel. Min. Hélio Regato, DJ 29.11.91)

Porém, indaga-se: o que é transferência definitiva? Só pode ser aquela que o próprio empregador assim qualifica expressamente. Entendemos que a ausência dessa referência dá sempre ao empregado direito ao adicional. Instala-se no Eg. TST a tendência de fixar em até três anos a transitória.

É ilegal a transferência de dirigente sindical para local fora da base do seu sindicato, posto que é condição do exercício do cargo sindical o domicílio trabalhista na base territorial da entidade que dirige. Salvo no caso de extinção do estabelecimento, por força maior (Súmula n. 22 do STF) em que o empregador rescinde o contrato de trabalho ou oferece a transferência. Aceita esta, ele perderá o mandato sindical.

"Presume-se abusiva a transferência de que trata o § 1º do art. 469, da CLT, sem comprovação da necessidade do serviço" — Súmula n. 43 do TST.

A OJ n. 113 enuncia que "O fato de o empregado exercer cargo de confiança ou a existência de previsão de transferência no contrato de trabalho não exclui o direito ao adicional. O pressuposto legal a legitimar a percepção do mencionado adicional é a transferência provisória".

Por fim, o inciso IX do art. 659 da CLT atribui ao juiz a competência para conceder liminar a fim de tornar sem efeito transferência ilegal, até julgamento final da reclamação trabalhista.

Capítulo XXIV

Interrupção e Suspensão do Contrato de Trabalho

1. CONCEITO

Suspensão é o termo genérico consistente na cessação temporária da obrigação de o empregado prestar serviço ao seu empregador. A suspensão é parcial ou total. A parcial se denomina *interrupção* e a total é denominada *suspensão* em sentido estrito. Quando todos os efeitos do contrato ficam suspensos ocorre a suspensão *stricto sensu*; e quando alguns dos efeitos sobrevivem dá-se a interrupção. Porém, há situações brumosas, como se verá.

Causas determinantes — Gomes e Gottschalk relacionam três causas da suspensão:

1) por fatos alheios à vontade do empregado — exigência do serviço militar, exercício de encargo público ou função equiparada, acidente do trabalho e fato da empresa;

2) por fato imputável ao empregado — por motivo de ordem disciplinar, por determinação do empregador para apurar falta grave em inquérito judicial;

3) por determinação legal direta — em todos os casos em que se assegura ao trabalhador o direito de receber salário sem trabalhar.

2. CARACTERIZAÇÃO DA SUSPENSÃO E DA INTERRUPÇÃO

Caracterizam a suspensão contratual três dados: a) cessação temporária do dever de prestação do serviço; b) cessação das obrigações do empregador; c) cessação da contagem do tempo de serviço na empresa. **Aqui o contrato fica hibernando**, retomando seus efeitos quando desaparecer o fato que a causou. Essa fórmula — de cessar temporariamente os efeitos do contrato em vez de rescindi-lo — atende ao princípio da continuidade do vínculo empregatício.

Caracterizam a interrupção: a) cessaçao temporária da prestação do serviço; b) permanência de todas ou de algumas das obrigações do empregador; c) contagem do tempo de serviço. Já aqui o **contrato fica em estado semiadormecido**.

3. SITUAÇÕES TIPIFICADAS

Consideram-se de interrupção as hipóteses declinadas no art. 473 da CLT: falta ao serviço, sem prejuízo do salário — até 2 dias em caso de falecimento de parente próximo; até 3 dias em virtude de casamento; por 5 dias em caso de nascimento de filho — licença-paternidade; um dia por ano para doação voluntária de sangue; até 2 dias para alistar-se eleitor; período de tempo em que tiver de cumprir as exigências do serviço militar; os dias em que o empregado estiver realizando provas de vestibular; o tempo necessário para comparecimento a juízo; o tempo que for necessário para o trabalhador, na qualidade de representante de entidade sindical, participar de reunião oficial de organismo internacional do qual o Brasil seja membro — art. 473, IX, item acrescido pela Lei n. 11.304/06.

O Regulamento do FGTS, Dec. n. 99.684/90, relaciona como interrupção o afastamento: a) para prestação de serviço militar; b) por motivo de doença até 15 dias; c) por acidente de trabalho; d) licença-gestante; e e) licença-paternidade.

Vê-se que não existe um critério preciso de distinção entre suspensão e interrupção do contrato. Plá Rodriguez leciona que a tendência é elastecer as hipóteses de interrupção, em face do princípio da continuidade da relação empregatícia (*Princípios de direito do trabalho*, p. 139)[(49)].

Ocorre a interrupção nos seguintes casos:

a) hipóteses do art. 473 consolidado, já expostas acima;

b) durante o gozo de férias;

c) repouso semanal e em feriados;

d) período de gozo da licença-maternidade e da paternidade;

e) licença remunerada;

f) prestação de serviço militar e de obrigações militares;

g) os 15 primeiros dias de licença para tratamento de saúde;

h) afastamento em virtude de acidente do trabalho;

i) afastamento por solicitação da autoridade competente na ocorrência de motivo relevante para a segurança nacional (art. 472, §§ 3º a 5º da CLT);

j) afastamento para a administração sindical com ônus pela empresa;

l) afastamento (desincompatibilização de emprego público) para disputa de mandato eletivo;

m) se eleito diretor da empresa;

---

(49) O certo é que a dualidade conceitual não faz sentido. A propósito, leia-se SAMPAIO, Aluysio. *Dicionário de direito do trabalho*; CARVALHO, J. Antero de. Suspensão e interrupção do contrato de trabalho. *In: Curso de direito do trabalho:* em homenagem a Evaristo de Moraes Filho; GOMES; GOTTSCHALK. *Curso de direito do trabalho*; CESARINO JR. *Direito social.* FURTADO, Emanuel Teófilo. *Alteração do contrato de trabalho.* São Paulo: LTr, 1994.

n) suspensão disciplinar, quando anulada pelo empregador ou pela Justiça;

o) suspensão para inquérito judicial para apuração de falta grave, quando este for julgado improcedente;

p) paralisação em virtude de greve, se ao final forem pagos os dias parados, sem compensação;

q) paralisação das atividades por conveniência da empresa.

Ocorre a suspensão nos seguintes casos:

a) auxílio-doença, a partir do 16º dia, com benefício previdenciário;

b) afastamento do trabalho para exercer cargo público;

c) aposentadoria provisória, por invalidez — art. 475 da CLT, enquanto não for efetivada a aposentadoria. Recuperando o empregado sua saúde, terá direito a retornar ao mesmo posto de trabalho, salvo na reabilitação, caso em que ocupará outro compatível com sua nova condição de saúde;

d) paralisação por motivo de greve: Lei n. 7.783, art. 7º;

e) para qualificação profissional — art. 476-A da CLT;

f) para exercício de mandato sindical sem remuneração pelo empregador;

g) suspensão disciplinar até trinta dias;

h) licença não remunerada, concedida pelo empregador, de interesse do empregado;

i) prisão por cometimento de delito, até a soltura, caso o empregador não haja rescindido o contrato;

Ao empregado afastado do emprego, são asseguradas por ocasião de sua volta, todas as vantagens que, em sua ausência, tenham sido atribuídas à categoria a que pertencia na empresa — art. 471.

4. SITUAÇÕES CONTROVERTIDAS

Muitas das situações enumeradas nos dois conceitos são controvertidas, como: a) as faltas ao serviço, justificadas ou não; b) as suspensões disciplinares; c) paralisação das atividades da empresa por falta de matéria-prima, por exemplo; e d) alguns casos de greve com o pagamento dos dias parados.

4.1. Suspensão para inquérito — "O empregado acusado de falta grave poderá ser suspenso de suas funções, mas a despedida só se tornará efetiva após o inquérito em que se verifique a procedência da acusação". A suspensão perdurará até a decisão final do processo — art. 494 da CLT.

O empregado estável só poderá ser despedido se cometer falta grave, constatada por inquérito judicial. O empregador não é obrigado a suspender o empregado para propor o inquérito. Entretanto, se suspender, deverá propor a ação no prazo decadencial de 30 dias, sob pena de presunção legal de perdão (art. 853). E, uma vez dada a suspensão, torna-se irretratável até o final do processo de apuração da falta grave.

Atendendo à dualidade conceitual que tenta distinguir interrupção da suspensão contratual, a suspensão para apuração de falta grave caracteriza-se como ***interrupção*** se o inquérito for julgado improcedente, porque o acusado volta ao emprego com o pagamento de todos os salários e vantagens do período de afastamento, como se não tivesse sido suspenso; e caracteriza-se como ***despedida,*** se o inquérito for julgado procedente, que converte a suspensão do empregado em despedida por falta grave a partir do seu início. Em síntese, antes do julgamento do inquérito caracteriza-se a suspensão contratual, porque não há prestação de serviço nem pagamento de salários.

4.2. Suspensão disciplinar — consiste no ato pelo qual o empregador afasta temporariamente o trabalhador que incorrer em falta disciplinar. Esse período não deve integrar o tempo de serviço do empregado e não lhe dá direito a salário. Em virtude disso, deve ser considerado *suspensão* do contrato. Faltas disciplinares são as hipóteses relacionadas no art. 482 da CLT, em proporção que não justifique a despedida por justa causa. A suspensão do empregado por mais de 30 dias importa na rescisão injusta do contrato — art. 474.

Ver no Capítulo XVIII outras considerações sobre o poder disciplinar.

4.3. Suspensão para qualificação profissional — a Lei n. 10.101/01 instituiu o contrato de trabalho a tempo parcial, e criou a hipótese de suspensão do contrato para qualificação profissional.

Quanto à suspensão, acresce à CLT o art. 476-A, para permiti-la por dois a cinco meses, durante os quais o trabalhador recebe o seguro-desemprego, sob as seguintes condições: a) negociação coletiva; b) anuência expressa do empregado; c) que seja para o empregado fazer curso ou participar de programa de qualificação profissional, sob pena de descaracterizar-se a suspensão, obrigando o empregador a pagar os salários e os consectários legais do período, mais as sanções convencionais e penalidades legais; d) comunicação ao sindicato 15 dias antes. Dentro do período de 16 meses, o contrato não poderá ser suspenso mais de uma vez.

Durante a suspensão, o empregador poderá conceder ao empregado ajuda compensatória mensal, sem natureza salarial, em valor definido em convenção ou acordo coletivo; o empregado fará jus, ainda, aos benefícios voluntariamente concedidos pelo empregador, respeitado o disposto no art. 471 da CLT. A dispensa do empregado durante a suspensão ou até três meses depois obriga o empregador a pagar as indenizações rescisórias legais mais multa convencional nunca inferior a 100% da última remuneração anterior à suspensão.

Como se vê, apesar de a lei qualificar como suspensão contratual, impõe tantas obrigações ao empregador que seria mais razoável qualificar a hipótese como de interrupção. Contudo, cumpre seguir o ditame legal.

Capítulo XXV

Cessação do Contrato de Emprego

1. CAUSAS E CLASSIFICAÇÃO

O contrato de trabalho termina por: morte do empregado; força maior; advento do termo ou implemento da condição; declaração de vontade de uma das partes; e distrato.

Constituem modos de dissolução do contrato:

a) **resolução** — quando uma parte deixa de cumprir a sua obrigação contratual, e o contrato é desfeito por decisão judicial, como na dispensa de empregado estável, mediante inquérito para apuração de falta grave. Ver mais nos Capítulos XV (Formas de invalidade dos contratos), XXV (Despedida indireta) e, na Segunda Parte, a unidade *inquérito judicial para apuração de falta grave*.

b) **resilição ou rescisão** — cessação dos efeitos do contrato pelas partes, ou por uma delas, sem intervenção do Judiciário. Portanto, é bilateral (distrato) ou unilateral (direito potestativo); e

c) **caducidade** — os efeitos do contrato cessam em consequência de um acontecimento natural. Ocorre em três hipóteses: morte do empregado, terminação do contrato por tempo certo e força maior.

2. RESCISÃO UNILATERAL — DESPEDIDA DO EMPREGADO

A rescisão unilateral se dá quando uma das partes toma a iniciativa da terminação do contrato de trabalho por tempo indeterminado, ou por antecipação a contrato a termo final. Em ambas as hipóteses poderão ser com ou sem justa causa.

Denomina-se pedido de demissão, quando a iniciativa parte do empregado; quando advém do empregador, chama-se despedida ou dispensa.

3. NATUREZA JURÍDICA DA DESPEDIDA DO EMPREGADO

A vontade do empregador, de acordo com a teoria clássica, sob inspiração liberal, advinha do exercício do direito potestativo de despedir. A declaração do empregador seria um ato unilateral, sem causa.

A doutrina clássica não mais tem sentido, dado que, hoje, o emprego é um direito e, como tal, não pode ser subtraído por ato unilateral do empregador sem motivo de natureza econômica, técnica ou disciplinar. Por isso, diz-se que a despedida é um ato precedido de causa.

O Direito recomendado pela OIT, adotado em quase todos os Países europeus e em alguns dos outros continentes, proíbe terminantemente a despedida arbitrária, que eles denominam "com abuso de direito".

O Direito brasileiro é frágil neste ponto, admitindo como regra a despedida imotivada. Isso, contudo, não desfigura o princípio moderno, tanto que a despedida não é assim tão livre. Há inúmeras formas de estabilidade: do não optante pelo FGTS, do representante sindical, da gestante, do membro da CIPA, do membro de diretoria de associação trabalhista, da Lei Maria da Penha, dentre outras; mesmo a despedida dos não estáveis se faz mediante indenizações.

Daí se concluir que a natureza jurídica do ato de vontade do empregador na despedida é: a) unilateral; e b) precedido de causa e/ou sucedido de indenizações.

4. INDENIZAÇÃO — CONCEITO E FUNDAMENTO JURÍDICO

Indenização é a reparação de natureza patrimonial a que está obrigado o empregador em relação ao empregado em virtude da despedida sem justa causa. Três teorias fundamentam o direito de indenização do empregado: teoria do abuso de direito (francesa), teoria do crédito (italiana) e teoria do risco profissional (alemã).

A primeira suporta-se na seguinte sentença: a rescisão contratual sem motivo justo dá direito à indenização àquele que não causou a ruptura do vínculo; a segunda diz que o trabalhador, no curso do contrato, vai acumulando um crédito, para ser pago sob forma de indenização no término do contrato; e a terceira indaga sobre a quem cabe o risco da rescisão, se ao empregado, ao empregador ou a ambos.

Cesarino Jr. entende que o nosso sistema combina as teorias do abuso de direito e do risco, evoluindo no sentido desta. O próprio art. 2º consolidado caracteriza o empregador como pessoa que assume os riscos da atividade econômica. Quando determina indenização nos casos de despedida injusta, despedida indireta, despedida obstativa — acolhe a teoria do abuso de direito. Quando manda indenizar nos casos de extinção da empresa e de força maior prevalece a teoria do risco.

No Brasil há três tipos de indenizações: indenização nos contratos sem prazo (hoje, 40% sobre o saldo do FGTS), indenização nos contratos por prazo determinado (art. 479 da CLT) e indenização adicional criada pela Lei n. 6.708/79.

O risco do empregado consiste em suportar o não recebimento de indenizações. Só em duas situações ele paga ao empregador: 1) quando resile o contrato por tempo certo — consistente em indenizar o empregador na quantia não superior à remuneração que perceberia, pela metade, até o final do contrato; 2) quando resile contrato por tempo indeterminado, deve prévio aviso, em valor igual à remuneração dos dias de aviso não dado. Nos dois casos, é lícito ao empregador reter a quantia equivalente.

5. APOSENTADORIA

A lei e a jurisprudência têm vacilado sobre se a aposentadoria voluntária do empregado implica a extinção compulsória do contrato de trabalho. A jurisprudência do TST sempre fora favorável à extinção, tendo editado a OJ n. 177 neste sentido, mantendo-a mesmo com a liminar do STF em ADI. Porém, por fim, **cancelou a citada OJ n. 177** em out./06, em virtude do julgamento definitivo da ADI.

Segundo a OJ n. 177, entre os efeitos da aposentadoria espontânea, inclui-se a extinção do contrato de trabalho, mesmo quando o empregado continua a trabalhar na empresa após a aposentação. E, neste caso, não seria devida a indenização dos 40% do FGTS. Interpretava o TST que a continuação do trabalho representava um novo contrato.

No entanto, a matéria não é tão simples. Várias vezes o Governo Federal editou lei neste sentido, mas nenhuma vingou.

A última foi a MP n. 1.596-14, convertida na Lei n. 9.528/97, que acresceu ao art. 453 da CLT os §§ 1º e 2º. O primeiro diz que é permitida a readmissão dos aposentados espontaneamente das empresas públicas e das sociedades de economia mista, desde que observadas as regras do art. 37, XVI (permissão de acumulação de cargos e empregos públicos) e do concurso público; o segundo enuncia que a aposentadoria espontânea de empregado que não tiver completado 35 anos de serviço, se homem, e 30, se mulher, importa extinção do vínculo empregatício.

Entretanto, o STF suspendeu os §§ 1º e 2º do art. 453 da CLT, através das ADIs ns. 1.770 e 1.721, respectivamente, cuja decisão definitiva é de out./06. E as decisões definitivas do STF em ADI são vinculantes da Administração Pública direta e indireta e do Poder Judiciário e possuem efeito *erga omnes*, cf. art. 102, § 2º, CF.

Portanto, a aposentadoria espontânea não é motivo de extinção do contrato de trabalho. E, em consequência, todos os trabalhadores que foram despedidos em face dos dispositivos inconstitucionais têm direito à multa de 40% sobre os depósitos do FGTS. É de entender-se que o prazo prescricional esteve interrompido até o julgamento definitivo da ADI pelo STF em out./06. E as sentenças que denegaram esse direito tornaram-se inconstitucionais, passíveis de rescisão mediante a ação própria.

6. FORÇA MAIOR E FACTUM PRINCIPIS

"Entende-se por força maior todo acontecimento inevitável, em relação à vontade do empregador, e para a realização do qual este não concorreu, direta ou indiretamente." "A imprevidência do empregador exclui a razão de força maior" — art. 501 e § 1º. Daí os seguintes elementos: a) que o acontecimento seja irresistível; b) que o empregador não tenha concorrido, direta ou indiretamente; c) que o acontecimento seja imprevisível; e d) que afete ou seja suscetível de afetar a situação econômica da empresa.

Configurada a força maior que determine a extinção da empresa ou o fechamento de um dos estabelecimentos em que trabalhe o empregado, este, quando despedido, tem direito às indenizações pela metade: a) a levantar os depósitos do FGTS, acrescidos de juros e correção monetária mais 20% desse total; b) o estável decenal pode ser despedido mediante indenização simples; c) o cipeiro e a gestante podem ser despedidos na forma da letra a; d) os demais estáveis, protegidos contra despedida, salvo no caso de falta grave, podem ser despedidos mediante a indenização no valor de 50% dos salários do período de estabilidade restante; e e) o contratado por prazo determinado faz jus ao pagamento da quarta parte dos salários que perceberia durante o restante do contrato.

Entretanto, comprovada a falsa alegação de força maior, o empregado estável tem direito à reintegração, com pagamento dos salários até então; o não estável terá direito aos salários até a comprovação da falsa alegação de força maior e ao restante das indenizações.

Em caso de força maior ou prejuízos devidamente comprovados, era lícita a redução dos salários no percentual máximo de 25% enquanto durasse a situação ruinosa, cessada a qual eram restabelecidos os salários de cada empregado. Mas em relação à redução dos salários, como já exposto alhures, a Constituição só permite mediante negociação coletiva.

Factum Principis (fato do príncipe) configura-se quando a paralisação temporária ou definitiva do trabalho seja motivada por ato de autoridade pública — municipal, estadual ou federal — ou pela promulgação de lei ou resolução que impossibilite a continuação da atividade — art. 486 da CLT. Nesse caso, o trabalhador tem direito a todas as indenizações da despedida sem justa causa. Entretanto, a responsabilidade se transfere para o governo que houver dado causa.

Daí se extraírem os seguintes elementos caracterizadores do fato do príncipe: a) ato da autoridade pública; b) cessação da atividade da empresa; e c) não concorrência do empregador, direta ou indiretamente, culposa ou dolosamente. A transferência de responsabilidade para o Poder Público limita-se aos direitos rescisórios; os direitos adquiridos no curso do contrato, como salários, horas extras etc. continuam sob a responsabilidade do empregador.

O procedimento faz-se da seguinte maneira:

a) o empregado reclama contra o empregador;

b) este alega como matéria de defesa a culpa do Poder Público;

c) o reclamante tem 3 dias para manifestar-se sobre essa alegação;

d) o juiz notificará a pessoa de direito público apontada como responsável para, no prazo de trinta dias, alegar o que entender necessário;

e) o juiz julga a alegação do reclamado, reconhecendo ou não a responsabilidade do Poder Público, o qual, em caso positivo, passará a figurar no processo como chamado à autoria;

f) da decisão preliminar que determinar o poder responsável, ou que rejeitar a alegação de *factum principis*, não cabe recurso, podendo ser questionada por ocasião do recurso da decisão final. O § 3º do art. 486 foi derrogado pelo art. 114 da CF/88, que atribui à Justiça do Trabalho competência exclusiva em matéria decorrente da relação empregatícia. E com a redação que lhe deu a

EC n. 45/04, compete à Justiça do Trabalho julgar todas as ações oriundas da relação de trabalho.

7. MORTE DO EMPREGADO

A morte do empregado implica a extinção do contrato de trabalho, em face de um dos caracteres do contrato de emprego, que é a **pessoalidade**. Neste caso, o contrato extingue-se por caducidade, independente da vontade das partes.

Não obstante isso, os direitos do trabalhador, havidos até a morte, são devidos aos sucessores, tais como saldo de salário, férias vencidas e proporcionais, 13º salário proporcional e levantamento dos depósitos do FGTS da conta vinculada e outros direitos.

A Orientação Normativa n. 2 do MTE, diz que é devida a homologação da rescisão contratual de empregado falecido, por intermédio de seus beneficiários.

Os sucessores, em geral, são pessoas muito humildes, sem inventário a abrir. Por isso, o procedimento de pagamento desses direitos deve ser bem simplificado. Paga-se à viúva ou companheira, que representa os filhos comuns incapazes; se houver filho de outra relação, este receberá sua cota; se os filhos forem maiores, paga-se a cada um deles.

O pagamento dessas verbas se faz segundo o Dec. n. 85.845/81, que é igual ao estatuído para efeito de depósitos de FGTS, de PIS/PASEP e saldos de caderneta de poupança, cf. se verá adiante.

A condição de dependente habilitado será declarada pelo INSS, ou, se for o caso, por órgão encarregado do processamento do benefício por morte, na forma da legislação própria. À vista da apresentação da citada declaração, o empregador, a repartição, o banco etc. farão os respectivos pagamentos.

A declaração de que não possui outros bens a inventariar será feita pelos interessados, segundo modelo constante de anexo do Decreto n. 85.845/81, a qual presume-se verdadeira, até prova em contrário.

Na falta de dependentes, farão jus ao recebimento dos direitos do falecido os seus sucessores segundo a lei civil, indicados em alvará judicial, expedido a requerimento dos interessados, independente de inventário ou arrolamento (art. 5º do citado Decreto).

A propósito do saque do FGTS e do PIS aos dependentes do falecido, a Lei n. 6.858/80 preceitua no seu art. 1º:

> Os valores devidos pelos empregadores aos empregados e os montantes das contas individuais do Fundo de Garantia do Tempo de Serviço e do Fundo de Participação PIS/PASEP, não recebidos em vida pelos respectivos titulares, serão pagos, em cotas iguais, aos dependentes habilitados perante a Previdência Social ou na forma da legislação específica dos servidores civis e militares, e, na sua falta, aos sucessores previstos na lei civil, indicados em alvará judicial, independentemente de inventário ou arrolamento.

As quotas atribuídas a menores serão depositadas em caderneta de poupança, para liberação quando completarem 18 anos. Fora disso, só por autorização judicial, para aquisição de imóvel onde residirá o menor com sua família, para prover seus estudos ou a subsistência.

Inexistindo sucessores ou dependentes, esses valores reverterão ao Fundo de Previdência e Assistência Social, ao FGTS e ao PIS/PASEP.

Não existindo outros bens sujeitos a inventário, aplicam-se as regras *supra* aos saldos de contas bancárias, restituições de imposto de renda, de caderneta de poupança e Fundos de Investimento de valor até 500 OTNs. Não havendo dependentes ou sucessores do titular, esses valores reverterão em favor do Fundo de Previdência e Assistência Social.

8. A JUSTA CAUSA E O MOTIVO

Justa causa trabalhista é a causa de rescisão contratual motivada pela conduta do trabalhador ou do empregador que implique quebra da confiança ou do contrato. A justa causa do empregador é tratada como *despedida indireta*.

Para Moraes Filho, justa causa é *"todo ato doloso ou culposamente grave, que faça desaparecer a confiança e a boa-fé que devem entre elas [as partes] existir, tornando impossível o prosseguimento da relação"*[50].

8.1. Tratamento legal da matéria — a justa causa do empregado está prevista basicamente nos arts. 482, 165, 158 da CLT. A do empregador tem suporte basicamente no art. 483 da CLT.

De acordo com a sistematização da lei, a despedida do empregado não constitui pena disciplinar, pois esta é tratada no item suspensão do contrato de trabalho, enquanto a justa causa encontra-se no capítulo que trata da rescisão contratual[51].

8.2. Diferença entre justa causa, falta grave, justo motivo e motivação — Essas quatro espécies diferenciam-se pelas respectivas finalidades e pelos destinatários. A *justa causa* dá direito de despedimento do empregado não estável no emprego sem indenizações; a *falta grave* dá direito de despedimento de empregado estável sem indenizações; o *justo motivo* dá direito de despedir, com indenizações rescisórias, empregados protegidos contra despedida arbitrária ou sem justa causa; e motivação diz respeito aos entes estatais e paraestatais, por força do art. 37, *caput*, CF e Lei n. 9.784/99.

8.3. Motivação nos entes estatais e paraestatais — encontram-se protegidos contra despedida arbitrária e sem motivo comprovado os servidores públicos celetistas, assim compreendidos os empregados da Administração direta, autárquica, fundacional, das empresas públicas e das sociedades de economia mista e entes estatais equiparados, da União, Estados, Distrito Federal e Municípios. É o que preceitua o *caput* do art. 37 da CF. E no âmbito federal a regra da **motivação** e do **devido processo legal** nos atos de despedida já é obrigatória, conforme dispõe a Lei n. 9.784/99.

(50) MORAES FILHO, Evaristo de. *A justa causa na rescisão do contrato de trabalho*. Rio de Janeiro: Forense, 1968. p. 105.

(51) LAMARCA, Antonio. *Manual das justas causas*. 2. ed. São Paulo: Revista dos Tribunais, 1983.

A propósito, a jurisprudência tem vacilado. Mas o Eg. TST já consolidou na OJ n. 247 da SDI-I que prescinde de motivação a demissão de empregado de empresa pública e de sociedade de economia mista, inclusive concursado. Ressalva apenas a Empresa de Correios e Telégrafos, porque esta goza dos favores da Fazenda Pública. Porém, certamente, essa solução tangenciadora do art. 37 da CF ainda não atentou para as inovações agregadas à Constituição e à lei.

Com efeito, o § 1º do art. 173 da CF, que tem dado suporte à jurisprudência citada, foi alterado pela EC n. 19/98, sendo desdobrado em cinco incisos, todos orientadores da regulamentação, por lei específica, do estatuto das empresas estatais. Contudo, essa lei ainda não foi editada. Enquanto isso, a textual dicção do art. 2º da Lei n. 9.784/99, exige a observância da motivação como condição de validade dos atos administrativos da administração direta e indireta.

Ademais, as estatais estão sujeitas às regras da licitação (art. 173, III); do concurso público (art. 37, II); ao controle de conta pelos Tribunais de Contas (art. 71, III); seus empregados sujeitam-se à proibição de acumular cargos e empregos (art. 37, XVII); seus servidores sujeitam-se a peculato e corrupção (arts. 312 e 317 do Código Penal); sujeitam-se às regras da improbidade administrativa (art. 37, § 4º, da CF e Lei n. 8.429/92) etc. Portanto, seus empregados sofrem a incidência de todas as regras de direito público restritivas, que os diferenciam dos trabalhadores da iniciativa privada. Por que a SEM e a EP seriam entes privados apenas para despedir empregados?

Aliás, soa ilógico que até para desfazer-se de uma sucata, a estatal obriga-se a um procedimento formal prévio e para pôr um ser humano no olho da rua não tenha que obedecer à regra da motivação e ao princípio da impessoalidade. Seria uma grosseira inversão de valores constitucionais, dentre os quais a pessoa é o mais alto.

A Lei n. 9.784/99, que regula o processo administrativo na administração federal direta e indireta, estabelece em seu art. 2º os princípios obrigatórios a serem observados para validade dos atos administrativos: legalidade, finalidade, motivação, razoabilidade, proporcionalidade, moralidade, ampla defesa, contraditório, segurança jurídica, interesse público e eficiência.

O art. 2º, parágrafo único, VII, exige a "*indicação dos pressupostos de fato e de direito que determinarem a decisão*". No art. 50 estabelece obrigatoriedade de motivação, quando "I — neguem, limitem ou afetem direitos ou interesses".

A propósito, diz Maria Sylvia Zanella di Pietro: "*A sua obrigatoriedade se justifica em qualquer tipo de ato, porque se trata de formalidade necessária para permitir o controle de legalidade dos atos administrativos*" (*Direito administrativo*. São Paulo: Atlas, 2003. p. 82).

Portanto, o Colendo TST e os Egrégios TRTs ainda não examinaram a questão sob as inovações constitucional e legal citadas — EC n. 19/98 e Lei n. 9.784/99.

Por último, cumpre registrar que o STF admitiu repercussão geral dessa tese, em que, segundo o voto condutor do Ministro Ricardo Lewandowski, a motivação será imprescindível para despedida nas estatais. O julgamento de mérito confirmou a tese. (Precedente — RG RECEXTRA 589.998-5-PI).

9. *JUSTA CAUSA DO EMPREGADO*[52]

O contrato de emprego sustenta-se em dois elementos, um de ordem moral e outro de ordem legal. O de ordem moral é a confiança, que, uma vez quebrada, trinca o vínculo de emprego. Assim, a justa causa se materializa em face da quebra da fidúcia. A justa causa poderá ser do empregado ou do empregador. O ônus de provar a justa causa é de quem alega.

Constituem justa causa do empregado (art. 482 da CLT):

a) *ato de improbidade* — conduta desonesta, desleal, maldosa, no trabalho, que causa prejuízo à empresa. O conceito é largo, abrangendo desde o furto, o roubo, o desvio de mercadoria, a escrituração contábil fraudulenta etc. o roubo ou furto pode ser praticado contra o patrimônio da empresa, de colega de trabalho ou de cliente. É ato doloso, intencional, que implique séria quebra da confiança;

b) *incontinência de conduta* — saliência sexual no trabalho ou que nele interfira;

c) *mau procedimento* — conduta contrária à moral e aos costumes, interferente na relação de trabalho;

d) *negociação habitual* por conta própria ou alheia sem permissão do empregador, e quando constituir ato de concorrência à empresa para a qual trabalha o empregado, ou for prejudicial ao serviço. Não se aplica ao doméstico;

e) *condenação criminal do empregado* a pena privativa de liberdade, passada em julgado, caso não tenha havido suspensão da execução da pena;

f) *desídia* no desempenho das respectivas funções — desleixo, desinteresse, falta de assiduidade, impontualidade, desatenção no serviço;

g) *embriaguez habitual ou em serviço* — a habitual é hoje questionada, por encontrar-se catalogada pela Organização Mundial de Saúde como patologia, e doença não é má conduta. O alcoólatra deve ser tratado, readaptado etc.;

h) *violação de segredo da empresa*. Este item não se aplica ao doméstico. Destarte, o segredo é a alma do negócio, e a espionagem equivale a um roubo de pesquisas, de projetos de iniciativas;

i) *ato de indisciplina ou de insubordinação*. Indisciplina é a desobediência às normas da empresa; insubordinação é a desobediência a superior hierárquico;

j) *abandono de emprego* — caracterizado mediante a ocorrência de dois elementos: um objetivo — ausência contínua por mais de trinta dias, e outro subjetivo — o ânimo de abandonar. Faltando um desses elementos, não há abandono;

k) *ato lesivo da honra ou da boa fama* praticado no serviço contra qualquer pessoa, ou ofensas físicas, nas mesmas condições, salvo em legítima defesa, própria ou de outrem;

l) *ato lesivo da honra ou da boa fama, ou ofensas físicas* praticados contra o empregador e superiores hierárquicos, salvo em legítima defesa, própria ou de outrem. Portanto, mesmo fora da empresa, a ofensa contra o patrão e/ou superiores tipifica a justa causa; e

(52) A propósito, leia-se: GIGLIO, Wagner. *Manual da justa causa*; e LIMA, Francisco Meton Marques de. *Novas implicações jurídicas da velha justa causa*. Cuiabá: Oásis, 2001.

m) *prática constante de jogos de azar* — jogo que envolve aposta e risco e que constitui vício, interferindo no trabalho do empregado.

n) *ato atentatório à segurança nacional* — O parágrafo único do art. 482 da CLT. Entendo que esse dispositivo não foi recepcionado pela CF/88, cujo art. 5º, LVII preceitua que ninguém será considerado culpado até o trânsito em julgado de sentença condenatória.

Em relação ao atleta de futebol, o art. 20 da Lei n. 6.354/76 dispõe: "constituem justa causa para rescisão do contrato e eliminação do futebol nacional: I — ato de improbidade; II — grave incontinência de conduta; III — condenação a pena de reclusão, superior a dois anos, transitada em julgado; IV — eliminação imposta pela entidade de direção máxima do futebol nacional ou internacional".

9.1. Princípios da justa causa

São princípios da justa causa:

a) *princípio da legalidade*. A lista da justa causa é fechada. A falta deve estar catalogada em lei, a exemplo do art. 482 da CLT, em virtude do art. 5º, II, CF;

b) *relação de causalidade entre a falta e a despedida*. Ou seja, não se pode utilizar um fato para punir outros;

c) *proibição de despedida injuriosa ou com abuso do poder,* fato que descaracteriza a justa causa;

d) *relação entre o ato faltoso e o ambiente de trabalho,* pois o ato que é grave em determinado ambiente de trabalho poderá não ser em outro;

e) efetiva *gravidade da justa causa,* não valendo a "tolerância zero";

f) *imediatidade entre a falta cometida e a despedida*, sob pena de configurar-se o perdão tácito. Se a dispensa não for imediata, presume-se que a confiança que suporta o contrato não foi rompida. Porém justifica-se demora razoável na apuração, conforme a complexidade da empresa e da falta;

g) *presunção de perdão tácito da falta não sancionada*, a qual não pode mais ser invocada para efeito de reincidência;

h) *obrigação de o empregador informar ao empregado o motivo da despedida por justa causa;*

i) *autonomia de tipificação em relação ao ilícito penal*, ou seja, pode o fato não se tipificar como crime, mas caracterizar justa causa;

j) *a justa causa decorre de um procedimento culposo;*[53]

---

(53) Esses conceitos emanam do Direito Penal. Culpa difere de dolo. Age com dolo quem deliberadamente persegue um fim ilícito. Age com culpa quem não deseja a finalidade ilícita, pode até perseguir algo virtuoso, mas falta com o dever do cuidado, e essa conduta é punível. Pela Teoria Finalista, adotada no Direito Penal brasileiro a partir de 1984, define-se a culpa pela previsibilidade subjetiva, ou seja, "se o sujeito, de acordo com sua capacidade pessoal, agiu ou não de forma a evitar o resultado". DELMANTO, Celso; DELMANTO

k) *non bis in idem* — é proibido punir duas vezes pelo mesmo fato;

l) *proporcionalidade entre a falta e a sanção*. A proporcionalidade erige-se hodiernamente como superprincípio, cujo conteúdo abriga a um só tempo três ideias: a) a justa medida; b) a proibição do arbítrio; e c) adequação.

10. FALTA GRAVE

"Constitui falta grave a prática de qualquer dos fatos a que se refere o art. 482, quando por sua repetição ou natureza representem séria violação dos deveres e obrigações do empregado" — art. 493 da CLT. A falta leve é passível de punição disciplinar (advertência, suspensão); a justa causa dá azo à despedida sem indenização; a falta grave é mais séria e autoriza a despedida do estável.

Caracteriza-se a gravidade pela ocorrência de um dos dois elementos: a) repetição do ato faltoso; ou b) gravidade do ato. Para caracterizar-se a repetição, é necessário que as ocorrências faltosas tenham se verificado em período razoavelmente curto, e que a falta anterior tenha sido sancionada. Assim, o ato de improbidade em virtude de furto ao empregador por si só é grave; já o simples desacato de uma ordem pelo empregado caracteriza justa causa, e só a repetição configurará a falta grave. Cabe ao intérprete defini-la no limite de cada caso concreto, sempre atento para que o empregador não se apegue a pequenas ocorrências para forjar uma falta grave.

11. DESPEDIDA INDIRETA — JUSTA CAUSA DO EMPREGADOR

A justa causa do empregador ou despedida indireta caracteriza-se quando sua conduta representa quebra do contrato, dando direito ao empregado de considerar rescindido seu contrato de trabalho. Constituem justa causa do empregador:

a) exigência de serviços superiores à sua força, defesos por lei, contrários aos bons costumes, ou alheios ao contrato;

b) tratamento pelos seus superiores com rigor excessivo;

c) correr perigo manifesto de mal considerável;

d) não cumprir o empregador as obrigações contratuais;

e) prática, pelo empregador ou seus prepostos, de ato lesivo da honra ou boa fama do empregado ou sua família;

f) ofensa física, pelo empregador ou seus prepostos, ao empregado, salvo em caso de legítima defesa; e

JÚNIOR, Roberto; DELMANTO, Fábio M. de Almeida. *Código penal comentado*. 5. ed. Rio de Janeiro: Renovar, 2000. p. 32. Culposa é a ação com imperícia, imprudência ou negligência. **Imperícia** — "falta de aptidão técnica, teórica ou prática"; **Imprudência** — "prática de ato perigoso"; **Negligência** — "falta de precaução".

g) em caso de redução do trabalho, sendo este por peça ou tarefa, de forma a afetar sensivelmente a importância dos salários.

Não constam da CLT, mas enquadram-se nessa fórmula o assédio sexual e o assédio moral, o primeiro, quando o(a) trabalhador(a) é constrangido(a) por superior hierárquico em sua liberdade sexual (cf. Lei n. 10.224/01). O assédio sexual é crime, com pena de detenção de um a dois anos; o assédio moral é o constrangimento psicológico, de que tratamos no Capítulo XVIII, 4.1. Enquadramos essas condutas nas letras *a, d, e,* do art. 483, sem prejuízo da sanção penal e de eventuais reparações por danos morais.

Se, por uma das hipóteses *supra*, o empregado tomar a iniciativa de rescindir o contrato, ele terá direito aos mesmos títulos da despedida sem justa causa, ou da rescisão antecipada de contrato por tempo determinado. Chama-se a isto **despedida indireta**. O empregado, neste caso, tem duas opções: 1) considerar-se despedido e pleitear perante a Justiça as indenizações elencadas no item 3.1 do Capítulo seguinte; ou 2) continuar trabalhando, mas pleitear a rescisão perante a Justiça, com as indenizações legais.

A Lei n. 9.615/98, que dispõe sobre regras gerais do desporto, estipula que o atraso de salário do atleta profissional por período igual ou superior a três meses constitui motivo para rescisão antecipada do contrato. A contumácia na falta de recolhimentos ao FGTS e à Previdência Social também autoriza a rescisão antecipada, com as indenizações legais e contratuais.

12. CULPA RECÍPROCA

Prevista no art. 484 da CLT. Neste caso, as indenizações que seriam devidas por despedida sem justa causa serão reduzidas à metade, cf. Súmula n. 14 do TST, que reconhece nesse caso o direito a 50% do aviso-prévio, do 13º salário, das férias proporcionais e da indenização do FGTS.

Capítulo XXVI

Obrigações Decorrentes da Cessação do Contrato de Emprego

A rescisão contratual implica obrigações, de natureza indenizatória ou não, conforme o motivo da rescisão e tendo em vista a natureza do contrato.

1. INDENIZAÇÃO POR TEMPO DE SERVIÇO — CONCEITO E FUNDAMENTO JURÍDICO

A CLT adotava o sistema de indenização, que foi mantido pela Constituição de 1946. A Constituição de 1967/1969 abrigava regime duplo: da CLT e do FGTS. O regime da CLT, da indenização, consistia no pagamento de um mês de remuneração mais 1/12 da mesma remuneração por ano de serviço ou fração superior a seis meses (art. 478). Com dez anos o empregado adquiria estabilidade. Mas a CF/88 unificou o regime no FGTS, para trabalhadores urbanos e rurais, excluindo o regime celetista. Assim, o estudo desse tema perde importância.

2. RESCISÃO DO CONTRATO POR TEMPO DETERMINADO

Esse contrato tem sua duração limitada no tempo, subordina seus efeitos ao advento de um termo final ou ao implemento de uma condição resolutiva, que, uma vez verificados, o contrato expira, caduca, independente de aviso-prévio e de indenizações. O empregado tem direito, entretanto, a férias e 13º proporcionais e ao levantamento dos depósitos do FGTS (código 4). Ao safrista, mesmo expirando normalmente o contrato, aplica-se essa regra.

Mas se o contrato for rescindido por iniciativa do empregador antes do prazo final, sem culpa do empregado, este terá direito, a título de indenização: a 50% do salário devido pelo restante do contrato, cf. art. 479 da CLT; férias e 13º salário proporcionais; 40% dos depósitos do FGTS; saque do FGTS.

Se o empregado desligar-se antes do termo do contrato, sem culpa do patrão, será obrigado a indenizar o empregador dos prejuízos que desse fato resultarem. A indenização não ultrapassará ao que ele teria direito — art. 480 da CLT. Mesmo pedindo demissão, terá direito a férias e 13º proporcionais.

3. RESCISÃO DO CONTRATO POR TEMPO INDETERMINADO

O contrato por tempo indeterminado é feito para durar indefinidamente. Entretanto, em face do princípio da liberdade, é facultado às partes rescindi-lo. A rescisão pode dar-se de comum acordo (distrato) ou por uma das partes, ou pela superveniência de fato natural (item 1 *supra*). A rescisão por uma das partes pode ocorrer com ou sem culpa de uma ou de ambas as partes.

Quando a iniciativa é do empregado, denomina-se *demissão*; quando do empregador, *despedida*. Qualquer das partes que queira pôr fim ao contrato por tempo indeterminado, sem culpa imputável à outra parte, é obrigada a dar aviso-prévio ou indenizá-lo no valor equivalente. O empregador tem direito de reter o salário do empregado para compensar com a falta de aviso deste.

A despedida arbitrária ou sem justa causa do empregado dá a ele os seguintes direitos: a) concessão ou indenização de aviso-prévio de no mínimo 30 dias, mais três dias por ano de serviço; b) restante de salário; c) 13º salário proporcional — no valor de x/12 por mês ou fração superior a 14 dias (ou seja, por mês, 1/12); d) férias vencidas e proporcionais — no valor de x/12 por mês trabalhado (+ 1/3), computando-se no tempo, para esse efeito, o período do aviso-prévio; e) saque do total dos depósitos do FGTS, acrescidos de juros e correção monetária, mais 40% sobre esse total, depositado ao tempo da rescisão contratual.

O marco inicial da contagem das férias é a data de admissão, indo até a data de aniversário do contrato; já o marco inicial da contagem do 13º salário é a data de admissão, encerrando-se o período em dezembro e iniciando-se outro no dia 1º de janeiro.

Até junho de 2006, o empregador, exceto a microempresa e o empregador doméstico, depositará ainda 10% desse valor em favor do FGTS, cf. LC n. 110/01. O empregado tem direito, ainda, às guias para gozo do seguro-desemprego, se for o caso. Se o empregado for privado do gozo do seguro-desemprego por culpa do empregador, este indenizará àquele no valor correspondente (Súmula n. 389 do TST). Se a dispensa se der dentro dos trinta dias, para a data-base da categoria, incluído o prazo do aviso-prévio indenizado, a rescisão é acrescida de mais um mês de salário, exceto a Administração Pública direta, autárquica e fundacional (art. 9º da Lei n. 7.238/84).

Os empregados antigos, admitidos sem opção pelo FGTS, que atingiram a estabilidade decenal até o dia 4.10.88, mantêm essa condição, cf. art. 14 da Lei n. 8.036/90, em razão da qual só podem ser despedidos se cometerem falta grave apurada em inquérito judicial. No caso de o juiz não reconhecer a falta grave e julgar desaconselhável a reintegração do empregado no emprego, convertê-la-á em indenização em dobro (2 meses de remuneração + 1/12 por ano de serviço ou fração igual ou superior a 6 meses, anteriores a 5.10.88). Esses estáveis, quando pedirem demissão sem culpa do empregador, não têm direito a indenização nem a FGTS, mas somente ao 13º e às férias vencidos e proporcionais. Na demissão por qualquer modalidade de acordo (certamente aqui incluídos os programas de incentivo a demissão voluntária) terão direito ao mínimo de 60% do que receberiam na despedida sem falta grave, cf. Súmula n. 54 do TST.

Se a iniciativa rescisória é do empregado, sem culpa do empregador, o primeiro só deve ao segundo o aviso-prévio. Mesmo assim, ele ainda tem direito de receber do patrão o 13º e as férias proporcionais, por força da Convenção n. 132 da OIT e Súmula n. 261 do TST.

Na justa causa do empregado, o empregador deve-lhe apenas todas as parcelas vencidas, como o restante de salário e as férias vencidas. Não tem direito a aviso-prévio nem a autorização para levantar os depósitos do FGTS.

4. HOMOLOGAÇÃO DO PEDIDO DE DEMISSÃO E DOS RECIBOS DE QUITAÇÃO

O pedido de demissão e o recibo de quitação de rescisão do contrato de trabalho, firmados por empregado com mais de um ano no emprego, só serão válidos quando feitos com a assistência do respectivo Sindicato ou do Ministério do Trabalho. Na falta desses órgãos, a assistência será prestada pelo Representante do Ministério Público, ou, onde houver, pelo Defensor Público, e, na falta ou impedimento destes, pelo Juiz de Paz — art. 477, §§ 2º e 3º, da CLT.

O DL n. 779/69 exclui da regra *supra* os entes da administração pública direta, autárquica e fundacional que não explorem atividade econômica.

A Orientação Normativa n. 2 do MTE, diz que é devida a homologação da rescisão contratual de empregado falecido, por intermédio de seus beneficiários, habilitados perante o órgão previdenciário ou assim reconhecidos judicialmente, porque a estes se transferem todos os direitos do *de cujus*, inclusive o de ter a assistência prevista no § 1º do art. 477 da CLT.

Esses preceitos geraram controvérsia sobre a validade do recibo de quitação devidamente homologado. A Súmula n. 330 reconhece efeito liberatório no termo de rescisão homologado pelo sindicato da categoria quanto às parcelas dele constantes, salvo ressalvas devidamente especificadas. Por isso, os sindicatos vêm-se recusando às homologações, encaminhando os trabalhadores para as Superintendências do Trabalho.

A rescisão contratual será paga: a) até o 1º dia útil após o término do contrato; b) até o 10º dia contado da notificação da despedida, quando não dado aviso-prévio, dispensado o seu cumprimento ou o mesmo for indenizado — art. 477, § 6º, da CLT.

A inobservância desses prazos sem culpa do empregado gera dupla penalidade ao empregador: a) uma multa em favor do empregado no valor de um mês de salário mensal corrigido; b) outra multa em favor da União no valor de 160 BTNs por empregado nessa situação — art. 477, § 8º, da CLT.

5. AVISO-PRÉVIO

5.1. Conceito e natureza jurídica — consiste na comunicação que, nos contratos por prazo indeterminado, uma das partes faz à outra dizendo que o contrato cessará ao fim de determinado prazo. Se a rescisão for brusca, a parte que rescindir indenizará à outra o período respectivo.

Em relação ao empregado, é um direito irrenunciável, sendo devido mesmo no caso de extinção ou cessação de atividades da empresa.

Não é devido em caso de culpa recíproca, não pode ser dado durante o gozo de estabilidade e o empregado perde o direito se, no seu curso, cometer falta grave. Se o patrão der aviso-prévio e o empregado pedir dispensa de seu cumprimento, ainda assim, terá que indenizá-lo, salvo se o empregado ingressar imediatamente em outro emprego.

O valor das horas extras habituais integra a remuneração do aviso. Quando o salário for variável, paga-se pela média dos últimos doze meses ou dos meses trabalhados. O aumento de salário ocorrido no curso do aviso beneficia o preavisado.

Natureza jurídica — o aviso é, antes de tudo, uma declaração de vontade, pela qual uma das partes exerce seu direito potestativo de rescindir o contrato. Mas também pode ser encarada de outro ângulo: é receptícia, porque o aviso só começa a fluir com a comunicação da intenção de rescindir; é previdencial porque dá azo a que o avisado previna-se — o empregado procurando novo emprego e o empregador providenciando outro empregado; a remuneração alusiva ao período do aviso, mesmo quando indenizado, tem natureza salarial em relação ao empregado e indenizatória em relação ao empregador não pré-avisado.

5.2. Prazos e efeitos — o aviso começa a correr no dia seguinte à sua concessão e termina no dia do vencimento, ou no primeiro dia útil seguinte, cf. Súmula n. 380. O art. 7º, XXI da Constituição Federal assegura o direito de aviso-prévio proporcional só ao empregado. A Lei n. 12.506/11 regulamentou-o, alterando o art. 487 da CLT, para assegurar ao trabalhador aviso-prévio com prazo de, no mínimo, **30 dias**, quando o empregado contar até um ano na empresa, mais três dias por ano de serviço, depois do primeiro ano, não ultrapassando 90 dias, cf. Nota Técnica n. 184/2012/MTE. Como o art. 7º da Constituição confere esse direito só aos trabalhadores, o aviso do empregado ao empregador continua regido pela regra da CLT: de 30 dias, se o empregado ganha por mês ou conta mais de 12 meses de serviço e de 8 dias se o empregado ganha por semana ou dia e conta menos de um ano. O acréscimo decorrente da Lei n. 12.506/11 repercute para todos os efeitos: de indenização do aviso, de indenização pré-data-base (Lei n. 6.708), para início da prescrição, para contagem no tempo de serviço.

O efeito imediato do aviso é fixar o termo final do contrato por tempo incerto. Dado o aviso, a rescisão torna-se efetiva depois de expirado o respectivo prazo. Pode, entretanto, haver retratação, desde que o notificado aceite. Mas, tanto a reconsideração como a aceitação podem ser tácitas, conforme o art. 489, parágrafo único, da CLT.

O aviso não muda a natureza originária do contrato. Se por tempo indeterminado, conserva essa qualidade até a expiração do aviso. A importância dessa observação se faz sentir nos casos de suspensão do contrato (como na ocorrência de doença e de acidente de trabalho). Com a suspensão do contrato, o tempo do aviso não flui, para, e recomeça logo que cesse a suspensão ou o impedimento da despedida. O acidente de trabalho assegura ao acidentado estabilidade por doze meses após o retorno ao serviço.

Logo, ocorrendo acidente de trabalho durante o aviso trabalhado, suspende-se o curso do aviso até o final da estabilidade. E durante o aviso indenizado, sobrevindo doença, esta também suspende o curso do aviso, cf. Súmula n. 371.

A rigor, o curso do aviso suspender-se-ia com o advento de um dos fatos que asseguram estabilidade provisória, como registro de chapa de candidato a cargo de direção ou representação sindical ou da CIPA, comprovação de gravidez, porque, como se disse, o aviso não muda a natureza inicial do contrato. Entretanto, o Egrégio TST entende que não, cf. Súmula n. 369, segundo a qual, o *registro de candidatura sindical no curso do aviso não dá direito a estabilidade*. Contudo, o TST admite que o aviso se suspende com a comprovação da gravidez ou na concessão de auxílio-doença.

Outro efeito do aviso consiste na redução da jornada em 2 horas por dia ou sete dias corridos durante o seu curso para o trabalhador urbano, e em um dia por semana para o rural. A inobservância dessas regras implica nulidade do pré-aviso. A Súmula n. 230 do TST veda a conversão da redução da jornada em horas extras. A regra de um dia de folga para aviso de 8 dias para o urbano foi revogada.

O período do aviso-prévio soma tempo de serviço. Se indenizado, soma tempo de serviço para o empregado, quando o notificante é o empregador, inclusive sobre o qual incide contribuição previdenciária, cf. Dec. n. 6.727/09. Esse particular repercute nos doze avos de férias e 13º proporcionais (em vez de 1/12 de férias, somando-se o aviso de 30 dias — caso não seja maior — a fração se altera para 2/12). Repercute, ainda, em relação à indenização adicional instituída pela Lei n. 6.708/79, consistente na imposição ao empregador da obrigação de pagar ao empregado, na rescisão, um mês de salário em caso de despedida sem justa causa no período de 30 dias que antecede o aumento de salário: assim, se o aumento de salário vai ocorrer em novembro e o empregado é despedido em setembro, sem aviso-prévio, terá direito ao mencionado adicional. E a baixa do contrato na CTPS é com a data final do aviso indenizado. E do final do prazo do aviso indenizado é que se inicia o prazo de prescrição bienal.

Capítulo XXVII

Estabilidade e Garantias Provisórias de Emprego

1. CONCEITO, REQUISITOS E EXCEÇÕES

Os trabalhadores protegidos por alguma forma de estabilidade, ainda que provisória, só podem ser despedidos por falta grave, apurada através de inquérito judicial para apuração de falta grave, salvo as expressas exceções legais. Como já vimos, falta grave é mais do que justa causa. Esta está prevista no art. 482 e aquela no art. 493. Também há que se distinguir estabilidade com as proteções contra despedida arbitrária ou sem justa causa. É o que veremos.

Segundo A. Sampaio, estabilidade é o direito que o empregado adquire de não ser despedido do emprego, a não ser por motivo de falta grave ou circunstância de força maior.

A estabilidade propriamente dita, prevista nos arts. 492/500 da CLT, na prática, não existe mais, dado que a Lei n. 5.107/66 já a havia enfraquecido, e a CF/88 acabou-a de vez, mantendo só o direito de quem já a havia adquirido, e os poucos empregados sob esse regime já terão se aposentado. Mas pode ser que ainda haja algum herói da resistência que, em 5.10.88 já contava dez anos no emprego sem opção pelo FGTS.

Essa estabilidade era adquirida aos dez anos de empresa. Neste caso, o empregado só poderia ser dispensado se cometesse falta grave, apurada em inquérito judicial. Se a falta grave não fosse reconhecida, o juiz determinava a reintegração do empregado no emprego, com o pagamento dos salários e vantagens ocorridos durante o afastamento. Caso julgasse desaconselhável a reintegração, podia convertê-la em indenização — a do art. 478 da CLT em dobro, já comentada.

Vislumbra-se também a possibilidade de acordo rescisório entre o empregador e o empregado estável optante, ou seja, com mais de dez anos de empresa e que, por opção ou por força da Constituição de 1988, haja passado para o regime do FGTS. Nesse caso, a jurisprudência consolidada na Súmula n. 54 do TST entende que não deve haver mera renúncia do empregado à estabilidade decenal, sendo-lhe devido 60% da indenização dobrada. É de entender-se que se aplica a regra na adesão a Plano de Desligamento Voluntário.

Despedida obstativa — assim se denominava a dispensa do empregado, sem justa causa, no nono ano de serviço. O § 3º do art. 499 da CLT dispõe: "A despedida que se verificar com o fim de obstar ao empregado a aquisição de estabilidade, sujeitará o empregador a pagamento em dobro da indenização prescrita nos arts. 477 e 478".

Mas, com a adoção do regime único do FGTS, a partir da CF/88, essa matéria tornou-se obsoleta. Contudo, subsistem, e em crescente número, as garantias de emprego, também denominadas *estabilidades provisórias*, a seguir analisadas.

2. ESTABILIDADE SINDICAL

Preceitua o art. 8º, VIII, da CF: "É vedada a dispensa do empregado sindicalizado a partir do registro da candidatura a cargo de direção ou representação sindical e, se eleito, ainda que suplente, até um ano após o final do mandato, salvo se cometer falta grave nos termos da lei".

A CLT, no seu art. 543, § 3º, estende essa mesma garantia ao dirigente ou representante de associação profissional. *Na forma da lei* significa de acordo com os arts. 493/494 e 853/855 da CLT, que definem falta grave e a forma de sua apuração. Portanto, o estabilitário sindical só pode ser despedido se cometer falta grave, devidamente apurada por inquérito judicial, cf. Súmulas ns. 197 do STF e 379 do TST. Acerca do tema, o TST editou a Súmula n. 369:

Dirigente sindical. Estabilidade provisória

I — É indispensável a comunicação, pela entidade sindical, ao empregador, na forma do § 5º do art. 543 da CLT.

II — O art. 522 da CLT foi recepcionado pela Constituição Federal de 1988. Fica limitada, assim, a estabilidade a que alude o art. 543, § 3º, da CLT a sete dirigentes sindicais e igual número de suplentes.

III — O empregado de categoria diferenciada eleito dirigente sindical só goza de estabilidade se exercer na empresa atividade pertinente à categoria profissional do sindicato para o qual foi eleito dirigente.

IV — Havendo extinção da atividade empresarial no âmbito da base territorial do sindicato, não há razão para subsistir a estabilidade.

V — O registro da candidatura do empregado a cargo de dirigente sindical durante o período de aviso-prévio, ainda que indenizado, não lhe assegura a estabilidade, visto que inaplicável a regra do § 3º do art. 543 da Consolidação das Leis do Trabalho.

O inciso I entende ser *indispensável a comunicação do sindicato à empresa da candidatura e eleição do dirigente sindical*, na forma do art. 543, § 5º, da CLT, sob pena de não se reconhecer a estabilidade. *Data venia*, entendemos que a obrigação de comunicação era condição celetista da estabilidade. Mas esta migrou para o nível de regra constitucional autoaplicável, sem esse condicionamento. Contudo, enquanto a Corte Superior não mudar, vale a Súmula transcrita.

Em caso de força maior ou de extinção da empresa na base territorial do sindicato do estável, a estabilidade desaparecerá, cf. Súmula n. 369, IV, não subsistindo sequer a indenização correspondente ao período da establidade (RR — 153900-08.2008.5.09.0661 Rel. Min. Mauricio Godinho Delgado, 6ª Turma. DEJT 16.3.2012).

3. DESPEDIDA DE EMPREGADO ESTÁVEL

Extinguem a estabilidade: a) falta grave; b) caso de força maior; c) extinção do estabelecimento na base territorial da entidade sindical do estável, cf. Súmula n. 369, II, do TST; d) pedido de demissão.

Se o empregador acusar o empregado de cometer falta grave, deve propor o inquérito judicial para apuração de falta grave, na forma do art. 853, em que provará o fato. Se for julgado procedente, o empregado é despedido sem indenizações; se improcedente, não haverá despedida. Ao empregador é facultado suspender o empregado antes de propor a ação. Neste caso, tem que ajuizar o inquérito no prazo decadencial (improrrogável) de 30 dias. A suspensão é irretratável. Se julgado procedente o inquérito, a rescisão retroage ao início da suspensão; se improcedente, o empregado tem direito aos salários e vantagens vencidos desde o início da suspensão e vincendos.

Na hipótese de despedida do dirigente ou representante sindical, inclusive o suplente, sem apuração de falta grave na forma supra, ou porque o empregador não reconhece a estabilidade, o empregado propõe ação de reintegração no emprego, incumbindo-lhe provar somente: a) sua condição de dirigente ou representante sindical, ou que é candidato ao cargo com chapa já registrada, ou cujo mandato expirou há menos de um ano; e b) a efetiva despedida.

Em sua defesa, o empregador pode alegar ausência dos requisitos da estabilidade ou que não houve despedida de fato. Entretanto, provadas as condições acima, a defesa do empregador esvaziar-se-á, porque o seu ato resilitório torna-se nulo, ainda que tenha ocorrido a falta grave. Isto porque a despedida do dirigente sindical (incluídas as associações ainda não convertidas em sindicato) constitui ato formal e a preterição da forma invalida o ato jurídico (art. 166, IV, do Código Civil).

Se a reclamação for julgada procedente, a sentença (ao mesmo tempo declaratória e constitutiva) determinará a reintegração do empregado. Mas se o prazo do mandato já houver expirado e outro mandato não houver sucedido ao anterior, a reintegração converter-se-á em indenização, equivalente aos salários e vantagens do período da estabilidade, mais verbas rescisórias da despedida sem justa causa, cf. Súm. n. 396 do TST.

O juiz determinará reintegração liminar, ou em tutela antecipada, verificando que a demissão se deu sem prévio inquérito judicial, conforme arts. 659, X, CLT e 273 do CPC. Isto para que o instituto da estabilidade tenha eficácia, pois, do contrário, ao final do processo, o trabalhador já estaria alijado da sua categoria, sem condições de militância.

3.1. Abrangência da estabilidade sindical — entendo que a estabilidade abrange todos os membros titulares e suplentes da diretoria do sindicato e os delegados de que trata o art. 517, § 2º, da CLT, desde que sejam eleitos, segundo o estatuto do sindicato, por exercerem função de representação e direção sindical. A dicção do art. 8º, VIII, da

CF abrange todos os titulares e suplentes dos cargos de direção e representação sindical. O inciso I do art. 8º revogou os arts. 522 a 528 da CLT, que tratam da composição da diretoria sindical, do monitoramento do sindicato pelo Ministério do Trabalho e pelo Ministério Público e da intervenção pelo governo na sua direção.

Entretanto, em sede de RE, o STF, há mais de 20 anos, entendeu que o art. 522 da CLT foi recepcionado pelo art. 8º da CF/88. Com base nesse precedente, o Colendo TST consolidou sua jurisprudência no sentido de que a estabilidade só alcança os sete membros da diretoria previstos no art. 522 e os sete suplentes (cf. art. 543, § 3º, da CLT). Pior, essa jurisprudência estreitou mais, excluindo da garantia os membros do conselho fiscal, por entender que estes não exercerem atribuição de direção (OJ n. 365 da SDI-1). Lógico que essa interpretação superior incorre em engano, porque o conselho fiscal integra o corpo diretivo do sindicato, figurando seus membros na chapa das eleições, por isso, se tornam alvos de perseguição patronal. Se o objetivo da estabilidade é proteger o emprego do dirigente sindical para que ele defenda a categoria, todos os figurantes da chapa vencedora gozam da tutela constitucional. Vale lembrar que a regra é a da estabilidade sindical, esse é o programa normativo da Constituição, conforme se infere dos arts. 7º, I e 8º, VIII. A interpretação restritiva vai contra os princípios da progressão social e da proteção.

Destarte, o próprio precedente do STF que embasou a jurisprudência do TST é mais abrangente: "O art. 522 da CLT, que estabelece o número de dirigentes sindicais, foi recebido pela CF/88, art. 8º, I" (RE n. 193.345-3). No caso, o STF restabeleceu a sentença de primeiro grau que havia concluído pela vigência do art. 522 da CLT, que estabelece o corpo dirigente sindical em diretoria com número mínimo de três e máximo de sete membros, mais um conselho fiscal de três membros. Logo, o corpo dirigente compõe-se de diretoria e conselho fiscal. Dentro, portanto, do figurino fixado pelo STF, essa é a máxima restrição cabível.

Data venia o entendimento da Suprema Corte, essa questão transborda do leito do art. 522 celetário, porque revogado pela Constituição (ou não recepcionado) e pela evolução dos modelos administrativos, devendo ser enfrentada à luz do abuso de direito, de que trata o art. 187 do Código Civil. Ou seja, quando a diretoria se compuser de um número de diretores excessivo em relação ao contingente da categoria, estará configurado o abuso. No exame do abuso de direito, o juiz deve pautar-se pelos princípios da razoabilidade e da proporcionalidade, para encontrar a justa medida. Assim como será abusiva uma norma estatutária sindical que institui uma diretoria de 20 membros para determinada categoria de 500 representados, será igualmente desarrazoada que se imponha uma diretoria de apenas sete membros para uma entidade representativa de mais de 5.000 trabalhadores. Certamente, em revisitação do tema ao STF, o art. 522 da CLT não resistiria.

4. ESTABILIDADE CONTRATUAL

Ao rol acima, acresçam-se as garantias estipuladas em contrato, individual e coletivo. Com efeito, na proporção em que o emprego escasseia, os profissionais mais qualificados também se tornam raros e, por isso, disputados. Por conta disso, são seduzidos a mudarem de empresa, de domicílio etc. Em consequência, exigem cláusula de garantia. Ainda é de considerar-se a garantia prevista em regulamento da empresa, que integra o contrato individual.

Por sua vez, nos acordos de greve, é comum estipular-se cláusula de proteção contra despedida durante determinado lapso de tempo. Também é comum nas negociações coletivas inserir cláusula de "estabilidade pré-aposentadoria", pela qual a empresa não pode despedir sem motivo os trabalhadores que se encontrem a um ou dois anos da implementação das condições para aposentadoria. Nestes casos, a proteção obedecerá ao limite do pactuado. O Precedente Normativo n. 85 do TST alberga essa pactuação.

5. ESTABILIDADE DE EMPREGADOS PÚBLICOS

Os empregados da administração pública direta, autárquica e fundacional, assim entendidos os regidos pela CLT, adquirem estabilidade aos três anos de efetivo serviço, cf. art. 41 da Constituição e Súmula n. 390 do TST. Os servidores federais regidos pela Lei n. 8.112/90 adquirem estabilidade com três anos de serviço. Já os empregados das empresas públicas e das sociedades de economia mista não se beneficiam do citado art. 41 da CF.

Trata-se da regra aplicável aos empregados públicos efetivos, admitidos mediante concurso público. Como condição para a aquisição da estabilidade, é obrigatória, ainda, a avaliação especial de desempenho por comissão instituída para essa finalidade.

O servidor estável só perderá o cargo, cf. art. 41, § 1º, da CF: a) em virtude de sentença judicial transitada em julgado; b) mediante processo administrativo em que lhe seja assegurada ampla defesa; c) mediante procedimento de avaliação periódica de desempenho, na forma de lei complementar, assegurada ampla defesa.

Invalidada por sentença judicial a demissão do servidor estável, será este reintegrado, e o eventual ocupante da vaga, se estável, reconduzido ao cargo de origem, sem direito a indenização, aproveitado em outro cargo ou posto em disponibilidade com remuneração proporcional ao tempo de serviço.

Extinto o cargo ou declarada a sua desnecessidade, o servidor estável será posto em disponibilidade, com remuneração proporcional ao tempo de serviço, até seu adequado aproveitamento em outro cargo.

Além da hipótese já aventada, há a estabilidade do empregado público admitido sem concurso público pelo menos cinco anos continuados antes da promulgação da Constituição de 1988. É a previsão do art. 19, ADCT, CRFB/1988. A OJ n. 364 da SDI-1 confere essa estabilidade a empregados de fundações privadas que cumpram as características principais das públicas (subvenção pública e defesa de interesses do Estado).

6. ESTABILIDADE DO MEMBRO DE COMISSÃO DE CONCILIAÇÃO PRÉVIA

Os representantes dos empregados, titulares e suplentes, gozarão de estabilidade, até um ano após o final do mandato, que é de um ano, excetuando o cometimento de falta grave (art. 625-B, § 1º, CLT), apurada em inquérito judicial.

7. REPRESENTANTES DOS TRABALHADORES NOS COLEGIADOS PÚBLICOS

É a garantia concedida pelo art. 10 da CF. Alguns órgãos colegiados públicos são compostos com representantes do governo, dos empresários e dos trabalhadores, a exemplo do Conselho Curador do FGTS, do CODEFAT, de órgãos do INSS. Os representantes dos trabalhadores são indicados pelas centrais sindicais, por períodos determinados. Logicamente, aplicam-se a esses trabalhadores as garantias do item *supra*.

8. REPRESENTANTE DOS EMPREGADOS NA EMPRESA

O art. 11 da CF preceitua que nas empresas de mais de 200 empregados é assegurada a eleição de um representante destes, com a finalidade exclusiva de promover-lhes o entendimento direto com os empregadores.

O Precedente Normativo n. 86 da SDC do TST reconhece a esses representantes a estabilidade provisória, nos moldes do art. 543 e seus parágrafos, da CLT. Logo, igual ao assegurado aos dirigentes e representantes sindicais.

9. ESTABILIDADE PRÉ-ELEITORAL

Assegurada aos empregados dos entes públicos, que não podem ser demitidos no período pré-eleitoral. A OJ n. 51 da SDI-I, TST entende aplicável o art. 51 da Lei n. 7.773/89 também aos empregados das sociedades de economia mista e das empresas públicas. Logicamente, por justa causa, devidamente apurada, será legítima a despedida.

10. DIRETOR DE COOPERATIVA

O art. 55 da Lei n. 5.764/71 estende as garantias dos dirigentes sindicais previstas no art. 543 da CLT aos diretores eleitos de cooperativas de trabalhadores. A jurisprudência vem negando essa garantia aos suplentes e membros do Conselho Fiscal.

11. GARANTIAS PROVISÓRIAS DE EMPREGO

Neste item tratamos de formas de proteção do emprego contra despedida arbitrária ou sem justa causa. Ou seja, os portadores dessa garantia podem ser despedidos sem prévio inquérito judicial para apuração de falta grave, basta que se observe a regra do art. 165 consolidada.

Registre-se que nos contratos por tempo determinado a proteção do emprego não iria além do termo previsto para o fim do contrato (Súm. n. 244, III, do TST). No entanto, em relação à gestante e ao acidentado no trabalho, a jurisprudência evoluiu:

RECURSO DE REVISTA. PROCEDIMENTO SUMARÍSSIMO. CONTRATO DE EXPERIÊNCIA. ESTABILIDADE DE GESTANTE. DIREITO CONSTITUCIONAL ASSEGURADO INDEPENDEN-

TEMENTE DO REGIME JURÍDICO. PRECEDENTES DO SUPREMO TRIBUNAL FEDERAL. 1. Estabelece o art. 10, II, "b", do ADCT/88 que é vedada a dispensa arbitrária ou sem justa causa da empregada gestante, desde a confirmação da gravidez até cinco meses após o parto, não impondo qualquer restrição quanto à modalidade de contrato de trabalho, mesmo porque a garantia visa, em última análise, à tutela do nascituro. 2. O entendimento vertido na Súmula n. 244, III, do TST encontra-se superado pela atual jurisprudência do Supremo Tribunal Federal, no sentido de que as empregadas gestantes, inclusive as contratadas a título precário, independentemente do regime de trabalho, têm direito à licença maternidade de 120 dias e à estabilidade provisória desde a confirmação da gravidez até cinco meses após o parto. 3. Dessa orientação dissentiu o acórdão recorrido, em afronta ao art. 10, II, "b", do ADCT/88 (RR-107-20.2011.5.18.0006, 1ª T., Rel. Min. Walmir Oliveira da Costa, Publicação DEJT 15.12.2012).

SERVIDORA PÚBLICA GESTANTE OCUPANTE DE CARGO EM COMISSÃO — ESTABILIDADE PROVISÓRIA (ADCT/88, ART. 10, II, "b") — CONVENÇÃO OIT N. 103/1952 — INCORPORAÇÃO FORMAL AO ORDENAMENTO POSITIVO BRASILEIRO (DECRETO N. 58.821/66) — PROTEÇÃO À MATERNIDADE E AO NASCITURO — DESNECESSIDADE DE PRÉVIA COMUNICAÇÃO DO ESTADO DE GRAVIDEZ AO ÓRGÃO PÚBLICO COMPETENTE — RECURSO DE AGRAVO IMPROVIDO. [...] As gestantes — quer se trate de servidoras públicas, quer se cuide de trabalhadoras, qualquer que seja o regime jurídico a elas aplicável, não importando se de caráter administrativo ou de natureza contratual (CLT), mesmo aquelas ocupantes de cargo em comissão ou exercentes de função de confiança ou, ainda, as contratadas por prazo determinado, inclusive na hipótese prevista no inciso IX do art. 37 da Constituição, ou admitidas a título precário — têm direito público subjetivo à estabilidade provisória, desde a confirmação do estado fisiológico de gravidez até 5 (cinco) meses após o parto (ADCT, art. 10, II, "b"), e, também, à licença-maternidade de 120 dias (CF, art. 7º, XVIII, c/c o art. 39, § 3º), sendo-lhes preservada, em consequência, nesse período, a integridade do vínculo jurídico que as une à Administração Pública ou ao empregador, sem prejuízo da integral percepção do estipêndio funcional ou da remuneração laboral. Doutrina. Precedentes. Convenção OIT n. 103/1952 (STF, 2ªT, AgReg no RE 634093/DF, Rel. Min. Celso de Mello, p. 7.12.2011).

RECURSO DE REVISTA. CONTRATO DE EXPERIÊNCIA. ACIDENTE DE TRABALHO. GARANTIA PROVISÓRIA NO EMPREGO. EFEITOS. 1 — Há direito à garantia provisória no emprego, na hipótese de contrato de experiência, ante o acidente de trabalho, nos termos do art. 118 da Lei n. 8.213/91. 2 — A força normativa da Constituição Federal, que atribui especial destaque às normas de saúde e segurança do trabalhador (art. 7º, XXII e XXVIII), impõe a interpretação sistemática da legislação infraconstitucional que trata da matéria, de maneira a reconhecer a compatibilidade entre o contrato por prazo determinado e a garantia provisória no emprego. 3 — O art. 118 da Lei n. 8.213/91 é aplicável no caso de contrato a termo, porquanto o afastamento relacionado ao acidente de trabalho integra a essência sociojurídica da relação laboral. 4 — O contrato por prazo determinado não se transforma em contrato por prazo indeterminado, sendo direito do trabalhador somente a garantia provisória no emprego pelo prazo de um ano, contado da data do término do benefício previdenciário. 5 — Recurso de revista a que se dá provimento parcial (RR-161200-55.2004.5.15.0059 Data de Julgamento: 5.5.2010, Relatora Ministra: Kátia Magalhães Arruda, 5ª Turma, Data de Publicação: DEJT 14.5.2010).

11.1. Estabilidade da gestante — a CF/88, no seu art. 10, II, b, das Disposições Transitórias, veda a despedida arbitrária ou sem justa causa da gestante a partir da confirmação da gestação até cinco meses após o parto. Esta garantia tem apoio na

Convenção Internacional do Trabalho n. 103/52, cf. já decidiu o STF, razão pela qual alcança todas as modalidades de trabalho, seja público ou privado, administrativo ou contratual, comissionado, precário, por tempo determinado ou por experiência. A Lei n. 11.324/06 estendeu esse direito à doméstica. Para as empresas que adotaram a licença de cento e oitenta dias, não poderá haver despedida durante o gozo desse direito e até um mês depois.

Equiparados — a) a mãe adotante; b) um dos membros do casal homoafetivo que adotar criança); c) a pessoa que suceder a mãe falecida nos cuidados da criança. Como à mãe adotante (ou equivalente) foi estendido o direito da mãe biológica, é de entender-se que ela goza da mesma proteção desde a adoção. E a Lei Complementar n. 146/14 confere essa estabilidade à pessoa que, na morte da mãe, assume a criança. Entendo que esta estabilidade, do sucessor da mãe falecida, é uma nova forma, porque não deve apenas complementar o período da falecida, mas se inicia um novo período para a pessoa que assumir a criança. É o mesmo princípio da adoção.

A proteção da maternidade tem contorno de direito fundamental da mais alta significação na ordem interna e internacional. Por isso, mesmo na hipótese de contrato nulo, firmado sem concurso público com a Administração Pública, vem sendo assegurada pelo TST a estabilidade-gestante. Até nos contratos de experiência, o STF reconheceu esse direito da gestante, louvando-se na Convenção Internacional do Trabalho n. 103. A Súmula n. 244 do TST foi alterada para reconhecer esse direito no contrato por tempo determinado, no qual se inclui o de experiência, louvando-se em precedente do STF. Nesses casos, o termo final se protrai para o final da estabilidade; da mesma forma, a ocorrência de gravidez durante o aviso-prévio suspende o curso deste, conforme a Lei n. 12.812/2013, continuando a correr após o final da estabilidade. Quando o período da estabilidade já houver fluído, converte-se o direito em indenização correspondente aos salários do período e consectários.

A estabilidade da gestante, contudo, é mais flexível que as anteriormente comentadas. Enquanto os beneficiários daquelas só podem ser despedidos se cometerem falta grave, a gestante só está protegida contra a despedida arbitrária ou sem justa causa.

Caracterizam justa causa as faltas relacionadas nos arts. 482 da CLT e outras previstas em leis especiais. Por sua vez, ***arbitrária*** é a despedida que não se fundar em motivo técnico, econômico, financeiro ou disciplinar (art. 165 da CLT).

A despedida da gestante prescinde de inquérito judicial. Contudo, a ela restam dois caminhos: a) mover ação de reintegração no emprego, inclusive com pedido de tutela antecipada; ou b) de indenização, esta consistente nos direitos decorrentes da dispensa sem justa causa mais os salários devidos a partir da dispensa até o 5º (ou 6º, cf. o caso) mês após o parto, com as repercussões nas férias, no FGTS, 13º salário e demais parcelas legais e contratuais.

A Súmula n. 244, I, do TST enuncia que o *desconhecimento pelo empregador da gravidez da empregada não afasta o seu direito de indenização* da estabilidade.

A defesa do empregador fundar-se-á em: a) alegação de desconhecimento do estado de gravidez da autora, e, neste caso, propondo reconsiderar a sua decisão para receber de volta a empregada. Neste caso, a ela só restam duas saídas: 1) aceitar o convite e voltar, salvo grave incompatibilidade; ou 2) provar que a sua gravidez era conhecida do empregador. Frise-se que, passado o período estabilitário, a empregada apenas faz jus aos salários e direitos correspondentes ao período (Súmula n. 244, II).

11.2. Dirigente da CIPA (Comissão Interna de Prevenção de Acidentes) — a Constituição proíbe a despedida arbitrária ou sem justa causa a partir do registro da candidatura até um ano após o término do mandato (art. 10, II, a, do ADCT). O mandato dura um ano, permitida uma reeleição. Esta garantia é idêntica à da gestante.

A Súmula n. 339, I, do TST estendeu-a ao suplente; o STF confirmou-a na Súmula n. 676. Entendemos que a Constituição alberga essa garantia também ao representante do empregador — a exemplo do presidente da comissão (CLT, art. 164, § 5º) —, pelo fato de ele também estar vinculado a ações que podem irritar o patrão. Entretanto, os Tribunais ainda não a admitem.

Dada a sua natureza altruísta, a estabilidade do cipeiro não prevalece em caso de encerramento das atividades do estabelecimento (cf. inciso II da Súmula n. 339 do TST). Por outro lado, em caso de redução de contingente de empregados capaz de reduzir o tamanho da própria CIPA, os empregados já eleitos devem concluir os mandatos para, só então, ela ser efetivamente reduzida. É o que se infere da redação do tópico 5.15 da NR-5 do Ministério do Trabalho e Emprego.

A ação dos dirigentes da CIPA despedidos é de reintegração no emprego, cabendo ao empregador provar que a despedida se deu por motivo disciplinar (justa causa realmente configurada), técnico (modernização do parque industrial, automação...), econômico (retração do mercado) ou financeiro (dificuldade em saldar os seus compromissos perante os credores), cf. art. 165, parágrafo único, da CLT.

Cumpre-nos aclarar que o motivo técnico, econômico ou financeiro não há de ensejar a despedida preferencialmente dos estabilitários, porque, assim agindo, o empregador estará cometendo abuso de direito, o que lhe custará a mesma pena da despedida arbitrária. O natural é que o empregador demonstre algum esforço em manter no emprego preferencialmente o estabilitário, e não aproveitar-se de um momento difícil para a empresa como pretexto para livrar-se dos estáveis.

11.3. Estabilidade do acidentado — criada pelo art. 118 da Lei n. 8.213/91 e reconhecida como constitucional pela Súmula n. 378 do TST. Portanto, o trabalhador acidentado no trabalho goza de estabilidade até um ano após o seu retorno ao trabalho. Para garantia do direito, é imprescindível que o empregado tenha gozado o benefício acidentário. O simples gozo de auxílio-doença não dá esse direito, cf. Súmula n. 378 do TST. Quando o empregado sai prejudicado porque a empresa não preencheu a CAT (Comunicação de Acidente do Trabalho), o TRT da 22ª Região vem impondo à empresa o ônus de sua omissão. Aplica-se aqui o que se disse em relação à gestante, havendo inclusive incidência do FGTS. Equiparam-se a acidente de trabalho a doença profissional e a doença do trabalho, cf. exposto no Capítulo XXIX. Destarte, ante os termos da lei, fundada dúvida se instala sobre a necessidade de inquérito judicial para apuração de falta grave desse estabilitário. Na dúvida, *pro operario*. Esta estabilidade subsiste mesmo na hipótese de contrato a termo, cf. item III da Súmula n. 378 do TST.

11.4. Proteção do emprego da Lei Maria da Penha — A Lei Maria da Penha (n. 11.340/06) institui em seu art. 9º, § 2º, II: "O juiz assegurará à mulher em situação de violência doméstica e familiar, para preservar sua integridade física e psicológica: II — manutenção do vínculo trabalhista, quando necessário o afastamento do local de trabalho, por até seis meses". Ver item 13 do Cap. X.

11.5. Proibição de despedida durante o gozo do auxílio-doença e de portador de LER — durante o gozo de auxílio-doença, a partir do 16º dia de afastamento do trabalho, o contrato de emprego fica suspenso, cf. art. 476 da CLT, razão pela qual o empregador não poderá despedir o empregado. Por idêntica razão, o empregado não poderá ser despedido no período em que está enfermo, mesmo que ainda não se encontre no gozo do auxílio-doença. Recentemente, o TST considerou irregular a despedida de empregado portador de Lesão por Esforço Repetitivo (LER), adquirida no emprego do qual fora dispensado (RR — 161000-53.2007.5.12.0018. Relatora Ministra Kátia Magalhães Arruda, 5ª Turma. DEJT 3.4.2012). Fê-lo com fulcro no inciso II da Súmula n. 378.

11.6. Proibição de despedida discriminatória do portador de HIV — a jurisprudência já evoluiu no sentido de reprimir a despedida do trabalhador portador de HIV, por considerá-la discriminatória, dado que, atualmente, com as drogas já desenvolvidas, tais cidadãos já podem ter vida normal, desenvolvendo suas atividades profissionais. Destarte, é sabido que o risco de contágio dessa doença só se manifesta nas relações sexuais e no contato direto com o sangue, não se justificando seu expurgo do trabalho por esse motivo. Frise-se que o TST considera presumida a dispensa discriminatória de portador de doença grave, cabendo ao empregador comprovar causa distinta, cf. Súm. n. 443. A Lei n. 12.984/14 criminaliza a discriminação, inclusive no trabalho, do portador de HIV e do doente de aids, cominando pena de um a quatro anos e multa quando:

II — negar emprego ou trabalho;

III — exonerar ou demitir de seu cargo ou emprego;

IV — segregar no ambiente de trabalho ou escolar;

V — divulgar a condição do portador do HIV ou de doente de aids, com intuito de ofender-lhe a dignidade;

12. READMISSÃO E REINTEGRAÇÃO

Os arts. 495 e 496 da CLT empregam as duas expressões como sinônimas. Entretanto, tecnicamente, são figuras distintas. A readmissão é a volta pura e simples do empregado ao trabalho. Aquele que foi, antes, despedido ou que se demitiu pode ser readmitido no serviço. Verifica-se também quando o ato rescisório é anulado com base em vício de consentimento, porque a decretação de nulidade relativa tem efeito apenas *ex nunc* (anulação de PDV, p. ex.). Neste caso, o readmitido não recebe a remuneração correspondente ao tempo em que permaneceu afastado. "Na reintegração, o empregado volta às suas funções e o empregador lhe deve pagar os salários correspondentes ao seu afastamento" — diz Russomano. **Reintegração** é utilizada em Direito do Trabalho unicamente para designar o reingresso do empregado estável no emprego em face do não reconhecimento de falta grave, ou em caso de nulidade da dispensa. Sobre readmissão, ver art. 453 da CLT.

13. RENÚNCIA À ESTABILIDADE. HOMOLOGAÇÃO

Comentamos no Capítulo VII que o trabalhador não pode renunciar a seus direitos, quando lhe resulte prejuízo direto ou indireto. Entretanto, quando a lei faculta, qualquer direito é renunciável. Pois bem, o art. 500 da CLT prevê a possibilidade de o empregado renunciar à estabilidade, desde que mediante assistência do sindicato e, se não houver, perante a autoridade do Ministério do Trabalho e Emprego, ou da Justiça do Trabalho.

Capítulo XXVIII

Fundo de Garantia do Tempo de Serviço

1. NOÇÕES GERAIS E TRATAMENTO LEGAL DA MATÉRIA

O FGTS foi instituído pela Lei n. 5.107/66, com o objetivo de resolver dois problemas do governo: a) eliminar progressivamente o sistema de estabilidade previsto na CLT, que, segundo os capitalistas, emperrava a economia; b) constituir um fundo para financiar habitação popular e o saneamento básico. Deu certo, foram atingidos os dois objetivos.

Essa fabulosa criação brasileira compõe um Fundo de quase 300 bilhões de reais, que seria, se banco fosse, o segundo maior do Brasil. É o responsável pelo financiamento da maior atividade econômica do país — a construção civil —, que emprega dos mais finos aos mais rústicos profissionais. Essa verba 100% dos trabalhadores é utilizada pelo Governo como um dos principais instrumentos de ação da política econômica, tanto que integram seu Conselho Curador, dos 24 membros, dez Ministros das áreas Econômica e Social, além dos Presidentes do Banco Central e da Caixa Econômica Federal.

A CF/88 encampou o FGTS como sistema único, consistente no depósito mensal pelo empregador de 8% da remuneração do empregado em conta vinculada individualizada em nome do empregado, para ser levantada por este nos casos de despedida sem justa causa, aquisição de casa própria, e em outras hipóteses legais, substituindo, assim, a indenização de que trata o art. 478 da CLT. Para o aprendiz, o depósito é de 2%.

Os depósitos para interposição de recursos trabalhistas também são feitos em conta vinculada do trabalhador no FGTS.

Fontes legais — art. 7º, III, da CF; Lei n. 8.036/90 (dispõe sobre o FGTS); Dec. n. 99.684/90 (Regulamento do FGTS); Lei Complementar n. 110/01 (determina a correção dos Planos Econômicos do FGTS); Circular Caixa n. 548, 20 de abril de 2011 (estabelece os procedimentos pertinentes aos recolhimentos mensais e rescisórios ao FGTS e das contribuições sociais); Lei n. 8.844/94, que dispõe acerca da fiscalização, apuração e cobrança judicial das contribuições e multas devidas ao FGTS; Instrução Normativa n. 84/2010 do MTE, que trata da fiscalização do FGTS e da contribuição social rescisória pelos Auditores Fiscais do Trabalho. O Dec. n. 5.113/04 regulamenta os saques por motivo de calamidade pública.

FGTS e o PAC – Programa de Aceleração do Crescimento. A Lei n. 11.491/07 institui o Fundo de Investimento do FGTS – FI-FGTS, que é a destinação de cinco bilhões do FGTS para aplicação nos setores de rodovia, ferrovia, saneamento e energia, que integram o PAC. Essa quantia será segregada do FGTS e disciplinado pela Comissão de Valores Mobiliários e seus investimentos não têm a cobertura de risco de crédito estabelecida no § 1º do art. 9º da Lei n. 8.036/90. A Caixa Econômica Federal é o órgão gestor do FI-FGTS.

Ao art. 20 da Lei n. 8.036 é incluída mais uma hipótese de movimentação dos depósitos do FGTS pelo trabalhador, no caso, para integralização de cotas do FI-FGTS, respeitado o limite de 10% do saldo existente na data em que ele exercer a opção. Essa cota é impenhorável, cf. § 8º do art. 3º da Lei n. 11.491/07, e integra a base de cálculo da multa rescisória.

2. CAMPO DE APLICAÇÃO

O art. 7º e inciso III, da Constituição, contemplam todos os empregados, urbanos e rurais, com o regime único do FGTS. Para esses efeitos, considera-se empregado toda pessoa física que prestar serviços a empregador, a locador ou tomador de mão de obra, excluídos os eventuais, os autônomos e os servidores públicos civis e militares sujeitos a regime jurídico próprio (art. 15, § 2º, da Lei n. 8.036/90).

O FGTS abrange os empregados urbanos e rurais, o temporário, o avulso, o empregado diretor e até, de modo facultativo, o diretor não empregado ("para efeito desta Lei, as empresas sujeitas ao regime da legislação trabalhista poderão equiparar seus diretores não empregados aos demais trabalhadores sujeitos ao regime do FGTS. Considera-se diretor aquele que exerça cargo de administração previsto em lei, estatuto ou contrato social, independente da nominação de cargo") – art. 16 da Lei n. 8.036/90.

O doméstico não era contemplado pela Lei do FGTS, mas a Lei n. 10.208/01 acresceu artigos à Lei n. 5.859/72, para **facultar** a sua inclusão pelo empregador, que, uma vez feita, será irretratável enquanto durar o vínculo contratual, estando o empregador sujeito às penalidades cabíveis (art. 2º, Dec. n. 3.361/00).

A natureza do contrato de emprego não interfere no fato gerador do FGTS. Assim, compreendem no sistema os contratos por tempo determinado, por tempo indeterminado, de experiência, a domicílio, de aprendizagem, temporário.

Do ângulo do empregador, estão obrigadas ao FGTS quem emprega sob qualquer condição, tais como: as pessoas físicas ou jurídicas de direito privado ou direito público, da administração pública direta, indireta ou fundacional de qualquer dos poderes, da União, dos Estados, do Distrito Federal e dos Municípios, em relação aos servidores sob regime celetista, bem assim aquele que, regido por legislação especial, encontra-se nessa condição ou figurar como fornecedor ou tomador de mão de obra, independente da responsabilidade solidária e/ou subsidiária a que eventualmente venha obrigar-se. Os servidores públicos civis e militares regidos por estatuto próprio (não celetista) estão fora do regime do FGTS.

Os empregados públicos admitidos sem concurso público, apesar da nulidade do contrato (art. 37, II e § 2º, da CF/1988), têm direito aos depósitos do FGTS, cf. art. 19 da Lei n. 8.036, além dos saldos de salário (*vide* Súmula n. 363 do TST e OJ n. 362 da SDI-1).

3. NATUREZA JURÍDICA DAS CONTRIBUIÇÕES E DOS SAQUES

Várias teorias tentam explicar a natureza jurídica das contribuições:

a) Teoria do Tributo — o FGTS é um tributo em face dos seus fins sociais. E o fato gerador é o pagamento dos salários;

b) Teoria da Contribuição Social (defendida por Gabriel Saad) — de fato, a Lei n. 5.107/66 sinalizou nesse rumo, tanto que confiou ao então INPS a fiscalização. Com a nova Lei (n. 8.036), essa teoria perde consistência; entretanto, vale se considerarmos que os depósitos do FGTS constituem uma reserva da qual pode o trabalhador socorrer-se nos casos previstos em lei;

c) Teoria da Indenização — assim entendem os seus séquitos sob o argumento de que o FGTS veio para substituir a indenização de antiguidade;

d) Teoria do Salário Diferido — tendo desaparecido a indenização de antiguidade, surgiu em seu lugar um salário depositado para utilização futura. É a mais aceita por: Süssekind, Puech e A. M. Nascimento;

e) Teoria da Obrigação Dualista — as contribuições têm natureza fiscal e os depósitos levantados, natureza de salário social, diz Fábio Leopoldo de Oliveira.

Filiamo-nos à última. Na verdade, corresponde à fusão das Teorias do Tributo, na espécie contribuição social, e do Salário Diferido. De fato, a obrigação de depositar o FGTS aproxima-se demais da definição de Contribuição Social, prevista no art. 195 da CF. E o saque tem natureza de salário social, porque socorre o empregado no caso de despedida, na aquisição de casa própria, na aposentadoria, em certas doenças graves, catástofres e na utilização pelos dependentes em caso de morte.

4. DEPÓSITOS — EFEITOS NA TERMINAÇÃO DO CONTRATO DE EMPREGO

O depósito consiste na quantia equivalente a 8% sobre o total das verbas salariais do empregado, ainda que eventuais; para o aprendiz é de 2%. Não é descontado da remuneração nem é acessório a esta, que serve apenas de base de cálculo. O prazo para efetuar o depósito, segundo o art. 27 do Dec. n. 99.684/90, é até o dia sete de cada mês, em relação ao mês anterior.

O art. 15 da Lei n. 8.036 determina como base de cálculo a remuneração de que tratam os art. 457 e 458 da CLT. Assim, todos os ganhos que integrem o salário, como horas extras, comissões, gratificações, 13º salário, gorjeta e diárias que excedam a 50% do salário habitual, integram a base de cálculo do FGTS, inclusive os pagamentos em utilidades habituais, como moradia, alimentação, vestuário e outras prestações *in natura*.

Os adicionais de insalubridade, periculosidade, produtividade, noturno e repouso semanal remunerado também integram a base de cálculo. A hora extra, ainda que eventual, gera a incidência.

Não integram a base de cálculo as parcelas de natureza indenizatória, como ajuda de custo e diárias não excedentes a 50% do salário habitualmente pago ao empregado (art. 457, § 1º), abono de férias, férias indenizadas e pagas em dobro, assim como seu correspondente terço constitucional, participação nos lucros, bem como os vestuários e equipamentos de uso obrigatório fornecidos pelo empregador.

A LC n. 110/01 instituiu ainda um acréscimo de 0,5% mensal por cada empregado, durante cinco anos, em favor do Fundo e não do trabalhador, para cobrir o *déficit* em virtude da correção dos Planos Econômicos. Os empregadores domésticos, as micro e pequenas empresas incorporadas ao sistema do SUPER-SIMPLES, e os pequenos empregadores rurais pessoas físicas ficaram isentos desse ônus. Como o art. 2º dessa Lei só iniciou seus efeitos em 1º de outubro de 2001, em outubro de 2006 cessou a obrigação do acréscimo de 0,5%.

A terminação dos contratos de trabalho gera os seguintes efeitos:

a) nas despedidas sem justa causa e nas despedidas indiretas o trabalhador tem direito a levantar o total dos depósitos da sua conta individualizada, com os acréscimos de correção monetária e de juros, mais 40% desse total, que serão quitados na rescisão contratual, computados os saques já efetuados alusivos ao mesmo emprego. O empregador ainda está obrigado a depositar mais 10% em favor do Fundo, cf. LC n. 110/01, para financiar a correção monetária dos depósitos, antes suprimida pelos Planos Econômicos.

b) nas rescisões por culpa recíproca ou motivadas por força maior, o trabalhador tem direito a todos os depósitos acrescidos dos juros e correção monetária mais 20%, cf. art. 484 da CLT;

c) na expiração dos contratos a termo, o trabalhador tem direito a levantar todos os depósitos em seu nome com juros e correção monetária, relativamente ao contrato extinto;

d) na rescisão antecipada do contrato a termo sem culpa do empregado, entendemos aplicar-se a regra da letra *a* supra, por força dos arts. 18 e 20, IX, da Lei n. 8.036, cumulativamente com a indenização do art. 479 da CLT: o FGTS pelo tempo prestado, e o 479 pelo tempo frustrado;

e) em caso de aposentadoria pela Previdência Social, com extinção do contrato de trabalho, o empregado tem direito ao total dos depósitos existentes em seu nome, tanto em relação ao contrato recém-extinto como aos anteriores; a mesma regra beneficia os dependentes e sucessores do trabalhador falecido, cf. exposto no item 7 do Capítulo XXIV;

f) a extinção do estabelecimento, da filial, da própria empresa, ou o falecimento de empregador individual que implique rescisão do contrato de trabalho surtem os mesmos efeitos descritos no item *a*.

Além das hipóteses *supra*, o trabalhador pode utilizar o saldo do FGTS em caso de: ser portador ou possuir dependente com HIV ou neoplasia maligna; estar o trabalhador ou qualquer de seus dependentes em estado terminal em virtude de doença grave e possuir saldo decorrente de planos econômicos; encontrar-se a conta sem depósito há mais de três anos; para compra da casa própria; abatimento das prestações de imóvel adquirido pelo SFH, quando o trabalhador tiver idade igual ou superior a setenta anos, e outras hipóteses previstas no art. 20 da Lei n. 8.036 e discriminadas em Circular CEF, a qual fornece os códigos e os motivos de saque.

5. CONSTITUIÇÃO, GESTÃO E APLICAÇÃO DO FGTS

O FGTS é constituído pelos saldos das contas vinculadas, pelas dotações orçamentárias específicas, pelos eventuais resultados financeiros líquidos auferidos pelo Gestor no período entre o repasse aos bancos e o depósito nas contas vinculadas dos trabalhadores, pelas quantias não reivindicadas por quem de direito.

Assim, há duas espécies de contas que compõem o Fundo: a conta individualizada de cada trabalhador e a conta geral, sob gestão da Caixa Econômica Federal — CEF, que obedecerá às normas e planejamento elaborados pelo Conselho Curador.

A gestão da aplicação do FGTS cabe ao Ministro da Ação Social e far-se-á segundo normas gerais e planejamento elaborados pelo Conselho Curador, cabendo à CEF o papel de Agente Operador.

O Conselho Curador do FGTS compõe-se, cf. o Dec. n. 6.827/2009, de 24 membros, sendo doze do governo, seis indicados pelas centrais sindicais e seis indicados pelas entidades patronais. O Ministro do Trabalho em Emprego exerce a Presidência, o Ministro das Cidades, a Vice-Presidência, e o representante da Secretaria-Executiva do Ministério do Trabalho e Emprego, que será o Coordenador Geral do FGTS, exercerá a Secretaria-Executiva do Conselho. Os outros representantes governamentais são, um representante de cada órgão: da Casa Civil da Presidência da República; da Secretaria-Geral da Presidência; do Ministério da Fazenda; do Ministério do Desenvolvimento, Indústria e Comércio Exterior; do Ministério do Planejamento, Orçamento e Gestão; do Ministério da Saúde; do Ministério dos Transportes; da Caixa Econômica Federal; e do Banco Central.

Os representantes dos trabalhadores e respectivos suplentes serão indicados pelas centrais sindicais e os dos empregadores pelas confederações nacionais e nomeados pelo Ministro do Trabalho, para mandato de dois anos, podendo haver uma única recondução de cada um.

O Conselho reunir-se-á bimestralmente, por convocação de seu presidente, em sessão ordinária, podendo ser convocada reunião extraordinária por qualquer dos seus membros. Não tendo havido convocação ordinária, qualquer de seus membros poderá fazê-lo no prazo de 15 dias. As deliberações serão tomadas por maioria simples, tendo o Presidente voto de qualidade. A competência do Conselho Curador e do Gestor do FGTS está especificada nos arts. 5º, alterado pela Lei n. 11.491/07, e 6º da Lei n. 8.036/90, em treze incisos e nove alíneas.

Vê-se pela composição do Conselho Curador do FGTS a importância que esse fundo tem na economia, na ação social e nas políticas públicas do Governo.

Os recursos do FGTS deverão ser aplicados em habitação popular (pelo menos 60%), saneamento e infraestrutura urbana complementares aos programas habitacionais.

As aplicações com recursos do FGTS poderão ser realizadas pela CEF e pelos demais órgãos integrantes do Sistema Financeiro de Habitação, com rigorosa observância dos critérios fixados pelo Conselho Curador, em operações que preencham os seguintes requisitos: a) garantia real ou de outra natureza; b) correção monetária igual à das contas vinculadas; c) taxa de juros média de no mínimo 3% ao ano; d) prazo máximo de 30 anos. A rentabilidade média das aplicações deverá ser suficiente para a cobertura de todos os custos incorridos pelo Fundo e, ainda, à formação de reserva técnica para o atendimento de gastos eventuais não previstos, sendo da Caixa Econômica Federal os riscos de crédito.

O FGTS está protegido contra medida liminar em mandado de segurança, em processo cautelar, em antecipação de tutela ou outro procedimento preventivo, previsto nos arts. 273 e 461 do CPC que implique saque ou movimentação da conta vinculada do trabalhador — art. 29-B da Lei n. 8.036/90.

Acrescente-se que o FGTS será fiscalizado pelo Ministério do Trabalho e Emprego, sendo a Procuradoria-Geral da Fazenda Nacional competente para inscrever os débitos para com o Fundo em dívida ativa, bem como para cobrá-los em juízo, diretamente ou por intermédio da Caixa, mediante convênio — art. 2º da Lei n. 8.844/94.

6. PRESCRIÇÃO DO FGTS

O TST já reconhecia na Súmula n. 95 a natureza social da contribuição. A Lei n. 8.036/90 encampou-a no § 5º do art. 23; o STF, interpretando o referido dispositivo, declarou a natureza social dos recolhimentos, ao decidir que a prescrição dos depósitos é de trinta anos (RE 117.986-4, de 19.3.93); no mesmo sentido é a Súmula n. 210 do STJ; na Súmula n. 362, o TST reafirma a tese da prescrição trintenária, sendo, porém, de dois anos o prazo para reclamar, a partir da extinção do contrato de trabalho.

Porém no RE n. 70912 com repercusão geral, o STF decidiu que a prescrição do FGTS é quinquenal a partir do julgamento, ocorrido em 13.11.2014.

Porém, o TST ainda mantém na Súmula n. 206 que a prescrição das parcelas salariais extingue a pretensão das contribuições para o FGTS. *Data venia*, trata-se de um engano da Corte Superior, ao considerar o FGTS acessório do salário, o que está longe de ser. O salário pertence ao empregado, de sua inteira disposição, regido pelo Direito Privado do Trabalho. Já o FGTS é uma parcela autônoma, de natureza social, indisponível pelo empregado, com destinação precípua à manutenção do Sistema Financeiro da Habitação, do saneamento básico e de outras políticas públicas. Seu recolhimento segue a regra das contribuições sociais de que trata o art. 195 da CF e a administração e cobrança obedecem às regras eminentemente de Direito Fiscal.

A interpretação dada na Súmula n. 206 agride a lógica. Por exemplo, se o empregador pagou determinada parcela salarial de 1994 até 2004 sem recolher o FGTS respectivo; em 2004 a 2006 suprime imotivadamente a referida parcela; vindo o empregado a reclamar judicialmente em 2012 a parcela suprimida e o respectivo FGTS e o FGTS não recolhido do período de 1994 a 2004, à luz da citada Súmula n. 206, ganhará os depósitos do período anterior a 2004, mas não ganhará os depósitos alusivos ao período em que as parcelas base de cálculo já estão prescritas (de 2004 a 2006). Ou seja, ele ganha o mais antigo do mesmo direito e perde o mais recente, sob o pálio da prescrição. Ora, diz a regra hermenêutica que, quando o resultado da interpretação for absurdo, esta está errada.

Capítulo XXIX

Prescrição e Decadência no Direito do Trabalho

1. DEFINIÇÃO DE DECADÊNCIA E DE PRESCRIÇÃO

A semelhança fundamental dos dois institutos é que ambos fulminam direitos em virtude de inércia de seu titular. A diferença básica entre ambos diz respeito à natureza do direito: a decadência se refere a direito material; a prescrição, a direito instrumental, no sentido de que a ação judicial para fazer valer o direito perde força jurídica. O acolhimento de qualquer uma delas extingue o processo com resolução do mérito, ou seja, a sentença faz coisa julgada material.

Decadência é a "queda ou perecimento de um direito pela falta de seu exercício no interregno assinalado pela lei" — De Plácido e Silva. Ex.: é de 30 dias o prazo, a contar da suspensão do empregado, para o patrão propor inquérito judicial para apuração de falta grave.

Prescrição, em termos singelos, é a extinção da pretensão, em face do não exercício do direito de ação no prazo assinalado por lei. O art. 189 do CC preceitua: "*Violado o direito, nasce para o titular a pretensão, a qual se extingue, pela prescrição, nos prazos a que aludem os arts. 205 e 206*".

Extingue-se a *pretensão* e não a ação, dado que o direito de ação nunca perece, pois é um direito subjetivo, público e abstrato, garantindo o ajuizamento da ação, ainda que esta não prossiga, em virtude da declaração judicial, mediante provocação ou de ofício pelo juiz.

2. DIFERENÇA ENTRE PRESCRIÇÃO E DECADÊNCIA

A prescrição atinge a pretensão em face da inércia do titular do direito. É um instituto de direito material, que suprime a coercibilidade do direito. O direito, entretanto, permanece, subsistindo uma obrigação natural. Assim, o prescribente pode renunciá-la, expressa ou tacitamente — se a dívida prescrita for paga, o pagamento é válido, não se repete.

Enquanto a prescrição "aniquila" a pretensão que nasce do direito, a decadência mata o próprio direito, e, "salvo disposição legal em contrário, não se aplicam à decadência as normas que impedem, suspendem ou interrompem a prescrição" — art. 207 do CC. Contudo, a decadência não corre contra os absolutamente incapazes.

É nula a renúncia à decadência fixada em lei; a prescrição pode ser renunciada; a ***decadência***, quando estabelecida por lei, **deve ser conhecida e declarada de ofício pelo juiz**; mas quando fixada contratualmente, cabe a quem aproveita alegá-la em qualquer grau de jurisdição, não podendo o juiz suprir a alegação. O juiz pronunciará de ofício a prescrição, cf. art. 219, § 5º, do CPC, com a redação da Lei n. 11.280/06. Contudo, mesmo percebendo a ocorrência da prescrição em tese, antes de decidir, o juiz mandará ouvir o autor da ação, para dar-lhe oportunidade de alegar alguma causa impeditiva, interruptiva ou suspensiva.

A prescrição nem mata o **direito de ação**, nem o **direito material**. O direito (poder) de ação é subjetivo, público e abstrato; entretanto, pode ser neutralizado mediante a ocorrência da prescrição. E em todo caso, ainda que declarada a prescrição, extinguindo-se o processo com resolução do mérito, o **direito material permanece** como obrigação natural, que não tem força para cobrança judicial, mas persistirá legítima a coação moral e social (dizer em público que Fulano não paga o que deve etc.).

A prescrição atinge os direitos subjetivos; a decadência, os potestativos. É decadencial o prazo estabelecido por lei, pela vontade unilateral ou bilateral, quando prefixado ao exercício do direito pelo seu titular; é prescricional quando o prazo é fixado para o exercício da ação e não do direito. São exemplos de decadência os prazos para: exercer o direito de preferência na compra de um bem, que não será superior a 180 dias; para doação a entidade futura, se esta não for constituída no prazo de dois anos; para o representante legal requerer anulação de casamento de menor em idade núbil, 180 dias (arts. 513, 554 e 1.555, respectivamente, do C. Civil).

Por fim, para saber se o prazo é prescricional, basta ver se está discriminado nos arts. 205 e 206 do C. Civil; os decadenciais encontram-se disseminados nos diversos direitos de que trata o Código.

Verificada a prescrição ou a decadência, o processo será extinto com resolução do mérito (art. 269, IV, do CPC), ou seja, a ação não pode mais ser ajuizada. São questões pré-meritórias, ou prejudiciais de mérito, que devem ser alegadas antes do mérito propriamente dito. O Código Civil reafirma que, tanto a prescrição como a decadência convencional, podem ser invocadas em qualquer grau de jurisdição (arts. 193 e 211 do CC). E o art. 219, § 5º, do CPC, em sua nova redação, impõe ao juiz o dever de declarar de ofício a prescrição constatada.

3. PARTICULARIDADES NA PRESCRIÇÃO TRABALHISTA

Alinhamos, por fidelidade ao leitor, as seguintes particularidades:

a) **motivo impeditivo** — a menoridade de 18 anos ou incapacidade. Contra menores de 18 anos não corre qualquer prazo prescricional — art. 440 da CLT;

b) **motivo interruptivo** — ajuizamento de reclamação trabalhista, ainda que arquivada, em relação aos pedidos idênticos — Súmula n. 268 do TST e art. 219, § 1º, do CPC. Por interpretação, é de entender-se que a consignatória movida pelo empregador interrompe a prescrição dos créditos do consignado; ajuizamento de protesto judicial (OJ n. 392, SBDI-1);

c) **motivo suspensivo** — da provocação da Comissão de Conciliação Prévia, recomeçando a fluir, pelo que lhe resta, a partir da tentativa frustrada de conciliação ou do esgotamento do prazo de dez dias para realização da sessão conciliatória (art. 625-D da CLT);

d) **início da contagem** — a prescrição bienal começa a contar da rescisão contratual. Se o aviso-prévio for indenizado, conta-se do último dia deste. Já a Súmula n. 156 do TST dita que em contratos descontínuos o início da prescrição conta-se do final do último.

Por sua vez, conta-se a prescrição a partir da data da ruptura do contrato ou da homologação? Entendo que se conta da homologação, porque esta completa o ato complexo rescisório, composto de duas partes: o fato ruptivo e sua formalização. Ademais, só após a homologação o empregado saberá ao certo quais as verbas efetivamente quitadas, ressalvadas e as não pagas, a ensejar a pretensão.

Cumpre advertir que o *dies a quo* (início) da prescrição em geral é o dia seguinte ao do vencimento da obrigação. Logo, como o salário pode ser pago até o quinto dia útil do mês seguinte, a prescrição do salário de um mês começa a fluir do 6º dia útil. Assim, a prescrição do salário mensal dá-se mês a mês e não dia a dia (p. ex., o salário do mês de janeiro de 2008 só estará prescrito, por inteiro, no dia 6 de fevereiro de 2013; é errado dar a prescrição dia a dia, pois a prestação é mensal). Pela mesma razão, a prescrição do 13º salário é ano a ano, pois se trata de prestação anual (é errado dar a prescrição mês a mês, porque a prestação é anual);

e) segundo a Súmula n. 308 do TST, da propositura da ação, **contam-se cinco anos para trás, e os direitos anteriores a esse prazo estarão fulminados pela prescrição.** Com efeito, o correto seria contar os cinco anos da cisão contratual, tendo a partir desta o trabalhador dois anos para reclamar, porque se trata de dois institutos diferentes: dois anos, a partir da ruptura, para reclamar os direitos relativos aos últimos cinco anos do contrato;

f) a prescrição das férias conta-se do final do ano concessivo, cf. art. 149 da CLT. Ex.: João foi admitido no emprego no dia 2 de janeiro de 2008; o primeiro período aquisitivo completou-se em 1º.1.2009, e o período concessivo vai até 1º.1.2010; logo, a contagem do período de prescrição do primeiro período aquisitivo começa a contar em 2.1.2010 e consumar-se-á em 1º.1.2015;

g) FGTS — é trintenária, cf. § 5º do art. 23 da Lei n. 8.036/90, mas a partir do julgamento do RE n. 70.912, em 13.11.2014, será de 5 anos, no entanto, havendo a rescisão contratual, o prazo para ajuizar reclamação é de dois anos;

h) **CTPS** — o art. 11, § 1º, da CLT preceitua que tais regras não se aplicam às ações que tenham por objeto anotações para fins de prova junto à Previdência Social. Ou seja, não prescreve o direito de reclamar ausência de registro ou retificação do contrato na CTPS, em virtude de sua natureza declaratória.

Em relação a servidores públicos que tiveram o regime celetista convertido para o estatutário, a Súmula n. 382 do TST enuncia que a prescrição bienal começa a correr da data da conversão do regime. Parece-nos equivocada, pois o vínculo trabalhista continuou, tendo apenas mudado a sua natureza jurídica, por força de decisão unilateral do empregador, sem ao menos um termo de adesão do servidor. Destarte, a conversão do regime de trabalho de celetista para estatutário não tem validade para os que não foram admitidos mediante concurso público, cf. ADI n. 1.150-2, Rel. Min. Moreira Alves, 1998. Logo, neste caso, não se configura a prescrição bienal por esse motivo.

Espécies — distinguem-se as espécies de prescrição:

a) total — atinge o total dos direitos, a exemplo da bienal, que se dá decorridos dois anos da rescisão contratual;

b) parcial — atinge o direito apenas parcialmente, a exemplo das diferenças salariais decorrentes de correção de desvio de função, de complementação de aposentadoria, de diferenças salariais para o salário mínimo etc. cf. Súmulas ns. 275, 327 e 452 do TST;

c) intercorrente — é a que se consuma durante o curso da ação. O TST entende ser incompatível com o Processo do Trabalho (Súmula n. 114); já o STF entende compatível (Súmula n. 327). Entendo que ambas as posições têm razão de ser: na fase de conhecimento, não se materializa a prescrição intercorrente no Processo do Trabalho; porém, na fase de execução, entendemos ser compatível. Assim, extingue-se a execução no prazo de cinco anos da suspensão do feito por falta de patrimônio do devedor, ou por inércia do credor. Mas a questão é polêmica, por isso já tramita Projeto de Lei no Congresso Nacional.

A propósito, a Lei n. 11.051/04, acrescentou o § 4º ao art. 40 da Lei n. 6.830/80 (Lei de Execução Fiscal, aplicável subsidiariamente à execução trabalhista), para franquear ao juiz decretar de ofício a prescrição intercorrente de tributo, quando verificar haver decorrido o prazo prescricional a partir da decisão que determinou o arquivamento dos autos. Este arquivamento dá-se após decorrida a suspensão da execução pelo prazo máximo de um ano sem que seja localizado o devedor ou encontrados bens penhoráveis.

Outros direitos trabalhistas — é de entender-se que os direitos não trabalhistas incorporados à competência da Justiça do Trabalho prescrevem de acordo com suas naturezas de origem (arts. 205 e 206 do C. Civil), cf. Instrução Normativa n. 27/2005 do TST, não estando sujeitos aos prazos do Direito do Trabalho. A ação civil de indenização por danos morais decorrentes de acidente de trabalho ou por outro motivo, por exemplo, prescreve em dez anos, de acordo com o *caput* do art. 205 do C. Civil, visto tratar-se de direito personalíssimo, incompatível com a regra do inciso V do § 3º do art. 206, que bem se compatibiliza com reparações de danos materiais. Há outras duas posições extremas a esse respeito, uma de que se aplica ao caso o prazo da prescrição trabalhista (posição predominante do TST), e outra de que se trata de direito imprescritível.

Por fim, é incompatível com o Direito do Trabalho a regra segundo a qual o juiz pronunciará de ofício a prescrição, cf. art. 219, § 5º, do CPC, com a redação da Lei n. 11.280/06. Mudamos nosso entendimento para seguir a jurisprudência do TST, com a qual comungamos.

Capítulo XXX

Meio Ambiente do Trabalho — Segurança, Higiene e Saúde do Trabalho

1. NOÇÕES GERAIS

O Brasil investe aproximadamente 5% do PIB com a educação; e aproximadamente 4% com os custos do acidente do trabalho, *lato sensu*. Urge combatê-lo.

Os incisos XXII, XXIII, XXVIII e XXXIII do art. 7º da CF asseguram ao trabalhador, respectivamente: proteção contra os riscos à vida e à saúde; adicional de remuneração pelo trabalho insalubre, perigoso ou penoso; seguro contra acidente do trabalho, bancado pela Previdência Social, sem prejuízo de ação contra o empregador, quando este incorrer em culpa ou dolo; proibição ao menor de 18 anos de trabalho noturno, insalubre ou perigoso.

Insalubre é o trabalho em ambiente prejudicial à saúde; perigoso é o trabalho sob condições de risco à vida ou à integridade física.

As regras de segurança, higiene e saúde não se aplicam só ao trabalho perigoso ou insalubre, nem só às relações de emprego, mas a todas as formas de trabalho, sob quaisquer modalidades contratuais. Pois em todas elas o trabalhador está sujeito a acidentes de trabalho, a doença profissional e a doenças do trabalho. Mas o cuidado é redobrado no trabalho sob condições perigosas ou insalubres, porque é aqui onde se registram os maiores índices desses males. Por isso, o trabalhador que moureja sob essas condições tem tratamento diferenciado na legislação do trabalho e previdenciária.

A CLT dedica ao tema os arts. 154 a 201, tratando das condições ambientais de salubridade, de tração, dos equipamentos de proteção, dos órgãos de fiscalização e das providências legais obrigatórias visando a preservar a saúde e a integridade física do trabalhador. A Portaria n. 3.214/78, do MTE regulamenta fastidiosamente a matéria. A Lei n. 7.369/86 institui o adicional de periculosidade no setor elétrico, regulamentada pelo Dec. n. 93.413/86, e a Lei n. 11.932/09 dispõe sobre os limites de exposição humana a campos elétricos, magnéticos e eletromagnéticos.

2. DIREITO A UM MEIO AMBIENTE EQUILIBRADO

O Direito Ambiental enquadra-se nos direitos fundamentais de terceira geração, mas de primeira preocupação. Os dinossauros, com apenas cem gramas de cérebro, viveram 150 milhões de anos na Terra, enquanto o ser humano, com 1.500 gramas de cérebro, já dá sinais de sua autoextinção aos dois milhões de anos.

"O direito ao meio ambiente adequado é um prolongamento indispensável do próprio direito à vida, e nessa constatação repousam, basicamente, os fundamentos da proteção jurídica ao meio ambiente", lembra Evana Soares(54).

O Direito Ambiental tem por objeto a proteção do meio ambiente: natureza, vida e biodiversidade, tendo em vista a sobrevivência da espécie humana no Planeta Terra e a qualidade da vida. Daí Toshio Mukai lembrar que esse ramo do direito "diz respeito à proteção de interesses pluri-individuais que superam as noções tradicionais de interesse individual ou coletivo"(55).

Enquadra-se na categoria de direito fundamental de terceira geração, posto dizer respeito a todos os humanos viventes na Terra. O meio ambiente não se confunde com ecologia, mas enfeixa um conjunto de bens naturais, como a qualidade do solo, do patrimônio florestal, da fauna, do ar atmosférico, da água, do sossego auditivo, da paisagem visual, averba Alsina(56).

O Direito do Trabalho enquadra-se nos direitos fundamentais de segunda geração, mas, à proporção que avança, refina-se e vindica para seus destinatários os bônus da cidadania, da qualidade de vida, da dignidade, enfim. E não existe qualidade de vida sem um meio ambiente de trabalho equilibrado.

O ser humano desafia os obstáculos e não desiste de transformar a natureza, na busca incessante de produzir bens e condições para uma vida melhor no planeta Terra. O problema está em diferençar a exploração racional da exploração destruidora da natureza, causando o desequilíbrio ambiental.

Whitehead averba que "a função primordial da Razão é direcionar o ataque ao meio ambiente", para, numa escala ascendente, atingir o viver < o viver melhor < o viver em condições satisfatórias < o aumento de satisfação(57).

E tudo isso se faz através do trabalho humano, ora como explorador, ora como destruidor. E na transformação da natureza, pelo trabalho, o homem agride o meio ambiente e, ao mesmo tempo, sofre os influxos da destruição que provoca. Daí a necessidade de compreender-se melhor o meio ambiente e, neste, o meio ambiente do trabalho, para minimizar os efeitos de suas reações na segurança e na saúde do trabalhador.

---

(54) *Ação ambiental trabalhista*. Porto Alegre: Sergio Fabris, 2004. p. 57.

(55) *Direito ambiental sistematizado*. 4. ed. Rio de Janeiro: Forense Universitária, 2004. p. 6.

(56) ALSINA, Jorge Bustamante. *Derecho ambiental. Fundamentación y normativa*. Buenos Aires: Abeledo--Perrot, 1995. p. 47.

(57) WHITEHEAD, Alfred North. *A função da razão*. 2. ed. Trad. Fernando Dídimo Vieira. Brasília: Universidade de Brasília, 1988. p. 5. Original: *The Function of Reason*.

2.1. Meio ambiente — em termos gerais, são as condições "que influenciam os seres vivos (biota) de um determinado espaço geográfico", diz Acquaviva[(58)]. Observa o mesmo autor que o crescimento demográfico, o desenvolvimento econômico e a concorrência constituem fatores de intensificação da agressão à natureza, motivo pelo qual se impôs uma legislação repressiva eficaz, visando a atenuar os malefícios que a exploração descontrolada causa ao meio ambiente.

A Lei n. 6.938/81 dispõe em seu art. 3º: "*Meio ambiente é o conjunto de condições, leis, influência e interações de ordem física, química e biológica, que permite, abriga e rege a vida em todas as suas formas*".

A CF/88 dedica ao meio ambiente o art. 225, situado no **Título VIII — Da Ordem Social**, de onde se extrai que: todos têm direito ao meio ambiente ecologicamente equilibrado, bem de uso comum do povo e essencial à sadia qualidade de vida, impondo-se ao Poder Público e à coletividade o dever de defendê-lo e preservá-lo para as presentes e futuras gerações.

Oportuna a consideração que nos traz Norma Sueli Padilha de que o Direito Ambiental enquadra-se na categoria de direito fundamental da pessoa humana, visto que inerente ao direito à vida e à vida com qualidade. Essa qualidade foi-lhe reconhecida na Declaração do Meio Ambiente, adotada pela Conferência das Nações Unidas, em Estocolmo, em junho de 1972, cujos vinte e seis princípios constituem prolongamento da Declaração Universal dos Direitos do Homem[(59)].

Legislação ambiental principal — Leis ns. 4.771/65 (Código Florestal); 5.197/67 (Código de Caça); 6.938/81 (Política nacional do meio ambiente); 7.347/85 (Ação Civil Pública); 7.735/89 (IBAMA); 7.754/89 (medidas de proteção às florestas das nascentes dos rios); 7.797/89 (danos ao meio ambiente); 8.974/95 (engenharia genética e organismos geneticamente modificados); 9.605/98 (proteção ambiental); Decreto-Lei n. 221/67 (Código de Pesca) e Dec. n. 750/93 (disciplina o corte, a exploração e a supressão de vegetação primária ou nos estágios avançado e médio de regeneração da mata atlântica).

2.2. Meio ambiente do trabalho — é uma parcela do meio ambiente geral. É o local onde se exerce o trabalho, compreendidas as circunvizinhanças. Essa porção de meio ambiente, antes de interessar aos que ali mourejam, constitui um bem de todos, dado que seus rescaldos contaminam todos os circundantes.

E como um microssistema do sistema geral, deve ser protegido, até porque não se terá um todo equilibrado sem que as partes o sejam. Em termos mais restritos, trata-se da humanização do trabalho. Com efeito, o trabalhador consome um terço de sua vida no ambiente de trabalho. E um ambiente sadio integra os direitos fundamentais de todos os seres humanos.

Por isso, observa Sebastião Geraldo de Oliveira, que, estando o meio ambiente do trabalho inserido no meio ambiente geral (art. 225, V, da CF), "é impossível alcançar

(58) ACQUAVIVA, Marcos Cláudio. *Dicionário jurídico brasileiro Acquaviva*. São Paulo: Jurídica Brasileira, 1998. p. 835.

(59) *Do meio ambiente do trabalho equilibrado*. São Paulo: LTr, 2002. p. 19.

qualidade de vida sem ter qualidade de trabalho, nem se pode atingir meio ambiente equilibrado e sustentável ignorando o meio ambiente de trabalho"[(60)]. Daí estabelecer a Constituição Federal que a ordem econômica deve observar o princípio de defesa do meio ambiente (art. 170, VI).

Contundente a lição de Rodolfo Mancuso:

> O conceito holístico de meio ambiente não se compadece com situações em que os recursos naturais venham (muito justamente) preservados, mas sem que o ser humano ali radicado seja objeto de iguais cuidados, como quando se vê constrangido a trabalhar em condições subumanas, perigosas, insalubres, degradantes, excessivamente estressantes ou ainda percebendo remuneração irrisória, contrariando a sabedoria popular de que o trabalho é meio de vida e não de morte.[(61)]

Em consequência do que se expõe, o objeto do Direito Ambiental do Trabalho é a proteção de um ambiente de trabalho sadio, que proporcione boa qualidade de vida aos trabalhadores, um ambiente desprovido dos agentes insalubres, perigosos, penosos, estressantes. A atuação desse Direito dá-se mediante uma regulamentação rigorosa, normas de caráter imperativo, tendo em vista evitar, neutralizar ou diminuir a ocorrência e os efeitos dos agentes nocivos à saúde ou perigosos à vida.

3. TUTELA LEGAL E JUDICIAL DO MEIO AMBIENTE DO TRABALHO

Não se trata de ficção ou de produção cerebrina. O ambiente de trabalho, tendo em vista a saúde do trabalhador, encontra ampla disciplinação legal.

Na Constituição, a tutela pode ser identificada de duas maneiras: mediata e imediata. A primeira brota dos arts. 225, V, CF ("controlar a produção, a comercialização e o emprego de técnicas, métodos e substâncias que comportem risco para a vida, a qualidade de vida e o meio ambiente"), 170, que alinha, dentre os princípios da Ordem Econômica, a "defesa do meio ambiente", e do 180, segundo o qual a propriedade rural cumpre sua função social mediante a observância dos seguintes requisitos:

> I — aproveitamento racional e adequado;
>
> II — utilização adequada dos recursos naturais disponíveis e preservação do meio ambiente;
>
> III — observância das disposições que regem as relações de trabalho;
>
> IV — exploração que favoreça o bem-estar dos proprietários e dos trabalhadores.

E a tutela imediata brota dos arts. 196 ("A saúde é direito de todos e dever do Estado, garantido mediante políticas sociais e econômicas que visem à redução do risco de doenças e de outros agravos e ao acesso universal e igualitário às ações e serviços para sua promoção, proteção e recuperação") e 7º, XXII (redução dos riscos inerentes

---

(60) *Proteção jurídica à saúde do trabalhador*. São Paulo: LTr, 1998. p. 79.

(61) Ação civil pública trabalhista: análise de alguns pontos controvertidos. *Revista do Processo*, São Paulo: Revista dos Tribunais, ano 24, n. 93, p. 151-178, jan./mar. 1999.

ao trabalho, por meio de normas de saúde, higiene e segurança do trabalho) e XXIII (adicional de remuneração para as atividades penosas, insalubres e perigosas, na forma da lei).

Na legislação infraconstitucional, o direito a um ambiente de trabalho sadio ou, pelo menos, com o máximo de neutralização dos agentes nocivos à saúde encontra seu principal abrigo nos arts. 154 a 201 da CLT. O detalhamento de cada espécie de trabalho sob condições de risco e a tipificação de cada elemento agressor à saúde encontra-se na Portaria n. 3.214/78 do MTE, a qual sofre seguidas alterações através de outras Portarias do mesmo órgão. Em 2014 foi pródiga essa regulamentação.

Normas oriundas das Convenções da OIT — O Dec. n. 1.254/94 promulga a Convenção n. 155 da OIT, sobre medicina e segurança do trabalho; o Dec. n. 1.255/94 promulga a Convenção n. 119 da OIT sobre proteção contra máquinas perigosas. O Dec. n. 1.253 aprova a Convenção n. 140, sobre proteção contra os riscos de intoxicação com benzeno. O Dec. n. 3.251/99 promulga a Convenção n. 134 da OIT sobre prevenção contra acidentes de trabalho dos trabalhadores marítimos. Dentre outras.

Tutela judicial do meio ambiente de trabalho — por se enquadrar o meio ambiente de trabalho na categoria de direito difuso, a sua tutela judicial possui multiplicidade da legitimação ativa, podendo, portanto, ser levada a juízo pelos sindicatos, associações profissionais, Ministério Público, por qualquer órgão do Poder Público, mesmo que não possua personalidade jurídica, e pelo cidadão.

Para tanto, são cabíveis perante a Justiça do Trabalho as seguintes medidas judiciais: ação civil pública, ação civil coletiva, mandado de segurança individual e coletivo, mandado de injunção, ação popular, dissídio coletivo a ação individual de cada pessoa lesada. O Ministério Público do Trabalho desenvolveu ainda os seguintes instrumentos extrajudiciais de defesa do direito epigrafado: inquérito civil, recomendações, requisições e termos de ajuste de conduta[62].

4. ACIDENTE DE TRABALHO, DOENÇA PROFISSIONAL E DOENÇA DO TRABALHO

Trata-se de três espécies de males com causas diferentes e de consequências diversas, mas as duas últimas são tratadas como entidades mórbidas do acidente de trabalho, ou seja, são consideradas espécies deste, cf. arts. I, da Convenção Internacional do Trabalho ns. 150, e 19, 20 e 21 da Lei n. 8.213/91.

Acidente de trabalho "é o que ocorre pelo exercício do trabalho a serviço da empresa ou pelo exercício do trabalho dos segurados referidos no inciso VII do art. 11 desta Lei [segurados não empregados], provocando lesão corporal ou perturbação funcional que cause a morte ou a perda ou redução, permanente ou temporária, da capacidade para o trabalho" — art. 19 da Lei n. 8.213/91. Além do acidente típico, existem também o atípico e o de trajeto. O art. 21 assim dispõe:

(62) SOARES, Evana. *Op. cit.*, p. 169/241.

Equiparam-se também ao acidente de trabalho, para efeitos desta Lei:

I — acidente ligado ao trabalho que, embora não tenha sido a causa única, haja contribuído diretamente para a morte do segurado, para redução ou perda de sua capacidade para o trabalho, ou produzido lesão que exija atenção médica para a sua recuperação;

II — o acidente sofrido pelo segurado no local e no horário de trabalho, em consequência de:

a) ato de agressão, sabotagem ou terrorismo praticado por terceiro ou companheiro de trabalho;

b) ofensa física intencional, inclusive de terceiro, por motivo de disputa relacionada com o trabalho;

c) ato de imprudência, de negligência ou de imperícia de terceiro ou de companheiro de trabalho; ato de pessoa privada do uso da razão;

d) desabamento, inundação, incêndio e outros casos fortuitos ou decorrentes de força maior;

III — a doença proveniente de contaminação acidental do empregado no exercício de sua atividade;

IV — o acidente sofrido pelo segurado, ainda que fora do local e horário de trabalho:

a) na execução de ordem ou na realização de serviço sob a autoridade da empresa;

b) na prestação espontânea de qualquer serviço à empresa para lhe evitar prejuízo ou proporcionar proveito;

c) em viagem a serviço da empresa, inclusive para estudo quando financiado por esta dentro de seus planos para melhor capacitação de mão de obra, independentemente do meio de locomoção utilizado, inclusive veículo de propriedade do segurado;

d) no percurso da residência para o local de trabalho ou desta para aquela, qualquer que seja o meio de locomoção, inclusive veículo de propriedade do segurado [acidente de trajeto].

§ 1º Nos períodos destinados à refeição ou descanso, ou por ocasião da satisfação de outras necessidades fisiológicas, no local de trabalho ou durante este, o empregado é considerado no exercício do trabalho.

Doença do trabalho (acidente de trabalho atípico) — é "a adquirida ou desencadeada em função de condições especiais em que o trabalho é realizado e com ele se relacione diretamente, constante da relação mencionada no inciso I", acima transcrito — art. 20, II, da Lei n. 8.213/91.

A doença do trabalho poderá ser adquirida, e na maioria das vezes o é, por falta de observância das regras de ergonomia, consistentes em "estabelecer parâmetros que permitam a adaptação das condições de trabalho às características psicofisilógicas dos trabalhadores, de modo a proporcionar um máximo de conforto, segurança e desempenho eficiente" — item 17.1 da NR-17 da Portaria n. 3.214/78.

Doença profissional (acidente de trabalho atípico) — é "a produzida ou desencadeada pelo exercício do trabalho peculiar a determinada atividade e constante da respectiva relação elaborada pelo Ministério do Trabalho e Emprego e da Previdência Social" — art. 20, I.

Nexo técnico epidemiológico (NTEP) — é a configuração, pela perícia do INSS, da necessária relação entre o agravo (a doença) e o trabalho realizado, o que é feito principalmente à luz da lista C do anexo II do Decreto n. 3.048/99, a qual estabelece a relação entre o tipo de atividade exercida pela empresa (CNAE) e o agravo sofrido (CID-10). Dessa forma, tornam-se desnecessárias maiores dilações para a constatação da incapacidade acidentária. Cabe à empresa requerer, mediante recurso ao Conselho Recursal da Previdência Social, a não aplicação do NTEP (v. art. 20-A e parágrafos da Lei n. 8.213/1991).

É de suma importância lembrar a estabilidade do empregado que tenha gozado auxílio-doença acidentário, na forma do art. 118 da Lei n. 8.213/1991. *Vide* o capítulo dedicado ao tema.

Comunicação de acidente do trabalho (CAT) — Quando da ocorrência de acidente do trabalho, a empresa fica obrigada a emitir CAT à autoridade da Previdência Social em até um dia útil ou, em caso de morte, de imediato, sob pena de multa aplicada e cobrada por aquele órgão. A desídia da empresa, sem prejuízo de sua responsabilização, não obsta a que a CAT seja emitida pelo próprio empregado, ou por seus dependentes, ou pelo sindicato, ou pelo médico que o atendeu, ou por qualquer autoridade pública.

O anexo II do Decreto n. 3.048/1999, que regulamenta a Lei n. 8.213/91, relaciona os *agentes patogênicos causadores de doenças profissionais ou do trabalho*, conforme previsto no art. 20 da Lei regulamentada:

a) **químicos** — arsênio e seus compostos arsenicais, asbesto ou amianto, benzeno ou seus homólogos tóxicos, berílio, bromo, cádmio, carbonetos metálicos de tungstênio sintetizados, chumbo, cloro, cromo, flúor, fósforo, hidrocarbonetos alifáticos ou aromáticos, iodo, manganês, mercúrio, substâncias asfixiantes, sílica livre, sulfeto de carbono ou dissulfeto de carbono;

b) **físicos** — ruído e afecção auditiva, vibrações, ar comprimido, radiações ionizantes;

c) **biológicos** — micro-organismos e parasitas infecciosos vivos e seus produtos tóxicos (como, por, exemplo, Mycobacterium, vírus hospedados por artrópedes, cocciclióides, fungos, histoplasmas, leptospira, bacilo, tripanossoma, ancilóstomo etc.);

d) **poeiras orgânicas** — algodão, linho, cânhamo, sisal;

e) **agentes físicos, químicos ou biológicos**, que afetam a pele, não considerados em outras rubricas.

Expostos os agentes patogênicos, o mesmo Anexo II expõe em duas Listas (A e B) os fatores de risco de natureza ocupacional. Na lista A elenca os fatores de risco de natureza ocupacional relacionados com a etiologia de doenças profissionais e de outras doenças relacionadas com o trabalho.

Aqui, se faz uma lista dos agentes nocivos e os males (que são muitos) que eles causam à saúde. Por exemplo, relacionados ao arsênio e seus componentes arsenicais, são listadas 20 espécies de males, dos quais destacamos: angiossarcoma do fígado, neoplasia maligna dos brônquios e dos pulmões, encefalopatia tóxica aguda, conjuntivite, arritmias cardíacas, dermatite, estomatite ulcerativa crônica, etc. O asbesto causa neoplasia maligna no estômago, na laringe, nos brônquios e pulmões, derrame pleural, placas pleurais etc. São muitos outros agentes e males correspondentes.

Na lista B expõe as doenças infecciosas e parasitárias relacionadas com o trabalho: tuberculose, decorrente da exposição ao bacilo de Koch etc. ou exposição do trabalhador hipersensível a poeiras de sílica. Vem depois a carbunculose e modos de contrair a doença, a brucelose, a leptospirose, o tétano, as hepatites, o dengue, a psitracose, o HIV, a dermatofitose, candidíase, malária, paraccoccidioidomicose, leishmaniose.

No Anexo III, relaciona em nove quadros as situações que dão direito ao auxílio-acidente.

5. CUSTO E RESPONSABILIDADE PELA INDENIZAÇÃO DOS DANOS

O art. 7º, XXVIII, da Constituição Federal preceitua que é direito do trabalhador "*seguro contra acidentes de trabalho, a cargo do empregador, sem excluir a indenização a que este está obrigado, quando incorrer em dolo ou culpa*".

O art. 19, § 1º, da Lei n. 8.213 dispõe: "A empresa é responsável pela adoção e uso das medidas coletivas e individuais de proteção e segurança de saúde do trabalhador".

Logo, o responsável pelas indenizações é, ordinariamente, o órgão segurador, o INSS (Instituto Nacional do Seguro Social); e, extraordinariamente, o empregador, quando incorrer em dolo ou culpa. O dolo decorre da ação ou omissão intencional no sentido de causar o dano ao trabalhador. A culpa é um conceito mais aberto, envolvendo desde a falta dos cuidados legalmente exigidos, a imperícia ou a imprudência.

Esse preceito responsabiliza o empregador em caso de culpa subjetiva. Mas nada impede que a legislação ordinária avance para a culpa objetiva (ou responsabilidade objetiva), dado que a Constituição estabelece apenas o piso protetivo. Neste sentido, é racional que se invoque o art. 927, parágrafo único, do Código Civil de 2002:

> Haverá obrigação de reparar o dano, independentemente de culpa, nos casos especificados em lei, ou quando a atividade normalmente desenvolvida pelo autor do dano implicar, por sua natureza, risco para os direitos de outrem.[63]

O C. Civil é posterior à Constituição, que fixa apenas o piso, amparando a legislação que vise à melhoria da condição social do operário, cf. art. 7º, *caput*. Daí ser aplicável o preceito transcrito do Código Civil quando o empregador explorar atividade que, por sua natureza ou características, nos termos da lei, seja classificada como insalubre ou perigosa.

---

(63) A propósito, ver artigo de Raimundo Simão de Melo, sob o título Responsabilidade objetiva e inversão do ônus da prova nos acidentes de trabalho. *Revista LTr,* v. 70, n. 1, p. 23/33, jan. 2006. No mesmo sentido, MAIOR, Jorge Luiz Souto. Em defesa da ampliação da competência da Justiça do Trabalho. *Revista LTr*, v. 70, n. 1, p. 13/22, jan. 2006.

A partir de maio de 2011, o TST desenvolve uma campanha de combate e prevenção ao acidente do trabalho, já tendo atraído a adesão de vários órgãos governamentais e da iniciativa privada. Dentre as providências adotadas está a Recomendação Conjunta GP.CGJT n. 2, na qual "recomenda o encaminhamento de cópia de sentenças e acórdãos que reconheçam conduta culposa do empregador em acidente do trabalho para a respectiva unidade da Procuradoria-Geral Federal — PGF".

Um dos frutos dessa campanha foi a iniciativa do INSS no sentido de ajuizar, através de seus Procuradores Federais, ações regressivas contra empresas negligentes no cumprimento das normas de saúde e segurança do trabalho, pleiteando o ressarcimento de benefícios previdenciários despendidos em virtude de acidentes do trabalho. Tais ações encontram ampla aceitação nos TRF e no próprio STJ. Trata-se da aplicação do art. 120 da Lei n. 8.213/1991.

Não obstante se exponha apenas a ponta do *iceberg*, é suficiente para aquilatar quão imenso e sério é o problema, senão vejamos o quanto custa.

O Decreto n. 3.048/99 discrimina nos arts. 64 e 68 os casos de aposentadoria especial, com apenas 15, 20 ou 25 anos de serviço, conforme a atividade se enquadre entre as que sujeitam o trabalhador a condições especiais que prejudiquem a saúde ou a integridade física. E relaciona no anexo V os agentes físicos, biológicos, ou associação de agentes prejudiciais à saúde ou à integridade física, consideradas para fins da aposentadoria especial.

O art. 45 do mesmo Decreto assegura um acréscimo de 25% no valor da aposentadoria por invalidez. O anexo I desse Decreto relaciona nove situações que asseguram esse direito: cegueira total; perda de nove ou mais dedos das mãos; paralisia dos dois membros superiores ou inferiores; perda dos membros inferiores, acima dos pés, quando a prótese for impossível; perda de uma das mãos e de dois pés, ainda que a prótese seja possível; perda de um membro superior e outro inferior, quando a prótese for impossível; alterações das faculdades mentais, com grave perturbação da vida orgânica e social; doença que exija permanência contínua no leito; incapacidade permanente para as atividades da vida diária.

Com efeito, os números são assustadores. Só em 2010, a Previdência Social registrou cerca de 525,2 mil acidentes do trabalho com CAT (Comunicação de Acidente do Trabalho) emitida, dos quais cerca de 414,8 mil foram acidentes típicos e 15,6 mil, doenças do trabalho. Outros 94,8 mil foram acidentes de trajeto. Estima-se ainda a quantidade de 176,3 mil acidentes sem emissão de CAT. A quantidade de óbitos foi 2.702, para aproximadamente 720,1 acidentes liquidados, isto é, cujos processos foram encerrados administrativamente pelo INSS. O valor dos respectivos benefícios acidentários (auxílio-doença, pensão por morte, aposentadoria por invalidez etc.) ativos em 2010 também assusta: em torno de 553,1 milhões (DATAPREV. *Anuário Estatístico da Previdência Social*. 2010).

Em 2012, segundo o Anuário Estatístico da Previdência Social, foram registrados 705.239 acidentes contra 720.629 em 2011. Houve uma pequena redução, mas o total continua acima dos 700 mil por ano, o que é ainda alarmante. O número de trabalhadores mortos em 2012 foi de 2.731, enquanto em 2011 foram 2.938. Ficaram permanentemente incapacitados para o trabalho 14.755 trabalhadores. Foram 541.286 acidentes com Comunicados de Acidente de Trabalho — CAT emitidos e 163.953 sem emissão de CAT.

O setor com maior número de acidentes é o de Comércio e Reparação de Veículos Automotores, com 95.659 registros, seguido, este ano, pelo setor de Saúde e Serviços Sociais, com 66.302 acidentes. O setor com o terceiro maior índice de registros de acidentes é o da construção civil, que apresentou um aumento, passando de 60.415 em 2011, para 62.874 em 2012.

Estes dados podem não ser um espelho da realidade, pois muitos acidentes não são considerados para fins de estatísticas porque estão registrados de forma genérica, por exemplo, como acidentes de trânsito.

Acrescente-se a isso o enorme custo gerado ao sistema público de saúde e o incomensurável sofrimento infligido às famílias de acidentados.

Dados da OIT apontam que na década de 80 só a indústria produziu anualmente 50 milhões de acidentes no mundo, dos quais 100 mil fatais e um milhão e quinhentos mil trabalhadores ficaram inválidos para o resto da vida. Por detrás dos números frios da estatística e das cifras, mourejam as pessoas vitimadas e suas famílias. E aqui não se está incluindo a doença profissional e a do trabalho.

Sob o ângulo trabalhista, portanto abstraindo o aspecto previdenciário, merecem destaque os custos para a empresa: a) estabilidade do trabalhador que sofreu acidente de trabalho, desde a ocorrência até 12 meses após a alta, cf. art. 118 da Lei n. 8.213/91; b) o portador de doença profissional também tem o direito de ser mantido no emprego, cf. vem decidindo o TST; c) as indenizações por danos morais, patrimoniais e estéticos correm perante a Justiça do Trabalho, contra o empregador; d) durante a doença, os 15 primeiros dias são pagos pelo empregador; e) durante o gozo de auxílio-doença o empregado não pode ser dispensado do emprego; f) ação regressiva da União contra a empresa em caso de culpa.

6. TUTELA LEGAL DO DIREITO À SAÚDE, HIGIENE E SEGURANÇA DO TRABALHO

A Organização Internacional do Trabalho hierarquizou quatro principais estratégias de prevenção do acidente de trabalho: a) eliminação dos riscos; b) eliminação da exposição do trabalhador aos riscos; c) isolamento do risco; e d) proteção da pessoa submetida a situação de risco. O alvo principal é atingir a eliminação do risco; na impossibilidade, evitar a exposição do trabalhador; não podendo evitar as duas anteriores, isolar o trabalhador da situação de risco; por fim, só na impossibilidade das anteriores, resta apenas proteger o trabalhador. Esta última tem sido a opção principal do modelo legal brasileiro.

O art. 7º, XXII, XXIII, XXVIII, XXXIII, da CF assegura ao trabalhador: proteção contra os riscos à vida e à saúde; adicional de remuneração pelo trabalho insalubre, perigoso ou penoso; seguro contra acidente do trabalho, bancado pela Previdência Social, sem prejuízo de ação contra o empregador, quando este incorrer em culpa ou dolo; proibição ao menor de 18 anos de trabalho noturno, insalubre ou perigoso.

A CLT regulamenta a matéria nos arts. 154 a 201, tratando das condições ambientais de salubridade, de tração, dos equipamentos de proteção, dos órgãos de fiscalização e das providências legais obrigatórias visando a preservar a saúde e a integridade física do trabalhador. A Portaria n. 3.214/78 do MTE, por meio de várias Normas Regulamentadoras (NR), complementa as normas celetistas; e a Portaria n. 3.067/88 do MTE, aprova as Normas Regulamentadoras Rurais NRR, do art. 13 da Lei n. 5.889/73.

A Portaria n. 3.214/78 é o instrumento mais representativo, porque regulamenta, por delegação da própria lei, os artigos da CLT que dispõem sobre o trabalho insalubre e o perigoso. Compõe-se de 33 Normas Regulamentadoras, denominadas de NR, cada uma tratando de determinado tema. Trata-se de uma regulamentação fastidiosa, técnica, composta de artigos, Anexos e Quadros.

Primeiro a CLT estabelece as normas de caráter geral: as obrigações dos órgãos públicos de fiscalização, as do empregador e as do empregado. O art. 155 especifica as obrigações dos órgãos fiscalizadores de âmbito nacional e o 156, dos regionais.

Constituem obrigações do empregador: cumprir e fazer cumprir as normas de segurança e medicina do trabalho; instruir os empregados, por meio de ordens de serviço, quanto às precauções a tomar no sentido de evitar acidentes no trabalho ou doenças profissionais; adotar as medidas que lhes sejam determinadas pelo órgão regional do Ministério do Trabalho e pelos órgãos estaduais e municipais; facilitar o exercício da fiscalização pela autoridade competente (art. 157); constituir a CIPA, quando for o caso, e dar-lhe condições de funcionamento.

Constituem obrigações do empregado: observar todas as espécies de normas de medicina e segurança do trabalho; colaborar com o empregador quanto à observação dessas normas; usar os equipamentos de proteção individual fornecidos pela empresa. O empregado que não observa as recomendações do empregador sobre medicina e segurança ou se recusa a usar os equipamentos de proteção comete ato faltoso, passível de advertência e suspensão (art. 158).

A empresa é obrigada a fornecer aos empregados, gratuitamente, equipamentos de proteção individual adequado ao risco e em perfeito estado de conservação e funcionamento, sempre que as medidas de ordem geral não ofereçam completa proteção contra os riscos de acidentes e danos à saúde dos empregados. Todo estabelecimento deve estar equipado com material necessário à prestação dos primeiros socorros médicos.

Será obrigatório exame médico, por conta do empregador, nas condições fixadas no art. 168 e seus parágrafos da CLT e nas instruções complementares expedidas pelo Ministério do Trabalho.

As empresas, de acordo com as normas expedidas pelo Ministério do Trabalho (Portaria n. 3.214), estão obrigadas a manter serviços especializados em segurança e em medicina do trabalho.

O local de trabalho deve oferecer ventilação (natural ou artificial) adequada, boa iluminação e piso regular, sem saliência ou depressão. As máquinas e equipamentos devem ser dotados de dispositivo de partida e parada para prevenir contra risco de acidente. É proibida a fabricação, importação, venda, locação e uso de máquina e equipamento não dotados de dispositivos de partida e de parada. Conserto, manutenção e limpeza só poderão ser feitos com a máquina parada, salvo se o movimento for essencial à realização do ajuste.

É de 60 kg o peso máximo que o trabalhador (homem) pode remover individualmente. É proibido empregar mulher em trabalho que exija força muscular superior a 20 kg em trabalho contínuo ou de 25 kg para atividade eventual. Essa proibição vale para o menor de 18 anos.

Para o trabalho realizado sentado, o empregador deve fornecer assentos que assegurem postura correta e para o trabalho realizado em pé, deve haver assentos para o empregado sentar-se nos intervalos que o serviço permitir.

6.1. Trabalho sob condições insalubres — Insalubres são as atividades que, por sua natureza, condições ou métodos de trabalho, exponham os empregados a agentes nocivos à saúde, acima dos limites de tolerância fixados em razão da natureza e da intensidade do agente e o tempo de exposição aos seus efeitos (art. 189 da CLT).

Sistema legal a respeito do trabalho insalubre — arts. 189 a 197 da CLT, NR-15 da Portaria n. 3.214/78; Lei n. 7.394/85 — regula a profissão de Radiologista; Dec. n. 81.384/78 — dispõe sobre a concessão de gratificação por atividades com raios X ou substância radioativa, dentre outras.

A NR-15 especifica as atividades insalubres. Em 14 Anexos e vários Quadros minudencia cada atividade: o Anexo 1 trata do limite de tolerância para ruídos — 85 db/8 horas, no máximo, ou 115 db/7 horas, acima desse limite é insalubre; o Anexo 2 trata dos limites dos ruídos de impacto; o Anexo 3, exposição ao calor; o Anexo 4, que tratava de níveis mínimos de iluminamento, encontra-se revogado (a respeito, consultar a Orientação Jurisprudência Transitória n. 57 da SDI-1); Anexo 5, limites de radiações ionizantes (CNEN-06/73); Anexo 6, trabalhos sobre pressão hiperbárica (pressões superiores à da atmosfera); Anexo 7, radiações não ionizantes (micro-ondas, ultravioletas e laser); Anexo 8, limites de vibrações; Anexo 9, limite de frio; Anexo 10, limite de umidade; Anexo 11, agentes químicos; Anexo 12, limites de poeiras minerais; Anexo 13, outros agentes químicos como: Arsênio, Carvão, Chumbo etc. e Anexo 14, agentes biológicos (insalubridade em grau médio: trabalho em hospitais, enfermarias, ambulatórios, gabinetes de autópsia, cemitérios, estábulos etc.; em grau máximo: contato permanente: com paciente em isolamento portador de doença infectocontagiosa, com esgoto, lixo urbano, animais com tuberculose, brucelose, carbunculose etc.; não há insalubridade em grau mínimo neste item). O trabalho em hospitais, enfermarias e similares foi regulamentado recentemente pela NR-32.

Convém frisar que, do ponto de vista mais pragmático, atividades insalubres são aquelas assim consideradas pelo Ministério do Trabalho. Daí por que o TST firmou entendimento no sentido de que não basta a constatação de insalubridade por laudo pericial, sendo necessária a classificação da atividade como insalubre pelo Ministério do Trabalho (OJ n. 4 da SDI-1).

Adicional de insalubridade — A lei atribui três graus à insalubridade: mínimo, médio e máximo. O trabalho em condições insalubres tem remuneração superior ao trabalho não insalubre. Esse acréscimo remuneratório denomina-se **adicional de insalubridade**, o qual é de 10%, 20% e 40%, respectivamente, para os graus mínimo, médio e máximo. A jurisprudência do colendo TST utilizava como base de cálculo o salário mínimo legal ou o salário profissional fixado por lei, negociação coletiva ou sentença normativa (cf. Súmula n. 17 do TST, já cancelada e art. 192 da CLT). No entanto, após a edição da Súmula Vinculante n. 4 do STF, a utilização do salário mínimo como base de cálculo para o adicional passou a ser considerada inconstitucional, em virtude de violação ao art. 7º, IV, da Constituição de 1988. Diante de tal situação, o TST editou a Súmula n. 228, fixando o salário básico como base de cálculo. Todavia, essa Súmula também acaba por afrontar o enunciado da Suprema Corte, visto que este veda também a substituição do salário mínimo por decisão judicial. Assim, em sede cautelar de Reclamação (n. 6.266-0/DF), o enunciado da Corte Trabalhista teve sua aplicação suspensa. Atualmente, à falta de outro parâmetro, o TST retomou sua antiga orientação no sentido de utilizar o salário mínimo como base de cálculo do adicional de insalubridade, até que lei regulamente a matéria. Ressalte-se, por fim, que a OJ n. 2 da SBDI-2 entende cabível ação rescisória de decisão que acolhe pedido de adicional de insalubridade calculado sobre a remuneração do empregado, por violação ao art. 192 da CLT.

O adicional pago em caráter permanente, de acordo com a Súmula n. 139, incorpora-se à remuneração para efeito dos cálculos dos direitos rescisórios. Aliás, integra o salário para todos os efeitos legais, como cálculo de horas extras, de adicional noturno, recolhimentos sociais, férias, 13º salário etc. Acerca da cumulação de horas extraordinárias com o adicional, especificamente, seu cômputo dá-se de modo que as horas extras são calculadas sobre o salário contratual somado ao adicional de insalubridade (OJ n. 47 da SDI-1). Todavia, considerando a enorme prejudicialidade de tal prática, o art. 60 da Consolidação estabelece que qualquer prorrogação de trabalho insalubre deverá ser objeto de autorização das autoridades competentes em saúde e segurança do trabalho. Em tempo, o TST cancelou sua controversa Súmula n. 349, que dispensava a referida autorização mediante negociação coletiva.

A percepção de adicional de insalubridade, devido à própria natureza de salário-condição deste, não gera direito adquirido. Logo, a reclassificação ou a descaracterização da insalubridade, por ato de autoridade competente, afasta a incidência do adicional (Súmula n. 248 do TST).

Da mesma forma, a eliminação ou a neutralização da insalubridade exclui o adicional. Ocorrerá: I — com adoção de medidas que conservem o ambiente dentro dos limites de tolerância; e II — com a utilização de Equipamentos de Proteção Individual (EPI), que diminuam a intensidade do agente agressivo a limites de tolerância. Ressalte-se que o mero fornecimento dos EPI não elide, necessariamente, o pagamento do adicional, quando não afastada totalmente a nocividade do ambiente (v. Súmulas ns. 80 e 289 do TST). Os EPIs mais utilizados são: capacete, botas, luvas, máscaras, aventais, protetor de ouvido, óculos de proteção. É importante frisar que a aquisição, a utilização e a conservação dos EPI devem estar rigorosamente em acordo com as disposições da Norma Regulamentadora n. 6, dentre cujas disposições merece destaque a obrigatoriedade do chamado Certificado de Aprovação (CA), emitido pelo Ministério do Trabalho, para comercialização dos Equipamentos de Proteção Individual. Por fim, é dever de o empregador fiscalizar a correta utilização dos EPIs pelos seus funcionários, sendo considerado ato faltoso a recusa injustificada destes em utilizar os equipamentos (arts. 157 e 158 da CLT). Tal recusa injustificada é passível, inclusive, de dispensa por justa causa.

Outras Súmulas do TST: ns. 47 e 293. Orientações Jurisprudenciais: ns. 103, 121, 165, 171, 172, 173 (alterada em 2012) e 278 da SDI-1.

6.2. Trabalho perigoso e sua regulamentação legal — Perigosa é a atividade que, por sua natureza ou método de trabalho, implique contato permanente com inflamáveis, explosivos ou energia elétrica.

Regulamentam a matéria basicamente os arts. 193 a 197 da CLT; NR-10 (energia elétrica), NR-16 (atividades em operações perigosas), NR-19 (explosivos) da Portaria n. 3.214/78.

As Leis ns. 12.740/12 e 12.997/14 alteraram o art. 193 da CLT, para incluírem nas atividades perigosas, além do trabalho em **exposição permanente** com explosivos e inflamáveis: a) o trabalho com energia elétrica; b) segurança relacionada a roubos e outras espécies de violência física; c) trabalho em motocicleta. Portanto, as profissões de segurança e de motoboy também foram incluídas como atividades perigosas. Antes da Lei n. 12.740/12 o enquadramento da atividade com energia elétrica constava da Lei n. 7.369/85 e seu regulamento, Dec. n. 93.412/86. A lei exige exposição permanente às condições de risco. Por exposição permanente, entenda-se rotineira, não necessariamente durante toda a jornada ou todo dia, mas que faça parte da rotina do trabalhador.

É farta a legislação sobre o tema, valendo destacar: Lei n. 5.280/67, que proíbe a entrada no País de máquinas e maquinismos sem os dispositivos de proteção e segurança exigidos pela CLT; Dec. n. 62.465/68, que dispõe sobre a importação de máquinas e maquinismos por natureza perigosos; Lei n. 7.369/85, que institui adicional de periculosidade para o setor de energia elétrica em condições perigosas, as quais estão especificadas no Dec. n. 93.412/86. A OJ n. 347 da SDI-I, inserida em 25.4.07, enuncia que "É devido adicional de periculosidade aos empregados cabistas, instaladores e reparadores de linhas e aparelhos de empresas de telefonia, desde que, no exercício de suas funções, fiquem expostos a condições de risco equivalente ao do trabalho exercido em contato com sistema elétrico de potência".

A NR-16 da Portaria n. 3.214 especifica as atividades perigosas de que trata o art. 193 da CLT: aquelas que impliquem contato permanente com inflamáveis ou explosivos. O Anexo 1 discrimina as operações perigosas com explosivos e a área de risco; o Anexo 2 especifica as operações perigosas com inflamáveis. O Anexo 1 considera perigosas as atividades consistentes em: armazenamento, manuseio, transporte, carregamento, detonação etc.; o Anexo 2 diz que são perigosos os trabalhos: na produção, transporte, armazenagem, abastecimento, locais de carregamento de navios-tanques de combustíveis etc. A Súmula n. 39 do TST firma entendimento no sentido de que os operadores de bomba de gasolina fazem jus ao adicional.

Em relação ao eletricitário, são perigosas as atividades: de construção e manutenção de redes e linhas aéreas de alta e baixa tensões, energizadas ou energizáveis acidentalmente; corte e poda de árvores; ligações e corte de consumidores etc. Áreas de risco: pátio e salas de operação de subestações, cabines de distribuições etc. (ANEXO ao Dec. n. 93.412/1986) — v. OJ n. 324 da SDI-1.

As condições exigidas pela lei para que se caracterize a periculosidade são: a) permanência habitual na área de risco, salvo se por tempo extremamente reduzido; e b) ingresso de modo intermitente na área de risco. A Súmula n. 361, que trata de eletricitários, contrariando o Dec. n. 93.412, entende que é devido adicional de periculosidade integral, ainda que o trabalho seja intermitente, porque a própria Lei n. 7.369/1985 não previu a possibilidade de se estabelecer proporcionalidade, até porque a intermitência, embora implique uma diminuição da probabilidade do sinistro, de forma alguma implica diminuição da gravidade do risco, que continua a ser de morte. Corroborando tal entendimento, o TST alterou em 2011 a redação de sua Súmula n. 364, a qual trata do trabalhador comum, afastando a possibilidade de redução do percentual ou pagamento proporcional ao tempo de exposição por negociação coletiva. A respeito da controvérsia acerca do que seria tempo extremamente reduzido, o TST já entendeu diversas vezes que, dada a alta gravidade de um risco, ainda que o período de exposição seja curto, a periculosidade está configurada. Assim, um empregado que diariamente emprega cinco minutos de sua jornada abastecendo um cilindro de 20kg de GLP de uma empilhadeira, faz jus ao adicional (RR – 256900-98.2005.5.15.0099 – publicada em março/2012).

Adicional de periculosidade – A exemplo do adicional de insalubridade, o de periculosidade integra o salário para todos os efeitos legais. No entanto, a periculosidade é em grau único, de 30%. Ou existe, ou não. Convém frisar ainda que, enquanto o adicional de insalubridade incide sobre o salário mínimo ou outra base de cálculo fixada em lei ou negociação coletiva, o de periculosidade incide sobre o salário pago ao empregado, sem os acréscimos resultantes de gratificações, prêmios ou participação nos lucros da empresa. Veja-se que, de acordo com o art. 457 da CLT, integram o salário, além das gratificações, as comissões, percentagens, abonos e diárias para viagem, estas quando ultrapassarem a 50% do montante salarial. O art. 458 inclui também prestações *in natura*. Logo, como toda norma restringente deve ser interpretada textualmente, o adicional de periculosidade tomará por base a soma de todos os componentes salariais de que tratam os arts. 457 e 458 da CLT, salvo os excluídos – prêmios e gratificações.

Para os eletricitários admitidos antes da Lei n. 12.740, entretanto, o adicional deve permanecer com a mesma base de cálculo assegurada pela Lei anterior, ou seja, é de 30% sobre o total das parcelas salariais, cf. art. 1º da Lei n. 7.369/85 e Súmula n. 191 do TST. Tal como em relação à insalubridade, com a eliminação do risco à integridade física do empregado, cessa o direito ao adicional de periculosidade, porquanto salário-condição não gera direito adquirido (v. art. 194 da CLT). Entende-se também que, nas horas de sobreaviso, o empregado não faz jus à periculosidade, uma vez que não há exposição ao perigo (Súmula n. 132, II, do TST). O referido adicional compõe a base de cálculo da hora extra e da noturna, conforme se infere da Súmula n. 132, I, e da OJ n. 259 da SDI-1. Outras Orientações Jurisprudenciais: ns. 172, 385, da SDI-1.

Trabalho sob condições insalubres e perigosas ao mesmo tempo – Neste caso, cabe ao empregado optar pela remuneração que melhor lhe convenha, conforme art. 193, § 2º, da CLT. Não pode acumular os dois adicionais. No entanto, não deveria ser assim, pois as causas são autônomas. A propósito, a 7ª Turma do TST concedeu os dois adicionais cumulativamente, com base nas Convenções Internacionais ns. 148 e 155 da OIT (RR 1072-72.2011.5.02.0384).

6.3. Verificação de insalubridade e/ou periculosidade — Averigua-se mediante perícia a cargo de médico do trabalho ou engenheiro do trabalho registrados no Ministério do Trabalho (art. 195 da CLT e OJ n. 165 da SDI-1). Pode ser realizada, *ex officio*, pelo Ministério do Trabalho e Emprego, ou requerida por: a) empresas; b) sindicatos; e c) trabalhador em litígio. Aliás, quando arguida em juízo, o juiz determina de ofício, e o ônus dos honorários corre por conta do vencido nesta parte, cf. art. 790-B da CLT, com a redação dada pela Lei n. 10.537/02. Estão isentos os beneficiários da Justiça gratuita, cujo ônus é do Poder Público, conforme entendimento firmado na Súmula n. 457 do TST. Aliás, os TRTs já dispõem em seus orçamentos de verba para esse fim, cf. Res. n. 35/07 do Conselho Superior da Justiça do Trabalho. O art. 10 dessa Resolução dispõe:

> Nas ações contendo pedido de adicional de insalubridade, periculosidade, de indenização por acidente de trabalho ou qualquer outro atinente a segurança e saúde do trabalhador, o Juiz poderá determinar a notificação da empresa reclamada a trazer aos autos cópias do LTCAT (Laudo Técnico de Condições Ambientais do Trabalho), PCMSO (Programa de Controle Médico de Saúde Ocupacional) e PPRA (Programa de Prevenção de Riscos Ambientais), e de laudo pericial da atividade ou local de trabalho, passível de utilização como prova emprestada, referentes ao período em que o reclamante prestou serviços na empresa.

Se o trabalhador requer adicional de insalubridade ou de periculosidade em reclamação trabalhista, de regra, cabe-lhe o ônus da prova. Esse é o posicionamento frio da lei estática e da jurisprudência mecânica. Porém, é mais razoável que, se o empregado prova que trabalha em atividade relacionada nas NRs-15, 16 ou 32 da Portaria n. 3.214 como insalubre, ou perigosa, cumpre ao empregador o ônus da prova em contrário.

Também quanto à obrigatoriedade de perícia para averiguar a ocorrência de periculosidade ou insalubridade, divergimos da jurisprudência e da doutrina neste ponto. A NR-16, Anexo 2, p. ex., textualiza que quem trabalha no carregamento, transporte e abastecimento de veículos de combustíveis inflamáveis tem direito a adicional de periculosidade de 30%. Provado que o empregado trabalha abastecendo veículos no posto de abastecimento, para que perícia? E, ocorrendo revelia, esse fato não resulta provado por ficção legal? Do mesmo modo, o Anexo 14 da NR-15 estipula que é insalubre em grau máximo o trabalho com coleta de lixo, ou com rede de esgoto etc. Provado o trabalho sob essas condições, para que perícia? O próprio art. 420 do CPC determina que o juiz indefira a perícia quando essa prova for desnecessária ou quando a prova do fato não depender de conhecimento especial de técnico. Destarte, não compete ao perito fazer a prova convencional dos fatos.

No caso do bombeiro civil, não há necessidade de prova de sua condição de periculosidade para a percepção do adicional, visto que a própria Lei n. 11.901/2009 já lhe assegura (art. 6º, III).

Ainda a respeito do tema, incumbe acrescentar o entendimento do TST, exarado na Súmula n. 453, de que o pagamento espontâneo do adicional de periculosidade dispensa a prova técnica, pois torna incontroversa a existência de trabalho em condições perigosas — entende-se que a parte da OJ que trata de pagamento proporcional ou em percentual inferior encontra-se superado pelo entendimento posterior da Corte Trabalhista (Res. n. 174/11 e Súmula n. 364).

7. CIPA — COMISSÃO INTERNA DE PREVENÇÃO DE ACIDENTES

Será obrigatória a constituição de CIPA nos estabelecimentos e obras especificadas pelo órgão do MTE (Portaria n. 3.214, NR-5), ou seja, todos os órgãos públicos ou privados que possuam a partir de 101 empregados regidos pela CLT.

A composição da CIPA é paritária, com igual número de representantes dos empregadores e dos empregados, sendo o presidente designado pelo empregador, e o vice, pelos empregados. O número de membros varia de acordo com a quantidade de empregados do estabelecimento e o tipo de atividade desenvolvida, na forma dos quadros I (dimensionamento), II (grupos divididos conforme a Classificação Nacional de Atividades Econômicas — CNAE) e III (CNAE) da NR-5.

Estabelecimentos cujas atividades desenvolvidas apresentam grau mínimo de risco estão isentos de CIPA até trezentos empregados, a exemplo de atividades típicas de escritório. Já os de grau máximo de risco, até 19 empregados, também estão isentos; porém, nos estabelecimentos que não se enquadrem no quadro I, o empregador é obrigado a nomear um responsável com a missão de fazer cumprir os objetivos da NR-5, dentre os quais elaborar Mapa de Risco e acompanhar a implementação de medidas de prevenção de doenças e acidentes de trabalho.

Os representantes dos empregados serão eleitos em escrutínio secreto; os do empregador, em igual número, por este indicados, um dos quais será o Presidente, ficando a vice-presidência com um dos eleitos, e o secretário, escolhido de comum acordo. Todos terão suplentes.

O mandato dos membros da CIPA é de um ano, permitida uma reeleição. O representante dos trabalhadores na CIPA não pode ser despedido arbitrariamente ou sem justa causa, desde o registro da candidatura até um ano após o final do mandato. De acordo com as Súmulas ns. 339, I, do TST e 676 do STF, o suplente também goza de estabilidade. Contudo, a estabilidade do cipeiro não subsiste quando da extinção do estabelecimento, na forma do inciso II da Súmula n. 339 do TST.

São atribuições da CIPA:

a) identificar os riscos do processo de trabalho, e elaborar o mapa de riscos, com a participação do maior número de trabalhadores, com assessoria do SESMT, onde houver;

b) elaborar plano de trabalho que possibilite a ação preventiva na solução de problemas de segurança e saúde no trabalho;

c) participar da implementação e do controle da qualidade das medidas de prevenção necessárias, bem como da avaliação das prioridades de ação nos locais de trabalho;

d) realizar, periodicamente, verificações nos ambientes e condições de trabalho visando a identificação de situações que venham a trazer riscos para a segurança e saúde dos trabalhadores;

e) realizar, a cada reunião, avaliação do cumprimento das metas fixadas em seu plano de trabalho e discutir as situações de risco que foram identificadas;

f) divulgar aos trabalhadores informações relativas à segurança e saúde no trabalho;

g) participar, com o SESMT, onde houver, das discussões promovidas pelo empregador, para avaliar os impactos de alterações no ambiente e processo de trabalho relacionados à segurança e saúde dos trabalhadores;

h) requerer ao SESMT, quando houver, ou ao empregador, a paralisação de máquina ou setor onde considere haver risco grave e iminente à segurança e saúde dos trabalhadores;

i) colaborar no desenvolvimento e implementação do PCMSO e PPRA e de outros programas relacionados à segurança e saúde no trabalho;

j) divulgar e promover o cumprimento das Normas Regulamentadoras, bem como cláusulas de acordos e convenções coletivas de trabalho, relativas à segurança e saúde no trabalho;

l) participar, em conjunto com o SESMT, onde houver, ou com o empregador, da análise das causas das doenças e acidentes de trabalho e propor medidas de solução dos problemas identificados;

m) requisitar ao empregador e analisar as informações sobre questões que tenham interferido na segurança e saúde dos trabalhadores;

n) requisitar à empresa as cópias das CAT emitidas;

o) promover, anualmente, em conjunto com o SESMT, onde houver, a Semana Interna de Prevenção de Acidentes do Trabalho — SIPAT;

p) participar, anualmente, em conjunto com a empresa, de Campanhas de Prevenção da AIDS.

Cumpre ao empregador oferecer aos membros da CIPA os meios necessários ao desempenho das suas funções.

Constituída a CIPA, a empresa deverá requerer seu registro ao Ministério do Trabalho, bem como comunicar a relação dos seus membros.

8. COMPETÊNCIA DA JUSTIÇA DO TRABALHO PARA AS AÇÕES ALUSIVAS A SAÚDE E SEGURANÇA DO TRABALHO

A Súmula n. 763 do STF dispõe: "Compete à Justiça do Trabalho julgar as ações que tenham como causa de pedir o descumprimento de normas trabalhistas relativas à segurança, higiene e saúde dos trabalhadores".

Esta é a ação civil decorrente de acidente de trabalho ou doença profissional causados por culpa ou dolo do empregador — arts. 7º, XXVIII e 114, VI, CF (com a redação da EC n. 45/04). Não se confunde com a ação acidentária contra o órgão segurador, que é da competência da Justiça Estadual. Em sessão plenária do dia 29 de junho de 2005, o STF, à unanimidade, declarou a competência da JT para as ações de indenização por danos morais e materiais em virtude de acidente de trabalho.

9. TRABALHO NOTURNO

Considera-se noturno o trabalho executado entre as 22 horas de um dia e as 5 do dia seguinte. Essa é a regra contida na CLT, art. 73, § 2º. Em relação ao trabalhador rural, a regra é outra: para a atividade na lavoura, noturno é o trabalho executado entre as 21 horas de um dia e as 5 do outro; em relação à pecuária, noturno é o realizado entre as 20 horas de um dia e as 4 do outro — art. 7º da Lei n. 5.889/73.

A hora noturna, pelo regime da CLT, tem um acréscimo remuneratório, pelo menos, de 20% sobre a hora normal. Em relação ao trabalhador rural, a hora noturna será acrescida de 25% sobre a hora normal.

A hora noturna urbana (CLT) é de 52 minutos e 30 segundos, isto é, para quem trabalha no horário noturno, a jornada é de 7 horas de 60 minutos cada. A hora noturna do rurícola é de 60 minutos.

É proibido trabalho noturno ao menor de 18 anos (arts. 7º, XXXIII, da CF, 404 da CLT e 8º da Lei n. 5.889/73).

Às prorrogações do trabalho noturno aplicam-se as regras de cálculo *supra*. Isso significa que, se a hora extra diurna é 50% mais cara que a hora normal diurna, a hora extra noturna é 20% mais cara que a hora extra diurna. Assim, se a hora normal diurna é de R$ 10,00, a extra diurna será no mínimo de R$ 15,00 a noturna normal, R$ 12,00, e a noturna extra, R$ 18,00. Isso se extrai do disposto no art. 73, § 5º, da CLT e OJ n. 97 da SDI-I.

Da mesma forma, o adicional de insalubridade e o de periculosidade constituem a base de cálculo do adicional noturno: se o salário-hora custa R$ 10,00; o do trabalho perigoso custa R$ 13,00; a hora noturna perigosa vale R$ 15,60 e a hora extra noturna perigosa, R$ 23,40. Ver Súmula n. 139 do TST e OJ n. 259 da SDI-I.

Sobre a prorrogação verificada após o horário noturno, assim dispõe a Súmula n. 60, II, do TST: "Cumprida integralmente a jornada no período noturno e prorrogada esta, devido é também o adicional quanto às horas prorrogadas. Exegese do art. 73, § 5º, da CLT".

E sobre o regime de 12 x 36 horas, assim enuncia a OJ n. 388: "O empregado submetido à jornada de 12 horas de trabalho por 36 de descanso, que compreenda a totalidade do período noturno, tem direito ao adicional noturno, relativo às horas trabalhadas após as 5 horas da manhã".

10. PROIBIÇÕES AO TRABALHO NOTURNO E INSALUBRE E/OU PERIGOSO

O art. 7º, XXXIII, da CF proíbe ao menor de 18 anos o trabalho noturno, perigoso ou insalubre. Veja-se que esse comando legal é imperativo, não abrindo exceções para as pessoas que adquirem emancipação extraordinária. O art. 404 da CLT proíbe o trabalho noturno ao menor de 18 anos. Noturno é o trabalho realizado entre as 22h de um dia e as 5h do dia seguinte. E o art. 405 veda o trabalho do menor de 18 anos nos locais insalubres ou perigosos, assim entendidos aqueles assim classificados pelos órgãos competentes do Trabalho como tais. Acrescente-se ainda o disposto no art. 67 do Estatuto da Criança e do Adolescente, o qual lhes veda também o trabalho penoso, o prejudicial à sua formação e desenvolvimento físico, psíquico, moral e social, bem como o realizado em locais e horários que não lhes permitam a frequência à escola.

Capítulo XXXI

Súmulas, Precedentes Normativos e Orientações Jurisprudenciais do TST

1. A SÚMULA DA JURISPRUDÊNCIA DO TST

Súmula é a síntese do entendimento predominante nas Cortes de Justiça, nacionais ou regionais, visando a uniformizar a jurisprudência. É pronunciada através de enunciados numerados. Aplicáveis ao Trabalho temos as Súmulas do STF, do TST e do STJ, além das Súmulas dos Tribunais Regionais do Trabalho.

As Súmulas do TST são atribuições conferidas pelo seu próprio Regimento, a exemplo do que se fez no STF, e visam a uniformizar a jurisprudência sobre teses repetidas vezes já decididas.

A autorização legal para os Tribunais editarem súmulas encontra-se nos arts. 479 do CPC e 986, § 3º, da CLT, e nos Regimentos Internos (Lei n. 7.701, art. 14).

A jurisprudência, no Direito do Trabalho, constitui fonte formal secundária de Direito, conforme o art. 8º da CLT. De 2003 para cá o Tribunal Superior do Trabalho (TST) desenvolve intenso trabalho de atualização de sua Súmula. A jurisprudência do TST é consolidada nas Súmulas, nos Precedentes Normativos e nas Orientações Jurisprudenciais (OJ), das Subseções de Dissídios Individuais I e II (SBDI-I e SBDI-II), da Subseção de Dissídios Coletivos — SDC e do Tribunal Pleno.

O Tribunal Superior do Trabalho, através da Resolução n. 129/2005, **mudou a denominação de seus Enunciados para Súmulas**, analisou 209 OJs da SDI-I, convertendo 111 delas em Súmulas, deu nova redação a 25 delas, cancelou a de n. 90, converteu 24 em transitórias, alterou o título de 27, incorporou 13 OJs a outras OJs; da SDI-2 converteu duas em Súmulas e revisou duas.

Em 2003, o TST já renovara sua jurisprudência, emitindo uma centena de Orientações Jurisprudenciais. E, através da Resolução n. 121/03, cancelar, revisar uma centena de Súmulas. Restaurou a de n. 17, novamente cancelado em 2008.

Na reforma de 2003 merece destaque o cancelamento da Súmula n. 310, que limitava a substituição processual pelo sindicato.

Em tese, a súmula não obriga, pois não é lei. Entretanto, exerce enorme influência nos julgamentos. E chega a possuir caráter normativo, como na hipótese do recurso de revista, que não será admitido se a decisão recorrida estiver em consonância com a Súmula do TST; da mesma forma, não cabem embargos das decisões das Turmas se estas estiverem de acordo com Súmula ou jurisprudência uniforme do TST — arts. 894, *b* e 896, *a*, da CLT.

Da mesma forma, a IN n. 17 disciplina a aplicação dos arts. 120, 481 e 557 do CPC ao Processo do Trabalho, conferindo ao relator competência para decidir monocraticamente, de plano, conflito de competência quando houver jurisprudência dominante no Tribunal, e outras matérias, com arrimo em súmula ou em jurisprudência dominante do respectivo Tribunal, do STF ou de Tribunal Superior.

Mas as reformas jurisprudenciais não param por aí. Em out./06 foi cancelada a OJ n. 177, que entendia ser a aposentadoria voluntária motivo de extinção do contrato de trabalho. Isto se fez em virtude de o STF haver julgado, através das ADIs ns. 1.770 e 1.721, inconstitucionais os §§ 1º e 2º do art. 453 da CLT. E as reformas continuam.

Em 2012 foi significativa, como as Súmulas ns. 431, que muda o divisor-base de cálculo do valor da hora, de 220 para 200 para jornada de 40 horas semanais; 378, que confere estabilidade ao acidentado em contrato por tempo certo; a 224 que confere a estabilidade à gestante em contrato por tempo certo; a 443, que considera discriminatória a dispensa de pessoa portadora de doença estigmatizante; a 444, que valida a escala de trabalho de 12 x 36; a OJ n. 5 da SBDI-2, que passa a admitir, com restrições, dissídio coletivo contra pessoa jurídica de direito público; e a 130, que corrige uma falha quanto à competência territorial para ajuizamento de ação civil pública.

Já em maio de 2014 o TST converteu as OJs da SDI-1 ns. 373, 386, 390, 404, 406 e 414 sem alteração de texto, nas Súmulas ns. 448, 450, 451, 452, 453 e 454; converteu com alteração textual as OJs da SDI-1 ns. 4, 353, 373, 387 e 405 nas Súmulas ns. 448, 455, 456, 457 e 458. Dessas alterações, merece destaque o enquadramento do trabalho na limpeza e higienização de banheiros de locais de grande frequência de público como insalubre em grau máximo (Súmula n. 448). As OJs ns. 294 e 295 foram para o rol das transitórias. Consequentemente, todas as OJs citadas foram canceladas.

A tendência é de imprimir efeito vinculante às súmulas dos tribunais superiores. Neste sentido, o art. 103-A da CF, com a redação dada pela EC n. 45/2004, institui a Súmula Vinculante do STF, regulamentado pela Lei n. 11.417/06. Esse efeito vinculará todos os órgãos do Judiciário e da Administração Pública. Seguindo essa trilha, o art. 518, § 1º, do CPC, com a redação da Lei n. 11.276/06 assim dispõe:

> O juiz não receberá o recurso de apelação quando a sentença estiver em conformidade com súmula do Superior Tribunal de Justiça ou do Supremo Tribunal Federal.

Esse dispositivo não é totalmente compatível com o processo do trabalho, haja vista a grande disparidade da jurisprudência dos Regionais com a do TST. Será compatível somente quando a sentença estiver de acordo com súmula do Regional e dos Tribunais Superiores.

2. ORIENTAÇÕES JURISPRUDENCIAIS (OJ) E PRECEDENTES NORMATIVOS (PN)

As OJs representam a jurisprudência iterativa do TST, através do Pleno e de suas Seções, unificando as decisões das Turmas. São duas Seções de Dissídios Individuais (SDI-I e SDI-II) e uma Seção de Dissídios Coletivos (SDC).

Há três blocos de Orientações Jurisprudenciais do TST: um oriundo do Pleno, outro das Seções de Dissídios Individuais (SDI-I e SDI-II), e outro da Seção de Dissídios Coletivos (SDC). Há ainda os Precedentes Normativos, oriundos da SDC.

A principal atribuição da SDI-I é uniformizar as decisões das Turmas em julgamento de Recurso de Revista, e a da SDI-II consiste em uniformizar as decisões das Turmas em julgamento de Recurso Ordinário de matéria de competência originária dos TRTs (principalmente Mandado de Segurança, Ação Rescisória, Ação Cautelar, *Habeas Corpus*). Tanto as Súmulas como as Orientações Jurisprudenciais norteiam a jurisprudência das instâncias ordinárias.

As OJs possuem força vinculante dos órgãos julgadores do próprio TST.

Os Precedentes Normativos (PN) são enunciados emitidos pela SDC que orientam sobre a sua jurisprudência consolidada. São demais utilizadas pelos sindicatos em suas negociações coletivas e pelos Tribunais Regionais na fundamentação de suas sentenças normativas.

Capítulo XXXII

Direito Coletivo do Trabalho

1. DEFINIÇÃO, DENOMINAÇÃO, CONTEÚDO E FUNÇÃO

Direito Coletivo do Trabalho – é uma subdivisão do Direito do Trabalho, formado pelo conjunto de regras e princípios que disciplinam as associações de trabalhadores e de empregadores, as organizações sindicais, os conflitos coletivos de trabalho, os meios de solução dos conflitos coletivos do trabalho, destacando-se o contrato coletivo do trabalho, a convenção coletiva do trabalho e o acordo coletivo do trabalho. Por outra vertente, e mais estreita, também se denomina direito coletivo ao conjunto das normas oriundas das negociações coletivas e dos dissídios coletivos do trabalho.

Denomina-se coletivo porque seus sujeitos não são as pessoas físicas, mas os grupos, representados pelas entidades sindicais. Os grupos se constituem de empresas, ou de trabalhadores, unidos por laços instintivos de solidariedade, tendo em vista os interesses comuns e a identidade de condições de vida.

Integram o **conteúdo** do DCT, dentre outras matérias: a) o regramento sobre a instituição, funcionamento, prerrogativas e deveres das entidades sindicais; b) a liberdade sindical; c) os conflitos coletivos de trabalho; d) os meios de solução dos conflitos coletivos de trabalho; e) a representação dos trabalhadores na empresa e outros órgãos; f) a greve e o locaute; g) a negociação coletiva de trabalho; h) a mediação e a arbitragem coletiva do trabalho; i) o dissídio coletivo.

A **função do DCT** é encaminhar e solucionar os problemas, os conflitos que transbordam dos limites individuais, atingindo toda uma categoria, profissão ou ofício, de todo um setor econômico, de uma ou grupo de empresas ou do estabelecimento. Para tanto, o DCT emprega os interlocutores naturais, que são as entidades sindicais.

Assim, sua função consiste em equacionar os conflitos de interesse coletivos do trabalho, mediante a produção de normas trabalhistas de natureza coletiva, de produção profissional ou mista, para cumprimento obrigatório por todos os integrantes dos grupos representados, bem como oferecer os meios de solução dos conflitos coletivos de trabalho.

O direito coletivo do trabalho exerce no cenário político, econômico e social muito mais influência do que imaginam os constitucionalistas, que discernem sobre organização política, democracia, poder, sem referência a este segmento social que, na realidade é quem comanda tudo. Nenhum governo consegue neutralidade com o sistema sindical, porque ou é dele consequente ou a ele vai enfrentar. Todas as ditaduras intervieram na liberdade sindical e não há democracia onde não houver liberdade sindical, porque o verdadeiro embate social por igualdade e por distribuição da riqueza se dá no âmbito do DCT. Quase todos os partidos políticos são filhotes do sistema sindical, operário ou patronal. A representação congressual se rivaliza basicamente entre os representantes laborais e empresariais. As composições políticas passam pelas grandes representações sindicais. Os movimentos coletivos do trabalho encastelam e destituem governos. Foi a greve do ABC paulista de 1978 que abriu caminho para o fim da ditadura militar instalada em 1964. Na esfera econômica, o sindicalismo dita o rumo da economia e das conquistas econômicas dos trabalhadores. Os avanços sociais também têm por protagonistas os atores coletivos do trabalho. Tudo em trabalho, disse Evaristo de Morais Filho, é coletivo, porque a menor questão deságua num contingente de interessados. O DCT emprega mais advogados do que todo o setor público, disse um líder de Central Sindical, porque, além dos advogados que as entidades sindicais precisam para orientar-lhes as negociações coletivas e os conflitos coletivos, os sindicatos prestam a maior Assistência Judiciária do País, cf. art. 14 da Lei n. 5.584/70. São mais de 15.000 associações sindicais já registradas no Brasil.

2. OS CONFLITOS COLETIVOS DE TRABALHO E MECANISMOS PARA SUA SOLUÇÃO

Assim se denominam as dissidências ocorridas no âmbito das categorias econômica e profissional, causando enormes transtornos sociais, econômicos e políticos. Há conflitos de certas categorias de âmbito nacional e em setores estratégicos, que abalam as bases do próprio Governo. Como a economia constitui a base de toda a sociedade, a qual não funciona sem o trabalho, a matéria se agiganta para atingir os interesses políticos e sociais, cujas preocupações transbordam das categorias dissidentes para os Poderes Públicos, nas esferas administrativa e judicial.

Dentre os conflitos coletivos, destacam-se: a) **boicote** — obstrução ao negócio da empresa, falta de cooperação, o que é ilícito; b) **sabotagem** — destruição ou inutilização de máquinas ou de mercadorias pelos trabalhadores, como protesto violento contra o empregador, conduta reprimida por lei; c) **ocupação do estabelecimento** — situação em que os trabalhadores ocupam o estabelecimento e se recusam a se retirar, ali permanecendo sem trabalhar, ferindo dois postulados básicos: o direito de propriedade e a liberdade de trabalho dos outros, o que tem ensejado a desocupação por ordem judicial; d) **piquetes** — forma de pressão para os trabalhadores aderirem à greve, conduta legal quando não violento; e) **braços cruzados** — situação em que os trabalhadores comparecem ao trabalho, mas cruzam os braços, em vez de trabalhar, o que caracteriza uma espécie de greve; f) **operação padrão ou tartaruga** — trabalho lento e meticuloso, com excesso de zelo, para emperrar o serviço, representando também uma espécie de greve; g) **greve**, o instrumento mais usado, direito dos trabalhadores garantido na Constituição e na lei, porque representa um instrumento de autodefesa da categoria, da qual tratamos no capítulo XXXVI; h) **locaute**, que é o fechamento das empresas em protesto contra algo, é a greve dos empregadores. O art. 722 da CLT o proíbe sem prévia autorização judicial.

Destacam-se ainda entre as formas de conflito as emergentes das novas investidas do Direito, na defesa do meio ambiente, dos direitos fundamentais etc.

Os conflitos coletivos serão resolvidos mediante autocomposição ou heterocomposição.

A **autocomposição** constitui o instrumento mais legítimo, porque são as próprias categorias dissidentes que estipulam as regras de natureza coletiva para porem fim ao conflito; representa-se por meio de um desses três instrumentos: contrato coletivo do trabalho; convenção coletiva do trabalho; acordo coletivo do trabalho, dos quais trataremos adiante.

A heterocomposição significa a interferência de agentes externos às categorias, podendo ser **extrajudicial** ou **judicial**. Na primeira incluem-se a mediação e a arbitragem; a segunda são os dissídios coletivos: de natureza econômica, de natureza jurídica e de greve, dos quais também trataremos adiante.

3. O PROBLEMA DAS FONTES NORMATIVAS E DOS PRINCÍPIOS JURÍDICOS

As normas oriundas das negociações coletivas integram as fontes contratuais do Direito do Trabalho, cuja força normativa advém do art. 7º, XXVI, CF. E por força do *princípio da substituição automática das cláusulas contratuais*, aderem a todos os contratos individuais de trabalho, salvo onde estes forem mais favoráveis ao trabalhador.

Trata-se de uma particularidade do Direito do Trabalho, o de as categorias profissional e econômica poderem estabelecer normas gerais no âmbito de suas bases territoriais. Contudo, não podem revogar norma estatal imperativa e devem obediência aos princípios de Direito Individual e Coletivo do Trabalho. Ver Capítulo sobre as fontes do Direito do Trabalho.

4. ORGANIZAÇÃO SINDICAL

As organizações sindicais constituem os agentes naturais do Direito Coletivo do Trabalho e os interlocutores principais na solução dos conflitos coletivos do trabalho. Por isso, ocupam largo espaço na preocupação do legislador em todos os povos civilizados. Vejamos.

4.1. Conceito e natureza jurídica — "Sindicato. Geralmente (...) designa toda instituição, ou associação, em regra de caráter profissional, que tem por objetivo a defesa dos interesses comuns de uma classe, ou de um grupo de pessoas, ligadas entre si pelos mesmos interesses" — De Plácido e Silva.

"Sindicato é a associação profissional reconhecida pelo Estado como representante legal da categoria" — Cesarino Jr.

"Sindicato é uma organização social constituída para, segundo um princípio de autonomia privada coletiva, defender os interesses trabalhistas e econômicos nas relações coletivas entre os grupos sociais" — A. M. Nascimento.

Assim, no sistema brasileiro, definimos sindicato como uma associação profissional, de natureza jurídica de direito privado, registrada no Ministério do Trabalho e Emprego, representante de categorias profissionais, econômicas ou autônomas, cujo objetivo será a defesa dos direitos e interesses comuns da sua classe.

Natureza jurídica — os posicionamentos doutrinários variam, de acordo com a situação do sindicato no sistema político-econômico, valendo destacar três posições: a) é um ente de direito privado; b) é um ente de direito público, como um apêndice do Estado (exemplo da Itália fascista, na Europa do Leste do tempo da Cortina de Ferro); e c) ente autárquico de Direito Social, como parece a Cesarino Jr. Porém, é inquestionável que a Constituição/88, no art. 8º, *consagrou-lhe, no sistema brasileiro, a natureza de direito privado*.

5. SISTEMAS SINDICAIS: MODALIDADES E CRITÉRIOS DE ESTRUTURAÇÃO SINDICAL

A organização sindical ou é vertical ou horizontal. Na primeira predomina a associação por empresas. A segunda refere-se à organização por profissão. A vertical predomina nos EEUU; a horizontal, na França.

Em linhas gerais, os sindicatos organizam-se sobre uma dessas três bases: por profissão, por categoria profissional ou por empresas. Podem ainda organizar-se por ofício e até por estabelecimento. Parodiando Aristóteles, todos os sistemas são bons, dependendo do meio onde são empregados.

O sistema por profissão reúne mais solidariedade em face do legítimo interesse comum dos integrantes da mesma profissão. O sistema por categorias (sindicato dos empregados na construção civil, p. ex.) tem o poder de somar mais força, de arregimentar movimento maior. O sistema por empresa traz a vantagem de permitir negociações realistas, nos limites suportáveis pela empresa. Todos têm também suas desvantagens.

Sob outro prisma, há o sistema de sindicato único e o da pluralidade sindical. O primeiro significa que cada categoria ou profissão só pode ter um único sindicato em determinada base territorial, a exemplo do Brasil; o segundo sistema permite a livre constituição de sindicato na mesma base territorial.

6. ORGANIZAÇÃO SINDICAL BRASILEIRA

No Brasil, o sindicato é organizado por categorias profissional (o dos empregados e autônomos) e econômica (o dos patrões), como regra e por categorias profissionais diferenciadas como exceção. Assim, temos, p. ex., o Sindicato dos Eletricitários do Ceará, congregando todos os empregados nas empresas de energia elétrica situadas no Ceará, de serventes a engenheiros.

Adotamos o sistema do sindicato único de cada categoria por base territorial (unicidade sindical), a qual não será inferior à área de um Município. No Brasil, a associação sindical é livre, isto é, o trabalhador e o empregador são livres para associarem-se ou não, não sofrendo restrições por isso. Contudo, o art. 544 da CLT relaciona privilégios aos associados, em caso de concorrência.

Registro sindical – a pessoa jurídica nasce com o registro dos seus atos constitutivos no Cartório competente. E a personalidade sindical nasce com o registro da entidade perante o Ministério do Trabalho e Emprego (cf. Súmula n. 677 do STF), o qual não exerce juízo de valor, apenas verifica as formalidades legais e, satisfeitas, pratica um ato receptivo, de pedido de registro e o efetua. O pedido de registro se faz na forma da Portaria GM/MTE n. 186/2008, mediante o qual o Ministério do Trabalho vela pela unicidade sindical.

6.1. Categorias – os arts. 511 e 570 da CLT fornecem o balizamento do que vem a ser categoria. **Categoria econômica** diz respeito aos empregadores; a **categoria profissional** refere-se aos trabalhadores. Assim, em regra, a cada categoria econômica corresponde uma categoria profissional. Ex.: sindicato do comércio de Fortaleza x sindicato dos trabalhadores no comércio de Fortaleza.

A categoria corresponde a um grupo social de formação espontânea, uma unidade sociológica resultante: a) a **econômica** – da solidariedade de interesses comuns das empresas que empreendem atividades idênticas, similares ou conexas; b) a **profissional** – da similitude das condições de vida oriundas do trabalho em comum, executado pelos empregados das empresas, que realizam atividades idênticas, similares ou conexas.

Quando os empresários ou os trabalhadores não estiverem em condições de sindicalizar-se pelo critério de especificidade de profissão, poderão fazê-lo pelo critério de categorias similares ou conexas, entendendo-se como tais as que se acham compreendidas nos limites de cada grupo constante do quadro de atividades e profissões, cf. art. 577 da CLT, já bastante combalido.

6.2. Atividade preponderante – quando a empresa dedicar-se a mais de uma atividade econômica a que corresponder categorias distintas, tanto ela quanto os seus empregados deverão ser representados pelos sindicatos de empregadores ou de trabalhadores da atividade preponderante. Segundo o art. 581, § 2º, da CLT:

> Entende-se por atividade preponderante a que caracterizar a unidade do produto, operação ou objetivo final, para cuja obtenção todas as demais atividades convirjam, exclusivamente, em regime de conexão funcional.

Quando, porém, a atividade desenvolvida pelo estabelecimento da empresa puder ser destacada, sem prejuízo da sua unidade econômica, será considerada independente para fins de sindicalização, patronal e operária.

6.3. Divisão da categoria – a CF/88 manteve o monopólio da associação sindical registrada no Ministério do Trabalho sobre a categoria que representa. Entretanto, os integrantes da categoria podem constituir uma associação correspondente e, tornando-se esta mais representativa do que aquela, poderá solicitar o cancelamento do registro da anterior e requerer o seu registro.

6.4. Sindicatos rurais — o conceito de categoria *supra* não alcança a situação rural. Com efeito, o § 3º do Dec. n. 1.166/71 permite a formação de sindicatos de atividades econômicas ou profissionais ecléticas, não limitando a representação sindical a categorias idênticas, similares ou conexas.

Por isso, é comum haver numa mesma área territorial só um sindicato de trabalhadores rurais. Essa norma alarga, para efeito de enquadramento e representação sindical, o conceito de trabalhador, abrigando o proprietário ou não que trabalhe individualmente ou em regime de economia familiar. Assim, o sindicato dos trabalhadores rurais pode albergar, além dos empregados rurais, os parceiros agrícolas, os arrendatários rurais e os proprietários que empreendam atividade rural como trabalhadores autônomos ou em regime de economia familiar.

6.5. Membros da categoria e associados do sindicato — todos os empresários e trabalhadores que formam um grupo social em que haja a solidariedade de interesses comuns, ou, respectivamente, tenham similitude de condições de vida oriunda do trabalho em comum, integram as categorias econômica, ou profissional, independente de ato voluntário de adesão. Assim, p. ex., todos os empregadores do ramo comercial integram a categoria econômica representada pelo sindicato que os congrega (o dos comerciantes) e todos os empregados desse setor integram a categoria profissional do sindicato que os representa (o dos comerciários).

Associada do sindicato é a pessoa ou empresa que se associa à entidade sindical que representa sua categoria. O grupo dos associados é que forma a associação sindical. Os associados contribuem com uma mensalidade estipulada em assembleia geral e compõem o *quorum* de deliberação sobre todos os assuntos de interesse da categoria. Só os associados podem exercer os cargos de direção e representação sindical. Em geral, só a eles são franqueados os serviços assistenciais oferecidos pelo sindicato.

Como o modelo sindical brasileiro é por categoria, com regra, as negociações coletivas efetuadas entre o sindicato representante da categoria econômica e o da profissional obrigam a todos os integrantes dessas categorias na base territorial do sindicato, ainda que a empresa e o trabalhador não sejam associados dos seus respectivos sindicatos.

Os não associados se beneficiam das conquistas obtidas por meio da entidade sindical. Mas também contribuem com as finanças da entidade através contribuição sindical, cfr. veremos.

6.6. Concentração e dissociação de categorias — ocorre a concentração de categorias quando o sindicato representa categorias similares ou conexas. Segundo o art. 570 da CLT, essa situação não constitui a regra. O art. 571 prescreve que qualquer das atividades concentradas poderá dissociar-se para formar um sindicato específico, de atividades idênticas, desde que "ofereça possibilidade de vida associativa regular e de ação sindical eficiente".

Por outro lado, a dissociação, ou desmembramento, verifica-se em virtude da separação de categorias similares ou conexas que estavam alojadas no sindicato de outra categoria mais forte. A evolução socioeconômica dessas categorias conduz à auto-organização. A dissociação de categorias prescinde de autorização do Ministério do Trabalho e Emprego, bastando a deliberação dos interessados em assembleia geral, ante a verificação da comunhão de interesses e similitude de condições de vida, bem como demonstre potencial de representar e sobreviver.

6.7. Categoria profissional diferenciada — sob esse título, a lei permite, em caráter excepcional, a associação por profissão de algumas profissões, com características próprias, identidade de interesses, decorrente da similitude de trabalho que esses trabalhadores exercem, a exemplo dos sindicatos de profissionais liberais (Lei n. 7.316/85), dos motoristas, dos cabineiros, dos garçons, dos professores, dos publicitários etc.

Essa modalidade decorre do exercício de ofícios diferenciados por estatutos ou regulamentos especiais, ou que irradiam condições de vida peculiares. A categoria diferenciada independe da correspondente categoria econômica. Esses sindicatos têm o direito de efetuar negociação coletiva de trabalho. A consequência é que, se a empresa emprega pessoa integrante de categoria diferenciada (professor, p. ex.), será levada a cumprir duas convenções coletivas — uma em relação à sua atividade preponderante e outra relativa à categoria diferenciada. O dirigente de entidade de categoria profissional diferenciada só goza de estabilidade em empresa cuja atividade se relacione à categoria representada — Súmula n. 369 do TST. Atualmente, existem no Ministério do Trabalho registradas mais de 400 entidades de categorias profissionais diferenciadas.

6.8. Associações sindicais de nível superior — assim se denominam as federações, as confederações e as centrais sindicais.

Federações — são compostas de, no mínimo, cinco sindicatos representativos da maioria absoluta de um grupo de atividades ou profissões idênticas, similares ou conexas.

O art. 533 e seus parágrafos, da CLT, prescreve que as federações são constituídas por Estado, podendo, entretanto, mediante autorização do Ministro do Trabalho, ser interestaduais ou nacionais. Ainda pela CLT, podia-se constituir mais de uma federação representativa de categorias profissional ou econômica semelhantes na mesma base territorial. Mas a Constituição de 1988 derrogou o art. 533 celetário.

Daí concluir-se que: a) a fixação da base territorial da federação prescinde da autorização do Ministro do Trabalho, cabendo aos federados defini-la; b) é vedada a criação de mais de uma federação congregando sindicatos de categorias econômicas ou profissionais similares ou conexas na mesma base territorial. A federação assume as atribuições sindicais em relação às categorias que não são representadas por sindicatos.

Confederações — são compostas de, no mínimo, três federações representativas de categorias idênticas, similares ou conexas e terão sede na Capital da República. Obedecem à regra geral preceituada no art. 8º, II, da Constituição. As denominações das confederações já estão determinadas pelo art. 535, §§ 1º a 3º, da CLT. Assim, por exemplo, a Confederação Nacional da Indústria representa a categoria econômica e a Confederação Nacional dos Trabalhadores na Indústria representa a categoria profissional antípoda. As confederações gozam da prerrogativa de serem legitimadas para ajuizar ação de controle direto de constitucionalidade de lei ou ato normativo federal ou estadual, conforme art. 103, IX, CF.

Centrais Sindicais — Só mediante a MP n. 293/06 foram incluídas no sistema sindical. Mas a MP foi rejeitada pelo Congresso Nacional. Por fim, a Lei n. 11.648/2008 reconheceu-lhes a condição de entidade sindical. Contudo, só é permitido central sindical de trabalhadores.

Trata-se de uma associação de pessoas jurídicas, de âmbito nacional, de natureza jurídica de direito privado, composta de no mínimo cem sindicatos de trabalhadores, com a função de representação geral dos trabalhadores, com as seguintes atribuições e prerrogativas:

I — coordenar a representação dos trabalhadores, por meio das organizações sindicais a ela filiadas;

II — participar de negociações em fóruns, colegiados de órgãos públicos e demais espaços de diálogo social que possuam composição tripartite (trabalhadores, empregadores e governo), nos quais estejam em discussão assuntos de interesse geral dos trabalhadores.

A indicação de membros pelas Centrais para efeito do item II *supra* será em número proporcional ao índice de representatividade previsto no item IV do item abaixo. Destarte, o critério de proporcionalidade e o acordo entre centrais não poderá prejudicar outras centrais que atenderem ao requisito citado.

Requisitos — para o exercício das atribuições e prerrogativas supra, central deveria cumprir os seguintes requisitos, aferíveis pelo Ministério do Trabalho e Emprego:

I — filiação de, no mínimo, cem sindicatos distribuídos nas cinco regiões do País;

II — filiação em pelo menos três regiões do País de vinte sindicatos em cada uma;

III — filiação de sindicatos em, no mínimo, cinco setores de atividade econômica;

IV — filiação de sindicatos que representem, no mínimo, 7% do total de empregados sindicalizados em âmbito nacional. Este índice será de 5% no período de 24 meses a partir da publicação da lei, ou seja, até 31.3.2010.

Cada sindicato de trabalhadores indicará ao Ministério do Trabalho a central legalmente constituída à qual é filiado, para efeito de rateio da contribuição sindical.

As centrais concentram imenso poder de barganha perante os grupos econômicos e o Governo. Graças a elas, é possível organizar-se greve geral, modificar projetos de lei e influenciar grandes decisões eleitorais. No Brasil, seus membros já integram o Conselho Curador do FGTS, órgãos colegiados da Previdência Social, do CODEFAT, dentre outros.

Diferem das confederações porque estas congregam federações e não sindicatos; as confederações congregam categorias idênticas, similares ou conexas; as centrais congregam sindicatos de trabalhadores de todas as categorias; as confederações possuem as prerrogativas sindicais que a CLT lhes outorga, bem como são legitimadas para ajuizar ações de controle direto de constitucionalidade.

7. ATRIBUIÇÕES E PRERROGATIVAS DAS ENTIDADES SINDICAIS

Atribuições ou encargos dos sindicatos — a) colaborar com os poderes públicos no desenvolvimento da solidariedade social; b) manter serviços de assistência judiciária para os associados; c) promover a conciliação nos dissídios de trabalho, inclusive instituindo as Comissões de Conciliação Prévia, autorizadas pelo art. 625-A da CLT; e d) sempre que possível, manter convênio com entidade de assistência social, ou por conta própria, com finalidade de promover a cooperação operacional na empresa e a integração profissional na classe.

Os sindicatos de empregados, além das atribuições *supra*, terão o dever de: a) promover a fundação de cooperativas de consumo e de crédito; b) fundar e manter escolas de alfabetização e pré-vocacionais; e c) prestar assistência judiciária ao trabalhador da categoria que representa, que perceba salário mensal não superior a cinco salários mínimos ou cuja situação econômica não lhe permita demandar sem prejuízo do sustento próprio ou da família, cfr. Lei n. 10.288/01, que disciplinou tudo que consta do art. 14 da Lei n. 5.584/70 e muito mais.

As atribuições acima são determinadas pela CLT, de origem autoritária, em que o sindicato, antes de representar os legítimos interesses dos trabalhadores, era controlado pelo Estado e pelo poder dominante.

A CF/88 consagra os princípios da liberdade e da autonomia sindicais. Em razão disso, entendemos que as atribuições descritas na CLT devem ser vistas apenas como orientações e não como condição de existência do sindicato. É, contudo, obrigatória a sua participação nas negociações coletivas (art. 8º, VI, da CF). Entendemos que cabe ao sindicato deliberar nos seus estatutos sobre as suas atribuições, dentre as quais a defesa combativa pelos meios legais dos interesses da categoria representada. As funções meramente assistenciais figurarão como atribuição subsidiária e condicionada à disponibilidade financeira. Não obstante, será indispensável o serviço de assistência jurídica aos membros da categoria, porque é perante o Judiciário que os interesses coletivos e individuais serão defendidos.

Prerrogativas dos sindicatos — os sindicatos têm as prerrogativas abaixo:

a) representar, perante as autoridades administrativas e judiciárias, os interesses gerais da classe representada ou os interesses individuais dos associados relativos à atividade ou profissão exercida, inclusive propor dissídio coletivo;

b) celebrar convenção coletiva de trabalho e acordo coletivo de trabalho;

c) eleger ou designar os representantes da respectiva classe;

d) colaborar com o Estado, como órgão técnico e consultivo no estudo e solução dos problemas relacionados com a respectiva classe;

e) impor contribuições a todos aqueles que participam das classes representadas;

f) gerir o imposto sindical;

g) constituir Comissão de Conciliação Prévia intersindical e participar da escolha de membros na CCP no âmbito das empresas.

Além das prerrogativas *supra*, os sindicatos de empregados têm direito de fundar e manter agências de colocação e comandar e representar a respectiva categoria profissional no exercício do direito de greve, cf. arts. 9º da CF e 4º da Lei n. 7.783/89.

A Constituição trata da matéria no Capítulo DOS DIREITOS SOCIAIS; a CLT, nos arts. 513, 514, 589 e 625; o mais consta de legislação esparsa.

7.1. Custeio do sistema sindical (arts. 578 a 593 da CLT) — a Constituição assegura ao sistema sindical as seguintes fontes de custeio: a) **contribuição sindical**, para as categorias profissional e econômica; b) **contribuição confederativa**, fixada por assembleia geral da categoria profissional, para custeio das federações representativas dos respectivos sindicatos; c) **contribuição social**, também fixada em assembleia geral da categoria profissional, para fazer face às ações assistenciais do sindicato; d) **contribuição associativa**, que é a mensalidade dos associados.

A contribuição sindical é arrecadada uma vez por ano de todos os trabalhadores empregados, avulsos e autônomos, e dos empregadores. Dos empregados e dos avulsos é descontado o valor de um dia de salário por ano, no mês de março ou no mês da admissão, recolhido em abril; os autônomos e liberais recolherão no mês de fevereiro o equivalente a 30% do salário mínimo por ano; o dos empregadores é calculado com base no capital social da firma ou empresa. O valor dessas contribuições é significante. Para as empresas, o menor valor em 2012 foi de R$ 75,66 e o maior R$ 36.733,76, para empresas na classe de capital a partir de R$ 104.088.954,01. O trabalhador que tem mais de um emprego contribui em relação a cada um.

O produto da arrecadação desse tributo é carreado ao Ministério do Trabalho, que o distribuirá da seguinte forma: I — a contribuição sindical arrecadada do setor patronal: a) 5% para a confederação correspondente; b) 15% para a federação; c) 60% para o sindicato respectivo; e d) 20% para a Conta Especial Salário e Emprego; II — a arrecadada do setor profissional: a) 60% para os sindicatos; b) 15% para as federações; c) 5% para as confederações; d) 10% para as centrais sindicais; e e) 10% para a conta salário e emprego.

Não havendo confederação da categoria, o percentual cabível a esta vai para a federação representativa; não sendo indicada central sindical a que o sindicato se filia, a contribuição a esta cabível vai para a Conta Especial Salário e Emprego; na falta de sindicato das categorias de trabalhadores e de patrões, o percentual de 60% vai para a federação respectiva, e, na falta desta, para a confederação; não havendo sindicato nem entidade sindical de grau superior ou central sindical, a contribuição será creditada integralmente à Conta Especial Salário e Emprego.

A contribuição sindical é obrigatória para todos os referidos acima, quer sejam sindicalizados ou não. Cabe à Caixa Econômica Federal administrar as contas pelas quais são feitos os repasses às entidades sindicais.

Já as outras contribuições mencionadas não possuem natureza fiscal e só são devidas pelos filiados do sindicato, cf. Súmula n. 666 do STF. Discute-se sobre a legitimidade da assembleia para impor as contribuições confederativa e social. A jurisprudência entende que é legal a deliberação em assembleia. Essa contribuição é obrigatória para os associados, mas condicionada à anuência dos trabalhadores não sindicalizados, a qual também vem sendo apurada pela não oposição. Destarte, o deliberado em assembleia deveria vincular toda a categoria, pois o sindicato representa o todo, angariando conquistas para todos e não é justo que só os associados arquem com os custos da entidade.

A Lei n. 11.480/08 prenuncia o fim da contribuição sindical. Preceitua em seu art. 7º que os dispositivos correlatos da CLT continuarão vigentes até que lei venha a disciplinar a contribuição negocial, vinculada ao exercício da negociação coletiva e à aprovação em assembleia geral da categoria.

Substituição processual – assegurada pelos arts. 8º, III, da CF/88 (legitimidade para defender) e 513, *a*, da CLT (prerrogativa para representar). Tratam ainda da substituição: arts. 195 e 872 da CLT, Lei n. 7.783/89 (de Greve), Lei n. 8.036/90 (do FGTS) e em caráter genérico a Lei n. 8.073/90, no seu art. 3º. No dia 12.6.06 o STF decidiu que o Sindicato pode defender todos e quaisquer direitos subjetivos individuais e coletivos dos integrantes da categoria, tanto na fase de conhecimento como na liquidação e execução forçada das sentenças (RE n. 210029, *in notícias do STF*). Por fim, o TST cancelou a Súmula n. 310, que limitava a substituição processual pelo sindicato.

7.2. Garantias do exercício do mandato de representação sindical – a) o empregado eleito para o cargo de administração sindical ou representação profissional, inclusive junto a órgão de deliberação coletiva, não poderá ser impedido pelo empregador do exercício de suas funções para que foi eleito;

b) não poderá ser transferido para lugar ou mister que dificulte ou torne impossível o desempenho das suas atribuições sindicais. Entretanto, perderá o mandato se pedir a transferência;

c) não pode ser dispensado desde o momento do registro da candidatura para cargo de direção ou representação sindical até um ano após a expiração do mandato;

d) na qualidade de representante de entidade sindical, tem o direito de ausentar-se do serviço sem prejuízo da remuneração, pelo tempo que se fizer necessário, para participar de reunião oficial de organismo internacional do qual o Brasil seja membro – art. 473, IX, item acrescido pela Lei n. 11.304/06. Ver Capítulo XXVIII, *retro*.

O empregado tem direito a licença não remunerada para exercer suas funções de direção sindical. A liberação remunerada é ato de liberalidade do empregador.

8. SINDICALIZAÇÃO NO SETOR PÚBLICO

A instituição sindical no Brasil tem pouco mais de cem anos. As duas primeiras leis datam de 1903 e 1907, instituíram, respectivamente, os sindicatos rurais e urbanos, embalados nas ideologias anarquista e comunista, não prosperaram, e na década de 1930 praticamente haviam se esvaziado, com a expulsão dos estrangeiros que os alimentavam.

Somente mediante o Decreto n. 19.770/1931, Getúlio Vargas institui o sindicalismo brasileiro, que veio para ficar.

Toda a legislação trabalhista produzida na década de 1930 foi consolidada na CLT, Dec.-lei n. 5.452/1943, cujo art. 7º exclui de sua incidência o setor público, o rural e o doméstico. O setor rural e o doméstico avançaram mediante leis específicas. Porém, no setor público, somente a partir da CF/88, art. 37, VI, "é garantido ao servidor público civil o direito à livre associação sindical". Portanto, quase um século após a permissão de sindicatos no setor privado.

As entidades sindicais dos servidores públicos são de natureza privada, em consequência, todas as dissidências internas judicializadas são da competência da Justiça do Trabalho, cf. art. 114, III, CF.

As regras da unicidade sindical, registro sindical, enquadramento sindical, desmembramento de categoria etc. regem-se pela CLT. Daí decorre que se aplicam as regras do recolhimento da contribuição sindical, como consectário do art. 8º, IV, CF, que não excepciona o sindicalismo público. No entanto, neste ponto, a doutrina e a jurisprudência são vacilantes, por entender que a regra da contribuição prevista na CLT é incompatível com o poder público.

Capítulo XXXIII

Liberdade Sindical

1. CONVENÇÃO N. 87 DA OIT

Dos princípios albergados na Convenção n. 87 da OIT e no Pacto Internacional dos Direitos Econômicos, Sociais e Culturais da ONU (New York, 1966), emergem os três aspectos da liberdade sindical:

a) liberdade sindical coletiva — pela qual empresários e trabalhadores têm o direito de constituir sindicatos que os representem. É um direito ou uma liberdade coletiva que se impõe perante o Estado e a sociedade;

b) liberdade sindical individual — pela qual cada trabalhador ou empresário tem o direito de filiar-se ao sindicato de sua categoria e de desfiliar-se. Este é um direito ou uma liberdade do individual que se impõe perante a associação sindical;

c) autonomia sindical — correspondente à liberdade de organização interna e de funcionamento da associação sindical, bem como a faculdade de constituir federações, confederações e centrais.

Conclui-se que ainda não adotamos a autonomia sindical preconizada na citada Convenção, pois o art. 8º da Constituição manteve o sindicato único por base territorial e a contribuição sindical ganhou mais força.

"Enquanto mantivermos por lei — e por lei constitucional — a contribuição sindical compulsória e o sindicato único, não poderemos nunca em sã consciência, ratificar a Convenção n. 87, de 1948, que se choca com a sistemática da nova ordem pública interna" — diz Evaristo de Moraes Filho[64].

Entretanto, a liberdade sindical brasileira pode ser vista como muito ampla, pois permite desdobramentos mil, tanto que já são quase 15 mil sindicatos registrados no Ministério do Trabalho.

A liberdade sindical constitui a pilastra principal da democracia, que é um direito humano de 4ª ou 5ª geração, o qual assegura o aprimoramento da dignidade humana,

(64) Organização sindical perante o estado. *Revista LTr* nov. 1988.

o crescimento espiritual e material da pessoa. Como uma sociedade progressista se faz através do trabalho, e a associação sindical constitui o principal ator do direito coletivo, a liberdade sindical é pressuposto da democracia.

2. AUTONOMIA SINDICAL BRASILEIRA

Autonomia sindical é o poder de autodeterminação dessas entidades, com a menor ingerência possível do Estado. No Brasil, o sindicato livre foi instituído pela Constituição de 1934; a de 1937 eliminou a autonomia; a de 1946 silenciou sobre esse aspecto; a de 1967/1969 mantém o sistema de 1946; a CF/88 dispõe que é livre a associação profissional ou sindical, observado o seguinte:

a) a lei não poderá exigir autorização do Estado para a fundação de sindicato, ressalvado o registro no órgão competente, vedadas ao Poder Público a interferência e a intervenção na organização sindical;

b) sindicato único por base territorial, esta definida pelas categorias, mas nunca inferior à área de um Município;

c) cabe ao sindicato a defesa dos direitos e interesses coletivos ou individuais da categoria, inclusive em questões judiciais ou administrativas;

d) a assembleia geral fixará a contribuição da categoria que, se profissional, será descontada em folha, para custeio do sistema confederativo de sua representação sindical, independente da contribuição prevista em lei;

e) ninguém será obrigado a filiar-se ou manter-se filiado a sindicato;

f) é obrigatória a participação dos sindicatos nas negociações coletivas de trabalho;

g) o aposentado tem direito a votar e ser votado nas organizações sindicais;

h) estabilidade ao dirigente sindical (e ao suplente), a partir do registro da candidatura e, se eleito, até um ano após o término do mandato;

i) extensão dessas disposições aos sindicatos rurais e de colônias de pescadores, observadas as condições que a lei estabelecer.

O servidor público civil só conquistou o direito de sindicalização com a Constituição de 1988. Mas o militar ainda não. Por isso, o sindicalismo público se rege por outras regras que não a CLT. Um direito em construção pelo exercício na prática, um misto de direito público com direito privado.

Cumpre registrar que, apesar de tanta liberdade prenunciada no art. 8º da CF/88, dois obstáculos à plena liberdade se interpuseram: manutenção da unicidade sindical e contribuição sindical obrigatória. Em debates acalourados, os arautos da unicidade sindical sustentam que isso é necessário para que a categoria se mantenha coesa, pois a divisão enfraquece e perde o poder de luta. Quanto à contribuição obrigatória, sustentam seus defensores, que são muitos, que é necessário mantê-la, para que muitas categorias importantes, não obstante pouco politizadas, mantenham sua representatividade sindical e em consequência seu poder de luta, afinal, tudo que se conquistou até hoje para a classe trabalhadora foi através desse modelo sindical.

Destarte, não vejo gravame nesse modelo. O que acho preocupante é a jurisprudência reducionista do Tribunal Superior do Trabalho, contrariando todos os princípios de interpretação do direito social, que pugna pelo avanço. Assim é que, louvado em um julgamento isolado do STF no RE 193.345-3, ainda no início da década de 1990, sumulou que o art. 522 da CLT, o qual fixa o número de diretores do sindicato entre três e seis, foi recepcionado pelo art. 8º da CF (Súmula n. 369). Pior ainda: seccionou o dito art. 522 em duas partes, sonegando estabilidade aos membros do Conselho Fiscal (OJ n. 365); firmou também que delegado sindical não goza de estabilidade (OJ n. 369). Ou seja, postura digna de representação à OIT.

Na verdade, a liberdade sindical deve ser do tamanho da liberdade do homem. Já é tempo de acabar com o faz de conta. Já é tempo de eliminar a unicidade e concentrar na cúpula a representação negocial, nas centrais, por exemplo, como ocorre nas grandes democracias, pois no nível apenas do sindicato não funciona. É tempo de confiar o registro sindical a um Conselho Sindical organizado pelos próprios trabalhadores e empresários; liberar o prazo da negociação coletiva, hoje enclausurada em dois anos; pôr fim à intervenção que a Justiça exerce mediante abusivos interditos possessórios.

3. LIBERDADE DE FILIAÇÃO

A sindicalização compulsória, a sindicalização livre e o direito de sindicalização mexem com o que denomina Bernard Dubois **liberdade positiva e liberdade negativa**. A primeira consiste no direito de ser livremente membro de um sindicato; a segunda é o direito de abster-se de filiação.

A sindicalização livre significa o direito de todo trabalhador associar-se ao sindicato e dele retirar-se quando lhe aprouver. A sindicalização compulsória, ao contrário, oferece meios coercitivos contra o não sindicalizado e o que se retira. Em outros países, que não no Brasil, admitem-se nas convenções coletivas cláusulas segundo as quais o empregador não admitirá trabalhador não sindicalizado (*closed shop*) e é obrigado a despedir empregado que deixe o sindicato (*union shop*).

No Brasil, a sindicalização é livre, isto é, preenchidos os requisitos da capacidade e da profissionalidade, o trabalhador é livre tanto para associar-se como para desligar-se do sindicato. Entretanto, o art. 544 relaciona nove privilégios aos sindicalizados, como, p. ex., preferência na admissão à empresa que explore serviços públicos ou mantenha contrato com os poderes públicos. E o art. 546 preferencia a empresa sindicalizada nas concorrências públicas em caso de empate com empresa não sindicalizada. Portanto, o nosso sistema é de liberdade, com incentivo à sindicalização.

A Constituição de 1967, com a Emenda n. 1/69, vedava ao servidor público o direito de sindicalização. A atual permite somente aos **civis**: art. 37, VI.

4. ATIVIDADES SINDICAIS E CONDUTAS ANTISSINDICAIS

As atividades sindicais consistem no exercício de todas as atribuições e prerrogativas conferidas por lei, bem como cumprir as deliberações tomadas em assembleia geral e as emanadas dos seus estatutos, cf. exposto neste Capítulo. Antissindicais são as condutas que atentam contra as atividades sindicais.

4.1. Espécies de condutas antissindicais e consequências — O embaraço ao exercício da atividade sindical poderá partir: a) **do Estado** — atos tendentes a inibir ou impedir que os sindicatos desenvolvam suas atividades; b) **dos empregadores** — que constituam empecilhos aos trabalhadores para o exercício de seus direitos sindicais; e c) **dos próprios sindicatos** — mediante a instituição de privilégios ou limitações pelo fato de o trabalhador ser ou não ser sindicalizado. Por outro ângulo, tipifica conduta antissindical o abuso do dirigente sindical no exercício das funções de direção, extrapolando os poderes estatutários e as prerrogativas legais.

No nosso sistema jurídico, o sindicato e seus representantes são amplamente protegidos contra a prática de atos de repressão e antissindicais, tendo em vista que ferem diretamente o princípio da liberdade associativa e da liberdade sindical, na sua dimensão positivada na Constituição.

O jurista uruguaio Oscar Ermida Uriarte (*A proteção contra os atos antissindicais*. Trad. Irany Ferrari. São Paulo: LTr, 1989) analisa as práticas antissindicais, apontando a liberdade sindical de organização e de atividade como premissa básica de tais práticas. Assim conceitua **ato antissindical:**

> Toda atitude ou conduta que prejudica a causa da atividade sindical ou que limita a mesma além do que surge do jogo normal das relações coletivas. Em outras palavras, os atos ou práticas antisindicais podem ser definidos como aqueles que prejudicam indevidamente a um titular de direitos sindicais no exercício da atividade sindical ou por causa desta ou aqueles mediante os quais se lhes negue, injustificadamente, as facilidades ou prerrogativas necessárias para o normal desenvolvimento da ação coletiva.

Segundo Uriarte, os atos antissindicais podem resultar: a) da própria legislação; b) de atos do Estado (geralmente, eles emanam do Poder Executivo); c) de situações políticas geradas, que, por vezes, acabam por envolver toda uma categoria de empregadores e/ou trabalhadores, afetando os sindicatos; d) de práticas desleais por parte do empregador, previstas ou não no contrato de trabalho; e e) de atos de ingerência ou de discriminação do empregado praticados pelo empregador. Assim, todos esses atos são considerados antissindicais, desde que impeçam ou limitem a liberdade sindical, seja direta ou indiretamente.

Têm-se, por exemplo, as práticas *yellow dog contracts*, as *company unions* e a *mise à l'index*.

Pelos *yellow dog contracts* (expressão de origem inglesa que significa "contratos de cães amarelos"), o trabalhador firma com seu empregador o compromisso de não filiação ao sindicato de sua categoria como critério de admissão e manutenção no emprego.

Questiona-se a atitude do trabalhador que subscreve esta cláusula de não filiação ao sindicato. Contudo, a experiência histórica de outros países, inclusive aqui no Brasil, tem revelado que é comum, nas empresas, práticas meramente informais, mediante a pressão surda no ambiente de trabalho, com o fim de inviabilizar a filiação de empregados ao respectivo sindicato.

No caso das *company unions* ("sindicatos de empresa", que no Brasil são chamados de "sindicatos amarelos"), o próprio empregador estimula e controla, seja direta ou indiretamente, a organização e as ações do respectivo sindicato obreiro.

No caso da *mise à l'index* (expressão originária da França que significa "colocar no *index*" — no Brasil é uma espécie de "lista negra"), as empresas divulgariam entre si os nomes dos trabalhadores com significativa atuação sindical, objetivando praticamente excluí-los do mercado de trabalho.

Segundo Gomes e Gottschalk, a prática *mise à l'index*, na França, também se tornou conhecida como instrumento utilizado pelo próprio sindicalismo para desgaste ou pressão sobre trabalhadores não filiados (como uma espécie de lista negra dos não filiados): "o sindicato apela para os associados a fim de que não mantenham relações sociais, camaradagem, confraternização, com o empregado indigitado... visando constranger o não sindicalizado à sindicalização..." (*Curso de direito do trabalho*, p. 481-482).

Há, ainda, os atos de empregadores, de empresários e, às vezes, até mesmo de autoridade pública, repressores do direito de greve.

Sobre a importância da greve como instrumento de luta dos trabalhadores, diz Evaristo de Moraes Filho: "Como liberdade e direito fundamental dos que, na vida econômica, dispõem somente da sua própria capacidade laborativa, proporciona-lhes a greve um instrumento de relativa igualização na celebração e no efetivo exercício do contrato de trabalho." (*O direito de greve e a constituição*. Rio de Janeiro: Edições Trabalhistas, 1987. p. 22-23).

4.2. Mecanismos de proteção da liberdade sindical e contra as práticas antissindicais — ainda o mestre Uriarte sugere que, ante a existência de prática de atos antissindicais, busque-se a necessária "solução reparatória perfeita", que se "resolve com a declaração de nulidade do ato antissindical e o restabelecimento da situação alterada. Ao revés, a reparação patrimonial é insuficiente quando o que está em jogo é — como neste caso — o exercício concreto de uma liberdade fundamental, embora possa ser útil como complemento da anulação do ato antissindical" (*op. cit.*, p. 60-61).

A comprovação de práticas antissindicais, pela grave afronta ao *princípio constitucional da liberdade associativa e sindical*, insculpido no art. 8º, *caput*, e inc. I, da CF, poderá ensejar como consequência: a) ação para cessação da prática danosa; b) restituição ao *status quo ante*; c) ações penais cabíveis (do Código Penal, arts. 146 — constrangimento ilegal; 197 — crime contra a organização do trabalho; 199 — atenta contra a liberdade de associação; 200 — paralisação seguida de violência; 201 — paralisação de obra pública de interesse coletivo; 202 — invasão de estabelecimento e sabotagem; 203 — frustrar direito assegurado por lei trabalhista); d) a concessão ao trabalhador e/ou à organização sindical afetados de **indenização pelos danos materiais e morais e prejuízos causados pelo ato antissindical,** inclusive ação indenizatória de danos morais coletivos.

Capítulo XXXIV

Negociação Coletiva do Trabalho

1. DEFINIÇÃO E FUNÇÃO DA NEGOCIAÇÃO COLETIVA DE TRABALHO

Definição — negociação coletiva de trabalho é o termo genérico a significar o ajuste feito entre as entidades sindicais e as entidades patronais ou empresas individuais ou agrupadas, tendo em vista estabelecer condições de trabalho para todos os trabalhadores compreendidos na base territorial das entidades negociantes, vinculando todos os trabalhadores e empregadores na referida base.

As cláusulas estabelecidas nos instrumentos de negociação constituem normas abstratas de caráter geral, com força de lei, ingressando em todos os contratos individuais de trabalho, mesmo sem a interferência dos empregados, por força do **princípio da substituição automática das cláusulas contratuais**, salvo se as condições dos contratos individuais forem melhores.

Fundamento legal — arts. 7º, XXVI e 114, § 1º, da CF; 513, *a*, e 611 a 625, da CLT.

Função — a negociação coletiva de trabalho cumpre funções jurídicas, política, econômica e social.

As **funções jurídicas** compreendem três dimensões: a) **normativa** — a significar as cláusulas de conteúdo normativo abstrato, que vinculam toda a categoria de empregados e empregadores na base territorial dos convenentes. Estas cláusulas estabelecem condições de trabalho, patamares salariais e benefícios sociais, que passam a integrar todos os contratos individuais de trabalho dos representados; b) **obrigacional** — assim compreendidas as cláusulas que estabelecem obrigações mútuas entre as entidades convenentes, sem reflexo nas relações individuais de trabalho, como as multas previstas pelo descumprimento de quaisquer cláusulas; c) **compositiva** — a função compositiva é a principal, porque por meio dela os próprios interessados resolvem suas divergências, sem interferência de agentes externos.

A **função política** — a dissidência coletiva do trabalho causa enormes transtornos sociais e econômicos, consequentemente, abala as estruturas do Poder Político. Logo, a função política da negociação coletiva revela-se no momento em que a sociedade se apoia nos seus legítimos interlocutores para a solução dos conflitos coletivos, para manter ou restabelecer a harmonia social. Por outro lado, representa instrumento poderoso de desenvolvimento político de empresários e trabalhadores.

A **função econômica** subjaz na atuação da negociação coletiva como instrumento de distribuição de riqueza numa economia em que se verifica prosperidade. Por meio da negociação coletiva, os próprios atores da atividade econômica fazem sua regulação. Diríamos que se trata de um instrumento civilizador das relações de trabalho entre trabalhadores e empresários.

Já a **função social** revela-se na garantia de participação dos trabalhadores no processo de decisão empresarial, em proveito da normalidade das relações coletivas e de harmonia no ambiente de trabalho. A negociação coletiva constitui importante instrumento de conquistas sociais para os trabalhadores, representadas na melhoria do IDH da população.

2. NÍVEIS DA NEGOCIAÇÃO

As organizações sindicais são: sindicato > federação > confederação. Segundo a Recomendação Internacional do Trabalho n. 163 da OIT, a negociação deve dar-se nos três primeiros níveis. Porém, no Brasil, o monopólio da negociação é entregue ao sindicato, atuando as outras entidades subsidiariamente, ou seja, se a categoria não estiver organizada em sindicato, compete à federação, e, na falta desta, à confederação.

O papel das centrais sindicais ainda encontra-se em elaboração legislativa, contudo é natural que participem das negociações de âmbito nacional, o que de fato já fazem, na pactuação dos contratos coletivos do trabalho, bem como no assessoramento dos sindicatos nas convenções e nos acordos coletivos do trabalho.

As federações, as confederações e as centrais sindicais só podem negociar entre si para criar normas coletivas de trabalho se houver prévia autorização dos sindicatos associados em cujas bases pretendem atuar. E os sindicatos necessitam da autorização em assembleia para outorgar tais poderes aos entes de grau superior.

3. INSTRUMENTOS DE NEGOCIAÇÃO

A negociação coletiva de trabalho compreende basicamente três instrumentos: contrato coletivo de trabalho, convenção coletiva de trabalho e acordo coletivo de trabalho.

3.1. Contrato coletivo de trabalho — Cesarino Jr. emprega o termo genérico "contrato coletivo de trabalho" para designar a convenção e o acordo coletivo de trabalho, além do acordo judicial em dissídio coletivo de trabalho.

Porém, a partir de 1990, a legislação passou a dar-lhe conotação de maior amplitude: a Lei n. 8.542/92 dispõe que as normas e condições de trabalho serão fixadas através de contrato coletivo, dentre outros meios; a Lei n. 12.815/13, dos portuários, repetindo regra da lei anterior, n. 8.630/93, prevê o contrato coletivo dos portuários; já se verificam algumas experiências como o acordo nacional dos bancários, conduzido pelas entidades sindicais de grau superior.

Assim, podemos defini-lo, em sentido estrito, como *o instrumento normativo negociado entre as entidades sindicais de nível superior para viger sobre a base territorial que estabelecer e vinculando as empresas ou categorias econômicas e as categorias profissionais que especificar.*

Essa espécie contratual reúne conteúdo bem mais amplo que as simples matérias trabalhistas, podendo abrigar regras próprias do direito comum, como relações de produção, maior abrangência territorial e maior número de categorias profissionais e econômicas. E seus sujeitos são as associações sindicais de grau superior. Como se vê, o contrato coletivo define-se pelos sujeitos pactuantes, seu conteúdo e sua extensão.

As normas do contrato coletivo não substituem as outras normas trabalhistas, mas somam-se a estas. Quanto à hierarquia, continua o critério da norma mais favorável ao trabalhador. Porém, nos casos em que a Constituição autoriza, e diante de deliberação das categorias, é possível remover direitos, constituindo essa uma das exceções ao direito adquirido.

3.2. Convenção coletiva de trabalho — "é o acordo de caráter normativo, pelo qual dois ou mais sindicatos representativos de categorias econômicas e profissionais estipulam condições de trabalho aplicáveis, no âmbito das respectivas representações, às relações individuais de trabalho" — art. 611 da CLT.

3.3. Acordo coletivo de trabalho — é o pacto de caráter normativo celebrado entre sindicato da categoria profissional e uma ou mais empresas da correspondente categoria econômica.

Distingue-se o Acordo da Convenção pelo fato de esta ser celebrada entre os sindicatos representantes das categorias antagônicas — sindicato profissional X sindicato representante da categoria econômica; já o Acordo dá-se entre o sindicato representante da categoria profissional e uma ou mais empresas — sindicato profissional X empresa(s).

4. NATUREZA JURÍDICA DO PACTO COLETIVO

Várias teorias, divididas em três correntes, tentam explicar a natureza do negócio coletivo: **contratualista**, **normativista** e **mista**.

Entre os contratualistas, há os que o consideram um contrato pertencente ao direito comum das obrigações; outros defendem a *teoria do mandato conferido ao sindicato*; Galiza sustenta a *teoria da gestão de negócios*, que o sindicato exerce no interesse dos seus membros; Raynoud defende a *teoria da estipulação em favor de terceiros*; Machado Nast diz que o sindicato se identifica com os operários que o constituem e os considera parte no contrato, daí a *teoria da personalidade moral fictícia*; vem ainda a *teoria da solidariedade necessária*, que dá como fundamento do contrato coletivo o princípio da solidariedade.

A teoria da instituição corporativa (normativista) diz que a eficácia do contrato coletivo, além dos contraentes, explica-se pelo caráter institucional do sindicato. Após a CF/88, não faz mais sentido.

Vale destacar, entre as teorias mistas, o nome de Rafael Caldera e Romano, que considera o contrato coletivo um contrato híbrido, "com corpo de contrato e alma de lei".

Cesarino Jr. filia-se à corrente contratualista, especialmente à *teoria da representação*. A. M. Nascimento entende que o Direito brasileiro filia-se à *teoria normativista* ou regulamentar. Com efeito, não vemos como, no nosso sistema vigente, dissociar a natureza do convênio coletivo de trabalho das *teorias da natureza mista*: possui natureza normativa, de origem *contratual* quanto ao *modus faciendi* e efeito de lei quanto ao *modus operandi*.

5. CONTEÚDO E EFEITOS DAS CLÁUSULAS NEGOCIAIS E DAS NORMATIVAS

Denominam-se *negociais* as cláusulas que emergem da negociação coletiva tendo em vista constituir obrigações para as entidades convenentes. Na verdade, as cláusulas negociais são também normativas, porque vinculam da mesma forma. Porém assim se denominam pelo fato de tratarem de matéria que não convém aos tribunais imporem aos empregadores em sede de sentença normativa.

Normativas são as cláusulas oriundas tanto da negociação coletiva como de sentença proferida em dissídio coletivo, para aplicação a todos os trabalhadores e empresas integrantes das categorias convenentes ou em dissídio, na base territorial especificada.

As cláusulas oriundas da negociação são de livre estipulação, respeitadas as normas legais inderrogáveis; já a sentença normativa respeitará as normas mínimas de proteção do trabalho e as disposições convencionadas anteriormente. Portanto, as cláusulas negociais são de duas espécies: de conteúdo normativo e de conteúdo obrigacional, cf. exposto no item 1, *retro*.

O conteúdo está regulado pelo art. 613 da CLT:

As Convenções e os Acordos deverão conter obrigatoriamente:

> I — designação dos Sindicatos convenentes ou dos sindicatos e empresas acordantes; II — prazo de vigência; III — categorias ou classes de trabalhadores abrangidas pelos respectivos dispositivos; IV — condições ajustadas para reger as relações individuais de trabalho durante sua vigência; V — normas para a conciliação das divergências surgidas entre os convenentes por motivo da aplicação dos seus dispositivos; VI — disposições sobre o processo de sua prorrogação e de revisão total ou parcial de seus dispositivos; VII — direitos e deveres dos empregados e das empresas; VIII — penalidades para os Sindicatos convenentes, os empregados e as empresas em caso de violação de seus dispositivos.

Além do conteúdo legal, podem ser convencionadas: sobre contrato temporário da Lei n. 9.601/98; sobre participação do trabalhador na gestão e no lucro das empresas; sobre formas de composição dos conflitos individuais de trabalho; sobre estabilidades provisórias, como a da gestante, até 6 meses após a licença-gestante; tem-se notícia até de estabilidade provisória para o homem enquanto a esposa estiver gestante.

Limites da negociação — será nula a cláusula que contrarie a política econômico-financeira ou salarial do Governo, segundo os arts. 623 e 624 consolidados. Da mesma forma, não podem suprimir ou reduzir direitos históricos, como o salário mínimo, férias, FGTS, 13º salário, proteção da jornada, higiene e segurança do trabalho.

6. EXTENSÃO E HIERARQUIA

Os efeitos da **Convenção** são *erga omnes*, alcançam os contratos individuais já vigentes e os futuros, no âmbito da representação dos sindicatos acordantes, quer os trabalhadores e as empresas sejam associados ou não. As normas do **Acordo** prevalecem sobre as da Convenção e as desta suplantam o contrato individual, mas em todo caso prevalece a norma mais favorável ao trabalhador — art. 619.

Já o Acordo tem efeito imediato em relação à(s) empresa(s) envolvida(s) e aos empregados desta(s), tanto os já admitidos como os admitidos depois. Em regra, porém, prevalecerão as condições dos contratos individuais mais favoráveis.

Contudo, como exceção à regra da não atuação *in pejus* do ajuste coletivo, é possível a redução de direitos, salários e regalias onde a Constituição franqueia e as categorias autorizaram mediante assembleia geral.

7. FORMA E DURAÇÃO

Forma — As Convenções e os Acordos serão celebrados por escrito, sem emendas nem rasuras, em tantas vias quantos forem os sindicatos convenentes ou as empresas acordantes, além de uma destinada a registro e depósito no órgão competente do Ministério do Trabalho, no prazo de oito dias, na forma da IN n. 11/2009-MTE. Cópias visíveis serão afixadas nas sedes dos sindicatos e das empresas. Os sindicatos devem estar autorizados por Assembleia Geral convocada para esse fim — art. 612.

Segundo os §§ 1º e 3º do art. 614, o pacto coletivo entrará em vigor três dias após a entrega de uma via no órgão competente do Ministério do Trabalho e Emprego. As condições estabelecidas em Convenção e Acordo substituem, automaticamente, as cláusulas dos contratos individuais, no âmbito das respectivas representações. São abrangidos pelos efeitos da Convenção Coletiva não só os associados dos sindicatos convenentes, mas todos os trabalhadores compreendidos na categoria profissional representada, no limite territorial do sindicato, assim como todos os estabelecimentos empresariais integrantes da categoria econômica representada pelo sindicato patronal convenente, bem como as que atuam na base territorial onde vige a norma coletiva. Já o Acordo Coletivo abrange só os empregados da(s) empresa(s) acordante(s) e esta(s).

Duração — não poderá ser superior a dois anos, podendo, entretanto, ser prorrogada. Pode também ser revisada, denunciada ou revogada obedecendo aos mesmos formais acima descritos.

8. INCORPORAÇÃO DAS CLÁUSULAS NOS CONTRATOS DE EMPREGO

Discute-se se os benefícios decorrentes de negociação coletiva incorporam-se aos contratos de trabalho, considerando que o pacto coletivo é firmado com prazo determinado de vigência.

O § 2º do art. 114 da Constituição preceitua que, em dissídio coletivo, a Justiça do Trabalho poderá "*decidir o conflito, respeitadas as disposições mínimas legais de proteção ao trabalho, bem como as convencionadas anteriormente*" (com a redação da EC n. 45/04), deixando transparecer que as normas oriundas da negociação coletiva incorporam-se aos contratos individuais de trabalho.

A Súmula n. 277 do TST, com a redação dada em 25.9.12, assegura a ultratividade das cláusulas negociais:

> As cláusulas normativas dos acordos coletivos ou convenções coletivas integram os contratos individuais de trabalho e somente poderão ser modificadas ou suprimidas mediante nova negociação coletiva de trabalho.

O art. 1º, § 1º, da Lei n. 8.542/92 preceitua que as cláusulas de negociação coletiva do trabalho integram os contratos individuais dos trabalhadores. Esse dispositivo foi revogado pela Lei n. 10.192, de 14.12.2001.

A jurisprudência do TST enunciava que as cláusulas negociais firmadas na vigência da Lei n. 8.542, ou seja, de 24.12.92 a 16.2.01, se incorporaram aos contratos individuais.

Destarte, é justo e racional, atendendo à funcionalidade do Poder estatal, que se incorporem as cláusulas repetidas nos instrumentos de negociação coletiva; assim como é razoável não se incorporarem as cláusulas que, por sua natureza, constituem inovação e as que em cada ano se modificam. Esse critério faz justiça ao empregado e ao empregador.

9. NEGOCIAÇÃO COLETIVA COM O PODER PÚBLICO

Somente a partir da Constituição de 1988, o servidor público civil ganhou o direito de sindicalização e de greve, cf. art. 37, VI e VII, este condicionado a lei especial. Somente a partir de 2008 foi declarado pelo STF, nos autos do Mandado de Injunção n. 712-8-Pará, o direito de exercício da greve na forma da lei geral de greve, onde não for incompatível, até que o Congresso faça a Lei.

A Orientação Jurisprudencial n. 5 da SDC do TST vedava a possibilidade de instauração de dissídio coletivo com entes da administração direta, autárquica e fundacional.

Num passo gigantesco, o Brasil ratifica a Convenção Internacional do Trabalho n. 151, a qual rege a negociação coletiva no setor público. Em consequência, em 27.9.2012, o TST modificou a citada OJ n. 5, para permitir a negociação coletiva no setor público, mas somente quanto aos aspectos sociais.

Já em 2013, a Presidente Dilma promulgou a citada Convenção n. 151, através do Decreto n. 7.944/2013, estabelecendo os critérios e limites de sua aplicação. Em razão disso, logicamente, a OJ n. 5 já está desatualizada, vez que a negociação não se restringe a cláusulas sociais.

Com isso, somente a partir de março de 2013, mais de 80 anos depois da negociação coletiva institucionalizada no setor privado, o Poder Público se nivela ao setor privado neste aspecto, logicamente, com as peculiaridades que a legislação distingue,

Fontes legais — tratam da matéria os arts. 37, VI (sindicalização) e VII (greve), a Convenção Internacional do Trabalho n. 151, a Recomendação Internacional do Trabalho n. 159 e o Decreto n. 7.944/13, que as promulgou. Este Dec. remete ainda ao art. 8º da Constituição. Na jurisprudência, a OJ n. 5. da SDC do TST.

Prevê o art. 2º da Recomendação Internacional n. 159, anexa à CIT 151:

> 1) Em caso de negociação das condições de trabalho de conformidade com a Parte IV da Convenção sobre as Relações de Trabalho na Administração Pública, 1978, os indivíduos ou órgãos competentes para negociar em nome da autoridade pública, e os procedimentos para pôr em prática as condições de trabalho estabelecidas, deveriam ser previstos pela legislação nacional ou por outros meios apropriados.
>
> PARTE IV — PROCEDIMENTOS PARA FIXAÇÃO DAS CONDIÇÕES DE TRABALHO
>
> Art. 7º Devem ser tomadas, quando necessário, medidas adequadas às condições nacionais para encorajar e promover o desenvolvimento e utilização plenos de mecanismos que permitam a negociação das condições de trabalho entre as autoridades públicas interessadas e as organizações de trabalhadores da Administração Pública ou de qualquer outro meio que permita aos representantes dos trabalhadores da Administração Pública participarem na fixação das referidas condições.
>
> PARTE V — SOLUÇÃO DE CONFLITOS
>
> Art. 8º A solução de conflitos surgidos em razão da fixação das condições de trabalho será buscada de maneira adequada às condições nacionais, por meio da negociação entre as partes interessadas ou por mecanismos que deem garantias de independência e imparcialidade, tais como a mediação, a conciliação ou a arbitragem, instituídos de modo que inspirem confiança às partes interessadas.
>
> PARTE VI — DIREITOS CIVIS E POLÍTICOS
>
> Art. 9º Os trabalhadores da Administração Pública devem usufruir, como os outros trabalhadores, dos direitos civis e políticos que são essenciais ao exercício normal da liberdade sindical, com a única reserva das obrigações referentes ao seu estatuto e à natureza das funções que exercem.

O Decreto promulgador é sucinto. Define como trabalhador público o regido pela CLT e o estatutário, e órgão de representação profissional a entidade constituída na forma do art. 8º da Constituição. Diz que promulga a Convenção n. 151 e a Recomendação n. 159, pondo a seguinte condicionante à negociação:

> Art. 2º São **sujeitos à aprovação do Congresso Nacional** atos que possam resultar em revisão das referidas Convenção e Recomendação e ajustes complementares **que acarretem encargos ou compromissos gravosos ao patrimônio nacional**, nos termos do inciso I do *caput* do art. 49 da Constituição.

Os entes públicos desenvolverão políticas de estímulo à composição dos conflitos trabalhistas, seja a mediação, a arbitragem ou outro instrumento que cumpra essa finalidade.

Vê-se que a negociação não tem limite de matérias nem de valor. No entanto, quando o encargo da negociação for pesado para o ente público, o termo deve ser apreciado pelas Casas Legislativas dos entes legislativos.

Logicamente, se a proposta de conciliação estiver condicionada à ratificação pelas Casas Legislativas, só se consumará com a devida ratificação. Não concordando o Legislativo, decerto novo processo negocial se iniciará.

Trata-se de uma medida que já veio tarde. Por que esse medo do trabalhador público? Destarte, soa incoerente que, num regime democrático, o cidadão trabalhador público, seja tratado diferentemente do trabalhador do setor privado, discriminado, cobrado, acusado, invejado, criticado, perseguido a cada ciclo político. Não é justo que este cidadão tenha que andar curvado perante os mandatários do governo sem poder servir bem aos seus verdadeiros patões, que é a população.

Com efeito, o Estado brasileiro, conquanto seja pródigo em sobrecarregar os cidadãos de obrigações e encargos, é o pior exemplo de patrão: é discriminador, perseguidor, déspota, intransigente e mau pagador. Basta ver a montanha de precatórios atrasados.

O Estado põe a cangalha no povo brasileiro, principalmente da classe média, que vem suportando o peso da farra da renúncia fiscal para os grandes e da farra social até para os que não precisam de verdade. No entanto, o Governo descumpre a lei, cria regalias processuais para ele próprio, não paga os credores e ainda impõe toda a série de obrigações aos servidores.

Capítulo XXXV

Mediação e Arbitragem no Direito do Trabalho. Poder Normativo da Justiça do Trabalho

1. MEDIAÇÃO E ARBITRAGEM

Para os dissídios individuais, a lei oferece a **Comissão de Conciliação Prévia** como instrumento extrajudicial de solução do conflito; para o dissídio coletivo, oferece a **mediação** e a **arbitragem**.

Uma das condições da ação de dissídio coletivo é o esgotamento das negociações na esfera administrativa. O art. 114 da CF/88, § 1º, dispõe: "Frustrada a negociação coletiva, as partes poderão eleger árbitros". E o § 2º preceitua: "Recusando-se qualquer das partes à negociação ou à arbitragem, é facultado às mesmas, de comum acordo, ajuizar dissídio coletivo de natureza econômica...".

A mediação nas negociações coletivas foi instituída pelo Decreto n. 1.572/95. Frustrada a negociação direta, as partes, de comum acordo, poderão escolher um mediador, ou poderão solicitar ao Ministério do Trabalho a designação de um. A parte que se considerar em desigualdade de condição para negociar diretamente poderá solicitá-lo desde logo ao MTE.

O MTE manterá cadastro de profissionais para o exercício da função de mediador. A inscrição no cadastro far-se-á mediante requerimento do interessado, perante a DRT, desde que o requerente demonstre: a) comprovada experiência na composição dos conflitos de natureza trabalhista; b) conhecimentos técnicos relativos às questões de natureza trabalhista.

Preenchidos esses requisitos, caberá ao Delegado Regional do Trabalho expedir o competente ato declaratório, que será publicado no DOU. O credenciamento terá prazo de três anos, vedado a servidores públicos ativos.

A designação poderá recair em: a) mediador previamente cadastrado, desde que as partes concordem quanto ao pagamento dos honorários por ele proposto; b) servidor do MTE sem ônus para as partes.

O mediador terá prazo máximo de 30 dias para a conclusão do processo de negociação, salvo acordo expresso com as partes. Em virtude de circunstâncias de ordem pública, o Delegado Regional do Trabalho poderá solicitar redução do prazo.

Não alcançando sucesso a negociação, será lavrada ata contendo: a) as causas motivadoras do conflito; b) as reivindicações de natureza econômica.

Sobre a mediação, o MTE destina as Orientações Normativas ns. 11, 21 e 22.

A 11 exige que, para mediação do MTE, o sindicato comprove, por meio do registro sindical, sua capacidade de negociar em nome da categoria que representa; a 21 diz que a mediação de conflitos coletivos de trabalho pelo MTE abrange controvérsias envolvendo a celebração de convenção ou de acordo coletivo, descumprimento desses instrumentos normativos e conflitos intersindicais relativos à representação legal das categorias; a 22 diz que não é privilégio do Auditor-Fiscal do Trabalho o exercício da mediação pública no âmbito das mesas-redondas do MTE.

Arbitragem — consiste numa espécie autônoma de composição de conflitos, ocorrendo sempre que duas ou mais pessoas submetam suas disputas ao arbítrio de terceiro, não integrante dos quadros do Judiciário.

A arbitragem já foi incorporada ao Direito brasileiro, por meio da Lei n. 9.307/96, constituindo uma faculdade das partes. No Direito Coletivo, também figura como faculdade, cf. § 1º do art. 114 da Constituição.

Os procedimentos da arbitragem e a figura do mediador em dissídio coletivo constam do art. 11 da Lei n. 10.192/01. A solução por meio da arbitragem possui natureza privada e rege-se pela legislação específica e pela convenção de arbitragem.

Essa via de solução do conflito é decisória e não sugestiva, como na mediação. "O laudo que vier a ser proferido pelo árbitro é de cumprimento forçoso pelas partes ao elegerem esta via, cuja eficácia não pode prescindir dessa consequência lógica e natural. Acrescente-se a isto o fato de que o laudo arbitral é um instrumento normativo, já que editado em substituição ao acordo, à convenção coletiva ou à sentença normativa em dissídio coletivo, que têm este atributo", diz A. Süssekind(65).

Já a Lei n. 10.101/00, que dispõe sobre a participação dos trabalhadores nos lucros ou resultados da empresa, preceitua que os impasses sejam resolvidos por mediação ou por arbitragem de ofertas finais. Por ofertas finais entenda-se aquela em que o árbitro deve restringir-se a optar pela proposta apresentada, em caráter definitivo, por uma das partes.

Por fim, o § 2º do art. 75 da LC n. 123/06 estatui que as micro e pequenas empresas sejam estimuladas a utilizar a mediação, arbitragem e conciliação prévia de seus litígios.

2. PODER NORMATIVO DA JUSTIÇA DO TRABALHO

O poder normativo emana do § 2º do art. 114 da CF, que atribui à Justiça do Trabalho o poder de, nos autos de dissídio coletivo de trabalho e dentro dos limites das

(65) *Instituições de direito do trabalho*. 15. ed. São Paulo: LTr, 1996. v. 2, p. 1.101.

proposições formuladas, decidir o conflito coletivo de natureza econômica suscitado de comum acordo pelas partes, respeitando as normas legais mínimas de proteção do trabalho, bem como as convencionadas anteriormente.

A EC n. 45 deu nova redação ao § 2º do art. 114, mitigando o poder normativo da Justiça do Trabalho, ao condicionar o ajuizamento do dissídio coletivo de natureza econômica ao comum acordo das partes que não negociaram nem aceitaram a mediação nem a arbitragem. Esse *comum acordo* ainda não está bem definido. A 1ª corrente entende que, na dicção literal, ambas as partes contrapostas devem subscrever a peça de instauração do dissídio; a 2ª corrente entende que o *comum acordo* pode ser presumido, como quando uma parte ajuíza o dissídio e a outra atende ao chamado judicial e não se opõe; a 3ª versão entende que quando uma parte se recusa à negociação, à arbitragem e à mediação, implica a concordância implícita com a última via — a judicial. Esta versão é a que mais se coaduna com o espírito da lei, porque se harmoniza com os arts. 8º, III, e 5º, XXXV, CF. Porém, vem-se consolidando na jurisprudência do TST a 2ª corrente.

Outra porta de entrada do dissídio coletivo de natureza econômica é o dissídio de greve, previsto no inciso II do art. 114 e no § 3º, visto que, ao decidir a matéria da greve, a Corte terminará por enfrentar o conteúdo de fundo do pleito dos grevistas.

Já se alimenta uma ideia de que foi eliminado o dissídio coletivo de natureza jurídica, porque as dúvidas de interpretação dos instrumentos de negociação coletiva serão resolvidas, também, em mesa de negociação. Essa ideia, contudo, não nos parece razoável, pois o § 2º do art. 114 não veda essa espécie de dissídio, além do que, estando previsto na lei, dependura-se no inciso IX do art. 114. Outrossim, prescinde do "comum acordo" para ser suscitado.

A decisão judicial denomina-se sentença normativa ou sentença coletiva de trabalho. Essa sentença pode ser meramente homologatória, quando as partes se conciliam perante o Presidente do Tribunal.

Antes da decisão, estabelece-se o juízo de conciliação perante o Presidente do Tribunal; caso não obtida a conciliação, instala-se o juízo mediador do Presidente; por fim, insucedido este, dá-se início ao juízo contencioso.

Limite do poder normativo — delimitam a faixa de atuação do poder normativo: a) a norma estatal de natureza imperativa de proteção mínima do trabalho, que não pode ser suplantada; b) as cláusulas negociadas, que não podem ser afastadas; c) as matérias típicas de negociação, que não podem ser objeto de sentença normativa; d) por fim, o STF já firmou que o poder normativo atua nos estritos limites da autorização legal e na suplementação legislativa.

Por fim, cumpre registrar que somente o Supremo Tribunal Federal possui poder normativo geral e apenas os Tribunais do Trabalho possuem poder normativo trabalhista. Quando os Tribunais da Justiça Comum julgam dissídio de greve de funcionários públicos não podem passar dos limites da legalidade ou abusividade da greve. Nenhum conteúdo normativo podem emitir. Aliás, tal competência decorre de um "arranjo interpretativo", em que o STF, mediante declaração de inconstitucionalidade do inciso I do art. 114, sem redução de texto, excluiu da Justiça do Trabalho a competência para processar e julgar questões de servidores estatutários. Destarte, o poder normativo não consta de nenhum outro dispositivo constitucional que não o art. 114 da CF. Outrossim, com arrimo no princípio da linearidade das formas, toda matéria de competência deslocada dos colegiados trabalhistas para a Justiça Comum o serão para os equivalentes colegiados: de TRT para TJ (funcionários estaduais e municipais) ou TRF (funcionários federais), do TST para o STJ; mas nunca dos colegiados trabalhistas para juízos singulares comuns. Logo, juiz singular não tem competência para julgar dissídio coletivo de greve.

Capítulo XXXVI

A Greve no Direito Brasileiro

1. CONCEITO, NATUREZA JURÍDICA E FUNDAMENTO

O direito de greve, previsto no art. 9º da Constituição, está regulamentado pela Lei n. 7.783/89, a qual, modificando o conceito anterior, previsto na Lei n. 4.330/64, preceitua que a greve é *a suspensão coletiva, temporária e pacífica, total ou parcial, de prestação pessoal de serviços a empregador*.

Natureza jurídica — no sistema brasileiro, a greve aparece como um **direito**, uma **liberdade**. É assim que o *caput* do art. 9º e o inciso VII do art. 37 da Constituição a qualificam.

Fundamento — funda-se no princípio da liberdade individual e coletiva de trabalho.

A greve é o único instrumento de força de quem não tem força econômica, por meio do qual ocorre um certo nivelamento de potências, para forçar a uma negociação coletiva equitativa. Até porque nada vem sem luta. Quem tem algo não quer dar, ainda que auferido com o suor alheio. Da mesma forma o empresário não cede voluntariamente. Só o embate gera conquistas.

A greve é um fato social histórico de larga repercussão. Sempre foi mal visto pela sociedade conservadora e tratado como caso de polícia pelos governos. Já foi reprimido de todas as maneiras, até com a forca. Mas como se trata de um fato inevitável, integrante do jogo democrático, só restou discipliná-lo por lei. A primeira abstenção dos trabalhadores ao trabalho de que se tem notícia, com feição de greve foi o protesto dos plebeus, que, só tendo obrigações perante os patrícios, que só tinham direito, se retiraram de Roma. Negociaram o retorno mediante uma lei escrita que lhes assegurasse direitos, resultando na Lei das Doze Tábuas, de 460 a.C. Os patrícios não gostaram do constrangimento, mas aquele fato produziu um largo avanço na civilização humana.

Gérson Marques fala da greve como um direito antipático, mal compreendido e mal noticiado, pois a imprensa está sempre do seu próprio lado, o patronal, levando à opinião pública ideia de desordem e banditismo:

> a greve é um meio de autodefesa de um grupo social específico (os trabalhadores), além de funcionar como instrumento de pressão voltado a reivindicações

> coletivas. O direito sabe que ela vem recheada de várias possibilidades de condutas e que, no seu âmago, há a chama da força coletiva, da reação revolucionária, da animosidade e do desprendimento, algo semelhante ao que se dá, no âmbito individual, com a legítima defesa e o exercício direto das próprias razões, admitidos tanto pela legislação penal como pelo Direito Civil. (*Greve:* um direito antipático, p. 25).

2. PROCEDIMENTO DA GREVE

Há uma fase **preparatória** e uma de **desenvolvimento**. A preparatória tem diversos atos: a) primeiro a tentativa de negociação; b) deliberação pela assembleia sindical, na forma de seu estatuto; ou, na falta de sindicato, os trabalhadores se reunirão em assembleia e constituirão uma comissão de greve, que os representará, inclusive perante a Justiça do Trabalho; c) aviso-prévio — notificação aos empregadores da decisão pela greve com antecedência mínima de 48 horas e, nos serviços essenciais, de 72 horas. É proibida a greve-surpresa.

3. GARANTIAS DOS GREVISTAS, DOS NÃO GREVISTAS E DOS CIDADÃOS

É permitido o piquete pacífico, e não o violento; é vedada a despedida durante a greve e a contratação de outros empregados para substituir os grevistas; é permitida a arrecadação de fundos e a livre divulgação do movimento; é vedado à empresa a adoção de meios de constrangimento para o trabalhador retornar ao trabalho ou capazes de frustrar a divulgação do movimento (cf. art. 6º da Lei n. 7.783/89).

O exercício da greve, no entanto, preservará os direitos e garantias fundamentais do trabalhador que não aderiu à greve e do cidadão. Assim, o não grevista tem o direito fundamental de acesso ao trabalho, fundado na sua liberdade de trabalho. Os equipamentos devem ser mantidos, mediante rodízio de trabalhadores, conforme negociação com os patrões, pois há tipos de equipamentos que não podem parar ou deixar de receber manutenção. E os serviços indispensáveis à comunidade devem ser mantidos.

4. SERVIÇOS ESSENCIAIS

Os serviços essenciais devem ser mantidos durante a greve.

Consideram-se serviços essenciais: a) tratamento e abastecimento de água, produção e distribuição de energia elétrica, gás e combustíveis; b) assistência médica e hospitalar; c) distribuição e comercialização de medicamentos e alimentos; d) funerários; e) transporte coletivo; f) captação e tratamento de esgoto e lixo; g) telecomunicações; h) guarda, uso e controle de substâncias radiativas, equipamentos e materiais nucleares; i) processamento de dados ligado a serviços essenciais; j) controle de tráfego aéreo; l) compensação bancária.

Há quem defenda que essa relação é apenas exemplificativa; outra corrente entende que é taxativa. Dessas posições, extrai-se que o espírito da lei revela-se no sentido de que, apesar da greve, os trabalhadores são obrigados a manter a prestação dos serviços indispensáveis ao atendimento das necessidades inadiáveis da comunidade, assim consideradas **as que, se não atendidas, coloquem em perigo iminente a sobrevivência, a saúde ou a segurança da população** (art. 11 da Lei n. 7.783/89).

Logo, verificado que a situação se enquadra na fórmula que sublinhamos, deve ser determinada a manutenção dos serviços básicos, ainda que não constantes da lista dos serviços essenciais. Até porque a dinâmica econômica e social produz novas essencialidades — informática em geral, por exemplo, é o coração de todas as atividades —, e secundariza outras atividades. Quem ouviu falar mais de greve dos telefônicos? Nas decisões cautelares, os julgadores determinam um percentual mínimo de trabalhadores para manter os serviços essenciais ou inadiáveis. Em geral, se fixa 30%, ou mais, conforme a necessidade do serviço.

5. LEGALIDADE E ILEGALIDADE DA GREVE

A CF/88 acabou com a ilegalidade material da greve, ao preceituar que compete aos trabalhadores decidir sobre a oportunidade de exercê-la e os interesses que devam por meio dela defender. Entretanto, é **ilegítimo** o movimento violento. No entanto, o que se entende por violento? Com efeito, é sabido que o empregador usará todo o seu potencial coercitivo para esvaziar a greve, enquanto o comando de greve utilizará sua contra-força para torná-la efetiva. Desse choque de ações e interesses contrários é natural que ocorram violência lado a lado. Greve sem violência é romantismo, o que não existe nem parecido no embate capital x trabalho. O que se deve medir é o grau de violência tolerável.

Contudo, subsiste a **ilegalidade formal**, verificada quando preteridas as regras estatutárias, do prazo mínimo de comunicação da greve e da manutenção dos serviços essenciais.

Por outro lado, pode a greve ser declarada **abusiva**, assim considerada, cf. o art. 14 da Lei n. 7.783/89, quando não observadas as normas legais e quando for mantida a paralisação após celebração de acordo coletivo de trabalho, convenção coletiva ou decisão da Justiça do Trabalho. A OJ n. 38 da SDC do TST considera abusiva a greve nos serviços essenciais quando não é assegurado o atendimento básico das necessidades inadiáveis dos usuários. Quando os Tribunais julgam abusiva a greve, determinam a imediata cessação do movimento, impondo multa diária ao sindicato pelo descumprimento da decisão, procedimento que tem apoio no art. 461 do CPC.

O dissídio de greve poderá ser suscitado pelas associações sindicais representantes dos trabalhadores, dos empregadores ou Ministério Público do Trabalho, este, só em relação aos serviços essenciais quando estiver havendo perigo de lesão do interesse público; ou, havendo lesão a interesse público, ainda que não se trate de atividade essencial. A declaração de ilegalidade, ilegitimidade ou abusividade da greve constitui em falta os empregados que não retornarem ao serviço, autorizando as ações disciplinares do empregador, até mesmo despedida por justa causa. Mas o simples fato de o trabalhador aderir a greve, ainda que venha a ser declarada ilegal ou abusiva, não constitui fato punível.

6. EFEITOS DA GREVE

Vários são os efeitos da greve: a) suspensão da prestação do serviço pelos trabalhadores; b) suspensão dos contratos de trabalho e do pagamento dos salários; c) danos patrimoniais a serem reparados; d) consequências penais decorrentes de reação das empresas ou de excessos dos grevistas. A jurisprudência não considera falta grave a adesão a greve, ainda que esta venha a ser declarada ilegal, ilegítima ou abusiva.

As consequências obrigacionais da greve serão objeto das negociações para cessação do movimento.

Entretanto, se o dissídio for resolvido pelo Judiciário, a sentença deliberará sobre a legitimidade ou não do movimento paredista. Se considerá-lo legítimo, mandará pagar os dias parados; do contrário, manterá os descontos dos dias parados.

Greve no serviço público — o art. 37, VII, da CF assegura aos servidores públicos civis o direito de greve, a ser exercido nos termos da **lei especial**. Antes da Reforma Administrativa, efetivada pela EC n. 19/98, constava apenas "nos termos da lei". Logo, a greve dos trabalhadores na Administração Pública direta, autárquica e fundacional não podia ser exercida segundo a lei geral de greve.

Como a *lei especial* nunca foi editada, a Justiça vinha decretando a ilegalidade das greves dos servidores públicos federais, estaduais e municipais, que integram a Administração Pública direta, autárquica e fundacional.

Isto equivalia a cercear o gozo de um direito assegurado na Constituição. Por isso, o STF, nos autos do Mandado de Injunção n. 712-8 Pará, vem de reconhecer a mora do Poder Legislativo e conceder a Injunção, para que a greve no setor público possa ser exercida nos termos da lei geral de greve (Lei n. 7.783/89), no que não for incompatível, até que o Congresso Nacional regulamente o inciso VII do art. 37, CF.

Cumpre registrar que a democracia brasileira é muito recente. Dos 520 anos desde o descobrimento, 400 foram de escravidão, 40 de servidão (de 1888 a 1930), 35 de ditadura (1930/1945 e 1964/1985). Nos 18 anos da democracia de 1946 a 1964, foi banido o Partido Comunista, cassados e perseguidos seus integrantes; ocorreram inúmeras intervenções nos sindicatos; levaram a suicídio um Presidente da República, outro à renúncia e depuseram outro. Juscelino tomou posse em 1955 com os tanques de guerra na rua. Só de 1988 para cá se ensaia o exercício democrático, se inicia uma era realmente republicana. É muito pouco tempo para contrapor a cinco séculos de monarquismo da elite brasileira. Só em 1988 foi conquistado o direito de sindicalização do servidor público civil. Esse direito ainda está engatinhando. Por isso, a greve causa justificável espanto.

A greve no serviço público é diferente da greve no setor privado. Por isso deve sofrer limitações de várias ordens: a) os serviços públicos de saúde e de segurança são inadiáveis; b) a nem todos os servidores deve ser dado o direito de greve, pois há os postos de mando, de comando, de polícia etc.; c) a margem de negociação é estreita, pois os gestores estão atados à Lei Orçamentária e à Lei de Responsabilidade Fiscal etc. De outro lado, causa muitos transtornos. Ao contrário da greve no setor privado, em que o prejudicado é o capitalista; no setor público o prejudicado é o destinatário do serviço, o contribuinte. São alguns dos aspectos a serem enfrentados pelos órgãos judiciais enquanto não for editada a Lei Especial de Greve.

Competência – o inciso II do art. 114 da CF atribui à Justiça do Trabalho competência para processar e julgar todos os dissídios decorrentes do exercício do direito de greve. Destarte, a matéria coletiva é privativa dos Tribunais e as questões individuais, das Varas. A Súmula Vinculante n. 23 do STF consolidou a competência trabalhista para processar e julgar os interditos proibitórios de greve.

Mas se a greve se der entre os servidores estatutários, a competência foi deslocada para os Tribunais da Justiça Comum, por força de ADI, em que o STF declarou inconstitucionalidade sem redução de texto do inciso I do art. 114 da CF. Ver final do Cap. anterior.

7. LOCAUTE

É a greve de empregadores. A paralisação das empresas, para frustrar negociação coletiva ou dificultar o atendimento de reivindicação dos trabalhadores. É procedimento vedado pelos arts. 17 da Lei n. 7.783/89 e 722 da CLT, razão pela qual são devidos os salários durante esse movimento, além da imposição ao empregador (ou diretores da empresa) de multa, perda do cargo de representação profissional, suspensão da elegibilidade para cargo de representação profissional.

Capítulo XXXVII

Direito Internacional do Trabalho

1. A OIT — COMPOSIÇÃO E ATRIBUIÇÕES

A Organização Internacional do Trabalho foi criada pelo Tratado de Versalhes em 1919, sediada em Genebra, à qual podem filiar-se todos os países-membros da Organização das Nações Unidas — ONU. Constitui um dos instrumentos internacionais de promoção da justiça social, condição básica para a manutenção da paz internacional.

Compõe-se dos seguintes órgãos: a) Conferência Geral — constituída de representantes dos países-membros, realizando sessões pelo menos uma vez por ano, às quais comparecem as delegações dos países, compostas de representantes do Governo, dos trabalhadores e dos empregadores; b) Conselho de Administração — órgão colegiado de administração da OIT, composto de representantes do Governo, dos empregados e dos empregadores representantes dos países de maior importância industrial; c) Repartição Internacional do Trabalho, sob a direção do Conselho de Administração, tendo um Diretor-Geral.

2. CONVENÇÃO INTERNACIONAL DO TRABALHO (CIT) — VIGÊNCIA E APLICAÇÃO

A CIT é um acordo internacional votado pela Conferência da OIT. Uma vez aprovada, a OIT cientifica aos Estados-membros para fins de ratificação. A ratificação consiste na aprovação pelo Governo de um país para fins de integração da Convenção (ou do Tratado) na sua ordem jurídica. Segundo o art. 49, I, da CF, compete ao Congresso Nacional aprovar ou não os tratados internacionais, mediante Decreto Legislativo.

As normas das Convenções da OIT sobre a proteção do trabalho devem ser enquadradas na categoria dos direitos humanos. Por isso, no sistema brasileiro, a CIT ratificada por 3/5 dos votos da Câmara dos Deputados e do Senado Federal possui hierarquia de Emenda Constitucional, cf. o § 3º do art. 5º, da CF, incluído pela EC n. 45/04, e sua interpretação obedece aos cânones da interpretação constitucional. Entretanto, se a ratificação se der por um *quorum* inferior a 3/5 dos votos de cada uma das Casas do Congresso Nacional, a CIT iguala-se a Lei Federal, e sua interpretação e aplicação obedecem aos cânones próprios da legislação ordinária.

3. RECOMENDAÇÃO E DECLARAÇÃO INTERNACIONAL DO TRABALHO

Recomendação Internacional do Trabalho — Também aprovada pela Conferência da OIT. Dá-se quando o assunto tratado na Conferência, ou um de seus aspectos, não permitir a adoção imediata de uma convenção. Logo, é um instrumento de orientação, de natureza programática, para o futuro.

Declarações internacionais — são instrumentos de natureza programática, estipulando princípios e regras de natureza programática para, como um foco luminoso, orientar e inspirar a legislação interna dos diversos países. A mais expressiva é a Declaração Universal dos Direitos do Homem, da ONU, de 1948, proclamando o direito a condições justas e favoráveis de trabalho, remuneração satisfatória, direito de organização sindical, limitação da jornada diária de trabalho, direito de férias e de seguridade social.

4. APLICAÇÃO DE LEI TRABALHISTA ESTRANGEIRA: OS PRINCÍPIOS DA LEX LOCI EXECUTIONIS *E DE* LOCUS REGIT ACTUM

As partes de um mesmo país podem estabelecer regras contratuais para viger no exterior (*locus regit actum*), onde o contrato será executado, respeitadas as regras básicas de proteção do local da execução. Por sua vez, a lei brasileira protege o técnico estrangeiro e o Dec.-lei n. 691/69 garante alguns direitos básicos, disciplinando a transferência de brasileiro para outro país. Já o art. 651, § 2º, da CLT permite que questões trabalhistas entre brasileiros no estrangeiro sejam resolvidas no Brasil.

Arnaldo Süssekind entende que, para as três fases contratuais — constituição, execução e cessação —, as regras são diferentes. A lei territorial ou *lex loci executionis* prevalece nas duas últimas fases; a primeira fase rege-se pela lei do local da contratação.

A Lei n. 7.064/82, com art. 1º alterado pela Lei n. 11.962/09, dispõe sobre a situação do trabalhador contratado ou transferido para prestar serviço no exterior, estipulando os direitos dos trabalhadores e as obrigações das empresas. Há duas situações: a) do transferido para o exterior; e b) do contratado por empresa estrangeira para prestar serviço no exterior. Transferido é o que fora contratado para trabalhar no Brasil e depois transferido para o exterior; ou o empregado cedido a empresa sediada no exterior para trabalhar a serviço desta no exterior; empregado contratado por empresa sediada no Brasil para prestar serviço a esta no exterior. Contratado é o trabalhador admitido por empresa estrangeira para trabalhar no exterior.

O art. 3º dessa Lei dispõe que a empresa responsável pelo contrato de trabalho do empregado transferido assegurar-lhe-á, independentemente da observância da legislação do local da execução dos serviços:

> II — aplicação da legislação brasileira de proteção ao trabalho, naquilo que não for incompatível com o disposto nesta Lei, quando mais favoráveis do que a legislação territorial, no conjunto de normas e em relação a cada matéria.

Aqui, o legislador optou pela lei brasileira, salvo se a estrangeira for mais favorável. Outrossim, adotou a teoria do *conglobamento* e não da *acumulação*, ao referir-se ao conjunto de normas sobre cada matéria.

No entanto, prevalecerá sempre a legislação brasileira do FGTS, da Previdência Social e do PIS/PASEP.

Em relação ao trabalhador brasileiro contratado por empresa estrangeira para ir trabalhar no exterior, dispõe o art. 14 da Lei n. 7.064/82:

> Sem prejuízo da aplicação das leis do país da prestação dos serviços, no que respeita a direitos, vantagens e garantias trabalhistas e previdenciárias, a empresa estrangeira assegurará ao trabalhador os direitos a ele conferidos neste Capítulo.

Das quase duzentas Convenções Internacionais da OIT o Brasil ratificou a metade delas, das quais vale realçar as que fixam os cinco princípios internacionais do trabalho. A OIT, a partir das Convenções Internacionais do Trabalho ns. 87, 98, 100, 105, 111 e 138, sintetizou como princípios internacionais de Direito do Trabalho a *liberdade sindical* e livre negociação, a *eliminação do trabalho forçado*, a *eliminação do trabalho infantil* e o *fim da discriminação*. A 138/73 — trata da idade mínima para o trabalho; e a 182 — trata da proibição das piores formas de trabalho infantil.

E vale lamentar pela não ratificação da Convenção 158, que regulamenta as despedidas coletivas e exige a motivação para despedir empregador. Foi ratificada em 1994 e denunciada em 1997. Novamente submetida ao Congresso, foi rejeitada. Está novamente posta à apreciação do Congresso Nacional.

Também não ratificou a Convenção n. 87, da liberdade sindical. A Convenção n. 151, que trata da negociação coletiva no setor público, já ratificada pelo Congresso Nacional, mas ainda pende de promulgação pelo Poder Executivo.

5. DIREITO COMUNITÁRIO

Assim se denomina o Direito emergente das Comunidades Internacionais, a exemplo da União Europeia, do NAFTA, do Mercosul, para vigência no âmbito interno de cada país integrante do bloco. Cada um desses tratados inclui uma seção trabalhista, cujo objetivo é facilitar a livre circulação de trabalhadores entre os diversos países do bloco. A União Europeia é a mais expressiva, com Parlamento, leis próprias e moeda única — o Euro.

O Mercosul congrega o Brasil, a Argentina, o Uruguai e o Paraguai, e desenvolve gestão no sentido de agregar outras nações sul-americanas. Sua finalidade é promover a integração econômica desses países, removendo barreiras alfandegárias e programando a uniformização das leis trabalhistas desses países.

Já o Acordo Multilateral de Seguridade Social del Mercado Común del Sur (Mercosul/CMC/Dec. n. 19/97) estipula normas sobre relações de seguridade social entre os países-membros do Mercosul, no sentido da reciprocidade de tratamento previdenciário entre os signatários.

Segunda Parte

Direito Processual do Trabalho

Capítulo I

Noções Fundamentais de Direito Processual do Trabalho

1. DEFINIÇÃO E AUTONOMIA DO DIREITO PROCESSUAL DO TRABALHO

Direito Processual do Trabalho é *ramo da ciência jurídica, constituído pelo conjunto de princípios e regras (legais, jurisprudenciais e usuais) empregados na organização do aparelho judicial trabalhista e na solução dos dissídios individuais, coletivos, difusos e administrativos do trabalho*.

O Direito Processual do Trabalho tem natureza social e coletivista, ou seja, um modelo processual diferente do Processo Civil, que possui natureza liberal individualista. O Processo do Trabalho prima pela prova real, em vez da apenas formal, clama por um juiz proativo, que pode agir de ofício, e muitas vezes a lei impõe que o faça, na busca da verdade real, cf. art. 765 da CLT.

Autonomia — A autonomia do Direito Processual do Trabalho evidencia-se pela existência de fundamentos, princípios e objetivos próprios que o diferem do processo comum.

Por fim, a autonomia manifesta-se na existência de **doutrina** própria, de um **Código Próprio** (a CLT e normas especiais), de uma **organização judiciária especial** (a Justiça do Trabalho e o Ministério Público do Trabalho), de sua inclusão nos **currículos das Faculdades de Direito**: autonomia doutrinária, normativa, judiciária e curricular.

2. OBJETO E FONTES DO DIREITO PROCESSUAL DO TRABALHO

O objeto do Direito Processual do Trabalho liga-se aos meios de encaminhar em juízo os dissídios individuais e coletivos do trabalho, inclusive a defesa dos direitos e interesses transindividuais.

Sobre o significado de fontes do Direito, ver Cap. IV da Primeira Parte. Aqui, vamos direto ao assunto, sem maiores digressões.

Primeiro cumpre observar que há as fontes formais e as fontes materiais. Estas são os fatos sociais; as formais são os instrumentos legais, que positivam as fontes materiais. As fontes formais são primárias e secundárias.

No Processo do Trabalho, conforme art. 8º da CLT, as fontes formais primárias são a lei (no seu sentido mais amplo) e o contrato (individual, coletivo e regulamento de empresa). As secundárias são os usos e costumes, a equidade, a analogia, a jurisprudência, os princípios do Direito.

A Constituição Federal, dentre as fontes formais, pontifica como a de hierarquia superior, cujos arts. 111 a 116 instituem a Justiça do Trabalho e sua competência, e os princípios constitucionais do processo cravados no art. 5º são de observância obrigatória, como os do devido processo legal e da ampla defesa (LV), da inafastabilidade da jurisdição (XXXV), da proibição de provas obtidas por meios ilícitos (LVI), da assistência judiciária (LXXIV), da duração razoável do processo (LXXVIII), do prévio processo para privação da liberdade e perda de bens (LIV) e de todos os outros que indiquem garantias processuais. Ainda aplicáveis ao Processo do Trabalho, os princípios gerais da organização do Poder Judiciário e da magistratura (art. 93, destacando-se os incisos IX e X — fundamentação e publicidade das decisões), bem como os de organização do Ministério Público do Trabalho e da Advocacia (arts. 127/135). Destacam-se ainda os princípios constitucionais implícitos, como o da supremacia da Constituição, o da máxima efetividade das normas da Constituição, o da cidadania, os da razoabilidade e da proporcionalidade, que também possuem a face processual, dentre outros.

Outrossim, entre as fontes formais primárias — lei e contrato — há que se distinguir as principais e as subsidiárias. As primárias são as trabalhistas, e as subsidiárias são as do Direito Comum.

O Processo do Trabalho rege-se pelas regras do Título X da CLT, que vai do art. 763 ao 901. Porém, "*nos casos omissos, o direito processual comum será fonte subsidiária do direito processual do trabalho, exceto naquilo em que for incompatível com as normas deste Título*" — art. 769, CLT.

Por *normas do processo comum* entenda-se toda a legislação processual, num amplo conceito, no que couber. Nessa linha, p. ex., aplicam-se normas da ação civil pública, do Código de Defesa do Consumidor, do Mandado de Segurança, do *habeas corpus*. Porém o CPC é o mais requisitado, por sistematizar os principais institutos do Processo Civil. Na execução, reza o art. 889 da CLT:

> Aos trâmites e incidentes do processo da execução são aplicáveis, naquilo em que não contravierem o presente Título, os preceitos que regem o processo dos executivos fiscais para a cobrança judicial da dívida da Fazenda Pública Federal.

Essa Lei é a n. 6.830/80, alterada pela LC n. 118, e outras normas pertinentes, que se aplicam subsidiariamente, no que couber. Como a execução constitui uma unidade do processo, o CPC também se aplica subsidiariamente.

A CLT é muito clara: a) primeiro se aplica a lei processual trabalhista; b) só na falta desta é que se invoca a legislação processual comum; c) a aplicação subsidiária da lei comum não pode resultar em incompatibilidade com os princípios do Processo do Trabalho. Por fim, a transposição da legislação comum para o trabalho requer adaptações.

As Instruções Normativas do TST, a jurisprudência sumulada dos Tribunais Superiores e as Orientações Jurisprudenciais do TST completam os instrumentos de suplementação das normas processuais trabalhistas, cf. art. 8º da CLT. Ver Cap. XXXI da Primeira Parte sobre as Súmulas e Orientações Jurisprudenciais.

Novas competências da Justiça do Trabalho — em relação ao direito advindo da ampliação da competência da Justiça do Trabalho, em face da nova redação dada ao art. 114 da CF, pela EC n. 45/04, o TST baixou a IN n. 27/2005:

> Art. 1º As ações ajuizadas na Justiça do Trabalho tramitarão pelo rito ordinário ou sumaríssimo, conforme previsto na Consolidação das Leis do Trabalho, excepcionando-se, apenas, as que, por disciplina legal expressa, estejam sujeitas a rito especial, tais como o Mandado de Segurança, *Habeas Corpus*, *Habeas Data*, Ação Rescisória, Ação Cautelar, Ação de Consignação em Pagamento.
>
> Art. 2º A sistemática recursal a ser observada é a prevista na Consolidação das Leis do Trabalho, inclusive no tocante à nomenclatura, à alçada, aos prazos e às competências.
>
> Parágrafo único. O depósito recursal a que se refere o art. 899 da CLT é sempre exigível como requisito extrínseco do recurso, quando houver condenação em pecúnia.
>
> Art. 3º Aplicam-se quanto às custas as disposições da Consolidação das Leis do Trabalho.
>
> § 1º As custas serão pagas pelo vencido, após o trânsito em julgado da decisão.
>
> § 2º Na hipótese de interposição de recurso, as custas deverão ser pagas e comprovado seu recolhimento no prazo recursal (arts. 789, 789-A, 790 e 790-A da CLT).
>
> § 3º Salvo nas lides decorrentes da relação de emprego, é aplicável o princípio da sucumbência recíproca, relativamente às custas.
>
> Art. 4º Aos emolumentos aplicam-se as regras previstas na Consolidação das Leis do Trabalho, conforme previsão dos arts. 789-B e 790 da CLT.
>
> Art. 5º Exceto nas lides decorrentes da relação de emprego, os honorários advocatícios são devidos pela mera sucumbência.
>
> Art. 6º Os honorários periciais serão suportados pela parte sucumbente na pretensão objeto da perícia, salvo se beneficiária da justiça gratuita.
>
> Parágrafo único. Faculta-se ao juiz, em relação à perícia, exigir depósito prévio dos honorários, ressalvadas as lides decorrentes da relação de emprego.
>
> Art. 7º Esta Resolução entrará em vigor na data de sua publicação.

3. INTERPRETAÇÃO, INTEGRAÇÃO E EFICÁCIA

No Direito, interpretar é fazer a mediação entre uma parte e outra, entre um texto e seu usuário. Assim, o intérprete traduz o sentido do texto que alguém elaborou para outrem que vai pô-lo em prática.

Interpretação deriva do latim interpretar, verbo derivado de *interpres*, mago, vidente, sacerdote, que, na antiga Roma, revelava o futuro pela leitura das entranhas de certos animais (*hepatoscopia*). Esse sacerdote era o inter/mediário, o intérprete entre as divindades e os homens, daí a expressão (*Dicionário jurídico brasileiro Acquaviva*. São Paulo: Jurídica Brasileira, 1998. p. 703).

No princípio é o caos. Interpretar é pôr em ordem. Com efeito, o legislador lança o instrumento legal no espaço normativo, sem preocupação sistêmica. Cabe ao intérprete colocá-lo em órbita, no justo equilíbrio do sistema jurídico.

Em primeiro lugar, deve-se ter em conta que a norma processual colima a exata realização do direito material. E a finalidade do Direito do Trabalho é proeminentemente protecionista do trabalhador.

Vigência diz respeito à inserção formal da norma no ordenamento jurídico pelos órgãos competentes e legitimados. **Eficácia** se refere ao resultado social positivo alcançado pela norma jurídica (NADER, Paulo. *Filosofia do direito*. Rio de Janeiro: Forense, 2001. p. 69 e 72).

A lei processual tem vigência e eficácia imediata, a partir da data de sua publicação ou da data fixada na lei para entrar em vigor, apanhando o processo em curso. Quanto à competência, atente-se para a regra geral do art. 87 do CPC:

> Determina-se a competência no momento em que a ação é proposta. São irrelevantes as modificações do estado de fato ou de direito ocorridas posteriormente, salvo quando suprimirem o órgão judiciário ou alterarem a competência em razão da matéria ou da hierarquia.

Na solução das lides trabalhistas, a eficácia da lei processual trabalhista é prioritária, não podendo a norma do processo comum substituí-la, mas apenas subsidiá-la nos casos omissos quando não incompatíveis com os princípios trabalhistas.

A interpretação da norma processual trabalhista obedece a todos os cânones da interpretação em geral, sempre guiada pela solução que melhor atenda à finalidade social da lei e às exigências do bem comum (art. 5º da LICC).

Integração da norma trabalhista significa fazer uso dos instrumentos de suplementação das leis. A suplementação se faz mediante o emprego das normas do direito comum; a integração, através das fontes secundárias: a analogia, os costumes, a equidade, a jurisprudência e os princípios de Direito. Remetemos o leitor ao Capítulo V da Primeira Parte.

A *equidade*, a *simplicidade*, o máximo aproveitamento dos atos processuais, a *celeridade* e a *economicidade* devem orientar sua interpretação. Parte-se do pressuposto de que, em geral, o trabalhador não tem suporte econômico para produzir uma prova técnica, segura, nem estão ao seu alcance os meios probantes, dado que o empregador controla a guarda dos registros sobre a relação de trabalho.

Por sua vez, encontram-se em juízo partes do elo produtivo que têm pressa por uma solução pragmática, sem "etiquetas" e "formalismos". E em uma das pontas moureja um crédito alimentício, do qual depende a sobrevivência de uma família.

A interpretação é tópica, de cada caso. Do parágrafo único do art. 850 celetário, derrogado, combinado com o 852-I da CLT, aproveita-se que *"o juízo adotará em cada caso a decisão que reputar mais justa e equânime, atendendo aos fins sociais da lei e às exigências do bem comum"*.

O art. 8º da CLT orienta no sentido de que "*nenhum interesse de classe ou particular prevaleça sobre o interesse público*".

Métodos aplicáveis ao DPT — conclui-se da preleção *supra* que se aplicam à interpretação do processo trabalhista **os métodos sociológicos**, com preocupação centrada na **melhor solução do conflito**, sem, contudo, desaguar no direito livre.

Russomano, comentando o art. 8º da CLT, afirma que a lei trabalhista deve ser interpretada e aplicada não apenas dentro dos processos estritamente jurídicos, mas, também, sob o critério sociológico. "*É esse método que nos revela os aspectos econômicos, políticos e sociais que se escondem por detrás dos fenômenos jurídicos da vida trabalhista*"(66).

Todos os métodos e técnicas de interpretação são úteis e necessários à interpretação da lei para a solução do conflito, no sentido que a atualidade requer, mas não como dogmas. Contudo, as nuanças de natureza sociológica e valorativa devem conduzir a interpretação da regra processual trabalhista, em face da proeminência dos fatos em sua base constitutiva e dos fins sociais alvitrados.

Daí as seguintes particularidades na interpretação do Direito Processual do Trabalho:

a) acata-se o princípio *in dubio pro misero*;

b) emprego da *equidade* na solução dos dissídios individuais e coletivos;

c) o *princípio protetor* preside a apreciação do processo judiciário em todas as suas fases, desde a análise das provas até a interpretação das normas, a exemplo da inversão do ônus da prova, de modo que fica obrigado a produzi-la quem tem os meios. Neste sentido, as Súmulas ns. 68, 212 e 338 do TST.

4. PRINCÍPIOS DO PROCESSO EM GERAL E DO PROCESSO DO TRABALHO

Quanto ao significado dos princípios, ver Capítulo VI da Primeira Parte.

No processo, agregando o magistério de Leite (2007, p. 50/82), distinguimos as seguintes classes de princípios: a) princípios informativos; b) princípios gerais; c) princípios fundamentais; d) princípios comuns ao Processo Civil e ao Processo do Trabalho e particularidades da aplicação a este; e) princípios peculiares do Processo do Trabalho.

4.1. Princípios informativos do processo

Tostes Malta assim resume os princípios gerais do Direito Processual:

a) *tecnicismo* — o processo deve ser submetido a regras precisas e coordenadas, dentro de um processo lógico;

b) *celeridade* — imprimir celeridade máxima ao processo;

(66) RUSSOMANO, Mozart Victor. *Comentários à CLT*. Rio de Janeiro: Forense, 2001.

c) *princípio lógico* — seleção dos meios eficazes e rápidos de descobrir a verdade e de evitar o erro;

d) *princípio jurídico* — igualdade no processo e na decisão;

e) *princípio político* — garantia social com o mínimo de sacrifício da liberdade individual;

f) *princípio econômico* — economia de atos e de custos do processo.

4.2. Princípios gerais do processo

Para Moacyr Amaral Santos são Princípios Gerais do Processo:

a) *princípio da iniciativa das partes* — o juiz age por provocação e decide nos estritos limites do pedido;

b) *princípio do contraditório* — que assegura o direito de defesa e de igualdade de tratamento das partes;

c) *princípio do impulso processual* — as partes iniciam o processo, mas daí para diante terá impulso oficial;

d) *princípio do dispositivo* — que incumbe às partes o ônus da prova de suas alegações;

e) *princípio da livre convicção racional do juiz* — o juiz é livre para firmar sua convicção, porém com base nos autos;

f) *princípio da publicidade* — os atos processuais são públicos, com exceção dos que devam correr em segredo de justiça, envolvendo interesse público ou questões de família;

g) *princípio da lealdade processual* — as partes devem proceder de boa-fé;

h) *princípio da oralidade* — a oralidade processual, acolhida pelo nosso processo civil, compreende os seguintes princípios: *da oralidade em sentido estrito*; *da imediatidade*; *da identidade física do juiz*; *da concentração da causa*.

4.3. Princípios fundamentais ou constitucionais do Processo (art. 5º, CF)

Da igualdade ou isonomia (art. 5º, *caput*) — a igualdade consiste em tratar igualmente os iguais e desigualmente os desiguais, na exata proporção das desigualdades. Daí, no Direito Processual, a justificação de alguns privilégios, ora à Fazenda Pública, ora ao hipossuficiente. Mas a regra é a da igualdade, e quando se trata desigual é no intuito de igualizar os desiguais, para que tudo fique igual.

Da ampla defesa (LV) — consiste em assegurar ao litigante o acesso a todos os meios processuais e ao recurso na defesa de seu direito, inclusive ao *duplo grau de jurisdição*.

Do contraditório (LV) — direito de o réu ser ouvido em todos os atos do processo, bem como na produção das provas, de modo que nada fique sem sua manifestação.

Da imparcialidade — a significar que a Constituição confere garantias e prerrogativas aos magistrados, de modo a garantir-lhes a imparcialidade.

Da motivação (art. 93, IX e X) — a motivação é que confere legitimidade à decisão judicial, cf. se expõe adiante.

Do devido processo legal (LIV) — significa que ninguém será privado de seus bens ou da sua liberdade sem um prévio, legal e adequado processo judicial, em que sejam assegurados o contraditório e a ampla defesa.

Do juiz natural (LIII) — ninguém será processado ou sentenciado senão pela autoridade competente. Ou seja, não há surpresa, a Constituição e as leis já fazem a repartição de competência entre os órgãos do Judiciário para todos os casos que surgirem, constituindo uma garantia do cidadão.

Do promotor natural (arts. 127 e 129, I) — assim como é garantido o juiz natural, também há a garantia do promotor natural, ou seja, da autoridade previamente designada por lei, encarregada de solicitar em juízo as sanções cabíveis contra os culpados.

Da inafastabilidade da jurisdição ou acesso à Justiça (XXXV) — significa que todos os atos são passíveis de apreciação do Judiciário, inclusive os administrativos oriundos do governo federal, estadual e municipal.

Da razoável duração do processo (LXXVIII, incluído pela EC n. 45/04) — constitui mais uma garantia, no caso contra a morosidade processual.

4.4. Princípios comuns ao processo civil e ao processo do trabalho e particularidades na aplicação a este

a) *Oralidade* — no processo do trabalho é mais acentuada do que no Direito Comum. A reclamação e a contestação podem ser orais, predominam as provas e debates orais.

b) *Princípio da Concentração* — "consiste em apertar o feito em período breve, reduzindo-o a uma só audiência ou a poucas audiências a curtos intervalos" — Francisco Morato. A CLT estabelece que são concentrados em uma única audiência a proposta de conciliação, a defesa, a prova, as alegações finais e o julgamento. No rito sumaríssimo (Lei n. 9.957/00), a concentração é da sua essência. E no de alçada, com mais rigor. No CPC, arts. 331 e 445; na CLT, art. 849.

c) *Eventualidade* — consectário do anterior, significa que o autor deve alegar e requerer todo o seu direito na inicial, com as provas possíveis e o réu deve exaurir na contestação toda a matéria de defesa. No CPC, art. 300, aplicável subsidiariamente ao Processo do Trabalho, em face do art. 769 da CLT.

d) *Princípio da imediatidade ou da imediação* — significa que o juiz deve ter contato direto com as partes e a sua prova testemunhal, ou pericial, bem como com a própria coisa litigiosa ou com terceiros. No CPC, arts. 342, 440, 446, II; na CLT, art. 820.

e) *Irrecorribilidade* das decisões interlocutórias — salvo se terminativas do feito, podendo, entretanto, ser atacadas, como preliminar, no recurso da decisão final (art. 799, § 2º da CLT e 522 do CPC — Lei n. 11.187/05 e Súmula n. 214 do TST).

f) *Jus postulandi* — no processo trabalhista, a assistência advocacional é facultativa. O Processo Civil encampou-o nos Juizados Especiais só até certo valor. A Lei n. 8.906/94 revogou essa possibilidade; mas, neste particular, o STF a invalidou.

g) *Conciliação* — no processo do trabalho a conciliação é essencial, manifesta em duas fases obrigatórias, uma antes da contestação e outra antes do julgamento. O Processo Civil encampou esse princípio, mas não com a força que tem no Processo do Trabalho. O CNJ instituiu para todo o Judiciário a Semana da Conciliação.

h) Princípios dispositivo e inquisitório — o dispositivo atribui às partes a iniciativa do processo e da prova; o inquisitório centraliza na autoridade toda a iniciativa. O processo civil dá amplo abrigo ao princípio dispositivo; o do trabalho alberga, em igual proporção, o dispositivo e o inquisitório. Neste, o juiz tem liberdade na condução do processo e colheita das provas, no impulso oficial e execução de ofício — arts. 114, VI, da CF e 4º da Lei n. 5.584/70.

i) Princípio da instrumentalidade — o processo deve funcionar como um instrumento de realização da Justiça, e não como um fim em si mesmo. Por este princípio, por exemplo, aproveitam-se os atos que, conquanto não realizados na devida forma, atingem seus fins. No CPC, os arts. 154 e 244 albergam-no; na CLT, os arts. 794/798 tratam das nulidades processuais, mas abrigam o princípio do máximo aproveitamento dos atos processuais, cf. art. 796.

j) *Princípio da preclusão* — significa que o processo caminha para a frente. Em consequência, as partes têm prazo, oportunidade e forma para praticarem os atos processuais, cuja omissão ou consumação encerra uma etapa processual. Ver detalhes no Capítulo próprio. No CPC, arts. 245, 473; na CLT, art. 795.

k) *Princípio da substanciação* — pelo qual o juiz não se vincula à qualificação dos fatos apresentada pela parte, podendo acolher ou rejeitar o pedido com esteio em outra fundamentação legal. Não é obrigatória a indicação pelo requerente da norma que fundamenta o direito, segundo a parêmia: *da mihi factum dabo tibi jus* (dá-me o fato, dar-te-ei o direito).

l) *Princípio da economia processual* — trata-se de corolário do princípio econômico, ou seja, que o processo deve desenvolver-se pela forma menos onerosa.

m) *Princípio da* perpetuatio jurisdictionis — Bezerra Leite entende, com razão, que fica melhor dizer-se princípio da perpetuidade da competência. Significa que a competência define-se pelo momento da propositura da ação, salvo nos casos de alteração da competência material, cf. art. 87 do CPC.

n) *Princípio do ônus da prova* — significa que cabe a quem alega provar, cf. arts. 333 do CPC e 818 da CLT. No Processo do Trabalho, cresce a tendência da inversão do ônus da prova, ou da aptidão da prova, segundo a qual cabe a quem detém os meios produzir a prova. O art. 6º do CDC já positivou essa teoria.

o) *O princípio da identidade física do juiz,* segundo a Súmula n. 222 do STF *"não é aplicável às Juntas de Conciliação e Julgamento da Justiça do Trabalho"*. O TST cancelou em 2012 a Súmula n. 136, que enunciava a mesma coisa, significando que poderá ser invocada a qualquer tempo a aplicabilidade do princípio, até porque a EC n. 24 extinguiu a representação classista, retirando o caráter colegiado das Varas do Trabalho.

4.5. Singularidades do processo do trabalho

O Processo do Trabalho segue todos os princípios gerais do processo, com maior ou menor grau. Os Juizados especiais adotaram ritos similares aos trabalhistas; e as constantes reformas do CPC vêm simplificando seus procedimentos. Mas, a par disso, o Processo do Trabalho guarda peculiaridades, que lhe conferem autonomia: conciliação antes da defesa; inquirição das partes e testemunhas, em vez de depoimentos; a petição inicial prescinde de indicação do valor da causa, de rol de testemunhas, e de requerimento para citação do reclamado. No entanto, deve especificar o CPF ou CNPJ do reclamante e reclamado.

No Processo do Trabalho, ganham caráter diferencial, em face da maior consistência, os princípios: *da oralidade, do* jus postulandi *das partes, da concentração, da irrecorribilidade das decisões interlocutórias, da conciliação, da substanciação e do inquisitivo.* Perito único e simplificação dos leilões completam o quadro. Merecem destaque neste bloco os seguintes princípios:

a) *da Irrecorribilidade* das decisões interlocutórias — salvo se terminativas do feito e nas hipóteses da Súmula n. 214 do TST, podendo, entretanto, ser atacadas, como preliminar, no recurso da decisão final (art. 799, § 2º, da CLT). Mas, para isso, a parte deve registrar sua irresignação na primeira oportunidade que tiver de se manifestar nos autos. O art. 522 do CPC, com a redação que lhe deu a Lei n. 11.187/05 adotou em parte essa regra da CLT, contudo, ainda continua longe desta, visto admitir, em caráter excepcional, o Agravo de Instrumento com efeito suspensivo. Uma novidade advém da nova Lei do Mandado de Segurança (n. 12.016/09), segundo a qual, da decisão do juiz deferindo ou negando a liminar pedida no MS cabe Agravo de Instrumento;

b) *do* Jus postulandi — no processo trabalhista, a assistência advocacional é facultativa. Tem a parte o direito de atuar diretamente, sem Advogado, reclamar, contestar, recorrer, impugnar cálculo, atuar na execução. A Lei n. 8.906/94 revogou essa possibilidade; mas, neste particular, o STF a invalidou. O advogado continua imprescindível no Processo Civil, excetuando-se apenas os Juizados Especiais até certo valor da causa. Mas é na Justiça do Trabalho que esse princípio goza da força da tradição, cf. art. 791 da CLT. Em julgado de outubro/09, o TST decidiu que o *jus postulandi* só é admissível na instância ordinária, sendo necessário advogado para interpor recurso de revista;

c) *da Conciliação* — no processo do trabalho a conciliação é essencial, manifesta em duas fases obrigatórias, uma antes da contestação e outra antes do julgamento, cf. arts. 846, 831 e 850 da CLT. A preterição dessa formalidade nulifica o processo. Conquanto o Processo Civil venha evoluindo neste sentido, é no Processo do Trabalho que a conciliação ganha corpo, tendo inclusive um *iter procedimentalis* peculiar, como lembra Leite (2007, p. 80):

> Art. 764. Os dissídios individuais e coletivos submetidos à apreciação da Justiça do Trabalho serão sempre sujeitos à conciliação.

§ 1º Para os efeitos deste artigo, os Juízes e Tribunais do Trabalho empregarão sempre os seus bons ofícios e persuasão no sentido de uma solução conciliatória dos conflitos.

§ 2º Não havendo acordo, o juízo conciliatório converter-se-á obrigatoriamente em arbitral, proferindo decisão na forma prescrita neste Título.

§ 3º É lícito às partes celebrar acordo que ponha termo ao processo, ainda mesmo depois de encerrado o juízo conciliatório.

Os arts. 831 e 850 condicionam a decisão ao prévio juízo de conciliação;

d) *da proteção* — se o telos do Direito Material do Trabalho é proteger o elo fraco da relação contratual, que em regra é o trabalhador, o Direito Processual deve seguir o compromisso de realizar a Justiça alvitrada, o que se obtém mediante o emprego da equidade, da simplificação das formas e das provas;

e) *da finalidade social* — o Processo do Trabalho deve caminhar em harmonia com o Direito do Trabalho, no sentido de funcionar como um socorro do Estado ao hipossuficiente, quebrando, de certa forma, o princípio da isonomia. Encaminhamos o leitor ao princípio da progressão social, abordado na 1ª Parte;

f) *da verdade real* — este princípio processual decorre do princípio da primazia da realidade, pelo qual, havendo conflito entre a forma e os fatos, devem prevalecer estes. No Processo do Trabalho, como o empregador é que detém as provas formais do contrato, deve-se buscar a verdade real subjacente a elas;

g) *da indisponibilidade* — decorrente do princípio da irrenunciabilidade. Assim, se o direito material protege contra os vícios presumidos de consentimento, o Processo deve primar contra as renúncias e desistências processuais do trabalhador sem causa;

h) *princípio da normatização coletiva* — é o decorrente do poder normativo da Justiça do Trabalho, a única a quem foi atribuída tal competência, cf. art. 114, §§ 3º e 4º, CF, bem como das negociações coletivas do trabalho.

Observação — Alertamos para não se desertar da simplicidade do processo trabalhista, mesmo em relação às novas competências que a EC n. 45/04 atribuiu à Justiça do Trabalho, sob pena de esvaziar-se o objeto da transferência competencial.

Arrematando tudo isso, as diferenças básicas entre o processo do trabalho e o processo comum podem ser resumidas nos seguintes tópicos:

a) o art. 127 do CPC praticamente veda ao juiz julgar por equidade; os arts. 8º e 852-I da CLT orientam que o juiz julgue por equidade;

b) os princípios de direito do trabalho funcionam como fonte, como meio de interpretação e como barreira contra a invasão do direito comum, cf. arts. 8º, parágrafos e 769 da CLT;

c) a execução cível, no geral, se processa do poderoso contra o mais frágil, ou numa relação de igualdade, enquanto a execução trabalhista se processa, em regra, do hipossuficiente contra o mais forte, fato que exige mais dedicação do aparelho executor;

d) o crédito trabalhista goza de uma preferência absoluta, cf. art. 186 do Código Tributário Nacional, daí ser a Lei dos Executivos Fiscais a fonte subsidiária principal da execução trabalhista.

Capítulo II

Organização Judiciária do Trabalho

1. *A JUSTIÇA DO TRABALHO*

No Brasil, foi instituída pelo DL n. 1.237/39, incorporada à CLT, mas como órgão integrante do Ministério do Trabalho. Só em 1946 integrou-se ao Poder Judiciário; por fim albergada pela Constituição desse ano.

Hoje, tem assento nos arts. 111 a 116 da CF. A EC n. 24/99, que extinguiu a representação classista, reduzindo a composição do TST de **27** para **17** Ministros e mudou a denominação das Juntas de Conciliação e Julgamento para Varas do Trabalho, cuja jurisdição passou a ser do juiz singular (art. 116 da CF). A EC n. 45/04 restituiu a composição do TST para 27 membros.

A Justiça do Trabalho compõe-se de: Tribunal Superior do Trabalho — TST, Tribunais Regionais do Trabalho — TRTs e Juízes do Trabalho. Nas Comarcas não alcançadas pela jurisdição de Varas do Trabalho, os Juízes de Direito exercem a jurisdição trabalhista, embora não integrem a estrutura da Justiça do Trabalho. Atualmente, há 24 Tribunais Regionais do Trabalho, dois dos quais em São Paulo — um sediado na Capital, jurisdicionando sobre a área metropolitana e outro em Campinas, com jurisdição sobre o interior paulista. Não os possuem os Estados do Acre, Amapá, Roraima e Tocantins, que são jurisdicionados, respectivamente, pelos TRTs da 14ª Região (RO), 8ª Região (PA), 11ª Região (AM) e 10ª Região (Brasília).

2. *COMPOSIÇÃO DOS ÓRGÃOS DA JUSTIÇA DO TRABALHO*

2.1. O Tribunal Superior do Trabalho — TST — compõe-se de **27** Ministros, sendo 21 oriundos da Carreira de Juiz do Trabalho, 3 do Ministério Público do Trabalho — MPT e 3 da Advocacia. Os de carreira são nomeados pelo Presidente da República, dentre Juízes de TRT indicados pelo TST, em lista de um nome por vaga a ser preenchida, mais dois, cf. art. 111-A, II, CF e Regimento Interno; os do MPT e os Advogados também são nomeados pelo Presidente da República, dentre os componentes de uma lista tríplice que o TST elabora, a partir de uma lista sêxtupla formulada pelas respectivas entidades de classe, dentre os seus membros com mais de dez anos de carreira, na forma do art. 94, da CF. Primeiro o Presidente da República procede à escolha dentre os figurantes das listas, depois submete à aprovação do Senado Federal e, por fim, faz a nomeação, dentre candidatos com mais de 35 anos e menos de 65.

Funcionarão junto ao Tribunal Superior do Trabalho (art. 111-A, § 2º):

I — a Escola Nacional de Formação e Aperfeiçoamento de Magistrados do Trabalho — ENAMAT, cabendo-lhe, dentre outras funções, regulamentar os cursos oficiais para o ingresso e promoção na carreira;

II — o Conselho Superior da Justiça do Trabalho, cabendo-lhe exercer, na forma da lei, a supervisão administrativa, orçamentária, financeira e patrimonial da Justiça do Trabalho de primeiro e segundo graus, como órgão central do sistema, cujas decisões terão efeito vinculante. Compõe-se de onze membros titulares e oito suplentes. Seis dos titulares são Ministros do TST, dentre os quais o Presidente do TST, que é também Presidente do CSJT, o Vice-Presidente do TST e o Corregedor Geral da Justiça do Trabalho; os outros cinco membros são Presidentes de Tribunais Regionais do Trabalho, das cinco Regiões do País.

O TST compõe-se dos seguintes órgãos: a) Tribunal Pleno; b) Órgão Especial; c) Seção Especializada em Dissídios Coletivos — SDC; d) Seção Especializada em Dissídios Individuais — SDI, dividida em Subseções I e II; e) Turmas; f) Presidência; g) Corregedoria Geral; h) Conselho da Ordem do Mérito Judiciário do Trabalho. A divisão e competência de cada órgão do TST decorrem da Lei n. 7.701/88 e do seu Regimento Interno.

2.2. Tribunal Regional do Trabalho — TRT — os Tribunais Regionais do Trabalho possuem composição variável, de acordo com critérios nem sempre objetivos. Assim, o de maior composição é o de São Paulo — 2ª Região, com 94 membros, e os de menor composição possuem 8 membros. Os Regionais maiores dividem-se em Turmas e outros órgãos; os de composição mínima já se dividiram em turmas, conforme determinado pelo Conselho Superior da Justiça do Trabalho.

Seus membros são nomeados pelo Presidente da República. Os Juízes de Carreira, alternadamente, por antiguidade e merecimento, esta a partir de lista tríplice elaborada pelo Tribunal. O MPT e a OAB indicam um quinto da composição. Estes são escolhidos dentre uma lista tríplice elaborada pelo TRT, a partir de uma lista sêxtupla elaborada pelo respectivo órgão de classe, na forma do art. 94 da CF.

Na ausência ou impedimento de Juízes do Tribunal, de modo a comprometer o *quorum*, serão convocados titulares de Varas da sede — parágrafo único do art. 93 da LOMAN. E, segundo seu art. 128, podem funcionar no mesmo Tribunal parentes até o 3º grau, mas o que votar primeiro afasta o voto do outro.

As decisões serão tomadas por maioria simples. O Presidente só terá voto de desempate. Porém, somente pelo voto da maioria absoluta dos membros do Tribunal ou do órgão especial poderá ser declarada inconstitucionalidade de lei ou ato normativo do Poder Público, cfr. art. 97, CF e Súmula Vinculante n. 10.

No julgamento de recursos contra decisão ou despacho do Presidente, do Vice-Presidente ou de Relator, ocorrendo empate, prevalecerá a decisão ou despacho recorrido. No julgamento de matéria administrativa, o Presidente votará como os demais juízes, cabendo-lhe ainda o voto de qualidade. A ordem das sessões será estabelecida no regimento interno.

2.3. Corregedorias Geral e Regional — composição e atribuições — todo Tribunal possui uma Corregedoria, com a atribuição de inspeção e correição permanente sobre a instância imediatamente inferior e subordinada. O TST sobre os TRTs e estes sobre as Varas do Trabalho. Aos Corregedores, na Justiça do Trabalho, compete, ainda, decidir reclamações contra atos atentatórios da boa ordem processual praticados pelas instâncias inferiores, quando inexistir recurso específico. O Corregedor é eleito juntamente com o Presidente e o Vice-Presidente para mandato de dois anos.

A Corregedoria Geral é dirigida pelo Corregedor-Geral, a quem compete: I — exercer funções de inspeção e correição permanente com relação aos TRTs e seus Presidentes; II — decidir reclamações contra os atos atentatórios da boa ordem processual praticados pelos Regionais e seus presidentes, quando inexistir recurso específico. O art. 5º do RI da Corregedoria Geral inclui ainda em suas atribuições a de emitir provimentos para disciplinar os procedimentos a serem adotados pelos órgãos da Justiça do Trabalho.

Dentre as muitas atribuições do Corregedor-Geral, destacam-se as de: a) processar e decidir pedidos de providência formulados à Corregedoria Geral; b) visitar os TRTs em correição ordinária, sem prejuízo das extraordinárias; c) opinar com dados estatísticos sobre os projetos de reestruturação dos TRTs e das Varas do Trabalho; d) exercer vigilância sobre o andamento dos serviços judiciários, quanto à omissão de deveres e prática de abusos... Compete ainda ao Corregedor Geral apreciar Pedido de Providência, cf. art. 87, XVIII do Regimento Interno do TST e Regimento Interno da Corregedoria Geral.

E cada TRT também tem sua Corregedoria, dirigida por um dos membros do Tribunal, a quem compete, por analogia ao TST: a) exercer funções de inspeção e correição permanente com relação às Varas e Juízes do Trabalho de 1ª instância; b) decidir pedido de providência a ele dirigidos e correições parciais contra os atos atentatórios da boa ordem processual praticados pelas Varas e Juízes de 1º grau, quando inexistir recurso específico. Além de, no âmbito regional, atribuições idênticas às do Corregedor Geral.

Das decisões do Corregedor-Geral ou do Regional caberá o agravo regimental para o Tribunal Pleno, cf. art. 709 e § 1º da CLT. No entanto, no TST esse recurso passou para a competência do órgão Especial, cf. art. 64, *g*, do RI; o mesmo aconteceu nos Regionais que possuem Órgão Especial.

2.4. Correição parcial — trata-se de um recurso de ordem administrativa interposto para o Corregedor, de ato da instância inferior imediata ou de seu titular, quando inexistir recurso específico. Exemplos: não cumprimento de carta precatória, supressão de fase processual necessária, atraso processual etc. São atos de administração da Justiça e não judiciais. Do contrário, estar-se-ia admitindo dois juízes na condução do processo, um decidindo e o outro revisando a decisão.

Entretanto, essa matéria é controvertida. Cada Regimento Interno prevë, além do disposto no art. 709 da CLT, outras atribuições, em que, em geral, são concedidos enormes poderes aos Corregedores.

Em geral, a petição da reclamação é dirigida ao Corregedor, que dará o trâmite de acordo com o Regimento da Corregedoria. Ouvido o reclamado, instruído o feito, o Corregedor proferirá decisão. O prazo é de oito dias, caso o Regimento Interno não estipule outro prazo.

2.5. Juiz e vara do trabalho — as Varas do Trabalho compõem-se de um Juiz do Trabalho Titular, o qual pode ser auxiliado por um Juiz do Trabalho Substituto. O ingresso na carreira dá-se mediante concurso público de provas e títulos, para o cargo inicial de Juiz do Trabalho Substituto, o qual é nomeado pelo Presidente do TRT (art. 96, I, *a*, da CF). Após dois anos, o juiz adquire vitaliciedade.

Funcionamento das varas — toda Vara do Trabalho tem uma Secretaria — que funciona como seu cartório — composta de vários funcionários — dirigida por um Diretor, cargo em comissão, nomeado pelo Presidente do TRT. E, junto à Secretaria, um Analista Judiciário especializado no cumprimento de mandado judicial (Oficial Avaliador), de cargo efetivo e bacharel.

2.6. Juízo de direito — diz o art. 668 da CLT que nas localidades não compreendidas na jurisdição das Varas do Trabalho, os Juízes de Direito cumprem a função trabalhista, conforme a lei de organização judiciária local. Onde houver mais de um Juízo de Direito a competência é determinada entre os juízes do cível, pela distribuição ou divisão judiciária local. Se assim não dispuser a lei estadual, será competente o juiz do cível mais antigo. Das decisões dos Juízes de Direito na função trabalhista cabe recurso para o TRT com jurisdição na região, cf. art. 112.

2.7. Justiça itinerante e câmaras regionais (§§ 1º e 2º do art. 114, acrescidos pela EC n. 45) — Os Tribunais Regionais do Trabalho instalarão a justiça itinerante, com a realização de audiências e demais funções de atividade jurisdicional, nos limites territoriais da respectiva jurisdição, servindo-se de equipamentos públicos e comunitários.

Os Tribunais Regionais do Trabalho poderão funcionar descentralizadamente, constituindo Câmaras regionais, a fim de assegurar o pleno acesso do jurisdicionado à justiça em todas as fases do processo.

3. MINISTÉRIO PÚBLICO DO TRABALHO

A matéria dos arts. 736 a 754 da CLT foi totalmente inovada pela CF/88 e está disciplinada pela Lei n. 8.625/93 (Lei Orgânica Nacional do Ministério Público) e LC n. 75/93 (Estatuto do Ministério Público da União).

O art. 127 da CF atribui ao Ministério Público a defesa da ordem jurídica, do regime democrático e dos interesses sociais e individuais indisponíveis. O § 1º fornece os seus princípios institucionais: a unidade, a indivisibilidade e a independência funcional. O art. 128, I, *b*, inclui o Ministério Público do Trabalho no Ministério Público da União.

A LC n. 75 cria os seguintes órgãos do MPT: Procurador-Geral; Colégio de Procuradores; Conselho Superior; Câmara de Coordenação e Revisão; Subprocuradores-Gerais; Procuradores Regionais e Procuradores do Trabalho. Há uma Procuradoria Regional para cada TRT.

As atribuições estão discriminadas no art. 83 da LC n. 75, em 13 incisos, valendo destacar: a) mover as ações que lhe sejam atribuídas pela Constituição e pelas leis trabalhistas; b) manifestar-se em qualquer fase do processo; c) promover ação civil pública no âmbito da Justiça do Trabalho, na matéria que lhe compete, incluída a defesa do meio ambiente de trabalho, combate à discriminação, defesa dos direitos das pessoas portadoras de deficiência, combate ao trabalho escravo etc.; d) propor ações cabíveis para anulação de cláusulas de contrato, acordo coletivo ou convenção coletiva violadoras das liberdades individuais ou coletivas ou dos direitos individuais indisponíveis dos trabalhadores; e) propor as ações necessárias à defesa dos interesses dos menores, incapazes e índios; f) recorrer das decisões da Justiça do Trabalho e pedir revisão de Súmulas do TST; g) funcionar nas sessões dos Tribunais Trabalhistas; h) instaurar instância em caso de greve; i) funcionar nas audiências de conciliação de dissídios coletivos; j) promover mandado de injunção em matéria de competência da Justiça do Trabalho; l) atuar como árbitro em matéria trabalhista se solicitado pelas partes; m) requerer as diligências que julgar convenientes; n) intervir em todos os processos trabalhistas nos 2º e 3º graus da Justiça do Trabalho quando a parte for pessoa jurídica de direito público, Estado estrangeiro ou organismo internacional; o) assinar os acórdãos dos Tribunais do Trabalho.

A atuação do Ministério Público do Trabalho tem sido de enorme envergadura, principalmente no combate ao trabalho escravo, à exploração do trabalho infantojuvenil, à discriminação, às más condições de trabalho, combate à contratação pelo poder público sem prévio concurso público. Entretanto, sua atuação seria mais efetiva, se não fosse a limitação imposta pela legislação infraconstitucional de atuar só junto à Justiça do Trabalho, quando é sabido que inúmeros problemas do trabalho competem à Justiça Comum[67].

Cumpre registrar, contudo, que a ampliação da competência da Justiça do Trabalho implica igual elastecimento das atribuições do MPT, cuja pródiga atuação dará o alento devido ao novo texto do art. 114 da Constituição.

(67) A propósito do papel do Ministério Público do Trabalho, o Professor Marco Aurélio Lustosa Caminha faz uma excelente abordagem em sua dissertação de Mestrado, editada sob o título *O estado, as relações de trabalho e o papel do ministério público do trabalho*. Curitiba: Gênesis, 2003. p. 212.

Capítulo III

Jurisdição e Competência da Justiça do Trabalho

1. COMPETÊNCIA DA JUSTIÇA DO TRABALHO

Jurisdição (*juris + dictio*) é o poder de dizer a justiça. *Competência* é a limitação da jurisdição.

O art. 114 da CF/88, com a redação dada pela EC n. 45/04, estabelece a competência da Justiça do Trabalho sob quatro formas: a) uma genérica (inciso I — dissídios oriundos da relação de trabalho); b) outra discriminada (incisos II a VIII); c) outra genérica dependente de lei (inciso IX); d) outra para dissídios coletivos e de greve (§§ 2º e 3º).

Daí o fenômeno da ampliação da competência da Justiça do Trabalho para julgar todas as questões cuja matriz seja a relação de trabalho, questões sindicais, ações constitucionais, ações decorrentes da fiscalização do trabalho, da greve, dissídio coletivo mitigado, contribuições sociais decorrentes das sentenças que proferir e outras, nos termos da lei.

1.1. Competência material — A competência da Justiça do Trabalho foi fixada com base na *causa petendi*, que é a relação de trabalho, em seu sentido mais largo, cf. art. 114, com a redação que lhe deu a EC n. 45/2004. A competência em razão da pessoa só se averigua para efeito de competência funcional dos órgãos da Justiça do Trabalho e não de jurisdição. A Justiça do Trabalho getuliana encerrou uma era, *a do emprego;* a que emergiu da EC n. 45 inaugura outra era, *a do trabalho de todo gênero.*

A competência material encontra-se discriminada nos arts. 114, CF, 652 da CLT e em outros instrumentos legais. Vejamo-la a partir do art. 114 da CF:

> Art. 114. Compete à Justiça do Trabalho processar e julgar:
>
> I — as ações oriundas da relação de trabalho, abrangidos os entes de direito público externo e da administração pública direta e indireta da União, dos Estados, do Distrito Federal e dos Municípios;
>
> II — as ações que envolvam exercício do direito de greve;
>
> III — as ações sobre representação sindical, entre sindicatos, entre sindicatos e trabalhadores, e entre sindicatos e empregadores;

IV — os mandados de segurança, *habeas corpus* e *habeas data*, quando o ato questionado envolver matéria sujeita à sua jurisdição;

V — os conflitos de competência entre órgãos com jurisdição trabalhista, ressalvado o disposto no art. 102, I, *o*;

VI — as ações de indenização por dano moral ou patrimonial, decorrentes da relação de trabalho;

VII — as ações relativas às penalidades administrativas impostas aos empregadores pelos órgãos de fiscalização das relações de trabalho;

VIII — a execução, de ofício, das contribuições sociais previstas no art. 195, I, *a*, e II, e seus acréscimos legais, decorrentes das sentenças que proferir;

IX — outras controvérsias decorrentes da relação de trabalho, na forma da lei.

§ 1º Frustrada a negociação coletiva, as partes poderão eleger árbitros.

§ 2º Recusando-se qualquer das partes à negociação coletiva ou à arbitragem, é facultado às mesmas, *de comum acordo*, ajuizar dissídio coletivo de natureza econômica, podendo a Justiça do Trabalho decidir o conflito, respeitadas as disposições mínimas legais de proteção ao trabalho, *bem como as convencionadas anteriormente*. (Grifamos).

§ 3º Em caso de greve em atividade essencial, com possibilidade de lesão do interesse público, o Ministério Público do Trabalho poderá ajuizar dissídio coletivo, competindo à Justiça do Trabalho decidir o conflito.

Tudo o que foi incluído no art. 114 merece comentário, o que se fará sucintamente.

Inciso I — aqui o constituinte derivado procedeu a duas grandes inovações:

a) mudou o eixo da competência material da Justiça do Trabalho da *relação de emprego* para a *relação de trabalho*;

b) ampliou os polos nos dissídios — antes eram os trabalhadores e os empregadores, e agora poderão figurar nos polos ativo e passivo os trabalhadores de qualquer natureza e os tomadores de serviço, empresa contra empresa, trabalhador e sindicato, sindicato contra sindicato, empresa contra órgão público fiscalizador e muitas outras hipóteses. Esta ampliação dos polos da ação constitui, na verdade, a maior alteração competencial.

A expressão *"relação de trabalho"*, inserida pela EC n. 45/2004 alberga as lides oriundas da relação de emprego e das relações de trabalho que não formam vínculo empregatício, como o avulso, o autônomo, o eventual, o liberal[68] (corretor, advogado, médico, dentista, representante comercial), o trabalho societário (cooperado contra cooperativa ou cooperado contra o tomador do serviço; do sócio de algumas espécies de sociedade contra a sociedade; do mandatário etc.), outros prestadores de serviço, como diaristas, faxineiras, boias-frias, biscateiros, terceirizados, estagiários, voluntários, pequenos empreiteiros, meeiros, parceiros etc., quer o litígio seja entre o trabalhador e quem o contratou, quer entre o trabalhador e o beneficiário da força de trabalho em geral, inclusive tomador de serviço.

(68) No que pese a Súmula do Colendo STJ ditar em contrário, o que se afirma *supra* é o contido na expressa dicção constitucional. Sem sombra de dúvida, no caso, terá havido invasão de competência pela Justiça Comum.

Por estarem muito assemelhados aos trabalhadores individuais, dentro da ideia de parassubordinação, os prestadores de serviços que sejam empresas unipessoais, que prestam serviço predominantemente pessoal, também terão seus litígios com os tomadores de serviço dirimidos pela Justiça do Trabalho. Dentre estes, os litígios entre o Transportador Autônomo de Cargas e a Empresa de Transporte de Cargas, apesar de o art. 5º da Lei n. 11.442/07 dispor que são da competência da Justiça Comum. O respectivo Projeto de Lei fora gestado antes da EC n. 45/04. Logo, terá sido um cochilo do legislador, produzindo um preceito inconstitucional, por afronta direta ao Inciso I do art. 114 da CF[(69)].

Em consequência, cabem na expressão *oriundas da relação de trabalho* as ações possessórias, de despejo, os interditos de greve (Súm. Vin. n. 23 do STF), de depósito etc., que tenham na origem da *causa petendi* uma relação de trabalho. Dalazen, com razão, inclui aí as lides interobreiros, como as que se dão entre os aliados em contrato de equipe, e as interpatronais, como as ocorrentes entre a prestadora do serviço e a empresa cliente ou entre o sucessor trabalhista e o sucedido (2005, p, 10). Só se excluem as ações de natureza penal.

Essa providência está harmônica com a nova ordem trabalhista, que caminha para a substituição do emprego por outras formas de relações de trabalho, no Brasil assumindo proporções superiores às relações de emprego formal, mormente em virtude do projeto de flexibilização da legislação do trabalho. Assim, as outras formas de relações laborais gozarão de um mínimo de proteção trabalhista, pelo menos o acesso aos órgãos da Justiça do Trabalho e às facilidades da jurisdição especial.

Trata-se, por um lado, de uma medida tendente à inclusão social do trabalhador que se encontra em condição precarizada, e, por outro lado, de centralizar em um órgão julgador todos os litígios que tenham por causa a relação de trabalho de todas as naturezas, dos mais altos escalões das sociedades comerciais até os humildes diaristas.

Servidor público — juntamente com a PEC da Reforma do Judiciário, o Senado Federal aprovou outra PEC em que excluiu do texto do inciso I a competência da Justiça do Trabalho em relação aos servidores públicos não celetistas, devolvendo essa parte para reexame da Câmara dos Deputados. Contudo, antes disso, na noite do dia 27.1.2005, o Min. Nelson Jobim (Presidente do STF), acolhendo parcialmente requerimento da Associação dos Juízes Federais, em controle concentrado de constitucionalidade, deferiu liminar, declarando parcialmente inconstitucional o inciso I do art. 114, sem redução de texto, excluindo da competência da Justiça do Trabalho os litígios dos servidores admitidos sob regime administrativo (ADI n. 3.395).

Cumpre frisar que, em relação ao serviço público, ou o contrato é administrativo ou trabalhista. O primeiro é necessariamente formal; o outro, nem sempre. Não existe

---

(69) Sobre o tema, *Fava* assim conclui seu artigo:

"Impregnada de inconstitucionalidade, a nova lei não merece colher efetividade no plano das relações de trabalho, sob pena de inversão dos valores constitucionais — a proteção do trabalho é, até mesmo topologicamente, mais importante no Texto Constitucional do que a livre iniciativa — esvaziando os conceitos de isonomia e proteção à dignidade do homem. Que o Judiciário Trabalhista dê a essa teratologia o destino que merece: a completa desconsideração". (Transporte rodoviário de cargas por conta de terceiros — implicações trabalhistas da Lei n. 11.442/2007 — inconstitucionalidade. *Revista LTr*, p. 426/431, abr. 2007).

alternativa. Portanto, por força do art. 442 da CLT, é celetista o contrato de trabalho com órgão da Administração Pública que não se revestir de uma das formas previstas na Constituição. E a competência para solucionar esse conflito é da Vara do Trabalho.

No entanto, o STF, nos autos da ADI-MC n. 2.135-DF, declarou a inconstitucionalidade da EC n. 19/98, quanto à extinção do Regime Jurídico Único do Servidor Público. Como consequência, instala-se na Excelsa Corte a tendência a interpretar que só há regime jurídico único **administrativo,** e nunca celetista.

Cumpre registrar que, mesmo antes da EC n. 19/98, a interpretação consolidada era de que o regime único poderia ser administrativo ou trabalhista, conforme preferisse a unidade federada. A se consolidar a interpretação que o Excelso STF vem sinalizando, equivalerá a ressuscitar o manto protetor da impunidade aos gestores públicos que abusam da contratação sem concurso público, sob a leniência do Ministério Público e da Justiça Comuns. O certo é que, se o servidor não fez concurso público e não foi admitido segundo as leis de caráter administrativo, o contrato é necessariamente celetista. Aliás, acolhendo essa tese, o STF já se manifestou, através da pena do Ministro Cezar Peluzo.

Portanto, estão sob a jurisdição da Justiça do Trabalho todas as pessoas, físicas ou jurídicas, de direito público ou privado, inclusive as representações diplomáticas estrangeiras sediadas no Brasil que contratem empregados sob o regime da CLT. Incluem-se o empregador rural e os contratantes de doméstico, avulso e temporário (Leis ns. 5.889/73, 5.859/72, art. 7º, XXXIV, CF e 6.019/74, respectivamente).

"IX — outras controvérsias decorrentes da relação de trabalho, na forma da lei." Este texto já constava da parte final da antiga redação do art. 114. Destarte, essa expressão não se conflita com o inciso I. Este fala de ações ***oriundas*** *da relação de trabalho*; o inciso sob comento refere-se a outras controvérsias ***decorrentes*** *da relação de trabalho*. Portanto, o inciso I (*oriundas*) traduz imediatidade, origem direta, cuja matéria é automaticamente da Justiça do Trabalho; já o inciso IX (*decorrentes*) traduz mediatidade, entorno, relações conexas às relações de trabalho, que, só por lei poderão ser atribuídas à JT. Portanto, este inciso ampara as futuras ampliações de competência que o legislador julgar oportunas. Trata-se de uma cláusula aberta ao legislador, de vitalidade constitucional.

Ademais, este inciso IX dá fundamento de validade às competências especiais já constantes da CLT e de outras leis: a) entre empregados e empregadores, referentes aos depósitos do FGTS — art. 26 da Lei n. 8.036/90; b) a relação de trabalho da mãe social — art. 20 da Lei n. 7.644/87; c) ação civil pública e ações coletivas trabalhistas; d) cadastramento do trabalhador no PIS; e) execução de termo de ajuste de conduta firmado perante o Ministério Público do Trabalho — art. 876 da CLT; f) execução dos termos de acordo firmados perante as Comissões de Conciliação Prévia – art. 876 da CLT; g) embargos de terceiro; h) ação de consignação em pagamento; i) dissídio coletivo de natureza jurídica; j) e tudo o que consta dos arts. 643 a 652 e 656/875 da CLT e de outras leis especiais, atuais ou futuras.

Dissídios coletivos — previstos no art. 114, §§ 2º e 3º, adiante expostos.

A competência material encontra-se discriminada nos arts. 114, CF, 652 da CLT e em outros instrumentos legais.

1.2. Competência da Vara e do Juiz do Trabalho — arts. 651 a 653 da CLT — a relação do art. 652 da CLT perdeu sentido, em face do conteúdo do inciso I do art. 114, CF. O Juiz Titular acumula a competência jurisdicional e as funções administrativas da Vara. Assim, compete à Vara do Trabalho, por seus Juízes, conciliar e julgar os dissídios individuais oriundos da relação de trabalho e toda a matéria relacionada no art. 114 da CF que não seja da competência originária dos Tribunais, a título exemplificativo, assim discriminada:

a) ações entre trabalhadores e empregadores ou outros tomadores do serviço, oriundas da relação de trabalho;

b) ações resultantes de empreitadas em que o empreiteiro seja operário ou artífice (embora com ajuda de outros operários — art. 652);

c) ações originárias do trabalho doméstico;

d) ações originárias do trabalho temporário;

e) ações originárias do trabalho avulso — art. 643 da CLT;

f) ações originárias do trabalho portuário — § 3º do art. 643, CLT;

g) ações entre o trabalhador cooperado e a cooperativa de mão de obra;

h) ação de cumprimento de sentença normativa da própria Justiça do Trabalho (art. 873) e de acordo ou convenção coletiva de trabalho — Lei n. 8.984/95;

i) ação civil pública, movida pelo Ministério Público do Trabalho ou por Sindicato (Lei n. 7.347/85);

j) para conceder: medida liminar, até decisão final, para sustar transferência de empregado e para reintegrar no emprego dirigente sindical; tutela antecipada no que couber — art. 273 do CPC; julgar ação cautelar, no que couber;

l) processar e julgar as ações constitucionais, como mandado de segurança, *habeas corpus*, *habeas data*, ação popular e outras em matéria trabalhista;

m) processar e julgar as ações que tenham origem em atos punitivos dos órgãos de fiscalização do trabalho (INSS, SRT, CEF em relação ao FGTS, órgãos estaduais e municipais de fiscalização do trabalho);

n) ações individuais decorrentes da greve. As coletivas competem ao Tribunal;

o) para executar: suas próprias decisões e as determinadas pelo TRT ou TST; os termos de ajuste de conduta firmados perante o Ministério Público do Trabalho; os termos de conciliação firmados perante as Comissões de Conciliação Prévia; requisitar precatório; requisitar aos órgãos públicos pagamento de condenação de pequeno valor, que dispensa precatório, bem como para adotar os atos necessários ao seu cumprimento;

p) impor multas e outras penalidades relativas aos atos de sua competência;

q) requisitar às autoridades a realização de diligências necessárias ao esclarecimento dos feitos;

r) realizar diligências e praticar atos processuais ordenados pelo TRT e pelo TST;

s) expedir Cartas Precatórias, cumprir as recebidas e as cartas de ordem;

t) exercer, em geral, no interesse da Justiça do Trabalho, quaisquer outras atribuições que decorram da sua jurisdição;

u) exercer o juízo de admissibilidade dos recursos das suas decisões;

v) todas as demais ações decorrentes do art. 653 da CLT, violação de direitos que tenham **origem no contrato de trabalho executado, contratado ou apenas pré-contratado**, como pré-contratação descumprida, dano moral, dano acidentário contra o empregador, complementação de aposentadoria de empregados filiados a Caixa de Assistência do empregador, complementação de pensão de ex-empregado (OJ n. 26 da SDI-I).

Um revés se verificou: em 2013 o STF julgou RE da Petrobras, com repercussão geral, declarando que compete à justiça comum processar e julgar as ações referentes a complementação de aposentadoria, ajuizadas contra as caixas de aposentadoria complementar, ainda que comantidas pela empresa empregadora. Essa competência era da Justiça do Trabalho mesmo antes da Constituição de 1988.

Além dessa competência jurisdicional do Juiz e da Vara do Trabalho, ao Juiz Titular se acrescem o dever e a competência para: a) dar posse ao Chefe de Secretaria e aos demais funcionários; b) assinar as folhas de ponto dos Juízes e funcionários da Vara; c) apresentar ao Presidente do Tribunal, até 15 de fevereiro, relatório das atividades do ano anterior.

A competência da primeira instância restringe-se aos dissídios individuais, compreendidas nestas a reclamação individual plúrima, a ação de cumprimento e a ação civil pública.

1.3. Competência em razão do lugar – quanto ao local, diz o art. 651 da CLT que a competência da Vara do Trabalho é determinada pelo local onde o empregado prestar serviço ao empregador. **Se o empregado for viajante**, o dissídio será resolvido pela Vara da localidade em que a empresa tenha agência ou filial e a esta o empregado esteja subordinado e, na falta, será competente a Vara da localização em que o empregado tenha domicílio ou a localidade mais próxima (art. 651, § 1º, da CLT, com a redação da Lei n. 9.851/99).

Outra exceção à regra diz respeito ao § 3º do art. 651: se o empregador promove atividades fora do local do contrato, ao empregado é facultado reclamar no foro da celebração do contrato ou no da prestação do serviço. Se o dissídio ocorrer em filial no estrangeiro e o empregado for brasileiro e não houver convenção internacional em contrário, a competência é da Vara do Trabalho, diz o § 2º do art. 551. Logicamente, deve ser da Vara da localidade da contratação.

Flexibilizando a dicção do § 3º em favor do hipossuficiente, a jurisprudência já se consolidou no sentido de que, em qualquer caso, quando o empregado é contratado em um lugar para trabalhar em outro tem direito de escolher entre o foro da contratação e o da prestação do serviço. O lugar da contratação é onde se dá o ajuste, e não onde o contrato é assinado.

Dentro do direito de acesso do trabalhador à Justiça, já é de se interpretar que ele tem o direito de reclamar no foro da sede da empresa, do estabelecimento ou no do seu domicílio, a exemplo do § 1º do art. 651 da CLT e do Direito Comum em relação ao peticionante de alimentos. Assim já consolidou o TRT da 22ª Região, com a confirmação de Turmas do TST.

A lei que cria as Varas do Trabalho relaciona os Municípios abrangidos por sua jurisdição, de sorte que as leis locais de organização judiciária não interferem (art. 650 e parágrafo único, da CLT). Os Municípios desmembrados de outros que estavam sob a jurisdição de determinada Vara do Trabalho continuam sob a jurisdição desta (cf. Lei n. 10.770/03). Na omissão da Lei, entenda-se que, se o Município *sede de Comarca* encontra-se sob jurisdição de Vara do Trabalho, seguem a mesma sorte os Municípios que lhe são *Termo*. O art. 28 da Lei n. 10.770/03 preceitua que os Tribunais, por ato próprio, podem redefinir a área de jurisdição das Varas do Trabalho, bem como mudar o Município-sede.

1.4. Competência em razão da pessoa — A competência em razão da pessoa é definida pela hierarquia da pessoa ou órgão implicado em relação a alguns tipos de ações. Assim, por exemplo, para efeito de mandado de segurança, *habeas corpus* e *habeas data,* a competência funcional firma-se pela hierarquia da autoridade coatora. Se a autoridade coatora for membro do TRT ou o próprio TRT, a competência originária para o MS é do Regional e para o HC é do TST. Se o ato coator for de Governador ou de Secretário de Estado, a competência é do TRT; se Ministro de Estado, do TST. É também da competência originária do TST o MS contra ato coator de Ministro do TST ou do próprio TST; e da competência originária do STF o HC contra ato coator do TST (art. 102, I, *a*, CF).

Ver competência para Ação Civil Pública no Cap. XVIII dessa 2ª Parte.

A competência em razão da pessoa e da matéria é absoluta, podendo ser alegada em qualquer tempo ou declarada de ofício pelo juiz. São nulos os atos praticados por juiz absolutamente incompetente. Mesmo transitada em julgado, a decisão poderá ser desconstituída pela via da ação rescisória, se movida no prazo de dois anos (art. 485, CPC).

Enquanto isso, a competência em razão do lugar é relativa e, se não alegada na primeira oportunidade, prorroga-se, cf. art. 114 do CPC.

2. JURISDIÇÃO E COMPETÊNCIA DOS ÓRGÃOS DA JUSTIÇA DO TRABALHO

No item anterior dissecamos a competência da Justiça do Trabalho como um todo. Neste item trataremos da competência funcional dos órgãos da Justiça do Trabalho, uma espécie de delimitação das atribuições de cada órgão.

O TST é sediado na Capital Federal e tem jurisdição sobre todo o território nacional. Os TRTs têm jurisdição nas suas respectivas regiões, definidas por lei. A competência dos Regionais determina-se pela forma indicada no art. 651 e seus parágrafos e, nos casos de dissídio coletivo, pelo local onde este ocorrer — art. 677 da CLT.

A competência dos Tribunais divide-se em três espécies: a) única, onde o processo nasce e morre; b) última, onde o processo de conhecimento termina; c) originária, onde o processo nasce e da decisão cabe recurso para instância superior; d) recursal, ou para julgar recursos das decisões da instância *a quo*.

A competência funcional do TST é toda disciplinada pela Lei n. 7.701/88 e por seu RI, por delegação dessa lei. Logo, o art. 702 da CLT resultou revogado. A competência do TST ficou dividida entre quatro órgãos: Pleno, Órgão Especial, Seção de Dissídios Coletivos, Seção de Dissídios Individuais e Turmas, cf. o exposto a seguir.

Ao Pleno, segundo os arts. 4º da Lei n. 7.701 e 68 do RI, compete:

a) eleger e dar posse aos dirigentes do TST, Corregedor Geral, Diretor da ENAMAT, membros do Conselho Superior da Justiça do Trabalho, membros do órgão Especial e os membros trabalhistas do CNJ;

b) escolher os integrantes das listas para preenchimento de vagas de Ministro do TST;

c) determinar a disponibilidade ou a aposentadoria de Ministro do TST;

d) opinar sobre propostas de alterações da legislação trabalhista, inclusive processual, quando entender que deve manifestar-se oficialmente;

e) decidir sobre a declaração de inconstitucionalidade de lei ou ato normativo do Poder Público;

f) aprovar, modificar ou revogar Súmulas e Precedentes Normativos;

g) julgar os incidentes de uniformização da jurisprudência;

h) aprovar e emendar o Regimento Interno do TST.

Com a restituição de seu quadro para 27 membros, o TST recriou o Órgão Especial, composto de 14 Ministros, com competência administrativa e judiciária, cf. R.A n. 1.276/07, competindo-lhe (cf. art. 69 do Regimento Interno):

I — em matéria judiciária:

a) processar e julgar as reclamações destinadas à preservação da competência dos órgãos do Tribunal, assim considerados aqueles mencionados no art. 61 do RI do TST, ou a garantir a autoridade de suas decisões;

b) julgar mandado de segurança impetrado contra atos do Presidente ou de qualquer Ministro do Tribunal, ressalvada a competência das Seções Especializadas;

c) julgar os recursos interpostos de decisões dos TRTs em mandado de segurança de interesse de Juízes e servidores da Justiça do Trabalho;

d) julgar os recursos interpostos de decisão em matéria de concurso para a Magistratura do Trabalho;

e) julgar os recursos ordinários em agravos regimentais interpostos contra decisões proferidas em reclamações correicionais ou pedidos de providências que envolvam impugnações de cálculos de precatórios;

f) julgar os recursos ordinários interpostos contra agravo regimental e mandado de segurança em que tenha sido apreciado despacho de Presidente de Tribunal Regional em precatório;

g) julgar agravos regimentais interpostos contra decisões preferidas pelo Corregedor Geral; e

h) deliberar sobre as demais matérias jurisdicionais não incluídas na competência dos outros Órgãos do Tribunal.

II — em matéria administrativa:

a) proceder à abertura e ao encerramento do semestre judiciário;

b) eleger os Membros do Conselho da Ordem do Mérito Judiciário do Trabalho e os das Comissões previstas no Regimento Interno do TST;

c) aprovar e emendar o Regulamento Geral da Secretaria do TST, o Regimento da Corregedoria-Geral da Justiça do Trabalho, o Regulamento da Ordem do Mérito Judiciário do Trabalho, os Estatutos da ENAMAT e o Regimento Interno do CSJT;

d) propor ao Legislativo, após a deliberação do CSJT, a criação, extinção ou modificação da composição de TRT e Varas do Trabalho, assim como a alteração de jurisdição e de sede destes;

e) propor ao Legislativo a criação, extinção e transformação de cargos e funções públicas e a fixação dos respectivos vencimentos ou gratificações;

f) escolher, mediante escrutínio secreto e pelo voto da maioria absoluta dos seus Membros, Juízes de Tribunal Regional para substituir temporariamente Ministro do TST;

g) aprovar a lista dos admitidos na Ordem do Mérito Judiciário do Trabalho;

h) aprovar a lotação das funções comissionadas do Quadro de Pessoal do Tribunal;

i) conceder licença, férias e outros afastamentos aos Membros do Tribunal;

j) fixar e rever as diárias e as ajudas de custo do Presidente, dos Ministros e servidores do Tribunal;

l) designar as comissões temporárias para exame e elaboração de estudo sobre matéria relevante, respeitada a competência das comissões permanentes;

m) aprovar as instruções dos concursos para provimento dos cargos de Juiz do Trabalho Substituto;

n) aprovar instruções para provimento de cargos do Quadro de Pessoal do TST e homologar seu resultado final;

o) nomear, prover e destituir servidores do Quadro de Pessoal do Tribunal;

p) julgar os recursos de decisões ou atos do Presidente do Tribunal em matéria administrativa;

q) julgar os recursos interpostos de decisões de TRT em processo administrativo disciplinar envolvendo magistrado, estritamente para controle da legalidade; e

r) reexaminar as matérias encaminhadas pelo Conselho Superior da Justiça do Trabalho.

À **SDC** — Seção Especializada em Dissídios Coletivos **compete** (arts. 2º da Lei n. 7.701 e 70 do RI):

I — originariamente:

a) julgar os dissídios coletivos que excedam a Jurisdição dos TRTs ou rever suas próprias sentenças normativas, nos casos previstos em lei;

b) homologar as conciliações firmadas nos dissídios coletivos;

c) julgar as ações anulatórias de acordos e convenções coletivas;

d) julgar as ações rescisórias propostas contra suas sentenças normativas. Obs.: o veto à alínea *b* do art. 894 da CLT, alterado pela Lei n. 11.496/2007, tem por fundamento a impossibilidade de ação rescisória de sentença normativa. Com esse veto, parece-nos que esta alínea carece de revisão;

e) julgar os agravos regimentais contra despachos ou decisões não definitivas, proferidos pelo Presidente do Tribunal, ou por qualquer Ministro integrante da SDC;

f) julgar os conflitos de competência entre Tribunais Regionais do Trabalho em processos de dissídio coletivo;

g) processar e julgar as medidas cautelares incidentais nos processos de dissídio coletivo; e

h) processar e julgar as ações em matéria de greve, quando o conflito exceder a jurisdição de TRT;

II — em última instância:

a) os recursos ordinários interpostos contra decisões preferidas pelos Tribunais Regionais do Trabalho em dissídios coletivos de natureza econômica ou jurídica;

b) os recursos ordinários interpostos contra decisões proferidas pelos TRTs em ações rescisórias e mandados de segurança pertinentes a dissídios coletivos e a direito sindical e em ações anulatórias de acordos e convenções coletivas;

c) embargos infringentes interpostos contra decisão não unânime proferida em processo de dissídio coletivo de sua competência originária, salvo se a decisão atacada estiver em consonância com precedente jurisprudencial do TST, ou com Súmula de sua jurisprudência predominante;

d) os agravos de instrumento interpostos contra despacho denegatório de recurso ordinário nos processos de sua competência;

A SDI — Seção de Dissídios Individuais divide-se em duas Subseções, cada uma com competência própria. Em sua composição plena, compete-lhe, cf. art. 71 do RI, julgar, em caráter de urgência e com preferência na pauta, os processos nos quais tenha sido estabelecida, na votação, divergência entre as Subseções I e II da SDI, quanto à aplicação de dispositivo de lei federal ou da Constituição da República.

À SBDI-I compete:

a) julgar embargos das decisões das Turmas que divergirem entre si, ou das decisões proferidas pela SDI (redação dada pela Lei n. 11.496/07);

b) julgar os agravos e agravos regimentais interpostos contra despacho exarado em processos de sua competência.

À SBDI-II, compete:

I — originariamente:

a) julgar as ações rescisórias contra suas decisões, as da SDI-I e as das Turmas do TST;

b) julgar os mandados de segurança contra atos praticados pelo Presidente do Tribunal, ou por qualquer dos Ministros integrantes da SDI nos processos de sua competência;

c) julgar as ações cautelares; e

d) julgar *habeas corpus.*

II — em única instância:

a) julgar os agravos regimentais interpostos contra despacho exarado em processos de sua competência; e

b) julgar os conflitos de competência entre os TRTs e os que envolvam Juízes de Direito investidos da jurisdição trabalhista e Varas do Trabalho em processos de dissídios individuais;

III — em última instância:

a) julgar os recursos ordinários interpostos contra decisões dos TRTs em processos de dissídio individual de sua competência originária; e

b) julgar os agravos de instrumento interpostos contra despacho denegatório de recurso ordinário em processos de sua competência.

Como se percebe, o Regimento Interno divide a SDI em duas: SBDI-I e SBDI-II. A I julga embargos das decisões das Turmas proferidas julgando recursos de revista de decisões proferidas pelos TRTs em dissídios individuais, e recursos conexos; a SBDI--II julga os **recursos ordinários** das decisões proferidas pelos TRTs, em processos de dissídios individuais de competência originária destes, como mandado de segurança, ação rescisória, ação cautelar, *habeas corpus*.

Turmas — compete a cada uma das Turmas julgar, cfr. arts. 72 do RI e 5º da Lei n. 7.701:

a) os recursos de revista interpostos de decisões dos Tribunais Regionais do Trabalho, nos casos previstos em lei;

b) os agravos de instrumento dos despachos de Presidente de Tribunal Regional que denegarem seguimento a recurso de revista;

c) os agravos e os agravos regimentais interpostos contra despacho exarado em processo de sua competência; e

d) os recursos ordinários em ação cautelar, quando a competência para julgamento do recurso do processo principal for atribuída à Turma.

Competência dos tribunais regionais — A competência dos Regionais divide-se em *única ou última*, *originária* e *recursal*. A jurisdição ou área de atuação dos Regionais é definida nas leis que os criaram. A CLT discrimina a competência nos arts. 670/683. Mas vários fatores os derrogaram, como as ECs ns. 24/99 e 45/04, a alteração na composição dos Tribunais e a complexidade que o direito amealhou. Portanto, a competência discriminada no art. 678 da CLT não vale mais. Assim, os Regimentos Internos de cada Tribunal é que lhes distribuem a competência entre seus vários órgãos.

Destarte, deduz-se do sistema geral que compete originariamente ao Tribunal Regional do Trabalho, pelo órgão que o Regimento Interno atribuir, processar e julgar dissídios coletivos; mandados de segurança contra atos seus, de seus membros ou de juiz de primeira instância; *habeas corpus* contra ato de juiz de primeira instância, ações rescisórias, recursos de decisões da primeira instância, matérias administrativas, dentre outras.

Tanto o TST como os TRTs têm competência para proferir sentença normativa em dissídio coletivo, conforme os §§ 2º e 3º do art. 114 da Constituição.

As varas do trabalho — toda a matéria trabalhista que não for da competência originária dos Tribunais é da competência das Varas do Trabalho, através dos seus Juízes do Trabalho, restringindo-se aos dissídios individuais, ação de cumprimento e a ação civil pública, cf. detalhado no item 1.2.

3. CONFLITOS DE COMPETÊNCIA

O art. 114, V, da CF, preceitua que compete à Justiça do Trabalho julgar os conflitos de competência entre órgãos com jurisdição trabalhista, ressalvado o disposto no art. 102, I, *o*, que ficou com o STF.

Dá-se o conflito de competência quando: a) dois ou mais juízes se declaram competentes; b) dois ou mais juízes se declaram incompetentes; c) entre dois ou mais juízes surge controvérsia sobre a reunião ou separação de processos (arts. 115, CPC e 804, CLT). O primeiro caso denomina-se conflito positivo; o segundo, negativo.

Os conflitos de competência, segundo o art. 803 da CLT, podem ocorrer: a) entre Varas do Trabalho, entre Juízes de Direito investidos na jurisdição trabalhista, entre Varas do Trabalho e Juízes de Direito investidos na jurisdição trabalhista; b) entre TRTs; c) entre Juízos e Tribunais do Trabalho e Órgãos da Justiça Ordinária.

"Os conflitos de jurisdição podem ser suscitados: a) pelos juízes e Tribunais do Trabalho; b) pelo procurador-geral e pelos procuradores regionais do trabalho; c) pela parte interessada ou o seu representante"— art. 805 da CLT.

É vedado à parte suscitar o conflito quando já houver oposto exceção de incompetência (arts. 806, CLT e 117, CPC).

O conflito será suscitado ao presidente do tribunal competente para julgá-lo: a) pelo juiz, por ofício; b) pela parte e pelo Ministério Público, por petição. O ofício e a petição serão instruídos com os documentos necessários à prova do conflito (arts. 118, parágrafo único do CPC e 807, CLT).

O relator mandará ouvir os juízes em conflito ou apenas o suscitado se um deles for suscitante, para prestar as informações solicitadas; a requerimento ou de ofício poderá o relator designar um dos juízes para resolver, em caráter provisório, as medidas de urgência; decorrido o prazo para informações, será ouvido em cinco dias o Ministério Público; em seguida, será levado à sessão de julgamento; o tribunal declara qual o juiz competente e se pronuncia sobre a validade dos atos do juiz incompetente; os autos do processo serão encaminhados ao juiz declarado competente.

Os conflitos de competência de que trata o art. 803 da CLT serão resolvidos:

a) pelos Tribunais Regionais, os suscitados entre Juízes do Trabalho e entre Juízes de Direito no exercício da jurisdição trabalhista, ou entre uns e outros, nas respectivas regiões;

b) pelo TST, os suscitados entre TRTs, ou entre Varas e Juízos de Direito sujeitos à jurisdição de Tribunais diferentes;

c) pelo STJ, os conflitos em razão da matéria suscitados entre as autoridades da Justiça do Trabalho e as de outros ramos da Justiça;

d) pelo STF, os suscitados entre o TST e órgãos de outros ramos do Judiciário.

Os conflitos entre Turmas, Seções, Conselho da Magistratura, Câmaras e Juízes do mesmo Tribunal serão resolvidos de acordo com o Regimento Interno.

Esse é o diagrama celetista, porém, a CF/88 instituiu novos instrumentos de tutela da cidadania, do meio ambiente, do patrimônio cultural, da dignidade, do serviço e do servidor público, criando uma complexa teia de direitos, com vários pontos de interseção, o que resulta em numerosos conflitos de competência entre os órgãos do Judiciário. Em consequência, as quatro regras *supra* devem interpretar-se assim:

a) os conflitos de competência mencionados acima referem-se às situações em que os juízes de direito encontram-se investidos na jurisdição trabalhista. Por sua vez, se o juízo de direito suscitar o conflito em razão da matéria, *a competência para dirimi-lo será do STJ* (art. 105, I, *d*, da CF);

b) da mesma forma, compete ao STJ solver os conflitos de competência suscitados entre Juiz Federal e Juiz do Trabalho ou TRT; entre TRF e TRT (art. 105, I, *d*, da CF);

c) compete ao STF julgar os conflitos suscitados entre o TST e qualquer órgão da Justiça Comum (Juiz de Direito, Tribunal de Justiça, Juiz Federal, TRF, STJ). Art. 102, I, o, CF;

d) compete ainda ao STF julgar *"a ação em que todos os membros da magistratura sejam direta ou indiretamente interessados, e aquela em que mais da metade dos membros do tribunal de origem estejam impedidos ou sejam direta ou indiretamente interessados"* — art. 102, I, n, CF.

Capítulo IV

Procedimentos nos Dissídios Individuais

1. FASES NO PROCESSO DO TRABALHO

O processo do trabalho compreende as seguintes fases: a) **postulatória** — reclamação, notificação; b) **conciliatória**, de defesa e pré-instrutória (audiência inicial); c) **instrutória** (produção de provas); d) **conciliatória pré-decisória** (na última parte da audiência, antes da sentença); e) **decisória** (sentença e embargos declaratórios; f) **recursal** — para julgamento na instância superior; e g) **executória**. As matérias das letras *a* a *e* compõem a mesma audiência, ainda que o juiz a divida em mais de uma sessão.

2. RECLAMAÇÃO

É o ato pelo qual alguém leva ao juízo trabalhista sua pretensão. Pela CLT, pode ser escrita ou verbal, feita perante a Distribuição ou na própria Vara onde houver uma só. Pode ser apresentada pelo trabalhador e pelo tomador do serviço, diretamente ou por seus representantes, pelos sindicatos e pelo Ministério Público do Trabalho.

O procedimento sumaríssimo é tratado em Capítulo próprio, adiante. Vejamos agora do rito tradicional da CLT.

O processo já está virtualizado, segundo a Lei n. 11.406 e o peticionamento eletrônico se faz segundo a IN n. 30/07, do TST, para a qual remetemos o leitor. Ditam os arts. 3º e 4º:

> No âmbito da Justiça do Trabalho, o envio de petições, de recursos e a prática de atos processuais em geral por meio eletrônico serão admitidos mediante uso de assinatura eletrônica.

A assinatura eletrônica, no âmbito da Justiça do Trabalho, será admitida sob as seguintes modalidades:

> I — assinatura digital, baseada em certificado digital emitido pelo IICP-Brasil, com uso de cartão e senha;
>
> II — assinatura cadastrada, obtida perante o Tribunal Superior do Trabalho ou Tribunais Regionais do Trabalho, com fornecimento de login e senha.

E o § 1º do art. 5º dispõe sobre a prática de atos processuais por meio eletrônico, através do Sistema Integrado de Protocolização e Fluxo de Documentos Eletrônicos (e-DOC).

O art. 6º preceitua que as petições e anexos apenas serão aceitos em forma de PDF, no tamanho máximo por operação de 2 Megabytes, não se admitindo fracionamento de petição ou documento.

O envio de petição e documentos por essa via dispensa apresentação dos originais e de fotocópias autenticadas — art. 7º.

Depois disso, veio o Processo Judicial Eletrônico — PJ-e. O Ato Conjunto TST/CSJT n. 10/2010 regulamenta a transmissão de peças processuais por meio eletrônico entre TRTs e TST e dá outras providências; o Ato n. 343/10 do TST regulamenta o processo judicial eletrônico no âmbito do TST.

A reclamação, em duas vias, deverá conter o nome do juízo ou Vara, a qualificação das partes, uma breve exposição dos fatos, o pedido, a data e a assinatura do reclamante ou de seu representante.

Recebida e protocolada, o escrivão ou chefe de Secretaria, dentro de 48 horas, enviará a 2ª via ao reclamado, notificando-o para comparecer à audiência, que será a primeira desimpedida, depois de 5 dias. As pessoas jurídicas de direito público têm direito ao prazo de 20 dias. Por Ato do TST, a petição inicial e a contestação deverão conter o CPF e o CNPJ dos reclamantes e reclamados.

A notificação será feita por registro postal, com franquia. Se o reclamado criar embaraço, ou não for encontrado, far-se-á a notificação por edital. O reclamante será notificado no ato da apresentação da reclamação. Presume-se recebida 48h após sua postagem, cf. Súmula n. 16 do TST, cabendo ao destinatário provar o não recebimento.

Ações oriundas da relação de trabalho que não emprego — A IN n. 17/2005, do TST, assim dispõe em seu art. 1º:

> As ações ajuizadas na Justiça do Trabalho tramitarão pelo rito ordinário ou sumaríssimo, conforme previsto na Consolidação das Leis do Trabalho, excepcionando-se, apenas, as que, por disciplina legal expressa, estejam sujeitas a rito especial, tais como o Mandado de Segurança, *Habeas Corpus*, *Habeas Data*, Ação Rescisória, Ação Cautelar e Ação de Consignação em Pagamento.

Logicamente, com isso, quer significar que as ações que seriam de competência dos juizados especiais passam para a JT sob o rito sumaríssimo.

3. PARTES E PROCURADORES

As partes são os litigantes — interessados diretos na causa. Nos dissídios coletivos, são partes o sindicato da categoria profissional e o da categoria econômica ou empresas não representadas por sindicato (suscitante x suscitado). Nos dissídios individuais, são partes o reclamante e o reclamado. Se o direito de ação é de José, João é parte ilegítima para acionar; se o direito de reclamar deve ser exercido contra A e é exercido contra B, configura-se a ilegitimidade passiva. Se o autor for menor de 16 anos, deve ser representado em juízo; se maior de 16 e menor de 18 anos, deve ser assistido; se o réu for menor de 16 anos, a notificação se faz para seu representante legal; se maior de 16 e menor de 18, não emancipado, será assistido em juízo; se falecido o trabalhador, legítimos são seus herdeiros; se falecido o empregador, legítimo é o espólio; na sucessão de empresas, a sucessora é a legítima. As pessoas jurídicas de direito público serão representadas em juízo por suas procuradorias.

3.1. Litisconsórcio e assistência — Literalmente, litisconsorte significa a mesma sorte no litígio; "*é o laço que prende no mesmo processo dois ou mais litigantes na posição de coautores ou corréus*", diz Gabriel de Rezende Filho.

O litisconsórcio pode ser inicial ou originário e ulterior ou superveniente, conforme se estabeleça com a petição inicial ou na contestação, ou já no curso do processo, respectivamente. Pode ser ativo e/ou passivo, conforme figurem vários autores, vários réus, ou vários autores e réus a um só tempo.

Já a assistência não implica a mesma sorte, mas apenas o interesse em que uma das partes vença. A assistência cabe em qualquer tipo de processo e em todos os graus de jurisdição, mas o assistente ingressa no processo no estado em que este se encontra, apenas reforçando as teses de uma das partes. A assistência não obsta a que a parte principal reconheça a procedência do pedido, desista da ação ou transija sobre os direitos controvertidos, casos em que, terminando o processo, cessa a intervenção do assistente.

A assistência inicia-se da seguinte forma: a) o assistente requer; b) se o pedido não for impugnado em cinco dias, o juiz o deferirá; c) se qualquer das partes impugnar o pedido, o juiz desentranhará a petição e a impugnação para autuação em apenso, autorizará produção de provas e decidirá em cinco dias — arts. 50/54, do CPC. No processo do trabalho, dada sua característica concentradora, deve correr tudo dentro dos autos principais.

Apesar de estar disposta nesta ordem no CPC, a doutrina inclina-se a enquadrá-la na *intervenção de terceiros*. Preferimos seguir a ordem legal, até porque o CPC já sofreu vários corretivos nos últimos dez anos e este ponto foi mantido.

A **assistência litisconsorcial** ocorre toda vez que a sentença houver de influir na relação jurídica entre o assistente e o adversário do assistido.

A União poderá intervir nas causas em que figurarem, como autoras ou rés, autarquias, fundações públicas, sociedades de economia mista e empresas públicas federais. E as pessoas jurídicas de direito público poderão intervir nas causas cuja decisão possa ter reflexos, ainda que indiretos, de natureza econômica, independentemente da demonstração de interesse público, para esclarecer questão de fato e de direito, podendo juntar memoriais e documentos reputados úteis ao exame da matéria e, se for o caso, recorrer, hipótese em que, para fins de deslocamento de competência, serão consideradas partes — cf. arts. 5º e 6º da Lei n. 9.469/97.

Litisconsórcio é **necessário** ou obrigatório e **facultativo**.

É *necessário* quando, por disposição de lei ou pela natureza da relação jurídica, o juiz tiver de decidir a lide de modo uniforme para todas as partes; caso em que a eficácia da sentença dependerá da citação de todos os litisconsortes no processo. Em face do princípio da indisponibilidade da ação, só há litisconsórcio necessário no polo passivo; não no ativo, dado que ninguém pode ser obrigado a ajuizar ação.

Quanto à posição das partes no direito material, pode ser: a) *simples*, quando o juiz é livre para julgar de modo distinto para cada um dos litisconsortes, os quais são tratados na sentença como partes autônomas; b) unitário, quando o juiz deve julgar necessariamente de maneira uniforme em relação a todos os litisconsortes.

Podemos declinar como exemplos de litisconsórcio passivo: no mandado de segurança movido por empregador contra decisão de juiz, proferida em reclamação trabalhista, o reclamante é litisconsorte passivo necessário; da mesma forma, na ação rescisória de sentença proferida em reclamação individual plúrima; e na solidariedade de empresas, cf. art. 2º, § 2º, da CLT.

Sobre o facultativo, preceitua o art. 46 do CPC: "Duas ou mais pessoas podem litigar, no mesmo processo, em conjunto, ativa ou passivamente, quando:

I — entre elas houver comunhão de direitos ou de obrigações relativamente à lide;

II — os direitos ou as obrigações derivarem do mesmo fundamento de fato ou de direito;

III — entre as causas houver conexão pelo objeto ou pela causa de pedir;

IV — ocorrer afinidade de questões por um ponto comum de fato ou de direito.

Parágrafo único. O juiz poderá limitar o litisconsórcio facultativo quanto ao número de litigantes, quando este comprometer a rápida solução do litígio ou dificultar a defesa."

No Processo Civil, o pedido de limitação do litisconsórcio interrompe o prazo para a resposta do réu, que recomeça da intimação da decisão.

A divisão do litisconsórcio aplica-se ao Processo do Trabalho, mas de modo mais simplificado, em que o juiz decide de ofício ou a pedido, sem interrupções. O caso mais típico de litisconsórcio facultativo na Justiça do Trabalho é a reclamação individual plúrima, cujo rito segue a simplicidade da CLT.

Salvo disposição em contrário, os litisconsortes serão considerados, em suas relações com a parte adversa, como litigantes distintos; os atos e as omissões de um não prejudicarão nem beneficiarão os outros — art. 48 do CPC.

3.2. Intervenção de terceiros — A intervenção de terceiros manifesta-se nas quatro formas: *oposição*, *nomeação à autoria*, *denunciação da lide* e *chamamento ao processo* — arts. 56/80 do CPC.

A doutrina e a jurisprudência não chegaram a um acordo sobre o emprego desse instituto no Processo do Trabalho. Uns autores entendem cabível, outros não.

Destas figuras, apenas a denunciação da lide e o chamamento ao processo interessam ao Processo do Trabalho.

Denunciação da lide é o chamamento de terceiro (denunciado), para intervir na ação, na qualidade de litisconsorte da parte que o chamou (autor ou réu), denominada denunciante, para garantir-se da evicção.

A denunciação poderá ter lugar na hipótese do art. 70, III, do CPC, sendo obrigatória "àquele que estiver obrigado, pela lei ou pelo contrato, a indenizar em ação regressiva, o prejuízo do que perder a demanda". É o caso do empreiteiro principal denunciando ao subempreiteiro, quando demandado por empregado deste; e do sócio demandado denunciando à sociedade.

Em face da ampliação da competência da Justiça do Trabalho pela EC n. 45/04, o TST cancelou a OJ n. 227 da SDI-I, a qual não admitia a denunciação da lide incompatível com o Processo do Trabalho.

O **chamamento ao processo** consiste em que, numa relação de coobrigação, apenas um dos obrigados é demandado. Então ele requererá ao juiz a citação do corresponsável para integrar a lide. Se o juiz acolher esse pedido, o chamado integrará a lide e, sendo procedente a ação, sofrerá também condenação.

3.3. *Jus postulandi*, preposto e constituição de advogado — *Jus postulandi* significa o direito de atuar em juízo. Representar em juízo é prerrogativa do advogado, conforme a Lei n. 8.906/94 (Estatuto da OAB). Entretanto, a CLT confere esse direito aos litigantes no Processo do Trabalho, os quais têm o direito de formular pessoalmente sua reclamação e aduzir sua defesa, por escrito ou a termo, sem advogado, perante as Varas do Trabalho e os Tribunais Regionais do Trabalho. No entanto, para interpor recurso de revista para o TST, é imprescindível a presença do advogado, por se tratar de um recurso técnico, assim entendeu o TST em julgado de outubro de 2009.

Embora as partes constituam advogado, e mesmo estando este presente, é essencial a presença das próprias partes à audiência, porque a ausência não justificada do reclamante implica o arquivamento da reclamação e a do empregador enseja a revelia e confissão (art. 844).

O empregador pode nomear para representá-lo preposto que conheça os fatos, cujas declarações o obrigam. A Súmula n. 377 do TST foi reeditada em 2008 em face do art. 54 da LC n. 123/06, da micro e pequena empresa. Assim, o preposto, em regra, deve ser empregado do preponente, salvo o empregador doméstico, a micro e a pequena empresa, que podem indicar preposto não empregado. O advogado, contudo, não pode cumular os poderes da cláusula *ad judicia* e de preposto.

Com relação aos empregados, só por exceção podem ser representados: a) pelo sindicato, nas ações plúrimas ou de cumprimento e em caso de doença ou outro motivo poderoso devidamente comprovado; b) por outro empregado que pertença à mesma profissão, em caso de doença ou outro motivo poderoso comprovado. Essa é a dicção do art. 843 da CLT. No entanto, nas reclamações plúrimas, é razoável entender-se que uns representam os outros em audiência, não gerando arquivamento da reclamação, podendo gerar, outrossim, pena de confissão. Esta interpretação atende aos reclamos coletivistas atuais do Direito.

3.4. Procuração e mandato tácito — Denomina-se mandato tácito a atuação do advogado registrada em ata de audiência, sem instrumento procuratório. Neste caso, as demais atuações do profissional no processo são validadas sob o manto do mandato tácito — Súmula n. 164 do TST[70]. A Lei n. 12.437/11 acrescentou ao art. 791 o § 3º, dispondo que "a constituição de procurador com poderes para o foro em geral poderá ser efetivado mediante simples registro em ata de audiência, a requerimento verbal do advogado interessado, com anuência da parte representada". É a procuração *apud acta*.

Com efeito, *em regra*, o advogado só pode representar em juízo mediante mandato. E a prova deste é o instrumento procuratório (procuração pública ou particular). Não é mais obrigatório reconhecimento da firma do outorgante. Quando o advogado substabelecer a procuração, a peça de substabelecimento deve ser juntada aos autos. Se a procuração ainda não estiver no processo, deve acompanhar o substabelecimento. Se em fotocópias, autenticadas.

Dá-se o substabelecimento quando o advogado transfere a outro os poderes que lhe foram outorgados. Pode ser com ou sem reserva. No primeiro caso, o substabelecente mantém os poderes a ele conferidos; no segundo, perde.

As petições assinadas por advogado sem procuração ou com defeito nesta são indeferidas, por ausência ou defeito de representação (art. 254, CPC).

Entretanto, ao advogado é dado o direito de, em caso de urgência, atuar sem o respectivo instrumento, devendo carreá-lo aos autos no prazo de 15 dias (art. 37, CPC). Esta é a regra, excepcionada pela hipótese de mandato tácito.

Outra exceção decorre do art. 9º da Lei n. 9.469/97: "A representação judicial das autarquias e fundações públicas por seus procuradores e advogados, **ocupantes de cargos efetivos dos respectivos quadros**, independe de apresentação do instrumento de mandato".

3.5. Substituição processual pelo sindicato — A substituição processual ocorre quando uma pessoa (natural ou jurídica) age no processo em nome próprio, mas defendendo interesses de outrem. Substituto processual é diferente de representante. Este é munido de outorga expressa de poderes através de procuração. A substituição prescinde de procuração.

Com efeito, a CLT (art. 513, *a*) confere prerrogativa ao sindicato para representar; a CF (art. 8º, III), legitimidade para defender o interesse individual ou coletivo da categoria. Quem representa necessita do instrumento de autorização para fazê-lo e o faz em nome do representado, ao passo que quem defende AGE em nome próprio. Neste caso, a autorização ao sindicato decorre da Constituição.

Tratam da substituição processual: arts. 195 e 872 da CLT, Lei n. 7.783/89 (de Greve), Lei n. 8.036/90 (do FGTS) e em caráter genérico as Leis ns. 8.073/90 e 8.078/90 (CDC), arts. 82, 91 e 98.

A substituição processual pelo sindicato integra o princípio da autodeterminação coletiva, que vem transbordando para o Direito Comum, que já dispõe de instrumentos

---

(70) Agravo de instrumento. Traslado. Mandato tácito. Ata de audiência. Configuração.
A juntada da ata de audiência, em que está consignada a presença do advogado do agravado, desde que não estivesse atuando com mandato expresso, torna dispensável a procuração deste, porque demonstrada a existência de mandato tácito.

de tutelas de direitos e interesses transindividuais, como a Lei da Ação Civil Pública e o Código de Defesa do Consumidor, em que é dado ao juiz estender os efeitos de uma sentença individualizada para todos os casos iguais não ajuizados. Permite que entidades coletivas acionem em favor de todos os hipotéticos lesados, não gerando litispendência em relação às ações individuais.

O TST restringira muito essa prerrogativa através do Enunciado n. 310, dizendo que o art. 8º, III, da CF, não era autoaplicável e pinçava os casos que entendia ser possível a substituição pelo sindicato. Mas, em boa hora, o dito Enunciado foi cancelado na Sessão Plenária de 25 de setembro de 2003. Com isso, a substituição processual pelo sindicato é ampla.

Justifica-se a substituição processual pelo sindicato porque o trabalhador com vínculo de emprego não tem coragem de reclamar, temendo retaliações do patrão. Entregue o problema à entidade sindical, a matéria passa a ser de interesse da categoria.

Contudo, a substituição só tem lugar na defesa de direitos e interesses difusos, coletivos, individuais homogêneos, e individuais de dado grupo e não de direitos e interesses individuais deste ou daquele. Neste último caso, o sindicato poderá prestar assistência ou representar.

4. AUDIÊNCIA

As audiências serão públicas, realizadas entre 8 e 18 horas e durarão no máximo 5 horas, salvo quando houver matéria urgente. Realizar-se-ão na sede do juízo, nos dias úteis previamente designados. Só em casos especiais poderão realizar-se em local fora da sede do juízo, mediante edital afixado na sede com antecedência mínima de 24 horas. Sempre que for necessário, pode ser convocada audiência extraordinária.

Os escrivães ou chefes de secretaria deverão estar presentes com antecedência. À hora marcada, o juiz declara aberta a audiência e o escrivão ou chefe de secretaria fará a chamada das partes, das testemunhas e demais que devam comparecer. O juiz manterá a ordem das audiências, podendo mandar retirar do recinto os que a perturbem.

Todos os atos, decisões e ocorrências serão registrados no Termo[71] de audiência, do qual poderão ser fornecidas certidões aos interessados. Esses registros, atualmente, são informatizados, tendo sido eliminado o livro de audiência. Se o juiz não comparecer até 15 minutos da hora marcada, poderão os presentes retirar-se, registrando-se nos autos o ocorrido.

A audiência é única e contínua, nela realizando-se desde a conciliação e defesa até o julgamento. Entretanto, os juízes vêm adotando a praxe de dividi-la em três sessões: a) uma para conciliação e defesa — denominada audiência inaugural; b) outra para instrução; e c) outra para julgamento. A audiência é única. O que se divide é a seção. E no processo sumaríssimo, nem isso.

---

(71) Consta da legislação do trabalho a palavra Ata de audiência, porque se referia às Juntas de Conciliação e Julgamento, substituídas pelas Varas do Trabalho, jurisdicionando através de juiz singular, desde a EC n. 24/99. O correto atualmente é *Termo*, pois Ata se refere a registros de órgão colegiado.

5. CONCILIAÇÃO

A proposta de conciliação no processo trabalhista é obrigatória. Os momentos são dois, embora se insista a toda hora: a) logo que aberta a audiência, antes da apresentação da defesa; e b) após a fase instrutória, depois das razões finais, antes do julgamento. Será registrada no Termo de audiência. Se aceita, será lavrado um termo próprio, em que se registram as condições do acordo e as penas pelo seu descumprimento, bem como se discriminam as verbas de incidência das contribuições ao INSS e as respectivas responsabilidades.

A União, suas autarquias e fundações podem realizar acordos e transações, mediante autorização do Advogado Geral da União e dos dirigentes máximos dos citados órgãos, nas causas de valor até R$ 50.000,00, cf. art. 1º da Lei n. 9.469/97. Para valores maiores, só valerá o acordo ou transação autorizado expressamente pelo Ministro de Estado ou titular da Secretaria da Presidência da República a cuja área de competência estiver afeto o assunto, no caso da União, ou da autoridade máxima da autarquia, fundação pública ou empresa pública.

6. ARQUIVAMENTO, REVELIA E CONFISSÃO

O não comparecimento do reclamante à audiência inaugural, sem motivo relevante, gera o arquivamento da reclamação, e o do reclamado implica revelia e confissão quanto aos fatos (art. 884, CLT). Nos casos de reclamação plúrima e nas ações de cumprimento, os reclamantes poderão fazer-se representar pelo sindicato da categoria (art. 843). E o empregador pode nomear para substituí-lo o gerente ou outro preposto que tenha conhecimento do fato e cujas declarações obrigarão o preponente (art. 843, § 1º). O desconhecimento dos fatos caracteriza a irregularidade da representação. O preposto deve ser empregado do preponente, salvo nas pequenas e microempresas, na relação doméstica e quando não for possível.

A ausência do empregador ou do preposto que tenha conhecimento dos fatos, munido da respectiva Carta de Preposto, acarreta revelia e confissão. A preposição irregular considera-se inexistente. Quando o preposto é regular (empregado, munido de Carta de Preposição etc.), mas não tem conhecimento dos fatos, não é razoável que se decrete a revelia da empresa, porém é o caso de aplicar-se-lhe a pena de confissão.

Ocorrendo a revelia, normalmente os juízes julgam a reclamação imediatamente conforme o estado do processo, dando pela procedência dos pedidos que dependam de prova de fatos.

Entretanto, quando há necessidade de perícia, primeiro se realiza esta, antes do julgamento. No Processo do Trabalho, a revelia tem duplo efeito (revelia e confissão ficta), é mais drástica que no processo comum. Para ser elidida, só por meio de recurso ordinário para o TRT, sob alegação de irregularidade ou falta de notificação, devidamente comprovadas, ou erro de data ou hora da audiência. Aplica-se a revelia a pessoa jurídica de direito público — OJ n. 152 da SDI-I.

7. CONTESTAÇÃO

Aberta a audiência, rejeitada a 1ª proposta de conciliação, a parte reclamada tem 20 minutos para aduzir sua defesa, por escrito ou verbalmente, reduzida a termo, pessoalmente ou por advogado.

Em face do princípio da eventualidade, toda a matéria de defesa deve ser alegada na contestação — art. 300 do CPC. Antes de contestar a ação, o reclamado suscitará as exceções porventura ocorrentes, inclusive as de incompetência e suspeição. O acolhimento de uma destas deslocará o processo para outro juiz.

Antes de contestar o mérito, cumpre ao réu levantar as preliminares cabíveis, de: a) ilegitimidade de parte; b) inexistência ou nulidade da citação; c) incompetência absoluta; d) inépcia da petição inicial; e) perempção; f) litispendência; g) coisa julgada; h) conexão; i) incapacidade ou defeito de representação; j) carência de ação; l) convenção de arbitragem. Esta é a defesa processual, cf. art. 301 do CPC.

A defesa direta ataca o mérito da causa; é a contestação propriamente dita, na qual se faz a **impugnação específica** de todos os itens, com a indicação das provas a serem produzidas e à qual serão anexados os documentos. Presumem-se verdadeiros os fatos não impugnados, salvo: a) se, a seu respeito, não for admitida a confissão; b) se a petição inicial não estiver acompanhada do documento público que a lei considerar da substância do ato; c) se estiverem em contradição com a defesa, considerada em seu conjunto. O ônus da impugnação específica não se aplica ao advogado dativo, ao curador especial e ao órgão do Ministério Público — art. 302 do CPC.

Contudo, antes de contestar as alegações do reclamante, o reclamado poderá alegar prescrição ou decadência. É a pré-meritória ou preliminar de mérito. Se o juiz acolher uma dessas hipóteses, extinguirá o processo com resolução do mérito, nos termos do art. 269, IV, do CPC.

A defesa deve ser exaustiva, contestar todo o direito do autor com o qual não concorde, parcela por parcela, os valores envolvidos, expondo os fundamentos. A compensação só pode ser alegada como matéria de defesa, exigindo dois pressupostos: a) a dívida do trabalhador deve ser líquida e certa; e b) ser de natureza trabalhista. A retenção dá-se em relação ao aviso-prévio, quando o empregado se demite sem justa causa, sem pré-avisar o empregador — art. 487, § 2º, da CLT.

A coisa julgada e a litispendência com ação coletiva socorrem-se das exceções declinadas nos arts. 103 a 104 do CDC (Lei n. 8.078/90), cf. adiante exporemos.

8. RECONVENÇÃO E PEDIDO CONTRAPOSTO

A CLT é omissa, aplicando-se subsidiariamente o CPC, arts. 299 ao pedido contraposto e 315 a 318 à reconvenção. Esta é uma ação dentro de outra; o pedido contraposto é o pedido que o réu formula dentro da própria contestação em face do autor. Trata-se este de um instituto criado pela terceira onda processualística. Difere da reconvenção somente quanto à forma.

Ambos, ao rigor formal, seriam incompatíveis com o processo trabalhista, em face de sua natureza sumária. Mas, por pragmatismo, a reconvenção vem sendo admitida, e o pedido contraposto não é incompatível[72]. Ambos, no entanto, são incompatíveis com o processo de rito sumaríssimo — art. 852-G da CLT.

Um exemplo corrente é no caso de o empregador propor ação de consignação em pagamento e o empregado, ao contestar, apresentar reconvenção, postulando verbas da dispensa imotivada.

9. INSTRUÇÃO PROCESSUAL

A instrução compreende a fase probatória, logo em seguida à produção da defesa.

A ausência não justificada das partes acarreta pena de confissão quanto aos fatos, se essa advertência constar do termo de audiência — Súm. n. 74 do TST. As testemunhas serão conduzidas pelas partes, independentemente de notificação, mas as que não comparecerem serão intimadas *ex officio* ou a requerimento (art. 830, CLT). Ao contrário do que pensam muitos juízes, essa regra é compatível com o processo sumaríssimo, cf. § 3º do art. 852-H da CLT. A parte que não apresentar testemunhas na sessão para esse fim designada, nem se justificar convincentemente, terá encerrada a sua prova testemunhal.

Os depoimentos serão resumidos no Termo pelo chefe de audiência. Também na fase instrutória serão apresentadas as demais provas, como documentos, manifestações sobre estes, perícias, inspeção judicial. Vai até as razões finais.

10. INQUÉRITO PARA APURAÇÃO DE FALTA GRAVE

O empregado portador de estabilidade no emprego só pode ser despedido se cometer falta grave (art. 493 da CLT).

Se o empregado não goza de estabilidade, verificada a justa causa, o empregador pode despedi-lo, sem procedimento formal, salvo se for órgão da Administração Pública direta ou indireta, que tem de motivar seus atos, com base em prévio inquérito administrativo (art. 37, CF e Lei n. 9.784/99). Mas em caso de empregado estável, a despedida só pode ocorrer por falta grave provada em juízo, o que é feito por meio do inquérito judicial, cf. arts. 853/855, CLT.

O inquérito para apuração de falta grave é apresentado por escrito, à Vara. O empregador pode suspender de imediato o empregado e, neste caso, deve ajuizar o inquérito no prazo decadencial de 30 dias.

Efeito da sentença — Só após a declaração da falta grave por sentença judicial a despedida torna-se efetiva. Se, porém, a sentença não reconhecer a falta grave, o

(72) SOARES, Leandro Nascimento. O pedido contraposto no processo do trabalho. *Revista LTr*, v. 67, n. 8, p. 930/942, ago. 2003.

empregado será reintegrado no emprego, com o pagamento dos salários e vantagens vencidos e vincendos, desde o início da suspensão.

A lei faculta ao Juiz converter a reintegração do trabalhador estável em virtude de estabilidade decenal em indenização em dobro, se entender desaconselhável aquela.

O processo é semelhante ao das reclamações, com a diferença no número de testemunhas — até seis para cada parte, enquanto na reclamação comum é de três o número por parte, ou de duas, no rito sumaríssimo. O recolhimento de custas ficou igual ao das demais reclamações — Lei n. 10.537/2002.

11. JUSTIÇA GRATUITA E HONORÁRIOS ADVOCATÍCIOS

Na CF são referências os incisos LIV (ampla defesa), LXXIV (assistência judiciária), 133 (essencialidade do advogado); na Lei, em caráter geral, tratam da matéria as Leis ns. 1.060/50 (Assistência Judiciária), 5.584/70 (assistência ao trabalhador), 8.906/94 (Estatuto da OAB), LC n. 132 (Lei Orgânica da Defensoria Pública), 10.288/01 e art. 790, § 3º, CLT.

No Processo do Trabalho, um amontoado de regras legais e pretorianas se atropelam. O § 9º do art. 789 da CLT facultava aos Presidentes de Tribunais a dispensa de custas dos trabalhadores que percebessem até dois salários mínimos ou comprovassem sua miserabilidade. O art. 14 da Lei n. 5.584/70 determinava que a assistência judiciária na Justiça do Trabalho fosse prestada pelo sindicato da categoria ao trabalhador que percebesse até dois salários mínimos ou declarasse estado de necessidade.

Interpretando essa matéria, temos as Súmulas ns. 450 e 633 do STF e 219 e 329 do TST, estas, restringentes do direito assistencial, e as OJ ns. 304 e 305 da SDI-I do TST. A Súmula n. 219, com nova redação dada em maio/11, enuncia:

> I — Na Justiça do Trabalho, a condenação em honorários advocatícios, nunca superior a 15%, não decorre pura a simplesmente da sucumbência, devendo a parte estar assistida por sindicato da categoria profissional e comprovar a percepção de salário inferior ao dobro do mínimo legal, ou encontrar-se em situação econômica que não lhe permita demandar sem prejuízo do próprio sustento ou da respectiva família.
>
> II — É cabível a condenação ao pagamento de honorários advocatícios em ação rescisória no processo trabalhista.
>
> III — São devidos honorários advocatícios nas causas em que o ente sindical figure como substituto processual e nas lides que não derivem da relação de emprego.

A Súmula n. 329 é posterior à CF/88 e ratifica o art. 219. Porém, é anterior ao Estatuto da OAB, Lei n. 8.906/94. E este prescreve o direito de todo litigante à livre escolha do advogado. Logo, há que se adequar a interpretação cristalizada nas Súmulas para admitir-se que o beneficiário da Justiça Gratuita tem o direito de fazer-se assistir por advogado que não seja do sindicato.

A Lei n. 10.288/01 acrescentou ao art. 789 da CLT o § 10, revogando o *caput* e § 1º do art. 14 da Lei n. 5.584/70: *"O sindicato da categoria profissional prestará assistência jurídica gratuita ao trabalhador desempregado ou que perceber salário inferior a cinco salários mínimos ou que declare, sob responsabilidade, não possuir, em razão dos encargos próprios e familiares, condições econômicas de prover à demanda"*.

Essa Lei não só revogou o art. 14 da Lei n. 5.584, como ampliou a presunção de pobreza: a) ganhar até cinco salários mínimos; b) ou encontrar-se *desempregado*. E é mais ampla do que a da Lei n. 5.584: nesta, a obrigação assistencial prende-se a processo na Justiça do Trabalho; naquela, a toda espécie de assistência jurídica. Outrossim, não obriga o trabalhador a procurar a assistência sindical para ter direito à gratuidade. Obriga o sindicato a prestar assistência jurídica ao trabalhador que lha solicitar.

Confundindo tudo, a Lei n. 10.537/02 (das custas e emolumentos), num cochilo sistêmico do legislador, deu nova redação aos arts. 789 e 790 da CLT, sem mencionar quais dispositivos revoga ou mantém.

Logo, a Lei n. 10.288/01 revogou o art. 14, *caput* e o § 1º da Lei n. 5.584/70, e seria de conjecturar-se que foi revogada pela de n. 10.537/02, passando a assistência judiciária do trabalhador a reger-se pelas regras gerais da Lei n. 1.060/50(73).

Mas não. Continua vigente o citado § 10 do art. 789 da CLT, apesar da LC n. 95/98 e da atecnia da Lei n. 10.537, que o omitiu da relação de parágrafos do art. 789. Continua vigente por algumas razões: a) posto que editado por lei específica, a de n. 10.288/2001; b) a matéria não foi tratada na Lei n. 10.537/02; c) esta lei não menciona qualquer revogação; d) não há incompatibilidade entre as Leis ns. 10.288/01 e a 10.537/02; e) por razões pragmáticas(74).

A SDI-I, conquanto mantenha a jurisprudência do TST, ao reafirmar na OJ n. 305 que os honorários pressupõem o benefício da justiça gratuita e a assistência sindical, deu um passo, ao assentar na OJ n. 304 que basta a simples afirmação do declarante ou de seu advogado na petição inicial para configurar a sua situação econômica e consequente benefício da Justiça Gratuita.

Faculdade do juiz de conceder a justiça gratuita — O § 3º do art. 789 da CLT, com a redação da Lei n. 10.537/02 faculta ao juiz conceder a Justiça Gratuita a quem percebe até dois salários mínimos ou declarar estado de miserabilidade. Essa redação é incompatível com a CF/88. Com efeito, **a Justiça Gratuita constitui um direito subjetivo fundamental de berço constitucional, não um favor judicial**. Neste modelo, o juiz não é senhor do direito de ninguém: ele é apenas o intérprete das pretensões dentro do sistema do direito objetivo. Logo, **não existe essa faculdade do juiz**: uma vez verificadas as condições objetivas do direito, impõe-se o seu deferimento.

---

(73) É o que pensa, p. e., MARTINS, Sergio Pinto. As custas e a Lei n. 1.537/02. *Repertório de Jurisprudência IOB*, 2ª quinzena de out. 2002, n. 20, Caderno 2.

(74) Gustavo Felipe Barbosa Garcia também opina no sentido de que a tendência será considerar em vigor os §§ 5º a 10 do art. 789 da CLT. A Lei n. 10.537/02 e as despesas processuais na justiça do trabalho. Parte 1: Custas no processo de conhecimento. *Repertório de Jurisprudência IOB*, 1ª quinzena de outubro de 2002, n. 19, Caderno 2.

12. EXTENSÃO EXCEPCIONAL DA GRATUIDADE JUDICIAL AO EMPREGADOR

O direito à gratuidade emerge da situação econômica e não da posição da pessoa no processo. É o que deflui do art. 5º, LXXIV, da CF. Nos termos da Lei n. 1.060/50, estende-se, excepcionalmente, o benefício ao empregador, mormente quando se tratar de pessoa física, como o empregador doméstico e o microempresário. Neste sentido, decidiu o STF (STF/Pleno, Rcl. n. 1.905-SP, Rel. Min. Marco Aurélio, 15.8.02).

A gratuidade da justiça ao patrão deve abranger também a dispensa do depósito recursal, que é o ônus mais pesado do recurso. Esta interpretação atende ao princípio da ampla defesa, incluído o duplo grau de jurisdição. Entretanto, o Eg. TST entende que a gratuidade não abrange o depósito recursal. Destarte, a LC n. 132/09 alterou a Lei n. 1.060/50, incluindo no art. 3º o inciso VII, determinando que compreende na gratuidade os depósitos previstos em lei para interposição de recurso. Logo, o Eg. TST deverá adaptar-se à nova Lei. Às associações empresariais é mais difícil esse benefício, pois não possuem família, e se não suportam seus encargos se extinguem pela falência, diz Rodrigues Pinto[75].

13. EFEITOS DA GRATUIDADE E CONDIÇÕES PARA PERCEPÇÃO DOS HONORÁRIOS

O beneficiário da Justiça Gratuita está isento das custas, emolumentos e demais despesas processuais, como perícia, traslados, depósito recursal etc. (§ 3º do art. 790 da CLT, art. 3º, VII, da Lei n. 1.060). O trabalhador, para gozar do benefício, não é obrigado a solicitar assistência ao Sindicato, podendo recorrer a advogado de sua escolha.

A despesa com perícia solicitada pelo beneficiário da Justiça Gratuita deve ser custeada pela União, devendo cada TRT incluir em seu orçamento anual a previsão dessa despesa, a qual será paga no caso de sucumbência do beneficiário neste ponto, após sentença transitada em julgado, em valor fixado pelo juiz, no limite de R$ 1.000,00, podendo, contudo, ser adiantada quantia de até R$ 350,00 para a realização da perícia, cf. Res. n. 35/07 do Conselho Superior da Justiça do Trabalho.

Segundo o art. 16 da Lei n. 5.584/70, os honorários advocatícios reverterão em favor do sindicato assistente do trabalhador carente. Porém o art. 22 da Lei n. 8.906/94 estatui que os honorários pertencem ao advogado. E assim deve ser. Se o trabalhador não estiver assistido por sindicato, seu advogado também tem direito aos honorários, se vencedor, cf. Súmula n. 450 do STF: "*São devidos honorários de advogado sempre que vencedor o beneficiário da justiça gratuita*".

Entretanto, para o gozo da Justiça Gratuita e direito aos honorários advocatícios em favor de seu patrono, impõem-se duas condições: a) que haja o pedido fundamentado da gratuidade processual; b) que declare insuficiência de recursos, justificada na presunção (desemprego ou remuneração igual ou inferior a cinco salários mínimos), conforme Lei

(75) Comunga dessa opinião o Professor José Augusto Rodrigues Pinto, conforme expressou no seu artigo O renascimento legal das despesas processuais trabalhistas. *Revista LTr* jan. 2003.

n. 10.288/01, ou, se ganhar mais, devidamente comprovada. Registre-se, contudo, que a Súmula n. 219 do TST só admite direito aos honorários advocatícios na ocorrência das duas condições: a) Justiça Gratuita; b) assistência sindical.

Na Justiça do Trabalho, o percentual máximo dos honorários advocatícios é de 15%. A OJ n. 269 da SDI-I do TST assentou que "O benefício da justiça gratuita pode ser requerido em qualquer tempo ou grau de jurisdição, desde que, na fase recursal, seja o requerimento formulado no prazo alusivo ao recurso".

Exceção a essa regra decorre do art. 5º da IN n. 27/05 do TST, segundo o qual os honorários advocatícios são devidos pela mera sucumbência nas lides oriundas da relação de trabalho que não de emprego.

Por fim, cumpre registrar que todo o exposto refere-se aos honorários sucumbenciais, aqueles que constam da própria sentença. Existem também os contratuais, ajustados entre o advogado e o seu constituinte. No geral, são de 20% do valor auferido na causa.

14. O RITO SUMARÍSSIMO

Aplica-se o rito sumaríssimo nos dissídios individuais com valor não excedente a 40 salários mínimos, excluídas as pessoas jurídicas de direito público — art. 852-A e parágrafo único da CLT.

O rito sumaríssimo do trabalho é impositivo, uma vez tendo a causa valor de até 40 salários mínimos, não há escolha de rito pelas partes. (Já tramita Projeto de Lei ampliando o valor de 40 para 60 salários mínimos).

Algumas peculiaridades do procedimento sumaríssimo do trabalho:

a) o pedido deve ser certo, com valor indicado corretamente;

b) não é permitida a citação por edital;

c) todos os incidentes serão decididos de plano;

d) as provas: produzidas em audiência única, devendo o juiz dispensar as que entender prescindíveis; os documentos serão examinados pela parte adversa em audiência, salvo notória impossibilidade; só em caso de estrita necessidade de perícia, até a conclusão desta, a audiência de instrução será interrompida; as testemunhas limitam-se a duas para cada parte.

A literalidade do art. 852-H induz juízes ao indeferimento de notificação de testemunha que não comparece à audiência. Isso é incorreto e injusto, pois a notificação tem amparo no § 3º do mesmo art. 852-H e no art. 830 da CLT. O princípio da celeridade não deve atropelar os princípios maiores:

e) ao juiz foi conferida mais liberdade para decidir por equidade, cf. arts. 852-D e 852-I, da CLT;

f) o prazo é de 15 dias entre o ajuizamento e a audiência, em que deve ser solucionada a causa, por acordo ou por sentença; em todo caso, não ultrapassará de 30 dias;

g) a sentença dispensa relatório e a solução é equitativa e pragmática;

h) cabe recurso ordinário para o TRT, mas a revista para o TST só será admitida na hipótese de a decisão recorrida afrontar a CF ou Súmula do TST;

i) no Tribunal, o recurso será distribuído imediatamente, com prazo de 10 dias para o relator lançar à pauta; tem preferência de pauta; não tem revisor; nem parecer prévio do Ministério Público; a certidão de julgamento servirá de acórdão.

14.1. Conversão de rito pelo juiz — diz o art. 852-B, § 1º, da CLT que o juiz arquivará o processo e condenará o autor nas custas processuais, quando não satisfeitos os requisitos de pedido certo ou determinado, com indicação do valor e do nome e endereço do reclamado. Isso é injusto, porque todos têm direito aos meios legais de citação do réu, podendo ser por edital; e antieconômico porque o autor vai reclamar de novo, às expensas do erário, posto que, em geral, é carente. Logo, compreende nos poderes do juiz o de aproveitar os autos, convertendo o rito, se for o caso.

Da mesma forma, o rito constitui matéria de ordem pública e de garantia das partes, motivo pelo qual, **na real dúvida**, deve-se adotar o que proporcione maior margem de defesa e de averiguação da verdade.

14.2. Processos de alçada

"Nos processos de exclusiva alçada das Varas, será dispensável, a juízo do presidente, o resumo dos depoimentos, devendo constar da ata a conclusão do juiz quanto à matéria de fato" — art. 851, § 1º, da CLT. E o art. 2º, § 3º, da Lei n. 5.584/70 estabelece que, causas com valor de até dois salários mínimos são irrecorríveis, salvo em matéria constitucional.

A Lei do rito sumaríssimo não aboliu o processo de alçada, mas encampou-o, ou seja, agora existem dois tipos de *processo sumaríssimo*: a) o de alçada, cujo valor da causa vai até dois salários mínimos, de rito mais simplificado; e b) o de valor da causa acima de dois mínimos legais até 40 salários mínimos.

O valor dos juros, da correção monetária e dos honorários advocatícios deve somar na composição do valor da causa, dado que o pedido deve ser certo, com a indicação correta do valor. Entretanto, a falta de inclusão desses acessórios não impede o gozo do rito especial. Não convindo ao reclamado este rito, aconselha-se a impugnação ao valor da causa.

15. VALOR DA CAUSA E IMPUGNAÇÃO

O valor da causa é importante para vários efeitos: fixar o rito processual — ordinário, sumaríssimo, de alçada —, valor das custas processuais, do depósito recursal, de multa por litigância de má-fé, fixação dos honorários advocatícios etc.

O art. 840 da CLT não obriga à indicação do valor da causa, porém a Lei n. 5.584/70 determina que o juiz o faça. E a Lei n. 9.957/00 exige a correta indicação do valor, para efeito de fixação do rito.

As regras de fixação do valor da causa constam do art. 259 do CPC, aproveitando ao trabalho: a) na ação de cobrança de dívida, a soma do principal, da pena e dos juros vencidos; b) na cumulação de pedidos, a soma dos valores de todos eles; c) sendo alternativos os pedidos, sobre o de maior valor; d) se houver também pedido subsidiário, o valor do pedido principal; e) se tratar de prestações vencidas e vincendas, o valor de ambas. Se as vincendas forem inferiores a um ano, a sua soma; se superiores a um ano, o valor de um ano.

Para Gérson Marques, sendo a causa de valor indeterminado, vindo o juiz a fixar em audiência valor que a enquadre no rito sumaríssimo, pegando as partes de surpresa, sem as suas testemunhas, a audiência deve ser suspensa, para assegurar a ampla defesa (*Direito processual do trabalho*, p. 207).

Não concordando a parte com o valor atribuído ou arbitrado à causa, poderá manejar a **impugnação ao valor da causa**, que se processa na forma do § 1º do art. 2º da Lei n. 5.584/70. É feita na audiência de conciliação e julgamento, antes da última proposta de conciliação. Na rotina, o reclamado faz a impugnação junto com a defesa.

Mantido o valor pelo Juiz da Vara, o impugnante tem 48 horas para pedir a revisão da decisão interlocutória ao Presidente do Tribunal, que decidirá em 48 horas a partir do seu recebimento. Devem instruir o pedido cópias autenticadas pela Secretaria da Vara da petição inicial e do Termo de audiência. Não tem efeito suspensivo.

Capítulo V

Exceções de Impedimento, Suspeição e Incompetência

As exceções constituem matéria de defesa preliminar. São as causas que paralisam o processo, em regra ainda no seu início, por uma das três razões: impedimento, suspeição e incompetência.

1. CAUSAS DE IMPEDIMENTO

As causas de impedimento do Juiz constam do art. 134 do CPC: a) quando for parte no processo; b) quando funcionou no processo como advogado, procurador, perito, testemunha, ou órgão do Ministério Público; c) quando conheceu em primeiro grau de jurisdição, proferindo sentença ou decisão; d) quando cônjuge, parente, consanguíneo ou afim, de alguma das partes, em linha reta, ou, na colateral, até 3º grau; e) quando integrar a direção de pessoa jurídica parte na causa.

2. CAUSAS DE SUSPEIÇÃO

As causas de suspeição do Juiz constam do art. 135 do CPC: a) amizade íntima ou inimizade capital; b) relação de credor ou devedor entre o juiz, seu cônjuge e seus parentes até 3º grau; c) quando o juiz for herdeiro, donatário ou empregador de alguma das partes; d) quando for interessado no julgamento da causa; e) quando receber dádivas antes ou depois de iniciado o processo; f) quando aconselhar alguma das partes sobre o processo ou subministrar meios para atender às despesas do litígio. Pode, ainda, o juiz declarar-se suspeito por motivo de foro íntimo.

As causas de suspeição e de impedimento vinculam também os membros do Ministério Público.

Na CLT, a matéria encontra-se fundida no art. 801, cujo parágrafo único prescreve que ocorre a preclusão do direito de alegar a suspeição quando: a) o recusante houver praticado ato pelo qual haja consentido na pessoa do juiz, salvo sobrevindo motivo novo; b) constar do processo que o recusante deixou de alegá-la anteriormente, quando já a conhecia; c) procurou de propósito o motivo que a originou. Nas causas de impedimento não ocorre preclusão, podendo ser alegadas a qualquer tempo, pois de interesse público.

O impedimento decorre de causas objetivas, por isso obrigatório o juiz o declarar. Contudo, não o fazendo, o interessado pode suscitá-lo em qualquer momento. Os atos praticados no processo pelo juiz impedido são nulos.

As causas de suspeição tanto podem ser objetivas (ser o juiz herdeiro, donatário, empregador de uma das partes, p. ex.), portanto cogentes, como subjetivas (ter o Juiz amizade íntima ou inimizade capital a uma das partes).

O Juiz é obrigado a dar-se por suspeito, e pode ser recusado, por alguns dos motivos em relação à pessoa dos litigantes: inimizade pessoal, amizade íntima, parentesco até o 3º grau, interesse particular na causa.

Na 1ª instância da Justiça do Trabalho, não se aplica mais ao rigor literal os preceitos dos arts. 800 e 802 da CLT, em face de haver desaparecido o órgão colegiado. Assim, valem as regras do CPC.

A parte oferecerá exceção de suspeição ou de impedimento, especificando os motivos da recusa. A petição, dirigida ao juiz da causa, poderá ser instruída com documentos e rol de testemunhas. Despachando-a, se o juiz reconhecer o impedimento ou a suspeição, remeterá os autos ao seu substituto legal; em caso contrário, dentro de dez dias dará suas razões, acompanhadas de documentos e rol de testemunhas, se houver, ordenando a remessa dos autos ao tribunal. Se este acolher a exceção, remeterá o processo ao substituto legal do excepto, mas se rejeitar, mandará arquivá-la.

Em relação à 2ª instância, vigem as regras celetistas e os Regimentos Internos. Oferecida a exceção contra Juiz da Corte, processa-se na forma regimental, cabendo ao Colegiado julgá-la.

3. EXCEÇÃO DE INCOMPETÊNCIA

A incompetência se dá em razão da pessoa, da matéria e do lugar. Alinham as hipóteses de incompetência os arts. 112/114 e 304/311 do CPC.

No Processo do Trabalho, a matéria encontra-se disciplinada nos arts. 799 a 802 consolidados. Como esta trata vagamente, o CPC é invocado subsidiariamente, com as adaptações necessárias.

Nas causas de competência da Justiça do Trabalho, só suspendem o feito as exceções de suspeição ou incompetência. As demais exceções só podem ser alegadas como matéria de defesa.

Das decisões que julgarem as exceções, não cabe recurso, salvo se terminativas do feito (assim equiparada a decisão que declarar a incompetência), caso em que cabe recurso ordinário. Entretanto, é assegurado à parte rediscutir a matéria no recurso que couber da decisão final, sob forma de preliminar, cf. art. 799 e parágrafos da CLT.

A incompetência em razão da pessoa ou da matéria pode ser suscitada como preliminar na contestação, podendo ser suscitada em qualquer tempo ou declarada de ofício. Os atos decisórios proferidos pelo juiz absolutamente incompetente são nulos. No caso de a sentença transitar em julgado, é cabível a ação rescisória no prazo de dois anos. Já a incompetência em razão do lugar deve ser feita por exceção, em peça autônoma.

Apresentada a exceção de incompetência, abrir-se-á vista dos autos ao exceto, por 24 horas, proferindo-se a decisão na 1ª audiência ou sessão a seguir. A incompetência em razão do lugar, por ser relativa, se não alegada na oportunidade própria, deixa de existir, por força da prorrogação (art. 114 do CPC). A ocasião própria é a audiência inicial; ou, se decorrente de fato posterior, no prazo de 15 dias da ciência desse fato (art. 305, CPC).

O parágrafo único do art. 305 do CPC permite que a petição da exceção de incompetência seja protocolizada no juízo de domicílio do réu, com requerimento de sua imediata remessa ao juízo que determinou a citação. Regra incompatível com o Processo Trabalhista, que notifica via postal.

Capítulo VI

Procedimentos nos Dissídios Coletivos

1. CONSIDERAÇÕES PRIMEIRAS

Dissídio coletivo (DC) é a fase processual dos conflitos coletivos de trabalho, tendo por fim a estipulação pelo Tribunal do Trabalho (nos limites permitidos por lei) de salário e condições de trabalho para toda a categoria profissional ou todos os empregados da empresa suscitada, no âmbito da base territorial do sindicato suscitante.

Espécies — Há quatro espécies de DC: a) com decretação de greve; b) sem greve; c) de natureza econômica; e d) de natureza jurídica. Tratam da matéria as seguintes normas: arts. 114, §§ 2º e 3º, da CF, 856 a 875, da CLT; 8º da Lei n. 7.783/89; 9º a 15 da Lei n. 10.192/01; Súmulas, Precedentes Normativos e OJs da SDC do TST.

Os dissídios regionais são da alçada dos TRTs; os que ultrapassam o limite da jurisdição de Tribunal Regional do Trabalho competem ao TST. Contra pessoa jurídica de direito público, não se instaura dissídio coletivo — OJ n. 5 da SDC do TST e Súmula n. 679 do STF.

A EC n. 45 mitigou o poder normativo da Justiça do Trabalho em três sentidos: a) só faz referência aos dissídios de greve e aos de natureza econômica; b) os de natureza econômica só podem ser ajuizados mediante comum acordo das partes dissidentes, após recusarem a negociação, a arbitragem e a mediação; c) a sentença normativa respeitará as normas mínimas de proteção do trabalho e as convencionadas anteriormente.

O condicionamento do ajuizamento do dissídio ao "comum acordo" fere o princípio da inafastabilidade da jurisdição e não se harmoniza com a paz social, tendo em vista que uma das partes ficará sempre subjugada aos caprichos da outra. Por sua vez, a CF, ao imprimir ultratividade às cláusulas convencionais, abriga o princípio da norma mais benéfica ao trabalhador.

Pelo fato de a CF não fazer referência ao dissídio coletivo de natureza jurídica, há quem entenda que essa modalidade foi extinta. Porém não nos parece, dado que não é incompatível com a CF e está previsto na CLT, portanto, sob o abrigo do inciso IX do art. 114. Ademais, a divergência sobre cláusulas coletivas não pode ficar à mercê da vontade de uma das partes.

Condição da ação – O exaurimento das negociações, a recusa da mediação e da arbitragem e o comum acordo. O comum acordo pode ser *expresso, tácito, presumido*. O expresso constará da petição de ingresso; o tácito se materializa quando uma parte suscita o dissídio e a outra atende ao chamado judicial e não alega a falta de sua anuência; e o presumido decorre da resistência de uma das partes à negociação, à arbitragem e à mediação. Com efeito, se eu evito ou rejeito as vias extrajudiciais de solução do conflito, implica a concordância com a última via, que é a judicial. Afigura-se esta uma solução pragmática para o vazio que a interpretação textual deixa, visto que quem não negocia muito menos porá sua cabeça a prêmio. Mas a corrente majoritária no TST só reconhece o comum acordo expresso e o tácito, à falta do qual vem extinguindo o processo de DC sem resolução do mérito.

2. INSTAURAÇÃO DE INSTÂNCIA

Assim se denomina o ato de ajuizar a ação de dissídio coletivo. Far-se-á mediante representação escrita ao Presidente do Tribunal. Na falta de sindicato, a representação cabe à federação, e na falta desta, à confederação (art. 857, parágrafo único). O poder que o art. 856 da CLT confere ao Presidente do Tribunal foi revogado. O Ministério Público do Trabalho só tem legitimidade para ajuizar o dissídio em caso de greve em atividade essencial e quando esteja pondo em perigo o interesse público, ou na defesa das atividades inadiáveis para a população (arts. 114, § 3º, CF, e 8º da Lei n. 7.783/89).

A autorização ao sindicato para instauração da instância é conferida por assembleia geral, da qual participem os associados, em primeira convocação, por maioria de 2/3 dos mesmos, ou, em segunda convocação, por 2/3 dos presentes.

A representação será apresentada em tantas vias quantos forem os suscitados e deverá conter: designação e qualificação dos suscitantes e dos suscitados e a natureza do estabelecimento ou do serviço; os motivos do dissídio e as bases da conciliação; comprovação de **esgotamento da via negocial**. É facultada a assistência por advogado, que poderá assinar as petições e acompanhar todo o processo. É imprescindível a fundamentação de cada cláusula, sob pena de seu julgamento ser prejudicado. Com a implantação do Processo Judicial Eletrônico — PJ-e, os procedimentos de ajuizamento seguem à nova sistemática.

3. CONCILIAÇÃO E JULGAMENTO

Recebida a representação, o Presidente designará audiência dentro de 10 dias; havendo paralisação, a audiência será em prazo mais breve, após a ciência do dissídio. Comparecendo as partes, o presidente convida-as a se pronunciarem sobre as bases da conciliação: é **a fase conciliatória**. Não havendo acordo, o Presidente sugere o que lhe pareça capaz de resolver o litígio: é a **fase mediatória**. Havendo acordo, este será submetido à homologação do Tribunal na primeira sessão. Frustrado o acordo ou não comparecendo uma ou ambas as partes, o Presidente submeterá o processo a julgamento, depois de realizadas as diligências necessárias: contestação do suscitado, impugnações de documentos.

Quando o dissídio ocorrer fora da sede do Tribunal, o presidente pode delegar à autoridade local as atribuições conciliatórias. Havendo acordo, ou não, serão os autos enviados ao Tribunal para homologação ou julgamento — art. 866 da CLT.

Por fim, o julgamento, após o parecer do Ministério Público do Trabalho, cuja participação é essencial em todas as fases do processo. A decisão será publicada no Diário Eletrônico da Justiça do Trabalho e dela serão notificadas as partes, em registro postal, com franquia.

4. EFEITOS DA SENTENÇA NORMATIVA

A sentença normativa vigorará:

a) a partir do dia imediato ao termo final de vigência do acordo, convenção ou sentença, quando ajuizado o dissídio dentro do prazo de 60 dias para o termo da vigência desses instrumentos;

b) a partir da sua publicação, quando ajuizado o dissídio após o prazo de 60 dias anteriores ao termo de acordo ou sentença normativa anterior (art. 616, § 3º, c/c o art. 867, parágrafo único, *a*);

c) a partir do ajuizamento, quando nesta data inexistir acordo, convenção ou sentença normativa.

Quando a negociação esbarra num impasse que poderá consumir o prazo de ajuizamento (dentro de 60 dias para o termo final do instrumento anterior), tem sido utilizado com sucesso o *protesto judicial,* para preservar a data-base.

Estas são as regras da CLT para o DC de natureza econômica. Mas como, agora, esse dissídio só pode ser ajuizado em comum acordo, é lógico que esses itens farão parte do pacto de ajuizamento. Por seu turno, pelo texto final do § 2º do art. 114, fica assegurada a ultratividade das cláusulas convencionadas anteriormente.

5. EXTENSÃO E REVISÃO DAS DECISÕES — ARTS. 868/871 DA CLT

A regra da extensão das decisões prevista no art. 868 da CLT, que autoriza o tribunal a estender, de ofício, as condições de trabalho aos demais empregados da empresa está revogada pelo § 2º do art. 114 da CF, dado que, tanto o ajuizamento do dissídio como a extensão e a revisão da sentença normativa dependem de comum acordo dos litigantes. Portanto, continua possível a extensão da sentença, porém mediante requerimento em comum das categorias litigantes, e não mais de ofício, nem a requerimento do Ministério Público, nem de outros sindicatos.

A **revisão** cabe das decisões que fixarem condições de trabalho, após decorrido mais de um ano de sua vigência, quando se tiverem modificado as circunstâncias que as ditaram, de modo que as torne injustas ou inaplicáveis. Também, pelas razões *supra*, só poderá ser promovida por *comum acordo* das associações sindicais ou de empregadores interessados.

6. AÇÃO DE CUMPRIMENTO

Ação de cumprimento é a reclamação que os empregados, individualmente, em reclamação plúrima, ou por seus sindicatos, propõem perante a Vara do Trabalho ou Juiz de Direito na função trabalhista, contra o empregador, objetivando o cumprimento da sentença normativa, acordo ou convenção coletiva do trabalho (Lei n. 8.984/95). É uma ação de conhecimento.

O sindicato tem a prerrogativa de propor a ação de cumprimento sem outorga de poderes de seus associados, agindo como substituto processual, cf. art. 872 da CLT. A Súmula n. 359 excluía a federação dessa legitimidade, mas foi cancelada.

A petição inicial será instruída com a certidão de julgamento do dissídio coletivo, ainda que pendente de recurso, ou do instrumento de negociação coletiva. Segue-se o procedimento do dissídio individual, sendo vedado, porém, questionar sobre a matéria de fato e de direito já decidida na sentença normativa.

Prescrição — o prazo para ação de cumprimento é de cinco anos na vigência do contrato, a contar do trânsito em julgado da sentença normativa e de dois anos a partir da rescisão contratual (Súmula n. 350 do TST). Escoados esses prazos, caracteriza-se a prescrição. Contudo, se a configuração do trânsito em julgado da ação coletiva se der após o decurso de dois anos da rescisão contratual, é razoável que se interprete que o curso da ação coletiva funciona como causa impeditiva da prescrição, devolvendo-se ao trabalhador os dois anos para reclamar, a contar do trânsito em julgado do dissídio coletivo.

Caso a ação de cumprimento transite em julgado antes da ação coletiva, sobrevindo a desconstituição ou reforma da sentença normativa, extingue-se a execução, cf. OJ n. 277 da SDI-I. Segundo a OJ n. 49 da SDI-II, é cabível o Mandado de Segurança para extinguir a execução nesse caso. Sem dúvida, trata-se de uma das raras hipóteses de *exceção de pré-executividade ou de executividade,* no Processo Trabalhista, de que se tratará adiante.

Ver Poder Normativo no Cap. XXXV, 2, da I Parte.

Capítulo VII

Das Provas no Processo do Trabalho

1. CONSIDERAÇÕES GERAIS

No Processo do Trabalho, em que a preocupação gira em torno da equidade e do ideal de justiça tópica, *a prova é o conjunto de elementos de ordem objetiva que leva a uma razoável verdade formal, a qual constitui um dos instrumentos que orientam a formação da convicção do juiz para solucionar o processo.*

A CLT dedica ao tema os arts. 818 a 830. Fala da inquirição das partes e de testemunhas. Sobre documentos, diz, simplesmente, que só serão aceitos se em original, ou em certidão autêntica ou cópia autenticada. Como a CLT é lacônica, recorre-se à fonte subsidiária do Direito Processual Comum.

Entretanto, no sistema geral da CLT, aparecem referências a perícias e outras provas. São válidos todos os meios de prova moral e juridicamente aceitáveis, como depoimentos dos litigantes, inquirição de testemunhas, documentos, perícia, presunções, indícios e até justificação judicial. Sendo o Processo do Trabalho autônomo, a prova tem que ser própria, pouco interferindo as decisões de outros juízos, salvo, em alguns casos, como, p. e., o criminal, em relação a fatos criminosos alegados como justa causa.

2. PRINCÍPIOS, OPORTUNIDADE E MEIOS

A produção de provas segue os princípios gerais da **oralidade**, da **imediatidade** e da **concentração,** já comentados no Capítulo II. O **contraditório** é essencial à prova. A *oralidade* manifesta-se na produção das provas orais e inquirição de peritos; a *imediatidade significa* proximidade do juiz com as partes e todos os atos processuais (art. 765, CLT); a *concentração* significa apertar a instrução em audiência única ou poucas sessões a curtos intervalos.

Livre convicção racional — basicamente, três sistemas de apreciação da prova marcaram os modelos processuais: a) o da *prova legal* ou positiva, predominante nas Ordálias ou Juízos de Deus; b) o da *livre convicção*, que colocava o juiz como senhor do processo; c) e o *da persuasão racional*, pelo qual o Juiz forma livremente sua convicção, porém fundamentadamente, com base na prova dos autos. Este é o sistema adotado atualmente. Na lei, temos:

"*O juiz apreciará livremente a prova, atendendo aos fatos e circunstâncias constantes dos autos, ainda que não alegados pelas partes; mas deverá indicar, na sentença, os motivos que lhe informaram o convencimento*" — art. 131 do CPC. A CLT prima pela justiça, equidade e interesse social. Adaptando a dicção do parágrafo único do seu art. 850 à nova ordem constitucional, resulta igual à redação dada ao art. 852-I, § 1º: *"O juízo adotará em cada caso a decisão que reputar mais justa e equânime, atendendo aos fins sociais da lei e às exigências do bem comum"*. Logo, a fundamentação levará em conta esses dados.

Unidade da prova — se *prova* é o conjunto dos elementos carreados ao processo, unidade da prova significa que todos os instrumentos constituem meio de prova e todos participam, cada um com sua parcela, da formação da convicção judicial. A testemunha e o documento são meios de prova.

A oportunidade da prova — regra geral: apresenta-se a prova com a petição inicial; com a defesa; durante a instrução processual, enquanto esta não se concluir. Na fase de recurso, só se admite documento novo. Detalhes no item 5.

3. ÔNUS DA PROVA E INVERSÃO DO ÔNUS DA PROVA

A prova constitui um direito fundamental das pessoas em litígio.

O ônus da prova é de quem alega — art. 818 da CLT. Pelo art. 333 do CPC, cabe ao autor provar quanto ao fato constitutivo do seu direito, e ao réu, quanto à existência de fato impeditivo, modificativo ou extintivo do direito do autor. O art. 334 preceitua que não dependem de prova os fatos: a) notórios; b) afirmados por uma parte e confirmados pela parte contrária; c) admitidos, no processo, como incontroversos; d) em cujo favor milita presunção legal de existência ou de veracidade.

Alegada e negada a prestação do serviço, cabe ao trabalhador provar. Admitida a prestação do serviço, mas negada a relação de emprego, compete ao empregador provar a ausência dos elementos caracterizadores do contrato de trabalho — não eventualidade, pessoalidade, subordinação e remuneração. É do empregador a prova do cumprimento das obrigações naturais do contrato (como pagamento de salário, recolhimento de FGTS, concessão de férias).

Entretanto, a teoria do ônus da prova, como disposto nos arts. 818 da CLT e 333 do CPC, encontra-se superada. Hoje, vige o ***princípio da aptidão da prova***, a significar que o *onus probandi* é de quem possui condições de cumpri-lo.

Essa teoria foi transplantada para o Processo do Trabalho sob a denominação **inversão do ônus da prova**, que já é uma realidade no Direito brasileiro, ora implícita, ora expressa, como no art. 6º, VII, do CDC (Lei n. 8.078/90).

Ignorando essa vontade da lei, muitos juízes, nas reclamações de adicional de periculosidade ou insalubridade, determinam que o reclamante providencie a perícia; como ele não pode pagar perito, seu direito se perde. Ora, se as condições narradas caracterizam o trabalho insalubre ou perigoso, cabe ao empregador o ônus da prova em contrário.

A jurisprudência já evolui nesse sentido. Segundo a Súmula n. 338 do TST, se a empresa com mais de dez empregados tem o dever de manter quadro de horário, a falta de juntada deste ao processo presume a prestação do trabalho extra. No mesmo sentido a Súmula n. 212 (ônus probante do empregador na despedida). A Súmula n. 338, III, do TST assim dispõe:

> Os cartões de ponto que demonstram horário de entrada e saída invariáveis são inválidos como meio de prova, invertendo-se o ônus da prova, relativo às horas extras, que passa a ser do empregador, prevalecendo o horário da inicial se dele não se desincumbir.

4. INTERROGATÓRIO. CONFISSÃO E CONSEQUÊNCIAS

O art. 820 da CLT diz que as partes e testemunhas serão inquiridas pelo juiz e podem ser reinquiridas a requerimento dos litigantes ou advogados. O depoimento pessoal objetiva a confissão, e faz prova contra o depoente.

O TST admite na Súmula n. 74 a confissão ficta da parte, que, intimada para depor, sob essa cominação, e, sem justificação, não comparecer. Segundo o art. 820 da CLT, as partes ouvem mutuamente os depoimentos uma da outra, fazendo, inclusive, indagações. O rito do CPC não permite essa prática (art. 344 do CPC).

A audiência é única, assim estabelece a CLT. Porém, de acordo com o movimento processual, cada Juiz do Trabalho estabelece sua sistemática de trabalho. Assim, sendo designada sessão, em continuação, só para os depoimentos pessoais das partes, ficando estas intimadas, o não comparecimento sem justificação redunda em confissão quanto aos fatos.

Há duas espécies de confissão: a expressa e a ficta. A primeira decorre da afirmação verbal da parte em juízo; a segunda decorre de uma das duas hipóteses: não comparecimento para prestar depoimento, sem justificação, ou recusa de depor. Confissão não é pena, mas reconhecimento — expresso ou tácito.

Elementos da confissão: a) **objetivo** — gera presunção de veracidade dos fatos alegados pela parte contrária; b) **subjetivo** — relaciona-se com a capacidade e legitimação do confitente, como condição de validade. A doutrina dominante entende que é nulo o depoimento de menor de 18 anos. Sem dúvida, a partir dos 16 anos, desde que devidamente assistido pelo seu representante legal ou pelo Ministério Público, o trabalhador pode confessar; c) **elemento intencional** — presume-se a vontade de admitir como verdadeiros os fatos alegados pelo adversário, é o *animus confitendi*.

Para ser passível de confissão, o fato tem de: a) ser próprio e pessoal do confitente; b) ser favorável à parte que o invoca e desfavorável ao confitente; c) ser suscetível de renúncia; d) ser de natureza que a sua prova não exija forma especial.

Consequências — o efeito básico da confissão é o reconhecimento pelo confitente da veracidade dos fatos alegados pela parte adversa. A espontânea e a provocada geram efeito praticamente absoluto, pois são reais, concretas; já a ficta é *juris tantum*, gera apenas presunção relativa de veracidade de tais fatos, podendo ser elidida pelas outras provas. A real só se elide se tiver havido vício de consentimento.

Em regra, a confissão só atinge o confitente, mas seus efeitos podem projetar-se para o sucessor trabalhista.

Princípio da indivisibilidade da confissão — o depoimento, como prova, vale pelo seu todo, não podendo a parte pinçar só o que lhe interessa, como a abelha catando flores. Entrementes, o CPC admite exceção ao princípio, quando forem declarados fatos novos não pertencentes à causa.

5. DOCUMENTOS. OPORTUNIDADE DE JUNTADA. INCIDENTE DE FALSIDADE

Documento é todo meio idôneo e moralmente legítimo, capaz de comprovar, materialmente, a existência de um fato — M. A. Teixeira Filho (1992, p. 163).

A obrigatoriedade de autenticação de fotocópia cede em muitos casos. Um deles é que a pessoa jurídica de direito público não está obrigada a fazê-lo (MP n. 1.542/96 e OJ n. 134 da SDI-I); outro é quando se trata de documento comum às partes e não impugnado (OJ n. 36 da SDI-I). Em qualquer caso, aberta a oportunidade para a parte adversa manifestar-se, não impugnado o conteúdo do documento, este deverá ser aceito como meio de prova. Afinal, o tempo urge e a modernidade dispensa formalidades vazias.

Neste sentido, dispõe o art. 365 do CPC, alterado pela Lei n. 11.282/06:

> Fazem a mesma prova que os originais: IV — as cópias reprográficas de peças do próprio processo judicial declaradas autênticas pelo próprio advogado sob sua responsabilidade pessoal, se não lhes for impugnada a autenticidade.

Seguindo a tendência, a Lei n. 11.925/09 deu nova redação ao art. 830 da CLT:

> O documento em cópia oferecido para prova poderá ser declarado autêntico pelo próprio advogado, sob pena de responsabilidade pessoal.
>
> Parágrafo único. Impugnada a autenticidade da cópia, a parte que a produziu será intimada para apresentar cópias devidamente autenticadas ou original, cabendo ao serventuário competente proceder à conferência e certificar a conformidade entre esses documentos.

Por outro lado, a tecnologia exige pressa. Atente-se para o que dispõe a Lei n. 11.419/06, que institui o processo eletrônico, em que os documentos são digitalizados, assinados e autenticados mediante o uso de chave eletrônica.

Os documentos são públicos ou particulares. Públicos são os constantes dos livros e notas oficiais; têm igual força pública as certidões e os traslados que o oficial público extrai dos instrumentos e documentos lançados em suas notas. Particulares são os documentos elaborados pelos próprios interessados, totalmente escritos e por estes assinados, ou somente assinados, sendo escritos por outrem, digitados ou impressos.

Oportunidade de juntada — nas reclamações escritas, o reclamante deve anexar toda a documentação que pretenda apresentar; nas orais, junta-a após a fase conciliatória. Já ao reclamado cumpre juntar seus documentos com a contestação. Entretanto, é pacífico que podem ser juntados durante toda a fase de instrução. É lícito às partes, em qualquer fase do processo, juntar documentos novos, quando destinados a provar fatos ocorridos depois dos articulados. Documento novo é o antigo, mas desconhecido da parte ou inacessível à época.

Sobre os documentos será sempre ouvida a parte contrária. O CPC permite a juntada de documentos fora da fase probatória em caso de força maior, abrindo-se vista à parte oposta.

A Súmula n. 8 do TST diz: "A juntada de documentos na fase recursal só se justifica quando provado o justo impedimento para a sua oportuna apresentação ou se referir a fato posterior à sentença".

5.1. Exibição (arts. 355 a 363 do CPC) — um dos litigantes pode requerer ao juiz que determine a exibição de documento ou coisa, para tanto fornecendo a indicação mais completa possível do mesmo, as circunstâncias que levam à conclusão de que estão em poder do outro litigante, bem como que prova visa a fazer.

A exibição não pode ser negada nos seguintes casos: a) se houver obrigação de exibi-lo; b) se aquele que o tiver em seu poder a ele houver feito referência na causa; c) se o documento, em virtude do seu conteúdo, for comum ao requerente e ao requerido. Neste caso, a recusa gera consequências penais, por desobediência, além da presunção de veracidade dos fatos.

Se o documento encontrar-se com terceiro obrigado a exibi-lo por ser comum ao requerente, poderá o juiz, ouvido o terceiro, ordenar o depósito.

É legítima a recusa de exibição: a) se concernente a negócios da própria vida da família; b) se a sua apresentação puder violar dever de honra; c) se a publicidade redundar em desonra à parte ou ao terceiro ou a seus parentes até 3º grau, ou lhes representar perigo de ação penal; d) se versar sobre fato a cujo respeito, por estado ou profissão, deva guardar segredo; e) por outros motivos graves que justifiquem a recusa, segundo o arbítrio do juiz.

Há hipóteses em que a lei não obriga nem legitima a recusa de exibição, casos em que a não exibição, sem justificação convincente, gera presunção de veracidade dos fatos que seriam provados pelo documento ou coisa negados ilegitimamente (art. 359 do CPC).

Difere da exibição cautelar dos arts. 844/845 do CPC.

5.2. Incidente de falsidade — "O incidente de falsidade tem lugar em qualquer tempo e grau de jurisdição, incumbindo à parte, contra quem foi produzido o documento, suscitá-lo na contestação ou no prazo de 10 (dez) dias, contados da intimação da sua juntada aos autos" — art. 390 do CPC.

Incidente de falsidade é a ação por meio da qual se prova a falsidade de um documento. Autuado em separado, corre em apenso ao processo principal. Segundo o CPC, é uma ação incidente, que suspende o processo. Deve ser proposta no prazo preclusivo de dez dias da intimação do documento. A sentença que resolver o incidente declarará a falsidade ou não do documento.

É cabível no Processo do Trabalho; porém, com menos formalidade, sem suspender a marcha do processo principal. E a decisão que o resolver é interlocutória, portanto, irrecorrível, podendo, no entanto, ser alegada no recurso da decisão final.

6. PROVA TÉCNICA. SISTEMÁTICA DA REALIZAÇÃO DAS PERÍCIAS

Prova técnica é a prova pericial, ou seja, aquela que exige o juízo especial de técnicos e não seja de conhecimento comum. Abrange três modalidades: *exames*, *vistorias* e *avaliações*. *Exames* são perícias sobre instrumentos, pessoas ou coisas; *vistoria* é a inspeção ocular de coisas móveis ou imóveis por peritos; *avaliação* é a fixação da qualidade ou quantidade de coisas, serviços ou fatos e estimativa dos respectivos valores.

O art. 420 do CPC prescreve que o juiz indeferirá a perícia quando: a) a prova do fato independer do conhecimento especial de técnico; b) for desnecessária em vista de outras provas produzidas; c) a verificação for impossível.

Os casos mais comuns de perícia trabalhista referem-se à verificação de periculosidade ou insalubridade do trabalho, levantamento contábil de valores e exame grafológico de documento para verificar a autenticidade de assinatura.

No Processo do Trabalho, "os exames periciais serão realizados por perito único designado pelo Juiz, que fixará o prazo para entrega do laudo". "Permitir-se-á a cada parte a indicação de um assistente, cujo laudo terá que ser apresentado no mesmo prazo assinado para o perito, sob pena de ser desentranhado dos autos" — art. 3º e parágrafo único da Lei n. 5.584/70.

Determinada a realização da perícia, a requerimento ou de ofício, o juiz nomeia um perito e assina às partes o prazo de cinco dias para indicação de assistente técnico e apresentação de quesitos; o juiz indefere os quesitos inconvenientes e formula os que entender necessários; intimado o perito para prestar o compromisso legal, ele tem o prazo de cinco dias para escusar-se alegando motivo legítimo; se não comparecer no dia e hora designados para prestar compromisso nem escusar-se em cinco dias, será substituído e o juiz impor-lhe-á multa não superior a um salário mínimo.

O juiz fixará por despacho dia, hora e lugar em que terá início a diligência e o prazo para a entrega do laudo; no mesmo prazo deverá ser entregue o laudo dos assistentes.

Realizada a perícia, juntado aos autos o laudo, as partes são intimadas para sobre ele manifestarem-se no prazo de cinco dias. A parte que desejar esclarecimento do perito requererá, formulando, desde logo, as perguntas sob a forma de quesitos; o perito só está obrigado a comparecer para prestar esclarecimentos se intimado cinco dias antes da audiência; o interrogatório do perito será tomado antes dos depoimentos pessoais. Ressalve-se, porém, que no Processo do Trabalho é demais comum determinar-se a realização de perícia e ao mesmo tempo prosseguir na instrução quanto à prova convencional.

O juiz não está adstrito ao laudo pericial, podendo firmar seu convencimento até contra sua conclusão, mas com base em outros elementos do próprio laudo e nos outros meios de prova (art. 436 do CPC). Se o juiz julgar necessário, designará nova perícia, que não substituirá a primeira — o juiz apreciará uma e outra. Logicamente, se a matéria é passível de prova convencional, dispensa-se a prova pericial.

O perito terá direito a honorários, arbitrados pelo juiz, cuja responsabilidade pelo pagamento *"é da parte sucumbente na pretensão relativa ao objeto da perícia, salvo se beneficiário da justiça gratuita"* — art. 790-B, CLT. Os TRTs já disponibilizam em seus orçamentos verba para custeio de perícias requeridas por beneficiários da Justiça Gratuita. Caso sucumbente o beneficiário da gratuidade processual, os honorários periciais serão pagos pela União, nos termos da Res. n. 35/07 do Conselho Superior da Justiça do Trabalho, cujo valor será limitado a R$ 1.000,00.

7. TESTEMUNHAS. COMPROMISSO. IMPEDIMENTOS E CONSEQUÊNCIAS

Testemunha é toda pessoa física, distinta dos sujeitos do processo, que admitida como tal pela lei, é inquirida pelo magistrado, em juízo ou não, voluntariamente ou por força de intimação, a respeito de fatos controvertidos, pertinentes e relevantes, acerca dos quais tem conhecimento próprio[76].

Tratam da matéria os arts. 819 a 828 da CLT e 400 a 419 do CPC, estes subsidiariamente aplicáveis. No Processo do Trabalho não é obrigatória apresentação de rol: ver arts. 824 e 825 e seu parágrafo único, da CLT.

Classificação — Gabriel Rezende Filho fornece a seguinte: a) **instrumentárias** — asseguram com sua presença a verdade dos atos jurídicos, os ajustes verbais; b) **judiciais** — depõem em juízo acerca dos fatos relevantes; c) **oculares e auriculares** — as primeiras presenciaram, as segundas "ouviram dizer"; d) **originárias e referidas** — conforme indicadas pelas partes ou indicadas por outras testemunhas; e) **idôneas e inidôneas**.

Todas as pessoas, salvo se forem incapazes, impedidas ou suspeitas, são obrigadas a testemunhar a respeito de fatos que são do seu conhecimento e que interessam à causa. Os agentes diplomáticos são imunes, por isso, não são obrigados a depor, o que não impede de fazê-lo se quiserem.

Compromisso — segundo o art. 828 da CLT, o compromisso só será tomado após a qualificação completa da testemunha, incluída a idade e a averiguação de ausência de impedimentos. "A testemunha que for parente até o terceiro grau civil, amigo íntimo ou inimigo de qualquer das partes, não prestará compromisso, e seu depoimento valerá como simples informação" — art. 829 da CLT. Pelo compromisso, a testemunha "jura" dizer só a verdade, sob pena de ser processada por falso testemunho.

Impedimentos — podem depor como testemunhas todas as pessoas, exceto as incapazes, impedidas, ou suspeitas — art. 405 do CPC:

a) *incapazes* — o interdito por demência; o acometido por doença mental ao tempo dos fatos ou do depoimento; o menor de 18 anos; o cego e o surdo, quando a ciência do fato depender do sentido que lhes faltar. Em que pese o CPC admitir a idade mínima de 16 anos para testemunhar, só a partir dos 18 anos será possível, mediante o compromisso legal, quando a pessoa é penalmente responsável.

b) *impedidos* — cônjuge, ascendente ou descendente em qualquer grau, ou colateral até o 3º grau, consanguíneo ou afim, de qualquer das partes, salvo se o exigir o interesse

(76) TEIXEIRA FILHO, Manoel Antonio. *A prova no processo do trabalho*. São Paulo: LTr, 1984. p. 194. Vale lembrar que às vezes a testemunha não tem conhecimento próprio do fato, sabendo por ouvir dizer.

público; o que é parte na causa; o que intervém em nome de uma das partes, como o tutor, o representante da pessoa jurídica, o juiz, o advogado e outros, que assistam ou tenham assistido as partes;

c) *suspeitos* — o condenado por falso testemunho; o que não for digno de fé, em face dos seus costumes; o inimigo capital ou amigo íntimo da parte; o que tiver interesse no litígio.

"Não torna suspeita a testemunha o simples fato de estar litigando ou de ter litigado contra o mesmo empregador" — Súmula n. 357 do TST.

A consequência imediata do impedimento é a dispensa da testemunha impedida, que será ouvida só se a parte exigir, sem o compromisso legal, apenas como informante, e o juiz lhe atribuirá o valor que possa merecer.

Contradita — é a impugnação que a parte faz à testemunha, antes do compromisso legal, fundada em incapacidade, impedimento ou suspeição. Alegada contradita, a outra parte pode impugná-la. Acolhida a contradita, a parte tem o direito de substituir a testemunha ou de exigir que ela seja ouvida apenas como informante. A decisão é interlocutória, irrecorrível, salvo na decisão final.

O Processo do Trabalho admite o máximo de três testemunhas por parte nas reclamações, seis por parte em inquérito para apuração de falta grave e duas por parte no rito sumaríssimo.

Sobre o limite dessa prova, a CLT não faz restrições. Tudo pode ser provado por testemunhas, sem as limitações dos arts. 400/402 do CPC.

8. PROVA EMPRESTADA

Também denominada prova trasladada ou importada, traduz o aproveitamento de uma prova produzida em um processo para utilização em outro. Pode se dar de um juízo para outro. Assim, um depoimento prestado em outro processo, para não ser repetido, pode a parte utilizá-lo, mediante cópia ou traslado do respectivo termo. Para que essa prova tenha validade, é necessário que a parte contra quem está sendo invocada ou seu advogado tenha participado do processo em que ela tenha sido produzida, e que tenham sido observados os princípios da prova.

O art. 10 da Res. n. 35/07 do Conselho Superior da Justiça do Trabalho dispõe que nas ações contendo pedido de adicional de insalubridade, periculosidade, de indenização por acidente de trabalho ou qualquer outro atinente a segurança e saúde do trabalhador, o Juiz poderá determinar a notificação da empresa reclamada a trazer aos autos cópias do Laudo Técnico de Condições Ambientais do Trabalho, Programa de Controle Médico de Saúde Ocupacional e Programa de Prevenção de Riscos Ambientais, e de laudo pericial da atividade ou local de trabalho, passível de utilização como prova emprestada, referentes ao período em que o reclamante prestou serviços na empresa. Destarte, se a atividade dá indício de perigosa ou insalubre, caberá ao empregador fazer a prova em contrário.

É importante que sobre essa prova seja observado o contraditório, mediante vista à parte contrária. E o valor probante não é absoluto, integrando o conjunto da prova.

9. PROVAS ILÍCITAS

Preceitua o art. 5º, LVI, da CF: "são inadmissíveis, no processo, as provas obtidas por meios ilícitos". Dentre as provas ilícitas, destacam-se as gravações clandestinas, violações de correspondência, tortura, invasão de domicílio, interceptação de conversa telefônica, violação de sigilos bancário e fiscal, e outras invasões da vida privada.

A Constituição assegura o sigilo de correspondência e das comunicações, a inviolabilidade da intimidade e da vida privada e combate a tortura, a inviolabilidade domiciliar. Logo, a prova obtida mediante a violação dessas garantias é ilegal e não tem valor, devendo ser desentranhada dos autos. Registre-se que, ante o desaparelhamento da Polícia, a escuta telefônica vem sendo a preferida.

Mas, ante o crescimento da criminalidade, foi promulgada a LC n. 105/01, facilitando a quebra do sigilo bancário pela Receita Federal, e a escuta telefônica foi regulamentada pela Lei n. 9.296/99, permitindo-a mediante autorização judicial, ante a verificação de indícios de crime. Integram o pacote de medidas adotadas no combate ao crime organizado, à lavagem de dinheiro e à sonegação. Contudo, observar-se-ão os estritos permissivos legais.

Capítulo VIII

Julgamento e Homologação

1. A SENTENÇA

Aduzidas as razões finais, rejeitada a última proposta de conciliação, seguir-se-á o julgamento: o Juiz proferirá a decisão que melhor atenda ao cumprimento da lei e ao interesse social — art. 850 da CLT[(77)].

"Sentença é o ato do juiz que implica alguma das situações previstas nos arts. 267 e 269 desta Lei" — art. 162, § 1º, do CPC. No Processo do Trabalho, há três modalidades de sentença: a) na fase de conhecimento em dissídio individual; b) na fase executória; c) no dissídio coletivo. No dissídio coletivo, a sentença é proferida pelo Tribunal do Trabalho e denomina-se sentença coletiva ou sentença normativa.

As sentenças serão publicadas em audiência. Se desta as partes forem intimadas, daqui se conta o prazo recursal e não serão intimadas mais por carta.

Natureza jurídica da sentença — sentença vem de sentir, possui natureza jurídica de ato de vontade inteligente: **tanto de ciência e tanto de consciência**, como leciona Recaséns Siches; ciência para observar os ditames da lógica e da dogmática jurídicas, de consciência para buscar o justo. Na feliz observação de Rodrigues Pinto, a sentença é "*um ato de consciência, que estabelece o elo entre o jurídico e o justo*"[(78)]. Daí complementarmos que *sentença é ato de ciência e consciência, que entrelaça o legal com o justo*. Decidir é escolher, e escolher é ato de valor, e o valor se apreende por intuição. Logo, sentença é tanto de ciência e tanto de valor, ou tanto de razão e tanto de intuição. Sentenciar consiste em joeirar a justiça dentro do quadrante legal.

Classificação — a sentença classifica-se em **declaratória** (da existência ou inexistência de uma relação jurídica), **condenatória** (que confere ao vencedor um título executivo) e **constitutiva** (que declara um direito, criando, modificando ou extinguindo uma relação jurídica). Por outro ângulo, pode ser: a) **com resolução do mérito** (quando decide o

---

(77) Após a EC n. 24/99, o art. 850 celetário resultou derrogado, devendo sua leitura ser adaptada ao que ora se fez.

(78) PINTO, José Augusto Rodrigues. *Processo trabalhista de conhecimento*. 6. ed. São Paulo: LTr, 2001.

mérito da causa, aí incluída a acolhida de prescrição ou decadência); b) **sem resolução do mérito** (atendo-se a questões processuais).

Só a sentença que decide o mérito da causa faz coisa julgada material, não podendo a questão ser levada mais a juízo, salvo mediante ação rescisória, no prazo de dois anos do trânsito em julgado.

Já a sentença que encerra o processo sem resolver o mérito da causa, em virtude de defeitos que impedem o prosseguimento do feito (como inépcia da inicial, irregularidade de representação, ilegitimidade de parte etc.) transita em julgado, fazendo coisa julgada apenas formal, isto é, apenas no âmbito do processo que se extingue. Então, a causa pode voltar a juízo, mediante os corretivos que ensejaram o abortamento do processo. Consequentemente, essa sentença não será rescindível mediante ação rescisória.

2. REQUISITOS E CONTEÚDO DA SENTENÇA TRABALHISTA

Os requisitos da sentença em geral constam do art. 458 do CPC: a) **relatório**, que conterá os nomes das partes, a suma do pedido e da resposta do réu, das provas produzidas, bem como o registro das principais ocorrências havidas no andamento do processo; b) **os fundamentos**, em que o juiz analisará as questões de fato e de direito e analisa a prova, expondo as razões que conduzem ao seu convencimento; c) **o dispositivo**, em que o juiz resolverá as questões de fato e de direito que as partes lhe submeterem. O dispositivo constitui a síntese da decisão.

No Processo do Trabalho, a sentença é menos formal, porém mais complexa, porque envolve sempre acumulação de pedidos díspares, uma complexidade de legitimados passivos, como o grupo empresarial e a União em relação às contribuições sociais e custas processuais.

Segundo o art. 832 da CLT, são elementos essenciais da sentença trabalhista: a) nome das partes; b) resumo do pedido e da defesa; c) apreciação das provas; d) os fundamentos da decisão; e) a conclusão; f) se procedente, fixará os prazos e as condições para o seu cumprimento; g) fixará as custas processuais e os responsáveis pelo seu recolhimento.

No processo de rito sumaríssimo, é dispensável o relatório, entretanto, a sentença conterá: a) os elementos de convicção do juízo; b) resumo dos fatos relevantes ocorridos em audiência – art. 852-I da CLT. Outrossim, como o pedido deve ser líquido, da mesma forma, em regra, **a sentença deve ser líquida**, ou seja, sem necessidade de cálculos de liquidação.

Além dos elementos da sentença, suprarrelatados, nas decisões cognitivas ou homologatórias, a sentença especificará: a) a natureza jurídica das parcelas da condenação ou do acordo, para efeito de incidência das contribuições do INSS; b) os responsáveis pelo seu recolhimento. Quando da decisão ou do acordo constar parcela de natureza indenizatória, a União será intimada, facultada a interposição de recurso em relação aos tributos que lhe forem devidos e em relação à discriminação das parcelas, cf. §§ 4º e 5º, cf. Lei n. 11.457/07.

3. FUNDAMENTAÇÃO. FUNÇÕES E REQUISITOS DA FUNDAMENTAÇÃO

Os fundamentos de fato e de direito são obrigatórios (art. 93, IX, da CF), pois, no regime democrático, enquanto os atos dos Poderes Legislativo e Executivo são legitimados pelo voto, os do Poder Judiciário se legitimam pela justificação jurídica e não por argumentos de autoridade(79). Já advertia Carnelutti que a sentença que decide bem, mas fundamenta mal, é juridicamente desqualificada.

Todas as questões suscitadas devem ser enfrentadas e resolvidas, à luz dos instrumentos de prova apresentados e do direito aplicável que melhor atenda aos interesses das partes e ao bem comum.

A fundamentação integra o princípio do devido processo legal e, segundo Vigo, cumpre as seguintes funções:

a) *legitimadora* — tanto do resultado como do sujeito intérprete, porque disseca os fatos levados a juízo, as respectivas provas e expõe a interpretação que o juiz faz dos fatos e do direito, para formar seu convencimento;

b) *de controle* — pelas instâncias revisoras, porque estas, analisando os fundamentos expostos, observarão o acerto ou engano do juiz;

c) *informativo-explicativa* — no sentido de informar às partes em litígio o direito vigente segundo a interpretação judicial;

d) *persuasiva* — os fundamentos cumprem também a função de persuadir, principalmente as partes;

e) *pedagógica* — contribuindo para a análise do conhecimento jurídico tendo em vista o progresso social.(80)

É ainda Vigo quem fornece os requisitos da justificação do Direito: a) *coerência* ou ausência de contradição; b) *universalidade* ou igual aplicação aos casos iguais; c) *sinceridade*, evitando sofismas; d) *eficiência*, ou direcionada à resolução do caso; e) *suficiência*, ou que expresse todos os argumentos fortes; f) *controvérsia*, ou que enfrente os argumentos contrários, dialetizando o tema; g) *contextualizada*, que alinha os seus argumentos fiéis à ideia de sistema(81).

A ausência de fundamentação torna nula a sentença. Da mesma forma, a omissão em relação às questões postas pode nulificá-la, por insuficiência de prestação jurisdicional, dependendo do grau da omissão.

O dispositivo da sentença sintetiza a solução de todas as questões postas, estabelecendo os limites objetivos e subjetivos de sua aplicação. Deve ater-se ao pedido formulado na petição inicial, na defesa e na reconvenção.

---

(79) ABELLÁN, Marina Gascón. *La técnica del precedente y la argumentación racional*. Madrid: Tecnos, 1993. p. 9.

(80) MARQUES DE LIMA, Francisco Meton. *O resgate dos valores na interpretação constitucional*. Fortaleza: ABC, 2001. p. 147/194. Capítulo sob o título "O Valor na Argumentação Jurídica".

(81) VIGO, Rodolfo Luis. *Interpretación constitucional*. Buenos Aires: Rubinzal Culzoni, 1999. p. 37/8.

As omissões, contradições e obscuridades serão corrigidas pela via dos embargos de declaração (art. 535 do CPC), do qual trataremos no capítulo "Dos Recursos". Existindo evidentes erros ou enganos de escrita, de digitação ou de cálculo, poderão antes da execução ser corrigidos, *ex officio*, ou a requerimento das partes ou do Ministério Público — art. 833 da CLT.

Quando a solução final está aquém do pedido (*citra petita*), ou além (*ultra petita*) pode ser corrigida pela instância *ad quem*, suprindo a insuficiência ou podando o excesso. Ver no capítulo "Dos Recursos" o efeito devolutivo. Mas o julgamento fora do pedido (*extra petita*) anula a sentença.

Porém, nem tudo o que ultrapassa o pedido pode ser considerado *ultra petita*, em face da ultratividade do pedido ou *ultrapetição*, ou seja, que certos pedidos expressos carregam outros implícitos, como os juros e a correção monetária; a reintegração no emprego, por exemplo, implica o pagamento dos salários; o reenquadramento funcional implica o pagamento das diferenças salariais etc.

4. HOMOLOGAÇÃO

Na legislação trabalhista a homologação possui várias acepções, valendo destacar a judicial e a extrajudicial:

a) as homologações judiciais podem ser compreendidas em pelo menos três sentidos: 1) as de jurisdição voluntária ou graciosa. Aqui não há partes, mas sim interessados. O juiz não decide, apenas soleniza a vontade dos interessados, fazendo as adaptações necessárias para ajustá-la ao ditame legal. Com esta conotação, homologam-se as opções dos estáveis pelo regime do FGTS; 2) as de jurisdição contenciosa, em que o juiz homologa o acordo que as partes fazem, manifesto por petição ou em audiência, inclusive em dissídio coletivo do trabalho; neste bloco se enquadra também o pedido de desistência; 3) a homologação dos cálculos na liquidação de sentença já ganha outra significação, porque pode gerar um contencioso, que ressurge lá nos embargos à execução;

b) já a homologação, pelo sindicato ou outro órgão competente (art. 477, § 1º), dos pedidos de demissão e das rescisões contratuais de empregados com mais de 12 meses de empresa ganha outro sentido, posto que não judicial.

A homologação de acordo para pôr fim ao litígio equivale a sentença transitada em julgado e deverá observar as regras da sentença, expressas no art. 832 e seus parágrafos, devendo constar: a discriminação das parcelas do acordo; a indicação da natureza jurídica de cada uma, para efeito de incidência das contribuições sociais e responsáveis pelo recolhimento; as custas processuais e responsável pelo recolhimento; as condições de cumprimento da sentença; a intimação da União, tudo conforme acima exposto. Se não forem discriminadas as parcelas do acordo ou não indicada a natureza jurídica de cada uma, a contribuição previdenciária incide sobre o valor total do acordo, cf. art. 276 do Decreto n. 3.048/99.

Capítulo IX

Atos, Termos, Prazos e Comunicação dos Atos Processuais

1. ATOS PROCESSUAIS

O CPC trata dos atos processuais nos arts. 154 a 261, compreendendo a forma dos atos, dos atos da parte, dos atos do juiz, dos atos do escrivão ou chefe de secretaria, do tempo e do lugar dos atos processuais, dos prazos, da comunicação dos atos processuais (cartas e citação), intimações, nulidades, distribuição e registro e valor da causa.

O ritual da CLT é peculiar e tem precedência. Logo, o CPC só será invocado subsidiariamente, para suprir lacunas da CLT (art. 769).

A CLT trata da matéria de maneira difusa, contudo, concentra esta unidade nos arts. 770 a 834. Já analisamos acima: *das partes e dos procuradores*, *das audiências*, *das exceções*, *dos conflitos de jurisdição*, *das provas*, *da decisão* e sua eficácia. As nulidades serão tratadas no capítulo seguinte, juntamente com a preclusão, a perempção, a prescrição e a decadência.

2. ATOS E TERMOS PROCESSUAIS

Os arts. 154 a 168 do CPC disciplinam a matéria e são aplicáveis ao processo trabalhista, no que as leis do Trabalho não dispuserem diferente.

O art. 154 do CPC preceitua que "*os atos e termos processuais não dependem de forma determinada senão quando a lei expressamente a exigir, reputando-se válidos os que, realizados de outro modo, lhe preencham a finalidade essencial*". No mesmo sentido, o art. 771 celetário preceitua que "os atos e termos processuais poderão ser escritos à tinta, datilografados (leia-se *digitados*) ou a carimbo". Portanto, **a regra é da informalidade dos atos**. A Lei n. 11.419/06 deu a seguinte redação ao § 1º do art. 154:

> Os tribunais, no âmbito de sua respectiva jurisdição, poderão disciplinar a prática e a comunicação dos atos processuais por meios eletrônicos, atendidos os requisitos de autenticidade, integridade, validade jurídica e interoperabilidade da Infraestrutura de Chaves Públicas Brasileira.

§ 2º Todos os atos e termos do processo podem ser produzidos, transmitidos, armazenados e assinados por meio eletrônico, na forma da lei.

Em face da Lei n. 11.419/06, todas as formas, prazos, tempo e lugar da prática dos atos processuais serão redimensionados. Trata-se de uma revolução. Ao tema, dedicamos o item 7 deste Capítulo.

"Os atos processuais serão públicos, salvo quando o contrário determinar o interesse social" — art. 770 da CLT. No mesmo sentido, o art. 155 do CPC dispõe que correm em segredo de justiça os processos: a) em que o exigir o interesse público; b) que dizem respeito a questões de família. De fato, algumas questões trabalhistas estão imbricadas com relações amorosas ou interesse de menores, que recomendam sessões reservadas. O art. 93, IX, da CF, com a redação da EC n. 45/04, limitou esse direito de reserva, assegurando-o só até onde não prejudique o interesse público à informação:

> Todos os julgamentos dos órgãos do Poder Judiciário serão públicos, e fundamentadas todas as decisões, sob pena de nulidade, podendo a lei limitar a presença, em determinados atos, às próprias partes e a seus advogados, ou somente a estes, em casos nos quais a preservação do direito à intimidade do interessado no sigilo não prejudique o interesse público à informação.

Em todos os atos e termos do processo, é obrigatório o uso do vernáculo. Só poderá ser juntado aos autos documento redigido em língua estrangeira, quando acompanhado de versão em vernáculo, firmada por tradutor juramentado.

Os atos das partes, consistentes em declarações unilaterais ou bilaterais de vontade, produzem imediatamente a constituição, a modificação ou a extinção de direitos processuais. Contudo, a desistência da ação só produzirá efeito depois de homologada por sentença.

Os atos do juiz são as sentenças, decisões interlocutórias e despachos.

Sentença é o ato do juiz que implica alguma das situações previstas nos arts. 267 e 269 do CPC, ou seja, ato que põe termo ao processo, decidindo ou não o mérito da causa (ver Cap. XI). Acórdão é o julgamento proferido pelos tribunais.

Decisão interlocutória é o ato pelo qual o juiz, no curso do processo, resolve questão incidente (p. ex., acolhendo ou rejeitando a impugnação de um documento; acolhendo ou rejeitando a contradita a uma testemunha).

Despachos são todos os demais atos do juiz praticados no processo, de ofício ou a requerimento, a cujo respeito a lei não estabelece outra forma.

Os atos meramente ordinatórios, como a juntada e a vista obrigatória, independem de despacho, devendo ser praticados de ofício pelo servidor e revistos pelo juiz quando necessário.

O chefe de secretaria numerará e rubricará todas as folhas dos autos, procedendo da mesma forma quanto aos autos suplementares. Às partes, aos advogados, aos órgãos do Ministério Público, aos peritos e às testemunhas é facultado rubricar as folhas dos atos em que intervierem.

Os termos de vista, conclusão e outros semelhantes constarão de notas datadas e rubricadas pelo chefe de secretaria. Os termos e atos do processo serão digitados ou escritos com tinta escura e indelével, assinando-os as pessoas que neles intervierem. Quando estas não puderem ou não quiserem firmá-los, o chefe de secretaria ou escrivão certificará nos autos a ocorrência. É vedado usar abreviaturas.

É defeso lançar, nos autos, cotas marginais ou interlineares; o juiz mandará riscá-las. Não se admitem, nos atos e termos, espaços em branco, bem como entrelinhas, emendas ou rasuras, salvo se aqueles forem inutilizados e estas expressamente ressalvadas.

3. DO TEMPO DOS ATOS PROCESSUAIS — ARTS. 172 A 175 DO CPC

Na CLT, o art. 770 e seu parágrafo único dispõem que os atos processuais realizar-se-ão nos dias úteis, das **6 às 20 horas**, e a penhora, também nos domingos e feriados, mediante autorização do juiz; e as audiências, em dias úteis previamente designados, entre **8 e 18 horas**, não podendo ultrapassar 5 horas seguidas, salvo quando houver matéria urgente.

O § 1º do art. 172 do CPC, aplicável à espécie, preceitua que os atos já iniciados serão concluídos depois das 20 horas, quando o adiamento prejudicar a diligência ou causar grave dano. E o § 2º diz que a citação e a penhora poderão, excepcionalmente e mediante autorização expressa do juiz, realizar-se depois das 20 horas, respeitado o disposto no art. 5º, XI, da Constituição (inviolabilidade de domicílio).

Salvo disposição em contrário, os prazos contam-se: a) a partir da data em que a notificação for recebida ou for feita pessoalmente; b) da data em que for publicado o edital no jornal oficial ou no que publicar o expediente da Justiça do Trabalho; c) da data em que for afixado o edital na sede da Vara, Juízo ou Tribunal.

Os prazos contam-se com exclusão do dia do começo e inclusão do dia do vencimento, e são contínuos e irreleváveis, podendo entretanto o Juiz ou Tribunal prorrogá-los pelo tempo estritamente necessário, em virtude de força maior comprovada.

Os prazos que se vencerem em sábado, domingo ou feriado serão prorrogados até o primeiro dia útil subsequente. Os prazos só começam a correr no primeiro dia útil após a intimação — § 2º do art. 184 do CPC e Súmula 310 do STF. Assim, se a parte for notificada numa sexta-feira para manifestar-se em cinco dias, seu prazo se inicia na segunda, se não cair em feriado, e termina na outra sexta, se não for feriado.

4. PRAZOS PROCESSUAIS

Continuação do anterior — arts. 177 a 199 do CPC.

Os prazos são: a) legais — os fixados por lei; b) judiciais — os fixados pelo juiz; e c) convencionais — os estabelecidos pelas partes. Os primeiros são **peremptórios**, não podem ser prorrogados, nem mesmo de comum acordo das partes; os convencionais são **dilatórios**, ou seja, podem ser reduzidos ou ampliados de comum acordo das partes, desde que requerido antes do vencimento e fundado em motivo legítimo, fixando o juiz o dia do novo vencimento.

Exceção à regra: o juiz poderá, nas comarcas onde for difícil o transporte, prorrogar quaisquer prazos, mas nunca por mais de 60 dias. Porém em caso de calamidade pública poderá ser excedido.

Os atos processuais realizar-se-ão nos prazos prescritos em lei, ou, na omissão desta, fixados pelo juiz. Esses prazos são contínuos, não se interrompendo nos feriados.

A parte poderá renunciar ao prazo fixado exclusivamente em seu favor.

Suspensão — significa que, após o evento citado por lei, o restante do prazo continua a correr no primeiro dia útil seguinte. Causas: a) superveniência de férias; b) por obstáculo criado pela parte; c) pela morte ou perda da capacidade processual de qualquer das partes, de seu representante legal ou de seu procurador; d) quando for oposta exceção de incompetência, de suspeição, ou de impedimento. Nestes casos, o restante do prazo será totalmente restituído (arts. 130 e 265 do CPC e 799 da CLT).

Prorroga-se o prazo até o primeiro dia útil seguinte se o vencimento: a) cair em feriado; b) for determinado o fechamento do fórum; c) o expediente forense for encerrado antes da hora normal.

Decorrido o prazo, preclui (= extingue-se) o direito de praticar o ato. No entanto, a parte pode provar que não o realizou por justa causa. Esta é o evento imprevisto, alheio à vontade da parte, e que a impediu de praticar o ato por si ou por mandatário. Neste caso, o juiz permitirá a prática do ato no prazo que assinar.

4.1. Dos prazos em espécie — A lei estabelece prazos para o Juiz, os funcionários e às partes e seus advogados. Em qualquer grau de jurisdição, havendo motivo justificado, pode o juiz exceder, por igual tempo, os prazos que a lei lhe assina — art. 187 do CPC.

Inúmeros são os prazos, dos quais tratamos em todos os Capítulos, contudo, individualizemos os principais. *Não havendo preceito legal nem assinação pelo juiz, será de 5 dias o prazo para a prática de ato processual a cargo da parte* — art. 185 do CPC.

É de cinco dias no mínimo, após a entrega da notificação, o prazo para realização da audiência de conciliação, instrução e julgamento (art. 841). Esse prazo é de 20 dias quando demandada pessoa jurídica de direito público (DL n. 779/69, art. 1º, II). A não obediência ao prazo mínimo enseja a nulidade processual.

A prova da notificação é o Aviso de Recebimento (AR). Na falta deste, presume-se recebida 48 horas após a sua postagem, constituindo ônus do destinatário provar em contrário — Súmula n. 16 do TST.

Será de 8 dias o prazo para interpor e contra-arrazoar qualquer recurso na Justiça do Trabalho. Nos embargos declaratórios, por sua natureza, o prazo é de 5 dias. *Exceção*: pessoas jurídicas de direito público gozam do prazo em dobro para recorrer. Entendemos que para contrarrazões o prazo não é dobrado.

O prazo para cumprimento voluntário das decisões é de oito dias, porque até aí a parte pode recorrer. Indo para execução, feita a citação para pagamento, o prazo para cumprimento ou garantia do juízo é de 48h; garantido o juízo ou realizada a penhora, o prazo é de 5 dias para opor embargos à execução ou à penhora; a Fazenda Pública, no entanto, dispõe de 30 dias para embargar, cf. art. 1º-B da Lei n. 9.494/97, com a redação dada pela MP n. 2.180-35/01, resultando alterado o prazo de que trata o art. 730 do CPC. O STF, em ADI, já reconheceu a constitucionalidade da citada Medida Provisória.

No processo sumaríssimo, o prazo máximo para a apreciação da reclamação é de 15 dias do seu ajuizamento, salvo quando necessária perícia, em que o prazo pode se dilatar até 30 dias.

Para impugnar os cálculos da liquidação da sentença — 10 dias.

De acordo com o CPC, o juiz proferirá os despachos em 2 dias, e as decisões em 10. O serventuário remeterá os autos conclusos no prazo de 24h e executará os atos processuais em 48h — arts. 189 e 190.

De acordo com a OJ n. 310 da SDI-I, não se aplica ao processo do trabalho o prazo em dobro de que trata o art. 191 do CPC, quando os litisconsortes tiverem diferentes procuradores.

Os advogados e os membros do Ministério Público podem retirar em carga os autos em que funcionam, pelo prazo de 5 dias. Se, extrapolado o prazo, intimado para devolver os autos e não atender, o advogado, o membro do Ministério Público ou o representante da Fazenda Pública perdem o direito à vista fora de cartório, e o juiz, de ofício, mandará riscar o que neles houver escrito e desentranhar as alegações e documentos que apresentar. As partes só podem ver o processo em Secretaria.

5. DO LUGAR DOS ATOS PROCESSUAIS

Segundo o art. 176 do CPC, subsidiariamente aplicável, os atos processuais realizam-se, de ordinário, na sede do Juízo. Podem, todavia, efetuar-se em outro lugar, em razão de deferência, de interesse da Justiça, ou de obstáculo arguido pelo interessado e acolhido pelo juiz.

As audiências realizam-se na sede do Juízo ou Tribunal, em dias úteis previamente designados, entre 8 e 18 h. Entretanto, em casos especiais, poderá ser designado outro local, mediante edital afixado na sede do Juízo ou Tribunal, com antecedência mínima de 24 h. Assim também, nos dissídios coletivos, quando este ocorrer fora da sede do Tribunal, poderá o Presidente delegar à autoridade local as atribuições para a audiência de conciliação — arts. 813 e 866 da CLT.

6. COMUNICAÇÃO DOS ATOS PROCESSUAIS. CARTA PRECATÓRIA — ARTS. 200 A 242 DO CPC

Citação é o ato pelo qual se chama a juízo o réu ou o interessado a fim de se defender — art. 213 do CPC. A citação inicial do réu é que estabelece a relação processual, daí ser indispensável à validade do processo. Porém, o comparecimento espontâneo do réu supre-lhe a falta.

No Processo do Trabalho, em vez de *citação*, emprega-se o termo *notificação*. É esta **que estabelece a relação processual**. A *citação,* feita por Oficial de Justiça, emprega-se na execução do título executivo, para pagamento em 48h ou garantir o juízo, sob pena de penhora.

Em direito material, **notificação** alberga sentido de protesto ou ressalva de direitos. Mas em direito instrumental, possui sentido de dar a conhecer e de chamamento.

As principais formas de comunicação dos atos no Processo do Trabalho são a notificação por via postal, com aviso de recebimento (AR). Notifica-se por edital, quando o reclamado criar embaraços ao seu recebimento ou não for encontrado seu endereço (art. 841 e § 1º, CLT).

O **edital** será publicado no jornal oficial ou no que publicar o expediente forense, ou, na falta, afixado na sede da Vara.

Recebida a reclamação, a Secretaria da Vara remeterá a 2ª via ao reclamado em 48h, intimando-o, para comparecer à audiência designada a partir de 5 dias após a entrega da notificação, sob as penas do art. 844 da CLT.

As testemunhas comparecerão voluntariamente, entretanto, recusando-se, serão intimadas, de ofício ou a requerimento. Por fim, não atendendo à notificação, serão conduzidas coercitivamente pelo Oficial de Justiça (arts. 825 e parágrafo único e 852-H, § 3º, da CLT).

Em regra, a publicação das decisões e sua notificação aos litigantes e seus procuradores dar-se-ão em audiência (art. 834). Entretanto, se a parte não for notificada da audiência de julgamento e, no caso de revelia, será notificada da decisão via postal (arts. 852 e 851-I, § 3º).

Presume-se recebida a notificação 48h após a sua postagem — Súmula n. 16 do TST e art. 774, parágrafo único, que fixa o prazo de 48h para o Correio devolver a notificação recusada ou de destinatário não encontrado.

Nos trâmites finais da execução, é importante destacar o prazo de 20 dias da publicação do edital para arrematação.

Os atos processuais serão cumpridos por ordem judicial ou requisitados por carta, conforme hajam de realizar-se dentro ou fora dos limites territoriais da Comarca. Há três espécies de Carta: a) **rogatória** — dirigida a autoridade judiciária estrangeira; b) **de ordem** — emitida por tribunal a juiz seu subordinado; c) **precatória** — nos demais casos.

São requisitos essenciais de quaisquer das cartas: a) indicação dos juízes de origem e de cumprimento do ato; b) o inteiro teor da petição, do despacho judicial e do instrumento do mandato conferido ao advogado; c) a menção do ato processual que lhe constitui o objeto; d) o encerramento com a assinatura do juiz. Instruirão a carta as peças necessárias, que devam ser examinadas, na diligência, pelas partes, peritos ou testemunhas.

A carta possui caráter itinerante — o juiz pode, antes de dar-lhe cumprimento, enviá-la a juízo diverso do que nela consta, a fim de praticar o ato. A carta precatória e a de ordem poderão ser transmitidas por meios eletrônicos, ou, em caso de urgência, até por telefone, observados os requisitos mínimos da carta. Aliás, todo o processo já se faz por meio eletrônico.

O juiz recusará cumprimento à precatória, devolvendo-a com despacho motivado: a) quando não estiver revestida dos requisitos legais; b) quando carecer de competência em razão da matéria ou da hierarquia; c) quando tiver dúvida acerca de sua autenticidade.

O art. 338 do CPC, com a redação dada pela Lei n. 11.280/06, estipula que a carta precatória e a carta rogatória suspenderão o processo, no caso previsto na alínea *b* do inciso IV do art. 265, quando, tendo sido requeridas antes da decisão de saneamento, a prova nelas solicitada apresentar-se imprescindível. A letra *b* do inciso IV do art. 265 diz que se suspende o processo quando a sentença de mérito não puder ser proferida senão depois de verificado determinado fato, ou de produzida certa prova, requisitada a outro juízo. Essa regra é compatível com o rito ordinário trabalhista.

Cumprida a carta, será devolvida ao juízo de origem no prazo de 10 dias, independentemente de traslado.

Obs.: O Provimento TST/CGT n. 4/2000 uniformiza o procedimento de comunicação dos atos processuais ao Ministério Público do Trabalho, para: *"Determinar que todos os TRTs, e seus juízos de 1º grau, passem a executar as intimações e notificações ao Ministério Público do Trabalho, mediante remessa dos autos às respectivas sedes das Procuradorias Regionais do Trabalho"*.

7. USO DE MEIOS ELETRÔNICOS — ART. 154 DO CPC E LEI N. 11.419/06

O art. 154 do CPC, com a redação dada pela Lei n. 11.280/06, encampa o uso de meios eletrônicos, plenamente aplicável ao Processo do Trabalho:

> Parágrafo único. Os tribunais, no âmbito de sua respectiva jurisdição, poderão disciplinar a prática e a comunicação dos atos processuais por meios eletrônicos, atendidos os requisitos de autenticidade, integridade, validade jurídica e interoperabilidade da Infraestrutura de Chaves Públicas Brasileira — ICP-Brasil.

A Infraestrutura de Chaves foi instituída pela MP n. 2.200-2, de 28.4.2001. Já a prestação de serviços de certificação digital no âmbito da Administração Pública Federal, direta e indireta, é regulada pelo Dec. n. 3.996/2001.

A utilização de atos por meios eletrônicos depende da utilização pelo usuário da identidade digital, uma espécie de assinatura digital, a ser adquirida perante Autoridade Certificadora credenciada pela ICP, e seu prévio cadastramento perante o tribunal.

A Lei n. 11.419/06 dispõe sobre a informatização do processo judicial, dando o passo inicial rumo ao processo totalmente virtual, sem uso de papel.

Em seus arts. 1º e 2º dispõe:

> Art. 1º O uso de meio eletrônico na tramitação de processos judiciais, comunicação de atos e transmissão de peças processuais será admitido nos termos desta Lei.
>
> Art. 2º Aplica-se o disposto nesta Lei, indistintamente, aos processos civil, penal e trabalhista, bem como aos juizados especiais, em qualquer grau de jurisdição.

Em seguida, define três figuras:

Meio eletrônico — qualquer forma de armazenamento ou tráfego de documentos e arquivos digitais;

Transmissão eletrônica — toda forma de comunicação a distância com a utilização de redes de comunicação, preferentemente a rede mundial de computadores — a internet;

Assinatura eletrônica — as seguintes formas de identificação inequívoca do signatário: a) *assinatura digital* baseada em certificado digital emitido por Autoridade Certificadora credenciada, na forma de lei específica; b) mediante cadastro de usuário no Poder Judiciário, conforme disciplinado pelos órgãos específicos.

O envio de petições, de recursos e a prática de atos processuais em geral por meio eletrônico serão admitidos mediante uso de assinatura eletrônica, na forma da Lei n. 11.419, sendo obrigatório o credenciamento prévio no Poder Judiciário, conforme disciplinado pelos respectivos órgãos.

No credenciamento será assegurada adequada identificação presencial do interessado. Ao credenciado será atribuído registro e meio de acesso ao sistema, de modo a preservar o sigilo, a identificação e a autenticidade de suas comunicações.

Consideram-se realizados os atos processuais por meio eletrônico no dia e hora do seu envio ao sistema do Poder Judiciário, do que será fornecido protocolo eletrônico.

Quando a petição eletrônica for enviada para atender ao prazo processual, serão consideradas tempestivas as transmitidas até as 24 horas do seu último dia.

Os tribunais poderão criar Diário da Justiça eletrônico, disponibilizado na internet, para publicação de atos judiciais e administrativos.

O sítio e o conteúdo das publicações deverão ser assinados digitalmente com base em certificado emitido por Autoridade Certificadora credenciada na forma da lei específica.

A publicação eletrônica substitui qualquer outro meio de publicação oficial, para quaisquer efeitos legais, à exceção dos casos que, por lei, exigem intimação ou vista pessoal.

Publicação e intimações — Considera-se como data da publicação o primeiro dia útil que seguir ao considerado como data da publicação. Considerar-se-á realizada a intimação no dia em que o intimando efetivar a consulta eletrônica ao teor da intimação, certificando-se nos autos a sua realização. Quando a consulta se der nos dias não úteis, a intimação será considerada como realizada no primeiro dia seguinte. Contudo, a consulta deve ser feita no máximo em dez dias da data do envio, sob pena de considerar-se a intimação automaticamente realizada na data do término desse prazo.

Não obstante o comunicado eletrônico, poderá, em caráter informativo, ser efetivada remessa de correspondência eletrônica, comunicando o envio da intimação e a abertura automática do prazo processual suprarreferido, aos que manifestarem interesse por esse serviço.

As intimações nesta forma, inclusive da Fazenda Pública, serão consideradas pessoais para todos os efeitos legais.

Nos casos urgentes em que a intimação por meio eletrônico possa causar prejuízo a quaisquer das partes ou nos casos em que for evidenciada qualquer tentativa de burla ao sistema, o ato processual deverá ser realizado por outro meio que atinja a sua finalidade, conforme determinado pelo juiz.

Observadas as formas e as cautelas *supra*, as citações, inclusive da Fazenda Pública, excetuadas as dos Direitos Processuais Criminal e Infracional, poderão ser feitas por meio eletrônico, desde que a íntegra dos autos seja acessível ao citando.

Da mesma forma, as cartas precatórias, rogatórias, de ordem e, de um modo geral, todas as comunicações oficiais que transitem entre órgãos do Poder Judiciário.

Quando se tratar de processo eletrônico, todas as citações, intimações e notificações, inclusive da Fazenda Pública, serão feitas por meio eletrônico, na forma *supra*. No caso de problema técnico que inviabilize o uso eletrônico, serão utilizados os meios tradicionais. Uma vez disponibilizada a íntegra do processo, os atos de intimação, notificações e remessas serão considerados vista pessoal do interessado para todos os efeitos legais.

O art. 10 abre a possibilidade de petição inicial, contestação e recurso, todos em forma digital, com distribuição eletrônica pelos próprios advogados, sem necessidade de intervenção do cartório e secretaria judicial, dando-se a autuação de forma automática, fornecendo-se recibo eletrônico de protocolo.

Os documentos produzidos e juntados na forma eletrônica, com garantia de origem de seu signatário, serão considerados originais para todos os efeitos legais. Os originais devem ser preservados até o trânsito em julgado da sentença ou até o prazo para ação rescisória. A arguição de falsidade do documento original será processada eletronicamente na forma da lei processual em vigor.

Os órgãos do Poder Judiciário deverão manter equipamentos de digitalização e de acesso à rede mundial de computadores à disposição dos interessados para distribuição de peças processuais.

Os documentos produzidos e juntados eletronicamente somente estarão disponíveis para acesso por meio da rede externa para suas respectivas partes e para o Ministério Público, respeitado o disposto em lei para as situações de segredo de Justiça.

A conservação dos autos do processo poderá ser efetuada total ou parcialmente por meio eletrônico. Aqui, certamente a lei está a referir-se aos processos autuados em papel, que poderão ser digitalizados.

Já os autos de processo eletrônico deverão ser protegidos por meio de sistemas de segurança de acesso e armazenamento de meio que garanta a preservação e a integridade dos dados, sendo dispensada a formação de autos suplementares.

Os autos de processos eletrônicos que tiverem de ser remetidos a outro juízo ou instância superior que não disponham de sistema compatível deverão ser impressos em papel, autuados na forma dos arts. 166 a 168 do CPC, ainda que de natureza criminal, trabalhista, ou de juizado especial.

A autenticidade dos documentos que instruem esse processo será feita mediante ato do escrivão ou chefe de secretaria, que certificará os autores e origem dos documentos, acrescentando, salvo se existir segredo de Justiça, a forma pela qual o banco de dados poderá ser acessado para aferir a autenticidade das peças e das respectivas assinaturas digitais.

A digitalização dos autos em mídia não digital, em tramitação ou já arquivados, será precedida de editais de informações ou intimação pessoal das partes e de seus procuradores, para que, no prazo decadencial de 30 dias, se manifestem sobre o desejo de manterem pessoalmente a guarda de algum dos documentos originais.

O magistrado poderá determinar que sejam realizados por meio eletrônico a exibição e o envio de dados e de documentos necessários à instrução do processo.

Consideram-se cadastros públicos, para os efeitos deste artigo, dentre outros existentes ou que venham a ser criados, ainda que mantidos por concessionárias de serviço público ou empresas privadas, os que contenham informações indispensáveis ao exercício da função judicante.

O acesso de que trata o item anterior dar-se-á por qualquer meio tecnológico disponível, preferentemente o de menor custo, considerada sua eficiência.

Os sistemas a serem desenvolvidos pelos órgãos do Poder Judiciário deverão usar, preferencialmente, programas com código aberto, acessíveis ininterruptamente pela internet, priorizando-se a sua padronização. Outrossim, os sistemas devem buscar identificar os casos de ocorrência de prevenção, litispendência e coisa julgada.

A parte, ao distribuir a petição inicial de qualquer ação judicial, deverá informar o número do CPF ou CGC, salvo impossibilidade que comprometa o acesso à Justiça.

Os atos já praticados antes da vigência da Lei n. 11.419 ficam convalidados, desde que tenham atingido sua finalidade e não tenha havido prejuízo para as partes.

Ficam alterados os seguintes artigos do CPC:

Art. 38. para permitir que a procuração seja assinada digitalmente;

Art. 154, § 2º "todos os atos e termos do processo podem ser produzidos, transmitidos, armazenados e assinados por meio eletrônico, na forma da lei";

Art. 164, a assinatura dos juízes pode ser feita eletronicamente;

Art. 169, § 1º é vedado usar abreviatura; § 2º trata da prática de atos na presença do juiz, em processo total ou parcialmente eletrônico; § 3º as eventuais dúvidas na transcrição de dados nos atos praticados perante o juiz deverão ser suscitadas oralmente no momento da realização do ato, sob pena de preclusão, devendo o juiz decidir de plano, registrando-se a alegação e a decisão no termo;

Art. 202, § 3º as cartas de ordem, precatória e rogatória podem ser expedidas por meio eletrônico, situação em que a assinatura do juiz deverá ser eletrônica. Atualmente, são feitas por malote digital.

Art. 237, parágrafo único. as intimações podem ser feitas de forma eletrônica, conforme regulado em lei própria;

Art. 365, V — "os extratos digitais de bancos de dados, públicos e privados, desde que atestados pelo seu emitente, sob as penas da lei, que as informações conferem com o original; VI — as reproduções digitalizadas de qualquer documento, público ou particular, quando juntados aos autos pelos órgãos da Justiça e seus auxiliares, pelo Ministério Público e seus auxiliares, pelas procuradorias, pelas repartições públicas em geral e por advogados públicos ou privadas, ressalvada a alegação motivada e fundamentada de adulteração antes ou durante o processo de digitalização; § 1º Os originais dos documentos digitalizados, mencionados no inciso VI do *caput* deste artigo, deverão ser preservados pelo detentor até final do prazo para interposição de ação rescisória; § 2º Tratando-se de cópia digital de título executivo extrajudicial ou outro documento relevante à instrução do processo, o juiz poderá determinar o seu depósito em cartório ou secretária";

Art. 390, § 1º Recebidos os autos, o juiz mandará extrair, no prazo máximo e improrrogável de 30 dias, certidões ou reproduções fotográficas das peças indicadas pelas partes ou de ofício; findo o prazo, devolverá os autos à repartição de origem; § 2º As repartições públicas poderão fornecer todos os documentos em meio eletrônico conforme disposto em lei, certificando, pelo mesmo meio, que se trata de extrato fiel do que consta em seu banco de dados ou do documento digitalizado.

Art. 417, § 1º O depoimento será passado para a versão datilográfica quando houver recurso da sentença ou noutros casos, quando o juiz o determinar, de ofício ou a requerimento da parte; § 2º Tratando-se de processo eletrônico, observar-se-á o disposto nos §§ 2º e 3º do art. 169;

Art. 457, parágrafo único. Os votos, acórdãos e demais atos processuais podem ser registrados em arquivo eletrônico inviolável e assinados eletronicamente, na forma da lei, devendo ser impressos para juntada aos autos de processo quando este não for eletrônico.

Regulamentando a matéria, o TST editou a IN n. 30/2007. O Ato Conjunto TST/CSJT n. 10/2010 regulamenta a transmissão de peças processuais por meio eletrônico entre Tribunais Regionais do Trabalho e Tribunal Superior do Trabalho e dá outras providências; o Ato n. 343/2010, do TST, regulamenta o processo judicial eletrônico no âmbito do TST. Quanto aos prazos, algumas considerações: considera-se a parte intimada mediante publicação da decisão no Diário Eletrônico da Justiça do Trabalho, se houver, salvo nos casos que a lei imponha a intimação pessoal; disponibilizada a publicação no DEJT em um dia, considera-se publicado o ato no dia seguinte e o prazo começa a correr no primeiro dia útil seguinte. Considera-se a intimação a partir do acesso ao DEJT, o que se dará no prazo máximo de dez dias. Ver item 3 do Cap. XII.

O CNJ já desencadeia a implantação do PJe, que é um *software* desenvolvido pelo próprio CNJ, com objetivo de manter um sistema de processo judicial eletrônico capaz de permitir a prática de atos processuais pelos magistrados, servidores e demais participantes da relação processual diretamente no sistema, assim como o acompanhamento do processo judicial, independentemente de ele tramitar em qualquer ramo da Justiça.

Por sua vez, o CNJ lançou em 13.4.2012 a Central Nacional de Informações Processuais e Extraprocessuais (CNIPE), com previsão de total funcionamento até 2014, que será o Google do Judiciário. Com um *clic* o cidadão terá acesso aos dados dos tribunais e dos cartórios.

Capítulo X

Despesas Processuais e Responsabilidade

1. DESPESAS PROCESSUAIS

As despesas processuais compreendem honorários de advogado, de peritos, despesas de locomoção de testemunhas, publicação de editais etc. Mas as principais são as custas processuais e os emolumentos. Correm às expensas do sucumbente (vencido) total ou parcialmente no processo, salvo se beneficiário da Justiça Gratuita. A despesa com perícia é de responsabilidade da parte que perde a questão no ponto periciado. Se este for beneficiário da gratuidade judiciária, a conta vai para o Estado.

A Lei n. 10.537/02 reestrutura o sistema de custas da CLT — altera os arts. 789 e 790 e acrescenta os arts. 789-A, 789-B, 790-A e 790-B. Regulamentando a matéria, o TST baixou a IN n. 20/02. A Lei divide em custas no processo de conhecimento, no processo de execução e emolumentos. As custas e emolumentos possuem *natureza tributária*, na categoria de *taxa de serviço* (art. 77 do Código Tributário Nacional).

2. CUSTAS NO PROCESSO DE CONHECIMENTO

Em todos os processos da competência da Justiça do Trabalho, bem como nas ações propostas perante os Juízes Estaduais investidos na jurisdição trabalhista, as custas incidirão na base de 2%, observado o mínimo de R$ 10,64, calculadas:

a) quando houver acordo ou condenação, sobre o respectivo valor;

b) quando houver extinção do processo, sem julgamento do mérito, ou julgado totalmente improcedente o pedido, sobre o valor da causa;

c) no caso de procedência do pedido em ação declaratória e em ação constitutiva, sobre o valor da causa;

d) quando o valor for indeterminado, sobre o que o juiz fixar;

e) nos dissídios coletivos, sobre o valor arbitrado na decisão, ou pelo Presidente do Tribunal.

O preparo dos recursos de competência do STF será feito na forma, prazo e tabela de custas estabelecidos pelo Regimento dessa Corte.

3. CUSTAS NA FASE DE EXECUÇÃO

A lei inclui entre as despesas de execução custas para agravo de instrumento e recurso de revista. E não estabelece nenhum ônus para esses recursos, nem para o ordinário, na fase de conhecimento, deixando claro que só incidem custas nesses recursos na fase de execução.

As custas no processo de execução obedecem à seguinte tabela:

a) autos de arrematação, adjudicação e remição — 5% sobre o respectivo valor, limitado a R$ 1.915,00;

b) atos dos oficiais de justiça por diligência certificada: 1) em zona urbana, R$ 11,06; 2) em zona rural, R$ 22,13;

c) agravo de instrumento e agravo de petição — R$ 44,26;

d) embargos à execução, embargos de terceiro e embargos à arrematação — R$ 44,26;

e) recurso de revista — R$ 55,35;

f) impugnação à sentença de execução — R$ 55,35;

g) despesa de armazenagem em depósito judicial — 0,1% sobre o valor da avaliação, por dia;

h) cálculos de liquidação realizados pelo contador do juízo — 0,5% sobre o valor liquidado, até o limite de R$ 638,40.

4. EMOLUMENTOS

Os emolumentos serão suportados pelo requerente, nos valores fixados na seguinte tabela:

a) autenticação de traslado de peças mediante cópia reprográfica apresentada pelas partes – por folha: R$ 0,55;

b) fotocópia de peças – por folha: R$ 0,28;

c) autenticação de peças – por folha: R$ 0,55;

d) cartas de sentença, de adjudicação, de remição e de arrematação – por folha: R$ 0,55;

e) certidões – por folha: R$ 5,53.

5. RESPONSABILIDADE

As custas serão pagas pelo vencido, após o trânsito em julgado da sentença; ou, no caso de recurso, no prazo recursal. Se o vencido em 1ª instância for vencedor na instância *ad quem,* tem direito ao reembolso das custas recolhidas.

Nos acordos, as custas serão rateadas entre os litigantes em partes iguais, se de outra forma não for convencionado.

Nos dissídios coletivos, as partes vencidas responderão solidariamente pelo pagamento das custas, não sendo permitido o rateio, cf. item IX da IN n. 20/02.

Não sendo líquida a condenação, o juiz arbitrar-lhe-á o valor e fixará o montante das custas processuais. Se a sentença for omissa, o interessado deve requerer a fixação do valor. A via mais adequada para o suprimento da omissão são os embargos declaratórios.

Se o sindicato intervier no processo em favor de empregado que não goze do benefício da Justiça Gratuita ou isenção de custas, responderá solidariamente pelo pagamento das custas. Mas essa intervenção diz respeito à assistência, na modalidade intervenção de terceiros; portanto, agindo como parte. Quando, porém, presta assistência judiciária ao trabalhador, não pode ser responsabilizado pelo pagamento das despesas processuais.

Entende-se por vencido o litigante contra quem for pronunciada a procedência do pedido, ainda que apenas em parte. No Processo do Trabalho, não há sucumbência parcial. Quem reclama, se vencer em qualquer dos itens postulados, é vencedor, e a outra parte é a vencida.

Porém, nos litígios que não envolvam relação de emprego, é aplicável o princípio da sucumbência parcial em relação às custas, cf. art. 3º, § 3º, da IN n. 27/05 do TST.

No processo de execução, a responsabilidade pelo pagamento das custas é sempre do executado, recolhidas ao final, diz a lei. Logo, em face da natureza tributária das custas, o exequente nunca pagará custas de execução, mesmo quando impugne a sentença de liquidação. Entretanto, é razoável que nos requerimentos em que o executado seja vencedor não haja custas, em face do princípio segundo o qual quem paga é o vencido.

6. ISENÇÕES

São isentos do pagamento das custas: a) os beneficiários da Justiça Gratuita; b) a União; c) os Estados; d) os Municípios; e) autarquias e fundações públicas federais, estaduais e municipais que não explorem atividade econômica; f) o Ministério Público do Trabalho; g) a ECT — Empresa Brasileira de Correios e Telégrafos, em virtude de o STF haver declarado que ela goza dos privilégios da Fazenda Pública. Em relação às letras *b* a *f*, a lei se refere só a isenção de custas, não alcançando os emolumentos.

Não estão isentas as entidades fiscalizadoras do exercício profissional, como a OAB, o CREA, o CRM etc., bem como a massa falida e a empresa sob recuperação (art. 5º, II, da Lei n. 11.101/05) ou sob liquidação extrajudicial. A isenção das pessoas jurídicas de direito público não as exime da responsabilidade de reembolsar as despesas judiciais realizadas pela parte vencedora.

7. PROCEDIMENTOS DE RECOLHIMENTO

Detalhados na IN n. 20/02 do TST, alterada pela RA n. 902/02.

O recolhimento das custas e emolumentos será feito em DARF, em 4 vias, em instituições financeiras arrecadadoras de receitas federais, sendo ônus da parte interessada o preenchimento correto e da juntada de uma das vias aos autos. O código de recolhimento é: a) para custas: "8019 — Custas da Justiça do Trabalho — Lei n. 10.537/2002"; b) para emolumentos: "8168 — Emolumentos da Justiça do Trabalho — Lei n. 10.537/2002". As custas serão pagas pelo vencido: a) após o trânsito em julgado da decisão; b) em caso de recurso, no prazo recursal. As custas da execução serão pagas ao final.

É permitido o recolhimento por vias eletrônicas (DARF eletrônico), na forma da Portaria SRF n. 2.609/01, cujo comprovante deve ser juntado, com a identificação do processo, nos termos do Provimento n. 4/99 da Corregedoria Geral do Trabalho.

Capítulo XI

Nulidade no Processo do Trabalho. Preclusão e Perempção

1. NULIDADES PROCESSUAIS

O Direito Processual caracteriza-se por uma porção de regras que devem ser observadas, para garantia dos litigantes contra arbítrios e abusos e para o perfeito encadeamento dos atos processuais até a decisão final. A inobservância dessas regras torna irregular o ato.

A matéria encontra-se nos arts. 794 a 798 da CLT, em que é tratada de forma simples e concisa.

Princípios — Coqueijo Costa alinha quatro princípios que norteiam o sistema das nulidades processuais, as quais enquadramos na CLT e no CPC:

a) **da instrumentalidade** — se o ato, praticado por outra forma, tiver atingido o seu fim, será válido (art. 244 do CPC). No processo trabalhista é mais vasto, enquadrando-se na fórmula do art. 794 da CLT;

b) **da transcendência** — não há nulidade sem prejuízo (arts. 794 da CLT e 249, § 1º, do CPC);

c) **da proteção** — só se adota a nulidade quando for impossível suprir-lhe a falta ou repetir-se o ato e quando não for arguida por quem lhe tiver dado causa (art. 796 da CLT).

A Lei n. 11.276/2006, dentre várias alterações que faz ao CPC, acrescenta ao art. 515 o § 4º, em que faculta aos tribunais aproveitarem o processo, mandando suprir as faltas, antes do julgamento da apelação, em vez de pronunciar a nulidade;

d) **da convalidação** — a nulidade sana-se pelo consentimento, ou quando não alegada na oportunidade própria. Não se convalidam, porém, a nulidade absoluta e a decorrente da preterição de norma pública cogente.

"Nos processos sujeitos à apreciação da Justiça do Trabalho só haverá nulidade quando resultar dos atos inquinados manifesto prejuízo às partes litigantes" — art. 794 da CLT.

Daí extraem-se os pressupostos da nulidade: a) real constatação da nulidade; b) os atos inquinados resultem manifesto prejuízo aos litigantes. Não é, pois, um prejuízo hipotético, duvidoso.

O art. 795 determina que: "*as nulidades não serão declaradas senão mediante provocação das partes, as quais deverão argui-las à primeira vez em que tiverem de falar em audiência ou nos autos*". Isto em relação à nulidade relativa, porque a absoluta deve ser declarada de ofício.

A nulidade não será pronunciada: quando for possível suprir-se a falta ou repetir-se o ato e quando for arguida por quem lhe tiver dado causa: art. 796. O juiz ou Tribunal que pronunciar a nulidade declarará os atos a que ela se estende. A nulidade do ato só prejudicará os posteriores que dele dependam ou sejam consequência. As nulidades decorrentes de incompetência serão pronunciadas de ofício e os atos decisórios serão nulos.

2. PRECLUSÃO. TIPOS

Preclusão é a perda, extinção ou consumação de uma faculdade processual em face do seu não exercício na oportunidade própria, ou em virtude da consumação do ato, ou pela prática de ato incompatível com a sequência de outros atos, ou pela inobservância de requisito prévio etc. Daí se extraem os seguintes tipos:

a) ***temporal*** – perda da faculdade processual em face de haver decorrido o prazo em que deveria ter sido praticado o ato. Ex.: não interposição do recurso no prazo legal;

b) **consumativa** – perda da faculdade processual em virtude de já ter sido praticado o ato. Ex.: a interposição de recurso impede que o faça novamente;

c) **lógica** – decorre da prática de ato incompatível. Ex.: a desistência do processo impede a interposição do recurso;

d) **ordinatória** – é a perda da faculdade de exercer ou praticar o ato em virtude de exercício irregular dessa mesma possibilidade. Exemplos: o ajuizamento de recurso fora do prazo legal exclui a possibilidade de utilizar o recurso adesivo; não será admitido recurso sem o recolhimento ou dispensa das custas processuais; não serão admitidos embargos de devedor sem prévia garantia do juízo etc.;

e) **preclusão máxima** – é a coisa julgada, caracterizada pelo transcurso do prazo para interposição de recurso da decisão. Ver Capítulo sobre a Decisão;

f) **preclusão *pro judicato*** – é a preclusão dirigida ao juiz, ou seja, que proíbe o juiz de conhecer de questões já decididas na mesma instância, salvo nas hipóteses de embargos de declaração ou de ação rescisória. Ver art. 836 da CLT.

3. PEREMPÇÃO

Perempção é a morte ou extinção de um direito, quando, dentro de um prazo definido e definitivo, não se exercita o direito de agir ou não se pratica o ato. A perempção tem parentesco com a preclusão, mas desta difere, porquanto tem caráter punitivo, sancional. Assim, o autor perde o direito de ação, não em virtude de decurso de prazo, mas pela desídia no trato do processo extinto mais de uma vez por culpa sua.

Exemplos de perempção constam dos arts. 731/732 da CLT e 268, parágrafo único, do CPC. O art. 731 celetista dispõe que aquele que se apresentar ao distribuidor para formular reclamação verbal não comparecer à Vara no prazo de cinco dias para redução a termo, perde o direito de reclamar por seis meses. O art. 732 comina a mesma sanção àquele que der causa a dois arquivamentos seguidos. O parágrafo único do art. 268 do CPC dispõe que não poderá intentar nova ação contra o réu com o mesmo objeto o autor que der causa, por três vezes, à extinção do processo pelo fundamento previsto no inciso III do art. 267 (extingue-se o processo sem resolução do mérito: quando, por não promover os atos e diligências que lhe competir, o autor abandonar a causa por mais de 30 dias).

Capítulo XII

Sistema Recursal Trabalhista

1. DISPOSIÇÕES GERAIS E PRINCÍPIOS FUNDAMENTAIS DOS RECURSOS

As decisões definitivas na Justiça do Trabalho estão sujeitas a duplo grau de jurisdição, ou mais. As interlocutórias não são recorríveis, podendo, contudo, ser atacadas no recurso da decisão final, sob a forma de preliminar (art. 893, § 1º, CLT). Todos os recursos serão interpostos no prazo de oito dias, salvo prazo para embargos de declaração, que é de cinco dias, e outros recursos regimentais. As pessoas jurídicas de direito público têm prazo em dobro para recorrer.

Princípios fundamentais dos recursos:

a) *da fungibilidade* — o juiz pode receber um recurso interposto equivocadamente, desde que preencha os requisitos do recurso correto;

b) *da dialeticidade* — a petição deve declinar as razões de fato e de direito que embasam a irresignação do recorrente;

c) *da devolutividade* — o recurso devolve à instância *ad quem* o exame da matéria impugnada. *Tantum devolutum quantum appellatum*. Os arts. 515 e 516 do CPC ampliaram a devolutividade, cf. veremos;

d) *da proibição da reformatio in pejus* — ou seja, o tribunal não pode piorar a situação do recorrente;

e) *da consumação* — uma vez manejado o recurso, consuma-se a oportunidade de fazê-lo novamente, por força da preclusão consumativa;

f) *da voluntariedade* — o recurso depende da vontade da parte ou do interessado. Disso decorre a disponibilidade, podendo a parte renunciar e desistir;

g) *da taxatividade* — ou seja, a lei indica os recursos cabíveis de cada decisão, os prazos, pressupostos e condições.

2. *RECURSOS TRABALHISTAS*

Divisamos no processo do Trabalho os recursos na fase de conhecimento, na de execução e recursos impróprios.

Na fase de conhecimento — embargos de declaração, embargos no TST, recurso ordinário, remessa de ofício, agravo de instrumento, recurso de revista, recurso extraordinário, recurso adesivo.

Na fase de execução — perante o próprio juízo da execução são cabíveis: os embargos à execução (por meio do qual se faz também a impugnação da liquidação da sentença), à penhora, à arrematação ou à adjudicação; a exceção de pré-executividade; para a instância superior: o agravo de petição. Cabe recurso de revista nos processos em que se questiona recolhimento de INSS e Certidão Negativa de Débitos Trabalhistas, cf. Lei n. 13.015/14. Cabem também nesta fase os embargos de declaração, o agravo de instrumento e o recurso adesivo.

Recursos impróprios — correição parcial, agravo regimental, agravo inominado, incidente de uniformização de jurisprudência, pedido de providência, reclamação para preservação de competência e mandado de segurança, embora este seja uma ação e não recurso.

Vejamos cada um dos utilizados na fase de conhecimento e os impróprios; os da execução são dissecados no capítulo da execução.

2.1. Embargos — divididos em duas espécies: a) *de declaração*; b) *de decisões de Turmas ou das Seções* do TST para órgãos do próprio TST:

a) ***Embargos de Declaração (ED)*** — regidos pelos arts. 535/538 do CPC e 897-A da CLT, cabíveis no prazo de cinco dias, sem preparo, em petição dirigida ao juiz ou relator, para suprir omissão do julgado, espancar contradições ou afastar obscuridade, ou para **prequestionar** a matéria para efeito de Recursos de Revista e Extraordinário, cf. Súmulas ns. 297 do TST e 336 do STF.

Os erros materiais de decisão serão corrigidos de ofício ou a requerimento de qualquer das partes, cf. § 1º do art. 897-A da CLT.

Efeitos — além dos efeitos acima, a interposição dos ED interrompe o prazo recursal de ambas as partes, salvo quando forem intempestivos, irregular a representação da parte ou apócrifos. Poderá abrigar **efeito modificativo** da decisão, *"nos casos de omissão e contradição no julgado e manifesto equívoco no exame dos pressupostos extrínsecos do recurso"*. Esse efeito já era reconhecido nas Súmulas do STF, do STJ e Súmula n. 278 do TST. Isto para possibilitar a correção de erro da decisão da qual não comporta mais recurso. Quando a pretensão formulada nos embargos implicar efeito modificativo do julgado, é necessário travar o contraditório, ouvindo a parte adversa em cinco dias. A OJ n. 142 da SBDI-I considera passível de nulidade a decisão do Tribunal que imprimir efeito modificativo sem oportunizar manifestação da parte contrária; e que a decisão de 1º grau com efeito modificativo sem oitiva da parte adversa não implica nulidade do julgado, em virtude do amplo efeito devolutivo do recurso ordinário. O juiz os julgará em cinco dias; nos tribunais, o relator apresentá-los-á em mesa na sessão subseqüente, proferindo voto.

Se os EDs forem considerados manifestamente protelatórios, será aplicada ao embargante multa de até 1% do valor da causa em favor da parte adversa, podendo ser elevada a até 10% na sua reiteração, cujo depósito é condição de interposição de recurso.

b) ***recurso de embargos no TST*** — previsto no art. 894 da CLT, com a alteração efetivada pela Lei n. 13.015/14. Trata-se de um recurso interno, no próprio TST, compreendendo duas modalidades: a) das decisões das Turmas para a Seção de Dissídios Individuais; b) das decisões não uniformes da Seção de Dissídios Coletivos, com efeitos infringentes, para a própria Seção.

No TST cabem embargos no prazo de oito dias:

I — com efeito infringente, de decisão não unânime de julgamento que: conciliar, julgar ou homologar conciliação em dissídios coletivos que excedam a competência territorial dos Tribunais Regionais do Trabalho e estender ou rever as sentenças normativas do TST, nos casos previstos em lei;

II — das decisões das Turmas que divergirem entre si, ou das decisões proferidas pela Seção de Dissídios Individuais, contrárias a Súmula ou Orientação Jurisprudencial do TST ou Súmula Vinculante do STF. Interpretando esse item, a Súmula n. 433.

A divergência apta a ensejar os embargos deve ser atual, não se considerando a ultrapassada por súmula do TST ou do STF, ou superada por iterativa e notória jurisprudência do TST.

O objetivo destes embargos é uniformizar a jurisprudência do próprio TST. Por isso, a decisão da SDI é vinculante das Turmas.

Essa modalidade de embargos exige prévio depósito recursal da parte condenada, nos casos cabíveis, cf. item a seguir.

O Ministro Relator denegará seguimento aos embargos:

I — se a decisão recorrida estiver em consonância com súmula da jurisprudência do TST ou do STF, ou com iterativa, notória e atual jurisprudência do TST, cumprindo-lhe indicar;

II — nas hipóteses de intempestividade, deserção, irregularidade de representação ou de ausência de qualquer outro pressuposto extrínseco de admissibilidade.

Da decisão denegatória caberá agravo, no prazo de oito dias.

Vê-se, pois, que cabem embargos com efeitos infringentes das decisões não unânimes da Seção de Dissídios Coletivos. Das decisões das Turmas que violarem a preceito da Constituição, caberá Recurso Extraordinário diretamente para o STF.

2.2. Recurso Ordinário (RO) — É o recurso contra decisões definitivas ou terminativas da instância *a quo* para a instância *ad quem*: das sentenças terminativas da Vara do Trabalho, para o TRT; das decisões definitivas ou terminativas do TRT em matéria jurisdicional de competência originária, para o TST.

Constituem pressupostos (requisitos extrínsecos) do recurso ordinário: a) sucumbência, sentença recorrida desfavorável ao recorrente; b) recorribilidade; c) legitimidade para recorrer. As causas de alçada (de valor até dois salários mínimos) são irrecorríveis, salvo se invocar matéria constitucional; não pode recorrer quem não figurou no processo como reclamante, reclamado ou litisconsorte, ou não tem interesse processual.

São requisitos (intrínsecos) do recurso: a) a tempestividade; b) o recolhimento das custas processuais; e c) o depósito recursal se o recorrente é o empregador. Tanto o recurso como as contrarrazões são interpostos perante o juízo recorrido, mediante simples petição.

O prazo para recorrer é de oito dias, contados do 1º dia útil seguinte ao do recebimento da notificação. Se a parte fica intimada da sessão em que ocorrerá o julgamento, não haverá notificação por carta, mas conta-se o prazo da data de juntada da sentença aos autos. Igual prazo para contrarrazoar. As pessoas jurídicas de direito público têm o prazo em dobro para recorrer, mas não para contrarrazoar (DL n. 779/69). A Súmula n. 434 do TST considera intempestivo o recurso interposto antes da publicação da decisão; porém é tempestivo quando o prazo é interrompido em virtude de interposição de embargos declaratórios.

O valor das custas processuais é determinado na sentença. O recurso interposto sem o recolhimento das custas e/ou sem o depósito recursal será deserto. No entanto, estão isentas das custas processuais e do depósito recursal as pessoas jurídicas de direito público e a Empresa Brasileira de Correios e Telégrafos. A massa falida também prescinde de recolher previamente as custas. Tanto as custas processuais como o depósito recursal devem ser exatos, considerando-se deserto o recurso se faltar qualquer quantia, ainda que ínfima, referente a centavos (OJ n. 140 da SDI-I). As guias de recolhimento juntadas devem ser originais ou cópias autenticadas.

O § 1º do art. 518 do CPC preceitua que o juiz não receberá o recurso de apelação quando a sentença estiver em conformidade com súmula do STJ ou do STF. É a denominada súmula impeditiva de recurso.

Conquanto seja condenável, por engessar o progresso dos direitos, *mutatis mutantis*, essa regra é compatível com o Processo do Trabalho, bastando se adapte, para dizer que o recurso não será recebido quando a decisão profligada estiver de acordo com Súmula do TST ou do STF. Contudo, não custa advertir que o juiz deve ficar atento para a atualidade da súmula cotejada, pois a jurisprudência constitucional do Eg. TST encontra-se bastante defasada. Por fim, é de cautela recomendar que o juiz só não receba o recurso quando a sentença recorrida estiver de acordo com Súmulas do STF, do TST e, concomitantemente, jurisprudência pacífica do TRT.

O depósito recursal — Será feito pelo empregador, se for condenado, em conta vinculada do FGTS em nome do recorrido, segundo o Prov. CG/JT/TST n. 2/03, que dá as instruções de preenchimento do modelo único de guia de depósito judicial trabalhista, estabelecido na IN n. 21/02, no valor da condenação, até R$ 7.485,83 (válido até 31.7.2015), reajustável anualmente, segundo o INPC do IBGE, apurado de julho de um ano a junho do outro. Esse valor será levantado pelo vencedor da ação, após o trânsito em julgado da sentença, até o limite da condenação. Se o demandado for absolvido da condenação, ser-lhe-á devolvido o valor corrigido dos depósitos. Não havendo condenação em valor pecuniário, não é necessário depósito recursal (Súmulas 161 e 99 do TST). Atingido o valor da condenação, nenhum depósito será exigido. É devido também no recurso adesivo. O recurso pode ser interposto antes do final de seu prazo, mas o depósito recursal deverá ser comprovado pelo recorrente até o prazo final do recurso, no valor vigente à data de sua efetivação. Estando plenamente garantida a execução, por depósito recursal ou por penhora, não será devido depósito recursal para embargos à execução.

Regem a matéria os parágrafos do art. 899 da CLT, regulamentado pela IN n. 3/93 do TST, alterada pela Res. n. 168, de 9.8.2010. Consta da alínea d do item II que, havendo modificação da condenação em grau recursal, o juízo prolator da decisão arbitrará novo valor à condenação, quer para efeito de aumento do depósito recursal em caso de novo recurso, quer para efeito de devolução do que foi depositado a maior.

No item X define que estão isentos de depósito prévio para recorrer: as pessoas jurídicas de direito público externo; as pessoas jurídicas de direito público de que trata o DL n. 779/69 (União, Estados, Distrito Federal, Municípios, autarquias e fundações de direito público); a massa falida, a herança jacente e a parte que, comprovando insuficiência de recursos, receber assistência judiciária integral e gratuita do Estado. Por decisão do STF, a Empresa de Correios e Telégrafos está isenta de custas e de depósito prévio.

O art. 790-A da CLT não inclui a massa falida entre os isentos das custas e emolumentos, significando que não está isenta, contudo deverá recolher as custas ao final do processo.

Para cada novo recurso haverá novo depósito integral, até o valor da condenação (Súmula n. 128). Havendo condenação solidária de duas ou mais empresas, o depósito efetuado por uma aproveita às demais, quando a depositante não pleiteia sua exclusão do feito.

Em recursos de revista, de embargos no TST, extraordinário e ordinário em ação rescisória, o depósito **é em dobro** (R$ 14.971,65, reajustável a partir de 1º.8.2015), limitado ao valor da condenação.

Processos de Alçada — não cabe recurso nos processos de alçada, mas há exceções: a) quando a sentença recorrida ofender a literal disposição de norma da CF; b) não se aplica alçada à ação rescisória nem ao mandado de segurança (Súmula 365 do TST).

Recurso de Ofício (remessa *ex officio*) — as sentenças condenatórias contra a Fazenda Pública devem ser recorridas de ofício, inclusive em mandados de segurança e ação rescisória, ainda que seja interposto recurso voluntário — Dec.-lei n. 779/69. Porém, não se recorre de ofício das decisões na liquidação e na execução.

Entretanto, o art. 12 da MP n. 2.180-35/01 dispensa-o das decisões quando, a respeito da controvérsia, o Advogado-Geral da União ou outro órgão administrativo competente houver editado súmula ou instrução normativa determinando a não interposição de recurso voluntário.

Já o art. 475 do CPC exclui o recurso de ofício: a) sempre que a condenação, ou o direito controvertido for de valor certo não excedente a 60 salários mínimos; b) quando a sentença estiver fundada em jurisprudência do Plenário do STF ou em Súmula deste Tribunal ou do Tribunal Superior competente. Apesar da regra específica do DL n. 779/69 em relação ao Processo do Trabalho, o TST reformulou sua Súmula n. 303 para incorporar a inovação do art. 475 do CPC, acrescentando que não cabe a remessa também quando a decisão estiver de acordo com Orientação Jurisprudencial.

2.3. Recursos em dissídio coletivo — O recurso interposto de sentença normativa, a princípio, não tem efeito suspensivo. Entretanto, a Lei n. 10.192/01 estabelece no seu art. 14 que os recursos em dissídios coletivos de natureza econômica terão efeito suspensivo nos limites que o Presidente do TRT, no exercício do juízo de admissibilidade, fixar. Do despacho que conceder ou denegar o efeito suspensivo cabe agravo regimental. O art. 14 dessa Lei prerroga ao Presidente do TST suspender a execução, total ou parcial, da sentença normativa. Regulamentando esse dispositivo, o TST baixou a IN n. 24/03, pela qual, antes de despachar o pedido de suspensão, o Presidente promoverá audiência prévia das partes, podendo, inclusive, submeter o pedido à Seção de Dissídio Coletivo. Em todo caso, vem-se empregando, para esse fim, a ação cautelar inominada.

> Obs.: como o dissídio coletivo de natureza econômica passou a ser de comum acordo, o recurso e seus efeitos devem ser repensados. Serão também de comum acordo? Diz a doutrina que não.

O art. 40, § 3º, da Lei n. 8.542/92, exige para recorrer da sentença normativa o depósito de quatro vezes o valor devido para o recurso ordinário em dissídio individual. Entretanto, a IN n. 3/93 do TST, em seu inciso V, dispensa-o. Contudo, é devido o recolhimento das custas processuais, na forma já exposta.

2.4. Agravo de Instrumento (AI) — No processo do trabalho, é admitido somente contra despacho que não recebe recurso. Cabe no prazo de oito dias e contraminuta em igual prazo.

Preparo — Exige depósito recursal no valor de 50% do valor do depósito devido para o recurso a que visa destrancar, limitado ao valor da condenação, efetuado em conta vinculada do FGTS, em nome do empregado, cf. § 7º do art. 899, que será resgatado pelo vencedor. A Lei n. 13.015/14 acrescentou ao art. 899 da CLT o § 8º, para dispensar o depósito prévio do AI quando este tem por finalidade destrancar recurso de revista que se insurge contra decisão que contraria a Súmula ou OJ do TST.

A petição será dirigida à autoridade judiciária prolatora do despacho agravado, mas será julgado pelo Tribunal competente para julgar o recurso trancado.

Base legal — Previsto no art. 897, b e §§ 2º, 4º, 5º, 6º e 7º, e no § 7º do art. 899, da CLT, cf. Lei n. 12.275/10, e IN n. 16/99, TST.

Processa-se da seguinte maneira:

a) será interposto perante o juiz prolator da decisão que não receber o recurso, o qual exercerá juízo de retratação. Retratando-se o AI não prossegue. Não se retratando, intimará o agravado para oferecer resposta ao AI e ao recurso principal, instruindo-a com as peças que considerar necessárias ao julgamento de ambos os recursos;

b) as partes, sob pena de não conhecimento do AI, promoverão a formação do instrumento do agravo de modo a possibilitar, caso provido, o imediato julgamento do recurso denegado, instruindo a petição:

1) obrigatoriamente, com cópia da decisão agravada, da certidão da respectiva intimação, das procurações outorgadas aos advogados do agravante e do agravado, da petição inicial, da contestação, da decisão originária, do depósito recursal (do recurso e do AI), da guia de recolhimento das custas;

2) facultativamente, com outras peças que o agravante reputar úteis ao deslinde da matéria de mérito controvertida;

c) provido o AI, a Turma deliberará na mesma sessão sobre o recurso principal, observando-se, se for o caso, daí em diante, o procedimento relativo a esse recurso.

As peças trasladadas serão autenticadas, ou terão declaração do advogado de autenticidade (art. 544, § 1º, do CPC e Res. n. 113/02, TST).

O AI é um recurso de curso livre, não podendo ser trancado na origem, ainda que intempestivo ou irregular. Porém, na instância *ad quem*, poderá ser decidido monocraticamente pelo Relator, no caso de intempestivo ou com defeito de formação. No TST, poderá o Presidente decidir monocraticamente o AI ainda pendente de distribuição, quando este não preencher os pressupostos extrínsecos de admissibilidade. Havendo recurso dessa decisão, o processo será distribuído no âmbito das Turmas do TST (Res. Adm. n. 1.171/06).

Em relação a Recurso Extraordinário, o AI será processado segundo o Regimento Interno do STF.

A propósito das hipóteses de cabimento do AI, dois fatos novos chamam à reflexão: a) a EC n. 45/04 atribuiu à Justiça do Trabalho competência para processar e julgar mandado de segurança em matéria trabalhista; b) o art. 7º, § 1º da nova Lei do MS (12.016/09), dita que, da decisão do juiz de primeiro grau que conceder ou denegar a liminar caberá agravo de instrumento. Como a IN n. 27/05 do TST dita que o Mandado de Segurança se rege por normas próprias, infere-se que o AI trabalhista, prestar-se-á para essa outra finalidade.

De fato, nada poderá ficar inatacável. E sem o AI, a decisão do juiz de primeiro grau na liminar do MS ficaria irrecorrível. Indeferida a medida, não seria justo esperar-se o recurso da decisão final, por se tratar de ação de urgência, destinada a defesa de direito fundamental. Ou no aguardo de outro MS?

Efeitos — a interposição de AI para destrancar agravo de petição não suspende a execução da sentença; quando interposto para o TST, de despacho que não receber recurso de revista, também não impede a execução do julgado, definitiva quanto às parcelas incontroversas e provisória na *res dubia*.

2.5. Recurso de Revista (RR) — É interposto para Turma do TST e reveste-se de caráter extraordinário, eminentemente técnico, destinado a manter a unidade interpretativa das leis e atos normativos, bem como a higidez das normas da Constituição, não se prestando para corrigir injustiça do julgado recorrido. Cabe de decisão do TRT julgando recurso ordinário.

A Lei n. 13.015/14 modificou profundamente os procedimentos nos recursos trabalhistas. Modificou toda a redação do art. 896, acrescentou-lhe oito parágrafos e os arts. 896-B e 896-C alterou o art. 894, sobre embargos no TST e o art. 897, sobre embargos declaratórios. E já foi interpretada pelo Ato n. 491/SEGJUD.GP, de 23.9.2014.

No Recurso de Revista, foram grandes as inovações, valendo destacar, dentre tantas, as seguintes: a) tornou-o mais técnico; b) criou a repercussão geral no trato dos recursos repetitivos; c) dispensa depósito prévio no Agravo de Instrumento que visa a destrancar recurso de decisão contrária a súmula ou OJ do TST; d) reforça o Incidente de Uniformização de Jurisprudência; e) e imprime ao RR efeito meramente devolutivo.

Efeito — meramente devolutivo, cf. § 1º do art. 896, com redação dada pela Lei n. 13.015/14, significando dizer que na pendência de RR a execução prossegue, até seus atos finais em alguns casos, em outros, devem-se evitar os atos de expropriação final e entrega do numerário, salvo nos limites razoáveis de que trata o art. 475-O do CPC.

Na Execução — na execução, só era admissível **RR** quando a decisão regional vergastada ofendia a literal disposição da CF. Mas a Lei n. 13.015/14 acrescentou cinco parágrafos ao art. 896 e modificou a redação dos anteriores. Assim, no § 10 preceitua:

> Cabe recurso de revista por violação a lei federal, por divergência jurisprudencial ou por ofensa à Constituição Federal nas execuções fiscais e nas controvérsias da fase de execução que envolvam a Certidão Negativa de Débitos Trabalhistas (CNDT).

Literalmente, esse texto ampliou a possibilidade do RR na execução fiscal (por divergência, por afronta a lei federal e à Constituição). Para as demais execuções, acabou a possibilidade de RR, salvo nas controvérsias sobre CNDT. No entanto, é razoável que se interprete que ainda persiste em todo caso a admissibilidade do RR em qualquer espécie de execução por afronta direta e literal à Constituição.

Juízo de admissibilidade — É interposto perante o Presidente do TRT, que exercerá o juízo de admissibilidade, recebendo-o ou denegando-o, por despacho fundamentado. Antes de examinar as condições intrínsecas do RR, examinar-se-ão os requisitos extrínsecos: "*Será denegado seguimento ao Recurso nas hipóteses de intempestividade, deserção, falta de alçada e ilegitimidade de representação*" — art. 896, § 5º, da CLT. Da decisão denegatória do presidente do TRT cabe agravo de instrumento para o TST no prazo de oito dias.

Quando o recurso tempestivo contiver defeito formal que não se repute grave, o TST poderá desconsiderar o vício ou mandar saná-lo, julgando o mérito. Da decisão denegatória do Ministro Relator cabe agravo no prazo de oito dias.

Base legal — art. 896, 896-B, 896-C da CLT; INs ns. 17/00 e 23/03[82], do TST e várias Súmulas do TST, valendo destacar as ns. 221, 297 (prequestionamento), 337 e 433 e OJ ns. 115 e 257.

Assim, cabe Recurso de Revista para Turma do TST das decisões proferidas em grau de recurso ordinário, em dissídio individual, pelos TRTs, quando:

a) derem ao mesmo dispositivo de lei federal interpretação da que lhe houver dado outro TRT, no seu Pleno ou Turma, a SDI do TST, ou contrariarem Súmula do TST ou súmula vinculante do STF;

b) derem ao mesmo dispositivo de lei estadual, convenção coletiva de trabalho, acordo coletivo, sentença normativa ou regulamento empresarial de observância obri-

(82) A IN n. 23/03, dispõe, por exemplo: "I — recomendar que sejam destacados os tópicos do recurso e, ao demonstrar o preenchimento dos seus pressupostos extrínsecos, sejam indicadas as folhas dos autos em que se encontram: a) procuração ou ata de audiência; b) depósito recursal; c) os documentos que comprovam a tempestividade...".

gatória em área territorial que exceda a jurisdição do TRT prolator da decisão recorrida, interpretação divergente, na forma da alínea "a";

c) proferidas com violação literal de disposição de lei federal ou afronta direta e literal à CF. O STF firmou que só caracteriza ofensa direta à Constituição quando a matéria não estiver regulamentada por norma infraconstitucional.

Mesmo que a interpretação do dispositivo seja divergente da de outros TRTs, não cabe RR se o acórdão recorrido estiver em consonância com a Súmula do TST;

Procedimento sumaríssimo — aqui, o RR só será admitido por divergência com a Súmula do TST, Súmula Vinculante do STF e violação direta da CF. Não cabe por ofensa a OJ, cf. a Súmula n. 442 do TST.

Depósito recursal de R$ 14.971,65 (válido até 31.7.2015, reajustável anualmente);

A IN n. 3/93 do TST, totalmente revista em 2010, entendeu ser devido novo depósito **integral** a cada novo recurso, o qual, no entanto, não possui natureza de taxa, mas de garantia do juízo recursal. Assim, se a condenação for menor do que esse valor, apenas se complementa até o valor da condenação, cf. Súmula 128 do TST;

Prequestionamento da matéria — a tese levada a conhecimento do TST deve ter sido enfrentada pelo TRT. Se a decisão for omissa, deve ser suprida pela via dos embargos declaratórios, sob pena de preclusão (Súmula n. 297 do TST e OJ n. 256 da SDI-I).

Também não cabe de julgamento de recurso de ofício, se a pessoa jurídica de direito público não manejou o recurso ordinário para o TRT.

A divergência jurisprudencial tem que ser atual, não se considerando como tal a ultrapassada por súmula do TST ou do STF, ou superada por iterativa e notória jurisprudência do TST (art. 896, § 7º, da CLT).

Outrossim, não cabe a revista para reexame de fatos e provas (Súmula n. 126 do TST). Assim, em dissídio que discute relação de emprego e justa causa, por envolverem só matéria de fato e de provas, dificilmente caberá a Revista.

Sob pena de não conhecimento, é ônus da parte (Lei n. 13.015/14):

I — indicar o trecho da decisão recorrida que consubstancia o prequestionamento da controvérsia objeto do recurso de revista;

II — indicar, de forma explícita e fundamentada, contrariedade a dispositivo de lei, súmula ou orientação jurisprudencial do TST que conflite com a decisão recorrida;

III — expor as razões do pedido de reforma, impugnando todos os fundamentos jurídicos da decisão recorrida, inclusive mediante demonstração analítica de cada dispositivo de lei, da Constituição Federal, de súmula ou orientação jurisprudencial cuja contrariedade aponte.

Comprovação da divergência — segundo o § 8º do art. 896 e a Súmula n. 337, quando o recurso fundar-se em dissenso de julgados, incumbe ao recorrente o ônus de provar a divergência jurisprudencial, mediante: a) certidão, cópia ou citação do repositório de jurisprudência, oficial ou credenciado, inclusive em mídia eletrônica, em que houver sido publicada a decisão divergente, ou ainda pela reprodução de julgado disponível na internet, com indicação da respectiva fonte, mencionando, em qualquer caso, as circunstâncias que indiquem ou assemelhem os casos confrontados.

A decisão divergente de decisão do mesmo TRT não enseja, *a priori*, o RR, visto que os §§ 4º e 5º do art. 896 exigem que os Regionais uniformizem sua jurisprudência, através do Incidente de Uniformização de Jurisprudência (IUJ). E que o TST, ao constatar, mediante provocação das partes ou do Ministério Público, em Recurso de Revista, decisões do mesmo TRT divergentes sobre o mesmo tema, devolverá para a Corte de origem, a fim de que proceda à uniformização de sua jurisprudência.

A providência acima será determinada pelo Presidente do TRT, ao emitir juízo de admissibilidade, sobre o RR, ou pelo Ministro Relator, mediante decisões irrecorríveis.

Somente a tese jurídica prevalecente, após o julgamento do incidente de uniformização de jurisprudência, e não conflitante com súmula ou orientação jurisprudencial do TST, servirá de paradigma para viabilizar o recurso de revista, por divergência.

Portanto, olho vivo, para o amplo emprego do IUJ, antes de manejar o Recurso de Revista.

Transcendência — a MP n. 2.226/01 instituiu a transcendência como pressuposto de exame do mérito da matéria enfocada no RR. O TST, no julgamento do RR, examinará previamente se a causa oferece transcendência com relação aos reflexos gerais de natureza econômica, política, social ou jurídica (art. 896-A, CLT). O TST regulamentará o processamento, em seu Regimento Interno, assegurada a sua apreciação fundamentada em sessão pública, com direito a sustentação oral.

Esse conceito designa transbordamento dos efeitos da decisão dos limites subjetivos dos litigantes. E como se trata o RR de um recurso técnico, cujo objetivo não é corrigir injustiça da decisão recorrida e sim manter a unidade do ordenamento jurídico, é justificável. Mas ainda não foi regulamentada pelo TST. Algo semelhante é a repercussão geral para o RE, instituída pela EC n. 45/04, incrustada no § 3º do art. 102 da CF, já regulamentado pela Lei n. 11.417/06.

Recursos repetitivos — a Lei n. 13.015 acrescenta ainda os arts. 896-B e 896-C, para disciplinar os casos de recursos repetitivos, mandando aplicar ao Recurso de Revista as regras do CPC sobre recursos especial e extraordinário repetitivos. É a repercussão geral no RR.

> Art. 896-C. Quando houver multiplicidade de recursos de revista fundados em idêntica questão de direito, a questão poderá ser afetada à Seção Especializada em Dissídios Individuais ou ao Tribunal Pleno, por decisão da maioria simples de seus membros, mediante requerimento de um dos Ministros que compõem a Seção Especializada, considerando a relevância da matéria ou a existência de entendimentos divergentes dessa Seção ou das Turmas do Tribunal.
>
> § 1º O Presidente da Turma ou da Seção Especializada, por indicação dos relatores, afetará um ou mais recursos representativos da controvérsia para julgamento da Seção Especializada em Dissídios ou pelo Tribunal Pleno, sob o rito dos recursos repetitivos.
>
> § 2º O Presidente da Turma ou Seção Especializada que afetar processo para julgamento sob o rito dos recursos repetitivos deverá expedir comunicação aos demais Presidentes de Turma ou de Seção Especializada, que poderão afetar outros processos para julgamento conjunto, a fim de conferir ao órgão julgador visão global da questão.

§ 3º O Presidente do TST oficiará os Presidentes dos Tribunais Regionais do Trabalho para que suspendam os recursos interpostos em casos idênticos aos afetados como recursos repetitivos, até o pronunciamento definitivo do Tribunal Superior do Trabalho.

§ 4º Caberá ao Presidente do Tribunal de origem admitir um ou mais recursos representativos da controvérsia, os quais serão encaminhados ao TST, ficando suspensos os demais recursos de revista até o pronunciamento do Tribunal Superior do Trabalho.

§ 5º O Presidente do TST poderá determinar a suspensão dos recursos de revista ou de embargos que tenham como objeto controvérsia idêntica à do recurso afetado como repetitivo.

§ 6º O recurso repetitivo será distribuído a um dos Ministros membros da Seção Especializada ou do Tribunal Pleno e a um Ministro revisor.

§ 7º O relator poderá solicitar aos Tribunais Regionais do Trabalho informações a respeito da controvérsia, a serem prestadas no prazo de 15 (quinze) dias.

§ 8º O relator poderá admitir manifestação de pessoa, órgão ou entidade com interesse na controvérsia, inclusive como assistente simples, na forma da Lei n. 5.869, de 11 de janeiro de 1973 (Código de Processo Civil).

§ 9º Recebidas as informações e, se for o caso, após cumprido o disposto no § 7º deste artigo, terá vista o Ministério Público pelo prazo de 15 (quinze) dias.

§ 10. Transcorrido o prazo para o Ministério Público e remetida cópia do relatório aos demais Ministros, o processo será incluído em pauta na Seção Especializada ou no Tribunal Pleno, devendo ser julgado com preferência sobre os demais feitos.

§ 11. Publicado o acórdão do Tribunal Superior do Trabalho, os recursos de revista sobrestados na origem:

I — terão seguimento denegado na hipótese de o acórdão recorrido coincidir com a orientação a respeito da matéria no Tribunal Superior do Trabalho; ou

II — serão novamente examinados pelo Tribunal de origem na hipótese de o acórdão recorrido divergir da orientação do Tribunal Superior do Trabalho a respeito da matéria.

§ 12. Na hipótese prevista no inciso II do § 11 deste artigo, mantida a decisão divergente pelo Tribunal de origem, far-se-á o exame de admissibilidade do recurso de revista.

§ 13. Caso a questão afetada e julgada sob o rito dos recursos repetitivos também contenha questão constitucional, a decisão proferida pelo Tribunal Pleno não obstará o conhecimento de eventuais recursos extraordinários sobre a questão constitucional.

§ 14. Aos recursos extraordinários interpostos perante o TST será aplicado o procedimento previsto no art. 543-B da Lei n. 5.869, de 11 de janeiro de 1973 (Código do Processo Civil), cabendo ao Presidente do TST selecionar um ou mais recursos representativos da controvérsia e encaminhá-los ao STF, sobrestando os demais até o pronunciamento definitivo da Corte, na forma do § 1º do art. 543-B da Lei n. 5.869, de 11 de janeiro de 1973 (Código de Processo Civil).

§ 15. O Presidente do TST poderá oficiar os Presidentes dos Tribunais Regionais do Trabalho e os Presidentes das Turmas e da Seção Especializada do Tribunal para que suspendam os processos idênticos aos selecionados como recursos representativos da controvérsia e encaminhados ao STF, até o seu pronunciamento definitivo.

§ 16. A decisão firmada em recurso repetitivo não será aplicada aos casos em que se demonstrar que a situação de fato ou de direito é distinta das presentes no processo julgado sob o rito dos recursos repetitivos.

§ 17. Caberá revisão da decisão firmada em julgamento de recursos repetitivos quando se alterar a situação econômica, social ou jurídica, caso em que será respeitada a segurança jurídica das relações firmadas sob a égide da decisão anterior, podendo o TST modular os efeitos da decisão que a tenha alterado.

2.6. Recurso Extraordinário (RE) — art. 102, III, da CF — Cabe no prazo de 15 dias, das decisões proferidas pelo TST em última ou única instância, quando: a) contrariar dispositivo da CF; b) declarar inconstitucional tratado ou lei federal; c) julgar válida lei local contestada (EC n. 45/04) em face da CF. O Presidente do TST proferirá o despacho fundamentado de admissibilidade. Da denegação, cabe AI para o STF, no prazo e forma previstos no RI do STF.

São requisitos de admissibilidade do RE: a) tempestividade; b) interesse processual; c) legitimidade; d) decisão recorrida ofensiva a literal disposição da Constituição Federal; e) prequestionamento no TST da tese suscitada; f) depósito recursal no valor da condenação, limitado a R$ 14.971,65 (válido até 31.7.2015), se o recorrente for o empregador; g) esgotamento de todos os outros recursos; h) demonstração da repercussão geral da questão constitucional, cf. art. 102, § 3º, CF, com a redação dada pela EC n. 45/04, e Lei n. 11.417/06.

O RE tem efeito apenas devolutivo, executando-se a decisão em caráter definitivo, cf. art. 832, § 2º, da CLT, e Súmula n. 228 do STF.

2.7. Recurso Adesivo (RA) — é interposto pelo interessado que, conquanto vencido em parte, não pretendia recorrer se seu adversário não o fizesse. Entretanto, sofrendo recurso da decisão que lhe fora parcialmente favorável, ingressa com recurso junto ao do recorrente, em que postula a reforma da parte da sentença que lhe fora desfavorável.

A Súmula n. 283 do TST admite seu cabimento no recurso ordinário, na revista, nos embargos para o Pleno e no agravo de petição, "sendo desnecessário que a matéria nele veiculada esteja relacionada com a do recurso interposto pela parte contrária".

O prazo é de oito dias, contado da intimação do despacho que recebeu o recurso. A petição de ingresso e as razões recursais serão protocolizadas juntamente (mas em peças autônomas) com as contrarrazões ao recurso aderido.

Para o cabimento do RA é necessário que o aderente tenha sido vencido em parte, satisfaça as condições de admissibilidade gerais e, se for o empregador, faça o depósito recursal. Não será conhecido se houver desistência do recurso principal, ou se ele for declarado inadmissível ou deserto. Ocorre a preclusão se a parte já houver manejado o recurso principal, ainda que não recebido por qualquer motivo.

3. RECURSO POR MEIO DE TRANSMISSÃO DE DADOS OU POR MEIOS ELETRÔNICOS

A Lei n. 9.800/99 preceitua: *"É permitido às partes a utilização de sistema de transmissão de dados e imagens tipo fac-símile ou outro similar, para a prática de atos processuais que dependam de petição escrita"*. O similar que mais se populariza é o e-*-mail*, o que não obriga os órgãos judiciais a possuírem os equipamentos de recepção. O TST trata da matéria para seu uso interno no Ato n. 245/99.

Entretanto, os originais devem ser entregues em juízo até cinco dias da data de término do prazo previsto para a prática do citado ato. Se o ato não tiver prazo estipulado, os originais deverão ser entregues até cinco dias da data de recepção do material por via eletrônica.

Sem prejuízo de outras sanções, o usuário do sistema eletrônico será considerado litigante de má-fé se não houver concordância entre o original remetido e o material transmitido. Esse sistema nada tem a ver com o sistema dos meios eletrônicos a seguir referidos.

A IN n. 28, de 4.7.2005, regulamenta os atos processuais pela internet no TST e nos TRTs, dispensando a apresentação posterior dos originais.

A Lei n. 11.280/06 dá nova redação ao art. 154 do CPC para permitir a comunicação oficial dos atos processuais por meios eletrônicos, atendidos os requisitos de autenticidade, integridade, validade jurídica e interoperabilidade da Infraestrutura de Chaves Públicas Brasileiras — ICP — Brasil.

Essa Infraestrutura de Chaves foi instituída pela MP n. 2.200-2, de 28.4.2001. Já a prestação de serviços de certificação digital no âmbito da Administração Pública Federal, direta e indireta, é regulada pelo Dec. n. 3.996/01.

A utilização de atos por meios eletrônicos depende da utilização pelo usuário da identidade digital, uma espécie de assinatura digital, a ser adquirida perante Autoridade Certificadora credenciada pela ICP, e seu prévio cadastramento perante o tribunal.

Com a implementação já concretizada do processo eletrônico, conforme Lei n. 11.419/06, regulamentada pela IN n. 30/2007, do TST, todo esse procedimento será na forma virtualizada, sem papel. Ditam os arts. 3º e 4º:

> Art. 3º No âmbito da Justiça do Trabalho, o envio de petições, de recursos e a prática de atos processuais em geral por meio eletrônico serão admitidos mediante uso de assinatura eletrônica.
>
> Art. 4º A assinatura eletrônica, no âmbito da Justiça do Trabalho, será admitida sob as seguintes modalidades:
>
> I — assinatura digital, baseada em certificado digital emitido pelo IICP-Brasil, com uso de cartão e senha;
>
> II — assinatura cadastrada, obtida perante o Tribunal Superior do Trabalho ou Tribunais Regionais do Trabalho, com fornecimento de login e senha.

E o art 5º dispõe sobre a prática de atos processuais por meio eletrônico, através do Sistema Integrado de Protocolização e Fluxo de Documentos Eletrônicos (e-DOC).

O art. 6º preceitua que as petições e anexos apenas serão aceitos em forma de PDF, no tamanho máximo por operação de 2 Megabytes, não se admitindo fracionamento de petição ou documento.

O envio de petição e documentos por essa via dispensa apresentação dos originais e de fotocópias autenticadas — art. 7º.

O Ato Conjunto TST/CSJT n. 10/10 regulamenta a transmissão de peças processuais por meio eletrônico entre TRTs e TST e dá outras providências; o Ato n. 343/10, do TST, regulamenta o processo judicial eletrônico no âmbito do TST. Ver item 7 do Cap. IX.

4. DECISÕES MONOCRÁTICAS DO RELATOR

O art. 896, § 5º, da CLT, prescreve que o Ministro Relator, monocraticamente, poderá negar seguimento ao recurso de revista, aos embargos, ou ao agravo de instrumento quando a decisão recorrida estiver em consonância com Súmula do TST.

A IN n. 17/00 adapta a aplicação ao processo do trabalho dos arts. 120, 481, parágrafo único, 557, do CPC e seus §§ 1º, 1º-A e 2º, com a redação dada pela Lei n. 9.756/98, conferindo aos relatores nos Tribunais poderes de decisão monocrática sobre vários temas, fundados em súmula do respectivo Tribunal, de Tribunal Superior ou jurisprudência consolidada de Tribunal Superior. Só a propósito da aplicabilidade do art. 557, o TST editou a Súmula n. 435. Dessas decisões, cabe agravo.

Agravo inominado ou agravinho — assim se denomina o agravo interposto das decisões monocráticas em matéria recursal, de que se falou no item 4 *supra*. Este agravo foi instituído pelo art. 557 do CPC. A IN n. 17/00 adapta a aplicação ao processo do trabalho dos arts. 120, 481, parágrafo único, 557, do CPC e seus §§ 1º, 1º-A e 2º, com a redação dada pela Lei 9.756/98. Quando o Relator decidir monocraticamente o recurso, pelos motivos expostos no item 4 *supra*, sua decisão é passível de agravo para o órgão colegiado que julgaria o recurso abortado. O relator da decisão agravada também vota. Se o relator se retratar, não será necessário levar ao colegiado.

5. RECURSOS IMPRÓPRIOS: AGRAVO REGIMENTAL, INCIDENTE DE UNIFORMIZAÇÃO DE JURISPRUDÊNCIA, PEDIDO DE PROVIDÊNCIA, RECLAMAÇÃO PARA PRESERVAÇÃO DE COMPETÊNCIA

Denominam-se recursos impróprios: o Agravo Regimental, o agravo inominado, a Reclamação Correicional, agora denominada Correição parcial, o incidente de uniformização de jurisprudência, o pedido de providência, a reclamação para preservação de competência e o Mandado de Segurança. Embora o último constitua ação, vem sendo utilizado também como meio de impugnação de decisões. Da Correição Parcial (antiga reclamação correicional) já tratamos no Capítulo II; do Mandado de Segurança cuidaremos no último Capítulo.

Agravo Regimental (AR) — recurso previsto nos Regimentos Internos dos Tribunais, destinado a submeter ao órgão colegiado (Pleno ou Órgão Especial) decisão monocrática (OJ n. 412) proferida pelo Relator, Corregedor ou Presidente. Assim, p. ex., cabe agravo regimental das decisões do Juiz Relator: indeferindo petição inicial de Mandado de Segurança e de ação rescisória; da decisão liminar em ação cautelar; das decisões do

Corregedor em Correição Parcial; das decisões do Presidente em matéria de precatório; da *decisão do relator que concede ou indefere liminar em Mandado de Segurança*, cfr. art. 16, parágrafo único, da nova Lei n. 12.016/09, esvaziando a Súmula n. 622 do STF.

Processa-se na forma do Regimento Interno de cada Tribunal. É interposto perante o Presidente do órgão, no prazo que o Regimento estabelecer, que o encaminhará ao autor da decisão vergastada, para mantê-la ou retratar-se. Mantida a decisão, será levado a julgamento.

Em regra, não cabe recurso de decisão regional proferida em agravo regimental. Entretanto, cabe Recurso Ordinário em processo de conhecimento, se a decisão for terminativa do feito, como o indeferimento de petição inicial de mandado de segurança; o TST tem admitido Recurso Ordinário contra decisão regional que determina bloqueio de contas de entes públicos em face de precatórios.

Incidente de Uniformização de Jurisprudência (IUJ) — trata-se de um recurso dirigido ao Pleno do Tribunal ou ao Órgão com essa competência, destinado a unificar decisões divergentes de órgãos do Tribunal. A Lei n. 13.015/14 legalizou essa prática, determinando que se processe na forma do Título IX do Livro I do CPC.

Destarte, os TRTs jurisdicionam por meio do Colegiado maior e das Turmas, estas decidindo com três votos. Consequentemente, surgirão decisões divergentes entre Turmas, ou na mesma Turma, do mesmo Tribunal em matéria idêntica. Como não convêm à Ordem Jurídica tais discrepâncias, utiliza-se o IUJ, cujo trâmite é estabelecido nos Regimentos Internos dos Tribunais. Em regra, pode ser suscitado pelo relator de um dos processos ou pelos advogados das partes.

A Lei n. 13.015/14, que modificou sensivelmente as regras para cabimento de recurso de revista, também acabou com a hipótese de cabimento por divergência de Turmas do Mesmo Tribunal. E determina que o Tribunal unifique obrigatoriamente suas decisões sobre o mesmo tema. Assim, o IUJ ganha força, devendo ser suscitado até de ofício pelo Presidente do Tribunal ao examinar admissibilidade de recurso de revista, ou pelo Ministro relator, ao constatar a divergência interna. Daí, só a tese unificada pelo regional, ser passível de recurso de revista.

Suscitado, todos os processos correlatos serão suspensos, retornando a julgamento após o julgamento uniformizador, que será vinculante das Turmas.

Pedido de Providência (PP) — previsto no art. 87, XVIII, do RI do TST e no RI da Corregedoria Geral da Justiça do Trabalho, é dirigido ao Corregedor Geral, objetivando uma providência de natureza administrativa contra agente ou órgão da Justiça do Trabalho, de 1ª ou 2ª instâncias. Porém, este recurso vem crescendo em dimensão, sendo utilizado para impugnação de precatório e para concertação de situações esdrúxulas em geral. Logicamente, também é cabível perante os Tribunais Regionais e suas Corregedorias.

Reclamação para Preservação de Competência — previsto nos arts. 190/194 do RI do TST, é dirigido ao TST contra outro órgão da Justiça do Trabalho que esteja invadindo a sua competência. Processa-se na forma regimental. Também não vejo incompatibilidade de sua instituição no âmbito dos Regionais, para preservação de competência ante a eventual invasão desta por órgão da primeira instância.

Capítulo XIII

Panorama Geral da Execução Trabalhista

1. CUMPRIMENTO DA SENTENÇA E EXECUÇÃO DE TÍTULOS EXTRAJUDICIAIS

As Leis ns. 11.232/05 e 11.382/06 alteraram profundamente a execução cível, além de outras leis posteriores, de pequena monta. A primeira revogou todo o capítulo do CPC referente à execução forçada da sentença, transformando processo de execução em fase do processo. Ou seja, o processo passa a ser um só, com as fases de conhecimento e de execução. Substituiu todo o capítulo da liquidação da sentença. A segunda alterou toda a execução de títulos executivos extrajudiciais e muitas outras regras gerais da execução, como a penhora e os modos de expropriação de bens do executado.

A *execução da sentença* passou a denominar-se *cumprimento da sentença*.

Essas leis integram o conjunto dos projetos da reforma infraconstitucional do Judiciário. Portanto, todas as leis oriundas desses projetos vêm embaladas no ideal de celeridade e efetividade das decisões judiciais, removendo, para tanto, alguns dogmas, como da ampla defesa, do direito de propriedade e do sigilo bancário.

Interessa o estudo dessas leis nesta unidade ante a aplicabilidade subsidiária do CPC ao Processo do Trabalho. Ademais, tendo a reforma do Judiciário preconizado como valores maiores a celeridade do processo e a efetividade da sentença, o Processo do Trabalho não pode ficar indiferente a esse desiderato. Até porque não há expectativa de sua renovação, pois não tramita Projeto de Lei neste sentido.

2. REFORMA DA EXECUÇÃO NA CLT

A execução trabalhista também sofreu nestes dois últimos anos modificações pontuais, quer mediante alterações de preceitos da própria CLT, quer pelo rescaldo que sofre da alteração de outras leis que lhe são subsidiárias.

A mais retumbante veio através da Lei n. 12.440/11, que instituiu a CNDT — Certidão Negativa de Débitos Trabalhistas, acrescentando o art. 642-A da CLT e alterando os arts. 27, IV e 29 da Lei n. 8.666/93 (Lei de Licitação). A CNDT passou a ser documento hábil a credenciamento de empresa em processo de licitação pública, e contratação com o poder público, para alienação de bens imóveis, para efeito de empréstimos bancários etc. trata-se do maior avanço na proteção do crédito trabalhista. O TST regulamentou a matéria através da RA n. 1.470/11, e instituiu um banco nacional de dados das empresas positivadas. É muito mais eficiente do que o próprio SERASA.

A Lei n. 11.457/07, que instituiu a Super-Receita, dedicou seu art. 42 às alterações dos arts. 832, 876, 879, 880 e 889-A da CLT, todos alusivos à execução das contribuições sociais, conforme se expõe na unidade que trata desse assunto.

A modificação do parágrafo único do art. 876 implica revogação do entendimento consubstanciado no item I da Súmula n. 368 do TST, que não reconhece a competência da Justiça do Trabalho para executar as contribuições alusivas aos salários pagos do período de emprego reconhecido por sentença condenatória ou homologatória de acordo. Mas o STF, que já sinalizou pela inconstitucionalidade dessa alteração.

A inclusão do § 6º no art. 832 esclarece que, havendo sentença transitado em julgado, sobrevindo acordo, não será prejudicado o crédito da União.

A Lei n. 11.101/05, de Recuperação Judicial das empresas, também alterou a ordem de preferência dos créditos, de modo que o trabalhista só é preferencial até o valor de 150 salários mínimos.

A Lei Complementar n. 118/05 alterou a redação do art. 186 do Código Tributário Nacional, modificando a antiga ordem de preferência dos créditos:

> Art. 186. O crédito tributário prefere a qualquer outro, seja qual for sua natureza ou o tempo de sua constituição, ressalvados os créditos decorrentes da legislação do trabalho ou do acidente de trabalho:
>
> I — o crédito tributário não prefere aos créditos extraconcursais ou às importâncias passíveis de restituição, nos termos da lei falimentar, nem aos créditos com garantia real, no limite do valor do bem gravado;
>
> II — a lei poderá estabelecer limites e condições para a preferência dos créditos decorrentes da legislação do trabalho; e
>
> III — a multa tributária prefere apenas aos créditos subordinados.

A Lei n. 11.419/06 do Processo Eletrônico interfere em todo o processo, inclusive o do Trabalho e o dos Juizados Especiais.

3. PRINCIPAIS ALTERAÇÕES NA EXECUÇÃO CÍVEL

As alterações são inumeráveis, só o tempo as revelará. Porém, muitas se exteriorizaram na simples dicção dos textos legais. Das inúmeras inovações efetivadas, destacamos apenas aquelas que, de algum modo, podem ser invocadas na execução trabalhista. Cumpre separar as principais alterações efetivadas por cada uma das duas Leis citadas.

Da Lei n. 11.232 enumeramos as seguintes:

— a execução de sentença cível condenatória ou homologatória deixou de ser processo autônomo para transmudar-se em apenas fase do processo. Este ponto não interfere no Processo do Trabalho, que já é assim;

— na execução de obrigações de fazer ou não fazer e entrega de coisa, deu-se preferência à tutela específica, por meio de medidas de natureza mandamental e executiva *lato sensu* — nos moldes dos arts. 461 e 461-A, 466-A/466-C. Estas inovações são plenamente aplicáveis ao Processo do Trabalho, com as devidas adaptações, em face das lacunas celetistas;

— liquidação — passa a reger-se pelos arts. 475-A a 475-H, dando-se preferência pela sentença proferida já líquida e pela memória de cálculo apresentada pelo exequente. Também compatível com o Processo do Trabalho;

— os art. 475-J a 475-R passam a reger o cumprimento da sentença condenatória consistente em pagar quantia certa. Este item, como um todo, é de aplicação duvidosa à execução trabalhista, porque representa um sistema, que, se aplicado ao Processo do Trabalho, equivaleria revogar o sistema do Digesto Obreiro, o que encontra óbice nos arts. 769 e 889 da própria CLT. Induvidoso, entretanto, que vários pontos da reforma da execução do CPC se aplicam à execução trabalhista;(83)

— a lei extinguiu os embargos à execução de sentença condenatória que não seja contra a Fazenda Pública. Essa inovação não é compatível com o sistema celetista;

— no lugar dos embargos à execução de sentença, foi instituída a impugnação da execução, em 15 dias, sem prévia garantia. Também não é compatível com o sistema celetista, que exige o pagamento em 48 horas ou indicação de bens à execução;

— o não pagamento do valor da sentença em 15 dias implica uma multa de 10% em favor do exequente. Este item passa por acalorado debate sobre sua aplicabilidade ao sistema trabalhista. A CLT é taxativa: o Processo do Trabalho rege-se pela CLT, cf. art. 763 e as normas do processo comum aplicam-se apenas subsidiária e adaptadamente, cf. art. 769. Logo, onde a CLT disciplina a matéria, não comporta recorrer a processo comum;

---

(83) Os doutrinadores ainda não chegaram a um consenso sobre a aplicabilidade do art. 475-J do CPC à execução trabalhista. Os que são favoráveis invocam os princípios constitucionais da razoável duração do processo e da efetividade das decisões judiciais, bem como o princípio trabalhista da norma mais favorável ao obreiro. Os que são contra invocam os princípios constitucionais do devido processo legal e os obstáculos dos arts. 769 e 880 da CLT. Portanto, ambos são argumentos fortes. A princípio, eu era favorável à 1ª corrente, mas quando comecei a escrever este capítulo, deparei-me com vários obstáculos. Percebi que o sistema celetista, c/c o da Lei de Execução Fiscal, resulta mais eficiente. Com efeito, para aplicar o 475-J, resulta aceitar a impugnação sem garantia prévia no prazo de 15 dias e aceitar o agravo de instrumento (ou agravo de petição?) da decisão que a resolver. Daí vão começando as incompatibilidades. Os parágrafos e os artigos seguintes compõem o sistema encabeçado pelo 475-J e dele não podem ser separados. E na aplicação desse sistema equivale a suprimir o direito do executado de pagar ou indicar bens à execução em cinco dias. Não é que eu seja contra o progresso. É que com meus 30 anos de prática da execução trabalhista não vejo vantagem no novo sistema cepecista em relação ao trabalhista. A Favor do art. 475-J na execução trabalhista: Carlos Bezerra Leite, Jorge Luiz Souto Maior Borges, Sérgio Cabral dos Reis, Luciano Athayde Chaves, dentre outros. Contra: Manoel Antonio Teixeira Filho, Estêvão Mallet, Pedro Paulo Teixeira Manus, José Augusto Rodrigues Pinto, João Batista Brito Pereira, dentre outros. Ver essas referências na *Revista do TST*, v. 73, n. 1, jan./mar. 2007.

— alteração da tutela monitória — art. 1.102-A.

Já a Lei n. 11.382/06 modificou a execução de títulos executivos extrajudiciais, promovendo as seguintes principais alterações no CPC:

— alterou regras das comunicações dos atos processuais e das provas. A alteração do art. 238, parágrafo único, institui a presunção de validade das comunicações e intimações dirigidas ao endereço das partes. No processo do trabalho essa prática já é antiga, cf. Súmula n. 16 do TST. A alteração do art. 365, IV, que autoriza o advogado a autenticar peças originárias do próprio processo, é compatível com o processo do trabalho;

— modificou a relação dos títulos executivos extrajudiciais. Os trabalhistas são próprios, cf. se verá adiante;

— averbação da certidão de ajuizamento da ação executiva no registro de imóveis, registro de veículos ou registro de outros bens sujeitos a penhora ou arresto — art. 615-A. Plenamente aplicável ao Processo do Trabalho, dada a lacuna da CLT;

— a fraude à execução só passa a presumir-se quando a alienação ou oneração de bens pelo devedor se der após a averbação *supra*. Consequência do anterior;

— altera a ordem preferencial dos bens para penhora, pondo em primeiro lugar dinheiro em espécie ou aplicação financeira. Atinge diretamente a execução trabalhista, por expressa remissão do art. 882 da CLT;

— permite a penhora de salários, vencimentos, subsídios, soldos etc. para pagamento de **prestação alimentícia** — art. 649, § 2º. Veja-se que *prestação alimentícia* é gênero do qual *pensão alimentícia* é espécie. E, segundo o art. 100, § 1º-A, da CF, os débitos decorrentes de salário e suas complementações, bem como as indenizações por morte ou invalidez, fundadas na responsabilidade civil, em virtude de sentença transitada em julgado, têm natureza alimentícia. Entretanto, registre-se que a SDI-II do TST, editou em nov. 08 a OJ n. 153, segundo a qual não pode haver penhora de conta-salário, ainda que em percentuais, para pagamento de débitos trabalhistas, por entender que a abertura contida no § 2º do art. 649 do CPC é específica para *pensão alimentícia*. *Data venia*, a r. OJ restringe a intenção do legislador, que se quisesse permitir a penhora de salários só para pagamento de *pensão alimentícia* não teria utilizado o termo *prestação alimentícia*. E, pior, a interpretação contida na OJ é contra o trabalhador, cujo único patrimônio é seu salário e consectários. Ademais, a CLT remete para o item da ordem da penhora e não remete para o item da impenhorabilidade. Plenamente aplicável à execução trabalhista, em relação aos créditos de natureza alimentícia, segundo o preceituado no art. 100, § 1º-A, da CF;

— permite a penhora de dinheiro em contas bancárias, por meio eletrônico — art. 655-A. A Justiça do Trabalho há muito já é a maior usuária do sistema BACEN-JUD;

— ao despachar a inicial da execução, o juiz fixará, de plano, os honorários de advogado a serem pagos pelo executado. Citado para pagamento em três dias, pagando integralmente a dívida nesse prazo, os honorários serão reduzidos à metade. É compatível com o sistema trabalhista em relação aos dissídios de relação de trabalho que não emprego, em face da IN n. 27/05 do TST. Quanto aos dissídios decorrentes da relação de emprego, embora com a divergência da grande maioria dos Juízes do Trabalho, é de observar-se, no Processo do Trabalho, a Súmula n. 219 do TST;

— alienação dos bens penhorados mediante oferta por meio de rede mundial de computadores — art. 689-A. Sistema já posto em prática por alguns Tribunais do Trabalho, que centralizam os leilões e os realizam através de leiloeiro profissional, o qual faz as ofertas inclusiva pela internet. Portanto, a inovação é aplicável à execução trabalhista;

— o bem penhorado cujo valor da avaliação não exceder 60 salários mínimos dispensa publicação de editais, caso em que, o preço da arrematação não será inferior ao da avaliação — art. 686, § 3º. Este preceito conflita-se com o art. 888 da CLT. Contudo, essa é a tendência geral, que a Justiça do Trabalho também haverá de seguir;

— põe a adjudicação dos bens penhorados em primeiro lugar; em segundo, a alienação particular dos bens promovida pelo próprio exequente; e, por último, frustradas as anteriores, procede-se à hasta pública, conforme se deduz dos arts. 651, 686 e 685-C. A CLT disciplina totalmente a matéria. Resulta que o novo sistema cepecista é incompatível com o Processo do Trabalho;

— permite arrematação dos bens imóveis mediante pagamento em prestações, cf. art. 690 e parágrafos. Sistema totalmente aplicável ao Processo Trabalhista;

— o executado por título extrajudicial poderá opor embargos à execução no prazo de 15 dias, independente de penhora, depósito ou caução. A CLT disciplina essa matéria em um sistema próprio;

— os embargos não terão efeito suspensivo, salvo mediante relevantes fundamentos do executado de que poderá sofrer dano de difícil reparação, desde que a execução já esteja garantida. Pelo sistema da CLT, os embargos imprimem, em regra, efeito suspensivo. Portanto, a inovação é incompatível com o sistema celetista, até porque essa nova execução provisória não vai levar a nada mais do que a CLT já concede ao exequente;

— quando o executado alegar excesso de execução, indicará o valor que entende correto, apresentando memória de cálculo, sob pena de rejeição liminar. É plenamente aplicável à execução trabalhista;

— multa em valor não superior a 20% do valor da execução no caso de embargos manifestamente protelatórios, cf. arts. 740, parágrafo único e 746, § 3º. Também não é incompatível com o sistema trabalhista;

— altera o rol das matérias que podem ser alegadas nos embargos, cf. art. 745. O rol do art. 884 da CLT é muito limitado, comportando alguns itens a mais de defesa, até porque o elenco dos títulos executivos trabalhistas aumentou muito desde a edição da CLT;

— no prazo para embargos, em execução de título extrajudicial, o devedor poderá depositar 30% do débito, inclusive custas e honorários de advogado e propor o parcelamento do restante em até seis parcelas mensais, acrescidas de correção monetária e juros de 1% ao mês; atendida a pretensão, suspende-se a execução. Totalmente compatível com o Processo do Trabalho, ao prudente arbítrio do juiz;

— mas o não pagamento de uma das prestações implica as seguintes sanções: vencimento antecipado das demais prestações; prosseguimento da execução; multa de 10% sobre as parcelas não pagas; proibição de opor embargos.

4. LIQUIDAÇÃO DO TÍTULO EXECUTIVO

4.1. Noções gerais — Liquidar é tornar certo o objeto da sentença. A liquidação compreende fase preparatória do processo executório.

A CLT trata da matéria no art. 879 e sete parágrafos. O art. 879 preceitua que, "sendo ilíquida a sentença exequenda, ordenar-se-á, previamente, a sua liquidação, que poderá ser feita por cálculo, por arbitramento ou por artigos".

A liquidação abrangerá também o cálculo das contribuições previdenciárias, cuja atualização observará os critérios estabelecidos na legislação previdenciária.

Na liquidação, não se poderá modificar, ou inovar, a sentença liquidanda, nem discutir matéria pertinente à causa principal.

As partes deverão ser previamente intimadas para a apresentação de cálculo de liquidação, inclusive da contribuição previdenciária incidente — art. 879, § 1º-B, CLT.

Contudo, a conta poderá ser elaborada pelos órgãos da Justiça do Trabalho, quer nos casos em que a parte justifique impossibilidade de fazê-lo, quer revisando e corrigindo o cálculo apresentado pelas partes.

Elaborada a conta e tornada líquida, é facultado ao juiz abrir às partes prazo sucessivo de dez dias para impugnação fundamentada com a indicação dos itens e valores objeto da discordância, sob pena de preclusão. Portanto, não é aceitável impugnação genérica.

Elaborada a conta pela parte ou pela Justiça do Trabalho, o juiz procederá à intimação da União, para manifestação no prazo de dez dias, sob pena de preclusão, cf. art. 879, § 3º, da CLT.

A Lei n. 12.405/11 acrescentou ao art. 879 o § 6º: "Tratando-se de cálculos de liquidação complexos, o juiz poderá nomear perito para elaboração e fixará, depois da conclusão do trabalho, o valor dos respectivos honorários com observância, entre outros, dos critérios de razoabilidade e proporcionalidade".

A liquidação poderá ser efetuada na pendência de recurso sem efeito suspensivo, nos autos de carta de sentença para execução provisória.

Como se vê, a CLT é muito vaga quanto aos procedimentos da liquidação da sentença, sendo necessário supri-la com as regras do CPC, por força do art. 769 da CLT, até porque não são incompatíveis com os princípios do Processo do Trabalho.

O CPC trata da matéria nos arts. 475-A a 475-H.

Toda execução tem por base um título executivo judicial ou extrajudicial. Este deve ser líquido, certo e exigível, isto é, deve ter existência material, valor determinado e prazo vencido.

O art. 475-A do CPC define como ilíquida a sentença que não determinar o valor devido. Líquida é a obrigação certa quanto à existência e determinada quanto ao objeto, quantidade, qualidade.

Quando o título executivo for sentença, que contenha condenação genérica, proceder-se-á primeiro à sua liquidação. Quando contiver parte líquida e parte ilíquida, é lícito promover, ao mesmo tempo, a execução daquela e a liquidação desta.

Entendo plenamente compatível com o procedimento sumaríssimo, o § 3º do art. 475-A do CPC, cuja leitura no Processo do Trabalho dar-se-á da seguinte forma: é defeso sentença ilíquida no procedimento sumaríssimo, cumprindo ao juiz, se for o caso, fixar de plano, a seu prudente critério, o valor devido.

Quando a elaboração da memória do cálculo depender de dados existentes em poder do devedor ou de terceiro, o juiz, a requerimento do credor ou de ofício, poderá requisitá-los, fixando prazo de até trinta dias para o cumprimento da diligência.

Quando o devedor não atender à determinação, reputar-se-á verdadeiro o cálculo apresentado pelo credor. Na recusa de terceiro, aplica-se o disposto no art. 362, segundo o qual o juiz expedirá mandado de apreensão, requisitando, se necessário, força policial, tudo sem prejuízo da responsabilidade por crime de desobediência.

4.2. Espécies de liquidação — a) **Por cálculo do contador** — quando a condenação abranger: 1) juros ou rendimentos do capital, cuja taxa é estabelecida em lei ou no contrato; 2) o valor dos gêneros que tenham cotação em bolsa; 3) valor dos títulos da dívida pública, bem como de ações ou obrigações de sociedades, desde que tenham cotação em bolsa. Como dito acima, esse cálculo será apresentado pelas partes. Entretanto, é praxe a realização dos cálculos pelo serviço competente da Justiça do Trabalho. Aliás, prática admitida pelos arts. 789-A, IX, e § 3º do 879, CLT. Para os cálculos mais complexos, o juiz poderá nomear perito.

Correção monetária e juros de mora — a correção monetária incide desde a data em que o débito se tornou exigível, mas os juros de mora só incidem a partir da propositura da ação, de 1% ao mês, salvo contra a Fazenda Pública, que é de 1% a.m. até agosto/2001, de 6% ao ano, de setembro/2001 a junho/2009; e a partir de 30.6.2009, atualizam-se os débitos da Fazenda Pública mediante a incidência dos índices oficiais de remuneração básica e juros aplicados à caderneta de poupança, por força do art. 5º da Lei n. 11.960/09, cf. OJ n. 7 do Pleno do TST.

Apresentada a conta, é facultado ao juiz intimar as partes para manifestação em dez dias, sob pena de preclusão. Se intimadas não impugnarem, a matéria torna-se preclusa. Entretanto, o juiz poderá homologar a conta sem prévia intimação. Neste caso, as partes poderão impugná-la por ocasião dos embargos à execução — § 3º do art. 884.

b) **Por artigos** — quando, para determinar o valor da condenação, houver necessidade de alegar e provar fato novo. Exemplo: a sentença reconhece que o autor tem direito a horas extras, porém determina a apuração da quantidade na liquidação. Esta espécie segue o rito ordinário das reclamações, com apresentação de artigos de liquidação, contestação, documentos, audiência, provas orais, debates e sentença.

É defeso discutir de novo a lide ou modificar a sentença que a julgou — art. 475-G do CPC.

A decisão na liquidação por artigos é impugnável na forma do § 3º do art. 844, referido no item a *supra*.

c) **Por arbitramento** — conforme o art. 475-C do CPC, far-se-á a liquidação por arbitramento quando: I — determinado pela sentença ou convenção das partes; II — o exigir a natureza do objeto da liquidação.

Requerida a liquidação por arbitramento, o juiz nomeará o perito e fixará o prazo para a entrega do laudo. Apresentado o laudo, sobre o qual poderão as partes manifestar-se no prazo de dez dias, o juiz proferirá decisão, ou designará, se necessário, audiência — art. 475-D e parágrafo único, CPC.

4.3. Coisa julgada e correção de erro material da liquidação — Na execução, várias sentenças são proferidas: de liquidação, de embargos, de agravo de petição etc. Entretanto, em todo e qualquer caso, as sentenças de execução subordinam-se ao título originário. Assim, é legítimo corrigir, a qualquer tempo, erro material ocorrido na execução.

Há ainda que considerar o erro grosseiro, acintoso, que desqualifica até a condição do ato que o contém. Este enquadra-se como erro material, em proporção que o torna inconvalidável.

Mas o que são *coisa julgada* e *erro material?*

Há de se distinguir, em primeiro plano, coisa julgada de sentença que transita em julgado e preclusão temporal.

A sentença que não enfrenta o mérito transita em julgado, mas não faz coisa julgada. Encerra o processo, constituindo coisa julgada apenas formal, podendo a matéria ser ressuscitada em outro processo.

A sentença que enfrenta a matéria faz coisa julgada formal e material. A *coisa* de que fala a lei é a *matéria*. Uma vez resolvida em um processo, não pode ser ressuscitada em outro.

Já a preclusão temporal, que é a perda de uma faculdade processual pelo seu não exercício no prazo, não torna, em caráter absoluto, inapreciável a matéria, quanto às questões processuais que o juiz pode conhecer de ofício, como a incompetência absoluta, a carência de ação, a coisa julgada etc., "*uma vez repelidas, mesmo que a essas decisões se haja operado a preclusão, livre é ao juiz, por ocasião do julgamento da causa, reexaminar as respectivas questões de ofício e, com maiores razões por provocação da parte, ainda que quanto às decisões das mesmas se haja operado a preclusão*", averba Moacyr Amaral Santos[84].

De Plácido e Silva define o erro jurídico como "*a falsa concepção acerca de um fato ou de uma coisa*". E erro de fato como "*uma falsa ideia sobre o exato sentido das coisas,*

(84) *Primeiras linhas de direito processual civil*. São Paulo: Saraiva, 1979. v. 3, p. 53.

crendo-se uma realidade que não é verdadeira". E ocorre o erro substancial quando "*se executa um ato na certeza ou com a intenção de praticar outro*"[(85)].

Erro, ontologicamente, é uma "falha de ser", uma aparência ou privação de ser. Gnosiologicamente, erro é a falsa compreensão do objeto, a falsa compreensão de uma verdade ou a compreensão como verdade de uma mentira. É pior do que a ignorância, que vem a ser o desconhecimento, a total inapetência. Axiologicamente, erro liga-se à ideia de *imperfeição*, de *mal moral*, quando voluntariamente cometido.

Erro de fato, segundo Pontes de Miranda, "*é a falta de conhecimento entre a ideia e o estado verdadeiro da coisa ou do fato*". Assim, o erro, em sentido estrito, ou é a ideia falsa ou a falta de ideia. Isto porque, no caso de ideia errônea, não deixa de existir a manifestação de vontade[(86)].

Material vem a ser o conjunto dos objetos que formam a coisa. Logo, erro material é o erro na composição da coisa. E este é o que, no Direito Processual, em tese, é corrigível a qualquer tempo.

Na jurisprudência, o STF e o TST têm se posicionado, a respeito dos cálculos na fase dos precatórios, no sentido de que o erro de cálculo não transita em julgado[(87)]. No julgamento do RE 78.612/78, ficou assentado que erro de cálculo é passível de correção sem ofensa à coisa julgada.

A interpretação do texto dá-se no contexto. O limite objetivo da coisa julgada se estabelece no art. 468 do CPC, inserido no Título VIII — DO PROCEDIMENTO ORDINÁRIO, que antecede o Título IX — DO PROCESSO NOS TRIBUNAIS. Como se vê, essa abordagem legal e doutrinária refere-se ao título oriundo do processo de conhecimento. A fase executória reveste-se de excepcionalidade e encontra os seus limites sempre no título executivo: a sentença, cf. arts. 879, § 1º, CLT e 475-G, CPC.

Logo, os atropelos na execução nunca devem constituir coisa julgada sob o rigor do conceito, pois o que é imodificável e faz coisa julgada oponível a todos é o título original. Ora, se este título está protegido até contra lei, com mais razão está contra o julgador.

Portanto, na fase de execução, mesmo com vários julgados proferidos, constituindo matéria julgada ou preclusa, tem ocorrido de o juiz anular toda ou parte da execução, quando detecta, de ofício ou por provocação, erro que comprometa o título original.

Assim, a qualquer tempo, desde que não encerrada a execução mediante a decretação de sua extinção, a conta é refazível. Mas para isso é necessário que seja demonstrado com clareza o erro de cálculo.

O art. 1º-E da Lei n. 9.494/97, com redação da MP n. 2.180-35/01, dispõe que o Presidente do Tribunal pode rever, a requerimento ou de ofício, a conta do precatório antes de determinar o seu pagamento.

---

(85) *Vocabulário jurídico*. Rio de Janeiro: Forense, 1984.

(86) *Op. cit.*, p. 341.

(87) "PRECATÓRIO — ATUALIZAÇAO DE VALORES — ERROS MATERIAIS — INEXATIDÕES — CORREÇÃO — COMPETÊNCIA. Constatado erro material ou inexatidões nos cálculos, compete ao Presidente do Tribunal determinar as correções, fazendo-o a partir dos parâmetros do título executivo judicial, ou seja, da sentença exequenda" (STF. ADI-1098/SP. Rel. Ministro Marco Aurélio. DJ 25.10.96. p. 19).

Lógico que as questões dialetizadas e resolvidas a respeito da fixação das bases de cálculo, dos critérios e dos parâmetros, uma vez superados os recursos, não podem ser revolvidas. Até porque esses comandos sentenciais apenas plenificam os pontos em aberto do título original.

A partir do STF, estabeleceu-se um consenso: o erro material na conta é corrigível a qualquer tempo. Porém, a correção de erros materiais e aritméticos dos cálculos não pode "*alcançar o critério adotado para a elaboração dos cálculos nem a adoção de índices de atualização monetária diversos dos que foram utilizados na primeira instância, tal como decidido por este Tribunal ao examinar o art. 337, III, VI e VII do RI do Tribunal de Justiça paulista (ADI n. 1.098, j. 11.9.1996)*" (STF. ADIMC n. 1.662/SP. Rel. Min. Maurício Correia. DJ 20.3.98, p. 4).

5. NOÇÕES CONCEITUAIS E PRINCÍPIOS GERAIS DA EXECUÇÃO

"Execução é o complexo de atos que se voltam a compelir quem figura como obrigado em um título executivo a cumprir sua obrigação" — MALTA, T. *op. cit.*, p. 503. Isto se denomina execução forçada, que é o emprego dos meios coercitivos para obter a satisfação do direito concreto.

Pressupostos da execução forçada: a) existência de título executivo; b) inadimplemento do devedor.

A Lei n. 11.232/06 alterou profundamente a execução prevista no CPC. Dentre as inovações, são compatíveis com o Processo do Trabalho os arts. 466-A, 466-B, 475-L e §§ 1º e 2º, 475-N, os §§ 2º e 3º do art. 475-O, 475-Q, 475-P e seu parágrafo único; o art. 741, sobre execução contra a Fazenda Pública, além de outras, cf. será registrado em cada unidade a seguir.

Quando se tratar de título judicial, a execução corre nos mesmos autos do processo em que foi proferida a sentença exequenda.

Início da execução — inicia-se com a determinação do juiz para citação do executado, para cumprir a decisão no prazo assinado ou pagar em 48 horas ou oferecer bens à penhora. Estabelece-se a relação jurídica com a citação do réu. O mandado de citação conterá a decisão exequenda ou o termo de acordo não cumprido. Se o executado, procurado por duas vezes no espaço de 48 horas, não for encontrado, far-se-á a citação por edital. Não encontrado o devedor, e havendo bens deste, o Oficial de Justiça efetuará a penhora, removendo os bens, tantos quantos bastem à satisfação do débito.

Princípios informativos — a execução trabalhista obedece aos princípios gerais da execução, porém matizados, posto que, se no geral visam a proteger o mais fraco, que é o devedor, no trabalho, o mais fraco, em regra, é o credor:

a) toda execução é real, incide sobre o patrimônio e não sobre a pessoa do devedor;

b) tem por finalidade a satisfação do direito do exequente, atingindo apenas a porção patrimonial do devedor suficiente para satisfação do débito;

c) deve ser econômica, da forma menos gravosa para o executado, desde que satisfaça, **da maneira mais efetiva possível**, o direito do exequente;

d) deve ser específica: cumpre-lhe propiciar ao credor só aquilo que obteria se a obrigação fosse satisfeita voluntariamente, ou, não sendo possível, o que a substitua a contento;

e) a execução corre às expensas do devedor;

f) o credor tem a livre disponibilidade do processo de execução. Mas nas ações de natureza coletiva **a transação ou desistência deve ser devidamente assistida** pelo ente autor da ação;

g) o executado não pode ser reduzido à situação de indignidade. *Porém, sendo o exequente e o executado miseráveis, deve haver uma repartição das necessidades, e nunca proteger totalmente um em detrimento do outro.*

5.1. Fontes legais — Preceitua o art. 876 da CLT que as decisões judiciais e os títulos executivos extrajudiciais "*serão executados pela forma estabelecida neste Capítulo*", o qual vai dos arts. 876 a 892.

Nos casos omissos, o Direito Processual Comum será fonte subsidiária do Direito Processual do Trabalho, exceto naquilo em que for incompatível com as normas celetistas — art. 769 da CLT.

Já o art. 889 consolidado preceitua: "*Aos trâmites e incidentes do processo de execução são aplicáveis, naquilo em que não contravierem ao presente Título, os preceitos que regem o processo dos executivos fiscais para a cobrança judicial da dívida da Fazenda Pública Federal*", que é a Lei n. 6.830/80.

Resulta que tanto o CPC como a Lei n. 6.830/80 aplicam-se subsidiariamente às execuções trabalhistas, no que for cabível, com a prevalência desta, mas sempre a CLT em 1º lugar, conforme se deduz da IN n. 27/05, do TST, transcrita no Cap. I desta 2ª Parte.

5.2. Títulos executivos trabalhistas e juízo competente — dividem-se em títulos executivos judiciais e extrajudiciais.

Judiciais: sentenças condenatórias; acordo homologado em juízo; sentença homologatória de laudo arbitral; sentença estrangeira trabalhista homologada pelo STF; o formal e a certidão de partilha, quando a parte que coube ao beneficiário é crédito trabalhista; e as contribuições previdenciárias decorrentes de sentença ou acordo trabalhista.

Extrajudiciais: o termo de acordo trabalhista firmado perante as Comissões de Conciliação Prévia; o termo de ajuste de conduta firmado perante o Ministério Público do Trabalho; o laudo arbitral a que se refere o art. 83, XI, da LC n. 75; a certidão de dívida ativa da União, referente a multas aplicadas pela DRT. O Prof. Francisco Gérson entende ser cabível igualmente a execução do Termo de Ajuste de conduta de que trata o § 6º da Lei n. 7.347/85, firmado, nos autos de Ação Civil Pública, perante outros órgãos públicos que não o Ministério Público. Entende também cabíveis execução de cheques dados em virtude da relação de trabalho e documentos que representem confissão de dívida do empregador (2004, p. 38 e 39).

É competente para a execução das **decisões** o juiz ou presidente do tribunal que tiver conciliado ou julgado originariamente o dissídio — art. 877 da CLT. É competente para a execução de **título executivo extrajudicial** o juiz que tiver competência para o processo de conhecimento relativo à matéria — art. 877-A. Aplica-se esta regra para a execução dos títulos judiciais não oriundos do juízo trabalhista.

5.3. Legitimidade ativa e passiva na execução — segundo o art. 878 da CLT, a execução poderá ser promovida por qualquer interessado, ou, *ex officio*, pelo próprio Juiz ou Presidente do Tribunal competente. Claro que, havendo advogado constituído, o juiz deve esperar pela iniciativa da parte, mas não nos casos em que a parte reclama pessoalmente. Os arts. 114, VIII, da CF e 876, parágrafo único, da CLT, incumbem ao juiz executar de ofício as contribuições previdenciárias decorrentes de sentenças e acordos trabalhistas.

Além do juiz, podem promover a execução: as partes e os sucessores; a União, quanto às contribuições previdenciárias; e o Ministério Público do Trabalho, nos casos prescritos em lei. Ver arts. 566 e 567 do CPC.

Passiva — a legitimidade passiva é controversa, pois, além do devedor originário, há os solidários, os sucessores e os responsáveis subsidiários. Ver art. 568 do CPC.

A solidariedade se dá entre empresas que compõem o mesmo grupo econômico, em que uma delas dirige, comanda ou controla as demais. A Súmula n. 205 do TST dizia que só podia ser executada a empresa solidária se ela tivesse figurado no polo passivo da reclamação, mas foi cancelada. Até porque não há previsão legal no sentido de que, para a garantia do art. 2º, § 2º da CLT, o trabalhador tenha que acionar todas as empresas do grupo.

Na sucessão de empresas — arts. 10 e 448 da CLT —, a sucessora constitui a responsável pelo passivo trabalhista. A discussão trava-se sobre o que vem a ser sucessão de empresas, matéria que analisamos no Direito Material. A nova Lei de Falências, entretanto, abre uma exceção: que o adquirente da empresa falida não herda as obrigações trabalhistas desta (arts. 60, parágrafo único, e 141, II, da Lei n. 11.101/05).

O sócio-gerente, como de resto os demais sócios, de empresas constituídas sob a forma de sociedade de pessoas é responsável subsidiário pelo passivo trabalhista, quando se verificar a insolvência ou a extinção da empresa (arts. 1.001, 1.016, 1.023, 1.032, do Código Civil).

Quando se verifica desvio patrimonial da empresa ou desvio dos deveres dos sócios, aplica-se a teoria da despersonalização da pessoa jurídica para justificar a constrição dos bens particulares dos sócios na insuficiência de bens da empresa. Na hipótese de microempresa, de empresário individual, em que se confundem o patrimônio e as despesas pessoais e empresariais, executa-se primeiro o patrimônio da empresa e, subsidiariamente, o do empresário.

6. MODALIDADES DA EXECUÇÃO

A CLT não distingue a execução de sentença e de título extrajudicial. Assim, a distinção que o CPC passou a fazer quanto à execução do título judicial, que passou a denominar de *cumprimento da sentença*, e execução de título extrajudicial, apenas pontualmente tem aplicação supletiva à execução trabalhista.

O Capítulo sobre o cumprimento da sentença foi deslocado do Título que trata da execução para integrar o processo de conhecimento — arts. 475-I a 475-R, dando preferência à tutela específica, na forma dos arts. 461 e 461-A. Só na obrigação de pagar quantia certa, o cumprimento da sentença dar-se-á por execução.

Primeiro, a execução é GENÉRICA ou ESPECÍFICA. Na genérica, são excutidos bens do devedor para obter o valor da obrigação não cumprida. Procura-se o equivalente em dinheiro. Na específica, o credor visa a obter exatamente a prestação prometida.

De outro ângulo, a execução refere-se às obrigações de: fazer e não fazer e de dar (coisa ou quantia). Há ainda a execução contra a Fazenda Pública, a execução de quantia certa contra devedor solvente e execução por quantia certa contra devedor insolvente. A matéria está disposta nos arts. 475-I a 475-R e 566 a 795 do CPC.

Para **entrega de** coisa divide-se em **coisa certa e coisa incerta**. Preceitua o art. 461-A do CPC:

Na ação que tenha por objeto a entrega de coisa, o juiz, ao conceder a tutela específica, fixará o prazo para o cumprimento da obrigação.

> § 1º Tratando-se da entrega de coisa determinada pelo gênero e quantidade, o credor a individualizará na petição inicial, se lhe couber a escolha; cabendo ao devedor escolher, este a entregará individualizada, no prazo fixado pelo juiz.
>
> § 2º Não cumprindo a obrigação no prazo estabelecido, expedir-se-á em favor do credor mandado de busca e apreensão ou de imissão de posse, conforme se tratar de coisa móvel ou imóvel.
>
> § 3º Aplica-se à ação prevista neste artigo o disposto nos §§ 1º a 6º do art. 461.

Os parágrafos citados tratam do cumprimento da obrigação de fazer ou não fazer, mediante tutela específica, ou conversão em perdas e danos, se for o caso, e aplicação de multa diária, como se verá adiante.

Esses preceitos do CPC são compatíveis com o Processo do Trabalho. Dessa forma, o empregado (ou ex) poderá ser executado por obrigação de entregar objetos de trabalho fornecidos pelo empregador; ou o empregador por obrigação de entregar ao empregado (ou ex) bens deste deixados nas dependências da empresa, ou a Carteira de Trabalho e Previdência Social etc.

Obrigação de fazer — e não fazer. Dita o art. 880 da CLT que "o juiz ou presidente do Tribunal, requerida a execução, mandará expedir mandado de citação ao executado, a fim de que cumpra a decisão ou o acordo no prazo, pelo modo e sob as condições estabelecidas". Portanto, é bastante lacunoso, forçando à busca de suplementação no Processo Comum.

A respeito, dispõe o art. 461 do CPC:

> Na ação que tenha por objeto o cumprimento de obrigação de fazer ou não fazer, o juiz concederá a tutela específica da obrigação ou, se procedente o pedido, determinará providências que assegurem resultado prático equivalente ao do adimplemento.

§ 1º A obrigação somente se converterá em perdas e danos se o autor a requerer ou se impossível a tutela específica ou a obtenção do resultado prático correspondente.

§ 2º A indenização por perdas e danos dar-se-á sem prejuízo da multa (art. 287).

§ 3º Sendo relevante o fundamento da demanda e havendo justificado receio de ineficácia do provimento final, é lícito ao juiz conceder a tutela liminarmente ou mediante justificação prévia, citado o réu. A medida liminar poderá ser revogada ou modificada, a qualquer tempo, em decisão fundamentada.

§ 4º O juiz poderá, na hipótese do parágrafo anterior ou na sentença, impor multa diária ao réu, independentemente de pedido do autor, se for suficiente ou compatível com a obrigação, fixando-lhe prazo razoável para o cumprimento do preceito.

§ 5º Para a efetivação da tutela específica ou a obtenção do resultado prático equivalente, poderá o juiz, de ofício ou a requerimento, determinar as medidas necessárias, tais como a imposição de multa por tempo de atraso, busca e apreensão, remoção de pessoas e coisas, desfazimento de obra e impedimento de atividade nociva, se necessário com requisição de força policial.

§ 6º O juiz poderá, de ofício, modificar o valor e a periodicidade da multa, caso verifique que se tornou insuficiente ou excessiva.

Esses preceitos são compatíveis com o Processo do Trabalho, já sendo amplamente invocados pelos Juízes do Trabalho na execução de obrigações de fazer ou não fazer, como, por exemplo, incorporações de salários, promoções de empregado, reintegração no emprego e na função, proibição de transferência ou desfazimento desta, proibição de atos e condutas ofensivas ao meio ambiente do trabalho etc.

Entretanto, em relação ao poder público, atente-se para o que dispõe o art. 2º-B da Lei n. 9.494/97, com a redação da MP n. 2.180-35/01, segundo o qual a sentença que tenha por objeto a liberação de recurso, a inclusão em folha de pagamento, reclassificação, equiparação, concessão de aumento ou extensão de vantagens a servidores da União, Estados, Distrito Federal, Municípios e suas autarquias e fundações somente poderá ser executada após seu trânsito em julgado.

Se o devedor não satisfizer a obrigação de fazer no prazo assinado, após a citação, é lícito ao credor, nos autos do processo, requerer que ela seja executada à custa do devedor, ou haver perdas e danos, caso em que ela se converte em indenização. Se o fato puder ser prestado por terceiros, é lícito ao juiz, a requerimento do credor, decidir que aquele o realize à custa do devedor. Ver arts. 461 e 632 a 645 do CPC.

Obrigação de não fazer — a tutela específica faz-se pela forma estipulada nos arts. 461 e 461-A retrotranscritos.

Se o devedor praticou ato, a cuja abstenção estava obrigado pela lei ou pelo contrato, o credor requererá ao juiz que lhe assine prazo para desfazê-lo. Havendo recusa ou mora do devedor, o credor requererá ao juiz que mande desfazer o ato à sua custa, respondendo o devedor por perdas e danos. Não sendo possível desfazer-se o ato, a obrigação resolve-se em perdas e danos — arts. 642/645 do CPC. Ex.: ordem ao empregador para abster-se de provocar determinado dano ao meio ambiente de trabalho.

7. EXECUÇÃO POR QUANTIA CERTA CONTRA DEVEDOR SOLVENTE

O art. 646 preceitua que a execução por quantia certa tem por objeto expropriar bens do devedor, a fim de satisfazer o direito do credor.

Liquidada a sentença, será o devedor citado para pagar ou nomear bens à penhora no prazo de 48 horas. O mandado de citação deverá conter a decisão exequenda ou o termo de acordo não cumprido. A citação será feita pelo Oficial de Justiça Avaliador. A indicação de bens à penhora obedecerá à ordem preferencial do art. 655 do CPC (art. 882 da CLT).

Não pagando o executado, nem garantindo a execução, no prazo de 48 horas da citação, seguir-se-á a penhora dos bens, tantos quantos bastem ao pagamento da importância do título, acrescida de juros e correção monetária.

Concluídas penhora e avaliação, julgadas subsistentes, seguir-se-á a arrematação, que será anunciada por edital afixado na sede do Juízo ou Tribunal e publicado no jornal local, se houver, com antecedência de 20 dias. Onde houver, publica-se no Diário da Justiça.

A matéria encontra-se disposta nos arts. 876 a 883 e 888 a 892 da CLT e 12 e 13 da Lei n. 5.584/70; subsidiariamente, na Lei n. 6.830/80 e arts. 646 e segs. do CPC.

Aplicação do art. 475-J do CPC, com a redação dada pela Lei n. 11.232/05. Constata-se uma tendência da magistratura do trabalho em encampar o sistema do CPC reformado. De fato, trata-se de inovações consideráveis no sentido da efetivação da sentença. Por sua vez, não se tem notícia de nenhum projeto de reforma da CLT para otimizar a execução trabalhista.

Destarte, é de conjecturar-se que, se a execução cível, que se destina a amparar os credores capitalistas, foi endurecida contra o devedor, que em geral se encontra em situação de inferioridade, com muito mais razão a execução trabalhista, que tem como regra o hipossuficiente no polo ativo.

Entretanto, esse sistema é incompatível com o sistema celetista, dado que institui uma série de novidades: multa de 10% para o devedor que não cumprir a sentença líquida no prazo de 15 dias da intimação; abole os embargos à execução de sentença; põe no lugar dos embargos a impugnação, esta sem a garantia prévia da execução; envolve o advogado do executado no processo de execução, quando no Processo do Trabalho subsiste o *jus postulandi* das partes e a execução de ofício pelo juiz: "A execução poderá ser promovida por qualquer interessado, ou *ex officio* pelo próprio juiz ou Presidente do Tribunal competente" — art. 878.

Não se pode aplicar o sistema retalhado. Se aplicar-se a multa de 10%, tem-se que aderir também ao benefício da impugnação sem garantia prévia da execução etc. Contudo, nada impede que, se o juiz optar pelo sistema cepecista, o diga logo na sentença de conhecimento, para que o sucumbente, ao ser intimado, tenha a oportunidade de impugnar no recurso inclusive essa opção executiva. Assim deve ser porque todo cidadão tem o direito líquido e certo de saber previamente por qual direito será processado e executado (art. 5º, LIV e LV, CF). A esse propósito, o Ministro Brito Pereira também encontra no art. 880 da CLT um obstáculo intransponível ao ingresso do art. 475-J do CPC (Nós, os Juízes do Trabalho e o CPC — Algumas Reflexões, *Revista do TST*, v. 73, p. 21). De fato, o art. 880 disciplina totalmente a matéria e não há pretexto para substituí-lo, até porque entre ele e a nova regra cepecista não se estabelece nenhum fosso axiológico para sua revogação.

Ademais, sinceramente, ao que nos parece, a CLT revela-se ainda menos formal e, aplicada conjuntamente com a Lei n. 6.830/80, aliadas aos instrumentos atuais, como a penhora *on-line*, produz efeitos mais concretos.

Contudo, muitos pontos da reforma do CPC podem ser invocados subsidiariamente, conforme já se vem expondo em cada tópico.

8. REMIÇÃO DA EXECUÇÃO E DE BENS

Remição da execução — ocorre quando o executado, após a penhora, paga toda a dívida e as despesas de execução, em qualquer tempo, mas antes da arrematação ou adjudicação, resgatando seus bens penhorados (art. 651, CPC).

O art. 13 da Lei n. 5.584/70 permite a remição da execução trabalhista, desde que o devedor ofereça preço igual ao valor do título, inclusive as custas processuais, de execução e despesas com editais.

Remição de bens — assim se denominava o direito que os arts. 787 a 790 do CPC conferiam ao cônjuge, descendente ou ascendente do devedor para resgatar todos (remição total) ou qualquer (parcial) bem do executado, penhorados ou arrecadados em processo de insolvência, depositando o preço por que foram alienados ou adjudicados. Em geral, a família quer manter em seu poder determinados bens de estimação. Não podia ser parcial se houvesse licitante para todos os bens.

Mas a Lei n. 11.382/06 revogou os arts. 787/790 do CPC, extinguindo a remição de bens na execução cível, pondo em seu lugar a adjudicação de bens — § 2º do art. 685-A do CPC. Assim, podem adjudicar, nessa ordem: o exequente, o credor com garantia real, os credores concorrentes que hajam penhorado o mesmo bem, o cônjuge, o ascendente ou descendente do executado.

Para tanto, o adjudicante oferecerá preço não inferior ao da avaliação. Se o crédito do exequente for inferior ao do bem, ele depositará a diferença. Quando houver mais de um pretendente, far-se-á entre eles licitação; em igualdade de preço terá preferência, nessa ordem, o cônjuge, descendente ou ascendente do executado. Essa espécie de adjudicação se antepõe à hasta pública.

Essa regra é parcialmente compatível com a execução trabalhista, porque, aqui, primeiro se leva o bem a leilão, para se abrir a oportunidade de adjudicação. No sistema celetista, o exequente tem prioridade para adjudicar o bem posto em leilão pelo valor do maior lance (art. 880, § 1º, CLT), ou, não havendo arrematante, pelo valor da avaliação.

9. EXECUÇÃO DE PRESTAÇÕES SUCESSIVAS

A CLT trata do tema nos arts. 890 a 892. Nas prestações sucessivas por tempo determinado, a execução pelo não pagamento de uma prestação compreenderá as que lhe sucederem.

Tratando-se de prestações sucessivas por prazo indeterminado, a execução compreenderá inicialmente as prestações devidas até a data do ingresso da execução. Isto significa que nos próprios autos continuam sendo executadas as que se forem vencendo.

10. EXECUÇÃO PROVISÓRIA

É definitiva a execução de decisão transitada em julgado e provisória quando a sentença pender de recurso recebido sem efeito suspensivo, cf. art. 575-I, § 1º, CPC.

Diz o art. 899 da CLT que, na pendência de recurso sem efeito suspensivo, é permitida a execução provisória até a penhora. Contudo, será definitiva quanto à parcela incontroversa. Ora, isto só atende às obrigações de dar, deixando a descoberto as de fazer.

A Lei n. 11.232/05, dentre outras alterações ao CPC, revogou o art. 588 sobre a execução provisória, pondo em seu lugar o art. 475-O, ratificando o que já havia sido instituído pela Lei n. 10.444:

> Art. 475-O. A execução provisória de sentença faz-se, no que couber, do mesmo modo que a definitiva, observadas as seguintes normas:
>
> I — corre por iniciativa, conta e responsabilidade do exequente, que se obriga, se a sentença for reformada, a reparar os danos que o executado houver sofrido;
>
> II — fica sem efeito, sobrevindo acórdão que modifique ou anule sentença objeto de execução, restituindo-se as partes ao estado anterior e liquidados eventuais prejuízos nos mesmos autos, por arbitramento;
>
> III — o levantamento do depósito em dinheiro e a prática de atos que importem alienação de propriedade ou dos quais possa resultar grave dano ao executado dependem de caução suficiente e idônea, arbitrada de plano pelo juiz e prestada nos próprios autos.

Esses três incisos devem ser dosados no sistema trabalhista, dadas as peculiaridades do trabalhador, que, em geral, não pode prestar caução nem indenizar eventual prejuízo do executado. Por cautela, os atos de alienação de bens do executado devem ser suspensos até o final das pendências.

O § 2º desse artigo preceitua que, na execução provisória, o juiz libere quantia em dinheiro sem a prestação de caução em duas hipóteses, a 1ª quando pender agravo de instrumento para o STF ou STJ (no Trabalho, leia-se TST); a 2ª sob três condições: a) se o crédito for de natureza alimentar ou decorrente de ato ilícito; b) se o credor demonstrar situação de necessidade; c) limitado ao valor até 60 salários mínimos. Decerto, o crédito poderá ser superior a 60 SM, porém a liberação sem a prestação de caução está limitada a esse teto.

Essa regra é compatível com a execução trabalhista, visto que o crédito do trabalhador tem caráter alimentício, e em geral o credor é economicamente hipossuficiente.

A OJ n. 87 da SDI-II entendia ser impossível executar provisoriamente reintegração de empregado no emprego, salvo em tutela antecipada. Mas foi cancelada. Destarte, parece-nos que não há dificuldade na reintegração do empregado na pendência de recurso sem efeito suspensivo.

Com isso, é cabível a execução provisória de sentença trabalhista consistente em reintegração no emprego. Até porque ao salário pago corresponde o trabalho prestado, eliminando a hipótese de "dano irreparával" no caso de reforma da sentença reintegratória. Assaz, qualquer eventual dano patrimonial que o empregador venha a sofrer compreende no risco da sua empresa (art. 2º da CLT) e não se compara ao inevitável dano patrimonial, moral e social do empregado no aguardo de uma solução sem fim.

11. EXECUÇÃO POR CARTA DE SENTENÇA

Acontece quando pendente recurso sem efeito suspensivo, em que os autos principais sobem à instância superior.

A nova execução cível aparenta haver extinto a Carta de Sentença. Porém, na prática, manteve-a, cf. se deduz do art. 475-O, § 3º, segundo o qual "ao requerer a execução provisória, o exequente instruirá a petição com cópias autenticadas das seguintes peças do processo, podendo o advogado valer-se do disposto na parte final do art. 544, § 1º: I — sentença ou acórdão exequendo; II — certidão de interposição do recurso não dotado de efeito suspensivo; III — procurações outorgadas pelas partes; IV — decisão de habilitação, se for o caso; V — facultativamente, outras peças processuais que o exequente considere necessárias".

Quando ilíquida a sentença, primeiro se procede à liquidação; quando houver parte líquida e parte ilíquida, procede-se à liquidação da primeira e, em autos apensos, à execução da segunda, cf. art. 475-I, § 2º, CPC.

O recurso trabalhista, em regra, possui efeito meramente devolutivo, cf. art. 899 da CLT. Logo, em regra, toda sentença trabalhista é passível de execução provisória. Entretanto, por cautela, a praxe é de atribuir efeito suspensivo ao recurso ordinário. Porém não possuem efeito suspensivo o agravo de instrumento, o recurso de revista e o extraordinário. Então, nesses casos, cabe a execução provisória, a qual se fará mediante carta de sentença, ou como se queira denominar o novo instrumento que a substituiu.

Na fase de execução, o agravo de petição não tem efeito suspensivo, permitindo a execução imediata da parte incontroversa até o final, nos próprios autos ou por carta de sentença, cf. art. 897, § 1º, CLT. Então forma-se uma Carta de Sentença para execução, a qual será constituída de cópias das peças indispensáveis, como o título executivo, os cálculos da liquidação e as decisões que resolveram os incidentes até então havidos.

12. FRAUDE À EXECUÇÃO E ATOS ATENTATÓRIOS À DIGNIDADE DA JUSTIÇA

Considera-se em fraude de execução a alienação ou oneração de bens (art. 593, CPC): a) quando sobre eles pender ação fundada em direito real; b) quando, ao tempo da alienação ou oneração, corria contra o devedor demanda capaz de reduzi-lo à insolvência; e c) nos demais casos expressos em lei. Contudo, é lícito ao adquirente de bens do executado provar que, ao tempo da aquisição, o patrimônio do executado era suficiente para suportar a execução.

Na execução trabalhista é mais frequente a ocorrência da hipótese *b*. O simples ajuizamento de reclamação trabalhista capaz de reduzir o reclamado à insolvência já é suficiente para caracterizar a fraude da alienação de bens pelo demandado. Com a instituição da Certidão Negativa de Débitos Trabalhistas pela Lei n. 12.440/11, a CNDT passou a ser obrigatória para a alienação de imóveis.

O § 2º do art. 615-A dispõe que presume-se em fraude à execução a alienação ou oneração de bens quando efetuada a averbação de que trata o *caput*. Este diz que o exequente poderá, no ato da distribuição, obter certidão do ajuizamento da execução, a fim de averbação no registro de imóveis, de veículos, ou de outros bens sujeitos a penhora ou arresto.

Equipara-se à fraude de execução o ato do terceiro que, em conluio com o devedor, deste aceitar quitação. Explicando melhor: o terceiro deve determinada quantia ao executado, entretanto, para evitar a penhora do crédito deste, em conluio com ele, nega a existência da dívida – art. 672, § 3º, CPC.

A fraude à execução difere da fraude contra credores. Esta é tratada no Código Civil – arts. 158 a 165; aquela no CPC – art. 593. A fraude contra credores é mais genérica. A alienação em fraude contra credores poderá ser anulada por meio da ação pauliana.

A fraude à execução caracteriza-se quando o ato danoso é cometido no curso da ação patrimonial, como enumerado retro. A alienação ou oneração em fraude à execução é ineficaz; a anulação do ato prescinde de ação pauliana. A execução prossegue sobre o bem alienado como se nada houvesse acontecido. E o adquirente em casos tais sofre as consequências.

Considera-se **atentatório à dignidade da Justiça** (art. 603, CPC) o ato do devedor que: a) frauda a execução; b) se opõe maliciosamente à execução, empregando ardis e meios artificiosos; c) resiste injustificadamente às ordens judiciais; d) intimado, não indica ao juiz, em cinco dias, quais são e onde se encontram os bens sujeitos à penhora e seus respectivos valores.

Nesse caso, o juiz fixará multa ao executado de até 20% sobre o valor atualizado da execução, em favor do exequente, sem prejuízo de outras sanções de natureza processual ou material. O juiz relevará a pena se o credor se comprometer a não mais incidir nas faltas e der fiador idôneo pelo total da execução.

13. ARREMATAÇÃO E ADJUDICAÇÃO

A expropriação consiste em: a) alienação de bens do devedor; b) adjudicação; c) usufruto de imóvel ou de empresa.

Arrematação — a execução forçada é o ato pelo qual, por ordem do juiz, bens do devedor são vendidos em leilão ou hasta pública, a quem mais der. Possui *natureza jurídica de ato executório de índole coativa.*

Hasta pública — De Plácido e Silva diz que esse termo é sinônimo de *praça*, caracterizando-se pelo fato de ser apregoada pelo funcionário competente da Justiça. Porém, de acordo com o art. 704 do CPC, **hasta pública** é a praça de bens imóveis do executado, e **leilão** é a praça de bens móveis do devedor. A CLT, contudo não faz essa distinção, empregando o termo leilão para a praça de bens móveis e imóveis.

A arrematação será anunciada por edital afixado na sede do Juízo ou Tribunal e publicado no jornal local, se houver, com antecedência de 20 dias, cf. art. 888 da CLT. Pela nova regra do art. 685, § 3º, do CPC, o juiz dispensará a publicação de editais quando o valor do bem não exceder 60 salários mínimos. Essa regra é compatível com a execução trabalhista, bastando que, decidindo o juiz por essa forma, disso seja cientificado o executado.

O edital conterá: a) descrição do bem penhorado, com os seus característicos, e, tratando-se de imóvel, a situação, divisas, com remissão à matrícula e aos registros; b) o valor do bem; c) o lugar onde estiverem os móveis, veículos e semoventes; e, sendo direito de ação, os autos do processo em que foram penhorados; d) o dia, o lugar e a hora da praça ou do leilão; e) a menção da existência de ônus, bem como de recurso pendente de julgamento; f) menção de que, se o bem não alcançar lanço superior ao valor da avaliação, seguir-se-á a alienação pelo maior lanço, em dia, hora e local já anunciados, entre os dez e os vinte dias que se seguirem — art. 686 do CPC.

A arrematação far-se-á em dia, hora e lugar anunciados no edital, e os bens serão vendidos pelo maior lance, tendo o exequente preferência para adjudicação. Pode o lance ser em valor inferior ao da avaliação. Entretanto, considera-se não dado, quando em valor irrisório, p.ex., abaixo de 50%.

O arrematante deverá garantir o lance com o sinal de 20% do seu valor; se ele ou seu fiador não pagar dentro de 24h o valor da arrematação, perderá em favor da execução a quantia do sinal, voltando à praça os bens executados.

Não havendo licitante, e não requerendo o exequente a adjudicação dos bens penhorados, poderão os bens ser vendidos por leiloeiro nomeado pelo Juiz ou Presidente do Tribunal. A arrematação trabalhista trata da mesma maneira bens móveis e imóveis.

Concluída a praça, será certificada nos autos, com ou sem licitantes. Tendo havido licitante, será lavrado o auto de arrematação, pelo qual se registra a alienação ao arrematante.

Assinado o auto de arrematação, esta considerar-se-á perfeita, acabada e irretratável. Entretanto, o art. 694, § 1º, do CPC abre algumas exceções, que podem ser admitidas e adaptadas à execução trabalhista: a) por vício de nulidade — da execução ou da arrematação; b) se não for pago o preço no prazo de 24h; c) quando o arrematante provar nos cinco dias seguintes a existência de ônus real não mencionado no edital; d) a requerimento do arrematante, na hipótese de interposição de embargos à arrematação; e) quando realizada por preço vil; f) em outros casos previstos no CPC (art. 698).

No CPC, cabem embargos à arrematação. Na CLT, o recurso previsto é o requerimento ao juiz e, da decisão deste, o agravo de petição. Entretanto, cresce a corrente dos que admitem os embargos à arrematação.

Adjudicação — Em geral é o ato pelo qual a propriedade de um bem passa de uma a outra pessoa. Na execução trabalhista, *é o ato pelo qual o exequente adquire por alienação, por conta da execução, pelo preço da avaliação ou do maior lance, a propriedade dos bens levados a leilão*. A adjudicação constitui uma das formas de pagamento ao credor.

O pressuposto da adjudicação trabalhista é a realização da praça: realizada esta, havendo lançador, estabelecido o valor do lance, o exequente deverá manifestar seu interesse em adjudicar. Preço a preço, ele terá preferência.

Se não houver arrematante, o exequente poderá adjudicar pelo preço da avaliação. Disso resulta que, se houver lance, ainda que abaixo da avaliação, desde que não seja considerado vil, a adjudicação pode ser por este valor. Se o valor da adjudicação for superior ao da execução, o adjudicante depositará em dinheiro a diferença, ou prestará caução idônea.

Se a execução envolver parcelas do reclamante, do INSS e da União (custas e emolumentos), o adjudicante que adjudicar pelo preço superior ao seu crédito depositará a diferença, para que o juiz a repasse aos demais credores e devolva o restante ao executado. Pela ordem, primeiro o crédito do trabalhador, segundo o previdenciário, terceiro o de outros tributos.

Uma vez deferida, será lavrado o **auto de adjudicação** e assinada a **Carta de Adjudicação**, tornando-a irretratável. Entretanto, ao auto, tanto o devedor como terceiro, poderão se opor — o primeiro por agravo de petição e o segundo por embargos de terceiro, em 5 dias, desde que, antes de assinada a **Carta**.

Se houver mais de um requerente à adjudicação, os bens serão licitados entre os interessados, ao que oferecer maior lance. Permanecendo oferta de igual valor, a questão será decidida pela ordem preferencial dos créditos.

Ver item *retro* sobre a nova adjudicação cível.

Carta de Arrematação e de Adjudicação — tanto a arrematação como a adjudicação são finalizadas com a emissão da respectiva Carta, a qual constitui o documento de comprovação de aquisição da propriedade. Se imóvel, deverá ser levada a inscrição no registro competente, para completar o ato de aquisição. A Carta deverá conter a descrição exata do bem, o valor da aquisição, data e local, nomes do executado e exequente e dados do processo.

14. EXECUÇÃO POR QUANTIA CERTA CONTRA DEVEDOR INSOLVENTE E MASSA FALIDA

Na execução trabalhista, em tese, não comporta a execução por quantia certa contra devedor insolvente prevista no CPC, salvo a remota possibilidade de todos os credores do devedor civil (não empresário ou entes não sujeitos a falência, cf. art. 2º da Lei n. 11.101/05) serem-no por crédito trabalhista. Isto porque o crédito alimentar goza de preferência em relação a todos os outros.

A empresa sob liquidação extrajudicial sofre a execução normal. Já na execução contra massa falida, vêm-se observando os procedimentos a seguir:

a) a reclamação contra a massa é julgada pela Justiça do Trabalho;

b) liquidada a sentença, cita-se a massa através do síndico;

c) não pagando nem indicando bens à penhora no prazo de 48 horas, procede-se à habilitação do crédito perante o juízo da falência;

d) se já constituída penhora quando da decretação da falência, compete ao juízo trabalhista prosseguir na execução, devolvendo à massa o saldo porventura sobejante.

O art. 83 da nova Lei de Falências, agora denominada de Recuperação das Empresas (n. 11.101/05), estipula que os créditos derivados da legislação trabalhista são preferenciais até o limite de 150 salários mínimos por pessoa, ficando o que ultrapassar esse valor como crédito quirografário. Esse mesmo artigo privilegia o total dos créditos decorrentes de acidente de trabalho. O crédito tributário, que na lei antiga vinha em 2º lugar, agora vem em 3º, perdendo para o crédito com garantia real.

Assim, habilita-se no processo falimentar o crédito trabalhista para pagamento preferencial até o valor de 150 salários mínimos (o que ultrapassar será quirografário) ou qualquer valor quando decorrente de acidente de trabalho.

O art. 151 dessa Lei preceitua: “Os créditos trabalhistas de natureza estritamente salarial vencidos nos 3 (três) meses anteriores à decretação da falência, até o limite de 5 (cinco) salários mínimos por trabalhador, serão pagos tão logo haja disponibilidade em caixa”. Neste caso, nem há habilitação na massa, mas pagamento imediato, logo que haja disponibilidade de caixa.

Considerando que: o crédito trabalhista até 150 SM é preferencial; o juízo de falência não é universal (tanto que não julga a reclamação); o juízo falimentar não satisfaz a finalidade da lei trabalhista, que é atender com brevidade ao crédito alimentar, o mais razoável será executar-se a massa falida como a qualquer devedor solvente até o valor de 150 SM. Aliás, a Justiça do Trabalho tem competência para dirimir os litígios que tenham origem no cumprimento de suas sentenças. E o art. 889 celetário manda aplicar subsidiariamente a Lei dos Executivos Fiscais.

E essa Lei n. 6.830/80, determina a execução direta contra a massa falida, sem o concurso de credores. Essa regra foi repetida no art. 188 do CTN, com a redação que lhe deu a LC n. 118/05, já o adaptando à nova lei de falências. O art. 5º da Lei n. 6.830/80, não abalado pela nova Lei de Falências, dispõe:

A competência para processar e julgar a execução da Dívida Ativa da Fazenda Pública exclui a de qualquer outro juízo, inclusive o da falência, da concordata, da liquidação, da insolvência ou do inventário.

15. SUSPENSÃO E EXTINÇÃO DA EXECUÇÃO

Suspensa a execução, é defeso praticar quaisquer atos processuais. O juiz poderá, entretanto, ordenar providências cautelares urgentes.

Suspende-se a execução (art. 791 do CPC): a) no todo ou em parte quando recebidos, com efeito suspensivo, os embargos do devedor; b) quando o devedor não possuir bens penhoráveis; c) pela morte ou perda da capacidade processual de qualquer das partes, de seu representante legal ou de seu procurador; d) pela convenção das partes; e) quando oposta exceção de incompetência do juízo, de suspeição ou impedimento do juiz.

O art. 40 da Lei n. 6.830/80, que é a regra suplementar à CLT, dispõe que o juiz suspenderá o curso da execução, enquanto não for localizado o devedor ou encontrados bens sobre os quais possa recair penhora, e, nesses casos, não correrá o prazo de prescrição.

Suspenso o curso da execução, será aberta vista dos autos ao representante judicial da Fazenda Pública. Decorrido o prazo máximo de um ano sem que seja localizado o devedor ou bens penhoráveis, o juiz ordenará o arquivamento dos autos. Localizado o devedor ou bens, a execução prosseguirá.

Entretanto, se da decisão que determinar o arquivamento tiver decorrido o prazo prescricional de cinco anos, o juiz, depois de ouvida a Fazenda Pública, poderá, de ofício, reconhecer e decretar a prescrição intercorrente.

Convindo às partes, o juiz suspenderá a execução durante o prazo concedido pelo credor, para que o devedor cumpra voluntariamente a obrigação. Findo o prazo sem cumprimento, o processo retoma o seu curso.

Extingue-se o processo quando: a) o devedor satisfizer a obrigação; b) o devedor obtiver, por transação ou por qualquer outro meio, a remissão total da dívida; c) o credor renunciar ao crédito. A extinção só produz efeito quando declarada por sentença. Daí ser passível de ação rescisória — OJ n. 107 da SDI-II.

Capítulo XIV

Da Penhora

1. QUANDO SE DÁ A PENHORA

Penhora é a apreensão judicial de bens do devedor, destinada a garantir o pagamento da dívida. Se o devedor relutar em nomear bens à penhora, esta será feita compulsoriamente.

Tem natureza jurídica *de ato executório*, e cumpre dupla função: a) individuar e apreender efetivamente os bens que se destinam aos fins da execução; b) conservar os bens na situação em que se encontram, evitando que sejam subtraídos, alienados ou deteriorados em prejuízo da execução.

Feita a penhora, o devedor é cientificado, podendo opor embargos à penhora ou à execução em cinco dias. Efetuada a penhora, será nomeado depositário, que poderá ser o próprio executado. O depositário fica responsável pela guarda e conservação dos bens. O TST já pacificou que para caracterizar o depositário infiel é necessário que ele haja concordado expressamente com o encargo, mediante a assinatura do termo de depósito. Há crítica fundada sobre essa posição do TST, porque ninguém aceita espontaneamente encargos da execução. A Súmula Vinculante n. 25 do STF aboliu a prisão do depositário infiel, porque equivale a prisão por dívida, vedada pelo Tratado de São José da Costa Rica.

2. PROCEDIMENTOS

Se, devidamente citado, o devedor, em 48 horas, não pagar nem fizer nomeação válida, o oficial penhorar-lhe-á tantos bens quantos bastem para o pagamento do principal, juros, custas e honorários advocatícios.

O auto de penhora conterá: a) a indicação do dia, mês, ano e lugar em que foi feita; b) os nomes do credor e do devedor; c) a descrição dos bens penhorados, com os seus característicos; d) a nomeação do depositário.

Efetuar-se-á a penhora onde quer que se encontrem os bens, ainda que em repartição pública, caso em que precederá requisição do juiz ao respectivo chefe. Quando a penhora recair em bem imóvel do casal, será intimado também o cônjuge. E quando recair em bens reservados da mulher, o marido será intimado da penhora — art. 669 do CPC. Claro que, com o reconhecimento dos direitos dos companheiros, estes devem ser levados em consideração.

A penhora de bem imóvel realizar-se-á mediante auto ou termo de penhora, e inscrição no respectivo registro, para surtir efeitos perante terceiros, cf. art. 654, § 4º. O custo desse registro integrará as despesas processuais a serem suportadas pelo executado.

Não se levará a efeito a penhora quando evidente que o produto da execução dos bens encontrados será totalmente absorvido pelo pagamento das custas de execução. O oficial certificará essa ocorrência.

Venda antecipada — o juiz determinará a alienação antecipada dos bens penhorados quando: a) sujeitos a deterioração ou depreciação; b) houver manifesta vantagem. Quando requerido por uma das partes, a outra será ouvida.

Penhora de créditos e de outros direitos — a penhora de créditos do devedor, representados por título de crédito, faz-se mediante a apreensão do documento, esteja ou não no poder do devedor. Se o título não for apreendido, mas o terceiro confessar a dívida, será havido como depositário da importância. O terceiro só se exonerará da obrigação depositando em juízo a importância respectiva.

Se o terceiro negar o débito em conluio com o devedor, a quitação, que este lhe der, considerar-se-á em fraude de execução. A requerimento do exequente ou de ofício, o juiz determinará o comparecimento em audiência especialmente designada, do executado e do terceiro, a fim de lhes tomar os depoimentos.

Se a penhora recair sobre créditos do devedor, enquanto não ocorrer a hipótese acima descrita, considera-se feita pela intimação: a) do terceiro devedor para que não pague ao seu credor; b) ao credor do terceiro para que não pratique ato de disposição do crédito.

Feita a penhora em direito de ação do devedor, e não tendo este oferecido embargos, ou sendo estes rejeitados, o credor fica sub-rogado nos direitos do devedor até a concorrência do seu crédito.

O credor que preferir, em vez de sub-rogação, a alienação judicial do direito penhorado, declarará sua vontade no prazo de dez dias contados da realização da penhora. A sub-rogação não impede o sub-rogado, se não receber o crédito do devedor, de prosseguir na execução, nos mesmos autos, penhorando outros bens.

Quando a penhora recair sobre dívidas de dinheiro a juros, de direito a rendas, ou de prestações periódicas, o credor poderá levantar os juros, os rendimentos ou as prestações à medida que forem sendo depositados, abatendo-se do crédito as importâncias recebidas, conforme as regras da imputação do pagamento.

Recaindo a penhora sobre direito que tenha por objeto prestação ou restituição de coisa determinada, o devedor será intimado para, no vencimento, depositá-la, correndo sobre ela a execução, cf. art. 676, CPC.

Penhora no rosto dos autos — assim se denomina a penhora de sobra da execução em um processo para saldar a dívida executada em outro processo. Para tanto, efetua-se a penhora dentro do processo em que se verifica algum saldo de execução.

Na Justiça do Trabalho é comum um exequente requerer a penhora no rosto dos autos de outra execução em que haja bem ou quantia penhorada cujo valor seja suficiente para saldar os créditos habilitados nos processos.

Resistência — se o devedor fechar as portas a fim de obstar a penhora dos bens, o Oficial de Justiça comunicará o fato ao juiz, solicitando-lhe ordem de arrombamento. Atendida a solicitação, dois oficiais cumprirão o mandado, arrombando portas, móveis e gavetas, onde presumirem que se achem os bens, e lavrando de tudo auto circunstanciado, que será assinado por duas testemunhas, presentes à diligência.

3. AVALIAÇÃO E DEPOSITÁRIO

A avaliação, na execução trabalhista, é feita pelos Oficiais de Justiça Avaliadores, cf. o art. 721 da CLT, com a redação da Lei n. 5.442/68, que derrogou o art. 887. A nova redação do art. 652, § 1º, do CPC preceitua que o Oficial de Justiça, ao penhorar bens, procederá à imediata avaliação, encampando a praxe trabalhista. Na prática, é assim que já vem procedendo a Justiça do Trabalho. Na falta de Oficiais de Justiça, o juiz poderá nomear outro funcionário *ad hoc*.

Juntada aos autos a certidão de penhora, o exequente poderá manifestar-se, impugnando a penhora e/ou a avaliação. O executado só pode fazê-lo mediante embargos, em que alegará toda a matéria de defesa, inclusive impenhorabilidade do bem ou excesso de penhora.

Depositário fiel — Concluída a penhora, será nomeado depositário, o qual fica responsável pela guarda e conservação dos bens. Se o credor não concordar que o devedor fique como depositário, depositar-se-ão:

a) quantias em dinheiro, pedras preciosas, papéis de crédito — no BB, na CEF ou em outra instituição financeira oficial, ou, na falta destas no local, em qualquer outro estabelecimento de crédito que o juiz designar;

b) os móveis e os imóveis urbanos — depositário judicial;

c) os demais bens — em mãos de depositário particular, na forma a seguir;

d) quando a penhora recair em estabelecimento comercial, industrial ou agrícola, bem como em semoventes, plantações ou edifícios em construção, o juiz nomeará um depositário, determinando-lhe que apresente em dez dias a forma de administração. Ouvidas as partes, o juiz decidirá em dez dias. É lícito às partes ajustarem a forma de administração, escolhendo o depositário, caso em que o juiz homologará por despacho a indicação;

e) a penhora de empresa que funcione mediante concessão ou autorização far-se-á conforme o valor do crédito, sobre a renda, sobre determinados bens, ou sobre todo o patrimônio, nomeando o juiz como depositário, de preferência, um dos seus diretores.

Quando a penhora recair sobre a renda, ou sobre determinados bens, o depositário apresentará a forma de administração e o esquema de pagamento. Recaindo, porém, sobre todo o patrimônio, a execução prosseguirá, ouvindo-se, antes da arrematação ou da adjudicação, o Poder Público concedente.

A penhora sobre navio ou aeronave não obsta a que continue navegando ou operando até a alienação; mas o juiz, ao conceder a autorização para navegar ou operar, não permitirá que saia do porto ou aeroporto antes que o devedor faça o seguro usual contra riscos.

O depositário fiel será responsável pela preservação e conservação do bem a ele confiado. O descumprimento das obrigações daí advindas ensejaria sua prisão, a qual seria decretada no próprio processo, independentemente de ação de depósito — art. 666, § 3º, do CPC, com redação dada pela Lei n. 11.382/06. Porém o STF baniu esta espécie de prisão do Ordenamento brasileiro.

O TST já pacificou que para caracterizar o depositário infiel é necessário que ele haja concordado expressamente com o encargo, mediante a assinatura do termo de depósito.

4. ORDEM DE BENS A PENHORA

Tanto a indicação voluntária como a penhora coercitiva devem obedecer à ordem estabelecida no art. 655 do CPC, com a redação dada pela Lei n. 11.382/06, por remissão expressa do art. 882 da CLT:

a) dinheiro, em espécie ou em depósito ou aplicação financeira;

b) veículos de via terrestre;

c) bens móveis em geral;

d) bens imóveis;

e) ações e cotas de sociedades empresárias;

f) percentual do faturamento de empresa devedora;

g) pedras e metais preciosos;

h) títulos da dívida pública da União, dos Estados e do Distrito Federal com cotação em mercado;

i) títulos e valores mobiliários com cotação em mercado;

j) outros direitos.

Na execução de crédito com garantia hipotecária, pignoratícia ou anticrética, a penhora recairá preferencialmente sobre a coisa dada em garantia; se esta pertencer a terceiro garantidor, este também será intimado da penhora.

Tratando-se de penhora de bem indivisível, a meação do cônjuge alheio à execução recairá sobre o produto da alienação do bem, cf. art. 655-B.

A indicação dos bens e suas especificações e dados identificadores constitui obrigação do executado, cf. art. 668, parágrafo único do CPC. O juiz poderá, de ofício ou a requerimento, determinar, a qualquer tempo, a intimação do executado para indicar bens passíveis de penhora, cf. arts. 652, § 3º e 656, § 1º. Intimado o executado, não indicando os bens, suas respectivas localizações, prova de propriedade e certidão negativa de ônus, estará cometendo ato atentatório à dignidade da Justiça, cf. art. 600, IV.

5. *PENHORA* ON-LINE

A execução trabalhista evolui para a penhora *on line*, na conta bancária do devedor, mediante convênio com o Banco Central, cf. arts. 655-A do CPC e 55 da Consolidação dos Provimentos da Corregedoria-Geral da Justiça do Trabalho:

> Tratando-se de execução definitiva, se o executado não proceder ao pagamento da quantia devida nem garantir a execução, conforme dispõe o art. 880 da CLT, o juiz poderá, de ofício ou a requerimento da parte, emitir ordem judicial de bloqueio via sistema *Bacen-jud*, com precedência sobre outras modalidades de constrição judicial.

Cumpre ao executado comprovar que os depósitos em conta corrente referem-se à hipótese de salários, pensões, proventos etc. de que trata o inciso IV do art. 649 (salários e similares). Destarte, mesmo ocorrendo essa hipótese, mantém-se a penhora para execução de prestação alimentícia, em cuja categoria se inserem quase todas as condenações trabalhistas. Contudo, se o título executivo incluir créditos do trabalhador e da União, estes alusivos a custas e emolumentos e contribuições sociais, só se penhoram salários e similares até a quantia destinada ao crédito do trabalhador. A jurisprudência do TRT da 22ª Região é no sentido de penhorar-se percentuais mensais (20%, p. e.) do salário do reclamado para pagamento de crédito de seu empregado, até a quitação total.

A solicitação de informação ao sistema do Banco Central e respectiva ordem de bloqueio é feita pelo juiz da execução, através da rede mundial de computadores, mediante o uso de senha privativa do juiz, limitando-se ao valor da quantia sob execução. Feito o bloqueio, efetua-se a penhora sobre o correspondente valor, liberando-se as contas do executado para todos os fins.

No sistema do CPC, a poupança é impenhorável até 40 salários mínimos. A CLT não põe esse limite, razão pela qual é penhorável em qualquer valor.

A persecução do numerário se dá através do CPF da pessoa física ou CNPJ da pessoa jurídica, nas contas, qualquer uma, de qualquer natureza, em qualquer instituição financeira no território nacional. Neste caso, cabe ao prejudicado requerer ao juiz o desbloqueio de suas contas. Caso negado, cabe mandado de segurança perante a instância *ad quem*.

As empresas e os executados em geral podem requerer ao TST o cadastramento de conta sobre a qual poderá incidir a penhora *on-line*. Neste caso, o devedor não será surpreendido com o bloqueio de suas contas, fato que atropela suas operações negociais. Por outro lado, ao assim proceder, o devedor assume o compromisso de manter na conta cadastrada saldo suficiente para responder pelas execuções via *on-line*, sob pena de desconsideração do cadastramento.

Outrossim, a tendência da penhora *on-line* é de evoluir para alcançar veículos, mediante convênio com o sistema Renavam. Já se estuda o mesmo procedimento para penhora *on line* de imóveis, mediante acesso pela rede mundial de computadores aos arquivos dos cartórios de imóveis.

6. IMPENHORABILIDADE

Não estão sujeitos à execução os bens que a lei considera impenhoráveis ou inalienáveis. A impenhorabilidade pode ser **Absoluta** (art. 649 do CPC) ou **Relativa** (art. 650 do CPC e Lei n. 8.009/90).

São absolutamente impenhoráveis, cf. art. 649 do CPC:

a) os bens inalienáveis e os declarados, por ato voluntário, não sujeitos à execução;

b) os móveis, pertences e utilidades domésticas que guarnecem a residência do executado, salvo os de elevado valor ou que ultrapassem as necessidades comuns correspondentes a um médio padrão de vida;

c) os vestuários, bem como os pertences de uso pessoal do executado, salvo se de elevado valor;

d) os vencimentos, subsídios, soldos, salários, remunerações, proventos de aposentadoria, pensões, pecúlios e montepios; as quantias recebidas por liberalidade de terceiro e destinadas ao sustento do devedor e sua família, os ganhos de trabalhador autônomo e os honorários de profissional liberal, salvo para pagamento de prestação alimentícia. Isto na execução cível. A CLT não remete a este artigo do CPC, remete à lista de ordem da penhora do art. 655. No entanto, a penhora de valores dessa classe deve ser feita à falta de outra opção, com muita prudência, para não prejudicar a sobrevivência do executado. Neste sentido, o Eg. TRT da 22ª Região vem decidindo pela penhora de 25% do ganho mensal, até a quitação total do débito, por entender que se trata de direitos da mesma categoria (penhora de salário para pagamento de salário), o que atende à finalidade da lei — art. 649, § 2º. Veja-se que *prestação alimentícia* é gênero do qual *pensão alimentícia* é espécie. E, segundo o art. 100, § 1º-A, da CF, os débitos decorrentes de salário e suas complementações, bem como as indenizações por morte ou invalidez, fundadas na responsabilidade civil, em virtude de sentença transitada em julgado, têm natureza alimentícia. Entretanto, registre-se, a SDI-II do TST, editou em nov./08 a OJ n. 153, segundo a qual não pode haver penhora de conta-salário, ainda que em percentuais, para pagamento de débitos trabalhistas, por entender que a abertura contida no § 2º do art. 649 do CPC é específica para *pensão alimentícia*. *Data venia*, a r. OJ restringe a intenção do legislador, que se quisesse permitir a penhora de salários só para pagamento da espécie *pensão alimentícia* não teria utilizado o gênero *prestação alimentícia*. E, pior, a interpretação contida na OJ é contra o trabalhador, cujo único patrimônio é seu salário e consectários.

e) os livros, as máquinas, as ferramentas, os utensílios, os instrumentos ou outros bens móveis necessários ou úteis ao exercício de qualquer profissão.

f) o seguro de vida;

g) os materiais necessários para obras em andamento, salvo se essas forem penhoradas;

h) a pequena propriedade rural, assim definida em lei, desde que trabalhada pela família. É de abrir-se exceção quando se trata de crédito trabalhista de trabalhador na propriedade;

i) os recursos públicos recebidos por instituições privadas para aplicação compulsória em educação, saúde ou assistência social;

j) até o limite de 40 salários mínimos a quantia depositada em caderneta de poupança.

A Lei n. 11.491/07, que institui o FI-FGTS, no PAC, acresce ao art. 20 da Lei n. 8.036/90 o § 8º, preceituando a impenhorabilidade das aplicações em Fundos Mútuos de Privatização e FI-FGTS, salvo nos casos que especifica.

O art. 79 da Lei n. 5.988/1973 preceitua que é impenhorável a cota dos espetáculos que toca aos artistas. Consta da jurisprudência que são impenhoráveis elevador de edifício, os precatórios contra a Fazenda Pública e bens e direitos que não podem ser livremente cedidos (estes últimos podem, se indicados pelo próprio devedor).

Segundo o art. 475-Q do CPC, na execução de alimentos em decorrência de ato ilícito, o juiz condenará o devedor a constituir um capital, representado por **imóvel, título da dívida pública ou aplicações financeiras em banco oficial**, cuja renda assegure o seu cumprimento. E esse capital é inalienável e impenhorável enquanto durar a obrigação do devedor.

A impenhorabilidade não é oponível à cobrança do crédito concedido para aquisição do próprio bem.

Impenhorabilidade relativa — Podem ser penhorados, à falta de outros bens:

1) os frutos e os rendimentos dos bens impenhoráveis, salvo se destinados à satisfação de prestação alimentícia (art. 650);

2) Segundo a Lei n. 8.009/90, são também impenhoráveis: a) o único imóvel próprio do casal ou da entidade familiar, utilizado para moradia permanente; b) o imóvel sobre o qual se assentam a construção, as plantações, as benfeitorias de qualquer natureza e todos os equipamentos, inclusive de uso profissional, ou móveis que guarnecem a casa, desde que quitados; c) no caso de imóvel locado, a impenhorabilidade aplica-se aos móveis quitados que guarnecem a residência e que sejam de propriedade do locatário. Diz-se relativa, porque a lei abre várias possibilidades de penhora, cf. abaixo se demonstra.

Quando o casal possuir vários imóveis como residência, a impenhorabilidade só recai sobre o de menor valor, salvo se outro tiver sido inscrito com esse fim no Registro de Imóveis.

Não se beneficiará aquele que, sabendo-se insolvente, adquire de má-fé imóvel mais valioso para transferir a residência familiar, desfazendo-se ou não da moradia antiga. Neste caso, o juiz, na respectiva ação do credor, pode transferir a impenhorabilidade para a moradia familiar anterior, ou anular-lhe a venda, liberando a mais valiosa para execução ou concurso, conforme o caso.

Excluem-se da impenhorabilidade os veículos de transporte, obras de arte e adornos suntuosos.

A impenhorabilidade é oponível em qualquer processo de execução civil, fiscal, previdenciária, trabalhista ou de outra natureza, salvo se movido:

a) em razão de créditos de trabalhadores da própria residência e das respectivas contribuições previdenciárias. Logo, o imóvel em que reside a família poderá ser penhorado para execução de crédito de empregado doméstico e respectivas contribuições sociais;

b) pelo titular do crédito decorrente do financiamento destinado à construção ou à aquisição do imóvel, até o limite dos créditos e acréscimos constituídos em função do respectivo contrato;

c) pelo credor de prestação alimentícia;

d) para cobrança de impostos, predial ou territorial, taxas e contribuições devidas em função do imóvel familiar. Aqui é cabível também a taxa de condomínio;

e) para execução de hipoteca sobre o imóvel oferecido como garantia real pelo casal ou pela entidade familiar;

f) por ter sido adquirido com produto de crime ou para execução de sentença penal condenatória a ressarcimento, indenização ou perdimento de bens;

g) por obrigação decorrente de fiança concedida em contrato de locação.

Portanto, a impenhorabilidade constitui exceção e, como tal, não comporta ampliação. Logo, são penhoráveis o imóvel hipotecado, as cotas de sociedades limitadas e tudo o que não constar da lei como impenhorável.

Vale considerar que o novo C. Civil estatui no art. 1.499, IV, que a arrematação extingue a hipoteca. O credor hipotecário deve ser intimado da penhora e, perante credores comuns, terá privilégio do seu crédito se manifestar-se neste sentido, perdendo o privilégio no caso de inércia.

Tratando-se, porém, de crédito preferencial, como o trabalhista (superior ao crédito real), o credor hipotecário não se sub-roga no crédito resultante do leilão, pois primeiro se paga o credor trabalhista, sobrando para o credor hipotecário o remanescente[88]. Em todo caso, o gravame da hipoteca não acompanha mais o imóvel. O arrematante adquire-o livre desse ônus.

Entretanto, o prudente arbítrio do juiz velará pela utilidade da execução, pelo respeito ao executado e pela viabilidade da penhora.

7. SEGUNDA PENHORA, PENHORA COMPLEMENTAR E SUBSTITUIÇÃO

Não se dará segunda penhora, salvo se: a) a primeira for anulada; b) executados os bens, o produto da alienação não bastar para o pagamento do credor; c) o credor desistir da primeira penhora, por serem litigiosos os bens, ou por estarem penhorados, arrestados ou onerados.

(88) *Idem*. Embora assim não pense Manoel Antonio Teixeira Filho e outros renomados processualistas, concordamos com o ponto de vista acima, por ser mais consentâneo com os fins da lei trabalhista.

Penhora complementar — Dá-se quando o valor dos bens penhorados na penhora já efetuada não for suficiente para saldar a execução. Então, procede-se a uma penhora complementar.

Substituição da penhora — O devedor, ou responsável, pode, a todo tempo, antes da arrematação ou da adjudicação, requerer a substituição do bem penhorado por dinheiro, caso em que a execução correrá sobre a quantia depositada.

De acordo com o art. 15 da Lei n. 6.830/80, o credor também tem esse direito. Claro que a quantia não vai a leilão nem é adjudicada. Simplesmente dela são retirados os valores que forem reconhecidos, primeiro ao reclamante, segundo ao advogado e, por fim, às outras despesas.

O art. 656 do CPC, após a reforma efetivada pela Lei n. 11.382/06, admite-a:

> a) se não obedecer à ordem legal; b) se não versar sobre os bens designados em lei, contrato ou ato judicial para o pagamento; c) se, havendo bens no foro da execução, outros houver sido penhorados; d) se, havendo bens livres, a penhora houver recaído sobre bens já penhorados ou objeto de gravame; e) se incidir sobre bens de baixa liquidez; f) se fracassar a tentativa de alienação judicial do bem; g) se o devedor não indicar o valor dos bens ou omitir qualquer das indicações a que se referem os incisos I a IV do parágrafo único do art. 668.

Ou seja, incumbe ao executado, cf. arts. 668, parágrafo único, 652, § 3º, 656, § 1º, e 600, IV: a) quanto aos bens imóveis, indicar as respectivas matrículas e registros, situá-los e mencionar as divisas e confrontações; b) quanto aos móveis, particularizar o estado e o lugar em que se encontram; c) quanto aos semoventes, especificá-los, indicando o número de cabeças e o imóvel em que se encontram; d) quanto aos créditos, identificar o devedor e qualificá-lo, descrevendo a origem da dívida, o título que representa e a data do vencimento; e e) atribuir valor aos bens indicados à penhora.

8. DIREITO DE PREFERÊNCIA E INTERCORRÊNCIA DE PENHORAS

Podem incidir várias penhoras, oriundas do mesmo ou de outros juízos, sobre o mesmo bem. Em regra, porém, a preferência de pagamento é de quem penhorou primeiro.

Segundo o art. 612 do CPC, ressalvado o caso de insolvência do devedor, em que tem lugar o concurso universal, realiza-se a execução no interesse do credor, que adquire, pela penhora, o direito de preferência sobre os bens penhorados. Recaindo mais de uma penhora sobre o mesmo bem, cada credor conservará o seu título de preferência.

Significa que a preferência, entre créditos quirografários, é de quem chegar primeiro. Primeiro, de quem penhorou primeiro; segundo, a sobra, de quem chegou em segundo lugar, e assim por diante. Mas se for declarada a insolvência do devedor, será aberto concurso creditício. Quer dizer, no cível a regra é essa: se não houver insolvência declarada, ganha quem penhorar primeiro.

No Processo do Trabalho, entretanto, é diferente. O crédito trabalhista e o decorrente de acidente de trabalho gozam de preferência absoluta, acima do fiscal, conforme art. 186 do CTN.

Assim, não encontrados bens livres do devedor, a penhora incidirá sobre bens gravados. E se já houver penhora sobre os bens, oriunda de outro juízo que não o trabalhista, o juiz do trabalho oficia solicitando ao outro juízo a reserva da quantia trabalhista quando da alienação judicial do patrimônio do devedor. O valor do crédito trabalhista deve ser pago em primeiro lugar. Da mesma forma como se reserva no juízo trabalhista primeiro a quantia de pensão alimentícia solicitada pelo juízo cível.

Capítulo XV

Defesa do Executado, Embargos de Terceiro e Recursos na Execução

1. EMBARGOS DO EXECUTADO. IMPUGNAÇÃO DO EXEQUENTE

Na execução trabalhista, o devedor poderá manejar embargos à execução ou à penhora. Nos embargos à penhora, o embargante contesta a legalidade desta, o excesso ou a impenhorabilidade do bem. Processa-se da mesma forma que os embargos à execução.

Os embargos à execução e à penhora não constituem recurso nem ação. Se fossem recurso, o prazo de interposição seria de oito dias e não admitiria audiência de instrução, inclusive com provas orais. Também não se confundem com ação, pois se processam nos autos da execução. Trata-se de um instituto próprio, cujos efeitos ora se confundem com os do recurso, ora com os da ação.

Pressupostos — O pressuposto da interposição dos embargos à execução trabalhista é a garantia do juízo: "Garantida a execução ou penhorados os bens, terá o executado **cinco dias**(89) para apresentar embargos, cabendo igual prazo ao exequente para impugnação" — art. 884 da CLT. Não é necessário depósito recursal nem recolhimento prévio de custas processuais.

Tanto o credor como o devedor poderão opor impugnação da sentença de liquidação através dos embargos. A impugnação e os embargos do devedor serão julgados na mesma sentença.

No sistema do CPC, os embargos do devedor poderão ser opostos sem garantia prévia da execução, no prazo de 15 dias, em autos apartados, cf. arts. 736/738.

---

(89) O art. 1º-B da Lei n. 9.494/97, que trata da limitação de tutela antecipada contra a Fazenda Pública, incluído pela MP n. 2.180-35/2001 assim dispõe: "O prazo a que se refere o *caput* dos arts. 730 do Código de Processo Civil, e 884 da Consolidação das Leis do Trabalho, aprovada pelo Decreto-lei n. 5.452, de 1º de maio de 1943, passa a ser de 30 (trinta) dias". Como a Lei n. 9.494 trata do interesse da Fazenda Pública, e o art. 730 do CPC refere-se também à Fazenda Pública, é de entender-se, numa interpretação sistêmica, que essa alteração de prazo do art. 884 da CLT diz respeito só à Fazenda Pública, não beneficiando os particulares.

2. LEGITIMIDADE PARA EMBARGAR A EXECUÇÃO E HIPÓTESES DE CABIMENTO

São legitimados a opor embargos à execução: o devedor, direto ou por sucessão; os interessados, como a União em relação às suas autarquias e fundações públicas e em relação às contribuições sociais incidentes sobre as condenações trabalhistas. O exequente pode embargar para impugnar a sentença de liquidação.

Na execução trabalhista, segundo a literalidade da lei, a matéria dos embargos limita-se à alegação de três coisas: a) cumprimento da decisão ou do acordo; b) quitação ou prescrição da dívida; c) inexigibilidade do título[90]; d) impugnação à liquidação — art. 884, § 3º, da CLT.

Entretanto, entendemos didáticas as disposições do CPC, razão por que algumas das hipóteses declinadas nos arts. 741 e 745 são invocáveis nos embargos à execução trabalhista. Como, por exemplo, os casos de excesso de execução; e a alegação de falta de citação no processo de conhecimento abre o direito a pedido de compensação e de comprovação de pagamento.

O art. 745 do CPC dispõe que o executado em título executivo extrajudicial, poderá alegar: a) nulidade da execução, por não ser executivo o título apresentado; b) penhora incorreta ou avaliação errônea; c) excesso de execução ou cumulação indevida de execuções; d) retenção por benfeitorias necessárias ou úteis, nos casos de título para entrega de coisa certa; e) qualquer matéria que lhe seria lícito deduzir como defesa em processo de conhecimento.

Certo que os embargos no CPC referem-se a título extrajudicial, diferentes dos embargos da execução trabalhista. No entanto, como a CLT foi elaborada prevendo a execução só de sentença, é razoável que, no sistema atual, em que está prevista a execução de títulos extrajudiciais, mormente com as novas matérias agregadas à competência da Justiça do Trabalho, sejam alegáveis as matérias acima na defesa do executado.

Com os embargos será oferecida a exceção de incompetência do juízo, bem como a de suspeição ou de impedimento do juiz.

Excesso de execução — Há excesso de execução quando: a) o credor pleiteia quantia superior à do título; b) recai sobre coisa diversa daquela declarada no título; c) se processa de modo diferente do que foi determinado no título; d) o credor, sem cumprir a prestação que lhe corresponde, exigir o adimplemento da do devedor; e) se o credor não provar que a condição se realizou.

Dita o art. 739 do CPC que o juiz rejeitará liminarmente os embargos do executado quando: a) intempestivos; b) inepta a petição inicial; c) manifestamente protelatórios.

Consta ainda do art. 739-A, § 5º, do CPC, que, quando o excesso de execução for o fundamento dos embargos, o embargante deverá declarar na petição inicial o valor

---

(90) "Considera-se inexigível o título judicial fundado em lei ou ato normativo declarado inconstitucional pelo STF ou de aplicação ou interpretação tidas como incompatíveis com a Constituição Federal" — art. 844, § 5º da CLT, com a redação da MP n. 2.180-35/01. Regra idêntica foi incluída no § 1º do art. 475-L do CPC, pela Lei n. 11.232/05.

que entende correto, apresentando memória do cálculo, sob pena de rejeição liminar dos embargos ou de não conhecimento desse fundamento.

Tanto o art. 739 como o § 5º do 739-A são compatíveis com a execução do trabalho, visto que a CLT é omissa neste ponto e não conflitam com os princípios do Processo do Trabalho.

Embargos protelatórios — segundo o parágrafo único do art. 740 do CPC, no caso de embargos manifestamente protelatórios, o juiz imporá, em favor do exequente, multa ao embargante em valor não superior a 20% do valor em execução. Esse comando legal é aplicável à execução trabalhista, porque a CLT é omissa e não é incompatível com os princípios do Processo Trabalhista.

3. JUÍZO COMPETENTE E PROCEDIMENTOS

Competente para julgar os embargos é o juízo da execução.

O embargante dirige a petição ao juiz da execução, arrazoando-a e indicando as provas que pretende produzir, no prazo de cinco dias, a contar da garantia do juízo, da penhora, ou da intimação da sentença de liquidação. O embargado será intimado para impugnar em igual prazo.

"Na execução por carta, os embargos serão oferecidos no juízo deprecante ou no juízo deprecado, mas a competência para julgá-lo é do juízo deprecante, salvo se versarem unicamente vícios ou defeitos da penhora, avaliação ou alienação de bens" — art. 747 do CPC. Da mesma forma nos embargos de terceiro, cf. Súmula n. 419 do TST.

Os embargos na execução trabalhista correm dentro dos próprios autos da execução. No CPC correm em autos apensos.

Se o embargante arrolar testemunhas, poderá o juiz inquiri-las, se houver necessidade, em audiência que designará para produção de provas, a realizar-se no prazo de cinco dias. Concluída a instrução, serão os autos conclusos para decisão em cinco dias, em que a penhora será julgada válida ou insubsistente. A CLT prevê que ao embargante cumpre provar suas alegações, por isso, faz referências apenas à sua prova. Entretanto, isso não impede de o embargado produzir contraprova.

Revelia — A ausência de impugnação aos embargos não gera presunção de veracidade das alegações do embargante, pois a lei trabalhista não prevê tal cominação. Entendemos que a impugnação do embargado é facultativa, sem maiores implicações sua falta. É como as contrarrazões em recurso ordinário, cuja falta não impede o Tribunal de apreciar o mérito da sentença recorrida.

Na mesma sentença serão decididos os embargos do devedor e as impugnações à liquidação apresentadas pelos credores trabalhista e previdenciário.

Os embargos à execução no sistema trabalhista têm efeito suspensivo da execução. Se impugnada apenas parcialmente a matéria, a execução poderá prosseguir na parte incontroversa.

Da decisão nos embargos à execução cabe agravo de petição para o Tribunal sob cuja jurisdição se encontra o juiz prolator da sentença.

4. EMBARGOS À ARREMATAÇÃO E À ADJUDICAÇÃO

O CPC prevê a hipótese de embargos à arrematação e à adjudicação, fundados em nulidade da execução, pagamento, novação, transação ou prescrição, desde que supervenientes à penhora.

Os juristas divergem sobre o seu cabimento na execução trabalhista. Uns entendem que a CLT já oferece as soluções, como requerimentos e impugnações perante o juiz da execução e agravo de petição de sua decisão; outros entendem mais adequado o manejo dos embargos epigrafados, por permitir uma discussão jurídica técnica perante o próprio juiz da execução, com contraditório, suspensão imediata da execução e recurso para a instância *ad quem*.

No entanto, o art. 876 celetista preceitua que a execução trabalhista será feita pela forma estabelecida na CLT. E o 889 manda aplicar subsidiariamente, no que couber, a Lei dos Executivos Fiscais. E esta não prevê o manejo desses embargos. Não vemos necessidade, ante os meios trabalhistas próprios. No entanto, o art. 789-A, V, da CLT, prevê o valor das custas pelo manejo de embargos à arrematação.

No mesmo sentido, a OJ 66 da SDI-II enuncia: "*É incabível mandado de segurança contra sentença homologatória de adjudicação, uma vez que existe meio próprio para impugnar o ato judicial, consistente nos embargos à adjudicação (CPC, art. 746)*". Portanto, não sejamos fundamentalistas, fazendo-se necessário, em caso tópico, que sejam admitidos.

5. EXCEÇÃO DE PRÉ-EXECUTIVIDADE OU DE EXECUTIVIDADE

Trata-se de um meio de defesa, oponível contra a execução ainda não iniciada ou já em curso, pelo qual se ataca o processo, em relação às matérias cujo pronunciamento judicial requer provocação dos interessados. Difere da **objeção**, que alcança apenas as matérias pronunciáveis de ofício pelo juiz.

Aplicada ao processo de execução, "*traduz a defesa do executado calcada em matérias prejudiciais ao processo e que, por tal, ensejariam sua interposição em momento anterior aos embargos e independentemente da garantia do juízo*", diz F. A. de Oliveira[91].

Antes da execução iniciada, pode-se denominar de *exceção de pré-executividade*; depois de já iniciada, o correto é chamar-se de *exceção ou objeção de executividade*.

A interposição da exceção de pré-executividade, como via de defesa ampla, não exige prévia garantia do juízo, e faz-se antes dos embargos, constituindo meio hábil para corrigir desvios despropositados do processo de execução.

(91) *A execução na justiça do trabalho.* 4. ed. São Paulo: Revista dos Tribunais, 1999. p. 246.

Base Legal — A Lei não institui expressamente esse instituto, porém ele emerge do sistema, a partir dos arts. 301 e 598 do CPC e 889 da CLT c/c art. 1º da Lei n. 6.830/80. No sistema trabalhista, além de não haver previsão legal, ao que parece, encontra obstáculo no art. 884 da CLT. Entretanto, é razoável que se admita no Processo do Trabalho, em caráter excepcional, só para corrigir distorções absurdas, que impliquem verdadeiro cerceamento de defesa.

Matéria arguível — constituem matérias arguíveis por essa via as relativas aos pressupostos de constituição e desenvolvimento válido e regular do processo, como questões de legitimidade, interesse, e matérias prejudiciais, a exemplo de prescrição, pagamento, transação e novação. Um caso bem típico se dá quando a sentença da ação de cumprimento transita em julgado primeiro que a sentença normativa que a embasa: neste caso, sobrevindo a reforma da sentença normativa, cabe a exceção de pré-executividade, ou de executividade, para extinguir a execução. Enfim, serve para atacar matérias que a preclusão não fulmina; no entanto, devem ser provocadas.

Prova — O objetivo do instituto é cortar caminhos diante do evidente, poupar o Estado do encargo inútil, o exequente de delongas e o executado do vexame indevido. Assim, a prova deve ser pré-constituída. A dilação probatória será própria dos embargos e não dessa exceção.

O uso procrastinatório da exceção, segundo M. A. Teixeira Filho, implica ato atentatório à dignidade da Justiça, em virtude do que o juiz poderá aplicar multa ao executado de até 20% do valor atualizado da execução, em favor do exequente (*Revista LTr* 61/10-1.309).

6. EMBARGOS DE TERCEIRO

Regidos pelos arts. 1.046 a 1.054 do CPC, não constituem recurso, mas ação de rito especial, embora tenham a finalidade de liberar um bem que já se encontra penhorado. Caberia recurso ordinário da sentença em embargos de terceiro, porém é assente nos Tribunais que o recurso é o agravo de petição.

Trata-se de uma ação, processada em autos próprios, correndo em apenso ao processo de execução, pela qual alguém que não é parte no processo visa a liberar bens levados à constrição judicial.

Têm legitimidade para propor a ação de embargos de terceiro: a) o senhor e possuidor; e b) o apenas possuidor. Equipara-se a terceiro a parte que, posto figure no processo, defende bens que, pelo título de sua aquisição ou pela qualidade em que os possuir, não podem ser atingidos pela apreensão judicial. Considera-se terceiro o cônjuge quando defender a posse de bens dotais, dos bens próprios, dos bens reservados ou os de sua meação. O credor com garantia real também tem legitimidade, quando na defesa do bem objeto da hipoteca, penhor ou anticrese.

Os embargos de terceiro podem ser opostos a qualquer tempo no processo de conhecimento enquanto não transitada em julgado a sentença, e no processo de execução até cinco dias depois da arrematação, adjudicação, ou remição, mas sempre antes da assinatura da respectiva carta.

A competência, em regra, é do juiz que determinou a apreensão do bem, diz a Súmula n. 419 do TST:

> Na execução por carta precatória, os embargos de terceiro serão oferecidos no juízo deprecante ou no juízo deprecado, mas a competência para julgá-los é do juízo deprecante, salvo se versarem, unicamente, sobre vícios ou irregularidades da penhora, avaliação ou alienação dos bens, praticados pelo juízo deprecado, em que a competência será deste último.

O embargante faz prova sumária da sua posse e da qualidade de terceiro, oferecendo documentos e rol de testemunhas. Os embargos suspendem o processo de execução quanto aos bens embargados. Se o juiz julgar provada a posse, deferirá liminarmente a manutenção ou restituição do bem ao embargante, mediante prestação de caução de os devolver com seus rendimentos, caso sejam, ao final, declarados improcedentes os embargos (art. 1.051 do CPC).

O prazo de contestação é de dez dias. Se o embargado não contestar, presumir-se-ão verdadeiros os fatos alegados pelo embargante, decidindo o juiz em cinco dias.

Contra os embargos do credor com garantia real, o embargado só poderá alegar: a) que o devedor comum é insolvente; b) que o título de garantia real é nulo ou não obriga a terceiro; e c) que a coisa dada em garantia é outra.

7. RECURSOS NA EXECUÇÃO

Na fase de execução são cabíveis os seguintes recursos: agravo de petição, agravo de instrumento, embargos de declaração, recurso adesivo, excepcionalmente recurso de revista, e os recursos impróprios, tais como a correição parcial e o mandado de segurança.

O recurso de revista só é cabível se a decisão no agravo de petição ofender a literal disposição de norma da CF. E o agravo de instrumento só é admitido para destrancar agravo de petição ou recurso de revista a que o juízo de admissibilidade negue seguimento. Aqui analisaremos só o Agravo de Petição, visto que os demais recursos foram estudados na Primeira Parte deste Livro.

7.1. Agravo de Petição (AP) — *É o recurso cabível contra qualquer decisão proferida no processo de execução, no prazo de oito dias (em dobro para a Fazenda Pública), a contar do dia útil seguinte à ciência do ato judicial impugnado, com prazo igual para resposta*. Seu efeito é só devolutivo, não possuindo efeito suspensivo. Entretanto, na pendência de qualquer recurso, a execução vai só até a penhora, indo, porém, até o fim, quanto à parte incontroversa. Contudo, o juiz poderá, por cautela, suspender a execução. Também não impede que o juiz, ante a implausibilidade de sucesso do recurso, execute obrigaçao de fazer ou não fazer.

Quando, porém, se inicia a execução? Somente após a liquidação, pois esta constitui procedimento preparatório. Durante a liquidação ainda não se iniciou a execução.

Por isso, das decisões nessa fase não comporta o agravo de petição. Superadas todas as impugnações possíveis aos cálculos, homologados estes, é que se terá obtido o título líquido, certo e exigível.

De posse do *quantum exequatur*, expedir-se-á o mandado citatório. Feita a citação para cumprimento da obrigação no prazo de 48h, ou indicar bens à penhora, sob pena de penhora coercitiva, aí tem início a execução.

Garantida a execução mediante penhora (voluntária ou forçada), o executado tem o prazo de cinco dias para embargar. Aqui pode rediscutir a liquidação da sentença, alegar prescrição, acordo ou quitação. O credor também pode embargar para questionar a liquidação.

Da sentença que julga os embargos à penhora, à execução, de terceiro, à arrematação e à adjudicação cabe agravo de petição para o TRT.

7.2. Condição de admissibilidade — Além dos requisitos extrínsecos do recurso, o AP não será recebido se não **delimitar**, **justificadamente**, **as matérias** e os **valores** impugnados, cf. art. 897, § 1º, CLT. Não vale mais a impugnação genérica, porque já é certo que algo há a ser executado, pois já determinado na sentença exequenda.

Portanto, no processo de lapidação do objeto final da execução, o agravante deve externar, fundamentadamente, em que ponto seu direito está sendo ofendido e com quais valores não concorda, apontando o que julga correto. A **matéria**, por exemplo, pode ser parcela que não deve integrar a conta, por força desta ou daquela norma; no tocante ao **valor**, que foi agregada parcela indevida, incluídos juros a mais etc. Pois bem, não só da sentença dos embargos pode-se agravar de petição, mas também de toda decisão na fase de execução.

O art. 739, § 5º, do CPC, com a redação dada pela Lei n. 11.382/06, determina que os embargos fundados em excesso de execução não serão conhecidos se o devedor não apresentar memória de cálculo do valor que entende correto.

Quando da sentença resultar obrigação de fazer ou não fazer, o cumprimento se dará na forma do art. 461 do CPC. Logo, todas as decisões quanto a essa espécie de execução estarão contidas no conceito de *decisões na execução*, passíveis, portanto, do agravo de petição, cf art. 897, *a*, CLT.

7.3. Procedimentos e preparo — O recurso é interposto por meio de petição dirigida ao juízo da execução, com o arrazoado anexo dirigido ao Tribunal.

O AP sobe para o TRT nos próprios autos ou em autos apartados, formados do recurso e das peças essenciais. Se subir nos autos, a execução da parte incontroversa poderá prosseguir por meio de carta de sentença.

Quando o AP versar somente sobre as contribuições previdenciárias, o juiz da execução determinará a extração de cópias das peças necessárias, que serão autuadas em apartado e, após prazo para contraminutar, remetidas à instância superior.

Sobem nos próprios autos quando: a) executado e exequente agravarem; b) quando o agravante requerer, arcando com as despesas de formação da carta de sentença; c) quando não restar parcela incontroversa.

As custas processuais são de R$ 44,26, a serem pagas ao final.

A Lei n. 8.542/92 exige novo depósito recursal para cada novo recurso. No caso do AP, o depósito recursal é no valor da execução. O TST, pela Sumula n. 128, II, estabeleceu que a natureza jurídica do depósito é de garantia da execução; por isso, estando o juízo garantido plenamente mediante penhora, a exigência de depósito viola os incisos II e LV do art. 5º da CF/88.

Capítulo XVI

Execução Contra a Fazenda Pública e das Contribuições Previdenciárias

1. EXECUÇÃO CONTRA A FAZENDA PÚBLICA

Os bens públicos são impenhoráveis. Assim o é porque a administração pública trabalha com orçamentos elaborados em um ano para execução no outro. Por sua vez, a Lei de Responsabilidade Fiscal (LC n. 101/2000) proíbe qualquer gasto que não tenha previsão orçamentária e disponibilidade financeira.

Aí se fincam as dificuldades da execução contra a Fazenda Pública. Salvo os débitos de pequeno valor, a execução contra a Fazenda Pública se faz através de precatório. E este constitui o ponto fraco dessa execução. Tanto que o Constituinte tentou ser claro ao estabelecer no art. 100 da CF a obrigatoriedade de pagamento dos precatórios no exercício seguinte. Sem resultado prático, o constituinte derivado já tratou do tema nas ECs ns. 20/98, 30/00, 37/02 e 62/09.

O art. 2º-B da Lei n. 9.494/97, com a redação da MP n. 2.180-35/01, dispõe que a sentença que tenha por objeto a liberação de recurso, a inclusão em folha de pagamento, reclassificação, equiparação, concessão de aumento ou extensão de vantagens aos servidores da União, Estados, Distrito Federal, Municípios e suas autarquias e fundações somente poderá ser executada após seu trânsito em julgado.

Se o devedor — Fazenda Pública — opuser embargos, suspende-se a execução. Da sentença dos embargos cabe agravo de petição para o TRT, no prazo de 16 dias, sem prévia garantia do juízo, mas com as limitações do art. 897 da CLT, ou seja, delimitação da matéria e dos valores impugnados.

Fontes legais — arts. 100 da CF, 78, 86, 87 e 97 dos ADCT, 730 do CPC. A IN n. 11/97, do TST, trata do procedimento dos precatórios trabalhistas.

Na execução por quantia certa contra a Fazenda Pública, citar-se-á a devedora para opor embargos em 30 dias. Essa é a redação do art. 730 do CPC, dada pela MP n. 2.180-

35/01[92], cuja constitucionalidade já foi confirmada pelo STF em ADI. Se o executado não pagar nem embargar no prazo legal, observar-se-ão as seguintes regras: a) o juiz requisitará o pagamento por intermédio do Presidente do Tribunal competente, que expedirá o precatório à Fazenda Pública; b) far-se-á o pagamento na ordem de apresentação do precatório e à conta do respectivo crédito — arts. 100 da CF e 6º da Lei n. 9.469/97.

Dispõe o art. 741 que, "na execução contra a Fazenda Pública, os embargos só poderão versar sobre":

a) falta ou nulidade de citação, se o processo correu à revelia;

b) inexigibilidade do título;

c) ilegitimidade das partes;

d) cumulação indevida de execuções;

e) excesso de execução;

f) qualquer causa impeditiva, modificativa ou extintiva da obrigação, como pagamento, novação, compensação, transação ou prescrição, desde que supervenientes à sentença;

g) incompetência do juízo da execução, bem como suspeição ou impedimento do juiz.

Para os efeitos da letra *b*, considera-se também inexigível o título judicial fundado em lei ou ato normativo declarados inconstitucionais pelo STF, ou fundado em aplicação ou interpretação da lei ou ato normativo tidas pelo STF como incompatíveis com a Constituição — art. 741, § 1º, do CPC, com a redação dada pela Lei n. 11.232/05. Idêntico preceito já fora incluído pela MP n. 2.180-35/01 no § 5º do art. 884 da CLT.

A EC n. 62/09 modificou todo o art. 100, acrescentando-lhe mais dez parágrafos e o art. 97 nos ADCT, com 18 parágrafos.

Dentre as novidades, merecem destaque: a possibilidade de cessão do crédito do precatório; a Fazenda Pública compensará, antes da emissão do precatório, o seu débito com dívidas tributárias do titular do precatório; o crédito de precatório pode ser utilizado pelo credor na compra de imóveis do devedor público; a União poderá pagar precatórios de outros órgãos federados, incluindo o valor respectivo na dívida do órgão para com a União; parcelamento das dívidas de precatórios já emitidos, em até quinze anos, na forma detalhada no art. 97 dos ADCT; a atualização monetária e juros após a expedição do precatório, pelos índices da Caderneta de Poupança.

O novo art. 100 da CF prescreve:

Os pagamentos devidos pelas Fazendas Públicas Federal, Estaduais, Distrital e Municipais, em virtude de sentença judiciária, far-se-ão exclusivamente na ordem cronológica de

---

(92) O art. 1º-B da Lei n. 9.494/97, que trata da limitação de tutela antecipada contra a Fazenda Pública, incluído pela MP n. 2.180-35/2001 assim dispõe: "O prazo a que se refere o *caput* dos arts. 730 do Código de Processo Civil, e 884 da Consolidação das Leis do Trabalho, aprovada pelo Decreto-lei n. 5.452, de 1º de maio de 1943, passa a ser de 30 (trinta) dias". Como a Lei n. 9.494 trata do interesse da Fazenda Pública, e o art. 730 do CPC refere-se também à Fazenda Pública, é de entender-se, numa interpretação sistêmica, que essa alteração de prazo do art. 884 da CLT diz respeito só à Fazenda Pública, não beneficiando os particulares.

apresentação dos precatórios e à conta dos créditos respectivos, proibida a designação de casos e pessoas nas dotações orçamentárias e nos créditos adicionais abertos para este fim.

O § 1º estabelece que os créditos de natureza alimentícia têm preferência, assim compreendidos: salários, vencimentos, proventos, pensões e suas complementações, benefícios previdenciários e indenizações por morte ou invalidez, fundadas em responsabilidade civil em virtude de sentença judicial transitada em julgado. Este preceito já constava do art. 6º, parágrafo único, da Lei n. 9.469/97.

O § 2º institui preferência, superior à do § 1º: dos créditos alimentícios dos maiores de 60 anos e dos portadores de doença grave definidos em lei.

Portanto, são três ordens de preferência, em ordem crescente: o geral < o alimentício < o alimentício do idoso ou portador de doença grave.

Se o credor for preterido no seu direito de preferência, o Presidente do Tribunal, que expediu a ordem, poderá, depois de ouvido o chefe do Ministério Público, ordenar o sequestro da quantia necessária para satisfazer o débito — arts. 730 e 731 do CPC.

É obrigatória a inclusão, no orçamento das entidades de direito público, de verba necessária ao pagamento de seus débitos constantes de precatórios judiciais, apresentados até 1º de julho, data em que terão atualizados os seus valores, fazendo-se o pagamento até o final do exercício seguinte.

O Presidente do Tribunal competente que, por ato comissivo ou omissivo, retardar ou tentar frustrar a liquidação regular do precatório incorrerá em crime de responsabilidade.

As dotações orçamentárias e os créditos abertos serão consignados ao Poder Judiciário, recolhendo-se as importâncias respectivas à repartição competente, cabendo ao Presidente do Tribunal que proferir a decisão exequenda determinar o pagamento, segundo as possibilidades do depósito, e autorizar, a requerimento do credor e exclusivamente para o caso de preterição de seu direito de precedência, o sequestro da quantia necessária à satisfação do débito.

2. DÉBITOS DE PEQUENO VALOR

Os §§ 3º e 4º do art. 100, modificados pela EC n. 62/09, assim dispõem:

> § 3º O disposto no *caput* deste artigo relativamente à expedição de precatórios não se aplica aos pagamentos de obrigações definidas em leis como de pequeno valor que as Fazendas referidas devam fazer em virtude de sentença judicial transitada em julgado.
>
> § 4º Para os fins do disposto no § 3º, poderão ser fixados, por leis próprias, valores distintos às entidades de direito público, segundo as diferentes capacidades econômicas, sendo o mínimo igual ao valor do maior benefício do regime geral de previdência social.

A EC n. 37/02 acrescentou vários dispositivos ao ADCT, preceituando no § 3º do art. 86: "observada a ordem cronológica de sua apresentação, os débitos de natureza alimentícia previstos neste artigo terão preferência para pagamento sobre todos os demais". Isto é, mesmo que não sejam de pequeno valor, os débitos de natureza alimentícia, e, dentre estes, os dos idosos e dos doentes graves, devem ser pagos em primeiro lugar.

Do exposto, infere-se que os créditos trabalhistas de pequeno valor estão fora do precatório, devendo ser executados diretamente na conta única do órgão devedor pelo próprio juízo da execução. Resta definir o que seria *pequeno valor*. O art. § 4º do art. 100 atribui a cada ente federado a competência para regulamentar a matéria.

E de acordo com o art. 87 do ADCT, enquanto leis especiais dos entes federados não fixarem outro valor, consideram-se de pequeno valor os débitos de até 40 salários mínimos para os Estados e Distrito Federal e 30 para os Municípios. Em relação à União, aplica-se a regra de 60 salários mínimos, em virtude da legislação infraconstitucional já vigente, como o art. 128 da Lei n. 8.213; a Lei dos Juizados Especiais Federais; as Leis ns. 10.352/01 e 10.444/02 (minirreforma do CPC), arts. 475, § 2º (que exclui do recurso de ofício as causas de até 60 salários mínimos) e 275, I (que amplia para 60 salários mínimos o valor para efeito de rito sumaríssimo).

Veja-se que o § 4º do art. 100 põe limite ao valor mínimo que as Leis podem estabelecer: o valor do maior benefício do regime geral da Previdência Social. Logo, se, ao tempo da EC n. 62 o ente público já possuía lei regulamentando o pequeno valor e este for menor do que o teto do benefício previdenciário, faz-se uma interpretação conforme dessa lei para adaptá-la à nova regra constitucional.

Outrossim, o pequeno valor é por cabeça, ou seja, por credor figurante no título executivo e não o valor global do precatório, cf. OJ n. 9 do Pleno do TST. Dentre os figurantes da sentença plúrima, aqueles que tiverem crédito superior ao pequeno valor irão para precatório. Assim, o título executivo pode ser executado, parte por RPV e parte mediante precatório. Observe-se também que os honorários periciais e advocatícios compõem parcela autônoma, de natureza alimentícia, que poderão ser executadas mediante RPV, se estiver no limite desta, cf. art. 7º, parágrafo único, da IN n. 32/2007.

Nesse caso, o devedor será citado para pagamento em 90 dias, e não o fazendo, é lícito o bloqueio na conta do órgão recalcitrante.

É facultado ao credor renunciar ao excedente desse valor para que sua execução não vá para precatório. Mas não pode cindir a dívida, para executar uma parte sem precatório e outra por precatório.

3. PRECATÓRIOS

Precatório é a denominação constitucional de requisição de pagamento de débitos judiciais contra a Fazenda Pública. "De *precatorius*, é especialmente empregado para indicar a requisição ou, propriamente, a carta expedida pelos juízes da execução de sentenças, em que a Fazenda Pública foi condenada a certo pagamento, ao presidente do Tribunal, a fim de que, por seu intermédio, se autorizem e se expeçam as necessárias ordens de pagamento às respectivas repartições pagadoras" — De Plácido e Silva.

O Precatório é processado em autos próprios, contendo o traslado ou cópia de várias peças do processo, entre as quais são indispensáveis: a petição inicial e a procuração, se houver; a contestação e a procuração do advogado da reclamada, se houver;

a sentença, o acórdão, ou termo de conciliação; a sentença de liquidação; cópia dos cálculos e homologação dos mesmos; despacho citatório e citação; certidão do decurso do prazo para interposição de embargos; se interpostos embargos, a sentença que os julgou; despacho de expedição do precatório.

Observe-se, contudo, que todo esse procedimento cede às regras gerais do Processo Judicial Eletrônico, já em fase de implantação.

Precatório complementar ou suplementar — É o precatório pelo qual se executa o restante da dívida não saudada no precatório anterior, decorrente de verba acrescida ou de correção monetária. Pondo fim às divergências doutrinárias e jurisprudenciais, a EC n. 37/02 estabeleceu no § 4º (atual § 8º) do art. 100: "*São vedados a expedição de precatório complementar ou suplementar de valor pago (...)*". Até porque o § 5º, com a redação que lhe dá a EC n. 62/09, já estabelece que se procederá à atualização monetária dos valores por ocasião do efetivo pagamento.

A IN n. 32/2007 do TST regulamenta o procedimento do precatório trabalhista e da requisição de pequeno valor.

A MP n. 2.180-35/01 alterou a Lei n. 9.494/97, cujo art. 1º-E passa a dispor: "São passíveis de revisão, pelo Presidente do Tribunal, de ofício ou a requerimento das partes, as contas elaboradas para aferir o valor dos precatórios antes de seu pagamento ao credor". Os juros devidos pela Fazenda Pública são de 0,5% ao mês. Os juros de mora e a correção monetária, após a expedição do precatório, seguem os índices da caderneta de poupança, ficando excluída a incidência de juros compensatórios, cf. § 12 do art. 100 da CF.

4. EXECUÇÃO DAS CONTRIBUIÇÕES PREVIDENCIÁRIAS

4.1. Colocação do tema — Há tempos se vem tentando incluir na competência da Justiça do Trabalho a execução das contribuições previdenciárias. Até que foi textualizada na Lei n. 8.213/91. Mas os Juízes do Trabalho continuaram a se julgar incompetentes.

Por fim, a EC n. 20/98 acrescentou ao art. 114 da Constituição o § 3º, atribuindo aos Juízes do Trabalho o dever de executar de ofício as contribuições devidas à Previdência Social incidentes sobre as parcelas decorrentes de sentença ou acordo trabalhista. Esse preceito foi incluído pela EC n. 45/04 no inciso VIII do art. 114.

Na CLT, esse comando foi reproduzido no parágrafo único do art. 876. Se a CLT já conferia ao juiz o poder de iniciar, de ofício, a execução dos créditos trabalhistas, a Constituição obriga-o em relação aos previdenciários.

Diz o art. 276 do Dec. n. 3.048/99 que o recolhimento das contribuições decorrentes de decisões trabalhistas será feito no dia 2 do mês seguinte ao da liquidação da sentença. E no caso de pagamento parcelado, serão recolhidas na mesma data e proporcionalmente ao valor de cada parcela.

4.2. Fontes legais e procedimentos — Art. 114, VIII, da CF; Lei n. 10.035/00, que alterou e acrescentou vários dispositivos à CLT; Lei n. 11.457/07 (da Super-Receita), que alterou os arts. 832, 876, 879, 880 e 889-A da CLT; art. 276 do Dec. n. 3.048/99.

A execução das contribuições previdenciárias corre juntamente com a do crédito trabalhista de que deriva, cuja defesa a Lei n. 11.457/07 transferiu do INSS para a União.

Proferida a sentença ou lavrado o acordo, o juiz especificará a natureza das parcelas, para fins de incidência da contribuição previdenciária, bem como o limite da responsabilidade de cada parte pelo seu recolhimento — art. 832, § 3º, da CLT. A União será intimada, via postal, das decisões homologatórias de acordo que contenha a parcela indenizatória, sendo-lhe facultado interpor recurso quanto à sua parte (art. 832, § 4º). Isto porque não incide a contribuição sobre as parcelas de natureza indenizatória[93].

Quando o acordo não discriminar as parcelas sobre as quais incidirão as contribuições previdenciárias, estas incidirão sobre o valor total (art. 276, § 2º, do Dec. n. 3.048/99). Tem-se por não discriminadas as parcelas quando se faz por percentuais de verbas remuneratórias e indenizatórias (art. 276, § 3º). Demais detalhamentos, nos nove parágrafos do mesmo artigo e artigos seguintes. A União tem legitimidade para recorrer do acordo, questionando a natureza das verbas para efeito de incidência da contribuição social, bem como censurar o mérito da discriminação efetuada pelo juízo conciliatório, cf. § 5º do art. 832 da CLT, acrescido pela Lei n. 11.457/07.

---

(93) Dec. n. 3.048. Art. 214. Entende-se por salário de contribuição: I — para o empregado e o trabalhador avulso: a remuneração auferida em uma ou mais empresas, assim entendida a totalidade dos rendimentos pagos, devidos ou creditados a qualquer título, durante o mês, destinados a retribuir o trabalho, qualquer que seja a sua forma, inclusive as gorjetas, os ganhos habituais sob a forma de utilidade e os adiantamentos decorrentes de reajuste salarial, quer pelos serviços efetivamente prestados, quer pelo tempo à disposição do empregador ou tomador dos serviços, nos termos da lei ou do contrato ou, ainda, de convenção ou acordo coletivo de trabalho ou sentença normativa; II — para o empregado doméstico: a remuneração registrada na CTPS, observados os limites mínimo de um salário mínimo e máximo do teto previdenciário fixado por Portaria do Ministério da Previdência Social. Ditam os §§ 2º, 4º, 6º e 8º, respectivamente, que integram o salário de contribuição o salário-maternidade, a gratificação adicional de 1/3 de férias, o 13º salário e as diárias que ultrapassam a 50% do salário do trabalhador.

§ 9º Não integram o salário de contribuição: os benefícios da previdência social; a ajuda de custo; alimentação pelo FAT; férias indenizadas mais 1/3 destas; os 40% de indenização do FGTS; indenização do contrato a termo rescindido antecipadamente; incentivo à demissão; indenização do art. 9º da Lei n. 7.238/84; indenização em dobro do empregado estável; abono de férias; ganhos eventuais e abonos desvinculados do salário por força de lei; licença-prêmio indenizada; outras indenizações, desde que expressamente previstas em lei; vale-transporte; ajuda de custo para mudança; diárias para viagem inferiores a 50% do salário; bolsa complementação de estágio concedido na forma da lei; participação nos lucros e resultados; PIS/PASEP; transporte, alimentação e moradia nos canteiros de obras e locais que exijam deslocamento e estada; complementação do auxílio-doença; parcelas destinadas à assistência do trabalhador na agroindústria canavieira; valor da contribuição de previdência complementar; o valor referente à assistência médico-hospitalar; o valor do vestuário e ferramentas utilizados no local de trabalho; ressarcimento de despesas do veículo do empregado; valor destinado a plano de educação básica e técnico-profissional e de qualificação, valor decorrente da cessão de direitos autorais; valor da multa por atraso no pagamento da rescisão; reembolso do valor da creche; reembolso-babá, limitado ao menor valor de salário-de-contribuição; valor de prêmio de seguro de vida em grupo. Em todos os casos, se não for observada a forma da lei, incide a contribuição social.

No cumprimento voluntário dos acordos e das sentenças, o devedor recolhe o valor das contribuições previdenciárias no documento de arrecadação da Previdência Social, dele fazendo constar o número do processo, e traz para juntada aos autos uma via. Por sua vez, é facultado ao devedor recolher de imediato o que entender devido, sem prejuízo de eventuais diferenças encontradas na execução.

Por sua vez, dita o novo § 6º do art. 832 da CLT que, o acordo celebrado após sentença transitada em julgado ou após os cálculos de liquidação de sentença não prejudicará os créditos da União. A primeira interpretação que daí emerge é que, no caso do acordo posterior à sentença irrecorrível ou com cálculos concluídos, a contribuição será calculada pelo valor da sentença ou dos cálculos e não pelo valor do acordo. Porém, aí, cabe invocar o art. 195, I, *a*, da CF, segundo o qual, a contribuição se faz sobre o valor pago ou creditado ao empregado. Sentença e acordo não constituem fato gerador. O fato gerador da contribuição previdenciária, no caso, é o efetivo pagamento ou crédito das parcelas trabalhistas. Assim também, os juros na forma do índice previdenciário (selic) são devidos a contar do efetivo pagamento ou crédito das verbas trabalhistas. Esta deve ser a interpretação conforme à Constituição. Mas essa interpretação não é pacífica, havendo quem afirme que os juros e a correção dos créditos previdenciários se faça segundo a taxa selic desde a data em que o crédito trabalhista foi reconhecido.

Na liquidação da sentença será apurado também o valor das contribuições sociais. Da conta, a União será intimada, via postal, para manifestação no prazo de dez dias, sob pena de preclusão. A atualização desse crédito se faz segundo a legislação previdenciária.

Encerrada a liquidação, o juiz expedirá mandado ao executado, para que honre em 48h a obrigação trabalhista pecuniária e as respectivas contribuições previdenciárias.

Não pagando nem nomeando bens à penhora nesse prazo, o Oficial de Justiça efetuará penhora, na forma já exposta.

Garantida a execução, o devedor tem o prazo de cinco dias para embargar. Não o fazendo, ou julgados estes, seguem-se os atos seguintes consistentes no pagamento (se a garantia estiver em dinheiro) ou na realização da praça.

Apurada a quantia alusiva aos créditos trabalhista e previdenciário, paga-se aquele e recolhe-se este, devolvendo o restante ao executado.

Se o credor adjudicar os bens levados a leilão, por valor que suplante o seu crédito, deve pagar a diferença, para que seja recolhida a contribuição da Previdência.

Sendo concedido parcelamento do débito previdenciário perante o órgão competente, o devedor deverá juntar aos autos documento comprobatório do referido ajuste, ficando suspensa a execução da respectiva contribuição até final e integral cumprimento do parcelamento. O certo seria extinguir a execução por novação; afinal, a Justiça não foi chamada a opinar nesse acordo, nem é justo que se mantenha a guarda de uma pendência judicial por mais de 200 meses.

As microempresas que se beneficiam do Super-Simples (LC n. 123/06) e os microempresários individuais (LC n. 128/08) devem comprovar essa condição e reivindicar o respectivo tratamento diferenciado.

Recolhimento sobre o vínculo de emprego — com a edição da Lei n. 11.457/07, da Super-Receita, que deu nova redação ao art. 832 da CLT, claro ficou que seriam executadas, também de ofício pelo juiz do trabalho, as contribuições incidentes sobre o salário de contribuição pago durante o vínculo empregatício declarado na sentença condenatória ou homologatória. Com isso, teria decaído, por afronta à lei, a parte final do item I da Súmula n. 368 do TST.

Porém, o STF, no RE n. 569056, julgado em 11.9.2008, Acórdão publicado em 12.12.2008, do Ministro Menezes Direito, declarando a repercussão geral da matéria, deu provimento ao Recurso para declarar a incompetência da Justiça do Trabalho para executar as contribuições alusivas ao vínculo declarado na sentença ou no acordo, visto que tal execução deve ser precedida do processo administrativo correlato perante o INSS, para constituição da dívida e posterior cobrança e, se for o caso, execução na Justiça Federal.

Responsabilidade pelos recolhimentos — do empregador, cf. Súmula n. 368 do TST, com redação de 16.4.2012: "É do empregador a responsabilidade pelo recolhimento das contribuições fiscais, resultante de crédito do empregado oriundo de condenação judicial, devendo ser calculadas, em relação à incidência dos descontos fiscais, mês a mês, nos termos nos termos do art. 12-A da Lei n. 7.712, de 22.12.1988, com a redação dada pela Lei n. 12.350/2010".

As Varas do Trabalho encaminharão mensalmente à Secretaria da Receita Federal informações sobre os recolhimentos efetivados nos autos — § 2º do art. 889-A da CLT, com a redação dada pela Lei n. 11.457/07.

Capítulo XVII

Ação Rescisória na Justiça do Trabalho

1. AÇÃO RESCISÓRIA. CABIMENTO E JUÍZO COMPETENTE

Ação rescisória não se presta para substituir recurso, nem para corrigir injustiça da decisão ou má apreciação das provas. Seu cabimento é restrito às hipóteses legais e visa a preservar a lei e as instituições.

O cabimento da AR na Justiça do Trabalho é autorizado pelo **art. 836 da CLT**, que remete ao Capítulo IV do Título IX do CPC, sendo de 20% sobre o valor da causa o depósito prévio, salvo prova de miserabilidade jurídica do autor — art. 836 da CLT, com a redação dada pela Lei n. 11.495/07.

Cabe ação rescisória de sentença de mérito transitada em julgado, segundo o art. 485 do CPC, quando:

1) se verificar que foi dada por prevaricação, concussão ou corrupção do juiz;

2) proferida por juiz impedido ou absolutamente incompetente;

3) resultar de dolo da parte vencedora em detrimento da parte vencida ou de colusão entre as partes, a fim de fraudar a lei;

4) ofender a coisa julgada;

5) violar literal disposição de lei;

6) se fundar em prova, cuja falsidade tenha sido apurada em processo criminal ou seja provada na própria ação rescisória;

7) depois da sentença, o autor obtiver documento novo, cuja existência ignorava, ou de que não pôde fazer uso, capaz, por si só, de lhe assegurar pronunciamento favorável;

8) houver fundamento para invalidar confissão, desistência ou transação, em que se baseou a sentença;

9) fundada em erro de fato, resultante de atos ou documentos da causa.

Juízo competente — regra geral: a competência originária para julgamento da rescisória é do órgão de segundo grau, quer a decisão rescindenda dele provenha, quer de órgão subordinado (tenha ou não havido recurso, mas desde que transitada em julgado).

Portanto, a primeira instância nunca tem competência para ação rescisória. Entretanto, as nuanças processuais sugerem as seguintes regras subsidiárias, já encampadas pela Súmula n. 192:

a) será competente originariamente o TST (ou o STF), se tomou conhecimento de recurso e o decidiu, acolhendo-o ou rejeitando-o;

b) será competente originariamente o TST (ou o STF), se não conheceu do recurso de revista (ou extraordinário), mas apreciou matéria pertinente;

c) será competente o TRT se o TST (ou STF) se limitou a não conhecer do recurso, não ferindo o tema em discussão e se a rescisória não fulmina os motivos por que o recurso não teve conhecimento;

d) não se rescinde, por impossibilidade jurídica, a sentença que já foi substituída por acórdão do tribunal, rescinde-se este. Porém, quando o acórdão limita-se a confirmar a sentença, propõe-se a rescisão da sentença. Por segurança, não custa nada, neste caso, propor a rescisão contra ambos.

Em regra, a rescisória deve ser apreciada pelo mesmo órgão do Tribunal que proferiu o julgado rescindendo, não sendo necessário que se trate dos mesmos juízes. O item II da nova Súmula n. 192 encampou a OJ n. 42 da SDI-II:

> II — Acórdão rescindendo do Tribunal Superior do Trabalho que não conhece de recurso de embargos ou de revista, analisando arguição de violação de dispositivo de lei material ou decidindo em consonância com enunciado de direito material ou com iterativa, notória e atual jurisprudência de direito material da Seção de Dissídios Individuais (Súmula n. 333), examina o mérito da causa, cabendo ação rescisória da competência do Tribunal Superior do Trabalho.

Efeitos da ação rescisória — a rescisória não torna litigiosa a coisa, não constitui em mora o devedor e não suspende a execução da ação rescindenda. Há discussão doutrinária sobre se o efeito da sentença rescindente é *ex nunc* ou *ex tunc*. Pontes de Miranda entende que cabe ao juízo rescindente decidir esta questão. A AR não suspende o cumprimento da sentença rescindenda (art. 489, CPC). Essa execução é definitiva e não provisória, conforme pontua Pontes de Miranda (1990, p. 503).

No entanto, a nova redação dada ao art. 489 do CPC pela Lei n. 11.280/06 ressalva a "*concessão, caso imprescindíveis e sob os pressupostos previstos em lei, de medidas de natureza cautelar ou antecipatória de tutela.*" Essa medida cautelar poderá ser liminar em ação cautelar ou tutela antecipada na própria ação rescisória, em face da fungibilidade das medidas de urgência instituída no art. 473, § 7º, do CPC. Competente para apreciar a medida cautelar é o relator da rescisória ou o relator a quem for distribuída a ação cautelar, se preparatória.

A petição inicial da cautelar deve ser instruída com as peças essenciais ao exame da possibilidade de sucesso da AR: "*cópias da petição inicial da ação principal, da decisão rescindenda, da certidão do trânsito em julgado e informação do andamento atualizado da execução*" (OJ n. 76 da SDI-II). Portanto, devem ser demonstrados e provados o *fumus boni juris* e do *periculum in mora*.

Tutela antecipada — a controvérsia sobre essa questão dissolveu-se no novo preceito do art. 489 do CPC. A MP n. 1.906/98 e a Súmula n. 405 do TST, que vedavam tutela antecipada, tornaram-se inócuas, pois a Súmula é de 2003 e a nova redação do art. 489 do CPC, pela Lei n. 11.280, que prevê a possibilidade de tutela antecipada é de 2006.

2. *HIPÓTESES DE CABIMENTO E LIMITAÇÕES*

Além do já exposto acima, encontramos na jurisprudência: a Súmula n. 343 do STF: "Não cabe ação rescisória por ofensa a literal disposição de lei, quando a decisão rescindenda estiver baseada em texto legal de interpretação controvertida nos Tribunais". No mesmo sentido dispõe a Súmula n. 83 do TST.

Se, ao tempo da prolação da decisão rescindenda, a matéria já estiver pacificada na jurisprudência do TST, deixa de ser controvertida. *A data da inclusão da matéria discutida na AR na Orientação Jurisprudencial do TST é o divisor de águas quanto a ser, ou não, controvertida nos Tribunais a interpretação dos dispositivos legais citados na AR* — Súm. n. 83, II, do TST.

Para a hipótese "violação de lei", de que trata o inciso V do art. 485 do CPC, não se inclui como "lei" convenção coletiva do trabalho (CCT), acordo coletivo de trabalho (ACT), regulamento de empresa, Portaria do Poder Executivo, regulamento de empresa, súmula e orientação jurisprudencial de tribunal — OJ n. 25 da SDI-II.

Esta colocação da OJ n. 25 é muito oportuna, porque CCT, ACT e regulamento de empresa são cláusulas contratuais e não lei; Portaria do Poder Executivo sofre o controle de legalidade confrontada com a Lei de que deriva, mas o controle que se faz pela AR é desta e não daquela; súmula e OJ são expressões da interpretação da lei e não lei.

Porém, é de se cogitar do cabimento da AR fundada em súmula vinculante do STF, que foi inserida no art. 103-A da CF pela EC n. 45/04, já regulamentada pela Lei n. 11.417/06, portanto, posterior à OJ n. 25 citada, que foi revisada em 2003. Em 14.2.2012, foi alterada a Súmula n. 298 sobre o pronunciamento explícito na decisão rescindenda.

Por ofensa à lei entenda-se quando a sentença negou vigência a lei vigente; fundou-se em lei revogada; disse o que a lei não o fez; não disse o que diz a lei; disse menos do que diz a lei; disse mais do que disse a lei de modo a desvirtuar-lhe a finalidade.

Quanto ao erro de fato, considera-se quando a sentença fundou-se em fato inexistente ou na negação de fato existente, ou mudou-lhe a natureza.

Quanto à matéria, a AR abraça todas. Só a título exemplificativo, rescinde-se decisão que: nega estabilidade a suplente da CIPA; que considerar válida a contratação para o serviço público sem prévio concurso; que não assegurar estabilidade a servidor celetista concursado da administração pública direta, autárquica e fundacional após três anos; que concede diferenças de Planos Econômicos julgados inconstitucionais pelos Tribunais Superiores; que concede adicional de insalubridade com base na remuneração do empregado — OJs ns. 6, 10, 2, da SDI-II, e Súmula n. 390 do TST.

Inclusive é cabível rescisória de decisão proferida em ação rescisória, desde que sejam apontados vícios atinentes ao acórdão indicado como rescindendo — Súm. n. 400. Não cabe rescisória para rediscutir tese objeto de outra rescisória. Não cabe de sentença meramente homologatória de arrematação, de adjudicação, de cálculo — Súm. n. 399 do TST. Cabe para corrigir contradição entre o dispositivo do julgado e sua fundamentação, por erro de fato, cf. OJ n. 103 da SDI-II. Quando fundada em violação de dispositivo legal, não comporta reexame de provas e fatos — Súm. n. 410 do TST.

A rescisão de qualquer sentença pode ser total ou apenas parcial. Segundo o art. 486 do CPC, os atos judiciais independentes de sentença, ou em que esta for meramente homologatória, não comportam rescisória, posto que serão rescindidos como os atos jurídicos em geral, nos termos da lei civil. Diz o inciso IV da Súm. n. 298 que as sentenças meramente homologatórias, quando silenciam sobre os motivos de convencimento, não são passíveis de rescisão. Entretanto, a Súmula n. 259 do TST diz que só por AR pode ser atacado termo de conciliação firmado perante a Justiça do Trabalho. Cabe AR de sentença que extingue a execução — OJ n. 107 da SDI-II.

Sobre AR de sentença normativa, consta das razões de veto ao inciso I, *b*, do art. 894 da CLT, com a redação dada pela Lei n. 11.496/07, que a controvérsia já foi pacificada no sentido de que seu conteúdo não é passível de AR, em virtude de não fazer coisa julgada material, constituindo fonte legal, de duração limitada no tempo (art. 866), sendo passível de revisão e ação anulatória. Será?

3. LEGITIMIDADE. LITISCONSÓRCIO

São legitimados ativa e passivamente os sujeitos que sofreram ou se beneficiaram da decisão rescindenda. Em regra, quem tem interesse jurídico para recorrer da sentença possui legitimidade para ajuizar ação rescisória.

Segundo o art. 487 do CPC, tem legitimidade para propor a ação: a) quem foi parte no processo ou o seu sucessor a título universal ou singular; b) o terceiro juridicamente interessado; c) o Ministério Público: se não foi ouvido no processo em que lhe era obrigatória a intervenção ou quando a sentença é o efeito de colusão entre as partes para fraudar a lei. Segundo a Súmula n. 407 do TST, a legitimidade *ad causam* do MP para ajuizar AR não se restringe a esses casos, sendo exemplificativa a relação do art. 487, III, do CPC.

O sindicato é parte legítima para figurar no polo passivo de ação rescisória. E não se estabelece o litisconsórcio passivo necessário quando o sindicato é réu na ação rescisória, por ter sido autor, como substituto processual na ação originária. Ou seja, movida a ação contra o sindicato, não é necessária a citação dos substituídos — Súmula n. 406 do TST.

4. COISA JULGADA — PRESSUPOSTO DA AÇÃO RESCISÓRIA

Segundo o art. 485 do CPC, **só a sentença transitada em julgado** é passível de ser rescindida por meio da ação rescisória. Mas, em regra, **só a coisa julgada material**

enseja ação rescisória. Entretanto, as questões meramente processuais podem ser objeto de rescisão, desde que consista em um pressuposto de validade de uma sentença de mérito — Súmula n. 412 do TST.

A proteção da coisa julgada tem berço constitucional. Aliás, integra a tradição jurídica nacional, vinda desde a Constituição do Império, de 1824. Todas as Constituições da República a mantiveram. Na CF/88 figura no art. 5º, XXXVI. A Lei de Introdução às normas do Direito Brasileiro regulamenta a matéria reiteradamente recepcionada. Comenta Pontes de Miranda que "*a atribuição de coisa julgada põe acima da ordem jurídica, das regras jurídicas, o interesse social de paz, de fim à discussão, mesmo se foi injusta a decisão*"[(94)].

Há que se distinguir, em primeiro plano, coisa julgada de sentença que transita em julgado e preclusão temporal. As três figuras possuem em comum o poder de limitar ou estancar o direito de falar nos autos.

Assim, a sentença que não enfrenta o mérito transita em julgado, mas não faz coisa julgada, porque se cinge ao processo. Este se encerra, constituindo impropriamente coisa julgada apenas formal. Ou seja, como não enfrentou a coisa, esta pode ser suscitada novamente em outro processo.

A sentença que enfrenta a matéria faz coisa julgada formal e material. A *coisa* de que fala a lei é a *matéria*. Uma vez resolvida em um processo, não pode ser ressuscitada em outro. E é esta que constitui objeto da AR.

Depósito prévio — regulamenta-o a IN n. 31/07 do TST. É necessário o depósito prévio de 20% sobre o valor da causa, efetuado na forma de depósito recursal, cf. IN n. 21 do TST, a ser revertido em favor do vencedor da AR. Na fase de conhecimento, há dois modos de fixar o valor da causa: a) no caso de improcedência da sentença rescindenda, o valor é o atribuído à causa no processo originário; b) no caso de procedência, total ou parcial, corresponde ao valor arbitrado à condenação. Na fase de execução, o valor da causa corresponde ao valor apurado em liquidação de sentença. Os valores citados serão atualizados pelo INPC do IBGE até a data do ajuizamento. Não será exigido o depósito da massa falida nem do beneficiário da Justiça Gratuita.

5. PREQUESTIONAMENTO

Prequestionamento significa o enfrentamento expresso da tese objeto da AR pela decisão rescindenda. Incumbe à parte interessada manejar embargos declaratórios objetivando o pronunciamento sobre o tema — Súmula n. 297 do TST.

Em regra, o prequestionamento constitui condição de admissibilidade da AR, porque esta ação visa a rescindir um julgado, e o que não foi decidido expressamente não foi julgado. Todavia, comporta exceções. Segundo a Súmula n. 298, V, do TST, "não é absoluta a exigência de prequestionamento na ação rescisória, ainda que esta tenha por

---

(94) *Tratado da ação rescisória das sentenças e de outras decisões.* 5. ed. Rio de Janeiro: Forense, 1976. p. 241.

fundamento violação de dispositivo de lei. Assim, prescindível o pronunciamento explícito quando o vício nasce do próprio julgamento, como se dá com a sentença *extra*, *citra* e *ultra petita*".

Por sua vez, "o pronunciamento explícito exigido em ação rescisória diz respeito à matéria e ao enfoque específico da tese debatida na ação e não, necessariamente, ao dispositivo legal tido por violado. Basta que o conteúdo da norma reputada violada haja sido abordado na decisão rescindenda para que se considere preenchido o pressuposto" — Súmula n. 298, II, do TST (DEJT 14.2.2012).

6. PRAZO PARA A PROPOSITURA

O prazo é de dois anos, a contar do trânsito em julgado da decisão, o qual se configura com o esgotamento do prazo para interposição de recurso, ou com o julgamento final no último recurso cabível (art. 495 do CPC). Assim, pode a sentença transitar em julgado na instância originária, sem o manejo de qualquer recurso, ou depois de esgotados todos os recursos possíveis, inclusive recurso extraordinário e agravo de instrumento para o STF. Veja-se que o trânsito em julgado pode ocorrer por parte da sentença, ou seja, esta transita em julgado por capítulo, aquele do qual não se recorreu. Vejamos a Súmula n. 100 do TST:

> I — O prazo de decadência da Ação Rescisória conta-se do dia imediatamente subsequente ao trânsito em julgado da última decisão proferida na causa, seja de mérito ou não.
>
> II — Havendo recurso parcial no processo principal, o trânsito em julgado dá-se em momentos e em tribunais diferentes, contando-se o prazo decadencial para a ação rescisória, do trânsito em julgado de cada decisão, salvo se o recurso tratar de preliminar ou prejudicial que possa tornar insubsistente a decisão recorrida, hipótese em que flui a decadência, a partir do trânsito em julgado da decisão que julgar o recurso parcial.
>
> III — Salvo se houver dúvida razoável, a interposição de recurso intempestivo ou a interposição de recurso incabível não protrai o termo do prazo decadencial.
>
> IV — O juízo rescindente não está adstrito à certidão de trânsito em julgado juntada à ação rescisória, podendo formar sua convicção através de outros elementos dos autos quanto à antecipação ou prorrogação do dies a quo do prazo decadencial.
>
> V — o acordo homologado judicialmente tem força de decisão irrecorrível, na forma do art. 831 da CLT. Assim sendo, o termo conciliatório transita em julgado na data de sua homologação judicial.
>
> VI — Na hipótese de colusão das partes, o prazo decadencial da ação rescisória somente começa a fluir para o Ministério Público, que não interveio no processo, a partir do momento em que teve ciência da fraude.
>
> VII — Não ofende o princípio do duplo grau de jurisdição a decisão do TST que, após afastar a decadência em recurso ordinário, aprecia desde logo a lide, se a causa versar questão exclusivamente de direito e estiver em condições de imediato julgamento.
>
> VIII — A exceção de incompetência, ainda que oposta no prazo recursal, sem ter sido aviado o recurso próprio, não tem o condão de afastar a consumação da coisa julgada e, assim, postergar o termo inicial do prazo decadencial para a ação rescisória.

IX — Prorroga-se até o primeiro dia útil, imediatamente subsequente, o prazo decadencial para o ajuizamento da ação rescisória quando expira em férias forenses, feriados, finais de semana ou em dia em que não houver expediente forense. Aplicação do art. 755 da CLT.

X — Conta-se o prazo decadencial da ação rescisória, após o decurso do prazo legal previsto para a interposição do recurso extraordinário, apenas quando esgotadas todas as vias recursais ordinárias.

7. PROCEDIMENTOS

A petição inicial observará os requisitos gerais da ação, conforme o art. 282 do CPC, devendo o autor cumular o pedido de rescisão com o de novo julgamento, se for o caso. A inicial será indeferida nos casos do art. 295 do CPC.

"É indispensável a juntada à inicial da ação rescisória, da decisão rescindenda e da prova do trânsito em julgado. Ausente essa prova, o Relator abrirá prazo de dez dias para que o autor a junte, sob pena de indeferimento liminar" — Súmula n. 299 do TST e OJ n. 84 da SDI-II.

A petição deve ser dirigida ao juízo competente, sob pena de inépcia: "O manifesto equívoco da parte em ajuizar ação rescisória no TST para desconstituir julgado proferido pelo TRT, ou vice-versa, implica extinção do processo por inépcia da inicial" — OJ n. 70 da SDI-II.

É admissível mais de um pedido, em ordem sucessiva, de rescisão de sentença ou de acórdão: "Sendo inviável a tutela jurisdicional de um deles, o julgador está obrigado a apreciar os demais, sob pena de negativa de prestação jurisdicional" — OJ n. 78, SDI-II.

Quando a sentença for substituída por acórdão, é impossível pedido de desconstituição da sentença — Súmula n. 192 do TST. Se o acórdão limita-se a confirmar a decisão *a quo*, a rescisão é da sentença. Contudo, na dúvida, não é ilegal propor-se a rescisão de ambos.

Se a ação fundar-se em documento novo, este é da essência. A propósito, a Súmula n. 402 do TST assim enuncia:

> Documento novo é o cronologicamente velho, já existente ao tempo da decisão rescindenda, mas ignorado pelo interessado ou de impossível utilização à época no processo. Não é documento novo apto a viabilizar a desconstituição do julgado:
>
> a) a sentença normativa proferida ou transitada em julgado posteriormente à sentença rescindenda;
>
> b) a sentença normativa preexistente à sentença rescindenda, mas não exibida no processo principal, em virtude de negligência da parte, quando podia e deveria louvar-se de documento já existente e não ignorado quando emitida a decisão rescindenda.

Quando fundada em ofensa a literal disposição de lei, é indispensável a expressa indicação na petição inicial do dispositivo legal violado, sob pena de inépcia. Já não sendo esse o caso, a capitulação errônea da causa de pedir no art. 485 do CPC, por si, não gera inépcia, autorizando o Tribunal a emprestar-lhe a adequada qualificação jurídica (*iura novit curia*) — Súmula n. 408 do TST.

O relator mandará citar o réu, assinando-lhe prazo não inferior a 15 nem superior a 30 dias para responder à ação. A contagem do prazo faz-se segundo o art. 774 da CLT e não de acordo com o art. 241 do CPC (OJ n. 146 da SDI-II). Findo o prazo, com ou sem resposta, observar-se-á, no que couber, o disposto nos arts. 323 a 331 do CPC. Mas, cumpre registrar que a falta de contestação não induz a revelia.

Se os fatos alegados dependerem de prova, o relator poderá delegar competência ao juízo de 1ª instância onde se deva produzir, fixando prazo de 45 a 90 dias para devolução dos autos. Concluída a instrução, será submetida a parecer do Ministério Público do Trabalho e, após, aberto prazo comum e sucessivo de 10 dias para as razões finais; em seguida, os autos subirão ao Relator, e deste ao Revisor, procedendo-se ao julgamento, conforme o Regimento Interno.

Valor da causa — de acordo com o art. 2º da IN n. 31/2007/TST, na fase de conhecimento, há dois modos de fixar o valor da causa: a) no caso de improcedência da sentença rescindenda, o valor é o atribuído à causa no processo originário; b) no caso de procedência, total ou parcial, corresponde ao valor arbitrado à condenação. Na fase de execução, o valor da causa corresponde ao valor apurado em liquidação de sentença. Os valores citados serão atualizados pelo INPC do IBGE até a data do ajuizamento.

Por fim, o TST alterou a Súmula n. 219 para declarar cabível condenação em honorários advocatícios em ação rescisória. Pergunta-se: com ou sem assistência sindical? Parece que só mediante as condições do inciso I da Súmula.

8. RECURSO E PREPARO

A decisão rescindente é passível tanto de rescisão, por fundamentos próprios, como de recurso. Se o acórdão rescindente é do TRT, cabe recurso ordinário para o TST — Súmula n. 158. O prazo de recurso deve ser o trabalhista — oito dias, sendo o dobro para as pessoas jurídicas de direito público.

Preparo — a Súmula n. 99 do TST diz que, "ao recorrer de decisão condenatória em ação rescisória, é ônus do empregador vencido efetuar, no prazo, no limite e nos termos da legislação vigente, sob pena de deserção, o depósito recursal". Remetemos o leitor para o Capítulo XII, 2.2, da Segunda Parte deste Livro.

Capítulo XVIII

Tutela dos Interesses e Direitos Difusos, Coletivos e Individuais Homogêneos

1. CONCEITOS

Assim se denomina a categoria de direitos e interesses que transbordam da esfera individual, cuja defesa será coletiva. Com efeito, essa categoria de Direito Processual revela-se muito eficaz na tutela de direitos fundamentais de natureza transindividual, dando suporte a questões novas, como defesa do meio ambiente, reparação de dano moral coletivo, defesa do patrimônio cultural, artístico, estético, turístico e paisagístico.

Difusos são os interesses ou direitos transindividuais, de natureza indivisível, de que são titulares pessoas indeterminadas e ligadas por circunstâncias de fato — art. 81, parágrafo único, I, do Código de Defesa do Consumidor (CDC). Ex.: defesa do meio ambiente do trabalho[95].

Coletivos são os interesses ou direitos transindividuais de natureza indivisível de que seja titular grupo, categoria ou classe de pessoas ligadas entre si ou com a parte contrária por uma relação jurídica base — art. 81, parágrafo único, II, do CDC. Ex.: ação de reparação de dano moral coletivo, como pode ocorrer nas dispensas coletivas e no mau uso dos PDVs[96].

Individuais homogêneos são os decorrentes de origem comum — art. 81, parágrafo único, III, do CDC. Estes, a rigor, não são coletivos, pois podem ser lesados e satisfeitos

(95) PADILHA, Norma Sueli. *Do meio ambiente de trabalho equilibrado*. São Paulo: LTr, 2002. p. 50. A autora, após recorrer a Canotilho, José Afonso da Silva, Nelson Nery Jr. e outros, conclui que o equilíbrio do meio ambiente de trabalho enquadra-se na categoria de direito coletivo difuso, de que trata o art. 81. parágrafo único, I, do CDC.

(96) Conforme teses apresentadas no 17º Congresso Brasileiro de Direito Coletivo e Individual do Trabalho, promovido pela LTr em São Paulo, de 26 a 27.11.02. Autores: Flávia Savedra Serpa: Desemprego — Dano Moral Coletivo; Gabriel Lopes Coutinho Filho: Do Dano Moral Coletivo em Plano de Demissão Voluntária; Wagner da Mota Mendonça: Desemprego e Dano Moral Coletivo; José Augusto Silva de Macedo: Desemprego — Causa para Dano Moral Coletivo; Antonia Maria Mila Peixoto: Dano Moral Coletivo-Desemprego; Osório César Campaner: Dano Moral na Dispensa Coletiva; Evandro Moreira: Dano Moral Coletivo em Matéria Trabalhista. Todos no *Jornal do Congresso*.

individualizadamente. Ex.: defesa dos direitos de registro do contrato de trabalho na CTPS de determinado grupo de trabalhadores irregulares na empresa. Destarte, tenha-se em vista que todos os direitos trabalhistas emergentes do conteúdo institucional do contrato de emprego (a exemplo do registro na Carteira de Trabalho, recolhimentos do INSS, FGTS, férias e 13º salário) são indisponíveis e irrenunciáveis, legitimando a atuação do sindicato e do Ministério Público do Trabalho na defesa até de direitos individuais, por imperativo dos arts. 8º, III, e 127 da CF.

2. LEGITIMIDADE

São legitimados para propor ação na defesa dessa categoria de direitos na órbita trabalhista, além de cada trabalhador lesado em relação a si próprio: a) o Ministério Público do Trabalho; b) a Defensoria Pública (Lei n. 11.448/07); c) a União; d) os Estados; e) o Distrito Federal; f) os Municípios; g) os órgãos da administração pública direta e indireta, ainda que sem personalidade jurídica; h) as associações profissionais constituídas há pelo menos um ano, que incluam entre seus fins a defesa de direitos e interesses coletivos. Nesta última, inclui-se a associação sindical.

O requisito da pré-constituição poderá ser dispensado pelo juiz nas ações civis coletivas de responsabilidade, quando haja manifesto interesse social evidenciado pela dimensão ou característica do dano, ou pela relevância do bem jurídico a ser protegido.

Esses legitimados poderão propor em nome próprio e no interesse das vítimas ou seus sucessores a ação civil coletiva de responsabilidade pelos danos individualmente sofridos.

O Ministério Público do Trabalho, quando não for o titular da ação, atuará sempre como fiscal da lei. E quando houver infundada desistência ou abandono da ação por associação legitimada, o Ministério Público ou outro legitimado assumirá a titularidade da ação — art. 5º, §§ 1º a 3º da Lei n. 7.347/85.

3. INSTRUMENTOS DE DEFESA. AÇÃO CIVIL PÚBLICA

A defesa de direitos difusos, coletivos *stricto sensu* e individuais homogêneos, na seara trabalhista, dá-se principalmente através da ação civil pública. Não se olvide que a legislação trabalhista já codificou uma série de direitos coletivos, a exemplo do **dissídio coletivo** e da ação de cumprimento, os quais, no entanto, têm objetivos diversos.

A tutela coletiva, em ACP, por sua vez, compreende o provimento cautelar e o provimento definitivo. Assim, a tutela consiste em várias medidas, conforme o caso: a) suspensão imediata do ato danoso; b) cessação de atividade ou procedimento que possam vir a causar dano[97]; c) restituição do estado anterior; d) reparação financeira do dano material causado; e) reparação de danos morais. Por sua vez, se o dano estiver sendo causado pela omissão de quem por lei deve agir, o provimento será no sentido de determinar a imediata ação, sob as penas do art. 461 do CPC, além de outras consequências.

(97) Aqui, refere-se à tutela inibitória de que trata Luiz G. Marinoni.

Evana Soares, em obra que esgota a matéria, averba que, em relação à defesa do meio ambiente de trabalho, constituem remédios jurídicos: a ação civil pública, a ação civil coletiva, a ação anulatória, o mandado de segurança individual ou coletivo, o mandado de injunção e a ação popular (2004, p. 197).

Ação civil coletiva — para cerceamento da conduta lesiva; **ação de reparação dos danos** — quando movida individualmente pela pessoa prejudicada; e **ação civil pública** — quando ajuizada pelo Ministério Público. A rigor técnico só seria ação civil pública quando ajuizada pelo Ministério Público; quando ajuizada pelos demais órgãos, seria apenas ação civil coletiva. Porém, no seu art. 5º, a Lei n. 7.347/85 relaciona os órgãos legitimados para ajuizá-la, incluindo os sindicatos e associações. Por isso, não custa empregar a denominação contida na Lei, independentemente do órgão público ou privado que a utilize.

Ação civil pública trabalhista (ACPT) — é a ação de natureza coletiva, proposta pelos órgãos legitimados, conforme exposto acima, principalmente o Ministério Público do Trabalho e as entidades sindicais, para a defesa do patrimônio público e social, do meio ambiente de trabalho e de outros interesses difusos e coletivos, como o combate a: trabalho escravo; de menores; discriminação; terceirização em prejuízo do quadro efetivo; cooperativas de trabalho fraudulentas; estágios ilegais; pela reserva de mercado dos deficientes (2% a 5% para empresa com 100 ou mais empregados — art. 93 da Lei n. 8.213/91).

Tratamento legal da ACPT — art. 129, III, da CF; art. 83, III, da Lei Complementar n. 75/93; Lei n. 7.347/85 (LACP), que rege a ACP; e o CDC (arts. 81 a 104). *Vide* art. 21 da LACP. A CLT completa a base legal, posto que todos os procedimentos haverão de obedecer aos ritos trabalhistas. Há, ainda, situações em que se recorre subsidiariamente ao CPC, a exemplo da liquidação. Em 24.4.2014, foi publicada a Lei n. 12.966, para acrescer ao art. 1º da Lei n. 7.347/85, a fim de proteger também "a honra e a dignidade de grupos raciais, étnicos ou religiosos".

Competência — originariamente, é da Vara do Trabalho do lugar onde haja ocorrido o dano, de uma das Varas da Capital, se o dano extrapola os limites territoriais da Vara. Se ultrapassar os limites territoriais de um TRT, será competente uma das Varas do Trabalho do Distrito Federal. Da decisão, cabe recurso ordinário para a instância imediatamente superior.

A OJ n. 130 da SDI-II assim enuncia:

> Para fixação de competência territorial em sede de ação civil pública, cumpre tomar em conta a extensão do dano causado ou a ser reparado, pautando-se pela incidência analógica do art. 93 do Código de Defesa do Consumidor. Assim, se a extensão do dano a ser reparado limitar-se ao âmbito regional, a competência é de uma das Varas do Trabalho da Capital do Estado; se for de âmbito suprarregional ou nacional, o foro é o do Distrito Federal.

Nota-se, todavia, que o entendimento do TST restringe desnecessariamente o próprio comando da norma (art. 93, II, CDC), porquanto esta atribui claramente ao foro da capital do Estado ou ao do DF, e não somente a este, a competência para danos de âmbito nacional ou suprarregional. É neste sentido o entendimento do STJ a respeito da matéria(98).

Procedimento — quando proposta pelo Ministério Público, pode embasar-se em prévio inquérito civil público, não sendo este, entretanto, requisito essencial, mormente quando o MPT já disponha de elementos suficientes a tal propositura(99). Quando pelo sindicato (art. 8º, III, CRFB/1988), não é necessário o pré-requisito de mais de um ano de existência da entidade(100), nem autorização de assembleia.

A petição inicial observará os requisitos de toda petição (art. 282 do CPC) e os próprios da ACPT. O pedido inclui a cessação imediata das agressões, as reparações devidas, multa/dia pelo descumprimento da determinação judicial e o pedido de tutela antecipada.

O art. 2º-A da Lei n. 9.494/97, com a redação que lhe deu a MP n. 2.180-35/01, dispõe que a petição inicial das ações coletivas propostas contra a União, os Estados, o Distrito Federal, os Municípios e suas autarquias e fundações será instruída obrigatoriamente com a ata da assembleia da entidade associativa que a autorizou, acompanhada da relação nominal dos seus associados e dos respectivos endereços. Isso é impraticável e incompatível com a natureza da ação coletiva.

O art. 87 do CDC preceitua que "nas ações coletivas de que trata este Código não haverá adiantamento de custas, emolumentos, honorários periciais e quaisquer outras despesas, nem condenação da associação autora, salvo comprovada má-fé, em honorários de advogado, custas e despesas processuais".

Em caso de litigância de má-fé, a associação autora e os diretores responsáveis pela propositura da ação serão solidariamente condenados em honorários advocatícios e ao décuplo das custas, sem prejuízo da responsabilidade por perdas e danos (art. 17, LACP).

Da tutela antecipada antes da sentença final é cabível mandado de segurança para a instância *ad quem;* da sentença definitiva cabe recurso ordinário; se concedida a antecipação de tutela na sentença final, cabe ação cautelar para pedir efeito suspensivo ao recurso; julgada procedente, ainda que em parte, o requerido deve efetuar o preparo — custas e depósito recursal — se houver condenação em pecúnia. O MPT é isento de preparo.

---

(98) V. AgRg no CC n. 118.023/DF — Rel. Min. Benedito Gonçalves — S1 — Dje 3.4.2012.
Para uma crítica mais detalhada, v. EVANGELISTA, Márcio de Freitas. *Competência territorial em ação civil pública* — necessidade de imediata revisão da Orientação Jurisprudencial n. 130 da SBDI-2 do TST. Disponível em: <http://www.amatra13.org.br/new/conteudo.php?pg=publicacao&puTipo=1&puCodigo=1022> Acesso em: 17.6.2012.

(99) Acerca das garantias de ampla defesa e contraditório no inquérito civil, prevalece o entendimento de que aqui não são aplicáveis, visto que não há acusado (art. 5º, LV, CRFB/1988). Trata-se de procedimento voltado à apuração dos fatos pelo MP, à provocação de sua convicção quanto ao ajuizamento da ACP. Bem esse é o argumento de quem se investe de um poder e não quer ser transparente. Destarte, o Douto Ministério Público, na sua caminhada evolutiva, ainda precisa amainar o seu ranço autoritário. Em todo caso, é indiscutível a antecipação do contraditório em caso de produção, no inquérito, de prova que não mais será possível judicialmente.

(100) MARQUES DE LIMA, Francisco Gérson. *Direito processual do trabalho*. 3. ed. São Paulo: Malheiros, 2001. p. 329.

4. EFEITOS DA COISA JULGADA E LITISPENDÊNCIA

O CDC inovou em mais esse ponto, ao atribuir à coisa julgada efeito relativo em relação aos indivíduos titulares do interesse coletivo defendido por um dos entes legitimados. Ou seja, a sentença só faz coisa julgada quando a lei realmente não ampara o pedido, ou quando beneficia os indivíduos.

Nas ações coletivas, a sentença fará coisa julgada:

a) *erga omnes*, exceto se o pedido for julgado improcedente por insuficiência de provas, hipótese em que qualquer legitimado poderá intentar outra ação, com idêntico fundamento, valendo-se de nova prova, na hipótese de interesses ou direitos difusos;

b) *ultra partes*, mas limitadamente ao grupo, categoria ou classe, salvo improcedência por insuficiência de provas, nos termos do item anterior, na hipótese de interesses ou direitos coletivos;

c) *erga omnes*, apenas no caso de procedência do pedido para beneficiar todas as vítimas e seus sucessores, na hipótese de interesses ou direitos individuais homogêneos;

d) na ação civil pública de que trata a Lei n. 7.347/85, os efeitos da coisa julgada não prejudicarão as ações de indenização por danos pessoalmente sofridos, propostas individualmente ou na forma prevista no CDC, mas, se procedente o pedido, beneficiarão as vítimas e seus sucessores, que poderão proceder à liquidação e à execução na forma dos arts. 97 a 99 do CDC.

Mas, nos casos dos itens *a* e *b*, esses efeitos não prejudicarão os interesses e direitos individuais dos integrantes da coletividade, do grupo, categoria ou classe; na hipótese *c*, em caso de improcedência do pedido, os interessados que não tiverem intervindo no processo como litisconsortes poderão propor ação de indenização individualmente.

As ações coletivas alusivas a interesses ou direitos difusos ou coletivos não induzem litispendência para as ações individuais, mas os efeitos da coisa julgada *erga omnes* ou *ultra partes* a que aludem os itens *b* e *c* citados não beneficiarão os autores das ações individuais, se não for requerida sua suspensão no prazo de 30 dias, a contar da ciência nos autos do ajuizamento da ação coletiva (art. 104, CDC).

O art. 2º-A da Lei n. 9.494/97, com a redação que lhe deu a MP n. 2.180-35/01, dispõe que a sentença civil proferida em ação de caráter coletivo promovida por entidade associativa, na defesa dos interesses e direitos dos associados, abrangerá apenas os substituídos que tenham, na data da propositura da ação, domicílio no âmbito da competência territorial do órgão prolator.

5. LIQUIDAÇÃO E EXECUÇÃO DA ACPT

Assim como a execução (art. 98, § 2º, CDC), a liquidação da ação coletiva será individual ou coletiva — podendo, inclusive, ocorrer das duas formas simultaneamente.

Para que se dê individualizadamente, faz-se necessária a divisibilidade do interesse pleiteado (individual homogêneo)[101]. Excepcionalmente, caso os ofendidos em direitos individuais homogêneos não se habilitem em número proporcional à extensão do dano, haverá também execução coletiva pelo MPT ou pelo sindicato — entes legitimados à própria ACP ou ação coletiva —, sendo o produto da indenização revertido para a coletividade (art. 100, CDC). Na forma do art. 98, § 2º, I, do CDC, será competente para a execução o mesmo foro da liquidação. Este, por sua vez, por aplicação analógica do art. 101, I, do CDC, será o do domicílio do réu[102]. Em adição, em virtude da genericidade característica dos provimentos em ações coletivas (art. 95, CDC), a modalidade da liquidação individualizada será por artigos, em que o interessado apresentará os fatos novos que configuram o dano.

Já a liquidação e a execução coletivizadas têm vez quando a ofensa atingir interesses indivisíveis (coletivos *stricto sensu* ou difusos)[103]. São legitimados para tal o MPT e os sindicatos — entes legitimados à própria ACP ou ação coletiva. A competência, nesse caso, é do mesmo juízo que emitiu a sentença condenatória (art. 98, § 2º, II, CDC). Quanto à modalidade de liquidação, será por cálculo ou por arbitramento. Em caso de condenação em dinheiro, diante da inexistência do fundo específico preconizado pela lei da ACP, a jurisprudência tem destinado a verba aos mais diferentes fins, tais como o aparelhamento dos órgãos responsáveis pela implementação dos direitos violados, FAT — Fundo de Amparo ao Trabalhador etc.

---

(101) MAZZILLI, Hugo Nigro. *Aspectos polêmicos da ação civil pública*. 2005. Disponível em: <http://www.mazzilli.com.br/pages/artigos/aspectosacp.pdf> Acesso em: 17.6.2012.

(102) Neste sentido, por conferir maior efetividade ao instituto: CALVET, Otávio. *A liquidação da sentença coletiva trabalhista*. Disponível em: <http://www.nucleotrabalhistacalvet.com.br/artigos/A%20Liquida%C3%A7%C3%A3o%20da%20Senten%C3%A7a%20Coletiva%20Trabalhista%20-%20Otavio%20Calvet.pdf> Acesso em: 19.6.2012.

(103) MAZZILLI, Hugo Nigro. *Idem*.

Capítulo XIX

Ações Cautelares e Antecipação de Tutela no Processo Trabalhista

1. PROCEDIMENTOS CAUTELARES

O processo cautelar trabalhista é regido pelo CPC (arts. 796 a 889), com as adaptações aos rituais celetistas. A CLT só prevê duas hipóteses de liminares no art. 659, IX e X: o primeiro para sustar transferência ilegal de empregado e o segundo para reintegrar empregado estável dispensado sem observância da forma legal.

Competente é o juiz da causa, ou, quando preparatória, o juiz competente para conhecer da causa principal, ou o relator, se a causa já estiver no Tribunal.

O requerimento cautelar, em Processo Trabalhista, deve ser feito por petição escrita, devendo conter: a) a autoridade judiciária a que for dirigida; b) qualificação e residência do requerente e do requerido; c) a exposição sumária do direito ameaçado e o receio da lesão (*fumus boni juris e periculum in mora*); d) a lide e seu fundamento, se preparatória; e e) as provas que serão produzidas.

No sistema do CPC, o requerido será citado para, no prazo de cinco dias, contestar o pedido, indicando as provas que pretende produzir. O prazo inicia-se da citação ou da execução da liminar, se concedida. Se o requerido não contestar, presume-se que aceitou as alegações do requerente, caso em que o juiz decidirá em cinco dias. Se contestada no prazo legal, o juiz designará audiência de instrução e julgamento, havendo prova a ser nela produzida.

No entanto, a praxe trabalhista é de designação de audiência de conciliação e julgamento, na qual será apresentada contestação, caso não haja acordo.

É lícito ao juiz conceder liminarmente ou após justificação prévia a medida cautelar, sem ouvir o réu, quando verificar que este, sendo citado, poderá torná-la ineficaz.

Cabe à parte propor a ação, no prazo de 30 dias, contados da efetivação da medida cautelar, quando esta for concedida em procedimento preparatório.

A ação cautelar goza de autonomia e possui objeto próprio — o provimento de urgência que assegure a efetividade do processo principal. Por isso, da decisão cautelar cabe recurso ordinário e até de revista, sob as mesmas exigências impostas à interposição dos recursos. Os efeitos da cautelar se protraem até o trânsito em julgado da ação principal, se antes não for revogada. Assim também, a improcedência da cautelar não impede o ajuizamento da ação principal, pois diferentes são os objetos das ações.

Nas ações cautelares incidem custas processuais, na forma já exposta no Capítulo próprio deste livro.

2. REQUISITOS

São requisitos da ação cautelar: a) o *fumus boni juris* e b) o *periculum in mora*. O primeiro se traduz como o indício do bom direito e o segundo, como o perigo da demora, ou seja, caso não adotada a providência cautelar, o direito perde-se ou torna-se de difícil reparação. Esse direito tem que ser bem articulado e o perigo, convincentemente demonstrado e provado.

3. PROCEDIMENTOS CAUTELARES ESPECÍFICOS

Batalha relaciona os seguintes procedimentos cautelares específicos aplicáveis ao Processo do Trabalho: arresto, sequestro, caução, busca e apreensão, exibição, produção antecipada de prova, arrolamento de bens, justificação, protestos, notificações e interpelações e atentado (1989).

O arresto ocorre com mais frequência e rege-se pelos arts. 813 a 820 do CPC.

Art. 813. O arresto tem lugar:

I — quando o devedor sem domicílio certo intenta ausentar-se ou alienar os bens que possui, ou deixa de pagar a obrigação no prazo estipulado;

II — quando o devedor com domicílio certo: a) se ausenta ou tenta ausentar-se furtivamente; b) caindo em insolvência, aliena ou tenta alienar bens que possui; c) contrai ou tenta contrair dívidas extraordinárias; d) põe ou tenta pôr os seus bens em nome de terceiros; e) quando comete outro qualquer artifício fraudulento, a fim de frustrar a execução ou lesar credores;

III — quando o devedor que possui bens de raiz intenta aliená-los, hipotecá-los ou dá-los em anticrese, sem ficar com algum ou alguns, livres e desembargados, equivalentes às dívidas; e

IV — nos demais casos expressos em lei.

Para a concessão do arresto é essencial: prova literal da dívida líquida e certa; prova documental ou justificação de algum dos casos mencionados acima.

Equipara-se à prova literal da dívida líquida e certa, para efeito de concessão de arresto: a) a sentença líquida ou ilíquida, pendente de recurso; b) o laudo arbitral pendente de homologação, condenando o devedor ao pagamento de dinheiro ou de prestação que em dinheiro possa converter-se.

A justificação prévia, quando ao juiz parecer indispensável, far-se-á em segredo e de plano, reduzindo-se a termo o depoimento das testemunhas.

O juiz concederá o arresto, independentemente de justificação prévia: a) quando requerido pela União, Estado ou Município, nos casos previstos em lei; b) se o credor prestar caução — art. 816 do CPC.

No Processo do Trabalho, contudo, como regra não exige a prestação de caução como condição de deferimento liminar do arresto, por ser incompatível com as condições de trabalhador.

Salvo a hipótese de o juiz acolher na cautelar alegação de decadência ou prescrição do direito do autor, a sentença proferida no arresto não faz coisa julgada na ação principal. Julgada procedente a ação principal, o arresto resolve-se em penhora.

Ficará suspensa a execução do arresto se o devedor: a) logo que intimado, pagar ou depositar em juízo a importância da dívida, mais os honorários advocatícios e as custas; b) der fiador idôneo, ou prestar caução para garantir a dívida, honorários e custas.

Cessa o arresto: a) pelo pagamento; b) pela novação; e c) pela transação.

Aqui, entendo oportuno, a título de exemplo, três arrestos que já deferi: a) em um caso, a empresa fechara as portas, sem deixar representante legal e deixou os trabalhadores na mão. Sabendo que os bens da empresa estavam sendo embarcados em um navio para o Rio de Janeiro, determinei a arresto da carga, com a apreensão do navio; então apareceram os responsáveis e quitaram os débitos trabalhistas; b) em São Luís do Maranhão, uma empresa de ônibus urbanos se desfazia em virtude da separação dos sócios, na iminência de os Bancos credores arrestarem todos os bens; a pedido do sindicato, foram arrestados vários ônibus para garantia dos direitos dos trabalhadores; c) um laboratório estrangeiro fechara sua representação no Brasil, deixando de prestar contas aos vendedores. Sabendo que havia créditos do laboratório nas farmácias que compravam a prazo, foi deferido arresto dos referidos créditos.

Aplicam-se ao arresto as disposições referentes à penhora.

Observam-se as regras gerais do processo cautelar e o rito trabalhista, conforme exposto acima.

Sequestro — É a "apreensão ou o depósito judicial de certa coisa, sobre que pesa um litígio, ou sujeita a determinados encargos, a fim de que seja entregue, quando solucionada a pendência, a quem de direito. Assim, o sequestro é dirigido contra determinada coisa, ou coisa especificada, sobre que se litiga" (De Plácido e Silva). Previsto nos arts. 822 a 825 do CPC.

Batalha entende que o sequestro não se aplica ao Processo do Trabalho, posto que as obrigações trabalhistas não têm direção real (*Op. cit.*, p. 657). Não descartamos, *data venia*, a aplicabilidade do sequestro no Processo Trabalhista. Tostes Malta imagina esta hipótese:

> O empregado pode ter ferramentas de sua propriedade, utilizadas em serviço, normalmente guardadas na empresa. Dando-se que o servidor, por uma razão qualquer, pretenda retirar do estabelecimento ditos bens e a isso se opondo o empregador, fundando-se em que são seus tais instrumentos, pode o trabalhador ingressar com reclamação cautelar de sequestro (*Op. cit.*).

Caução – É garantia real ou fidejussória, prestada pelo interessado ou por terceiro. Está disciplinada nos arts. 826/838, CPC. Batalha dá o exemplo seguinte: "decretado o arresto de bens do devedor, preferir este suspender a execução do arresto mediante a caução fidejussória" (*Op. cit.*, p. 658).

Busca e apreensão – Disciplinada nos arts. 839 a 843 do CPC. Pode ser de coisa ou pessoa. No Processo do Trabalho, comporta a busca e apreensão de coisas; a de pessoa será mais difícil, contudo não impossível, em virtude das novas competências que a EC n. 45/04 agregou à Justiça do Trabalho.

Exibição – Tem lugar como procedimento preparatório em que se provoca a exibição judicial:

I – de coisa móvel em poder de outrem e que o requerente repute sua ou tenha interesse em conhecer;

II – de documento próprio ou comum, em poder de co-interessado, sócio, condômino, credor ou devedor ou em poder de terceiro que o tenha em sua guarda, como inventariante, testamenteiro, depositário ou administrador de bens alheios;

III – da escrituração comercial por inteiro, balanços e documentos de arquivo, nos casos expressos em lei. Ver arts. 844 e 845 do CPC.

Produção antecipada de provas (*Ad perpetuam rei memoriam* – para a perpétua memória das coisas) – Consiste em interrogatório da parte, inquirição de testemunhas e exame pericial. Far-se-á o interrogatório da parte ou a inquirição de testemunhas antes da propositura da ação, ou na pendência desta, mas antes da audiência de instrução: a) se o depoente tiver de ausentar-se; b) se, por motivo de idade ou de moléstia grave, houver justo receio de que ao tempo da prova a pessoa já não exista, ou esteja impossibilitada de depor. Ver arts. 846 a 851 do CPC.

Arrolamento de bens – Trata-se de procedimento só admissível quando haja justo receio de extravio ou dissipação de bens.

O credor trabalhista pode requerer o arrolamento de bens, mediante reclamação cautelar, como instrumento da principal, e processar-se-á perante a Justiça do Trabalho. Vislumbra-se que no Processo do Trabalho só é aplicável no caso de herança jacente. Disciplinam a matéria os arts. 855 a 860 do CPC.

Justificação – Quem pretender justificar a existência de algum fato ou relação jurídica, seja para simples documento e sem caráter contencioso, seja para servir de prova em processo regular, exporá, em petição circunstanciada, a sua intenção, de acordo com os arts. 861 a 866 do CPC.

Protestos, notificações e interpelações – Dada a simplicidade peculiar do Processo Trabalhista, os protestos, notificações e interpelações não são admissíveis com as amplas finalidades preconizadas no CPC. Contudo, pode o empregado notificar o empregador para interromper a prescrição, interpelá-lo para que se manifeste sobre uma situação equívoca etc. Tem sido usado com sucesso o protesto judicial para preservar a data-base de dissídio coletivo quando as negociações vão consumindo o prazo legal de ajuizamento.

Atentado — Comete atentado a parte que no curso do processo: a) viola penhora, arresto, sequestro ou imissão na posse; b) prossegue em obra embargada; c) pratica outra qualquer inovação ilegal no estado de fato. A sentença que julgar procedente a ação ordenará o restabelecimento do estado anterior, a suspensão da causa principal e a proibição de o réu falar nos autos até a purgação do atentado. A sentença poderá condenar o réu a ressarcir perdas e danos ao autor. Ver arts. 879 a 881 do CPC.

4. *MEDIDAS CAUTELARES ATÍPICAS*

Inominadas são as medidas cujo procedimento específico não está previsto em lei. São inumeráveis, porque surgem da situação, emergem da vida e da cibernética social. Por isso aplicam-se as regras gerais estatuídas no CPC, arts. 796 a 812, com as adaptações necessárias ao Processo do Trabalho, de maneira que se tornem acessíveis ao assalariado.

Só a título exemplificativo, têm sido aforadas na Justiça do Trabalho ações cautelares inominadas com objetivo de: suspender execução de sentença normativa durante a pendência de recurso ordinário; suspensão de determinadas práticas pelo empregador; para reserva de vagas em concurso público; para suspender execução de sentença pendente de recurso sem efeito suspensivo etc.

Os incisos IX e X do art. 659 da CLT são apenas exemplificativos, podendo o juiz do trabalho conceder liminares em todos os casos que justifiquem a medida e com a instituição da tutela antecipada (art. 273 do CPC), com muito mais razão.

Constitucionalidade duvidosa de todas as regras que proíbam a concessão de liminares em quaisquer matérias, a exemplo da Lei n. 8.437/92, cujo art. 1º dispõe que não é cabível medida liminar contra atos do Poder Público, no procedimento cautelar ou em quaisquer outras ações de natureza cautelar ou preventiva, toda vez que providência semelhante não puder ser concedida em mandado de segurança, em virtude de vedação legal.

Não é cabível, no juízo de primeiro grau, medida cautelar inominada ou sua liminar, quando impugnado ato de autoridade sujeita, na via de mandado de segurança, à competência originária de tribunal.

O recurso, voluntário ou de ofício, contra sentença em processo cautelar, contra pessoa jurídica de direito público e seus agentes, que importe em outorga ou adição de vencimentos ou reclassificação funcional, terá efeito suspensivo.

Compete ao Presidente do Tribunal ao qual couber o conhecimento do respectivo recurso, suspender, em despacho fundamentado, a execução da liminar nas ações movidas contra o Poder Público, a requerimento do Ministério Público ou da pessoa jurídica de direito público interessada. Do despacho do Presidente, cabe agravo regimental.

No mesmo sentido, já após a inclusão da tutela antecipada no Direito brasileiro, em 1994, a Lei n. 9.494/97 preceitua em seu art. 1º que: aplica-se à tutela antecipada prevista nos arts. 273 e 461 do Código de Processo Civil o disposto nos arts. 5º e parágrafo único e 7º da Lei n. 4.348/64; no art. 1º e § 4º da Lei n. 5.021/66, e nos arts. 1º, 3º e 4º da Lei n. 8.437/92.

Quer dizer, **não admite tutela antecipada** contra o Poder Público para os fins de: a) reclassificação ou equiparação de servidores públicos, concessão de aumento ou extensão de vantagens, compensação de créditos tributários e entrega de mercadorias e bens provenientes do exterior ou pagamento de qualquer natureza (art. 7º, § 2º, da Lei n. 12.016/09); c) se for concedida a tutela antecipada, o pagamento de prestações decorrentes de sentença só será devido a partir do ajuizamento da ação, não alcançando as anteriores; d) para levantamento de depósitos do FGTS (art. 29-A da Lei n. 8.036/90).

5. TUTELA ANTECIPADA NO PROCESSO DO TRABALHO

Plenamente admissível, por invocação subsidiária dos arts. 273 e 461 do CPC. Ou seja, comporta em todos os procedimentos trabalhistas, desde que verificados os pressupostos: a) a *verossimilhança* do direito; b) o *fundado receio de dano irreparável* ou de difícil reparação; c) *abuso de direito de defesa* do réu; d) *reversibilidade da medida*.

Tutela antecipada *é a decisão judicial que, examinando o mérito da questão, antecipa, total ou parcialmente, a prestação jurisdicional em favor da parte, antes mesmo da contestação ou já após travado o contraditório*. **Poderá a parte ser o reconvinte**. Não se concederá a antecipação quando houver perigo de irreversibilidade do provimento antecipado.

Também poderá ser concedida quando um ou mais pedidos cumulados, ou parcela deles, mostrar-se incontroverso. Se a antecipação requerida revestir-se de natureza de providência cautelar, poderá o juiz, verificados os pressupostos [da cautelar], deferi-la em caráter incidental no processo ajuizado — § 7º do art. 273 do CPC.

A diferença da antecipação de tutela de mérito para a liminar em ação cautelar é que esta tem por objeto garantir a efetividade do processo, enquanto aquela antecipa o próprio mérito da causa, é satisfativa e é executada nos moldes da execução definitiva.

O juiz, ao conceder a antecipação, exporá as razões de seu convencimento, fundado em prova inequívoca da verossimilhança e nos outros pressupostos.

Momento da concessão — a) antes da citação do réu; b) após a citação deste; c) ou mesmo após a instrução processual, já na sentença definitiva. Neste último caso, o efeito imediato é proporcionar a execução da medida ainda que seja interposto recurso; d) no recurso.

Recurso contra a sentença antecipatória de tutela — no Processo do Trabalho, cabem duas espécies de recursos: a) o mandado de segurança para a instância imediatamente superior; b) quando a antecipação é concedida na sentença definitiva, é cabível ação cautelar para imprimir efeito suspensivo ao recurso.

Verossimilhança e prova *prima facie* — verossimilhança, literalmente, significa semelhança de verdadeiro. "Diz-se verossímil uma narrativa quando o fato ao qual ela se refere se aproxima do episódio verificado. (...) É possível acreditar-se no conteúdo dela", afirma Paixão Júnior. Verossímil é o que parece verdadeiro, sem necessariamente ter a pretensão de sê-lo.

A prova *prima facie* vem a ser um meio de prova que leva o juiz a utilizar das máximas, as quais têm por pressuposto a verossimilhança(104). Imbrica-se esta questão com as presunções, em que se parte de um fato conhecido para chegar-se a outro que decorra dele.

Procedimentos — nas hipóteses da *verossimilhança* do direito ou *fundado receio de dano irreparável* ou de difícil reparação, o pedido pode ser formulado na petição inicial, em que será declinada a fundamentação fática e jurídica específica da antecipação; ou no curso da lide, em petição fundamentada. Na hipótese de *abuso de direito de defesa* do réu, o pedido só poderá ser formulado depois da contestação.

A decisão antecipatória poderá ser modificada ou revogada a qualquer tempo pelo juízo que a concedeu em decisão fundamentada. Concedida ou não a antecipação da tutela, prosseguirá o processo até final julgamento.

Execução da medida — a efetivação da tutela observará, no que couber e conforme sua natureza, as normas previstas nos arts. 475-I, 461, §§ 4º e 5º e 461-A do CPC.

---

(104) PAIXÃO JR., Manoel Galdino. *Teoria geral do processo*, p. 250.

Capítulo XX

Ação de Consignação em Pagamento, Ação Monitória e Outras Ações Cíveis no Processo do Trabalho

1. AÇÃO DE CONSIGNAÇÃO EM PAGAMENTO

O CPC disciplina esta matéria nos arts. 890 a 900. Trata-se do instrumento jurídico por meio do qual o devedor exerce seu direito de pagar e eximir-se da obrigação. Tem lugar:

> a) se o credor, sem justa causa, recusar receber o pagamento, ou dar quitação na forma legal; b) se o credor não for, nem mandar receber a coisa no lugar, tempo e condições devidas; c) se o credor for desconhecido, estiver declarado ausente, ou residir em lugar incerto, ou de acesso perigoso ou difícil; d) se ocorrer dúvida sobre quem deva legitimamente receber o objeto do pagamento; e) se pender litígio sobre o objeto do pagamento; f) se houver concurso de preferência aberto contra o credor, ou se este for incapaz de receber o pagamento. Ver arts. 334 a 345 do Código Civil.

Nos casos acima, poderá o devedor ou terceiro requerer, com efeito de pagamento, a consignação da quantia ou da coisa devida. Competente é o foro do lugar do pagamento, mas quando a coisa for corpo que deva ser entregue no lugar em que está, poderá o devedor requerer a consignação no foro em que ela se encontra (art. 891 e parágrafo único do CPC). Tratando-se de prestações periódicas, uma vez consignada a primeira, pode o devedor continuar a consignar, no mesmo processo e sem mais formalidades, as que se forem vencendo, desde que os depósitos sejam efetuados até cinco dias, contados da data do vencimento (art. 892 do CPC).

Na petição inicial, o autor requererá: o depósito da quantia ou da coisa devida, a ser efetivado no prazo de cinco dias contado do deferimento, ressalvada a hipótese do § 3º do art. 890 (recusa expressa do consignado); a citação do réu para levantar o depósito ou oferecer resposta.

Se o objeto da prestação for coisa indeterminada e a escolha couber ao credor, será este citado para exercer o direito dentro de cinco dias, se outro prazo não constar de lei ou do contrato, ou para aceitar que o devedor o faça. Na dúvida sobre quem deva legitimamente receber o pagamento, o autor requererá o depósito e a citação dos que disputam para provarem os seus direitos.

A contestação será oferecida em audiência, no prazo mínimo de cinco dias, a contar do recebimento da notificação do consignado, em que este receberá o que for consignado ou contestará, alegando que: a) não houve recusa ou mora em receber a quantia ou coisa devida; b) foi justa a recusa; c) o depósito não se efetuou no prazo ou no lugar do pagamento; d) o depósito não é integral, especificando o quanto falta.

Não sendo oferecida contestação dentro do prazo, o juiz julgará procedente o pedido, declarará extinta a obrigação e condenará o réu ao pagamento das custas. Se o credor, em vez de contestar, receber e der quitação, pagará as custas processuais.

Pelo ritual celetista, em face do *jus postulandi* das partes, é possível o ajuizamento e a defesa pelas partes sem advogado, embora não seja recomendado.

Quando na contestação o réu alegar que o depósito não é integral, é lícito ao autor completá-lo, dentro em dez dias, salvo se corresponder a prestação, cujo inadimplemento acarrete a rescisão do contrato. Tem ocorrido com frequência de o consignado oferecer reconvenção, postulando reintegração no emprego ou as verbas a que se julga com direito.

No Processo do Trabalho, a ação de consignação obedece aos princípios gerais da CLT, como a obrigatoriedade de audiência de conciliação em audiência; direito a até três testemunhas de cada parte, ou duas, se de rito sumaríssimo; julgamento pelo Juiz do Trabalho competente; recorribilidade. Se o empregado for condenado, será dispensado de depósito recursal para recorrer.

Quando a ação de consignação consiste em quantia que o consignado julgue inferior à devida, por se tratar de crédito de natureza alimentícia, mesmo sem que o consignado ofereça a quitação total, é lícita a liberação antes do julgamento da ação, posto configurar-se quantia incontroversa, prosseguindo a ação quanto à diferença em discussão, cf. dispõem os arts. 890 a 899 do CPC.

A propósito, veja-se a implantação da consignação por via bancária, nos §§ 1º a 3º do art. 890 do CPC, com a redação dada pela Lei n. 8.951/94.

2. AÇÃO MONITÓRIA

Prevista nos arts. 1.102-A, 1.102-B e 1.102-C do CPC, introduzida pela Lei n. 9.097/95, a ação monitória destina-se a *imprimir um rito simplificado para atribuir efeito executivo a documento escrito sem eficácia de título executivo*, para pagamento de soma em dinheiro, entrega de coisa fungível ou de determinado bem móvel.

Trata-se de uma criação que atende aos credores do sistema financeiro em geral, pelo qual esses agentes resgatam seus créditos com rapidez e facilidade.

Seu procedimento inicia-se como todo processo: petição inicial na forma do art. 282 do CPC, instruída com o documento que a fundamenta.

Estando a petição inicial devidamente instruída, o juiz deferirá de plano a expedição do mandado de pagamento ou de entrega da coisa no prazo de 15 dias. Se a petição não atender aos requisitos legais, o juiz a indeferirá de plano, cabendo dessa sentença apelação, ou, no Processo do Trabalho, recurso ordinário.

Nesse prazo o réu poderá oferecer embargos, em que articulará toda a matéria de defesa, exceções e mérito, que suspendem a eficácia do mandado. Se não forem opostos embargos, constituir-se-á de pleno direito o título executivo judicial, convertendo-se o mandado inicial em mandado executivo e prosseguindo-se na forma dos arts. 475-J a 475-R do CPC; mas no sistema trabalhista, procede-se segundo a CLT, cf. se expôs.

Assim, o instrumento monitório, tem o condão de converter um título extrajudicial sem natureza executiva em título executivo judicial, aproveitando-se os atos praticados para essa conversão para a execução que se seguir.

Os embargos são um meio de defesa que não se confunde com os embargos à execução, por isso não necessitam de prévia garantia de juízo. A partir dos embargos, a ação toma o rito ordinário, com todos os meios de prova.

E cabe reconvenção? Dificilmente, salvo na remota hipótese de o réu possuir contra o autor um documento sem eficácia de título executivo e que se relacione com o pedido deste (Theotônio Negrão, verbete 1, do art. 1.102-C, do CPC). Se o réu cumprir espontaneamente o mandado, ficará isento de custas e honorários advocatícios, findando a ação.

Competente é o juiz que seria competente para a ação ordinária a propósito da matéria.

No Processo do Trabalho é aplicável para cobrança mais rápida e simplificada de documentos que não possuam força de título executivo, como qualquer documento em que o empregador reconhece dever algo ao empregado, o termo de rescisão não quitado, documento que ateste a prestação de trabalho extraordinário não pago, documento que ateste o direito a determinada gratificação etc.

O rito, porém, deve ser adaptado ao trabalhista, ou seja, feito o juízo prévio, estando a petição instruída, o juiz deferirá de plano mandado de pagamento ou de entrega da coisa na audiência designada (com prazo mínimo de cinco dias).

Se a petição não preencher os requisitos da ação monitória, o juiz a indeferirá de plano, cabendo recurso ordinário dessa sentença. Se o réu não comparecer à audiência, o documento que instrui a monitória constituir-se-á em título executivo, e será expedido mandado de citação, para pagamento ou entrega da coisa sob pena de penhora. E aqui se segue todo o rito da execução trabalhista.

Na audiência, será tentada a conciliação. Não conciliada a questão, o reclamado oferecerá embargos. Se, mesmo comparecendo, não oferecer embargos, ou forem estes rejeitados, constitui-se o título executivo. Oferecidos os embargos (nome dado à petição de defesa), fica suspensa a eficácia do mandado, e a ação toma o rito da ação de conhecimento, ordinário ou sumaríssimo, conforme o valor envolvido.

Em todo caso, a monitória conserva sua vantagem sobre a reclamação, porque a sentença que rejeitar os embargos tem o efeito de constituir de imediato o título executivo (judicial), proporcionando o início do processo executório, posto que dessa sentença não cabe recurso ordinário, sendo impugnável só nos embargos à execução. E da sentença nos embargos à execução cabe o agravo de petição.

3. OUTRAS AÇÕES CÍVEIS ADMISSÍVEIS NO PROCESSO TRABALHISTA

Apenas fazemos referência, visto que são inúmeras e todas com suas particularidades. A título de exemplo, indicamos: ação de despejo, se o trabalhador reside no imóvel em face da relação de trabalho e o contrato for rescindido; ação de depósito; ações possessórias em caso de agressão da propriedade do empregador por trabalhadores grevistas; o STF declarou a competência da Justiça do Trabalho para julgar ações de empregados do Banco do Brasil envolvendo o direito de aquisição de imóvel funcional; ação de reparação de dano moral e material em face do nexo laboral; ação de cobrança de honorários profissionais; e muitas outras, em face da ampliação da competência da Justiça do Trabalho efetivada pela EC n. 45/04.

Capítulo XXI

Ações Constitucionais na Justiça do Trabalho

Cabem na Justiça do Trabalho os remédios constitucionais quando os casos o exigirem, diz o Prof. Francisco Gérson. O fato de o art. 114 haver relacionado só o Mandado de Segurança, o *Habeas Corpus* e o *Habeas Data* não invalida o argumento, dado que assim se fez porque era contra esses três remédios que a jurisprudência resistia. A doença é que dita o remédio, e o juízo trabalhista atrai todas as ações cuja *causa petendi* emerge das relações de trabalho e outras declinadas no art. 114 da Constituição.

1. MANDADO DE SEGURANÇA — MS

É uma ação mandamental de natureza constitucional, destinada à defesa de direito líquido e certo, não amparado por *habeas corpus* e *habeas data*, sempre que, ilegalmente ou com abuso de poder, qualquer pessoa física ou jurídica sofrer violação ou houver justo receio de sofrê-la por parte de autoridade, seja de que categoria for e sejam quais forem as funções que exerça. Trata-se de uma ação mandamental, de provimento imediato. Daí denominar-se remédio heroico.

O berço fundamental do MS é o art. 5º, LXIX, da Constituição. E sua disciplina legal consta da Lei n. 12.016/09, que condensou a matéria da Lei n. 1.533/51 e de outras leis, revogando-as expressamente. Não traz novidades expressivas e chega a ser antiga, empregando termos como atos comerciais em vez de empresariais, Cartório e Escrivão sem indicar também Secretaria e Chefe de Secretaria, radiograma, telegrama, fax, tudo fora de moda. Contudo, inova nos seguintes pontos: o juiz poderá exigir caução ou garantia para conceder a medida; incorpora súmula do STF quanto ao não cabimento de honorários advocatícios; admite agravo regimental da decisão do relator que concede ou denega liminar e agravo de instrumento da decisão do juiz que concede ou denega a medida, bem como, enquadra o não cumprimento da determinação judicial no crime de desobediência e nas sanções administrativas previstas na Lei n. 1.079/50.

A CLT não o inclui na competência das Varas do Trabalho. Inclui-o, porém, na competência dos Tribunais do Trabalho, mas só para o fim único de atacar atos administrativos ou judiciais do Tribunal ou de Juízes, cf. art. 678, *a*, 3. Mudando tudo isso, a EC

n. 45/04 incluiu no art. 114, IV, expressa competência da Justiça do Trabalho para MS em matéria sujeita à sua jurisdição.

Juiz natural — para o MS em geral, competente é o juiz de primeira instância, com recurso ordinário para o TRT. Quando, porém, a autoridade coatora for juiz do trabalho ou juiz de direito no exercício da jurisdição trabalhista, a competência originária é do Tribunal.

Quando o art. 5º, LXIX, da Constituição, dita "**Conceder-se-á mandado de segurança** para proteger direito líquido e certo..." significa que, uma vez demonstrados os requisitos legais, **o juiz é obrigado a conceder a medida**.

Objeto — ato ou omissão de autoridade, que lesa ou ameaça direito líquido e certo, não amparável por *habeas corpus* ou *habeas data*.

Ato de autoridade — é toda manifestação do Poder Público — administração direta, indireta e pessoa natural ou jurídica com função delegada ou reconhecida pelo Poder Público, no exercício do *munus* público.

Autoridade coatora — é aquela que tenha praticado o ato impugnado ou da qual emane a ordem para a sua prática. A nova Lei do MS legitima-a para recorrer da decisão judicial proferida contra seu ato.

Considerar-se-á federal a autoridade se as consequências de ordem patrimonial do ato contra o qual se requer o mandado houverem de ser suportadas pela União ou entidade por ela controlada.

Equiparam-se a autoridades, para efeito do MS, os representantes ou órgãos dos partidos políticos e os administradores de entidades autárquicas, bem como os dirigentes de pessoas jurídicas ou as pessoas naturais no exercício de atribuições do poder público, somente no que disser respeito a essas atribuições. Não cabe MS contra atos de gestão empresarial praticados pelos administradores de empresas públicas, sociedades de economia mista e de concessionárias de serviço público.

Direito líquido e certo — é qualquer um dos catalogados no art. 5º da CF ou dele deduzível, certo quanto à existência e determinado quanto ao objeto. A prova é pré-constituída — deve ser apresentada com a petição inicial, salvo documentos que estejam em poder do impetrado, ou repartição ou estabelecimento público ou em poder de autoridade que se recuse a fornecê-lo por certidão, ou de terceiro, caso em que o juiz ordenará, preliminarmente, a exibição desse documento, no prazo de dez dias (art. 6º, parágrafos, Lei n. 12.016/09). A certeza do direito brota da prova pré-constituída.

Sujeito ativo — pessoa física ou jurídica que tenha capacidade postulatória e seja titular do direito defendido; seja ele individual ou coletivo. Quando o direito ameaçado ou violado couber a várias pessoas, qualquer delas poderá impetrar o MS. O titular de direito líquido e certo decorrente de direito de terceiro, em condições iguais, poderá impetrar o MS a favor do direito originário, se o seu titular não o fizer, no prazo de trinta dias, quando notificado judicialmente. É admissível o ingresso de litisconsorte ativo antes do despacho da petição inicial.

O MS Coletivo pode ser impetrado por: a) partido político com representação no Congresso Nacional, na defesa de seus interesses legítimos relativos a seus integrantes ou à finalidade partidária; b) organização sindical, entidade de classe ou associação legalmente constituída e em funcionamento há pelo menos um ano, em defesa de direitos líquidos e certos da totalidade ou de parte dos seus membros ou associados, na forma de seus estatutos e desde que pertinentes às suas finalidades, dispensada, para tanto, autorização especial (art. 5º, LXX, *a* e *b*, CF). É o poder de agir como substituto processual da categoria.

Sujeito passivo — é a pessoa jurídica em cujo nome agiu a autoridade coatora, pois sobre ela recairão os efeitos da decisão judicial, os quais só alcançarão os agentes públicos quando eles forem responsabilizáveis por dolo ou culpa (art. 37, § 6º, CF).

Medida liminar — é uma providência cautelar para preservar o possível direito do impetrante. Os efeitos da medida liminar persistirão até a prolação da sentença, salvo se for revogada ou cassada (art. 7º, § 3º, Lei n. 12.016/09). Deferida a liminar, o processo terá prioridade de julgamento.

Não será concedida liminar que objetive a compensação de créditos tributários, a entrega de mercadorias e bens provenientes do exterior, a reclassificação ou equiparação de servidores públicos e a concessão de aumento ou extensão de vantagens ou pagamento de qualquer natureza; no mesmo sentido, dispõe o art. 29-B da Lei n. 8.036/90, em relação ao FGTS.

Requisitos para a concessão da liminar: a) relevância do fundamento do pedido; b) perigo de lesão irreparável. Diz o art. 7º, III, que o juiz poderá exigir do impetrante caução, fiança ou depósito com objetivo de ressarcir a pessoa jurídica, caso a sentença seja pela improcedência. De antemão, este requisito é criticável, e, no processo do trabalho, totalmente incompatível com os princípios trabalhistas. No MS coletivo, a liminar só poderá ser concedida após a audiência do representante judicial da pessoa jurídica de direito público, que deverá se pronunciar no prazo de 72 horas. Será decretada a perempção ou caducidade da medida, *ex officio* ou a requerimento do Ministério Público, quando o impetrante criar obstáculo ao normal andamento do processo ou deixar de promover, por mais de três dias úteis, os atos e as diligências que lhe cumprirem.

Hipóteses de cabimento do MS e juízo competente — são inumeráveis, bastando que haja um direito líquido e certo de natureza trabalhista, ferido ou ameaçado por ato ou omissão ilegal ou abusivo de autoridade, e a urgência do provimento judicial. Apesar das restrições objetivamente impostas por lei, a rigor, na atual moldura constitucional, a esta ação não são oponíveis obstáculos, visto tratar-se do instrumento jurídico mais eficaz de garantia dos direitos fundamentais. Daí relativizar-se em cada caso o limite dos limites.

Dentre muitas hipóteses, cabe MS contra ato das autoridades fiscalizadoras do trabalho (SRTE, MPT, INSS, CEF, órgãos estaduais e municipais), sendo as principais, com conhecida atribuição fiscalizadora, os agentes do Ministério do Trabalho, por meio das Superintendências Regionais do Trabalho e Emprego arts. 626/642 da CLT; dos dirigentes de órgãos públicos, de sociedade de economia mista e empresa pública alusivos a direitos dos trabalhadores; ou ato de dirigente de concessionária de serviço praticado nessa qualidade contra direito dos trabalhadores da empresa. Além dos atos judiciais passíveis de MS e dos atos administrativos de Juiz, do Tribunal e de seu Presidente.

Convém alinhar mais algumas hipóteses: ato de qualquer gestor público da administração direta e indireta em relação a servidor admitido sob regime celetista, como, por exemplo, a preterição de nomeação de concursado, preterição de promoção, ordem de desconto salarial indevido. Da mesma forma, nas empresas públicas e nas sociedades de economia mista, seus gestores são equiparados autoridades para os efeitos do MS. Assim, os atos desses gestores, no múnus público, são passíveis de corretivo via MS, como, por exemplo, ato do Presidente do Banco do Brasil ou da Caixa Econômica Federal que implique preterição de nomeação de candidato concursado, ou que implique negar-lhe um benefício legal ou regulamentar etc. De ordinário, em todas essas hipóteses, será competente o juízo de 1º grau.

De atos judiciais — é admissível MS, desde que o ato seja considerado ilegal ou cometido com abuso de poder e não seja atacável pela via de recurso previsto em lei com efeito suspensivo. Quando o ato emana de juiz de primeiro grau, o MS deve ser impetrado perante o TRT a que ele está subordinado. Processa-se também perante o TRT quando o ato coator emana do próprio Tribunal, de seu Presidente ou de qualquer de seus membros. Neste caso, o recurso ordinário da decisão é para o TST.

Assim, p. ex., cabe MS para suspender o leilão, dado que o agravo de petição não tem efeito suspensivo; para suspender efeito de liminar concedida em ação civil pública; das decisões que concedem tutela antecipada; do bloqueio BACEN JUD etc. Quando, porém, a antecipação é concedida na sentença definitiva, segundo jurisprudência do TST, não cabe mandado de segurança, mas ação cautelar preparatória ou incidente de recurso cabível.

Alguns atos do Ministério Público do Trabalho também são impugnáveis perante a Justiça do Trabalho através de MS, dado enquadrar-se esse órgão no rol das entidades fiscalizadoras das relações de trabalho, nos termos do art. 114, VII, CF. Assim, por exemplo, são passíveis de impugnação pela via do MS atos de instauração de inquérito civil público tido por ilegal ou abusivo, bem como ato de instrução deste, como solicitações ou determinações consideradas abusivas ou ofensivas a direito líquido e certo.

Limites ao MS. Não cabe MS, cfr. o art. 5º da Lei n. 12.016/09: a) de ato do qual caiba recurso administrativo com efeito suspensivo, independentemente de caução; b) de decisão judicial da qual caiba recurso com efeito suspensivo; c) de decisão transitada em julgado. Aqui, incorporou as Súmulas ns. 268 do STF e 33 do TST.

Como se vê, a nova lei traz poucas restrições ao uso do MS. Com isso, ruem as outras limitações que antes se lhe impunham. Não podia ser utilizado como: a) sucedâneo da reclamação trabalhista; b) sucedâneo de recurso previsto em lei; c) contra lei em tese — Súmula n. 266 do STF, relativizada na Súmula n. 625; d) contra decisão judicial, quando passível de revisão por via correicional, cfr. Súmula n. 267 do STF.

A inicial será indeferida, por decisão motivada, quando não for o caso de MS ou lhe faltar algum dos requisitos legais ou quando já houver decorrido mais de 120 dias do ato impugnado. Denega-se a segurança nos casos do art. 267 do CPC. O MS poderá ser renovado dentro do prazo de 120 dias se a decisão denegatória não lhe houver apreciado o mérito. Do indeferimento pelo Juiz do Trabalho cabe recurso ordinário para o

TRT; do indeferimento pelo Relator, cabe agravo. Do julgamento do Tribunal no agravo, mantendo o indeferimento, cabe recurso ordinário para o TST.

O pagamento de prestações a servidores públicos, decorrentes de sentença definitiva, só será devido a partir do ajuizamento da ação, não alcançando as anteriores.

Procedimento — A petição inicial apresentada em duas vias, deve preencher os requisitos estabelecidos pela lei processual. Indicará a autoridade coatora e a pessoa jurídica que esta integra, à qual se acha vinculada ou da qual exerça atribuições. Embora não conste da lei, havendo litisconsorte, deve haver tantas vias da inicial quantos forem eles. Uma via da petição será endereçada à pessoa jurídica passiva.

Todos os documentos que instruem a primeira via serão reproduzidos para serem anexados à segunda via, a ser remetida à autoridade coatora. A prova deve ser pré-constituída, sem necessidade de audiência e diligências, salvo a solicitação de documentos que estejam em poder do impetrado, ou repartição ou estabelecimento público ou em poder de autoridade que se recuse a fornecê-lo por certidão, ou de terceiro, caso em que o juiz ordenará, preliminarmente, a exibição desse documento, no prazo de dez dias (art. 6º, § 1º, Lei n. 12.016/09). Se o documento estiver em poder da autoridade coatora, a solicitação será feita na própria intimação da inicial.

Em caso de urgência, a impetração poderá se dar, observados os requisitos legais, por telegrama, radiograma, fax ou outro meio eletrônico de autenticidade comprovada, devendo a petição originária ser apresentada nos cinco dias úteis seguintes. Também em caso de urgência, a autoridade coatora poderá ser notificada por iguais meios. Em se tratando de documento eletrônico, serão observadas as regras da Infraestrutura de Chaves Públicas Brasileira — ICP-Brasil. Com a implantação do Processo Judicial Eletrônico — PJe, já em curso, certamente esses procedimentos seguirão a nova tecnologia.

Preceitua o art. 7º que, ao despachar a petição inicial, o juiz ordenará: a) notificação da autoridade coatora, com cópia da inicial e dos documentos, para prestar informações em dez dias; b) ciência do feito ao órgão de representação judicial da pessoa jurídica interessada, enviando-lhe cópia da inicial, sem documentos, para que, querendo, ingresse no feito; c) suspensão do ato impugnado, quando houver fundamento relevante e do qual possa resultar a ineficácia da medida, caso seja finalmente deferida, sendo facultado exigir do impetrante caução, fiança ou depósito para garantir o ressarcimento à pessoa jurídica na hipótese de denegação da segurança (item incompatível com o processo do trabalho).

Feitas as notificações, o serventuário em cuja Secretaria corra o feito juntará aos autos cópia autêntica dos ofícios endereçados ao coator e ao órgão de representação judicial da pessoa jurídica interessada, bem como prova da entrega a estes ou da sua recusa em aceitá-los ou dar recibo e, no caso de notificação por telegrama, radiograma ou outro meio eletrônico, faz a comprovação da remessa.

Findo o prazo de dez dias para a autoridade prestar informações, o juiz ouvirá o representante do Ministério Público, que opinará no prazo improrrogável de dez dias. Findo esse prazo, com ou sem parecer, os autos serão conclusos ao juiz, para julgamento necessariamente no prazo de trinta dias.

Concedida a segurança, o juiz transmitirá à autoridade coatora e à pessoa jurídica interessada, em ofício, por Oficial de Justiça, ou pelo correio com aviso de recebimento, o inteiro teor da sentença. Em caso de urgência, poderá a comunicação ser feita por telegrama, radiograma, fax ou outro instrumento eletrônico.

No tribunal caberá ao relator instruir o processo, assegurada a defesa oral na sessão de julgamento.

A sentença poderá ser executada provisoriamente, salvo nos casos em que for vedada a concessão de liminar.

O prazo, decadencial, para impetração do MS é de 120 dias a contar da ciência do ato lesivo. Depois disso, o direito só será defensável por meio de ação de rito ordinário ou sumaríssimo, conforme o caso.

Da sentença que denegar a segurança só é cabível Recurso Ordinário; da sentença do Juiz do Trabalho concedendo mandado de segurança cabe recurso ordinário (RO) no prazo de oito dias para o TRT (Súmula n. 201 do TST); da decisão do TRT julgando o RO, caberá Recurso de Revista para o TST, nas hipóteses do art. 896 da CLT; se o MS for da competência originária do TRT, do acórdão deste cabe RO para o TST; da decisão do TST em última ou única instância, caberá Recurso Extraordinário para o STF. A autoridade coatora é legítima para recorrer também. Da decisão do juiz, concedendo ou denegando a liminar, cabe agravo de instrumento; e da decisão do relator, nos Tribunais, concedendo ou denegando a medida, cabe agravo regimental. Logicamente, a decisão monocrática do relator no agravo de instrumento estará passível de agravo regimental também. Com isso, cai o tabu do agravo de instrumento na Justiça do Trabalho e decai a Súmula n. 622 do STF.

Os processos de MS têm preferência de pauta sobre todos os demais, salvo o *habeas corpus*. Na instância superior, deverão ser levados a julgamento na primeira sessão que se seguir à data em que forem conclusos ao relator. O prazo para conclusão não poderá exceder cinco dias.

As sentenças condenatórias contra a Fazenda Pública devem ser recorridas de ofício, inclusive em mandados de segurança e ação rescisória, ainda que seja interposto recurso voluntário — Decreto-lei n. 779/69.

O RO deve ser preparado mediante o recolhimento das custas processuais de 2% sobre o valor dado ou arbitrado à causa. Estão isentas as pessoas jurídicas de direito público. Em relação ao depósito para recorrer, aplica-se a Súmula n. 161 do TST, segundo a qual, não havendo condenação em pecúnia, descabe o depósito recursal.

Suspensão da execução da sentença de MS — poderá o presidente do Tribunal ao qual couber o recurso cabível fazê-lo, mediante decisão fundamentada, observado o seguinte: a) requerimento da pessoa jurídica de direito público interessada ou do Ministério Público; b) para evitar grave lesão à ordem, à saúde, à segurança e à economia públicas. Dessa decisão caberá agravo sem efeito suspensivo no prazo de cinco dias, o qual será levado a julgamento na sessão seguinte à sua interposição. O presidente poderá conferir ao pedido efeito suspensivo liminar se constatar, em juízo prévio, a plausibilidade do direito invocado e a urgência na concessão da medida. As liminares com idêntico objeto poderão ser suspensas em uma única decisão, podendo o presidente estender os efeitos da suspensão a liminares supervenientes, mediante simples aditamento do pedido original. Indeferido o pedido de suspensão ou provido o agravo, caberá novo pedido de suspensão ao presidente do tribunal competente para conhecer de eventual recurso especial ou extraordinário. É cabível o pedido de suspensão também quando negado provimento a agravo de instrumento interposto contra a liminar. Outrossim, a interposição de agravo de instrumento contra liminar concedida não prejudica nem condiciona o julgamento do pedido de suspensão supra.

Mandado de segurança coletivo – é o impetrado por partido político, organização sindical ou entidade de classe ou associação constituída e em funcionamento há pelo menos um ano, na defesa de direito líquido e certo da totalidade ou de parte de seus membros ou associados, pertinentes às suas finalidades, dispensada autorização especial. Podem ser defendidos por MS coletivo direitos coletivos e direitos individuais homogêneos, assim definidos no art. 82 do Código de Defesa do Consumidor, cfr. Capítulo anterior.

A sentença no MS coletivo fará coisa julgada somente entre os membros do grupo ou categoria substituídos pelo impetrante. O MS coletivo não induz litispendência para as ações individuais, mas os efeitos da coisa julgada não beneficiarão o impetrante a título individual se não requerer a desistência de seu MS individual no prazo de trinta dias a contar da ciência comprovada da impetração do MS coletivo.

No MS coletivo, só poderá ser concedida liminar após a audiência do representante judicial da pessoa jurídica de direito público, que deverá se pronunciar no prazo de setenta e duas horas.

2. HABEAS CORPUS *(ART. 5º, LXVIII, CF)*

Conceito – é uma ação de natureza constitucional e não penal, como habitualmente se tem dito, destinada a garantir a liberdade de locomoção – ir, vir e ficar, bem como contra constrangimento a isso ligado. É **preventivo**, para o caso de fundada e injusta ameaça, em que será concedido o salvo-conduto; **repressivo**, para relaxar prisão; e usado ainda para **trancar processo** penal indevidamente instaurado.

Características principais: a) pode ser requerido por qualquer pessoa, para si, ou para outrem, independentemente de mandato e de advogado; b) direito tutelado: de locomoção (ir, vir ou ficar); c) sujeito ativo: quem tenha sua locomoção injustamente cerceada ou ameaçada; d) sujeito passivo: quem ilegalmente constrange ou ameaça a liberdade física de outrem.

Sendo coatora pessoa particular, configura-se o crime de cárcere privado e pode ser prontamente solucionado pela intervenção policial, mas a jurisprudência tem acatado o *HC* para casos dessa natureza, pois, com efeito, a pessoa poderá estar retida em uma clínica ou em um asilo contra sua vontade.

Na Justiça do Trabalho só cabe *HC* de prisão civil, cujo nexo causal seja a relação de trabalho, a exemplo da prisão do trabalhador por motivo de greve, de retenção do trabalhador no ambiente de trabalho, prisão de depositário infiel, prisão por desacato à autoridade judicial etc. Cabe perante o Juiz da Vara do Trabalho quando a autoridade coatora for qualquer autoridade que não goze de foro privilegiado; impetra-se perante o TRT quando a autoridade for Juiz do Trabalho ou Juiz de Direito na função trabalhista ou de autoridade com privilégio de foro; e é competente o TST quando a coação parte de membro do TRT ou do próprio TRT, ou de autoridade com privilégio de foro.

A OJ n. 89 da SDI-II do TST, assim enuncia:

> *HABEAS CORPUS*. DEPOSITÁRIO. TERMO DE DEPÓSITO NÃO ASSINADO PELO PACIENTE. NECESSIDADE DE ACEITAÇÃO DO ENCARGO. IMPOSSIBILIDADE DE PRISÃO CIVIL. A investidura no encargo de depositário depende da aceitação do nomeado que deve assinar o termo de compromisso no auto de penhora, sem o que, é inadmissível a restrição do seu direito de liberdade.

Procedimentos — arts. 647 a 667 do Código de Processo Penal.

3. AÇÃO POPULAR (ART. 5º, LXXIII, CF)

Ação cível de natureza constitucional, pela qual qualquer cidadão contesta em juízo atos do Poder Público que atentem contra a legalidade, a moralidade ou sejam prejudiciais ao meio ambiente ou ao patrimônio histórico e cultural. Rege-a a Lei n. 4.717/65. Também é cabível na Justiça do Trabalho, desde que o ato seja trabalhista e passível de impugnação pela via da AP, como, p. ex., contra ato de autoridade pública que contrata servidores sem concurso público.

Sujeito ativo — qualquer cidadão, que esteja no gozo de seus direitos políticos.

Sujeito passivo — todos quantos tenham contribuído para a realização do ato, cuja nulidade ou anulação se pretende.

Objeto — é o ato lesivo ao patrimônio público e de entidade de que o Estado participe, bem como o meio ambiente e os bens de valor histórico e cultural. A lesividade pressupõe a ilegalidade.

Efeitos — procedente a ação, pode ocorrer: a) a invalidação do ato impugnado; b) a sustação do ato, caso iminente sua consumação; c) ordenação de sua prática, nos casos de omissão; d) a restituição do que foi suprimido do Erário, condenando os responsáveis e os beneficiários do ato impugnado ao pagamento das perdas e danos. Outrossim, se não comprovada má-fé, o autor fica isento das custas judiciais e ônus de sucumbência.

4. MANDADO DE INJUNÇÃO (ART. 5º, LXXI, CF)

Ação mandamental de natureza constitucional destinada a suprir judicialmente a ausência de norma regulamentadora a fim de viabilizar o exercício de *direitos e liberdades* constitucionais e de *prerrogativas* inerentes à *nacionalidade*, à *soberania* e à *cidadania*. Portanto, não é um instrumento hábil para a defesa de qualquer direito, mas somente os direitos dessas categorias.

Esta ação não consta expressamente do elenco do art. 114 da Constituição entre as ações de competência da Justiça do Trabalho. Porém, decorre do termo genérico do inciso I do mesmo preceptivo e do art. 105, I, *h*, que, ao estabelecer a competência do Superior Tribunal de Justiça para MI, ressalva a matéria de competência da Justiça do Trabalho e de outros ramos do Judiciário.

Portanto, em matéria trabalhista, sendo caso de MI, ressalvada a competência do STF, a matéria será da competência da Justiça do Trabalho.

O MI engloba efeitos declaratório, mandamental e constitutivo, cumprindo três coisas: a) primeiro, para declarar a omissão de norma; b) segundo, a mora do poder competente para emiti-la, assinando-lhe prazo para a emissão da norma; c) por fim, não cumprida a determinação judicial para elaboração da norma, será o direito regulamentado pela decisão judicial, no limite do pedido formulado pelo impetrante. Destarte, muitas normas remetem sua regulamentação a outro órgão ou autoridade, fixando prazo para tanto. A não regulamentação no prazo legal caracteriza a mora. Mas nem só nesses casos, pois há direitos que, por sua natureza, não foram proclamados só por diletantismo.

Contudo, o MI ainda não foi regulamentado por lei, formando um círculo vicioso, porque o instrumento que seria para o suprimento de omissão legal padece, ele próprio, de mora legislativa. Seria o caso de um MI para suprir a ausência de sua regulamentação?

Fundamento legal — arts. 5º, LXXI, 105, I, h, CF.

Sujeito ativo — quem tiver seus direitos cerceados pela ausência de norma regulamentadora. Em geral esse sujeito é coletivo, defensável através de uma entidade de classe, como entidades sindicais, associações e sociedades.

Sujeito passivo — a autoridade ou órgão competente para expedição da norma regulamentadora cuja inexistência esteja inviabilizando o gozo de direito constitucionalmente assegurado, na categoria de direitos e liberdades, bem como das prerrogativas inerentes à nacionalidade, à soberania e à cidadania.

Cabimento — cabe toda vez que, por falta de norma regulamentadora, não se possa efetivar um dos direitos, liberdade ou prerrogativas dispostos no inciso sob comento, caso em que o indivíduo poderá ir ao Judiciário para fazer valer estes direitos. Neste caso o Judiciário interpretará a Constituição diretamente, tendo em vista a ausência da norma infraconstitucional. Não se presta a atacar injustiça ou inconstitucionalidade da norma, mas sim a ausência de norma.

No que pese a timidez do Excelso STF, recentemente, demonstrando certa evolução, essa Suprema Corte reconheceu a mora do Congresso Nacional em relação ao aviso-prévio proporcional ao tempo de serviço, previsto no art. 7º, XXI, CF. Nos autos do MI n. 712-8-Pará, o STF reconheceu aos servidores públicos o exercício do direito de greve nos termos da Lei de Greve (Lei n. 7.783/99), ante a mora injustificável do Congresso Nacional em regulamentar o inciso VII do art. 37 da CF.

Os efeitos do MI são interpartes e a competência do órgão jurisdicional é definida pela matéria em questão e pelo órgão competente para legislar. Porém, quando a decisão é do STF, não há mais o que discutir — todos obedecem.

Se algum direito trabalhista elencado no art. 7º e já disciplinado por lei, mas cujo gozo efetivo esteja pendente de regulamentação por parte de órgão, entidade ou autoridade federal, estadual ou municipal, da administração direta ou indireta, cabe MI perante a Justiça do Trabalho, no TST ou nos TRTs, conforme a hierarquia da norma em débito e do âmbito de atuação do Ministério do Trabalho. Em muitos casos, por exemplo, o gozo do direito está pendente de um ato de órgão ou autoridade do Ministério do Trabalho, cuja inércia dará azo à impetração do MI. Outros direitos pendem de regulamentação por empresa pública ou sociedade de economia mista, também abrindo espaço à impetração do MI.

5. HABEAS DATA *(ART. 5º, LXXII, A E B, CF)*

Ação mandamental de natureza constitucional destinada a: a) assegurar o conhecimento de informações relativas à pessoa do impetrante, constante de registros ou bancos de dados de entidades governamentais ou de caráter público; b) retificação de dados, quando não se prefira fazê-lo por processo sigiloso, judicial ou administrativamente. Como se vê, cabe HD também para acesso a bancos de dados de entes privados de disponibilidade pública.

O art. 114, IV, CF, com a redação dada pela EC n. 45/04, atribui competência à Justiça do Trabalho para processar e julgar essa ação em matéria trabalhista. Dentre as hipóteses de cabimento, imagina-se uma situação em que a empresa solicita a órgão do Ministério do Trabalho informações sobre seus dados cadastrais existentes nessa instituição. A recusa da autoridade em fornecer os dados solicitados ensejaria a impetração do HD. Os bancos estatais, por exemplo, possuem alentado banco de dados; os dados relativos aos seus empregados e diretores referentes ao vínculo de trabalho podem ser reivindicados e/ou retificados mediante a impetração do HD perante a Justiça do Trabalho, já que são arquivos públicos, no caso, da administração pública indireta.

Objetivo — a) permitir ao impetrante o conhecimento das informações de que o Estado dispõe a seu respeito; b) corrigir tais dados, quando não se prefira fazê-lo por processo sigiloso, judicial ou administrativo.

Sujeito passivo — autoridade competente para a guarda das informações.

Competência jurisdicional — depende da autoridade contra a qual se interpõe a medida. Os procedimentos constam da Lei n. 9.507/97.

Principais Fontes de Consulta e Indicações de Leitura

ABELLÁN, Marina Gascón. *La técnica del precedente y la argumentación racional*. Madrid: Tecnos, 1993.

ACQUAVIVA, Marcos Cláudio. *Dicionário jurídico brasileiro acquaviva*. São Paulo: Jurídica Brasileira, 1998.

ALSINA, Jorge Bustamante. *Derecho ambiental. Fundamentación y normativa*. Buenos Aires: Abeledo-Perrot, 1995.

BANDEIRA DE MELLO, Celso Antônio. *Elementos de direito administrativo*. São Paulo: RT, 1986.

BARBAGELATA, Héctor-Hugo. Os princípios de direito do trabalho de segunda geração. *Cadernos da AMATRA IV*, ano III, n. 7, Porto Alegre: HS, p. 19-29, abr./jun. 2008.

BARROS, Alice Monteiro de. *Curso de direito do trabalho*. 3. ed. São Paulo: LTr, 2005.

__________. *A discriminação no contrato de trabalho*. São Paulo: LTr, 1998.

__________. *Proteção à intimidade do empregado*. São Paulo: LTr, 1997.

BATALHA, Wilson de Souza Campos. *Tratado de direito judiciário do trabalho*. São Paulo: LTr, 1985.

BELTRAN, Ari Possidonio. *Dilemas do trabalho e do emprego na atualidade*. São Paulo: LTr, 2001.

BONAVIDES, Paulo. *Curso de direito constitucional*. 10. ed. São Paulo: Malheiros, 2002.

CAMINHA, Marco Aurélio Lustosa. *O estado, as relações de trabalho e o papel do Ministério Público do Trabalho*. Curitiba: Gênesis, 2003.

CARMONA, Carlos Alberto (coord.). *Mandado de segurança e coisa julgada*. São Paulo: Malheiros, 2006.

CARVALHO, Regina Coelli Batista de Moura. *Idade e trabalho* — abordagem sociojurídica sobre a limitação de idade para o trabalho no Brasil. Porto Alegre: Sergio Antonio Fabris, 2004.

CATHARINO, José Martins. *Compêndio do direito do trabalho*. São Paulo: Saraiva, 1981.

CESARINO JR., A. F. *Direito social*. São Paulo: LTr, em conjunto com a Editora da USP, 1980.

__________. Princípios fundamentais na consolidação das leis do trabalho. *Revista LTr de Legislação do Trabalho*, n. 47, p. 11, 1983.

CORTEZ, Julpiano Chaves. *Manual das rescisões trabalhistas*. São Paulo: LTr, 1993.

COSTA, Armando Casimiro; FERRARI, Irany; MARTINS, Melchíades Rodrigues. *CLT-LTr*. 35. ed. São Paulo: LTr, 2009.

COSTA, Coqueijo. *Doutrina e jurisprudência do processo trabalhista*. São Paulo: LTr, 1978.

__________. *Ação rescisória*. 6. ed. rev. e atual. por Roberto Rosas. São Paulo: LTr, 1993.

COSTA, Orlando Teixeira da. *Rigidez e flexibilidade do direito do trabalho*. São Paulo: LTr, 1990.

CUELLAR, Marta Elisa Monsalve. Cargos de direção, confiança e gerência. *In:* ZAINAGHI, Domingos Sávio; FREDIANI, Yone (coords.). *Novos rumos do direito do trabalho na América Latina*. São Paulo: LTr, 2002.

DALAZEN, João Orestes. A reforma do judiciário e os novos marcos da competência material da justiça do trabalho no Brasil. *In:* COUTINHO, Grijalbo Fernandes; FAVA, Marcos Neves (coords.). *Nova competência da justiça do trabalho* São Paulo: LTr, 2005.

DELGADO, Mauricio Godinho. *Princípios de direito individual e coletivo do trabalho*. São Paulo: LTr, 2001.

__________. *Curso de direito do trabalho*. 4. ed. São Paulo: LTr, 2006.

DWORKIN, Ronald. *Il diritti presi sul serio*. Bologna: Il Mulino, 1982.

ESPÍNOLA, Eduardo; ESPÍNOLA FILHO, Eduardo. *Tratado de direito civil brasileiro*. Rio de Janeiro: Freitas Bastos, 1940. v. III e IV.

FARIAS, James Magno A. *Direitos sociais no Brasil*. São Luís: Azulejo, 2010.

FAVA, Marcos Neves. Transporte rodoviário de cargas por conta de terceiros — implicações trabalhistas da Lei n. 11.442, de 2007 — inconstitucionalidade. *Revista LTr,* abr. 2007.

FERRARI, Irany. Jornada de trabalho — alterações legais e contratuais. *Revista LTr de Legislação do Trabalho,* nov. 1988.

FERRAZ, Fernando Basto. *Terceirização* — e demais formas de flexibilização do trabalho. São Paulo: LTr, 2006.

__________. *Empregados domésticos*. São Paulo: LTr, 2003.

FERRAZ JR., Tércio Sampaio. *Introdução ao estudo do direito:* técnica, decisão, dominação. 2. ed. São Paulo: Atlas, 1995.

FERREIRA, Luiz Pinto. *Medidas cautelares*. Rio de Janeiro: Freitas Bastos, 1983.

FLOREZ-VALDÉS, Joaquín Arce y. *Los principios generales del derecho e su formulación constitucional*. Madrid: Civitas, 1990.

FLORIANO, Valdir. *Dano moral e o direito do trabalho*. 4. ed. São Paulo: LTr, 2002.

FONSECA, Vicente José Malheiros da. A nova constituição e o *jus postulandi* na justiça do trabalho, *Revista LTr de Legislação do Trabalho,* nov. 1988.

FRANCO FILHO, Georgenor de Sousa. *Direito internacional do trabalho*. São Paulo: LTr, 1999.

FRANÇA, Rubens Limongi. *Elementos de hermenêutica e aplicação do direito*. São Paulo: Saraiva, 1984.

FREIRE, Laís. A flexibilização do direito do trabalho e os óbices à sua implementação. *In:* SOARES, Ronald (coord.). *Estudos de direito do trabalho e direito processual do trabalho*: em homenagem a Aderbal Freire. São Paulo: LTr, 1999.

FÜHRER, Maximilianus Cláudio Américo. *Resumo de obrigações e contratos.* 17. ed. São Paulo: Malheiros, 2005.

FURTADO, Emmanuel Teófilo. *Alteração do contrato de trabalho*. São Paulo: LTr, 1994.

__________. *Preconceito no trabalho e discriminação por idade*. São Paulo: LTr, 2004.

GARCIA, Gustavo Felipe Barbosa. Novo código civil: repercussões na penhora de bem hipotecado na execução trabalhista. *Revista do TST*, v. 69, n. 1, jan./jun. 2003.

__________. *Terceira fase da reforma do código de processo civil*. São Paulo: Método, 2006.

GIGLIO, Wagner. *Direito processual do trabalho*. 7. ed. São Paulo: LTr, 2003.

GOMES, Orlando; GOTTSCHALK, Elson. *Curso de direito do trabalho*. Rio de Janeiro: Forense, 1980. v. I.

GRINBERG, Rossana. O direito do trabalho nos ordenamentos liberais e nos socializados. O direito do trabalho no Brasil. *Revista de Direito do Trabalho,* n. 33, Revista dos Tribunais, 1982.

GUERRA FILHO, Willis Santiago. Metodologia jurídica e interpretação constitucional. *Revista de Processo*, n. 62, p. 121 a 140, abr./jun. 1991.

JUCÁ NETO, Pedro. *Renovação do direito do trabalho* — abordagem alternativa à flexibilização. São Paulo: LTr, 2000.

KROTOSCHIN, Ernesto. *Curso de legislación del trabajo*. Buenos Aires: Depalma, 1950.

LAMARCA, Antonio. *Manual das justas causas*. São Paulo: Revista dos Tribunais, 1983.

LEITE, Carlos Henrique Bezerra. *Curso de direito processual do trabalho*. 5. ed. São Paulo: LTr, 2007.

LEITE, Jorge. *Observatório legislativo*. Coimbra: Coimbra, 2001.

LENZA, Pedro (coord.). *Direito do trabalho esquematizado*. São Paulo: Saraiva, 2013.

LIMA, Francisco Gérson Marques de. *Greve:* um direito antipático. Fortaleza: Premius, 2014.

__________. *Igualdade de tratamento nas relações de trabalho*. São Paulo: Malheiros, 1997.

__________. *Direito processual do trabalho*. 3. ed. São Paulo: Malheiros, 2001.

__________. *Fundamentos constitucionais do processo*. São Paulo: Malheiros, 2002.

__________. *Execução de título executivo extrajudicial no processo do trabalho*. São Paulo: LTr, 2004.

__________. *Súmulas, orientações jurisprudenciais e precedentes normativos do TST*. São Paulo: Saraiva, 2012.

LIMA, Francisco Meton Marques de. *Interpretação e aplicação do direito do trabalho (à luz dos princípios jurídicos)*. Fortaleza: Imprensa Oficial do Ceará, 1988.

__________. *Os princípios de direito do trabalho na lei e na jurisprudência*. 2. ed. São Paulo: LTr, 1997.

__________. *Manual sintético de direito do trabalho*. 2. ed. São Paulo: LTr, 2005.

__________. *As mais novas implicações jurídicas da velha justa causa*. Cuiabá: Oásis, 2001.

__________. *Manual de processo do trabalho*. 2. ed. São Paulo: LTr, 2008.

__________. *O resgate dos valores na interpretação constitucional* — por uma hermenêutica reabilitadora do homem como «ser-moralmente-melhor». Fortaleza: ABC, 2001.

__________. *Manual de direito constitucional*. São Paulo: LTr, 2005.

LIMA, Francisco Meton Marques de; LIMA, Francisco Péricles Rodrigues Marques de. O microempreendedor — direito à justiça gratuita e seu alcance. *Jornal Trabalhista Consulex*, Brasília, n. 1335, de 2.8.2010.

LOPES, Mônica Sette. *Convenção coletiva e sua força vinculante*. São Paulo: LTr, 1998.

MALTA, C. P. Tostes. *Prática do processo trabalhista*. 14. ed. Rio de Janeiro: Edições Trabalhistas, 1982.

MANCUSO, Rodolfo. Ação civil pública trabalhista: análise de alguns pontos controvertidos. *Revista do Processo,* São Paulo: Revista dos Tribunais, ano 24, n. 93, p. 151-178, jan./mar. 1999.

MANNRICH, Nelson. *Dispensa coletiva*. São Paulo: LTr, 2000.

MARANHÃO, Délio. *Direito do trabalho*. Rio de Janeiro: FGV, 1982.

MARTINEZ, Luciano. *Curso de direito do trabalho*. 3. ed. São Paulo: Saraiva, 2012.

MARTINS FILHO, Ives Gandra da Silva. *Ação civil pública*. São Paulo: LTr, 1992.

__________. A reforma do poder judiciário e seus desdobramentos na justiça do trabalho. *Revista LTr de Legislação do Trabalho*, v. 69, n. 1, p. 31-40, jan. 2005.

MARTINS FILHO, Ives Gandra; MANNRICH, Nelson; PRADO, Ney (coords.). *Os pilares do direito do trabalho*. São Paulo: Lex, 2013.

MAZA, Miguel Ángel. *La irrenunciabilidad de los créditos laborales*. Buenos Aires: Rubinzal-Culzoni, 2010.

MENDONÇA, Gentil. *A Interpretação no direito do trabalho*. São Paulo: LTr, 1978.

MIRANDA, Pontes de. *Tratado da ação rescisória das sentenças e de outras decisões*. Rio de Janeiro: Forense, 1976.

MORAES FILHO, Evaristo de. Organização sindical perante o estado. *Revista LTr de Legislação do Trabalho,* nov. 1988.

__________. *Direito do trabalho*. São Paulo: LTr, 1982.

__________. *A justa causa na rescisão do contrato de trabalho*. Rio de Janeiro: Forense, 1968.

__________. Organização sindical brasileira perante o estado. *Revista LTr,* nov. 1988.

MUKAI, Toshio. *Direito ambiental sistematizado*. 4. ed. Rio de Janeiro: Forense Universitária, 2004.

NASCIMENTO, Amauri Mascaro. *Curso de direito do trabalho*. São Paulo: Saraiva, 1981. v. I.

__________. Princípios do direito do trabalho e direitos fundamentais do trabalhador. *Revista LTr de Direito do Trabalho*, p. 903/929, ago. 2003.

NEVES, Antônio Gomes das. *Curso de perícia contábil*. São Paulo: LTr, 2000.

__________. *Cálculos trabalhistas*. 6. ed. São Paulo: LTr, 1999.

OIT — Organização Internacional do Trabalho. CIF — Centro Internacional de Formação. *Direito internacional do trabalho e direito interno*. Turim: Xavier Beaudonnet, 2011.

OLIVEIRA, Francisco Antônio de. *A execução na justiça do trabalho*. 4. ed. São Paulo: Revista dos Tribunais, 1999.

__________. *Medidas cautelares e procedimentos especiais, mandado de segurança, ação rescisória e ação anulatória no processo trabalhista*. 3. ed. São Paulo: RT, 1994.

OLIVEIRA, Sebastião Geraldo de. *Proteção jurídica à saúde do trabalhador*. São Paulo: LTr, 1998.

PADILHA, Norma Sueli. *Do meio ambiente do trabalho equilibrado*. São Paulo: LTr, 2002.

PAES, Arnaldo Boson. *Negociação coletiva na função pública*. São Paulo: LTr, 2013.

PARO, Walter Roberto. Trabalho forçado e a justiça do trabalho. *Revista do TRT 8ª Região*, v. 36, n. 70, p. 101/112, jan./jun. 2003.

PEREIRA, João Batista Brito. Nós, os juízes do trabalho, e o CPC — algumas reflexões. *Revista do TST*, v. 73, n. 1, p. 17/23, jan./mar. 2007.

PINTO, José Augusto Rodrigues. *Processo trabalhista de conhecimento*. 6. ed. São Paulo: LTr, 2001.

__________. *Execução trabalhista*. 8. ed. São Paulo: LTr, 1998.

PINTO, José Augusto Rodrigues; MARTINEZ, Luciano; MANNRICH, Nelson (coords.). *Dicionário brasileiro de direito do trabalho*. Academia Nacional de Direito do Trabalho. São Paulo: LTr, 2013.

PRADO, Roberto Barretto. Aplicação aos processos trabalhistas da lei que rege os executivos fiscais. *Revista de Direito do Trabalho*, n. 38, Revista dos Tribunais.

REVORIO, Francisco Javier Díaz. *Valores superiores e interpretación constitucional*. Madrid: Centro de Estúdios Constitucionales, 1997.

RODRIGUEZ, Américo Plá. *Princípios de direito do trabalho*. Trad. Wagner D. Giglio. São Paulo: LTr, 1978.

ROMITA, Arion Sayão. *A subordinação no contrato de trabalho*. Rio de Janeiro: Forense, 1979.

__________. A crise do critério da subordinação jurídica — necessidade de proteção a trabalhadores autônomos e parassubordinados. *Revista LTr de Legislação do Trabalho*, v. 68, n. 11, p. 1287-1298, nov. 2004.

__________. *Direitos fundamentais do trabalho*. São Paulo: LTr, 2005.

RUDIGER, Dorothee Susanne. *Contrato coletivo de trabalho*. São Paulo: LTr, 1999.

RUPRECHT, Alfredo J. Princípios normativos do direito do trabalho. *In: Tendências do direito do trabalho contemporâneo*. São Paulo: LTr, 1980. v. I.

RUSSOMANO, Mozart Victor. *Comentários à CLT*. Rio de Janeiro: Forense, 1982.

SAMPAIO, Aluysio. *Dicionário de direito do trabalho*. São Paulo: LTr, 1982.

SANTOS, Enoque Ribeiro dos. *O dano moral na dispensa do empregado*. 3. ed. São Paulo: LTr, 2002.

SANTOS, Moacyr Amaral. *Primeiras linhas de direito processual civil*. São Paulo: Saraiva, 1979.

SÉGUIN, Elida; FIGUEIREDO, Guilherme José Purvin de (coords.). *Meio ambiente do trabalho*. Rio de Janeiro: GZ, 2010.

SILVA, De Plácido e. *Vocabulário jurídico*. Rio de Janeiro: Forense, 1984.

SILVA, Luís de Pinho Pedreira da. Princípios específicos do direito do trabalho — *In: Tendências do direito do trabalho contemporâneo*. São Paulo: LTr, 1980. v. I.

SILVEIRA, Alípio. *Hermenêutica no direito brasileiro*. São Paulo: Revista dos Tribunais, 1968. v. II.

SOARES, Evana. *Ação ambiental trabalhista*. Porto Alegre: Sergio Antonio Fabris, 2004.

__________. *Mandado de segurança na justiça do trabalho*. São Paulo: LTr, 2011.

SOARES, José Ronald Cavalcante (coord.). *Estudos de direito do trabalho e direito processual do trabalho*: em homenagem a Aderbal Nunes Freire. São Paulo: LTr, 1999.

__________ . (coord.). *O servidor público e a justiça do trabalho*: em homenagem ao ministro Ronaldo José Lopes Leal. São Paulo: LTr, 2005.

SOARES, Leandro Nascimento. O pedido contraposto no processo do trabalho. *Revista LTr*, v. 67, n. 8, p. 930/942, ago. 2003.

SÜSSEKIND, Arnaldo; VIANNA, Segadas; Maranhão, Délio; TEIXEIRA FILHO, João de Lima. *Instituições de direito do trabalho.* 15. ed. São Paulo: LTr, 1995.

__________. Os princípios social-trabalhistas na constituição brasileira. *Revista do Tribunal Superior do Trabalho,* v. 69, n. 1, p. 40/46, jan./jun. 2003.

TEIXEIRA FILHO, Manoel Antonio. *A prova no processo do trabalho*. São Paulo: LTr, 1984.

URIARTE, Oscar Ermida. *A proteção contra os atos antissindicais.* Trad. Irany Ferrari. São Paulo: LTr, 1989.

VECCHI, Giorgio Del. *Lições de filosofia do direito*. Coimbra: Armênio Amado, 1979.

VOGEL NETO, Gustavo Adolpho (coord.). *Curso de direito do trabalho*: em homenagem ao prof. Arion Sayão Romita. Rio de Janeiro: Forense, 2000.

WHITEHEAD, Alfred North. *A função da razão*. 2. ed. Trad. Fernando Dídimo Vieira. Brasília: Universidade de Brasília, 1988. Original: *The Function of Reason*.

ZAINAGHI, Domingos Sávio; FREDIANI, Yone. *Novos rumos do direito do trabalho na América Latina*. São Paulo: LTr, 2003.

REVISTA MENSAL DE DIREITO DO TRABALHO. São Paulo: LTr.

REVISTA DECISÓRIO TRABALHISTA. Curitiba: DT.

REVISTA DO TRIBUNAL SUPERIOR DO TRABALHO.

REVISTA DO TRIBUNAL REGIONAL DA 22ª REGIÃO.

REVISTA GÊNESIS.

Índice Alfabético e Remissivo
(a numeração indica a página)

— D —

— Q —

— R —

Obras do Autor

Interpretação e Aplicação do Direito do Trabalho à Luz dos Princípios Jurídicos. Fortaleza: Imprensa Oficial do Ceará, 1988.

Princípios de Direito do Trabalho na Lei e na Jurisprudência. 3. ed. São Paulo: LTr, 2013.

O Resgate dos Valores na Interpretação Constitucional. Fortaleza: ABC, 2001.

As Mais Novas Implicações Jurídicas da Velha Justa Causa. Cuiabá: Oásis, 2001.

Manual Sintético de Direito do Trabalho. 2. ed. São Paulo: LTr, 2005.

Manual de Processo do Trabalho. 2. ed. São Paulo: LTr, 2008.

Manual de Direito Constitucional. São Paulo: LTr, 2005.

Reforma do Poder Judiciário. (Coautoria com Francisco Gérson Marques de Lima). São Paulo: Malheiros, 2005.

Repensando a Doutrina Trabalhista. (Coautoria com Francisco Gérson Marques de Lima e Sandra Helena Lima Moreira). São Paulo: LTr, 2009.

Constitucionalismo, Direito e Democracia. (Coordenador com Robertônio Santos Pessoa). Rio de Janeiro: GZ, 2009.

Pensando Direito — fundamentos filosóficos do direito. (Coordenador com Sylvia Helena Miranda e Fides Angélica Omatti). Rio de Janeiro: GZ, 2011.